"国家级一流本科课程" 教材

| 第三版 |

经济学原理

PRINCIPLES OF ECONOMICS

主编

刘苓玲

副主编

翁卫国 雷国雄

中国财经出版传媒集团

经济科学出版社

Economic Science Press

图书在版编目（CIP）数据

经济学原理／刘苓玲主编；翁卫国，雷国雄副主编
. --3 版 . -- 北京：经济科学出版社，2023.7
ISBN 978 - 7 - 5218 - 4693 - 5

Ⅰ . ①经… Ⅱ . ①刘… ②翁… ③雷… Ⅲ . ①经济学
- 高等学校 - 教材 Ⅳ . ①F0

中国国家版本馆 CIP 数据核字（2023）第 063493 号

责任编辑：周国强
责任校对：隗立娜
责任印制：张佳裕

经济学原理 （第三版）

主　编　刘苓玲
副主编　翁卫国　雷国雄

经济科学出版社出版、发行　新华书店经销
社址：北京市海淀区阜成路甲 28 号　邮编：100142
总编部电话：010 - 88191217　发行部电话：010 - 88191522
网址：www. esp. com. cn
电子邮箱：esp@ esp. com. cn
天猫网店：经济科学出版社旗舰店
网址：http：//jjkxcbs. tmall. com
固安华明印业有限公司印装
787 × 1092　16 开　26.75 印张　680000 字
2013 年 8 月第 1 版　2023 年 7 月第 3 版　2023 年 7 月第 7 次印刷
ISBN 978 - 7 - 5218 - 4693 - 5　定价：68.00 元

前　　言

19世纪伟大的经济学家阿尔弗雷德·马歇尔指出，"经济学是一门研究人类一般生活事务的学问"。自从有人类历史以来，人们就没有离开过经济学。无论是古希腊、古罗马时代将经济学初步理解为"家计管理"，还是当代社会，保罗·萨缪尔森将经济学定义为"研究社会如何利用稀缺的资源以生产有价值的商品，并将它们分配给不同的个人"，经济学深入到了社会宏观和微观的各个领域，小到个人时间的分配、商品消费的决策，大到政府经济政策的制定，无一不在促进一个地区、一个国家乃至整个世界经济的增长和社会福利的增进，推动着人类社会向前发展。因此，经济学课程已经不仅仅是高等学校财经管理类专业的专业基础课，而且也正在逐渐被非财经管理类的其他专业所认识和重视，成为学习中的重要课程。更广泛的，广大经济学爱好者也正在寻找合适的教科书，试图全面了解经济学的基础知识和基本原理。学习这门课程，不但可以掌握现代经济学的原理和方法，培养对经济现象和经济问题认识和思考的能力，而且更有助于增强从事各项具体社会经济活动、制定社会经济政策的实践能力。

目前，国内外经济学教科书十分丰富，但针对财经管理类专业学生的基础学习和非财经管理类学生的全面学习却存在一些问题。有的教材内容和体系过于深奥繁杂，在一学期有限的学时之内无法全面讲解完成；有的教材内容和体系又过于浅显简单，使学习者只能知其然而不知其所以然。针对这些问题，我们编写了本书。本书的特点体现为：一是理论体系完整。本书按照教学习惯，将经济学仍然划分为微观和宏观两大部分，同时综合考虑不同理论流派及其理论贡献，将不同流派的重要理论有机地插入到各个章节之中。二是难易适中，层次分明。在内容阐述上，力图使用简单明了的数学表达，原则上减少烦琐深奥的数学证明，尽可能使理论阐述深入浅出，通俗易懂。对于必须使用的数学模型推导，则以脚注的形式，方便有兴趣的读者深入研究，考虑了读者的不同层次。三是理论联系实际。以现实中的典型案例加强对理论的解说，使学生更易理解经济学的重要原理，体现了理论的实际运用。四是加入了马克思主义政治经济学对部分问题的论述。对于马克思主义政治经济学的相关论述，也以专栏的形式列出，既不破坏教材逻辑的严密性，又丰富了教材的学习内容，在一定程度上克服了西方经济学和政治经济学两大理论分支长期对立的弊端，可以引导读者对问题的全面思考与辨识。

本教材适合高等学校财经管理类专业的专业基础课程以及非财经管理类专业的公共基础课程使用，也适合作为各类层次学历教育和短期培训的选用教材，同时适用于广大对经济学感兴趣的自学者。

2013 年 8 月，本教材第一版面世。经修订后于 2015 年 3 月再版。2017 年开始，团队启动第三版的修订工作。2017 年以来，国际经济形势风云变幻，国内发展步入新格局。新经济、新业态催生新思想，尤其是大数据、云计算、物联网、区块链、人工智能等新一代信息技术的广泛应用，数字经济迅速进入经济生活，使经济理论不断被刷新，这也成为第三版修订速度放缓的重要原因。在新版教材中，我们除了对文字错漏进行勘误之外，删除了部分已过时的内容，如我国在 2016 年实施了财税体制改革，营业税正式退出历史舞台，因而用新的案例替换原来关于营业税相关的例子。同时，为适应新经济、新业态的发展，增加了关于大数据、数字经济等方面的阐述。但这些修订是谨慎的，以尽量不影响教材教学体系为前提。

本教材的出版，推动了一流课程的建设。以本书为基础录制的在线课程《经济学原理》2019 年在中国大学慕课正式上线，获得了广大学习者的好评。读者可在国家智慧教育公共服务平台 (https：//www. smartedu. cn/) 和中国大学慕课 (https：//www. icourse163. org/) 搜索本教材所配套的在线课程进行学习，以获得更佳的学习体验。本教材课件可在经济科学出版社网站 (http：//www. esp. com. cn) 下载。同时，以本书为基础的《经济学原理》课程于 2023 年获得教育部第二批国家级线上线下混合式一流本科课程的认定，为课程建设作出了应有的贡献。

本教材在编写和修订过程中得到西南政法大学经济学院余劲松教授、陈屹立教授、卢燕平教授、陈刚教授、汪毅霖教授、符宁副教授、路瑶副教授、何微微博士等同仁的大力支持和帮助，他们对本教材的编写和修订提出了诸多宝贵的意见。同时本教材在编写过程中参考了大量的文献资料，但部分文献资料的作者已无从查证，因而在引用时不能准确标注其名，在此一并表示感谢！

任何一本教材都不可能完美无缺。本书自第一版出版以来，得到了广大读者的关注和厚爱，收到许多同仁与读者的中肯意见和建议，指出其中的瑕疵和疏漏。对此，我们以严谨求实的态度在第二版和第三版进行了纠正和修改。对此一并表示衷心的感谢！希望广大读者一如既往地关注本书，使这本书不断得到改进和提高，以满足读者们的需要。

编 者
2023 年 3 月

目　　录

第一章 | 绪 论

本章提要

本章是整个经济学的导论，阐述了经济学的研究对象、研究内容和研究方法，并对经济学说的发展历史作了概要性的介绍。在本章学习中，要求重点理解资源稀缺性的内涵和"选择"的三个问题，掌握经济学的定义和分类，了解经济学的主要研究方法以及经济学说发展的主体脉络。

基本概念

生产可能性曲线　资源的稀缺性　机会成本　资源配置　资源利用　经济学　微观经济学　宏观经济学　实证经济学　规范经济学　均衡分析　边际分析

从古到今，人类社会就为经济问题所困扰。个人、家庭、企业、政府都在花费越来越多的时间处理各种各样的经济问题。"经济"一词的使用频率越来越高，经济学正在渗透人类生活的每一个领域，对社会发展产生重要影响。那么，什么是经济学？经济学对经济问题是如何展开研究的？其研究对象是什么？经济学思想是如何积累起来的？这是学习经济学首先应当了解的内容。

第一节　经济学的研究对象

从宇宙的演化过程来看，大自然赋予了地球丰富的资源，但是相对于人类无穷的欲望而言，这些资源又显得十分稀缺。如何合理地配置和利用有限资源，成为人类社会永恒的话题。经济学正是为了解决这个问题应运而生。

一、资源的稀缺性

人类每一天都在消耗着各种资源（resource），生存与发展始终是人类社会关注的焦点。存在于地球上的资源可以分为两类：第一类是自由资源（free resource），相对于人类欲望而言其数量是无限的，人类不用付出代价就可以获得这些资源，如空气、水、风、阳光等；第二类是经济资源（economic resource），在自然界中是有限的，人类必须付出一定的代价才能获得，如土地、森林、矿藏等。人们也将这些经济资源分为三种，即自然资源，包括煤炭、石油、土地等；资本资源，包括机器设备、厂房、流动资金等；人力资源，包括工人、科技人员、经营管理人员与企业家等。

人类的欲望是无穷无尽的，旧的欲望满足以后，新的欲望又会产生。人类正是在满足自己的欲望中不断创造与创新，推动社会的进步。如果在地球上的所有资源都取之不尽、用之不竭，人类的欲望与需求就可以得到无限满足，那么就不需要作出任何经济决策，经济学就没有存在的理由和必要。但是，所有的经济问题其实都产生于这样一个不可回避的现实：任何社会和个人总是无法得到自己想要的一切东西，这就是资源的稀缺性（scarcity）。经济学家们常常用"大炮和黄油的矛盾"来说明资源配置和资源利用问题。

假定一国的全部资源只用来生产大炮和黄油两种产品，其可供选择的生产可能性组合用表1－1列明。图1－1直观地描述了生产可能性曲线。横坐标表示黄油的产量，纵坐标表示大炮的产量。二者的产量共有6种组合方式，其中 A 和 F 分别是只生产大炮或只生产黄油的极端情况，在它们之间的组合分别为 B、C、D、E，表示大炮的产量不断减少，黄油的产量不断增加。在这里，大炮转换成黄油并不是实物上的直接转换，而是把资源从一种用途转化成另一种用途。

表1－1   可供选择的生产可能性组合

可能性	黄油（万吨）	大炮（万门）
A	0	15
B	1	14
C	2	12
D	3	9
E	4	3
F	5	0

将两种产品最大数量组合的所有点连接起来，就形成了 AF 曲线，这条曲线就是**生产可能性曲线**（production possibilities curve）或称为**生产可能性边界**（production possibilities boundary）。可以看到，在这条曲线上的产量组合，都刚好使资源得到了充分利用，因而配置是有效率的。

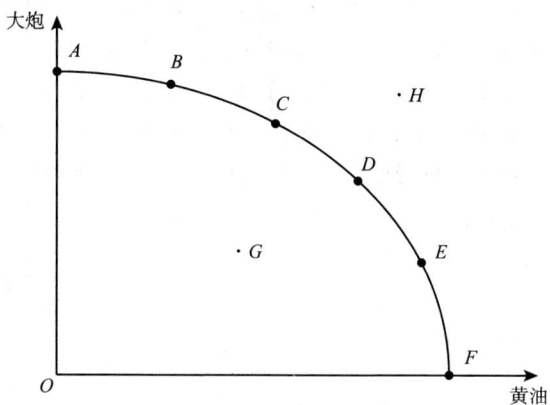

图 1 – 1　生产可能性曲线

生产可能性曲线把坐标平面分为两个部分，曲线内的任何一点，如 G 点，表示资源没有被充分利用，经济中可能存在失业、设备和土地闲置等情况，这样的生产是缺乏效率的。此时可以通过技术更新等方法改变生产方式，使生产组合向可能性边界靠近，以获得更多产出。曲线外的任何一点，如 H 点，则表示在现有资源和技术条件下不可能实现的生产可能性组合。

需要注意的是，生产可能性曲线并不是固定不变的，当劳动者的生产技能提高，或发现了新能源或出现了新技术时，生产可能性曲线会向外扩张，所能生产的产品最大数量的组合就会增加，这时将出现经济增长，如图 1 – 2 所示。

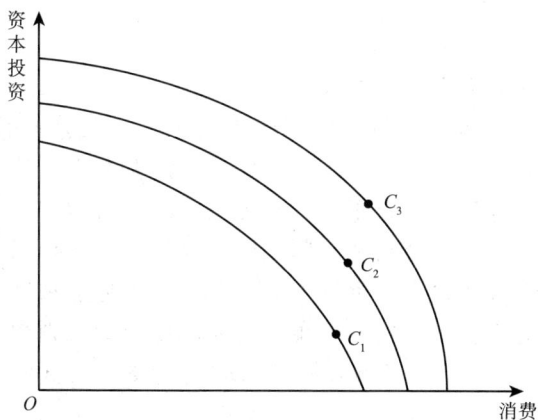

图 1 – 2　生产可能性曲线的变动

生产大炮和黄油需要各种资源，如果这些资源是无限的，那么生产的大炮和黄油也是无限的，就不存在"大炮和黄油的矛盾"，也就不需要经济学。但是，人类社会的资源却是有限的，在经济学中，这种资源的有限性被定义为稀缺性。可以给**稀缺性**下这样一个定义：相对于人类社会的无穷欲望而言，经济物品或者说生产这些物品所需要的资源总是不足的，这种资源的相对有限性就是资源的稀缺性。正是由于资源稀缺性的存在，个人不可能得到他所想要的一切东西，社会也不可能满足每一个人的生活愿望，人们必须作出决策，以管理各种资源。例如，一个人要作出决定，用有限的收入安排好他生活中衣、食、住、行的各个方面；企业要作出决定，用有限的生产线分别生产出哪些产品；政府要作出决定，将有限的财政资金投放到国防、经济建设、公共治理、民生发展的各个领域。值得注意的是，经济学所说的稀缺性是指相对稀缺性，即相对于人类无穷的欲望而言，资源是稀缺的。正是由于稀缺性的存在，才产生了经济学，因此经济学的研究对象是由稀缺性所决定的。

二、选择与机会成本

人类的欲望无穷无尽，但也有轻重缓急。在不同时期和不同背景下，人们将对资源的使用作出不同的安排，以合理配置和充分利用有限的资源，更好地满足各种欲望，这就是选择（choice）问题。

（一）选择的三个问题

人类在经济活动中的选择要回答三个方面的问题。

1. 生产什么和生产多少

人们对产品需求是多种多样的，而每种产品的生产都需要耗费各种资源。在一个国家或社会的资源总量既定和技术条件既定的情况下，如果要增加一种产品的生产量，就必须减少另外一种产品的生产量。这就要回答生产什么产品以及各种产品生产多少的问题。俗话说"天下没有免费的午餐"，表述的就是这样一个道理。

2. 如何生产

人类社会之所以被称为经济社会，是因为每个人并不是独立地生产他所需要的所有产品。在社会性的生产活动中，由于每个人的生产技能、所能支配的资源、所处的地理空间等各不相同，人们需要决定由哪些人、使用哪些资源、应用什么技术来生产，是采用劳动密集型方式还是资本密集型方式，是小批制作还是大量生产。如何生产既是一个技术问题，同时也是一个选择问题，与资源的稀缺程度密切相关。稀缺程度越高的资源，人们对其使用越加精细，围绕该类资源的技术创新也越多。对于相对充裕的资源，人们的使用方式则相对随意。因此经济主体必须根据资源的总量和分布状况，选择最有效率的方式配置资源，以获得尽可能多的产出。

3. 为谁生产

对社会而言，由于资源是稀缺的，从而能够满足人们需求的产品与服务也是有限的，一个人获得了较多的产品与服务，其他人可能获得的产品与服务就会变少。因此，为谁生产是一个收入分配问题，或者说是生产要素价格确定问题，即生产出来的产品和服务由谁来享用？如何把它们配置给不同的个人和家庭？从稳定社会秩序出发，社会需要一个"公平"的分配机制，分配其所生产出来的产品，即要解决"为谁生产"的问题。

上述三个方面的问题，也被统称为**资源配置**（resource allocation）问题。相应地，资源配置有效率则是指在资源与技术约束下更大地满足了人类的需要，即资源配置得到了优化。

选择的根源在于资源的稀缺性，因此有经济学家认为，经济学的研究对象是资源配置问题。正因为如此，许多经济学家把经济学定义为"研究稀缺资源在各种可供选择的用途之间进行分配的科学"。

（二）机会成本

选择的同时意味着机会的放弃。人们用稀缺资源生产或消费任何一种物品的同时必须放弃其他物品的生产或消费，换句话说，人们所做的任何选择都是有代价的。对此，经济学用**机会成本**（opportunity cost）这个概念加以阐述。所谓机会成本，就是指把资源投入某一特定用途而放弃的该资源在其他各种可能的用途中所能获得的最大收益。例如，某人有10万元的资金，他可以开一家便利店获利3万元，开一家小饭馆获利2万元，也可以用于炒股获利1万元。如果他将资金用于炒股，也就意味着他可能放弃的收益是3万元或2万元。在放弃的用途中，最好的用途是开便利店，此时机会成本就是3万元。

理解机会成本这一概念，需要把握以下四个要点：

第一，机会成本与资源的稀缺性和选择性紧密相连，没有稀缺性，就没有机会成本。如果资源的用途是单一的，没有其他选择，也就没有机会成本这个概念。

第二，机会成本与个体能力的差异或天赋有关，同样的选择对不同人而言面临不同的机会成本。以上大学为例，对于大多数人来说，高中毕业后进入大学继续学习放弃的可能是他此时就业的收入，但对于美国篮球巨星科比·布莱恩特来说，上大学意味着丧失每年可以获取1000万美元收入的机会。

第三，机会成本与一般意义上的会计成本不同。会计成本是生产者在要素市场上为购买或租用所需的生产要素而发生的实际支出，是一种显性成本。机会成本是经济主体将他购买或租用的生产要素用于某一用途时不得不放弃的该要素在其他用途上可能产生的最大收益，它不是在作出某项选择时实际支付的费用或损失，而是一种观念上的成本或损失。例如在上述例子中，这个人并没有为了炒股而实际支付3万元或2万元成本，只是在选择炒股的同时，放弃了可能因为开便利店或开小饭馆的收益。

第四，机会成本是作出一种选择时所放弃的其他若干种可能的选择中最好的一种。在这个例子中，将10万元资金用于炒股，所放弃的最好用途是开便利店，因此机会成本是3万元而不是2万元。当然，如果这个人将资金用于开便利店，那么这笔资金的机会成本就是开饭馆的2万元收益，而不是用于炒股所获得的1万元收益。

机会成本不仅可以用于对个人选择的评价，也可以用于对厂商、政府决策的评价。不同国家在不同时期制定的经济政策是影响该国经济发展的重要因素，科学的经济政策能够使资源配置更加合理，促进经济社会的全面发展，而失去科学性的经济政策不但不能促进经济的可持续发展，反而造成资源的巨大浪费。

专栏 1-1

她是否可以"东食西宿"?

《艺文类聚》里讲述了这样一个故事：齐国有一户人家的女儿，有两家男子同时来求婚。东家的男子长得丑，但是很有钱。西家的男子长得俊美，但是很穷。父母一时间陷入了两难之中，不知道该如何抉择，因为无论作出哪一种选择都会有得有失。于是父母征询女儿的意见："要你自己决定愿意嫁给谁可能难以启齿，不便明说，就以袒露一只胳膊的方式，让我们知道你的意思。"女儿便袒露出两只胳膊。父母感到奇怪，问其原因，女儿说："我想在东家吃饭，在西家住宿。"

作出选择并不是一件容易的事情，其根源就在于资源的稀缺性。中国古话说"鱼和熊掌不可兼得"，如果选择吃鱼，就不能吃熊掌，这时熊掌就是吃鱼的机会成本；反过来，如果选择吃熊掌，就不能吃鱼，这时鱼就是吃熊掌的机会成本。经济学家常说"世界上没有免费的午餐"，就是指任何选择都是有代价的，这个代价就是机会成本。

三、资源利用

人类社会时常面临这样一种矛盾：一方面资源是稀缺的，但另一方面，稀缺的资源得不到充分的利用。正如英国著名经济学家琼·罗宾逊（Joan Robinson）针对20世纪30年代的大危机指出，当经济学家把经济学定义为研究稀缺资源在各种可供选择的用途之间进行分配的科学时，"英国有三百万工人失业，而美国的国民生产总值的统计数字刚下降到原来水平的一半"[①]。这种情况可以用图1-1中的 G 点来表示。产品数量的组合在生产可能性曲线以内，表明资源没有得到充分利用。所谓**资源利用**（resource utilization），就是人类社会如何更好地利用现有的稀缺资源生产出更多的产品。资源利用也包括三个相关的问题。

1. 为什么资源得不到充分利用

基于图1-1，就是要回答为什么大炮和黄油的产量组合是在 G 点上而不是在生产可能性曲线上。换句话说，也就是如何使稀缺资源得到充分利用，这就是一般所指的"充分就业"问题。

2. 为什么产量不能始终保持在生产可能性曲线上

在资源既定的条件下，社会产量总是时而高时而低，并不是一直保持在生产可能性曲线上，这就是经济中的周期性波动问题。与此相关的，是如何用既定的资源生产出更多的产品组合，这就是经济增长的问题。

3. 货币购买力的变动对产量有何影响

现代社会是以货币为交换媒介的商品社会，无论是生产武器还是食品，所需投入的生产要素都需要通过使用货币购买，货币购买力的变动必然影响商品产量。当

①　琼·罗宾逊. 经济理论的第二次危机［M］//现代国外经济学论文选（第1辑）. 北京：商务印书馆，1979：2.

货币购买力增大时，商品产量相应增加；反之，商品产量下降。货币购买力的变动涉及通货膨胀（通货紧缩）的问题。

可见，资源的稀缺性不仅引起了资源配置问题，而且也引起了资源利用问题。正因为如此，也有经济学家指出，经济学的研究对象是资源配置和资源利用问题。基于此，有经济学家认为，把经济学定义为"研究稀缺资源配置和利用的科学"也许更恰当。

四、资源配置机制

尽管在不同的社会都存在资源的稀缺性，但是解决稀缺性的方法却不尽相同。换句话说，在不同的经济体制下，资源配置与资源利用问题的解决方法是不同的。人类社会采用过的资源配置机制有自给自足经济、市场经济、计划经济和混合经济等类型。

自给自足经济是每个家庭生产他们所需要的每件产品并消费这些产品。他们不需要与其他经济主体进行交易，也不需要货币，所以不会出现生产和需求之间的严重冲突。在这种经济中，资源的配置和利用由家庭的直接消费所决定。由于整个经济由各自封闭、独立的经济主体所构成，因而经济效率一般都比较低下。

市场经济是主要以市场机制来配置社会资源。在市场经济体制下，企业在竞争性的市场中购买劳动、资本等生产要素和销售产品，消费者在竞争性的市场中售卖劳动、资本以及购买产品，要素与产品的供求关系通过价格的变动显示出来，消费者与企业在价格变动的指导下调整各自的决策，改变资源的配置。英美等发达资本主义国家实施的就是市场经济体制。

计划经济又称指令经济，是以政府指令为主导配置社会资源。在计划经济体制下，政府先通过计算制订有关生产、分配的计划，再通过给企业、国民下达指令的方式实施该计划，完成资源的配置与产品的分配。为了解决生产什么、生产多少、如何生产以及产品的分配等问题，政府往往将绝大部分的社会资源划归政府所有，也就是说，计划经济体制往往与全民所有制或集体所有制形式相并行。苏联、改革开放前的中国以及朝鲜等是实施计划经济体制的典型经济体。

不过，纯粹意义上的市场经济或计划经济均是不存在的，现实中最为常见的是混合经济。在混合经济中，一部分产品的生产与分配是在市场机制下组织完成的，另一些产品的生产与分配则通过政府指令实现。所不同的是，各国在政府指令干预的程度、针对的产品范围、力度等存在差异。有些国家政府干预的范围和力度相对较大，有些国家政府干预的范围和力度则相对较小。如欧洲大多数高福利国家政府干预的范围就较广，力度就较强；而美国和日本等国家的政府干预范围相对就较小，力度也相对较弱。

五、经济学的定义

"经济"的含义有许多，其中最常用的含义有两个：第一种含义是中性词，广义地指人类社会生产、消费等活动以及组织这些活动的制度。第二种含义是褒义词，意指节省和效率，即以较少的人力、物力和时间获得较多的产出或成果。在西方文献中，最先使用 economy 一词的是古希腊思想家色诺芬，他在公元前 387~前 371 年间写成《经济论》，以记录苏格拉底与他人对话的形式，阐述了收入与支出、财富及其管理、农业及其管理、分工等问题。在此，economy 是指家计管理，即奴隶主家庭的生产和生活等方面的管理。

自经济学诞生以来，经济学家们对经济学的定义不胜枚举，不同学派、不同学者的认识都有所不同。19 世纪著名经济学家阿尔弗雷德·马歇尔（Alfred Marshall）认为，经济学是"一门研究人类一般生活事务的学问"，将经济学的研究范围进行了极大的拓展；斯坦利·杰文斯（W. Stanley Jevons）认为经济学是"人类快乐与痛苦的微积分学"，是研究如何以最小的痛苦获得最大幸福的学问，是关于效用和自利心的力学理论。20 世纪 20 年代英国经济学家利奥尼尔·罗宾斯（Lionel C. Robbins）认为，经济学是一门把人类行为作为目的与可以有不同用途的稀缺资源之间的关系来研究的科学。美国著名经济学家保罗·萨缪尔森（Paul A. Samuelson）认为经济学是"研究人和社会如何作出最终抉择的科学"。当代著名经济学家约瑟夫·斯蒂格利茨（Joseph E. Stiglitz）将经济学的研究范围归结为四个问题：生产什么、生产多少？如何生产？为谁生产？如何决策？经济学是关于"选择的科学"。[①]

综合前述分析，本书将**经济学**（economics）定义为研究一定制度条件下如何将稀缺资源进行合理配置和利用，以最大限度地满足人们需要的科学，其核心是研究人们是如何作出选择的。

第二节　经济学的研究内容

经济学从诞生以来，发展到今天，研究内容日益广泛，由此形成了研究不同问题的分支，但最常见的分类方法是按经济学的研究对象来划分。由于经济学是研究资源配置与资源利用问题，因此研究资源配置问题构成了微观经济学的基础，而研究资源利用问题则构成了宏观经济学的基础。微观经济学的诞生以英国经济学家亚当·斯密（Adam Smith）在 1776 年发表的《国民财富的性质和原因的研究》（简称《国富论》）为标志；宏观经济学的诞生则以 1936 年约翰·梅纳德·凯恩斯（John Maynard Keynes）的《就业、利息和货币通论》（简称《通论》）的发表为标志。

一、微观经济学

微观经济学（microeconomics）主要是通过研究单个经济单位的经济行为和相应经济变量的决定，来说明价格机制是如何解决社会资源配置问题的。对这一定义

---

① 转引自：赵凌云. 经济学通论［M］. 2 版. 北京：北京大学出版社，2007.

可以从以下四个方面进行理解：第一，微观经济学的研究对象是单个经济单位的经济行为。单个经济单位是指组成经济的最基本的单位：居民户与厂商，通常也称为消费者和生产者。在微观经济学的研究中，假设居民户和厂商的目标是实现最大化，居民户要实现效用最大化，厂商要实现利润最大化。第二，微观经济学要解决的问题是资源配置。资源配置就是前文所说在资源选择中面临的三个基本问题，即生产什么和生产多少、如何生产、为谁生产。解决资源配置问题就是要使资源配置达到最优。第三，微观经济学的中心理论是价格理论。与单个经济单位相关的经济变量有价格、效用、成本、产量、收益、工资、利润等，所以在微观经济学中涉及商品价格和生产要素价格的决定等相关内容。价格就像一只"看不见的手"（invisible hand），调节着整个社会的经济活动，使社会资源的配置实现最优，因此价格理论是微观经济学的中心理论，其他内容都是围绕这一中心问题展开的。第四，微观经济学的研究方法是个量分析。个量分析就是研究经济变量的单项数值是如何决定的，例如单个居民户是如何作出消费决策的；单个厂商是如何作出生产决策的。

（一）微观经济学的基本假设

经济学的研究是以一定的假设条件为前提的。微观经济学主要基于以下三个基本假设。

1. 市场出清

微观经济学假定，在市场经济中市场是可以自动出清的，即价格的波动决定了消费者的购买量和厂商的生产量，并使供给量与需求量相等。市场出清（market clearing）假设主要包括了两个方面的含义：第一，市场上的供求可以实现均衡，即厂商的供给量与居民户的需求量可以达到大体相等。导致这种局面的主要因素是价格机制，如果价格太高，居民消费会减少，厂商出现产品积压，为获取最大利润，理性的厂商会降低价格，其结果是促进居民需求量的增加；反过来，如果需求量大于供给量，厂商就会提高价格，居民的需求量就会因此减少，从而达到供求的大体均衡。第二，该均衡是可以自动实现的。传统的微观经济学家们认为，市场经济可以由价格这只"看不见的手"来调节，居民户和厂商基于各自利益最大化而产生的交易可以自动使需求和供给达到均衡，无须外界力量的协助，从而排除了政府干预的必要性，这种无政府干预的市场因此也被称为清洁的市场。

2. 完全理性

完全理性（rationality）是经济学对人的基本假设，又称为"理性人"或"经济人"假设，即无论是厂商还是居民户都是基于自身利益而进行理性选择的，换言之，市场经济的道德基础是利己而非利他。不过，在理解利己概念时需要注意两个问题：一是利己并不排除利他行为，一个基于自身效用最大化的人完全有可能有拾金不昧、见义勇为的行为；同样，一个基于利润最大化的厂商也可能有很强的社会责任感，热衷于公益事业。二是利己不能等同于自私自利、损人利己，经济学中的利己本质上要求对规则的遵守和对他人利益的尊重。理性人假设意味着个体决策是理性的。理性人在进行经济决策时，都会进行成本和收益核算，追求利益最大化。根据《新帕尔格雷夫经济学大辞典》的表述，在理想情形下，经济行为人"……具有完备的信息和无懈可击的计算能力。在经过深思熟虑后，他会选择那些比其他备选方案能够更好满足自己偏好的行为。"①

理性人假设是经济学中的一个强假设，它将那些不具备理性判断的主体（如未成年人、精神病患者等）排除在理论分析之外，强调经济主体行为动机的可判断性和行为的可预测性。

3. 完全信息

信息是影响个体决策的重要因素。微观经济学假定，经济主体获取的信息是完全的，不存在任何沟通的障碍。在市场上，消费者和厂商只有具备完备而迅速的信息，才能对价格信号作出及时的反应，以实现其行为的最优化。完全信息（complete information）假设实际是理性人假设的内在要求，只有满足完全信息假设，个体所作的决策才能实现最优。在某些市场上（如股票市场和二手车市场），信息是决定商品或者服务价格的最重要因素，购买者获取信息的充分程度直接决定着他们的决策。在另外一些市场上（如食品和药品），当消费者缺乏足够信息而作出选择时，不仅意味着他们可能会支付更高的费用，严重的情况还会影响他们的健康。因此，信息在决定资源配置效率方面起着关键作用。

需要指出的是，上述三个假设只是基本假设。随着经济学理论的不断发展，经济学家们发现经济学的理论蕴含着更多假设，例如产权明晰、交易成本为零、制度设计恰当和执行严格等。如果假设前提发生变更，经济学理论及其适用性就会相应发生重大变化。

（二）微观经济学的主要内容

微观经济学的中心理论是价格理论，它研究某种商品的价格如何决定，以及价格如何调节整个经济的运行。微观经济学研究的所有问题都是围绕这一中心理论而展开的，主要包括以下内容。

1. 均衡价格理论

均衡价格理论也称价格理论，是微观经济学的中心，也是理解市场经济运行的基本理论，它通过对供给和需求及其交互作用的分析，研究市场均衡价格的形成和变动。

2. 消费者行为理论

消费者行为理论研究作为消费者的居民户如何把有限的收入分配到各种物品及劳务的消费上，从而实现效用最大化。这是对价格理论中的需求部分所做的进一步解释。

3. 生产者行为理论

生产者行为理论研究作为产品或服务提供者的厂商如何把有限的资源用于各种物品的生产，以实现利润最大化。这是对价格理论中供给部分的进一步阐述，包括生产理论和成本理论两个部分。

4. 市场结构理论

市场结构理论根据市场的性质，考察完全竞争市场、完全垄断市场、垄断竞争

① 约翰·伊特维尔，等. 新帕尔格雷夫经济学大辞典 [M]. 北京：经济科学出版社，1996.

市场和寡头垄断市场上厂商的行为和消费者福利。

5. 要素定价和收入分配理论

要素定价理论就是用价格理论来回答"为谁生产"这一基本问题，研究产品按照什么原则进行分配；劳动、资本、土地和企业家才能各生产要素的价格如何决定，即工资、利息、地租和利润如何决定。由于要素的价格和数量决定了各要素在国民收入分配中的相对重要性，因此要素价格决定理论又被称为收入分配理论。

6. 一般均衡与福利经济学理论

一般均衡与福利经济学理论分析经济中所有经济单位及其市场同时处于均衡时资源配置的效率。

7. 市场失灵理论

市场失灵理论研究市场调节中存在的各种局限性对垄断、公共物品的提供、外部性以及信息不对称等市场失灵问题进行分析，并研究如何用微观经济改革解决市场失灵问题。

二、宏观经济学

宏观经济学（macroeconomics）是以整个国民经济为研究对象，通过研究整个国民经济中有关经济总量的决定和变化，说明资源如何得到充分利用以及政府如何为实现宏观经济目标而进行调节的问题。对这一定义可以从以下四个方面进行理解：第一，宏观经济学的研究对象是整个经济，即经济总量。经济总量涉及的变量主要有国内生产总值、总需求、总供给、总投资、货币供给量及物价总水平等。第二，宏观经济学解决的问题是资源利用。宏观经济学把资源配置作为既定前提，研究现有资源未能得到充分利用的原因、达到充分利用的途径以及经济如何增长等问题。第三，宏观经济学的中心理论是国民收入决定理论。由于宏观经济学的研究视角是一个国家整体经济的运行，如何保持一个经济体平稳持续的发展是最重要的，所以其中心理论是国民收入决定理论，即把国民收入作为最基本的总量，以国民收入的决定为中心来研究资源利用问题，分析整个国民经济的运行。第四，宏观经济学的研究方法是总量分析。总量是指能够反映整个经济运行情况的经济变量。经济中的总量可以分为两类：一类是个量的总和，如总投资是各个厂商的投资总和；总消费是各个居民的消费总和；国民收入是整个经济的各个单位的收入总和。另一类是平均量，如价格水平是各种商品和劳务的平均价格。总量分析就是分析这些总量的决定、变动及其相互关系，并通过这些分析说明经济的运行状况以及经济政策的决定。

（一）宏观经济学的基本假设

宏观经济学产生于 20 世纪 30 年代，它的基本内容基于两个基本假设。

1. 市场机制的不完善

从市场经济产生以来，市场经济国家就在繁荣与萧条的交替中发展，尤其是20 世纪 30 年代的大危机，使经济学家们认识到，如果单纯依靠市场机制的自发调节，经济就无法克服危机与失业。因此，要使资源既得到恰当配置，又使资源能够得到充分利用，仅仅靠市场机制是不够的。

2. 政府有能力调节经济，纠正市场机制的缺陷

对经济的调节，不能只顺从于市场机制的作用，政府可以通过观察与研究认识经济运行的规律，采取适当手段对经济进行干预。政府不但有责任，而且也有能力调节经济，并且纠正市场机制的缺陷。

（二）宏观经济学的主要内容

宏观经济学的内容相当广泛，包括宏观经济理论、宏观经济政策以及宏观经济计量模型。根据宏观经济学的研究对象，它的基本内容有：

1. 国民收入决定理论

国民收入是衡量一个社会国民经济状况的基本指标。国民收入决定理论从总需求和总供给的角度来分析国民收入决定因素、国民收入决定过程、国民收入量的多少及其变动规律。

2. 失业与通货膨胀理论

失业与通货膨胀在市场经济中普遍存在。失业影响整体经济的发展和社会安定，是人力资源的浪费。宏观经济学要研究失业的类型、产生的原因、失业对经济和社会的影响，并提出解决失业的对策。通货膨胀是物价总水平普遍而持续的上升。宏观经济学要研究通货膨胀产生的原因、影响以及物价水平变动与经济之间的关系，并提出稳定物价的政策建议。

3. 经济增长与经济周期理论

一个国家的经济增长会出现正增长、零增长甚至负增长，经济增长理论就是要研究经济增长的源泉、经济增长过程与结果以及经济增长的长期趋势。经济周期理论是通过对有关经济波动统计资料的分析，探寻经济周期的特点、形成原因和影响后果，探讨政府反经济周期的应对措施，以实现经济的长期稳定和均衡增长。

4. 开放经济理论

各国之间存在着日益密切的经济联系，每个国家的经济运行状况都会受到世界经济的影响。开放经济理论就是在世界经济的框架内研究国民收入的决定、通货膨胀与失业、经济增长与经济周期等，进而说明一个国家的经济政策如何调节国民收入。

5. 宏观经济政策

经济理论是经济政策的基础与依据，经济政策是经济理论的运用与实践。宏观经济政策研究的是政府干预经济的具体措施，包括政策目标、政策工具、政策机制以及政策效果等。

三、微观经济学与宏观经济学的区别与联系

微观经济学与宏观经济学在研究对象、解决的问题、基本假设、中心理论和研究方法等方面都有所不同，但二者之间又有着密切的联系。

（一）微观经济学和宏观经济学的区别

1. 研究对象不同

微观经济学是以消费者和厂商的活动作为考察对象，所研究的是单个经济单位的经济行为，是关于单个经济单位的经济行为和个别经济变量变动的理论。宏观经

济学是以整个国民经济活动为考察对象，分析整个社会活动、经济问题，经济变量的各个总量以及各个总量之间的相互关系。

2. 解决的问题不同

微观经济学把资源利用作为既定的前提，解决的是资源配置问题，即生产什么和生产多少、如何生产、为谁生产的问题，以实现个体效益的最大化。宏观经济学则把资源配置作为既定的前提，研究社会范围内的资源利用问题，以实现社会福利的最大化。

3. 基本假设不同

微观经济学的基本假设是市场出清、完全理性、完全信息，认为"看不见的手"能自由调节经济从而实现资源配置的最优化。宏观经济学则假定市场机制是不完善的，政府有能力调节经济，通过"看得见的手"纠正市场机制的缺陷。

4. 研究方法不同

微观经济学的研究方法是个量分析，即研究经济变量的单项数值如何决定。宏观经济学的研究方法则是总量分析，即对能够反映整个经济运行情况的经济变量的决定、变动及其相互关系进行分析。因此，宏观经济学又被称为"总量经济学"。

5. 中心理论和基本内容不同

微观经济学在研究单个经济单位的经济行为和活动时，主要涉及市场经济和价格机制如何运行的问题，所以微观经济学的中心理论是价格理论。宏观经济学分析的特点是把国民收入与就业相结合作为研究的中心，所以宏观经济学的中心理论是国民收入决定理论。

（二）微观经济学与宏观经济学的联系

微观经济学与宏观经济学虽然有明显的区别，但由于它们都是经济学的分支，两者之间并没有十分清晰的界限，是相互补充的，共同组成经济学的整体。同时，微观经济学与宏观经济学又是互为前提的，研究微观的资源有效配置要以经济资源的充分利用为前提，研究宏观的资源如何充分利用要以资源已经实现有效配置为前提。两者的联系主要体现在以下三个方面。

1. 微观经济学与宏观经济学相互补充

经济学的目的是要实现社会经济福利的最大化，为了达到这一目的，既要实现资源的最优配置，又要实现资源的充分利用，微观经济学和宏观经济学从不同的角度分析社会经济问题。微观经济学是在假定资源已经得到充分利用的前提下分析资源如何达到最优配置，宏观经济学是在假定资源已经实现最优化配置的前提下研究资源如何达到充分利用。从这一意义上说，微观经济学与宏观经济学不是相互排斥的，而是相互补充的，它们共同组成经济学的基本原理。

2. 微观经济学与宏观经济学都把社会经济制度作为既定的前提

它们都将市场经济制度作为一个既定的存在，分析这一制度下的资源配置与利用问题，而不涉及制度本身。因此，微观经济学与宏观经济学都属于实证经济学的范畴。

3. 微观经济学是宏观经济学的基础

从内容上看，整体经济是单个经济单位的总和，宏观经济学的总量分析是建立在微观经济学个量分析的基础上的；从理论上看，宏观经济学的许多理论，例如，对整个社会消费与投资的分析，都是建立在微观经济学关于单个消费者行为理论、单个生产者投资行为理论基础之上的。因此可以说，宏观经济行为的分析总是要以一定的微观分析为理论基础。又如，就业或失业理论以及通货膨胀理论等宏观经济理论，必然涉及劳动供求与工资决定理论以及商品价格决定理论。再如，从西方经济理论发展史来看，以消费者效用最大化和生产者利润最大化为前提，在产品市场和生产要素市场完全竞争条件下，以传统的一般均衡微观分析的产品价格理论和工资理论为理论基础，经济学家可以合乎逻辑地建立起充分就业的宏观经济模型。另外，假如以垄断价格的价格刚性和工资刚性的微观经济方式为基础，用调整产量代替传统分析的调整价格以描述社会经济运行机制，经济学家可以对非自愿失业和 20 世纪 70 年代出现的"滞胀"等现象，提出合乎逻辑的解释。所以 20 世纪 70 年代以来，在西方经济学文献中出现了"宏观经济学的微观经济基础"的提法。

第三节　经济学的研究方法

每一学科都有与其学科特征相对应的研究方法，经济学通过借鉴、移植与改造哲学、物理学、心理学、统计学以及数学等的研究方法，结合经济研究难以做实验以及精确度要求不高的学科特征，形成了有鲜明特色的经济学研究方法。

一、经济模型

现实世界中的规律性是相当复杂的，现代科学研究往往采用模型思维去识别与把握规律性。模型（model）是对现实的简化性描述和模拟，它从纷繁复杂的诸多关系中抽取出主要的关联，而忽略那些相对次要与细微的关联，并说明这些主要关联的联系机制。经济学也是在模型理念下展开经济分析的。所谓**经济模型**（economic model），是指用来描述与所研究的经济现象有关的经济变量之间相互关系的理论结构。例如，现实中一种商品的需求量一般由商品本身的价格、相关商品的价格、消费者收入水平、消费者偏好等因素决定，并受到消费潮流、消费者对未来的预期，乃至气候、冲击性因素等的影响，但商品需求量决定模型一般只考虑商品本身的价格、相关商品的价格、消费者收入水平、消费者偏好等主要因素，以简化经济分析。当然，这种简化要保证由此导致的误差能够被限定在一个可接受的范围之内。

根据研究层次与表述方式的不同，经济模型一般分为概念模型、数理模型、计量经济学模型等类别。概念模型一般是以文字铺叙的方式表述的，侧重于提出审视经济问题的新视角（也即提出有关经济现象中的新观点），以及与这些新视角相对应的新概念，并通过经济哲学分析说明该新视角的合理性，通过逻辑推演导出一般性结论。数理模型一般以数学方程或数学图形的形式表述出来，是对概念模型的进一步细化，以及对概念模型所提出的主要经济关系机制进行规范、严谨、详细的阐述，并且通过数理逻辑演绎推演得出一些更具体的经济结论。计量经济学模型则是将数理模型定量化，并以随机方程的形式表述出来。计量经济学模型是联系经济现象与经济理论的桥梁，其主要作用是采用有关经济现象的数据检验数理模型与概念模型，如果这些模型通过了事实检验，就采用计量经济学研究出的结构参数对现实经济进行结构分析与经济预测。

典型的经济模型的过程一般由以下几个步骤构建得出，如图 1 – 3 所示。

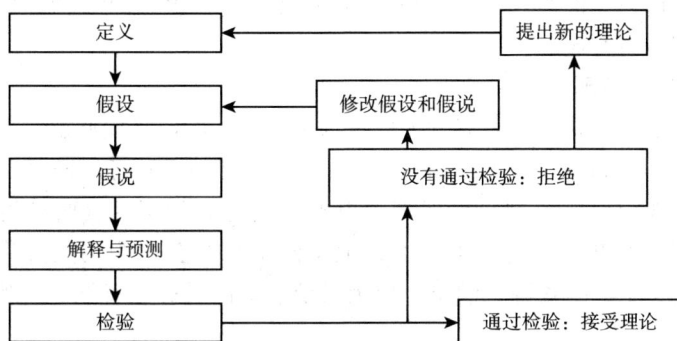

图 1 – 3　典型的经济模型构建的过程与步骤

（一）定义

定义（definition）是对经济学所研究的各种变量规定明确的含义。研究问题确定后，经济学理论需要正确选择和界定相关变量。通常，经济模型涉及两种变量，即内生变量和外生变量。**内生变量**（endogenous variable）也称为被解释变量或者因变量，是能够通过模型从内部判断相互之间关系的变量，可以通过模型的求解过程计算出来。**外生变量**（exogenous variable）也称为解释变量或者自变量，是模型本身无法决定、只能人为地事前规定或者作为模型的既定环境予以接受的变量。

除内生变量和外生变量的分类外，经济变量还可以分为流量（flow）和存量（stock）两类。所谓**流量**，是指在一定时期内发生的数值，例如一个企业一个月或一个季度的商品销售额，一个国家或一个地区在一年内的出生人数，一个人在一年内获得的总收入等，属于流量指标。**存量**则是指在某一时点上发生的值，如一国总人口、一个家庭的储蓄余额等，属于存量指标。

（二）假设

假设（assumption）是某一理论适用的条件。通过假设，研究者可以保留主要因素，排除次要因素，在一个相对纯粹的条件下研究主要因素的作用和它们相互之间的关系，这样才能对被研究对象有所认识。否则，研究者就可能面对一团乱麻，总也理不出头绪来。当然，有了初步结论我们还要一步步放松假设，使最终结论更贴近现实，反映现实的规律性。从假设开始，可以说是经济学家的一种职业习惯。学习经济学，也要习惯于这种方法。

（三）假说

假说（hypotheses）是在假设基础之上对两个或者更多经济变量之间关系的设想。提出研究假说是构建经济模型的核心和关键步骤，是对所研究问题做出的试探性解释。提出一项研究假说不仅需要观察大量的经济现象，还需要对这些观察进行归纳，并抽取出其中的主要经济关系，还要求考虑新提出的假说可以进行程式化事实检验或计量经济学检验。

需要注意的是，研究假设和假说是两个完全不同的概念。假设是分析问题的前提条件，是研究假说形成的基础，其作用是限定研究范围和简化分析；而研究假说则是指理论本身，侧重于对变量之间关系的分析。如"其他条件不变，商品的需求量与价格负相关"的表述中，"其他条件不变"是假设，而"商品的需求量与价格负相关"则是研究假说。

（四）解释与预测

一个经济模型建立后，人们就可以根据模型提示的经济关联对现实经济运行作出解释（explanation）与预测（prediction），并指导自己的行为选择。例如，一个大型商场计划进行一次大型降价促销，根据"其他条件不变，商品需求量与价格负相关"的经济模型，商场就可以准确地预测出消费者的购买数量将会增加，并为此次活动准备充足的货源，制定应对大量消费者同时进场可能产生的秩序混乱问题的预案。

（五）检验

虽然经济学家习惯于运用经济模型来分析现实问题，但并不是所有的经济模型都能很好地解释现实问题，如果一个模型没有很好的解释能力和预测能力，提出的研究假说就没有太大的价值。好的研究假说需要经过检验（verification）。假说的检验一般有两种方法。一是程式化事实检验方法，即通过对假说的演绎推理导出一系列的结论，再检验这些结论是否与现实中的一系列经济现象相符合。二是计量经济学的实证检验方法。该方法需要先将理论模型数量化，然后收集相关数据资料，再通过对模型参数的估计与统计显著性检验等判断假说给出的经济关系是否显著成立。程式化事实检验往往用诸多不同类别的经济现象去检验经济模型，而计量经济学的实证检验往往用同一类别的诸多经济现象去检验经济模型。但这两者并不是严格区分的，程式化事实检验就可通过一系列针对不同类别现象的计量经济学检验予以实现。现代经济学研究一般认为计量经济学的实证检验方法较为科学，这种说法并不完全准确，因为理论在提出之初，由于难以积累起相关经验数据，往往不能采用计量经济学的实证检验方法，而只能采用程式化事实的检验方法。

（六）选择模型

如果研究假说通过了检验，我们就说模型未被证伪。如果研究假说不能通过检验，该假说就被证伪，需要进行修正，或者提出新的假说来代替它，这就是模型的选择。事实上，在现实的研究中，证实与证伪的判定并不那么简单，特别是对计量经济学的实证检验来说，模型的证伪是量化为显著性来判断的，并不是那种非此即彼的证实与证伪判定。

二、实证分析与规范分析

经济学家们常常将经济学分为**实证经济学**（positive economics）和**规范经济学**（normative economics）两大类别，各自采用的方法是实证分析和规范分析。

（一）实证分析

实证经济学是对经济事实的研究，重在探寻经济本身的内在规律，并根据这些内在规律分析和预测人们经济行为的效果。实证分析并不涉及价值判断，而只对客观事实加以描述解释，回答的是"实际是什么""实际是怎样做的"这一类问题。如新冠疫情发生对中国对外贸易的影响如何？提高个人所得税起征点是否促进了消费？关停落后钢铁产能企业后对当地税收有何影响？等等。

（二）规范分析

规范经济学研究的则是"应该是什么""应该怎样解决""是否正确"等问题。与实证分析不同，规范分析要以某一价值判断为基础展开研究，即需要首先提出分析处理经济问题的价值标准，然后再研究怎样才能达到这些标准。如是否应该制定相关法律规定打击网络平台滥用算法技术？是否应该实施严厉的审批制度来抵制农业转基因生物进口吗？中小学生是否需要课外辅导？

可见，是否有一定的价值判断是实证分析方法与规范分析方法的根本区别。所谓价值判断，是指判断某一经济事物是好还是坏，即对社会有无价值。价值判断往往带有一定的主观意见，不同的人对同一件事情的判断可能大相径庭。如对经济增长的研究，从实证分析的角度来看，研究者们要回答的是经济增长的速度如何、影响经济增长的因素有哪些等。但从规范分析的角度来看，研究者们就要回答经济增长过快（过慢）是好事还是坏事。由于研究者立场、观点的不同，伦理道德观不同，对同一个问题可能持有不同的看法，孰是孰非不能一概而论。

专栏1-2

本体与常无：经济学方法论

经济学的任何理论实际上都是在说明，人们如何作选择，而选择又会受到决策者的认知、内外在条件的制约，所以在某一种情况下的最佳选择，在另外一种情况下就不一定是最佳的。用老子的话来说，理性是经济学的本体之道，但这个"道"的表现形式是会随着决策者的内外在条件的变化而改变的。因此，任何一个现有的理论虽然是理性的本体的一种表现，但不是理性本身，不是"常道"。如果误把现有的理论当作"常道"，那么就会犯了不讲条件的"空疏"的弊病。《道德经》中有一段话，对此有非常精彩的批评："前识者，道之华，而愚之始。"所谓"前识"，就是对"道"在先前的条件下所表现的形式的认识，也就是现有的理论，它反映了"道"，但不是"道"本身，所以是"道之华"，如果把"道之华"绝对化为"道"本身，就是愚笨的开始。所以我们在学习现有理论时，必须把任何现有的理论都作为一种"前识"来对待。它"都对都不对"。"都对"是因为它是理性在一定的条件下的表现；"都不对"是因为决策者所面临的条件是不断在变动的，它不是"理性"本身。如果能这样来理解理论，在观察一个现象、解释一个现象时，就会以"常无"的心态，直接去了解现象，从现象揭示它背后产生的原因，就能达到《道德经》里所讲的"以观其妙"。可是我们多数人，包括许多经济学家在解释现象时，经常从现有的理论出发，结果就犯了"前识者"的弊病。

"常无"是每一位开创理论新思潮的大师所共有的思维特性。在《论语》中,孔子和他的学生有一段精彩的对话:"吾有知乎哉?无知也。有鄙夫问于我,空空如也。"以这种"常无"的心态,如何来了解现象?孔子接下来说:"我叩其两端而竭焉。"也就是要善于发问、善于比较、善于归纳。就一位经济学家来说,第一,要很快认识到在这个现象中谁是主要的决策者?政府、企业,还是消费者?第二,这个主要决策者所要达到的目标是什么?达到这个目标所面临的限制条件是什么么?有哪些可能的选择方案?第三,每个可选择的方案的特性、相对的成本和效益是什么?如果能这样,应该就不难直接认识到现象背后的形成原因、机制是什么。在认识到现象背后的原因、机制之后,再跟现有的理论做比较,这样才能不被现有的理论束缚,也才能对理论的发展作出贡献。

资料来源:林毅夫.本体与常无:经济学方法论对话 [M].北京:北京大学出版社,2012:35 - 36。

三、均衡分析与边际分析

(一) 均衡分析

均衡 (equilibrium) 最初是一个物理学的概念,原指一个物体同时受到方向相反大小相等的两个外力作用时,该物体处于静止不动或匀速前进的状态。19 世纪末,英国经济学家马歇尔把这一概念引入经济学,表示各种有关的经济变量在相互作用之后,处于相对平衡而不再变动的状态。经济学认为,均衡的经济状态是稳定的,在该状态下,各经济行为主体的利益都得到了约束下的最佳满足,他们也因此不再试图改变这一状态。

在均衡分析法看来,社会经济倾向于进展到某一平衡的状态。**均衡分析** (equilibrium analysis) 就是假定经济变量中的自变量为已知的和固定不变的,然后考察因变量达到均衡状态时所出现的情况以及实现均衡的条件。经济学中的均衡分析方法一般分为局部均衡分析法和一般均衡分析法两种类型。局部均衡分析研究的是在其他条件不变时单个市场均衡的被破坏与再达成。例如,在分析某一商品的价格均衡时,通过假设其他商品价格和供求关系不变,或更宽泛的"其他条件不变",分析该商品的供求变化与价格变化。一般均衡分析则将经济体中的各个市场视为一个整体,分析该整体均衡的变化。一般均衡较局部均衡的要求严格得多。以商品市场的一般均衡为例,由于一种商品的价格不仅要受其本身供求关系的影响,还要受其他商品供求关系的影响,只要有一种商品的供求没有达到均衡,商品市场就没有形成一般均衡,而只有各种商品的供求同时达到均衡时,一般均衡才能实现。相对于一般均衡分析而言,局部均衡分析较为简明,易于分析。一般均衡分析由于需要考虑每个相互联系的市场,往往要借助于复杂的数学工具,并且分析计算量相当大,在经济研究中应用较少。

(二) 边际分析

边际是指事物在时间或者空间上的边缘或者界限,经济学引入该术语则是指经济变量的增量。**边际分析** (marginal analysis) 方法最早由英国经济学家威廉·斯坦利·杰文斯（William Stanley Jevons，1871）、奥地利经济学家卡尔·门格尔（Carl Menger，1871）和瑞士经济学家莱昂·瓦尔拉斯（Léon Walras，1874）提出，是经济学思想史上的一次革命。边际分析法一经提出，即简明地解决了很多用平均数难以解决的问题，并且由于它将数学与经济学有机地结合起来，还导致了一些经济学分支学科的产生，如数理经济学、计量经济学、金融工程等，丰富了经济学的内容，拓宽了经济学的应用领域。

边际分析法将研究重点放在一种可变因素的数量变动对其他可变因素的变动所产生影响的大小方面。现代经济学认为，人们只需通过考察边际量之间的关系就可以作出最优决策。例如，航空公司用一架 160 座的飞机执飞某一航班，该航班一次飞行的成本为 80000 元，因此每个座位的平均成本为 500 元，但这并不意味着航空公司绝不会以低于 500 元的价格出售机票。如果在飞机起飞前的 3 个小时内还有多余的空位，并且此时恰好有一个人愿意以 300 元的价格购买机票，如果不考虑其他因素的影响，航空公司肯定会同意这一价格。这是因为航空公司关注的是增加利润，虽然一位乘客的平均成本是 500 元，但边际成本只是一份快餐和一杯饮料而已，只要该乘客愿意支付的票价（即航空公司的边际收益）大于该边际成本，航空公司就能增加利润。当然，现实经济中由于航空公司还要考虑公司的信誉、简化售票与调度管理等因素，临近起飞时间的票价往往定得较高。

四、静态分析、比较静态分析与动态分析

根据经济分析时是否考虑了时间因素以及如何考虑时间因素，可将经济分析方法分为静态分析、比较静态分析和动态分析。

（一）静态分析

静态分析（static analysis）方法并不考虑经济中的时间因素，而只分析某一经济状态形成条件。例如，假定对某种商品的需求和供给状况已知，就可据此找出该商品的需求和供给达到均衡（相等）时应有的价格（即均衡价格）和产出（即均衡产量）。只要供求状况不变，由此达到的均衡价格和均衡产量就会处于静止不动的状态。

（二）比较静态分析

比较静态分析（comparative static analysis）重在分析当原有条件发生变化后，所形成的新的均衡状态，以及该新均衡与前一均衡之间所存在的差异。虽然比较静态分析讨论的是通过过程实现的变化，但并不细究从原均衡演变到新均衡的过程，而只是研究前后两个状态点的特征。例如，假定人们的偏好发生了变化，以至于对某商品的需求有所增加，则在供给状况保持不变的条件下，当该商品的供求达到新的均衡时，其价格和产量都将比以前有所提高。

（三）动态分析

现实的经济是动态变化着的。经济学中的**动态分析**（dynamic analysis）方法，就是引入时间因素，分析某一经济变化导致的原有均衡状态如何演变到一个新的均衡状态的过程。微观经济学中的商品价格与产量相互影响的蛛网理论，宏观经济学中的货币传导机制理论、经济增长理论等，采用的都是动态分析方法。

经济学的研究方法有很多，除了以上提到的几种常用的方法以外，根据所研究

经济变量的特点，还可以划分为个量分析法和总量分析法。个量分析法主要应用于微观经济学，考察的是单个消费者、单个厂商和单个市场的经济行为。总量分析法则适用于宏观经济学，以整个国民经济体为对象，研究的是宏观经济总量的变化情况。另外，还有定性分析法与定量分析法。定性分析是为了说明经济现象的性质及其内在的规律；而定量分析则是分析经济现象之间直接的关系，定量分析使经济学更能运用于实际。

第四节　经济学说史概要

经济学说是专门论述经济问题的系统的经济思想。施蒂格勒指出，经济学说史是"'现在的'经济学的经济学"[①]。理解一门科学的演变过程有助于理解它的现状。经济学说史展现了经济学从古希腊、古罗马开始至今的发展历程，揭示了经济学理论大厦是如何构建的。

一、古希腊古罗马与中世纪的经济思想

早期的人类经济生活较为简单，但在处理个人、家庭与政府经济问题的实践中，人类也积累起了诸多经验，一些学者总结与提炼了这些经验，形成了早期的经济思想。早期的经济思想多以文字段落的形式散布在学者们关于哲学、伦理学的著作中。例如，古希腊的色诺芬在《经济论》中最早提出并使用了"经济"一词，并提出了财富的主观性和主观价值论思想以及农业之于财富增长、军事发展的重要性的观点，他还解释了劳动分工的必要性。柏拉图在《理想国》一书中，从人性论、国家组织原理以及使用价值的生产三个方面考察社会分工的必要性，认为分工是出于人性和经济生活所必需的一种自然现象。亚里士多德在《政治学》和《尼可马科伦理学》两书中提出了关于商品交换与货币的学说，他反对以追求货币财富为目的的大商业，更反对高利贷。

古罗马的加图在《农业志》一书中提出，农业是罗马人最重要的职业，主张奴隶制农庄应该基本自给自足，奴隶生活的一切用品都应该在本农庄生产。瓦罗和科路美拉注意到了奴隶对生产劳动没有兴趣和积极性的问题，提出了把农业交给隶农经营的主张。西塞罗则论述了大商业的作用，讨论了商品价格的决定问题，并对劳动与社会分工的作用作了不同于古希腊学者的阐述。古罗马的《十二铜表法》《查士丁尼法典》等法典，确立了私有财产制度和自由契约制度，其中也渗透着对私有财产、自由契约、货币和价格、利率等的看法。

从公元 476 年西罗马帝国灭亡到 17 世纪中叶英国资产阶级革命被称为欧洲的"中世纪"。中世纪的经济思想者特别看重经济问题的道德、伦理意义。如托马斯·阿奎那提出，私有财产不仅符合自然法的观念，而且是人类生活所不可缺少的

---

① 乔治·施蒂格勒. 经济学家和说教者［M］. 贝多广，等译. 生活·读书·新知三联书店上海分店，1990：154.

基础。他还认为劳动有贵贱之分，其中体力劳动是低贱的，是下等人干的事情，只有脑力劳动才是高尚的，才适合于上等人的身份。他一方面认为同一种物品，由于各个等级的地位不同，可以按照不同的价格出卖；另一方面又提出公平价格是由供求关系决定的。阿奎那还提出，商业是一种贱买贵卖的行为，它的罪恶甚至超过了盗窃。

中世纪的另一位经院学者尼科尔·奥雷斯姆在《论货币的最初发明》一书中系统地论述了货币问题，提出了关于货币的起源和性质、货币的铸造、货币的稳定和变革以及货币贬损的后果等一整套观点，并提出了反对君主减低货币金属的重量和成色，反对君主用贬损货币的办法掠夺公众财富的主张。

二、重商主义和重农主义

欧洲的封建制度在 16 世纪开始崩溃，资本主义随之萌芽与发展。商业与贸易的发展、民族国家的兴起以及竞争催生了一种提倡民族主义、重视商业、推崇经济与军事扩张的经济学说，这就是重商主义。重商主义的早期代表人物主要有英国的约翰·海尔斯（John Hales）和威廉·斯塔福德（William Stafford），法国的安徒安·德·蒙克列钦（Antoine de Montchrestien）等；晚期的主要代表人物则包括英国的托马斯·孟（Thomas Mun）、法国的让－巴斯蒂·柯尔培尔（Jean-Baptiste Colbert）等。重商主义的基本观点大致有：①金银是真正的社会财富，一切经济活动和一切经济政策都是为了获取金银。除了直接增加金银矿的开采之外，还可通过对外贸易的顺差增加一国的财富。②一国促进出口和积累财富都是以牺牲邻国的利益为代价的，只有强大的国家才能主导贸易规则、控制殖民地并通过国际贸易积累金银财富。③对本国不能生产的原材料免征关税，对本国能够生产的产品实行保护，并严格限制原材料的出口。④税费扼杀商业经济，并且抬高一国出口商品的价格，不利于一国财富的增长。⑤应建立强大的中央政府，授予外贸公司垄断特权，发展对外贸易，补贴农业、采矿业等，并对这些产业实行进口关税保护政策。⑥应保持大规模的、勤奋工作的人口，保障劳动力的充足供应以维持低工资水平和出口产品价格。

重商主义维护的是在国际经济中经营的大商人和金融家的利益，但随着经济发展，从事工业和农业的群体扩张，他们发现重商主义政策并不能给他们带来较大的利益，因此提出了反对重商主义的政策主张，重农主义经济思想随之兴起。

重农主义的早期代表人物中最为著名的是法国的布阿吉尔贝尔（P. Boisguillebert）。他提出了土地是财富的来源，农业应该在国民经济中占主导地位，反对重商主义，主张经济自由的观点。法国的弗朗斯瓦·魁奈（Francois Quesnay）是重农主义的领袖，他在 1758 年发表了《经济表》一书，提出了循环往复的社会再生产理论。他指出，对贸易和行业的管制会阻碍经济所依赖的收入和商品的流动，阻碍经济的发展。另一位重要的重农主义者杜尔阁曾担任过法国的财政部部长。他提出了"工资铁律"，认为工人之间的竞争可以使工资降低到维持最低生存需要的水平上。在他看来，对其他团体的征税会转嫁到地主头上，主张废除间接税，改对地主直接征税。他还发现了收益递减规律，指出在农业上两倍的投入一般不会带来两倍的产出。

三、古典政治经济学

古典政治经济学是在科技革命与工业革命的大潮下发展起来的主张自由放任的系统性的经济思想。古典政治经济学是以劳动价值论为核心的系统性经济理论，认为市场经济中的利益是自然和谐的，主张政府最低限度的经济干预，主张实行自由贸易。

英国的亚当·斯密是古典政治经济学的开创者，他在 1776 年出版了《国民财富的性质和原因的研究》，这标志着经济学作为一门独立学科的诞生。这本巨著的核心观点有：①劳动分工能够提高生产效率，劳动分工深化是财富增长的重要原因。②自私自利的个人在市场这只"看不见的手"的引导下，可以实现社会福利的最大化。③政府对经济的干预是不必要的和不受欢迎的。④一国可通过专业化生产其具有优势的产品，交换他国生产的具有优势的产品获得贸易利益。⑤商品兼而具有使用价值和交换价值。商品的市场价格取决于短期供给和需求的偏差，而且围绕自然价格上下波动。⑥收入按功能分配（要素份额）分别对应工资、利润和地租。⑦货币本身并不增加一个社会的产出或财富，它只是方便了产品流通。亚当·斯密提出的政策主张，对资本主义经济发展产生了巨大的影响，他构建起的经济理论体系，直到今天仍为主流的经济理论所遵从，其理论中的基本结构框架仍旧是现代经济学的核心。

大卫·李嘉图（David Ricardo）在其 1817 年出版的《政治经济学及赋税原理》一书中发展了斯密的思想。他以劳动价值论为基本分析前提，通过一个抽象演绎的逻辑体系，详细考察了收入分配（包括政府税收）问题，并发展了斯密的绝对优势的贸易理论，提出了比较优势贸易理论。他在英国大力鼓吹自由贸易，主张废除禁止外国廉价谷物进口的《谷物法》。

古典政治经济学代表性理论还有马尔萨斯的人口理论、萨伊的萨伊定律和边沁的功利主义等。法国的约翰·斯图尔特·穆勒（John Stuart Mill）对于古典政治经济学与主体的经济思想作了第一次大综合，出版了《政治经济学原理》一书，讨论了政治经济学的研究对象，经济规律的性质，生产、分配、交换和经济增长等众多的主题。他在这本书中把精神、心理等主观因素纳入政治经济学的研究对象，直接启发了奥地利学派、数理经济学派的主观效用理论；他还划分了"经济静力学"和"经济动力学"，深入地研究了生产与人口增长的问题，提出了不同于马尔萨斯和李嘉图悲观经济前景的观点，指出社会可通过改良避免马尔萨斯－李嘉图所预言的凶兆。

四、马克思主义政治经济学

古典政治经济学一方面力求研究资本主义经济制度的生理学，探讨资本主义经济关系的内部联系，从而得出了一系列的见解和结论。比如，提出了劳动创造价值的思想，并接触到了剩余价值问题；在一定程度上发现了阶级之间的对立关系，揭示了阶级对立的深层次的经济根源。另一方面又试图描述资本主义经济制度的外部现象，停留在竞争中颠倒地表现出来的外部联系上，从而在著作中留下了若干肤浅见解和论点。在古典政治经济学以后，经济学分化出了马克思主义政治经济学和资产阶级经济学两大体系。

19 世纪中叶，马克思和恩格斯批判地继承了英国古典政治经济学的科学成分，创立了马克思主义的政治经济学。1867 年《资本论》第一卷的出版，标志着马克思主义政治经济学的最终形成和科学社会主义理论的最终确立。马克思主义政治经济学代表当时作为独立的力量登上历史舞台的无产阶级的利益，对政治经济学进行了根本的改造，主要表现在：第一，第一次明确提出了政治经济学的研究对象是人与人之间的社会生产关系，创造了生产力与生产关系矛盾运动的历史唯物主义分析方法，并据此进行了社会经济分析；第二，首创了生产商品的劳动二重性学说，创立了科学的劳动价值论；第三，建立了科学的剩余价值理论，发现了资本积累的一般规律和历史趋势；第四，揭示了资本主义为社会主义所代替的必然性，并预见了未来的社会主义和共产主义社会的一些基本特征。

19 世纪末 20 世纪初，资本主义进入了帝国主义阶段。以列宁、卢森堡、希法亭、布哈林等为代表的马克思主义者，分析了当时资本主义发展的新变化，提出了完整的帝国主义理论，使马克思主义经济学发展到一个新的阶段。1953 年，斯大林发表了《苏联社会主义经济问题》，总结了社会主义建设的经验，对社会主义生产资料所有制、社会主义商品生产等一系列重要问题提出了看法。在此基础上，苏联经济学家集体编写了《政治经济学》教科书，马克思主义政治经济学中第一次有了一个以实践为基础的"社会主义部分"。

专栏 1-3

经济学与政治经济学

在 19 世纪，经济学通常被称为政治经济学（political economy）。政治经济学这一名称始见于法国重商主义者蒙克莱田在 1615 年发表的题为《献给皇上皇后的政治经济学论》。英法两国早期的经济学家，大都把他们的经济学题名为政治经济学。如李嘉图的《政治经济学及赋税原理》、斯图亚特的《政治经济学原理研究》、马尔萨斯的《政治经济学原理》、萨伊的《政治经济学概论》、西斯蒙第的《政治经济学新原理》等。即使是马克思的《资本论》，其副标题也用的是"政治经济学批判"。法国经济学家夏尔·季德等指出：现在通常认为政治经济学这一概念中的"政治的"这个形容词是不必要的，并试图用"经济科学"或"社会经济学"等名称来代替。

关于经济学与政治经济学之间到底有什么区别，目前在西方经济学界没有明确而统一的界定。不过，不同的作者在使用这两个概念时，往往赋予它们不同的含义和内容。古典学派一般都把他们的著作命名为政治经济学；新古典学派和新古典综合学派的代表，如马歇尔和萨缪尔森，则把政治经济学与经济学当作互相替换的名词使用。而在中国，政治经济学一词通常特指马克思主义经济学，非马克思主义经济学则被统称为西方经济学。

五、新古典经济学

新古典经济学时期以 1871 ~ 1874 年经济学界所发生的一个重要事件为起点。这个重要事件就是后来经济学界所说的"边际革命"。1871 年英国经济学家威廉·斯坦利·杰文斯出版了《政治经济学理论》，同年奥地利经济学家卡尔·门格尔出版了《国民经济学原理》，1874 年瑞士经济学家莱昂·瓦尔拉斯出版了《纯粹政治经济学要义》，他们各自独立但几乎同时提出，商品的价值既不是由劳动决定，也不是由生产费用来决定，而是由消费者的主观评价决定。这就提出了一种不同于古典政治经济学劳动价值论的新理论——边际效用价值论，形成了经济学思想史上的边际革命。由于边际分析需要借助于高等数学中的微积分分析，边际革命还直接推动了经济学研究的数学化，促成了数理经济学的发展。但边际革命也使经济学成为研究给定数理的总资源的最优利用的科学，这使得经济学渐渐远离了总资源数量是如何决定以及如何增长的分析，淡忘了作为古典政治经济学中心问题的增长理论的研究。

1890 年，英国经济学家阿尔弗雷德·马歇尔出版了《经济学原理》一书。在这本书中，马歇尔将边际效用论和古典政治经济学理论综合在一起，提出了一个以"均衡价格论"为核心的经济学体系——新古典主义经济学（这也被称为经济学发展史上的第二次大综合）。在马歇尔看来，在其他条件不变的情况下，一种商品的价值由该商品的需求状况和供给状况决定，是商品的供给与需求均衡时的价格。马歇尔还区分长期与短期，从而把时间因素引入了经济分析；提出了消费者剩余概念，开创了福利经济学研究；发现了报酬递增现象，开启了不完全竞争理论研究；明确了边际、替代与弹性等概念，并将其与局部均衡分析和一般均衡分析结合在一起，拓展了均衡分析的应用范围。直到 20 世纪 30 年代之前，新古典经济学一直是西方国家占统治地位的经济思想和学说，被认为是比古典经济学更为合理也更为精致的经济理论体系。但是，新古典经济学在 20 世纪 20 ~ 30 年代的世界性经济大萧条中，面对严重的失业和生产过剩问题，却显得一筹莫展，无能为力。

六、宏观经济学的兴起与新古典经济学的完善

1929 ~ 1933 年西方国家发生了严重的经济危机，古典主义和马歇尔的新古典主义提出的市场机制能保证社会经济和谐稳定的观点以及自由放任的经济政策主张受到了现实的挑战。马歇尔的学生约翰·梅纳德·凯恩斯在 1936 年出版了《就业、利息和货币通论》（简称《通论》），提出了一套较系统地揭示总量经济运行机制的理论，掀起了一场经济理论的"凯恩斯革命"。

在凯恩斯看来，现实中的人们生活在不确定性之中，这导致他们形成了三大心理规律：边际消费倾向递减、资本边际效率递减和流动性偏好。这使得真实的总需求将小于社会实际可能达到的总需求，也就是说，社会中不仅存在着趋于建立均衡的力量，也存在着阻碍趋于均衡的因素，要使社会经济在其生产能力的产出水平上

实现均衡，尤其是在经济萧条、失业率较高时支持就业的增长，必须依靠政府的政策干预，特别是财政政策来刺激消费和增加投资。

凯恩斯是 20 世纪最重要和最具有影响力的经济学家，凯恩斯经济学的诞生在经济学说史上具有划时代的意义。《通论》的出版，也被西方经济学界称为经济学发展过程中的一场革命，并且有两方面的革命，一方面是经济理论上的革命，另一方面是经济政策上的革命。两方面的革命意味着凯恩斯对传统经济学的背离，具体表现在：一是以宏观经济总量分析代替了微观个量分析，建立了宏观经济学的分析框架；二是提出了有效需求原理，以有效需求不足论代替新古典经济学以萨伊定律为基础的自动充分就业均衡论；三是以国家干预代替新古典经济学派的自由放任，建立了比较完善的宏观管理政策体系。除此之外，凯恩斯提出的货币经济理论结束了传统经济学在货币论和价值论方面的"二分法"，开辟了对货币理论分析的新时代，并在消费函数的建立等方面作出了开创性的贡献。

凯恩斯的《通论》出版后，不少学者，特别是凯恩斯的学生进一步探寻了凯恩斯理论的思想基础，修订整理了他的理论体系，扩展研究了其理论结论与对策建议，这些学者被通称为"凯恩斯主义者"。美国麻省理工学院（地处麻省的剑桥）的保罗·萨缪尔森、约翰·希克斯（John Richard Hicks）、阿尔文·汉森（Alvin Hansen）、詹姆斯·托宾（James Tobin）、罗伯特·索洛（Robert Solow）等学者，采用严格的个体主义方法论和规范的数理模型阐述法改写并修订阐释了凯恩斯的理论，并将这一总量经济分析与新古典主义的消费、生产与市场等微观经济理论融合为一套和谐统一的经济学——新古典综合学派经济学。而英国剑桥大学的琼·罗宾逊、皮罗·斯拉法（Piero Sraffa）、尼古拉斯·卡尔多（Nicholas Kaldor）等学者则主张摒弃新古典学派的均衡概念，树立"历史时间"观念，研究凯恩斯本人从未曾研究过的价值理论和分配理论，理解与阐释"凯恩斯革命"。这两个学派的争论在经济学思想发展史上被称为"两个剑桥之争"。

七、现代宏微观经济学的发展

20 世纪五六十年代以来，经济学研究蓬勃发展，涌现出了诸多经济学流派与经济学分支学科，形成了百家争鸣的局面。

（一）现代货币主义学派

现代货币主义学派的主要代表人物有米尔顿·弗里德曼（Milton Freedman）、卡尔·布伦纳（Karl Bruner）等学者。他们认为，货币是最重要的宏观经济变量，货币需求主要取决于持久收入，因此是稳定的。名义货币的供给主要取决于货币制度，可以被认为主要由供给决定，经常在短期内发生较大幅度的变化，而针对货币变动所作的调整往往需要较长的时间，他们称其为货币的传递，这就影响到了诸多经济变量，产生收入效应、价格预期效应等经济效应，带来了经济的波动。他们认为，指向需求管理的财政政策往往会带来通货膨胀，损害社会经济的运行，财政政策的效能也会因为产生了"挤出效应"而不显著。因此提出，经济体系本质上是稳定的，只要让市场机制充分发挥其调节经济的作用，就能在一个可以接受的失业水平条件下稳定发展。

（二）新古典宏观经济学派

新古典宏观学派的代表人物有小罗伯特·卢卡斯（Robert E. Lucas, Jr.）、托马斯·萨金特（Thomas J. Sargent）和罗伯特·巴罗（Robert J. Barro）等。他们提出，人们在经济活动中会根据过去价格变化的资料对未来的价格作出预期。虽然市场会发生一些偶然的变动，即存在干扰性因素，但人们仍可计算其概率分布，作出理性预期，特别是经济主体会随时随地根据它所得到的信息来修正它的预期值的错误，提高预期的准确性。新古典宏观经济学派持守着古典经济学传统，否定作为正统凯恩斯主义和货币主义非均衡理论基础的价格黏性假设。他们还提出，自由竞争可以使整体经济处于充分就业状态，这是完全竞争的市场经济本身所固有的属性。新古典宏观经济学派信奉着比货币学派更彻底的经济自由主义，他们相信市场力量的有效性，反对任何形式的国家干预，认为如果让市场机制自发地发挥作用，就可以解决失业、衰退等一系列宏观经济问题。

（三）供给学派

供给学派的代表人物有罗伯特·蒙代尔（Robert A. Mundell）、马丁·费尔德斯坦（Martin Feldstein）和阿瑟·拉弗（Arthur Betz Laffer）等。供给学派强调萨伊定律的重大意义，认为需求仅仅是人们的欲望和情绪，其变化只是对供给作出的反应，并且需求会自动适应供给的变化，经济研究与经济对策因此应着眼于经济的供给方面。供给学派提出，生产的增长决定于劳动力和资本等生产要素的供给和有效利用。自由市场虽然会自动调节生产要素的供给和利用，但也存在着阻碍市场调节的因素，需要由政府干预来弱化与消除。在供给学派看来，通货膨胀的主因在于高税率推高了生产成本，挤压了企业利润，迫使边际企业退出了市场，从而导致未退出市场的企业提高了产品供给价格，因此主张采用减税的方法治理通货膨胀。

（四）新凯恩斯学派

新凯恩斯学派的代表人物有 N. 格里高利·曼昆（N. Gregory Mankiw）、斯坦利·费希尔（Stanley Fischer）、埃德蒙·费尔普斯（Edmund Phelps）、乔治·亚瑟·阿克洛夫（George Arthur Akerlof）、约瑟夫·斯蒂格利茨等。该学派提出，工资和价格虽然是可调整的，但由于经济中存在着现实的风险和不确定性、经济信息的不完全性和昂贵性、调整的成本等，从而工资和价格的调整是有黏性的，需要耗费一定的时间。因此，市场经济中"看不见的手"并不能引导以利益最大化为目标的经济主体最大限度地促进社会利益，达成帕累托最优。他们认为，当面临持久性的巨大冲击时，由于市场经济的调整过程运转较缓慢，所以温和、适度、有原则的政府干预是必要的。

（五）新制度经济学

经济学者较早就注意到，人类的经济行为、经济增长等受到社会制度的约束。德国学者李斯特（Friedrich List）、罗雪尔（Wilhelm Roscher）、希尔德布兰德（Bruno Hildebrand）等系统地拓展了这一思想，形成了德国历史学派。后来，美国学者凡勃伦、米切尔等也提出，应重视制度在经济生活中的作用，用整体的、宽广的、非均衡的演化视角审视社会经济，形成了美国老制度学派。1937 年和 1959

年，科斯相继发表了《企业的性质》和《社会成本问题》两篇论文，提出了交易成本的概念，这就提出了一种与新古典主义经济学相容的制度分析方法，并吸引了包括诺斯、威廉姆森、阿尔钦、张五常等学者的加入，形成了新制度经济学。在新制度经济学看来，交易涉及实际资源的使用，即交易是有成本的，经济分析应从新古典主义的无摩擦的经济世界走向有摩擦的经济世界，在这样的经济世界中，制度是重要的，制度的发展和演变便是为了节约交易成本。围绕着这一理论，新制度经济学对交易、产权、经济组织特别是企业与产业组织、制度与制度变迁、法律制度等做了广泛的研究与比较分析。

（六）新增长理论、新贸易理论与新经济地理理论

前面提及的罗宾逊、张伯伦不完全竞争理论仍是在完全竞争的理论框架下展开讨论的。但在1977年，迪克西特和斯蒂格利茨发表了《垄断竞争和最优的产品多样化》一文，将不完全竞争的均衡问题转化为规模报酬递增（消费品的数量）与消费者对多样化消费偏好（消费品的种类）的权衡问题，构建了一个新的数理化的垄断竞争模型——D - S模型。以此模型为基础，赫尔普曼与克鲁格曼（1985）出版了《市场结构和对外贸易——报酬递增、不完全竞争和国际贸易》一书，提出了新贸易理论，解释了现代贸易中的产业内贸易现象。克鲁格曼和藤田昌九分别发表了《报酬递增和经济地理》与《空间集聚的垄断竞争模型：细分产品方法》，提出了新经济地理理论，解释了现代经济中广泛存在着的经济集聚现象。罗默、阿吉翁和霍维兹、格罗兹曼和赫尔普曼等将不完全竞争的分析框架引入增长分析，建立起摆脱新古典增长研究的完全竞争分析框架的内生经济增长的新分析方法，模拟出了经济内生性地保持长期持续增长的经济事实。这三大新理论不仅解释了现代经济呈现出来的新特征，也深化了我们对一般经济行为的理解。

八、政治经济学的发展

早在20世纪60年代以前，特别是在20世纪20~30年代，在西方国家和一些发展中国家，就有一些学者对正统资产阶级经济学持批判态度。他们从马克思主义经济学中寻找武器，使用不同于西方经济学的传统方法和分析工具，对资本主义经济及其发展做了大量研究。其中影响较大的代表人物有保罗·巴兰（Paul M. Baran）、保罗·斯威齐（Paul M. Sweezy）、哈里·马格多夫（Harry Magdoff）、莫里斯·多布（Morris Dobb）以及欧内斯特·曼德尔（Ernest Mandel）、赫伯特·马尔库塞（Herbert Marcuse）、威廉·A. 威廉姆斯（William A. Williams）、C. W. 米尔斯（C. Wright Mills）等学者。20世纪60年代后期，一些激进学生和学者倾向于马克思主义，试图用马克思主义来分析批判现代资本主义的政治与经济，揭露现代资本主义的矛盾和弊端，并向往社会主义，在美国和一些欧洲国家形成了一股新的思想体系，即"新左派"思潮，形成了激进政治经济学派。萨缪尔森在当时也承认"在今天的美国大学里，激进的经济学家乃是一个重要的流派"[①]。20世纪70年

---

① 阿萨·林德贝克. 新左派政治经济学——一个局外人的看法［M］. 北京：商务印书馆，1980：12.

代中期，激进政治经济学派基本形成并已经发展成一些有某种一致性的团体，其研究主要表现在对正统经济学进行全面系统的批判，而且拓宽了研究范围。这一阶段的代表性著作有马克·林德（Mark Lind）的《反萨缪尔森论》（1974）、霍华德·谢尔曼（Howard J. Sherman）的《激进政治经济学的基础》（1987）和马尔科姆·索耶（Malcolm C. Sawyer）的《激进政治经济学的挑战》（1987）。20 世纪 80 年代末和 90 年代初，激进政治经济学派进入了一个相对冷静、深入发展的时期。他们普遍继续进行着马克思主义认识论和方法论的争论，同时也探讨替代资本主义的社会主义体制和模式问题，提出了各种社会主义体制和模式的方案与设想。

激进政治经济学派认为，主流经济学或正统经济学仍属于资产阶级庸俗经济学的范畴，其实质是为了在全世界范围内为资本主义制度辩护，因此他们从各个方面向正统经济学提出了挑战：一是批判正统经济学忽视经济和政治的相互作用，认为经济学和政治是密切相关的，经济学不能离开政治而独立存在。二是批判正统经济学家纠缠于既定经济制度内的边际量的变化，而不顾制度中质的方面的变化。他们指责边际分析是"反革命的"，强调需要研究伟大的历史进程，以及在制度的内在矛盾变得十分尖锐时的制度变革问题。他们指出，资本主义运行的弊端随处可见，各种歧视现象、异化现象、资源浪费、环境污染、失业和贫困化、周期性经济危机和经济滞胀，都是资本主义私人利润制度所造成的，所以应该对垄断以及相应的各种本质特征和关系进行深入的探讨、分析和批判。三是批判传统经济学家忽视对生活质量和人的问题的研究，认为传统经济学家的经济分析集中于对生产数量的增长，崇拜经济效率，忽视了工人工作性质和工作条件、参与管理、自然和人工的环境质量等问题的研究，认为传统经济学家盲目追求物质鼓励，不可能激励人的潜力和积极性的发挥。四是指责传统经济学偏重于在特定偏好下的资源配置，忽视了资本主义制度和上层建筑本身派生出来的价值判断标准对人们偏好的影响。他们批评传统经济学家在分析不同生产部门生产要素的分配问题（即资源配置问题）时，往往使用极不完整的分析方法，总是假定消费者的偏好是既定的，从而忽视了资本主义上层建筑产生出的一些价值判断标准通过广告对消费者的影响。五是抨击传统经济学家忽视社会中收入、财富和经济权力等分配问题，指责传统经济学的收入分配理论仍然建立在错误的边际生产率分析或供求模式的基础之上。他们认为，只有在马克思劳动价值论的基础上，才能充分说明资本主义经济中的分配问题。

本章小结

1. 所有的经济问题都产生于一个不可回避的现实：任何社会和个人总是无法得到自己想要的一切东西，这就是资源的稀缺性。资源的稀缺性可以定义为：相对于人类社会的无穷欲望而言，经济物品或者说生产这些物品所需要的资源总是不足的。经济学家们用生产可能性曲线研究资源配置和资源利用问题。

2. 理性的行为人面对稀缺性的资源时，必然会作出选择。选择要回答三个问题：生产什么和生产多少、如何生产以及为谁生产。这三个问题统称为资源配置问题。

3. 人类社会时常面临的矛盾是：一方面资源是稀缺的，但另一方面，稀缺的资源得不到充分的利用；资源利用也包括三个相关的问题：为什么资源得不到充分利用；为什么产量不能始终保持在生产可能性曲线上；货币购买力的变动对产量有何影响。

4. 人类社会采用过的资源配置机制有自给自足经济体制、市场经济体制、计划经济体制和混合经济体制。纯粹意义上的市场经济或计划经济体制是不存在的，现实中最为常见的是混合经济体制。

5. 经济学可以定义为研究一定制度条件下如何将稀缺资源进行合理配置和利用，以最大限度地满足人们需要的科学，其核心是研究人们是如何作出选择的。

6. 经济学按照研究对象可以划分为微观经济学和宏观经济学。微观经济学主要是通过研究单个经济单位的经济行为和相应经济变量的决定，来说明价格机制是如何解决社会资源配置问题的。宏观经济学以整个国民经济为研究对象，通过研究整个国民经济中有关经济总量的决定和变化，说明资源如何得到充分利用以及政府如何为实现经济目标而进行调节的问题。

7. 现代经济分析主要基于经济模型的分析。经济模型是用来描述与所研究的经济现象有关的经济变量之间相互关系的理论结构，包括定义、假设、假说、解释与预测、检验及模型选择等研究步骤。

8. 实证经济学是对经济事实的研究，重在探寻经济本身的内在规律，并根据这些内在规律分析和预测人们经济行为的效果，回答的是"是什么""实际是怎样做的"这一类问题，规范经济学则是研究处理经济问题的价值标准，以及如何实现这些标准的科学，解决的主要是"应该是什么""应该怎样解决""是否正确"等问题。

9. 均衡分析是对在经济变量的相互作用下达成的均衡经济状态的形成机制与状态特征的分析。边际分析法主要研究一种可变因素的数量变动对其他可变因素的变动产生的影响，以及如何通过对边际量之间关系的考察作出最优决策。静态分析研究的是经济状态的形成条件，比较静态分析则重在分析经济变量变化导致的经济均衡的变化。动态分析研究的则是经济均衡状态如何从一种均衡状态演变到另一种均衡状态的机制过程。

10. 现代经济学思想的发展经历了古典政治经济学、边际革命、新古典主义、现代宏观经济学的兴起与新古典经济学的完善等阶段，而 20 世纪五六十年代以来，经济学研究蓬勃发展，涌现出了诸多经济学流派与经济学分支学科，形成了百家争鸣的局面。

第二章　价格理论

本章提要

价格理论是微观经济学的中心理论。本章讨论了需求理论、供给理论、均衡价格理论以及弹性理论，并介绍了价格政策。学习中应重点领会需求、供给、弹性、市场均衡等核心概念，理解需求定理、供给定理以及供求定理，掌握市场均衡移动的分析方法以及运用弹性理论解释现实经济现象的方法。

基本概念

需求　需求定理　需求量的变动　需求的变动　供给　供给定理　供给量的变动　供给的变动　均衡价格　供求定理　支持价格　限制价格　需求的价格弹性　需求的收入弹性　需求的交叉弹性　供给的价格弹性

人类社会是一种以交换为特征的经济社会，人类的选择都是在有形或无形、显性或隐性的市场中，在价格的引导下作出的。市场由两个方面组成，一方面是商品的购买者，即消费者，他们成为商品的需求者；另一方面是商品的出售者，即生产者，他们成为商品的供给者。价格则由商品需求与供给的均衡决定，并随着商品需求与供给状况的变动而变动。

第一节　需求理论

商品的需求量构成市场供给与需求均衡分析的第一个方面，需求理论主要研究需求及其影响因素，需求的表述形式以及需求的一般规律即需求定理。

一、需求

（一）需求的概念

需求（demand）可以分为个体需求与市场需求。个体需求，或者更严谨地说需求量，是指市场上的单个消费者在某一特定时期内，在每一价格水平下愿意而且有能力购买某种商品或劳务的数量。需求与下章将要分析的欲望是不同的。人类的欲望往往是无穷的，但需求却是有限的。需求揭示的是消费者在不同的客观因素刺激与约束下愿意并且有能力购买的商品数量。可见，作为需求必须具备两个条件：一是具有购买欲望，即愿意购买；二是具有购买能力，即能够购买。需求是购买欲望与购买能力的统一。需要注意的是，某种商品的需求量与消费者实际购买数量略有不同，实际购买数量只是某消费者在给定的某一刺激与约束组合下的需求量。

（二）个体需求的影响因素

个体对某一商品的需求往往受到诸多主观因素和客观因素的影响，其中较重要的因素有以下六个方面。

1. 商品本身的价格

商品本身价格的高低对消费者的需求有直接的影响。一般而言，在其他因素不变的条件下，商品本身价格下降，消费者愿意并且能够购买的商品数量就会增加，反之则会减少。也就是说，商品的需求量与商品本身的价格是负相关的。

2. 消费者偏好

偏好也叫嗜好，是指消费者对商品的喜好程度。偏好往往表现为个人性特征，如有人喜欢吃甜食，有人喜欢吃辣椒。但偏好同时也具有社会性特征，与个人所在社群的社会风俗、传统习惯、流行时尚等相关。如西方人多喜欢喝咖啡，而中国人则喜欢喝茶。但经济学通常将个人偏好归于心理学、历史学的研究范围，只是将其作为一个影响需求的外生因素，并不去研究个人偏好的决定因素和需求随个人偏好变化的变化机制。

3. 消费者的收入水平

对于正常商品而言，在其他因素不变的情况下，消费者收入的增加会引起消费者对该商品需求数量的增加，反之则会减少。例如，随着我国居民收入水平的提高，人们对餐饮、娱乐、电子产品、旅游等商品的需求显著增加。

4. 相关商品的价格

人们对某一商品的需求数量往往受到与之相关联的其他商品价格的影响。相关商品可以分为替代品（substitute）和互补品（complement）。如果两种商品可以相互代替来满足同一种欲望，它们就是替代品。以苹果和梨子为例，当苹果价格上涨时，梨子就变得相对便宜，人们就会用梨子替代苹果，也即增加对梨子的需求量。可见替代品之间，当一种商品价格上升时，对另一种商品的需求就会增加。反之，当一种商品价格下降时，对另一种商品的需求就会减少。两种替代商品之间的价格与需求呈同方向变动。

如果两种商品共同满足一种欲望，它们就是互补品。例如，钢笔与墨水、汽车与汽油等。如果汽油价格上涨，使用汽车就会变得昂贵，对汽车的需求数量就会下降。可见互补品之间，当一种商品价格上升时，对另一种商品的需求就会减少；反之，当一种商品价格下降时，对另一种商品的需求就会增加。两种互补商品之间价格与需求呈反方向变动。

5. 消费者预期

人们往往会对未来的需求作出预先安排，表现在当前的需求上，就是消费者预期对需求的影响。例如，某人预期他的收入将会增加，就会在现在提高他的消费水平。2011 年日本发生核电站事故，我国居民预期食盐的生产会受到较严重的影响，将来的供给会显著下降，价格因此会显著上升，就抢购囤积食盐。后来，盐业公司出面解释说食盐供给并不会受到该事故的影响，抢购风潮应声而止。

6. 政府的消费政策

如果政府为了鼓励消费而实行较为宽松的消费信贷政策，消费者对商品的需求就会增加。反之，如果为了抑制消费而提高贷款利率或严格贷款条件，消费者对商品的需求就会减少。

专栏 2 -1

日本核辐射事故引发中国食盐抢购风

2011 年 3 月 11 日，东日本发生了里氏 9 级特大地震，并由此引发海啸与核电站爆炸。核电站爆炸导致的核泄漏，给大气与海洋环境造成了灾难性后果。3 月 15 日，网上开始传播一条消息，"据有价值信息，日本核电站爆炸对山东海域有影响，并不断地污染，请转告周边的家人朋友储备些盐、干海带，在一年内不要吃海产品"。浙江、广东、上海等地市民听闻这一消息，担心食盐供给在未来几年会下降，纷纷前往超市、便利店、农贸市场采购食盐，导致这些地区当期食盐的销售量相较平时猛增了数十倍。

这股恐慌性的购盐潮随即从东部沿海城市开始向内陆和中西部城市蔓延，席卷了中国大部分地区，并延伸到股市上。17 日，云南盐化等盐业个股放量大涨，以盐加工为主的兰太实业涨停板，与食盐有替代关系的涪陵榨菜的股价也在当日急升7.41%，涨至 25.36 元。

不少人将这一抢购潮的原因归结为我国民众消费欠理性，这种看法并不准确。因为韩国在当年的 4 月 7 日也发生了食盐、海带的抢购潮。当政府与专家学者澄清了福岛核辐射对未来的食盐供给影响不大时，抢购风潮随即停止。

从需求理论来看，消费者的预期影响着产品需求。食盐抢购潮之所以发生，是因为人们预期未来的食盐供给将会由于核辐射而显著下降，价格将明显提高，从而将未来的食盐需求挪到了当前。而当这种预期在政府与专家学者的权威解释下得以修正之后，消费者减少了当前的需求。抢购潮现象恰恰不是缺乏经济理性的结果，反而正是经济理性的表现。

（三）市场需求

将市场上各消费者的需求相加，就得到了市场需求。市场需求是市场中所有个人需求的加和，而市场需求才是决定价格的因素。市场需求不仅受到那些影响个人需求的因素的影响，还受到市场人口规模的影响。一般而言，人口规模越大，市场规模就越大。例如，中国的人口规模世界第一，不少产品在中国市场上的需求规模远远大于其他国家的市场需求规模。市场需求的波动一般较大，这主要是个人之间的需求是相互影响的，这种影响在人群网络中的传递往往会使得市场需求骤然放大或者缩小。例如，儿童有着较强的从众心理，当他观察到他的伙伴中不少人购买了某一玩具时，就会要求父母也给他买一件。因此，当某一玩具的市场需求超过某一临界值的时候，市场需求就会骤然扩张。相反，女性在服装消费中喜欢追求个性化，如果某一款式服装的市场需求超过了临界水平，提高了"撞衫"的概率，那么对该款式服装的市场需求就会显著下降。

二、需求表、需求曲线和需求函数

如果将需求与其决定因素之间的数值对应关系列表表述出来，就可得到一张需求表（demand schedule），它是一种表示商品价格与需求量之间关系的表格。表 2 - 1 列示了在其他因素不变的情况下，市场上苹果的价格与需求量的一一对应关系。

表 2 - 1　　　　　　　　　　苹果的市场需求

价格（元）	1	2	3	4	5	6	7
需求数量（千克）	1000	900	800	700	600	500	400

将需求表中的苹果价格与需求量的对应关系描绘在坐标图上，就可以得到一条需求曲线（demand curve），如图 2 - 1 所示。图中横轴表示需求量，用 Q 表示；纵轴表示价格，用 P 表示。需求曲线表明了在某一个特定时期内某种商品的价格与这种商品需求量之间的关系。可以看出，需求曲线是一条向右下方倾斜的曲线。

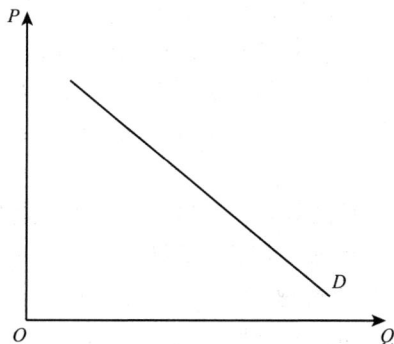

图 2 - 1　苹果的市场需求曲线

　　需求表和需求曲线往往只能直观地描述需求量与一个或两个需求决定因素之间离散型的——对应关系，而采用需求函数形式，就可克服这一缺陷。需求函数一般可记为如下形式：

$$Q_d = f\ (P,\ I,\ P_r,\ F,\ P_e)$$

　　式中，Q_d表示对商品的需求，P表示商品本身的价格，I表示消费者的收入，P_r表示相关商品价格，F表示消费者的偏好，P_e表示预期。

　　由于商品本身的价格是经济学关注最多的需求决定因素，在研究中往往假定其他影响需求的因素不变，重点讨论商品本身价格对商品需求数量的影响。在这种情况下，商品需求函数即简化为

$$Q_d = f\ (P)$$

　　商品需求曲线可以是直线，也可以是曲线。如果某商品的需求量与价格之间是线性关系，需求曲线为一条直线，需求函数可以表示为

$$Q_d = f\ (P)\ = a - b \cdot P$$

　　如果某商品的需求量与价格之间是非线性关系，即需求曲线不是直线，需求函数可以表示为

$$Q_d = aP^{-b}$$

　　在上两式中，a和b为常数，且$a > 0$，$b > 0$。研究中通常以纵轴为价格轴，以横轴为商品数量轴，因此线性需求曲线的斜率为$-1/b$。

三、需求定理

　　研究者从大量经验事实中观察到，在其他条件不变的情况下，商品的需求量与其本身价格之间是反方向变动的，即需求量随着商品价格的上升而减少，随着商品价格的下降而增加，这被称为**需求定理**（law of demand）。

　　需求定理是一条经验性规律，是通过对现实现象长期、大量的观察得到的经验性知识，而不是通过逻辑证明得到的，因此有学者也称其为需求公理。值得注意的是，需求定理有一个严格的约束条件：其他条件不变，也就是说，只有在相关商品价格、消费者收入、偏好、预期等因素保持不变的情况下，商品的需求量才与其价格呈反向变动关系。如果不能保持其他条件不变，这一关联关系就不一定成立。例如，如果可口可乐降价的同时，百事可乐也大幅降价，可口可乐的需求量有可能是下降而不一定上升。

　　需求定理指的是一般商品的规律，但这一定理也有例外。比较典型的是炫耀性商品和吉芬商品。炫耀性商品可以显示人的社会地位，这种商品价格越高，越能显示购买者的社会身份，因此价格越高，需求量反而会增加。如果这种商品价格下降，需求量就会减少。吉芬商品是指低档的生活必需品。在某种特定条件下，这种商品价格上升，需求量反而增加。吉芬商品是英国人吉芬在 19 世纪发现的。1845

年爱尔兰发生灾荒，土豆价格上升，但是土豆需求量却反而增加了。此外，在投机市场上，人们往往存在"买涨不买落"的心理，即价格上涨时反而会抢购，价格下跌时会抛出，这也可以作为需求定理的一个例外。

四、需求量的变动与需求的变动

在经济分析中，需要区分需求量的变动与需求的变动。

（一）需求量的变动

需求量的变动是指在影响需求的其他因素（消费者收入、偏好、相关商品价格以及消费者预期等）不变的条件下，只是由于某种商品本身价格水平的变动所引起的对这种商品需求数量的变动。

需求量的变动可以用需求曲线上的变化来表示。如图 2 - 2 所示，在其他条件不变的情况下，当苹果价格由 P_1 变为 P_2 时，消费者对苹果的需求量由 Q_1 变为 Q_2，也即由需求曲线 D 上的 A 点移动到 B 点。可见，需求量的变动表现为同一条需求曲线上点的移动，向上方移动是需求量减少，向下方移动是需求量增加，需求曲线本身是不变的。

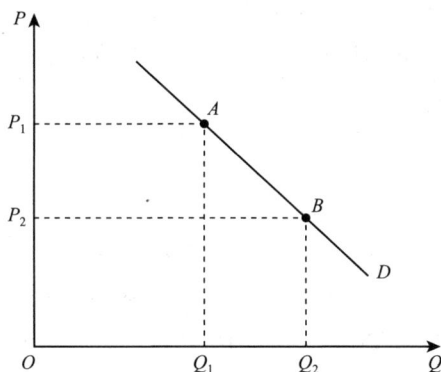

图 2 - 2　需求量的变动

（二）需求的变动

需求的变动是指商品本身价格不变的情况下，其他因素变动所引起的该商品需求数量的变动。

需求的变动可以用需求曲线的平行移动来表示。如图 2 - 3 所示，如果某种或某几种影响消费者对苹果需求的因素发生了变化，例如消费者的偏好改变、收入增加或其替代品梨子的价格上涨等，使得消费者在面对价格水平 P_1 时，愿意购买更多的苹果，这可用需求曲线向右的平行移动来表示，即图 2 - 3 中的 D_0 曲线移动到 D_1 曲线；反之，当一种影响消费者需求的因素变化使其在面对价格水平 P_1 时，希望减少苹果的购买量，则可用需求曲线向左的平行移动来表示，即图 2 - 3 中的 D_0 曲线移动到 D_2 曲线。可见，需求的变动表现为需求曲线的平行移动，需求曲线向右方平行移动是需求增加，向左方平行移动是需求减少。

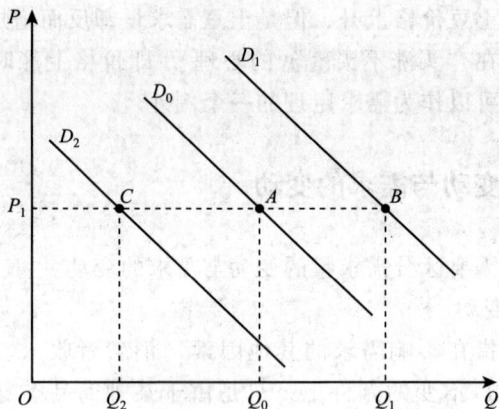

图 2－3　需求的变动

第二节　供给理论

商品的供给量构成市场均衡分析的另一个方面，供给理论要研究的问题包括供给及其影响因素，供给的表述形式以及供给的一般规律即供给定理。

一、供给

（一）供给的概念

供给（supply）可分为个体供给与市场供给。个体供给一般也称厂商供给，指市场上的单个厂商在某一特定时期内，在每一价格水平下愿意而且有能力供应的商品的数量。可见，作为供给也必须具备两个条件：一是具有供给的欲望；二是具有供给的能力。供给是供给欲望与供给能力的统一。

（二）个体供给的影响因素

影响个体供给的因素既有客观因素，也有主观因素，可以总结为如下六个方面。

1. 商品本身的价格

在其他条件不变的情况下，当商品价格上升时，出售商品有利可图，厂商更愿意将生产要素投入到该商品的生产中，供给量因此会增加。而当商品价格下降时，厂商会将生产要素投入其他商品的生产，导致该商品供给量下降。当商品价格低于某一水平时，厂商甚至会停止生产，即供给量为零。

2. 生产要素的价格

商品生产需要投入多种生产要素，如果这些生产要素价格下降，商品的生产成本就会降低，在其他条件不变的情况下，厂商的利润会增加，从而刺激厂商增加供给。反之，如果这些生产要素价格上升，就会增加商品的生产成本，由于利润减少，厂商就会减少供给。

3. 生产的技术水平

生产的技术水平决定了将一定量的生产要素转化为商品的数量。在资源既定的条件下，生产技术水平的提高会使资源得到更加充分的利用，从而降低生产同样数量商品的成本，使厂商能够在相同的成本下提供更多的商品。

4. 相关商品的价格

一种商品的供给也会受到相关商品的影响。在两种替代品之间，一种商品的价格上升，对另一种商品的需求就会增加，从而这种商品的价格上升，供给增加。反之，一种商品价格下降，对另一种商品的需求就会减少，从而供给减少。在两种互补商品之间，一种商品价格上升，对另一种商品的需求就会减少，从而这种商品的价格下降，供给减少。反之，一种商品价格下降，另一种商品的供给就会增加。

5. 厂商的预期

厂商往往会对商品在未来的价格、生产成本、生产技术、政府政策以及宏观经济形势等进行预测，并在当前作出一些应对性的安排。如果厂商对未来商品的预期是乐观的，就会将可用于当前销售的商品储备到未来销售，即减少当前的商品供给。如果厂商对未来持悲观态度，就会减少未来的销售。例如，房地产商如果预期商品房价格将在两年内大幅上涨，就会采取捂盘惜售的策略，减少商品房的当期供应量。

6. 政府的政策

政府对投资、生产和消费的刺激或抑制政策，都会改变厂商生产中投入的生产要素的市场价格或者商品以及相关商品的价格，从而影响厂商的供给。例如，政府提高大排量轿车的消费税税率，厂商需要向政府缴纳更多的消费税进而将税负转嫁给消费者，导致轿车的价格上升，需求减少，反过来就会影响厂商对轿车的供给。

与市场需求一样，市场供给是市场上所有厂商供给的加和，影响个人供给的因素，也同样影响市场的供给。

二、供给表、供给曲线和供给函数

如果将供给与其决定因素之间的数值对应关系列表表述，就可得到一张供给表（supply schedule），它是一种表示商品价格与供给量之间关系的表格。表 2 - 2 列出了在其他因素不变的情况下，市场上的苹果价格与供给量的一一对应关系。

表 2 - 2 苹果的市场供给

价格（元）	1	2	3	4	5	6	7
供给数量（千克）	400	500	600	700	800	900	1000

将供给表中的价格与供给量的对应关系描绘在坐标图上，就可得到一条供给曲线（supply curve），如图 2 - 4 所示。图中横轴表示供给量，用 Q 表示；纵轴表示价格，用 P 表示。供给曲线表明了某一个特定时期内某种商品的价格与这种商品供给量之间的关系。可以看出，供给曲线是一条向右上方倾斜的曲线。

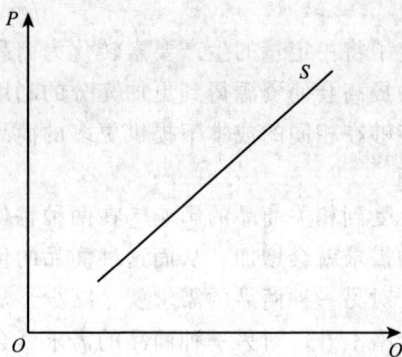

图 2－4　苹果的市场供给曲线

供给表只能直观地描述供给量与一个或两个供给决定因素之间离散型的一一对应关系，而采用供给函数形式，就可克服这一缺陷。供给函数一般可记为如下的形式：

$$Q_s = f \ (P, \ C, \ P_r, \ T, \ P_e)$$

式中，Q_s 表示对商品的供给，P 表示商品本身的价格，C 表示生产要素的价格或者生产成本，P_r 表示相关商品价格，T 表示技术水平，P_e 表示预期。

商品本身的价格是经济学研究关注最多的供给决定因素。经济研究往往假定其他供给影响因素不变，重点研究商品本身价格对商品供给数量的影响。在这种情况下，商品供给函数即简化为

$$Q_s = f \ (P)$$

如果某商品供给量与其价格之间是线性关系，即供给曲线是一条直线，供给函数就可以表示为

$$Q_s = -c + d \cdot P$$

如果某商品供给量与其价格之间是非线性关系，供给曲线就不是直线，供给函数就表示为

$$Q_s = \lambda P^{\beta}$$

在以上两式中，c、d、λ、β 都是数值为正的常数。由于研究中通常以横轴为商品数量轴，以纵轴为价格轴，因此，线性供给曲线的斜率为 $1/ d$。

三、供给定理

研究者从大量经验事实中观察到：在其他条件不变的情况下，商品的供给量与其本身价格之间是同方向变动的，即供给量随着商品价格的上升而增加，随着商品价格的下降而减少，这被称为**供给定理**（law of supply）。

供给定理也是一条经验性规律，是通过对现实现象长期、大量的观察得到的

经验性知识，而不是通过逻辑证明得到的。同样值得注意的是，供给定理也有一个严格的约束条件：其他条件不变，也就是说，只有在相关商品价格、生产要素价格、技术水平、政府政策、预期等因素保持不变的情况下，商品供给数量才与其价格呈同方向变动关系。如果不能保持其他条件不变，这一关系就不一定成立。例如，如果苹果价格上涨的同时，采摘苹果的人工成本也上升了，苹果的供给量就不一定增加。

供给定理指的是一般的商品规律，这一规律也有例外。一个例外是劳动力的供给。当劳动力的价格——工资增加时，劳动力供给最初会随着工资的增长而增长，但当工资增加到一定程度时，如果继续增加，劳动力的供给不但不会增加，反而会减少，供给曲线表现为一条向后弯曲的曲线。供给的例外还有土地、文物、艺术品等，其供给量是固定不变的，无论价格如何上升，供给也无法增加，因而供给曲线表现为与横轴相垂直的线。

四、供给量的变动与供给的变动

在分析供给问题时，同样要注意区分供给量的变动与供给的变动。

（一）供给量的变动

供给量的变动是指在影响供给的其他因素不变的条件下，由于某种商品本身价格水平的变动所引起的对这种商品供给数量的变动。

供给量的变动可以用供给曲线上的变化来表示。如图 2-5 所示，在其他条件不变的情况下，当苹果价格由 P_1 上升到 P_2 时，苹果供给由 Q_1 变为 Q_2，也即从供给曲线 S 上的 A 点移动到 B 点。可见，供给量的变动表现为同一条供给曲线上点的移动，供给曲线本身是不变的。

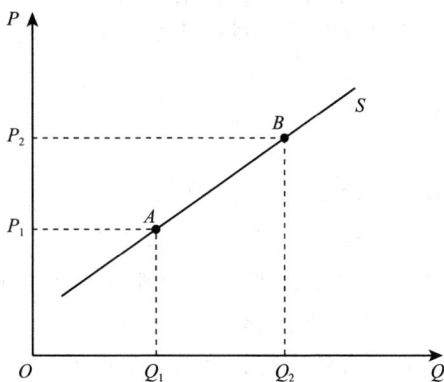

图 2-5　供给量的变动

（二）供给的变动

供给的变动是指商品本身价格不变的情况下，其他因素变动所引起的该商品供给数量的变动。供给的变动可以用供给曲线的平行移动来表示，如图 2-6 所示。

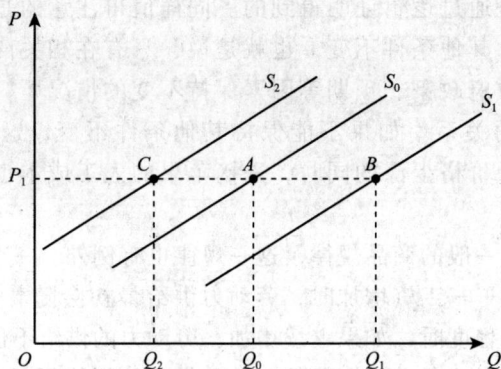

图 2 - 6   供给的变动

如果某种或某几种影响苹果供给的因素发生了变化，如农业生产技术进步、政府给予财政补贴或其替代品梨子的价格下跌等，使得厂商在面对价格水平 P_1 时，愿意供给更多的苹果，这可用供给曲线向右的平行移动来表示，即从图中的 S_0 曲线移动到 S_1 曲线；反之，当一种影响厂商供给的因素变化使得其在面对价格水平 P_1 时，希望减少苹果的供给，则可用供给曲线向左的平行移动来表示，即从图中的 S_0 曲线移动到 S_2 曲线。

第三节   价格决定与价格政策

需求理论和供给理论说明了消费者和生产者从自身利益出发，在商品价格和其他因素的影响下所作出的需求量与供给量决策。但商品的价格又是如何决定的呢？新古典主义的开创者马歇尔提出，商品价格是在商品市场上由供给与需求两种力量相互作用形成的，这被称为商品价格的供求均衡理论。

一、均衡价格的决定

在日常用语中，**市场**（market）是指买卖双方进行交易的场所，但在经济学看来，市场不仅指交易发生的场所，而且是买者和卖者相互作用共同决定商品和生产要素的价格（price）以及交易数量的机制。因此，经济学中的市场并不一定是集中的、有形的。例如，京东网、淘宝网等电子商务网站，并没有一个有形的场所，但由于这些网站促成了买卖双方的交易，就是一个市场。市场还可能是隐性的，例如，在实施借贷市场管制的地方，"地下钱庄"就会发展起来，这种形式也属于市场的范围。

在市场上，商品供给与需求的力量会相互作用，形成市场均衡或者说市场出清状态。如表 2 - 3 所示。

表 2 – 3		苹果的市场供求平衡过程		
单位价格（元）	供给量（千克）	需求量（千克）	剩余（＋）短缺（－）（千克）	对价格的压力
7	1000	400	＋600	↓
6	900	500	＋400	↓
5	800	600	＋200	↓
4	700	700	0	均衡
3	600	800	－200	↑
2	500	900	－400	↑
1	400	1000	－600	↑

当苹果的价格分别为 7 元、6 元、5 元，供给量大于需求量，即存在剩余，此时市场价格有下降的压力。反过来，当价格分别为 3 元、2 元、1 元，需求量大于供给量，即存在短缺，此时市场价格有上升的压力。苹果价格在 4 元时，商品购买者愿意购买的数量正好等于商品供给者愿意供给的数量，购买者与供给者均不会再作出进一步的需求量与供给量的调整，价格因此不再发生变化，形成一种稳定的状态，这种状态所对应的价格与需求量或供给量分别为商品的均衡价格与均衡数量。

如果将商品需求曲线与供给曲线绘制在同一坐标图中（如图 2 – 7 所示），就会找到均衡价格以及与之对应的均衡数量。商品的**均衡价格**（equilibrium price）是指某种商品的需求和供给这两种相反力量达到平衡，从而不再变动时的价格。这时候，市场出清，既无过剩也无短缺，此时的需求量或供给量称为**均衡数量**（equilibrium quantity）。从几何意义来说，一种商品市场的均衡出现在这种商品的市场需求曲线和市场供给曲线相交的交点上，这个交点被称为均衡点。与均衡点相对应的价格为均衡价格，与均衡点相对应的数量为均衡数量。

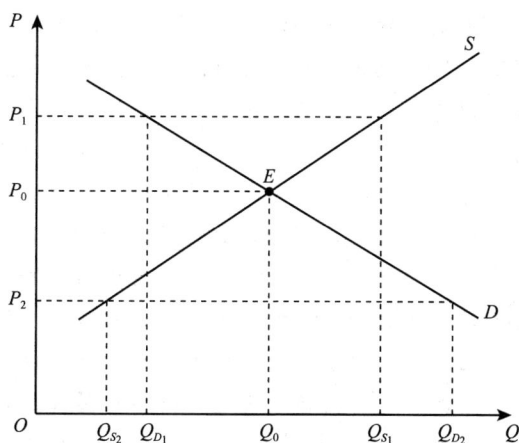

图 2 – 7　均衡价格和均衡数量的形成

在图 2 – 7 中，苹果的市场需求曲线 D 和市场供给曲线 S 相交于均衡点 E，E

点对应的价格 P_0 即为均衡价格，商品数量 Q_0 即为均衡数量。

如果市场的实际价格为 P_1，高于均衡价格 P_0 时，苹果的需求量为 Q_{D_1}，供给量为 Q_{S_1}，并且有 $Q_{D_1} < Q_{S_1}$，此时市场供给量大于需求量。在这种商品过剩或超额供给的市场状况下，厂商将被迫降低价格以便出售过剩的商品，消费者则会压低价格来购买商品，这样苹果价格就无法保持在 P_1 的水平上。而当市场的实际价格为 P_2，低于均衡价格 P_0 时，苹果的需求量将为 Q_{D_2}，供给量为 Q_{S_2}，并且有 $Q_{D_2} > Q_{S_2}$，此时市场需求量大于供给量。在这种商品不足或超额需求的市场状况下，厂商将会提高价格以获得更大的收益，消费者将被迫接受涨价以购买到苹果，这样苹果价格也不会保持在 P_2 的水平上。只有当市场的实际价格为 P_0 时，市场的需求量与供给量均为 Q_0，苹果的价格才不再变化。

由此可见，只要实际价格高于均衡价格，就总是存在着迫使价格下降的压力；同样，只要实际价格低于均衡价格，又总是存在着促使价格上升的推力。价格如同一只看不见的手，调节着市场的需求和供给，最终使市场达到市场出清状态。

通过需求函数和供给函数，可以求出均衡价格和均衡数量。例如，如果需求函数 $Q_D = 11 - P$，供给函数 $Q_S = 2P - 1$，就可解出均衡价格 $P_0 = 4$，将均衡价格代入需求函数或供给函数，可解出均衡数量 $Q_0 = 7$。

专栏 2-2

商品价格的决定：劳动价值论与边际效用价值论

古典政治经济学以后，经济学分化出了马克思主义政治经济学和资产阶级经济学两大体系。这两大体系的对立，一个突出的表现是对商品价格决定的论述。马克思主义政治经济学的出发点是劳动价值论，而资产阶级经济学的出发点是边际效用价值论。

劳动价值论是马克思主义政治经济学论述商品价格决定的基石。按照马克思的观点，商品交换依据商品的价值来进行，而商品的价值量是由生产商品的社会必要劳动时间决定。当货币出现以后，商品价值的货币表现就是价格。价格水平的高低取决于商品价值量的大小，价格水平的变动也取决于商品价值量的变化。当然，这并不等于说，市场上的每一次商品交换都必须是价格与价值的完全一致，两者的一致是偶然的现象，不一致才是经常的现象。这是因为价格还受到多种因素的影响，如货币价值量的变化、供求状况、竞争等，其中最主要的是供求关系。

效用价值论作为劳动价值论的对立物，有着悠久的历史。但边际效用价值论直到 19 世纪 30 年代才得到重视。以卡尔·门格尔、弗里德里希·维塞尔、欧根·庞巴维克为代表的奥地利学派，认为价值不是商品的内在属性，而是人的主观评价形成的一种心理范畴，物品的价值量必须由决定这一物品的福利的量来决定，决定于人们对最后单位物品的主观评价。"价格自始至终都是价值的主观决定的产物。"（庞巴维克，1888）。马歇尔将古典经济学的供给分析和奥地利学派的需求分析综合起来，说明商品价格的形成并不是单独地由生产成本决定，也不是单独地由商品的效用决定，而是两者共同决定的。马歇尔在《经济学原理》一书中，用价格取代了价值。他指出："任何东西的价格可以被作为它与一般物品比较时的交换价值的代表，换句话说，作为它的一般购买力的代表。"进而提出了均衡价格论，即均衡价格是使得买卖双方力量达到均势的价格。

二、供求定理

商品的均衡价格是在需求与供给两种力量的共同作用下达成的，供给与需求任何一方的变动或两者的共同变动都可能导致均衡价格的变动。均衡价格变动的机制可以通过均衡价格的图示分析法得到清晰而简明的分析。

（一）需求变动对均衡的影响

当消费者的收入水平、相关商品的价格、消费者偏好以及消费者的预期发生变化，就会导致消费者个人的商品需求曲线平行移动，并带动市场的商品需求曲线平行移动。如果市场的供给曲线不发生移动，商品在市场的均衡价格和均衡数量的变动如图 2-8 所示。在初始状态下，苹果的市场供给曲线 S 和市场需求曲线 D_0 相交，其交点 E_0 对应的价格 P_0 为该状态下的市场均衡价格，Q_0 为市场均衡数量。假定厂商的供给不变，如果某一种因素或几种因素的联合作用导致市场的苹果需求增加，即苹果的需求曲线向右移动到 D_1 曲线，市场均衡也将由原来的 E_0 点移动到 D_1 曲线与 S 曲线相交的 E_1 点。相应地，市场均衡的价格由 P_0 变化为 P_1，市场均衡的数量由 Q_0 变化为 Q_1。由于供给曲线是向右上倾斜的，因此有 $P_1 > P_0$，$Q_1 > Q_0$。这表明，在市场供给不变的情况下，市场需求的增加将使均衡价格上升，均衡数量增加。

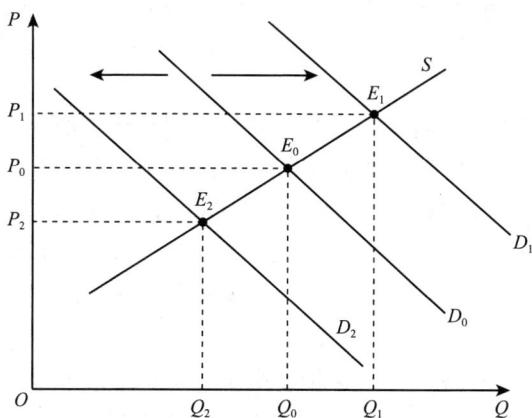

图 2-8　需求变动对均衡价格的影响

相反，如果由于商品本身价格之外的其他原因导致市场对苹果的需求减少，即图 2-8 所示的苹果需求曲线 D_0 曲线向左移动到 D_2 曲线，市场均衡也将由原来的 E_0 点移动到 D_2 曲线与 S 曲线相交的 E_2 点。相应地，市场均衡的价格由 P_0 变化为 P_2，市场均衡的数量由 Q_0 变化为 Q_2。此时有 $P_2 < P_0$，$Q_2 < Q_0$。这表明，在市场供

给不变的情况下，市场需求的减少将使均衡价格下降，均衡数量减少。

（二）供给变动对均衡的影响

当生产要素的价格、相关商品的价格、技术水平、政府政策或生产者预期等发生变化，就会导致厂商的供给曲线移动，并带动市场的商品供给曲线移动，如果市场的需求曲线不发生移动，商品在市场的均衡价格和均衡数量的变动如图 2 - 9 所示。

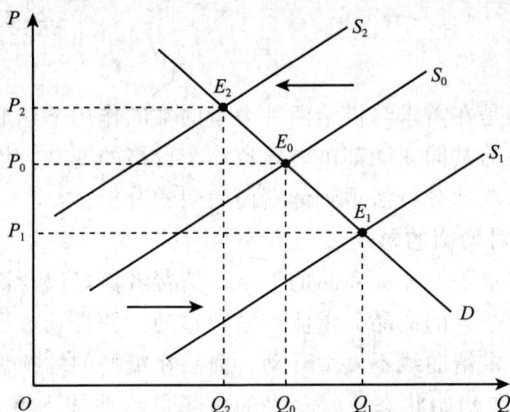

图 2 - 9 供给变动对均衡价格的影响

如图 2 - 9 所示，在初始状态下，苹果的市场需求曲线 D 和市场供给曲线 S_0 相交，其交点 E_0 对应的价格 P_0 为该状态下的市场均衡价格，Q_0 为市场均衡的数量。假定消费者的需求不变，如果某一种因素或几种因素的联合作用导致市场的苹果供给增加，即苹果的供给曲线向右移动到 S_1，市场均衡也将由原来的 E_0 点移动到 S_1 曲线与 D 曲线相交的 E_1 点。相应地，市场均衡的价格由 P_0 变化为 P_1，市场的均衡数量由 Q_0 变化为 Q_1。由于需求曲线是向右下倾斜的，因此有 $P_1 < P_0$，$Q_1 > Q_0$。这表明，在市场需求不变的情况下，市场供给的增加将使均衡价格下降，均衡数量增加。

相反，如果由于商品本身价格之外的其他原因导致市场上苹果的供给减少，即图 2 - 9 所示的苹果供给曲线 S_0 向左移动到 S_2，市场均衡也将由原来的 E_0 点移动到 S_2 曲线与 D 曲线相交的 E_2 点。相应地，市场的均衡价格由 P_0 变化为 P_2，市场均衡的数量由 Q_0 变化为 Q_2。此时有 $P_2 > P_0$，$Q_2 < Q_0$。这表明，在市场需求不变的情况下，市场供给的减少将使均衡价格上升，均衡数量减少。

（三）供求定理

上述分析表明，在其他条件不变的情况下，需求的变动分别引起均衡价格和均衡数量同方向变动；供给的变动引起均衡价格反方向变动，引起均衡数量同方向变动，这被称为**供求定理**（law of supply and demand）。

需要指出的是，如果需求和供给同时发生变动，商品的均衡价格和均衡数量的变化是难以确定的，这要结合需求和供给变化的具体情况来分析。可以分为以下四种情况（见表 2 - 4）。

表 2 - 4　　　　　　　　　供求曲线的移动对均衡价格和均衡数量的影响

需求曲线的移动	供给曲线的移动	均衡价格	均衡数量
→	→	?	↑
←	←	?	↓
→	←	↑	?
←	→	↓	?

（1）当需求曲线和供给曲线同时向右移动，表明需求和供给同时增加，此时均衡数量一定会增加。如果需求增加的幅度大于供给增加的幅度，均衡价格将上升；反之，如果需求增加的幅度小于供给增加的幅度，均衡价格将下降；如果需求增加的幅度等于供给增加的幅度，均衡价格将不变。

（2）当需求曲线和供给曲线同时向左移动，表明需求和供给同时减少，此时均衡数量一定会下降。如果需求减少的幅度大于供给减少的幅度，均衡价格将下降；反之，如果需求减少的幅度小于供给减少的幅度，均衡价格将上升；如果需求减少的幅度等于供给减少的幅度，均衡价格将不变。

（3）当需求曲线向右移动而供给曲线向左移动时，表明需求增加，供给减少，此时均衡价格一定会上升。如果需求增加的幅度大于供给减少的幅度，均衡数量增加；反之，如果需求增加的幅度小于供给减少的幅度，均衡数量减少；如果需求增加的幅度等于供给减少的幅度，均衡数量将不变。

（4）当需求曲线向左移动而供给曲线向右移动时，表明需求减少，供给增加，此时均衡价格一定会下降。如果需求减少的幅度大于供给增加的幅度，均衡数量减少；反之，如果需求减少的幅度小于供给增加的幅度，均衡数量增加；如果需求减少的幅度等于供给增加的幅度，均衡数量将不变。

三、价格政策

在市场经济中，经济运行是由价格这只"看不见的手"进行调节。但是，价格对市场的自发调节不一定是最有利的。在现实中，政府往往会基于某种目标制定价格政策对市场的均衡价格进行干预。价格政策主要有两种：支持价格与限制价格。

（一）价格调节的缺陷

根据价格理论，价格由市场供求关系决定并调节着生产与消费，使资源得到最优配置。但价格是市场自发形成的，现实中这种自发形成的价格对经济并不一定是最有利的，主要有两个方面的不利影响。

1. 对生产的不利影响

从短期来看，由供求决定的均衡价格可以使资源得到较优的配置，调节着厂商的生产和消费者的需求。但是从长期来看，均衡价格可能对生产产生不利影响。例如长期的市场价格调节对农业生产是不利的。当农产品在某一年的生产过剩时，农产品的价格会有较大幅度的下降。从短期看，价格下降有利于供求平衡，但由于农业生产周期较长，农产品价格的下降对第二年的农业生产往往产生抑制作用，即使农产品的需求增加了，农产品并不能迅速增加，从而影响到整个经济的稳定。我国一些地方出现过因为农产品价格过低的撂荒现象，极大地影响了农业发展。有的地方甚至将农业生产中最基本的生产要素——土地改作他用，如从事房地产开发，从根本上动摇了农业生产的基础，带来不可逆转的消极影响。

2. 对社会的不利影响

由供求关系决定的价格也可能对社会产生不利影响。例如，某些生活必需品严重短缺时，价格就会很高。这对低收入者是极为不利的，极有可能使他们无法维持最低生活水平，从而影响社会秩序的稳定。在某些特定时期，例如在自然灾害之后，往往会因为食品短缺而导致物价飞涨，使受灾者陷入困境。

可见，完全由市场供求来决定价格，并由价格调节经济，是有很大缺陷的，这就需要政府对价格实施干预，以符合整个社会的长远利益。

（二）支持价格

支持价格也被称为最低限价，是指政府规定某种产品或服务的价格不能低于某一价格水平的价格管制。只有高于市场均衡价格的支持价格才是有意义的，因此支持价格一定高于市场均衡价格。

如图 2-10 所示。在自由竞争的情况下，某商品的均衡价格为 P_0，均衡数量为 Q_0。如果政府对该商品实行支持价格，如规定商品的价格不能低于 P_1，由于 P_1 高于均衡价格 P_0，市场的需求量 Q_1 将小于市场的供给量 Q_2，也就是说，市场上将出现商品供过于求的情况。

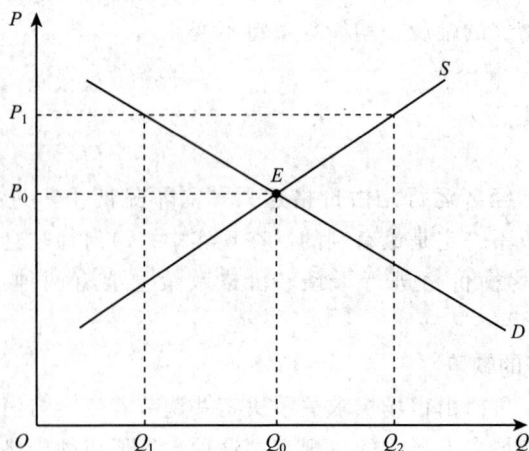

图 2-10 支持价格

支持价格的典型有两个，一是对农产品实行支持价格政策，二是在劳动力市场上规定最低工资标准。政府对农产品实施支持价格的目的通常是为了保持农业的产出规模，扶持农业发展，保护农业生产者的利益。但如果出现农产品供过于求的情况，农民的利益反而受到了损害。因此，在实施支持价格的同时，政府需要出台配套的农产品收购政策，收购市场上的过剩产品。当然，这也会使政府背上沉重的财政包袱。在劳动力市场上，为了保护劳动者的生存权益，不至于使劳动者因为劳动力供过于求而面临工资水平过低的状况，政府通过立法规定最低工资标准。但是，最低工资标准也可能因劳动力供给增加而导致失业者的增加。

（三）限制价格

限制价格也称为最高限价，是指政府规定某种产品或服务的价格不得超过某一价格水平的价格管制。同样，只有低于市场均衡价格的限制价格才是有意义的，因此限制价格一定低于市场均衡价格。

如图 2 - 11 所示，在自由竞争的条件下，某商品的均衡价格为 P_0，均衡数量为 Q_0。此时，政府对该商品实行限制价格，如规定商品的价格不能超过 P_1，显然，由于 P_1 低于均衡价格 P_0，市场的需求量 Q_2 将大于市场的供给量 Q_1，也就是说，市场上将出现商品供不应求的情况。

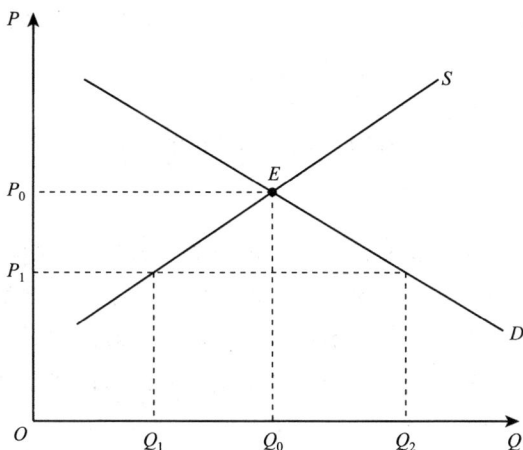

图 2 - 11 限制价格

图 2 - 11 表明，当政府实施限制价格时，厂商将调低生产量，市场上的供给量会减少，而市场需求会增加，产生商品短缺，此时就会引发消费者排队抢购的现象，导致购买者的时间浪费，这当然是政府不愿意见到的。为了防止排队抢购现象的发生，政府往往会进一步出台定量供应政策，如按人头发票、限定每次的最高购买量等。但由于消费者的偏好是不同的，通过排队或定量供应并不能满足每个人的需求，这样一些消费者会提价卖出他购买到的一部分商品乃至全部的商品，而一些获得了供应凭证的消费者就会以某一价格卖出他的供应凭证，形成了商品或商品供应凭证黑市。

专栏 2 - 3

我国的粮食最低收购价政策

从 2004 年开始，我国粮食产量连年丰收，粮食价格面临着较大的下行压力。为了调控粮食市场价格，继续稳定粮食生产，避免重蹈谷贱伤农的覆辙，国家开始实施了粮食最低收购价政策。这一政策规定，当市场价低于最低价时，由国家指定的粮食企业以最低价进行收购。2006 年，小麦也被纳入最低收购价范围。在 2013 年，国家发改委分别将早籼稻、中晚籼稻和粳稻最低收购价格提高到每 50 公斤 132 元、135 元和 150 元，比 2012 年分别提高 12 元、10 元和 10 元。

稳定粮食生产产量，维持一定的粮食生产能力，是我国实行粮食最低收购价政策的主要原因之一。粮食是一种重要的并且具有战略性的物资，对我国这样一个人口大国而言，其战略地位尤显重要。考虑到粮食贸易突然中断的风险，我国的口粮不能建立在粮食等主要农产品依赖进口的基础上。从历史经验来看，每次提高保护价或最低价都能起到增加粮食产量的作用。例如，2004 年发布稻谷最低收购价之后，稻谷产量立即扭转连年下跌的势头，当年增长 11.5%，带动粮食产量实现 9% 的高增长。可见，粮食最低收购价政策对粮食增产的效应是比较显著的。

第四节　弹性理论

价格理论只是说明了价格与需求量或供给量变动方向之间的关系，但并没有深入分析价格变动与需求量或供给量变动程度之间的关系。也就是说，经济学不仅需要分析商品价格、消费者收入、相关商品价格等因素对需求和供给的影响方式与方向，也需要分析影响的程度大小，弹性理论正是要说明价格变动与需求量或供给量变动之间的这种量的关系。

一、弹性的概念

弹性（elasticity）原本是物理学的术语，指物体在外力作用下的反应程度。在大小相同的作用力下，如果物体变化明显，就称物体的弹性大，反之则称物体的弹性小。马歇尔在撰写《经济学原理》时，将这一术语引入经济学，指经济中的因变量对自变量变化的反应程度。弹性可以作数量化的衡量，用弹性系数"E"来表示，一般公式为

$$E = \frac{因变量变化的百分比}{自变量变化的百分比}$$

如果两个经济变量之间的函数关系为 $Y = f(X)$，则弹性系数公式可进一步表示为

$$E = \frac{\Delta Y/Y}{\Delta X/X} = \frac{\Delta Y}{\Delta X} \cdot \frac{X}{Y} \qquad (2.1)$$

式（2.1）中，ΔX、ΔY 分别为变量 X、Y 的变动量。如果变化是连续的，式（2.1）可以表述为

$$E = \frac{\mathrm{d}Y/Y}{\mathrm{d}X/X} \qquad (2.2)$$

由式（2.1）和式（2.2）可以看出，弹性是两个变量各自变化比例的比值，与自变量和因变量的单位无关。

弹性的经济含义可以理解为：当某一经济变量变化1%时，由它引起的另一个经济变量变化的百分比。弹性分为需求弹性和供给弹性。需求弹性又分为需求的价格弹性、需求的收入弹性和需求的交叉弹性。

二、需求弹性

需求弹性是指一种商品的需求量对其影响因素变化的反应程度。由于影响商品需求量或需求的因素主要有商品本身的价格、消费者收入水平、相关商品价格等，根据这些影响因素，可以将需求弹性分为需求的价格弹性、需求的收入弹性和需求的交叉弹性等。其中，需求的价格弹性的应用最广，因此常被简称为需求弹性或者价格弹性。

（一）需求的价格弹性

1. 价格弹性的概念

需求的价格弹性（price elasticity of demand）是指价格变动的比率所引起的需求量变动的比率，即一种商品的需求量对其价格变动的反应程度。其公式为

$$\text{需求的价格弹性系数} = - \frac{\text{需求量变动的百分比}}{\text{价格变动的百分比}}$$

需要注意的是，由于需求量与其本身价格呈反向变动关系，实际计算出来的弹性系数就为负值。习惯上在公式中加入负号或取其绝对值，以使需求的价格弹性系数取正值。

给定需求函数 $Q = f(P)$，需求的价格弹性可以表示为

$$E_d = - \frac{\Delta Q/Q}{\Delta P/P} = - \frac{\Delta Q}{\Delta P} \cdot \frac{P}{Q} \qquad (2.3)$$

2. 价格弹性的计算

需求的价格弹性可以分为弧弹性和点弹性。需求的价格弧弹性表示某种商品需求曲线上两点之间需求量的变动对于价格变动的反应程度。简单地说，它表示需求曲线上两点之间的弹性。

假定需求函数为 $Q = f(P)$，需求的价格弧弹性的公式为

$$E_d = - \frac{\Delta Q/Q}{\Delta P/P} \qquad (2.4)$$

式（2.4）中，E_d 表示需求的价格弹性，ΔQ 和 ΔP 分别表示需求量的变动量和价格的变动量。

在现实的弹性计算中，会面临基点选择的不同从而造成弹性值不同的问题。假设需求函数 $Q_d = 24 - 4P$，将需求函数表示在图 2 - 12。当计算 A 和 B 之间的弧弹性时，如果以 A 点作为基点，根据弧弹性的公式可得

$$E_d = -\frac{\Delta Q/Q}{\Delta P/P} = -\frac{4/4}{-1/5} = 5$$

但是如果以 B 点作为基点，根据弧弹性的公式则是

$$E_d = -\frac{\Delta Q/Q}{\Delta P/P} = -\frac{-4/8}{1/4} = 2$$

可见，由于基点选择的不同，造成弧弹性的计算结果不一致。

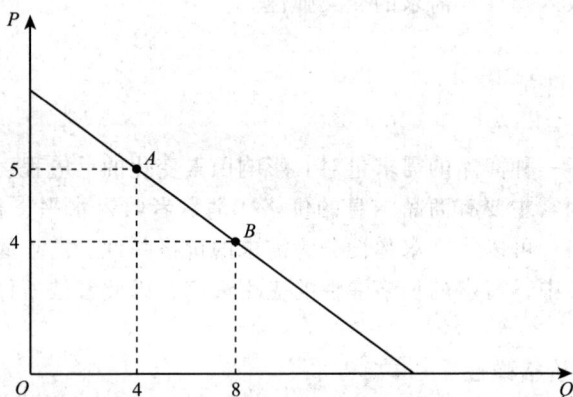

图 2 - 12　需求的价格弧弹性

为了避免计算中产生这个问题，一般采用中点弧弹性公式，即用两点价格的平均值和两点需求量的平均值来作为基点，具体公式如下：

$$E_d = -\frac{\Delta Q}{(Q_1 + Q_2)/2} \div \frac{\Delta P}{(P_1 + P_2)/2} \tag{2.5}$$

这样，在上述例子中，A 和 B 之间的弧弹性就为

$$E_d = -\frac{4}{(4+8)/2} \div \frac{-1}{(5+4)/2} = 3$$

当需求曲线上两点之间的变化量趋于无穷小时，需求的价格弹性要用点弹性来表示。需求的价格点弹性就是需求曲线上某一点的需求量变动对于价格变动的反应程度。点弹性公式可以表示为

$$E_d = \lim_{\Delta P \to 0} -\frac{\Delta Q}{\Delta P} \cdot \frac{P}{Q} = -\frac{dQ}{dP} \cdot \frac{P}{Q}$$

例如，需求函数为 $Q_d = 24 - 4P$，当价格 $P = 5$ 时，需求量 $Q = 4$，此时需求的价格点弹性为

$$E_d = -\frac{dQ}{dP} \cdot \frac{P}{Q} = -(-4) \cdot \frac{5}{4} = 5$$

在实际中到底选择弧弹性还是点弹性，取决于价格变化的程度。当价格变动比较大时，一般选择弧弹性公式。反之，选择点弹性公式。但二者在本质上是相同的。

3. 价格弹性的类型

在不同情况下，商品的价格弹性大小不同，因而可以归纳出价格弹性的类型。需要注意的是，当我们谈论商品价格弹性的大小时，一般是就价格弹性的绝对值而言的，即绝对值比较大的，就说需求价格弹性比较大。

（1）需求完全无弹性。当 $|E_d| = 0$ 时，表明无论价格如何变动，需求量都不会变动。如在图 2 – 13（a）中，需求曲线是一条与横轴相垂直的线。例如，胰岛素对糖尿病人而言，是维持生命所必需的，但病人每天对胰岛素的使用量却是不变的，因此无论价格如何变化，需求量也不会改变。

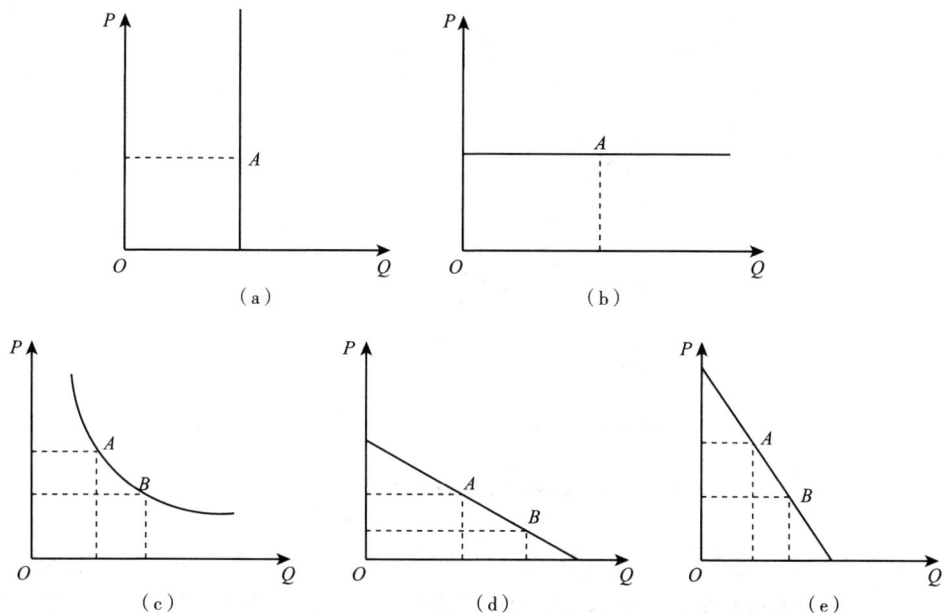

图 2 – 13　需求价格弹性的类型

（2）需求有无限弹性。当 $|E_d| \to \infty$ 时，表明当价格既定时，需求量也是无限的。如在图 2 – 13（b）中，需求曲线是一条与横轴相平行的线。如银行对黄金的收购，在某一固定价格水平下，银行对黄金采取无限量收购，这时黄金的需求弹性为无限大。

（3）单位需求弹性。当 $|E_d| = 1$ 时，表明需求量变动的百分比等于价格变动的百分比，换句话说，当价格变动 1% 时，所引起的需求量的变动等于 1%。如在图 2 – 13（c）中，需求曲线是一条正双曲线或 45 度线。

（4）需求富有弹性。当 $|E_d| > 1$ 时，表明需求量变动的百分比大于价格变动的百分比，换句话说，当价格变动 1% 时，所引起的需求量的变动大于 1%。如在图 2 – 13（d）中，需求曲线是一条比较平坦的线。现实生活中，耐用消费品、奢

侈品的需求大多富有弹性。

（5）需求缺乏弹性。当$|E_d|<1$时，表明需求量变动的百分比小于价格变动的百分比，换句话说，当价格变动 1% 时，所引起的需求量的变动小于 1%。如在图 2-13（e）中，需求曲线是一条比较陡峭的线。现实生活中，生活必需品、非耐用品的需求大多缺乏弹性。

值得注意的是，对于向右下方倾斜的线性需求曲线而言，曲线上每一点对应的弹性系数并不相同。如图 2-14 所示，线性需求曲线分别与纵坐标和横坐标相交于 A、B 两点，根据弹性的定义，对曲线上的 C 点需求价格弹性，有

$$E_d = -\frac{dQ}{dP} \cdot \frac{P}{Q} = \frac{GB}{CG} \cdot \frac{CG}{OG} = \frac{CB}{AC} = \frac{FO}{AF} \tag{2.6}$$

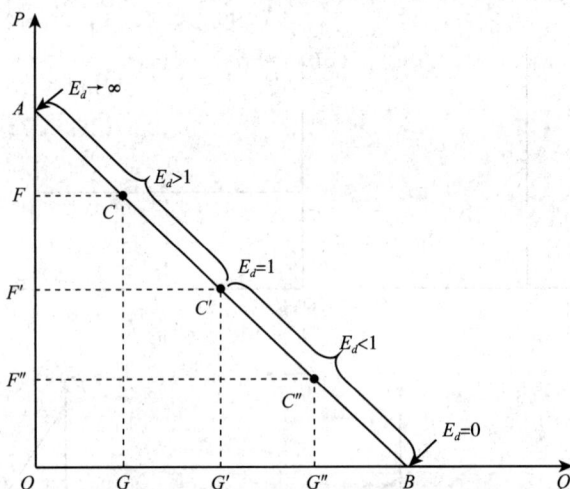

图 2-14 线性需求曲线的需求价格弹性

显然，在线性需求曲线上，对距离价格轴较近的点，如 C 点，其弹性系数的绝对值大于 1，是富有弹性的；对距离数量轴较近的点，如点 C″，其弹性系数的绝对值小于 1，是缺乏弹性的；对线性需求曲线的中点 C′，其弹性系数的绝对值为 1，具有单位弹性。在线性需求曲线的两个端点，即 A 点和 B 点，弹性系数分别有$E_d \to \infty$和$E_d = 0$。在极端的情况下，如果需求曲线是垂直于数量轴的，则需求曲线上的点均是没有弹性的，而如果需求曲线是平行于数量轴的，则需求曲线上的点均是完全弹性的。

4. 影响价格弹性的因素

为什么各种商品的需求价格弹性不同呢？这需要分析影响价格弹性的主要因素。

（1）商品的可替代性。一般来说，一种商品的可替代品越多，相近程度越高，该商品的价格弹性往往就越大；反之，商品的价格弹性就越小。以苹果和梨子这两种替代商品为例，当苹果的价格上升时，消费者就会减少对苹果的需求量，增加对梨子的购买。因此苹果的价格弹性往往较大。但对食盐这种几乎没有相近替代品的商品来说，其价格变化就不会引起需求量大幅度的变化，因此食盐的价格弹性就很小。

（2）商品用途的广泛性。一般说来，一种商品的用途越广泛，它的价格弹性可能越大；相反，用途越窄，它的价格弹性可能越小。这是因为，如果一种商品具有多种用途，当它的价格较高时，消费者只购买较少的数量用于最重要的用途上。当它的价格逐步下降时，消费者的购买量就会逐渐增加，将商品越来越多地用于其他的各种用途上。

（3）商品对消费者生活的重要程度。即该商品对消费者而言，是生活必需品还是奢侈品。一般而言，消费者对生活必需品的需求强度大而且稳定，所以价格弹性较小，如大米、面粉、蔬菜等，一般价格弹性都较小；消费者对非必需品的需求强度较小并且不稳定，所以价格弹性较大，尤其是奢侈品，价格弹性相当大。如境外旅游、音乐会门票等，这些非必需品的价格弹性就较大。

（4）商品使用时间的长短。一般说来，使用时间长的耐用消费品需求弹性大，而使用时间短的非耐用消费品需求弹性小。

（5）商品的消费支出在消费者预算总支出中的比重。消费者在某商品上的消费支出在预算总支出中所占的比重越大，该商品的价格弹性可能越大；反之，则越小。如盐、肥皂、铅笔、笔记本等商品的价格弹性就比较小。这是因为消费者在这些商品上的支出很小，往往不太重视这类商品价格的变化。

（6）所观察的消费者调节需求量的时间。一般性地，所考察的调节时间越长，价格弹性可能越大。这是因为，当消费者决定改变对价格变化的某种商品的购买量时，他需要花费时间去寻找和了解这种商品的替代品。例如，当消费者发现鸡蛋价格上涨了，而他每天都必须吃鸡蛋，只有花高价买了下来。但几天后发现市场上还有鸭蛋卖，消费者就会调整对鸡蛋的购买，导致鸡蛋需求量的较大幅度下降。

（二）需求的收入弹性

需求的收入弹性（income elasticity of demand）是指商品的需求量对于消费者收入水平变动的反应程度。在其他条件不变的情况下，商品需求对消费者收入 I 的函数可以表示为 $Q = f(I)$，该商品的需求收入弹性系数为

$$E_i = \frac{\Delta Q}{Q} \div \frac{\Delta I}{I} = \frac{\Delta Q}{\Delta I} \cdot \frac{I}{Q}$$

当收入的变动趋向于零时，需求的收入弹性可以表示为

$$E_i = \frac{\mathrm{d}Q}{Q} \div \frac{\mathrm{d}I}{I} = \frac{\mathrm{d}Q}{\mathrm{d}I} \cdot \frac{I}{Q}$$

需求的收入弹性公式前面并不人为地加上负号，这是因为收入弹性系数本身的正负值，可以作为划分商品性质的标志。如果商品的需求收入弹性 $E_i > 0$，表明消费者的商品需求量与其收入水平同方向变化，即消费者收入增加将导致这种商品的需求水平的提高，这种商品被称为正常商品。反之，如果 $E_i < 0$，表明消费者的商品需求量与其收入水平呈反方向变化，即消费者收入增加反而导致这种商品的需求水平的下降，这种商品被称为劣质商品或低档商品。其中，正常商品又可进一步划分为必需品与奢侈品两种类型。如果 $0 < E_i < 1$，也就是消费者的商品需求虽然随

着收入水平的上升而增加，但却是缺乏弹性的，该商品即为必需品。如果 $E_i > 1$，也就是消费者的商品需求不但随着收入水平的上升而增加，而且是富有弹性的，该商品即为奢侈品。值得注意的是，对这一商品的区分往往是个体性的。例如，一种低价护肤品对于收入较低的消费者来说，可能是正常商品，需求的收入弹性为正。但当该消费者收入上升到一定程度后，有能力购买高端护肤品，低价护肤品就变成了劣质商品，其需求的收入弹性为负。

（三）需求的交叉弹性

商品的需求数量也受到相关商品价格的影响，这种影响可以采用需求交叉弹性来作进一步分析。**商品的需求交叉弹性**（cross-price elasticity of demand）是指商品的需求量对相关商品价格变动的反应程度。在其他条件不变的情况下，商品 Y 的价格 P_y 对商品 X 的需求量 Q_x 的函数可以表示为 $Q_x = f(P_y)$，商品 X 的需求交叉弹性系数则为

$$E_{XY} = \frac{\Delta Q_X}{\Delta P_Y} \cdot \frac{P_Y}{Q_X} = \frac{\mathrm{d}Q_X}{\mathrm{d}P_Y} \cdot \frac{P_Y}{Q_X}$$

需求的交叉弹性公式前面也不人为地加上负号，这是因为交叉弹性系数本身的正负值，可以作为判断两种商品关系的标志。

如果 $E_{XY} > 0$，即商品 X 的需求量与商品 Y 的价格呈同方向变动关系，说明这两种商品为替代品，并且交叉弹性系数越大，两种商品的替代性越强。例如，可口可乐与百事可乐，当百事可乐的价格上升时，消费者就会减少百事可乐购买量，而购买价格还没有发生变化的可口可乐。

如果 $E_{XY} < 0$，即商品 X 的需求量与商品 Y 的价格呈反方向变动关系，说明这两种商品为互补品，并且交叉弹性系数的绝对值越大，两种商品的互补性越强。例如，当汽油的价格上涨时，人们对私家轿车的需求量就会下降。这是因为汽油和汽车是配套使用的，两者存在互补关系。

如果 $E_{XY} = 0$，即商品 X 的需求量与商品 Y 的价格无关，说明这两种商品不存在相关性。

三、供给弹性

和市场需求曲线相类似，不同商品的供给对影响供给的因素变化的反应程度或敏感程度也是不同的。商品的供给弹性也有供给的价格弹性、供给的交叉弹性等之分。这里仅介绍商品的供给价格弹性，它一般被简称为供给弹性。

（一）供给弹性的概念

供给的价格弹性（price elasticity of supply）表示在一定时期内，商品的供给量对该商品本身价格变动的反应程度。或者说在一定时期内，某种商品价格变动百分之一时所引起的该商品供给量变动的百分比。给定商品的供给曲线 $Q = f(P)$，其供给的价格弧弹性系数为

$$E_S = \frac{\Delta Q}{\Delta P} \cdot \frac{P}{Q}$$

供给的价格点弹性系数为

$$E_S = \frac{\mathrm{d}Q}{\mathrm{d}P} \cdot \frac{P}{Q}$$

在一般情况下，商品的供给量与商品本身的价格是同方向变动的，所以 E_S 是一个非负数。

（二）供给弹性的类型

根据弹性系数的大小，供给的价格弹性也可以分为以下类型。

1. 供给富有价格弹性

如果 $E_S > 1$，表明商品供给是富有弹性的，也就是说，当某种商品价格变动 1% 时所引起的供给量的变动大于 1%。如果 $E_S \to \infty$，则商品供给完全富有弹性。

2. 供给缺乏弹性

如果 $E_S < 1$，表明商品的供给是缺乏弹性的，也就是说，当某种商品价格变动 1% 时所引起的供给量的变动小于 1%。如果 $E_S = 0$，则商品的供给完全无弹性，无论价格如何变动，供给量都是不变的。

3. 单位价格弹性

如果 $E_S = 1$，表明商品的供给是单位弹性的，也就是说，当某种商品价格变动 1% 时所引起的供给量的变动等于 1%。

四、弹性分析的应用

（一）税收的分担

在现实中，政府往往会对销售中的商品征税，以筹集政府收入或达成其他的政策目标，其中交易税是重要的一部分。如果交易税由买方承担，就是消费税；如果由卖方或厂商承担，就是销售税。从本质上讲，交易税使生产者收到的价格与消费者支付的价格不一致。在征税时，政府往往规定交易的一方承担缴纳税款的义务，但这并不意味着该税款就是由法定的纳税义务人承担的。

1. 销售税对均衡价格的影响

假定政府向香烟这种商品征收销售税。在图 2 - 15 中，D 为香烟的需求曲线，在征收销售税以前，香烟的供给曲线为 S_0，此时市场均衡处于 E_0 点，对应的均衡价格为 P_0，均衡数量为 Q_0。假定此时 $P_0 = 10$ 元，$Q_0 = 50$ 万包。当政府对厂商销售出去的香烟征收 4 元/包的从量税，那么香烟的供给曲线就会向左上方平行移动到 S_T，此时 $P_1 = 14$ 元，这时厂商才愿意向市场提供原来 50 万包的产量。这将导致香烟的供给曲线向上垂直移动 T 个单位，即由 S_0 移动到 S_T。但是，14 元并不是均衡价格。如果需求曲线仍然保持不变，征税后，市场均衡将由 E_0 移动到 E_T，均衡的价格由 P_0 变为 P_T（如为 12 元），均衡数量由 Q_0 变为 Q_T。从图 2 - 15 中可以看出，征税以后，由于供给曲线的移动，均衡点变为 E_T，均衡价格 P_T 变为 12 元，比税前高了 2 元。这意味着税收的一半转嫁给了买方，他们为每包香烟将多支付 2 元的价格。税收的另一半则由厂商承担，他们每销售一包香烟比过去少收入 2 元,因为在 12 元的价格中,必须扣除 4 元的销售税。

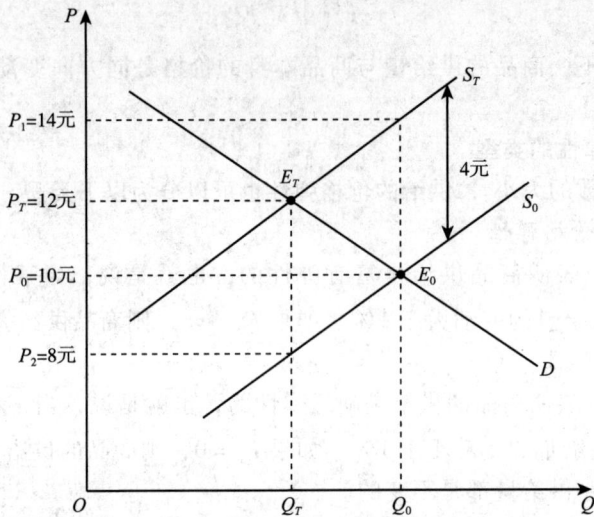

图 2 – 15 销售税对香烟均衡价格的影响

2. 消费税对均衡价格的影响

假定政府向香烟这种商品征收消费税。在图 2 – 16 中,征税以前,香烟的需求曲线为 D,均衡价格 $P_0 = 10$ 元,均衡数量 $Q_0 = 50$ 万包。如果每购买一包香烟要缴纳 4 元的消费税,那么香烟的需求曲线就会向左下方移动到 D_T。这意味着香烟的税后价格必须比原来低 4 元即达到每包 6 元,买方才愿意继续购买原来 50 万包的产量。

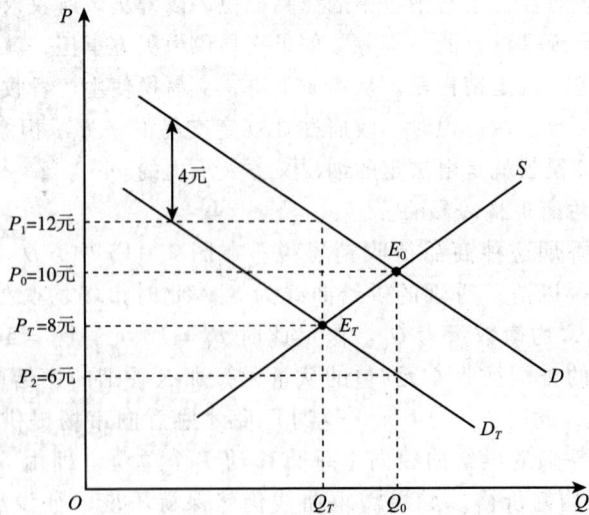

图 2 – 16 消费税对香烟均衡价格的影响

从图 2 – 16 可以看出,在征税以后,由于需求曲线的移动,市场上的均衡点变动为 E_T,香烟的均衡价格 P_T 变动为 8 元,比税前低了 2 元。但这只是消费者缴纳消费税之前的价格，当消费者缴纳每包 4 元的消费税后，实际购买香烟的价格是 12 元。此时，厂商以低于税前 10 元的 8 元价格出售香烟，买方实际以每包 12 元的价格购买香烟，比征税前的 10 元多支付 2 元。由此可见，同缴纳销售税一样，对消费者征收消费税时，税收也是一半转嫁给了买方，一半转嫁给了厂商。

3. 交易税的分担与供求弹性

由上述分析可以发现，纳税义务人并不一定是税收的完全承担者，政府征收的交易税一般会在生产者和消费者之间进行分担。在现实经济中，交易税在多大程度上由买方或卖方承担，这将取决于需求的价格弹性和供给的价格弹性。或者说，取决于需求曲线和供给曲线斜率的大小。下面以销售税为例。

一般地，在供给曲线斜率保持不变的情况下，需求曲线的斜率绝对值越大，即需求的价格弹性越小，说明消费者对价格的反应越不敏感，厂商就越容易将销售税转嫁给消费者。这可以用图 2 - 17（a）加以说明。

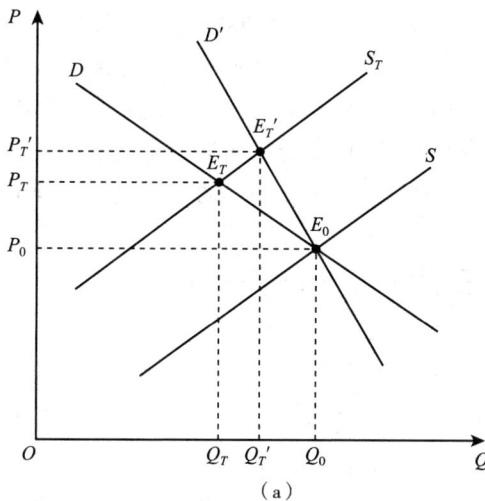

（a）

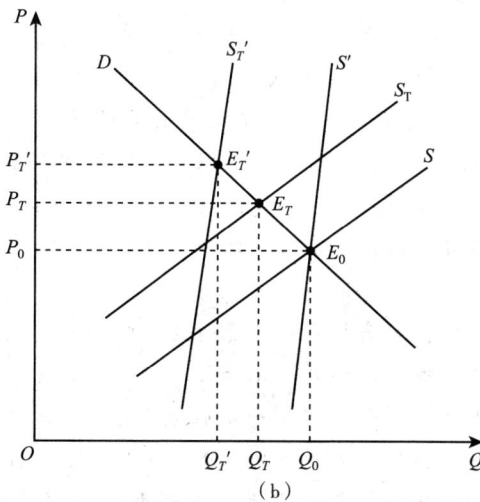

（b）

图 2 - 17 交易税的分担与供求弹性

假定两个市场的需求曲线分别为 D 和 D'，D' 比 D 更陡峭，说明 D' 斜率的绝对值大于 D，这意味着 D 的弹性较大，D' 的弹性较小。当政府征收销售税，导致香烟的均衡价格由 P_0 上升时，需求曲线为 D 的市场上升后的均衡价格 P_T 要小于需求曲线为 D' 的市场上升后的均衡价格 P_T'，这说明当需求的价格弹性较大时，厂商将销售税转嫁给消费者的难度就较大，厂商承担的税收较多，消费者承担的税收较小。反之，如果需求的价格弹性较小，厂商更容易将销售税转嫁给消费者，因而消费者将承担更多的税收。

在需求曲线不变的情况下，供给曲线的斜率值越大，即供给的价格弹性越小，厂商对价格的反应越不敏感，由厂商承担的税收部分就越大。这也可以用图 2 - 17（b）加以说明。两个市场初始的供给曲线分别为 S 和 S'，S' 的斜率值大于 S，说明 S' 的供给价格弹性更小。当政府征收销售税而导致供给曲线向左平行移动从而均衡价格由 P_0 上升，可以看出，S 曲线所在市场均衡价格上升的幅度小于 S' 曲线所在市场均衡价格上升的幅度。这说明当厂商的供给价格弹性较大时，厂商承担的税收就越小；反之，当厂商的供给价格弹性较小时，厂商承担的税收就越大。

还可以分析极端的情况。从商品的需求价格弹性来看，如果商品需求是完全弹性的，税收将完全由厂商承担；而如果商品需求是完全无弹性的，税收将完全由消费者承担。从商品的供给价格弹性来看，如果商品供给是完全弹性的，税收将完全由消费者承担；如果商品供给是完全无弹性的，税收将完全由厂商承担。

专栏 2 - 4

无处不在的税收

这个周末，张先生和张太太去商圈玩了一天。夫妇二人先是在新华书店里购买了 5 本书，花了 436 元，又在旁边的电脑城买了一个某品牌的带语音输入打字功能的鼠标，花了 399 元。然后张先生陪着张太太在百货商场的化妆品专柜买了一套化妆品，花了 384 元。逛累了，两人去了商场一家韩式烧烤店用餐，一顿饭花了 265 元。在共计 1484 元的消费中，张先生夫妇贡献了 135.89 元的增值税（$400 \times 9\% + 353 \times 13\% + 300 \times 13\% + 250 \times 6\%$）和 45 元的消费税（$300 \times 15\%$）。买东西吃饭都要缴税，而且还有增值税和消费税之分？张先生脑子都晕了。

所谓增值税，是以商品（含应税劳务）在流转过程中产生的增值额作为计税依据而征收的一种流转税。增值税实行价外税，也就是由消费者负担，有增值才征税，没增值不征税。

所谓消费税是对一些特定消费品和消费行为征收的一种税。现行消费税的征收范围主要包括了烟、酒、鞭炮、焰火、化妆品、成品油、贵重首饰及珠宝玉石、高尔夫球及球具、高档手表、游艇、木制一次性筷子、实木地板、摩托车、小汽车、电池、涂料等税目，有的税目还进一步划分若干子目。消费税的本质是特种货物与劳务税，而不是只针对零售（消费）环节征收的税。虽然消费税的直接征收对象是企业，但这些税最终还是会转化成售价转嫁给消费者。

（二）厂商的价格策略

在现实经济中，厂商常常面临如何调整价格以提高总收益的问题。总收益是厂商出售一定量商品所得到的全部收入，也就是销售量与价格的乘积。显然，如果厂商提价，销售量就会下降，这时总收益可能有两种情况：第一种情况是，总收益因为销售量的下降而降低；第二种情况是，总收益因为价格的提高而增加。总收益到底是上升还是减少，与商品需求的价格弹性有关。下面以手机和大米两种商品进行比较分析。

【例1】假设手机的需求是富有弹性的，并且 $E_d = 2$。当手机的价格为1000元时，即 $P_1 = 1000$ 元时，销售量为100部，即 $Q_1 = 100$ 部。如果手机的价格下降10%，总收益会发生什么变化？

显然，当手机价格 $P_1 = 1000$ 元，$Q_1 = 100$ 部，并且 $E_d = 2$，可以计算总收益为

$TR_1 = P_1 \cdot Q_1 = 1000 \times 100 = 100000$ （元）

当手机价格下降10%，即 $P_2 = 900$ 元，此时销售量将增加20%，$Q_2 = 120$ 部，可以计算调价后的总收益为

$TR_2 = P_2 \cdot Q_2 = 900 \times 120 = 108000$ （元）

手机调价后的总收益变动量为

$\Delta TR = TR_2 - TR_1 = 108000 - 100000 = 8000$ （元）

这表明，由于手机价格的下降，使销售量增加的幅度大于价格下降的幅度，因而总收益是增加了。

【例2】假设大米的需求是缺乏弹性的，并且 $E_d = 0.5$。当大米的价格为2元时，即 $P_1 = 2$ 元时，销售量为1000公斤，即 $Q_1 = 1000$ 公斤。如果大米的价格下降10%，总收益会发生什么变化？

显然，当大米价格 $P_1 = 2$ 元，$Q_1 = 1000$ 公斤，并且 $E_d = 0.5$，可以计算总收益为

$TR_1 = P_1 \cdot Q_1 = 2 \times 1000 = 2000$ （元）

当大米价格下降10%，即 $P_2 = 1.8$ 元，此时销售量将增加5%，$Q_2 = 1050$ 公斤，可以计算调价后的总收益为

$TR_2 = P_2 \cdot Q_2 = 1.8 \times 1050 = 1890$ （元）

大米调价后的总收益变动量为

$\Delta TR = TR_2 - TR_1 = 1890 - 2000 = -110$ （元）

这表明，由于大米价格的下降，使销售量增加的幅度小于价格下降的幅度，因而总收益减少了。

通过上述两个例子的对比分析，可以得出以下结论：

第一，如果商品是富有弹性的，即 $|E_d| > 1$，商品价格上升会导致总收益减少；反之，商品价格下降会导致总收益增加。换句话说，厂商采取提价策略将会减少厂商的总收益，而采取降价策略则会增加厂商的总收益。这就是通常所说的"薄利多销"的原因所在。

第二，如果商品是缺乏弹性的，即 $|E_d| < 1$，商品价格上升会导致总收益增加；反之，商品价格下降会导致总收益减少。换句话说，厂商采取提价策略将会增加厂商的总收益，而采取降价策略则会减少厂商的总收益。由于粮食是生活必需品，需

求是缺乏弹性的，因此价格上涨并不会使总收益减少，反而会使总收益增加。但反过来说，如果粮食的价格下跌，就会使厂商或农民的总收益减少，这就是中国古话所说的"谷贱伤农"的道理。

第三，如果商品是单位弹性的，即 $|E_d|=1$，此时厂商的提价策略或降价策略均不会影响厂商的销售收入。

第四，对于极端的情况，如果 $|E_d|=0$，即商品需求完全无弹性，厂商无论是降价还是提价都不会影响产品的销售量，因此价格提高时总收益将同比例增加，价格下降时总收益将同比例减少。如果 $|E_d|\to\infty$，即商品需求有无限弹性，厂商可以在当前的价格下销售任意数量的商品。如果厂商降价，总收益就会同比例减少，而如果提价，其销售量就会减少为零，总收益也将因此减少为零。

专栏 2-5

多收了三五斗（节选）

万盛米行的河埠头，横七竖八停泊着乡村里出来的敞口船。船里装载的是新米，把船身压得很低。河埠上去是仅容两三个人并排走的街道。万盛米行就在街道的那一边。早晨的太阳光从破了的明瓦天棚斜射下来，光柱子落在柜台外面晃动着的几顶旧毡帽上。

那些戴旧毡帽的大清早摇船出来，到了埠头，气也不透一口，便来到柜台前面占卜他们的命运。"糙米五块，谷三块，"米行里的先生有气没力地回答他们。

"什么！"旧毡帽朋友几乎不相信自己的耳朵。美满的希望突然一沉，一会儿大家都呆了。

"在六月里，你们不是卖十三块么？"

"十五块也卖过，不要说十三块。"

"哪里有跌得这样厉害的！"

"现在是什么时候，你们不知道么？各处的米像潮水一般涌来，过几天还要跌呢！"

刚才出力摇船犹如赛龙船似的一股劲儿，现在在每个人的身体里松懈下来了。今年天照应，雨水调匀，小虫子也不来作梗，一亩田多收这么三五斗，谁都以为该得透一透气了。

哪里知道临到最后的占卜，却得到比往年更坏的课兆！

"还是不要粜的好，我们摇回去放在家里吧！"从简单的心里喷出了这样的愤激的话。

"嗤，"先生冷笑着，"你们不粜，人家就饿死了么？各处地方多的是洋米，洋面，头几批还没吃完，外洋大轮船又有几批运来了。"

洋米，洋面，外洋大轮船，那是遥远的事情，仿佛可以不管。而不粜那已经送到河埠头来的米，却只能作为一句愤激的话说说罢了。怎么能够不粜呢？田主方面的租是要缴的，为了雇帮工，买肥料，吃饱肚皮，借下的债是要还的。

"先生，能不能抬高一点？"差不多是哀求的声气。

"抬高一点，说说倒是很容易的一句话。我们这米行是拿本钱来开的，你们要知道，抬高一点，就是说替你们白当差，这样的傻事谁肯干？"

"钱实在太低了，我们做梦也没想到。去年的粜价是七块半，今年的米价又卖到十三块，不，你先生说的，十五块也卖过；我们想，今年总该比七块半多一点吧。哪里知道只有五块！"

"先生，就是去年的老价钱，七块半吧。"

"先生，种田人可怜，你们行行好心，少赚一点吧。"

另一位先生听得厌烦，把嘴里的香烟屁股扔到街心，睁大了眼睛说："你们嫌价钱低，不要粜好了。是你们自己来的，并没有请你们来。只管多啰嗦做什么！我们有的是洋钱，不买你们的，有别人的好买。你们看，船埠头又有两只船停在那里了。"

三四顶旧毡帽从石级下升上来，旧毡帽下面是表现着希望的酱赤的脸。他们随即加入先到的一群。斜伸下来的光柱子落在他们的破布袄的肩背上。

"听听看，今年什么价钱。"

"比去年都不如，只有五块钱！"伴着一副懊丧到无可奈何的神色。

"什么！"希望犹如肥皂泡，一会儿又迸裂了三四个。

希望的肥皂泡虽然迸裂了，载在敞口船里的米可总得粜出；而且命里注定，只有卖给这一家万盛米行。米行里有的是洋钱，而破布袄的空口袋里正需要洋钱。

在米质好和坏的辩论之中，在斛子浅和满的争持之下，结果船埠头的敞口船真个敞口朝天了；船身浮起了好些，填没了这船那船之间的空隙的菜叶和垃圾就看不见了。旧毡帽朋友把自己种出来的米送进了万盛米行的廒间，换到手的是或多或少的一叠钞票。

资料来源：节选自叶圣陶短篇小说《多收了三五斗》，文字有删减。

（三）蛛网理论

如果市场均衡受到冲击被打破了，市场的竞争就会引导价格与需求量以及供给量的调整，自动演进到均衡状态。但这只是在供求双方都能作出瞬间的反应假设下推导出来的结论。在现实经济中，供求双方对市场价格的反应往往需要经历一段时间，这导致向均衡的演进呈现为一个动态的过程，并且还可能最终不能演进到静态均衡状态。分析这种动态过程的理论称为蛛网理论。蛛网理论是在20世纪30年代分别由美国经济学家 H. 舒尔茨、意大利经济学家 U. 里奇和荷兰经济学家 J. 丁伯根各自独立提出来的，1934年英国经济学家 N. 卡尔多将这种理论命名为蛛网理论。

蛛网理论是一种动态均衡分析。这种理论运用需求弹性与供给弹性的概念来分析价格波动对产量的影响，以解释农产品周期性波动的原因。在分析中，蛛网理论给出了以下假设：

第一，从开始生产到生产出产品需要一定时间，而且在这段时间内生产规模无法改变。例如，农作物从种植到长成需要半年左右，在此期间已种植的农作物无法增加或减少。

第二，本期的产量决定本期的价格。

第三，本期的价格决定下期的产量。

在以上假设条件下，蛛网理论根据需求弹性与供给弹性的不同关系，区分三种情况研究价格的波动。

1. 供给弹性小于需求弹性：收敛型蛛网

当供给弹性小于需求弹性（即价格变动对供给量的影响小于对需求量的影响）时，价格和产量的波动将逐渐减弱，经济状态趋于均衡。供给弹性小于需求弹性被称为"蛛网稳定条件"。由于蛛网向内收缩，被称为"收敛型蛛网"。如图 2 – 18 所示，供给曲线斜率的绝对值大于需求曲线斜率的绝对值，在这种情况下，当市场受到干扰偏离原有的均衡状态以后，实际价格和实际产量会围绕均衡水平上下波动，但波动的幅度会不断减小，最后回到原来的均衡点。其具体过程为：

在初始期，由于某种原因，实际产量由均衡产量减少为 Q_1，消费者愿意为该产量支付的价格为 P_1，于是该商品的价格由均衡价格变为 P_1。而厂商第二期的生产行为受到第一期价格的影响，即厂商第二期的供给量为由 P_1 决定的 Q_2。

第二期，厂商为了将全部产量 Q_2 出清，只能接受消费者愿意支付的最高价格 P_2，于是实际价格变为 P_2，受到实际价格降低的影响，厂商第三期的产量将减少为 Q_3。

第三期，由于产量下降为 Q_3，在此情况下，消费者愿意支付的价格将上升为 P_3，厂商将根据 P_3 这一价格决定第四期的产量 Q_4。

这个过程会不断持续下去，每一期的实际价格将围绕原来的均衡价格上下波动，实际产量相应的交替出现偏离均衡值的超额供给或者超额需求，但由于价格变动对供给量的影响小于对需求量的影响，价格和产量波动的幅度会逐渐减小，最后回复到原来的均衡价格和均衡数量。因此，收敛型蛛网模型表明，在供给的价格弹性小于需求的价格弹性时，由于外部原因导致价格和产量偏离均衡点后，经济体系中存在自发的因素，使得价格和产量自动恢复到均衡状态。

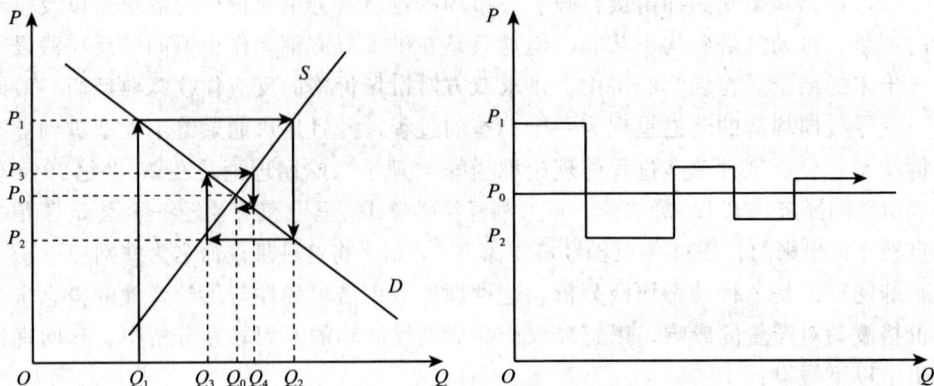

图 2 – 18　收敛型蛛网

2. 供给弹性大于需求弹性：发散型蛛网

当供给弹性大于需求弹性（即价格变动对供给量的影响大于对需求量的影

响）时，价格和产量的波动将逐渐加大，经济状态无法回到原有的均衡。供给弹性大于需求弹性被称为"蛛网不稳定条件"，由于蛛网向外扩展，被称为"发散型蛛网"。如图 2 - 19 所示，供给曲线斜率的绝对值小于需求曲线斜率的绝对值，在这种情况下，当市场受到干扰偏离原有的均衡状态以后，实际价格和实际产量会围绕均衡水平上下波动，但波动的幅度会不断扩大，偏离均衡点越来越远。其具体过程为：

在初始期，由于某种原因，实际产量由均衡产量减少为 Q_1，消费者愿意为该产量支付的价格为 P_1，于是该商品的价格由均衡价格变为 P_1。而厂商第二期的生产行为受到第一期价格的影响，即生产者第二期的供给量为由 P_1 决定的 Q_2。

第二期，厂商为了将全部产量 Q_2 出清，只能接受消费者愿意支付的最高价格 P_2，于是实际价格变为 P_2，受到实际价格降低的影响，厂商第三期的产量将减少为 Q_3。

第三期，由于产量下降为 Q_3，在此情况下，消费愿意支付的价格将上升为 P_3，于是实际价格变为 P_3，厂商将根据这一价格决定第四期的产量 Q_4。

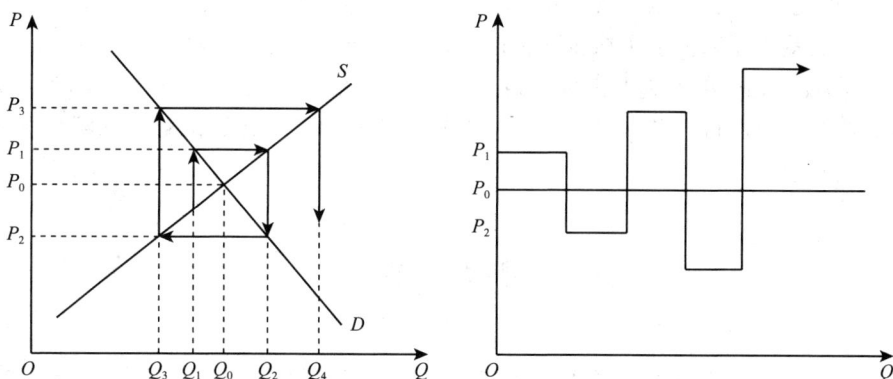

图 2 - 19　发散型蛛网

这个过程会不断持续下去，每一期的实际价格将围绕原来的均衡价格上下波动，实际产量相应的交替出现偏离均衡值的超额供给或者超额需求，但由于价格变动对供给量的影响大于对需求量的影响，价格和产量波动的幅度会逐渐加大，越来越偏离原来的均衡价格和均衡数量。因此发散型蛛网模型表明，在供给的价格弹性大于需求的价格弹性时，其均衡是不稳定的，当出现偏离的时候，不能自动恢复到原来的均衡状态。

3. 供给弹性等于需求弹性：封闭型蛛网

当供给弹性等于需求弹性（即价格变动对供给量的影响等于对需求量的影响）时，价格和产量偏离原有的均衡状态之后，其波动将按照同一幅度进行下去。供给弹性等于需求弹性被称为"蛛网中立条件"。由于既不扩大，也不缩小，因而这种蛛网被称为"封闭型蛛网"。如图 2 - 20 所示，其过程和前面相同，这里就不再赘述。

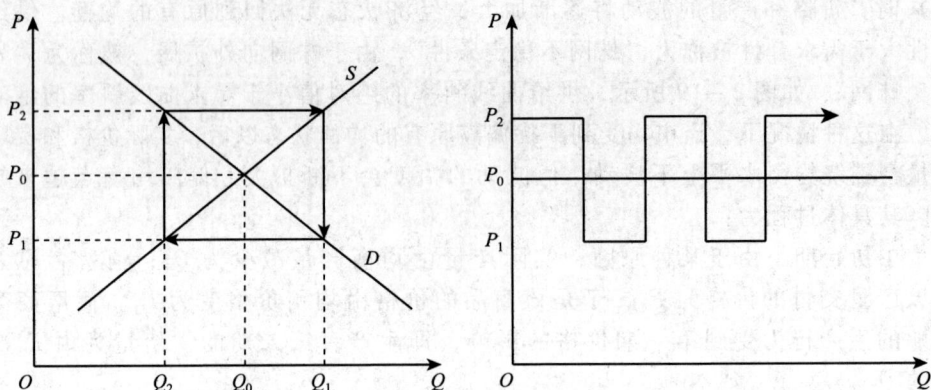

图 2 – 20 封闭型蛛网

蛛网理论说明了在市场机制自发调节的情况下，农产品市场上必然发生蛛网型周期波动，从而影响农业生产与农民收入的稳定。一般而言，农产品的供给对价格变动的反应大，而需求较为稳定，对价格变动的反应小，也就是说，农产品的供给弹性大于需求弹性，所以在现实中，存在最广泛的发散型蛛网波动，这正是农业生产不稳定的重要原因。为了减少或消除农产品市场的波动，一般有两种方法：一是由政府运用有关政策（如支持价格政策）对农产品市场进行干预；二是利用市场本身的调节机制进行调节，其中现代社会较为有效的方法就是在期货市场上进行农产品的交易活动。

本章小结

1. 需求是指市场上的单个消费者在某一特定时期内，在每一价格水平下愿意而且有能力购买某种商品或劳务的数量。需求可用需求表、需求函数或需求曲线等形式进行表述。需求定理表明，在其他条件不变的情况下，商品的需求量与其本身价格之间是反方向变动的。

2. 经济分析中要区分需求量的变动和需求的变动。需求量的变动是指在影响需求的其他因素不变的条件下，只是由于某种商品本身价格水平的变动所引起的对这种商品需求数量的变动，表现为同一条需求曲线上点的移动。需求的变动是指商品本身价格不变的情况下，其他因素变动所引起的需求的变动，表现为需求曲线的平行移动。

3. 供给指市场上的单个厂商在某一特定时期内，在每一价格水平时愿意而且有能力供应的商品的数量。供给可用供给表、供给函数或供给曲线等形式进行表述。供给定理表明，在其他条件不变的情况下，商品的供给量与其本身价格之间是同方向变动的。

4. 经济分析中同样要区分供给量的变动与供给的变动。供给量的变动是指在影响供给的其他因素不变的条件下，由于某种商品本身价格水平的变动所引起的对这种商品供给数量的变动，表现为同一条供给曲线上点的移动。供给的变动是指商品本身价格不变的情况下，其他因素变动所引起的供给的变动，表现为供给曲线的平行移动。

5. 在市场上，商品供给与需求的力量相互作用，最终达到供给与需求均衡的市场出清状态。在其他条件不变的情况下，需求的变动分别引起均衡价格和均衡数量的同方向的变动；供给的变动引起均衡价格的反方向的变动，引起均衡数量同方向的变动。

6. 限制价格是指政府规定某种产品或服务的价格不得超过某一价格水平的价格管制，支持价格则是指政府规定某种产品或服务的价格不能低于某一价格水平的价格管制。价格管制虽然可能达成一定的政策目标，但却会造成商品市场供不应求或供过于求。

7. 商品的需求价格弹性表示商品的需求量对于该商品自身价格相对变动的反应程度。商品的供给价格弹性表示商品的供给量对该商品自身价格相对变动的反应程度。此外，需求弹性还有需求的收入弹性和需求的交叉弹性。

8. 弹性理论可用于税收分担、厂商价格策略的分析，还可用于对农产品生产的分析。税收分担表明，纳税义务人并不一定是税收的完全承担者，交易税一般会在生产者和消费者之间进行分担，而各自分担的程度有多大，取决于需求的价格弹性和供给的价格弹性。厂商的价格策略表明，如果商品是富有弹性的，"薄利多销"将增加总收益；如果商品是缺乏弹性的，降低价格将减少总收益。蛛网理论运用需求弹性与供给弹性的概念来分析价格波动对产量的影响，解释了农产品周期性波动的原因。

第三章 | 消费者行为理论

本章提要

　　本章分别运用边际效用分析法和无差异曲线分析法研究消费者行为。通过本章学习，领会效用的基本概念，重点掌握消费者均衡这一核心概念，理解边际效用分析法和无差异曲线分析法在对消费者行为分析中的运用。掌握边际效用递减规律以及需求曲线的推导过程。

基本概念

　　效用　总效用　边际效用　边际效用递减规律　消费者均衡　消费者剩余　消费者偏好　无差异曲线　边际替代率　边际替代率递减规律　预算线　价格–消费曲线　收入–消费曲线　恩格尔曲线　替代效应　收入效应　吉芬商品

　　如果消费者拥有无限的收入，那么就可以购买任何想要的商品，也就不必担心口袋里的钱是否够用。但是在真实世界里，人们的收入是有限的，在购买产品时必须考虑是否有足够的支付能力。如果想购买不同的商品，还需要考虑购买的不同商品的数量组合问题。一个理性的消费者将考虑在既定收入水平下实现效用最大化。

第一节　效用理论概述

　　在现实生活中，商品和劳务之所以被消费者所需要，是因为它们的有用性可以满足人们的欲望，如食品能充饥，衣服能御寒，饮料能解渴，娱乐可以满足人们的精神需求。一个完全理性的消费者，消费商品的目的是实现一定收入水平下的效用最大化。那么什么是效用呢？研究效用的理论有哪些？

一、欲望

人类的欲望是一种缺乏的感觉与求得满足的愿望，也就是说，欲望是不足之感与求足之愿的统一，二者缺一不可。从这个定义来看，欲望是一种心理感觉，它的特点是具有无限性，当一种欲望满足之后又会产生新的欲望。人类为了满足自身不断产生、永无止境的欲望而不断奋斗，欲望成为推动社会前进的动力。

人类的欲望是无限的，但又有轻重缓急之分。美国心理学家马斯洛在《动机与人格》一书中提出的需要层次理论，把人的需要（欲望）分为五个层次。第一层次是人的基本生理需要，包括对衣食住行等基本生存条件的需要，这是人类最基本的欲望。第二层次是安全的需要，主要是指对现在和未来生活安全感的需要，这种欲望实际上是满足生理需要的延伸。第三层次是归属和爱的需要，这是人的一种社会需要，主要是人们希望自己在社会团体里求得一席之地，与他人建立友情关系等的需要。第四层次是尊重的需要，包括人对自尊和来自别人的尊重的一种需要。自尊包括对获得信心、能力、本领、成就、独立和自由等的愿望；来自他人的尊重包括威望、承认、接受、关心等。第五层次是自我实现的需要，这是成长、发展、利用自己潜在能力的需要，包括对真、善、美的追求，以及实现理想与抱负的欲望，是人类最高层次的需要。

美国经济学家萨缪尔森提出了著名的幸福方程式：

$$幸福 = 效用/欲望$$

幸福方程式表明，如果效用既定，欲望越小，幸福感就会越强；如果欲望既定，效用越大，幸福感越强。但是，正如俗话所说"人心不足蛇吞象"，人们的欲望往往是无穷无尽的，如果欲望是无限的，这个幸福方程式就没有实质的意义。因此，在研究消费者行为时，需要假设欲望是既定的。在这个假设条件下，幸福就取决于效用的大小。

二、效用

（一）效用的定义

效用（utility）是指人们从消费某种物品中所得到的满足程度。效用这一概念与人的欲望是紧密联系的。例如，一支香烟对抽烟的人来说具有正效用，但对于不抽烟的人来说没有效用，而对于反感抽烟的人来说，可能是负效用。所以效用的大小源于人们的主观感受，往往因人、因时和因地不同而不同。另外，效用本身并不包含有伦理学的意义，也没有客观标准。商品不但可以满足人们生理与精神上合理的需要，也可以满足人们不道德的欲望。因此，效用的概念在经济学中是中性的，并不去评判这种主观感受的好与坏，善与恶，只看商品能否满足消费者的欲望或需求。

（二）效用度量

既然效用用来表示人们消费某种物品时得到的满足程度，这就产生了对这种"满足程度"即效用大小的度量问题。经济学家们先后提出了基数效用和序数效用的概念，并在此基础上，形成了分析消费者行为的两种方法，即基数效用论和序数效用论。

1. 基数效用论

基数和序数这两个术语来自数学。基数是指 1，2，3，…。基数是可以加总求和的。正如长度单位可以用米、质量可以用千克来进行计量，效用可以用效用单位来进行计量。例如，某消费者吃一个面包的满足程度是 5 个效用单位，喝一杯牛奶的满足程度是 8 个效用单位，这样消费者消费这两种物品的总满足程度就是 13 个效用单位，喝一杯牛奶的满足程度要比吃一个面包的满足程度多 3 个效用单位。19 世纪 70 年代，英国经济学家杰文斯、奥地利经济学家门格尔和瑞士经济学家瓦尔拉斯提出了基数效用论，基本观点是：效用的大小可以用基数来表示。基数效用论分析消费者行为采用的方法是边际效用分析法。

2. 序数效用论

序数是指第一、第二、第三……。序数只表示序列或等级，不能加总求和。意大利经济学家帕累托提出、英国经济学家希克斯发展了序数效用论，用序数来比较效用大小。序数效用论的基本观点是：效用作为一种心理现象是无法计量的，也不能加总求和，只能表示出人对物品满足程度的高低与偏好顺序。例如，消费者消费了一个面包和一杯牛奶，他可以判断的是更偏好哪一种消费，即哪一种消费的效用是第一、哪一种是第二。比如他喜欢牛奶，就可以认为喝一杯牛奶的效用大于吃一个面包的效用。序数效用论认为，就分析消费者行为来说，基数效用的特征是多余的，以序数来度量效用的假定比以基数来度量效用的假定所受到的限制要少，它可以减少一些被认为是值得怀疑的心理假设。序数效用论分析消费者行为采用的方法是无差异曲线分析法。

第二节   边际效用分析与消费者均衡

基数效用论认为效用是可以用基数来计量的，并运用边际效用分析法来说明消费者均衡。

一、总效用与边际效用

在运用边际效用分析法研究消费者行为时，首先要了解总效用和边际效用两个重要概念以及它们之间的关系。

（一）总效用与边际效用的概念

总效用（total utility）是指消费者在一定时间内连续消费一定数量商品所得到的总满足程度。假定消费者对一种商品的消费数量为 Q，则总效用函数为

$$TU = f(Q) \tag{3.1}$$

边际效用（marginal utility）是指消费者在一定时间内增加一单位商品的消费所带来的满足程度的增加[①]。边际效用函数可以表述为

$$MU = \frac{\Delta TU}{\Delta Q} \tag{3.2}$$

当商品的增加量趋于无穷小，即 $\Delta Q \to 0$ 时，有

$$MU = \frac{\mathrm{d}TU}{\mathrm{d}Q} \tag{3.3}$$

（二）总效用与边际效用的关系

假设某人消费饮料，他所获得的总效用与边际效用用表 3 - 1 表示。

表 3 - 1　　　　　　　　　　　　总效用与边际效用

消费量 Q（瓶）	总效用（TU）	边际效用（MU）
0	0	—
1	10	10
2	18	8
3	24	6
4	28	4
5	30	2
6	30	0
7	28	- 2

根据表 3 - 1 可以绘制出总效用与边际效用曲线，如图 3 - 1 所示。图中，横轴表示饮料的消费量，纵轴分别表示总效用与边际效用。从表 3 - 1 和图 3 - 1 可以看出，当某人消费 1 瓶饮料时，获得的总效用为 10 个效用单位，边际效用为 10 个效用单位。当消费 2 瓶饮料时，获得的总效用为 18 个效用单位，边际效用为 8 个效用单位，表明增加 1 瓶饮料增加的效用为 8 个效用单位。以此类推，消费者在消费 1~5 瓶饮料时，总效用都是递增的。但当消费到第 6 瓶饮料时，总效用为 30 个效用单位，边际效用为零，表明此时总效用达到了最大。如果继续增加饮料的消费，总效用反而降低为 28 个效用单位，而边际效用为 - 2 个效用单位，表明继续增加饮料的消费所带来的是负效用。在图 3 - 1（a）中，TU 曲线先上升后下降。当边际效用为正值时，总效用曲线呈上升趋势；当边际效用为零时，总效用曲线达到最高点；当边际效用继续递减为负值时，总效用曲线呈下降趋势。

由此可见，当边际效用为正时，总效用是增加的；当边际效用为零时，总效用

[①] 边际的含义是增量，指自变量增加所引起的因变量的增加量。

达到最大；当边际效用为负时，总效用减少。在图 3 - 1（b）中，*MU* 曲线是向右下方倾斜的，反映了边际效用递减规律。

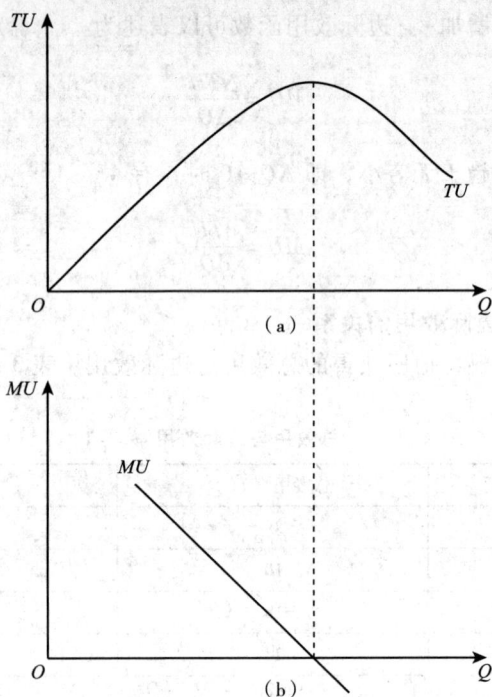

图 3 - 1 总效用与边际效用曲线

二、边际效用递减规律

基数效用论除了提出效用可以用基数加以衡量的假定以外，还提出了**边际效用递减规律**（law of diminishing marginal utility）。这一规律可以表述为：在一定时间内，在其他条件保持不变的情况下，随着对某种商品消费量的增加，消费者从该商品连续增加的每一消费单位中所得到的效用增量即边际效用是递减的。

为什么在消费过程中会呈现出边际效用递减规律呢？可以用两个原因加以解释。

第一，生理或心理的原因。虽然人们的欲望是无穷的，但就每一种具体的欲望来说却是有限的。随着消费某种商品数量的增加，消费者在生理上或心理上对商品重复刺激的反应越来越迟钝，从而对后消费商品的满足程度越来越小。例如，一个人在口渴的时候喝下第一瓶饮料，他所得到的满足程度相当大，但如果连续喝饮料，得到的满足程度就会越来越小，从而增加的效用也越来越小。如果在他喝下较多的饮料之后还继续下去，他的效用可能为负。

第二，物品本身用途的多样性。商品的用途是多种多样的，并且各种用途对人们的重要程度也是不同的。人们总是把商品用于最重要的用途，也就是效用最大的用途，然后才用于次重要的用途，边际效用相应就会减少。因此，人们后消费的商品的效用一定小于先消费商品的效用。例如，人们往往把第一瓶饮料用于自己解渴，把第二瓶饮料用于赠送朋友，把第三瓶饮料用于施舍。这三瓶饮料的重要性是不同的，因而边际效用也就不相同。

专栏 3 - 1

"朝三暮四" 新解

《庄子·齐物论》中提到"朝三暮四"，这里有个故事：战国时期，宋国有一个很喜欢饲养猴子的人养了一大群猴子。时间长了，他能理解猴子的意思，猴子也懂得他的心意。饲养猴子的人宁可减少全家人的食物，也要满足猴子的要求。然而过了不久，家里越来越穷困，他必须要减少猴子吃栗子的数量。但他怕猴子不顺从自己，就先欺骗猴子说："给你们的栗子，早上三个晚上四个，够吃了吗？"猴子一听，都站起来，十分恼怒。过了一会儿，他又说："给你们的栗子，早上四个，晚上三个，这该够吃了吧？"猴子一听，一个个都趴在地上，非常高兴。

"朝三暮四"的成语故事原意是揭露饲养猴子的人愚弄猴子的骗术，告诫人们要注重实际，防止被花言巧语所蒙骗。在这个故事里，栗子的总量并没有发生变化，所以猴子们的行为看起来很愚蠢。不过，从经济学的角度来看，猴子是聪明的。虽然栗子的总量没有发生变化，但是由于边际效用递减规律的作用，早上四个晚上三个和早上三个晚上四个，吃七个栗子的总效用是不同的，显然前者要大于后者。

三、消费者均衡

一个理性的消费者，总是会使自己所消费的商品带来最大的总效用，这就提出了消费者均衡（consumer equilibrium）问题。所谓**消费者均衡**，是指在商品价格既定的条件下，消费者把有限的货币收入分配在各种商品的购买中，从而实现总效用最大的一种情形。简言之，它是研究单个消费者在既定收入下实现效用最大化的均衡条件。这里的均衡是指消费者实现总效用最大时既不想再增加、也不想再减少任何商品购买数量的一种相对静止的状态。

研究消费者均衡时，首先要明确三个假设条件：

第一，消费者的偏好是既定的。即是说，消费者对各种物品总效用和边际效用的评价是不变的。

第二，消费者的收入是既定的。即是说，每 1 元货币的边际效用对消费者都是相同的，货币的边际效用不存在递减问题。

第三，物品的价格是既定的。

假设某消费者的收入 $I = 100$ 元，可以购买 X 和 Y 两种商品，其中，$P_X = 10$ 元，$P_Y = 20$ 元，他购买两种商品的边际效用与总效用分别用表 3 - 2 和表 3 - 3 表示。

表 3 - 2 购买 X 商品和 Y 商品的边际效用

Q_X	MU_X	Q_Y	MU_Y
1	5	1	6
2	4	2	5
3	3	3	4
4	2	4	3
5	1	5	2
6	0		
7	−1		
8	−2		
9	−3		
10	−4		

表 3 - 3 商品组合与效用

商品组合	TU	$\dfrac{MU_X}{P_X}$ 与 $\dfrac{MU_Y}{P_Y}$
$Q_X = 10$，$Q_Y = 0$	5	$\dfrac{-4}{10} \neq \dfrac{0}{20}$
$Q_X = 8$，$Q_Y = 1$	18	$\dfrac{-2}{10} \neq \dfrac{6}{20}$
$Q_X = 6$，$Q_Y = 2$	26	$\dfrac{0}{10} \neq \dfrac{5}{20}$
$Q_X = 4$，$Q_Y = 3$	29	$\dfrac{2}{10} = \dfrac{4}{20}$
$Q_X = 2$，$Q_Y = 4$	27	$\dfrac{4}{10} \neq \dfrac{3}{20}$
$Q_X = 0$，$Q_Y = 5$	20	$\dfrac{0}{10} \neq \dfrac{2}{20}$

从表 3 - 3 可以看出，虽然各种组合都满足刚好把 100 元用完，但是只有在 $Q_X = 4$，$Q_Y = 3$ 时，总效用 TU 才最大，此时，$\dfrac{MU_X}{P_X} = \dfrac{MU_Y}{P_Y}$。用公式表述消费者均衡的条件为

$$P_X \cdot Q_X + P_Y \cdot Q_Y = I \tag{3.4}$$

$$\frac{MU_X}{P_X} = \frac{MU_Y}{P_Y} = \lambda \tag{3.5}$$

式（3.4）是限制条件，即预算约束，表明在收入既定的条件下，消费者购买 X 商品和 Y 商品的支出既不能超过收入，也不能小于收入。超过了收入，商品是不能买回来的。但小于收入，说明增加商品消费还可能增加总效用。式（3.5）是消费者均衡的条件，表明所购买的 X 商品和 Y 商品所带来的边际效用与其价格之比是相等的，换句话说，每一单位货币不论购买 X 商品还是 Y 商品，所得到的边

际效用是相等的，这一均衡条件也被称为等边际准则。

如果消费的不只是两种商品，而是多种商品或劳务，可以将消费者均衡的条件进一步表述为

$$P_X \cdot Q_X + P_Y \cdot Q_Y + \cdots + P_n \cdot Q_n = I$$

$$\frac{MU_X}{P_X} = \frac{MU_Y}{P_Y} = \cdots = \frac{MU_n}{P_n} = \lambda$$

四、需求曲线的推导

需求定理表明，需求量与价格呈反方向变动的关系。需求定理只是指出了需求量和价格之间的关系规律，但并没有说明为什么会存在这一规律，边际效用递减规律可以加以解释。

考虑消费者只购买一种商品的情况，消费者均衡条件可以表示为

$$\frac{MU}{P} = \lambda \tag{3.6}$$

在这里，有一个重要的假设，即货币的边际效用 λ 是不变的。消费者为购买一定数量的商品所愿意付出的价格取决于他从这一定量商品中所获得的效用。效用越大，愿意付出的价格越高；反之，效用越小，愿意付出的价格越低。随着商品需求量的不断增加，由于边际效用递减规律的作用，商品的边际效用 MU 不断递减。根据式（3.6），为保证 λ 不变，当 MU 递减时，商品的价格 P 也应递减，从而需求量与价格之间呈现反方向变动，据此也可推导出个人的需求曲线是向右下方倾斜的。用表 3-4 加以说明。

表 3-4	某商品的边际效用与价格	
商品数量 Q	边际效用 MU	商品价格 P
1	25	10
2	20	8
3	15	6
4	10	4
5	5	2

专栏 3-2

钻石与水的悖论

亚当·斯密在《国富论》中指出：没有什么东西比水更有用，然而水很少能换到任何东西。相反，钻石几乎没有任何实用价值，但可以用它换来大量的物品。

水对生命来说是重要的，没有水人类无法生存，所以水应该具有很高的价值。钻石对生命来说是不重要的，所以人们应该认为它的价值比水低。但是，即使水能够提供更多的效用，它还是比钻石便宜得多，这就是钻石与水的悖论。

根据边际效用递减规律，商品的需求价格不是由商品的总效用而是由商品的边际效用决定的，即 $P = MU/\lambda$。钻石作为一种奢侈品，可以给人们带来炫耀等效用，而且数量很少，所以增加 1 个单位的钻石消费给消费者带来的效用很大，即钻石边际效用很大，消费者愿意以较多的支出来购买。而水的用途是广泛的，人们除了将水用于饮用，还用于发电、灌溉、供热等，最后单位用水所产生的边际效用非常低，所以水的价格自然也就很低了。

需要说明的是，尽管最后单位用水的边际效用低于最后单位所购买钻石的边际效用，但就总效用而言，人们从水的消费中所得到的总效用远远大于从钻石的使用中所得到的总效用。

五、消费者剩余

试想这样一个情景，一个人极度口渴时，他愿意支付 10 元去购买一瓶矿泉水。如果第一瓶矿泉水喝完后仍然不能解渴，他愿意再支付 8 元去购买第二瓶。但是，如果他喝完第二瓶后不再口渴，他愿意支付的买价可能会变为 4 元。可见，消费者是按照他对商品效用的评价来决定他愿意支付的价格。但另一方面，商品的市场价格并不是由这个消费者愿意支付的价格所决定的，而是由市场供求关系来决定的。比如，一瓶矿泉水的市场价格为 2 元。这样，消费者对购买某种商品所愿意支付的价格与他实际支付的价格之间就产生了差额，这个差额被称为**消费者剩余**（consumer surplus）。可以用表 3 – 5 来说明。

表 3 – 5   消费者剩余

矿泉水的数量（瓶）	消费者愿意支付的价格（元）	市场价格（元）	消费者剩余（元）
1	10	2	8
2	8	2	6
3	4	2	2
4	3	2	1
5	2	2	0

消费者剩余也可以作图分析。在图 3 – 2 中，需求曲线 D 上的每一点表示消费者对每一单位商品所愿意支付的最高价格。假定该商品的市场价格为 P_0，消费者的购买量为 Q_0。在需求量 0 到 Q_0 之间的需求曲线以下的面积表示消费者为购买 Q_0 数量的商品所愿意支付的最高总金额，即相当于图中的面积 $OABQ_0$；而实际支付的总金额等于市场价格 P_0 乘以购买量 Q_0，即相当于图中的矩形面积 OP_0BQ_0。这两

块图形面积的差额即图中的阴影部分面积 P_0AB，就是消费者剩余。

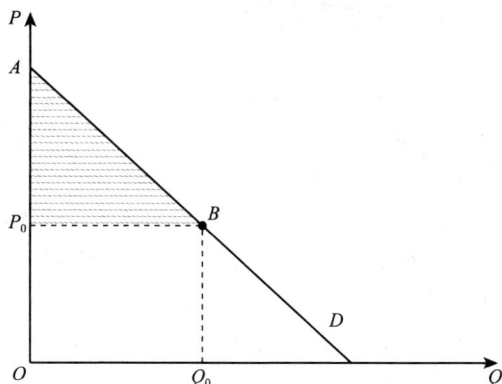

图 3 − 2　消费者剩余

理解消费者剩余需要注意的是，消费者剩余并不是实际收入的增加，而只是一种主观心理感受，它反映消费者通过购买和消费商品所感受到的状态的改善。因此，消费者剩余通常被用来度量和分析社会福利问题。

第三节　无差异曲线分析与消费者均衡

序数效用论用的无差异曲线分析法说明了消费者均衡的实现，并在此基础上推导出了消费者的需求曲线。

一、偏好的假定

在基数效用论中，效用是可以用具体数字进行计量和比较的。但另一些经济学家认为，效用是无法用具体数字表示的，只有大小次序的区别，即是说，效用大小可表示为序数，无法表示为基数。这样，就有了序数效用论。序数效用论认为，效用是心理现象，无法计量，更无法加总，只能根据偏好程度排列出第一、第二、第三……因此，效用的大小只与偏好排列的顺序有关，而与效用绝对值的大小无关。

消费者偏好是消费者根据自己的意愿，对可能消费的各种商品组合的喜爱程度。在运用序数效用论对消费者行为进行分析前，需要对消费者偏好给出三个基本假定。

1. 偏好的完全性

偏好的完全性是指消费者总是可以比较和排列所给出的不同商品组合的效用。假设 A 组合是一张电影票和两个苹果，B 组合是一张电影票和三瓶可口可乐，那么消费者总是可以作出而且也仅仅只能作出以下三种判断中的一种：对 A 的偏好大于对 B 的偏好；对 B 的偏好大于对 A 的偏好；对 A 和 B 的偏好相同（即 A 和 B 是无差异的）。偏好的完全性假定保证消费者对于偏好的表达方式是完备的，消费者总是可以把自己的偏好评价准确地表达出来。

2. 偏好的可传递性

假设有三种商品组合 A、B 和 C，如果消费者对 A 的偏好大于对 B 的偏好，对 B 的偏好大于对 C 的偏好，那么在 A、C 这两个组合中，消费者对 A 的偏好必定大于对 C 的偏好，这就是偏好的可传递性。偏好的可传递性假定保证了消费者偏好的一致性，因而也是理性的。例如，如果一个人喜欢可口可乐超过橙汁，喜欢橙汁又超过了矿泉水，那么与矿泉水比起来，他一定更喜欢可口可乐。与此相类似，如果一个消费者对鸡腿汉堡和三明治的偏好是无差别的，而且鸡腿汉堡和比萨饼对他也是无差别的，那么三明治和比萨饼对他也一定是没有差别的。

3. 偏好的非饱和性

非饱和性是指，如果两个商品组合的区别仅在于其中一种商品的数量不相同，那么，消费者总是偏好于含有这种商品数量较多的那个商品组合。这就是说消费者对每一种商品的消费都没有达到饱和点，或者说对于任何一种商品，消费者总是认为数量多比数量少好。例如，如果一个商品组合包括 15 个苹果和 3 瓶牛奶，而另一个商品组合包括 5 个苹果和 3 瓶牛奶，那么第一个商品组合显然包含了更多的商品，因此会得到消费者的青睐。在此还可以假设，如果给第二个组合增加一定数量的牛奶，也可以使它在消费者眼中具有和第一个组合同样的价值。也就是说，两个商品组合对于消费者来说是无差别的。

二、无差异曲线

（一）无差异曲线的概念

由于偏好具有完全性、可传递性和非饱和性，就可以发现不同商品组合给某一消费者带来的效用可以是相同的。如果一个商品组合只包括两种商品，那么将带来相同效用的这两种商品的不同组合在坐标上用点表示出来，并将这些点连接成一条曲线，这条曲线被称为**无差异曲线**（indifference curves）。无差异曲线是用来表示两种商品不同数量的组合给消费者所带来的效用完全相同的一条曲线。所谓无差异，就是指偏好无差异或者商品组合给消费者带来的效用水平无差异。

表 3-6 是某消费者消费 X 和 Y 两种商品的组合。该表由三个子表即表 a、表 b 和表 c 组成，每一个子表中都包含六个商品组合，且假定每一个子表中六个商品组合的效用水平是相等的。以表 a 为例。表 a 中有 A、B、C、D、E、F 六个商品组合。在 A 组合中，X 商品和 Y 商品的数量分别为 20 和 80；在 B 组合中，X 商品和 Y 商品的数量各为 30 和 120，如此等等。

表 3 - 6　　　　　　　　　　　　某消费者的无差异表

商品组合	表 a		表 b		表 c	
	X	Y	X	Y	X	Y
A	20	80	30	120	50	140
B	30	60	40	80	55	90
C	40	45	50	63	60	83
D	50	35	60	50	70	70
E	60	30	70	44	80	60
F	70	27	80	40	90	54

需要注意的是，表 a、表 b 和表 c 各自所代表的效用水平大小是不一样的。只要对表中的商品组合进行仔细观察和分析便可以发现，根据偏好的非饱和性假设，或者说根据商品数量"多比少好"的原则，表 a 的效用水平低于表 b，表 b 的效用水平又低于表 c。

可以在图 3 - 3 中绘出无差异曲线。图中的横轴和纵轴分别表示 X 商品的数量和 Y 商品的数量，曲线 U_1、U_2、U_3 顺次代表与表 a、表 b 和表 c 相对应的三条无差异曲线。如在 U_1 这条无差异曲线上有 A、B、C 三种商品组合，各种组合所代表的效用水平是一样的，换句话说，消费者对它们的偏好是相同的。

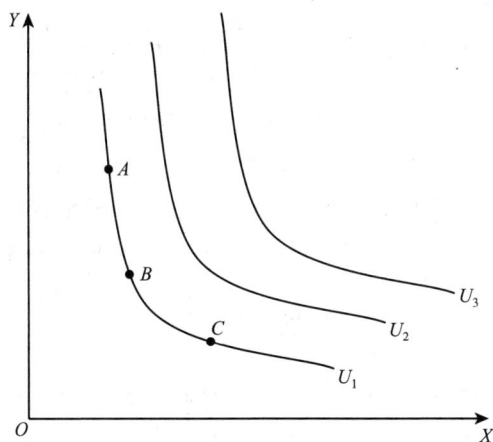

图 3 - 3　无差异曲线

（二）无差异曲线的特征

无差异曲线具有以下四个特征。

1. 无差异曲线是一条向右下方倾斜的曲线，斜率为负值

在收入和商品价格既定的前提下，消费者为了得到相同的总效用，在增加一种商品消费的同时，必须减少另一种商品的消费，因此斜率为负值，表明两种商品不能同时增加或减少。只有在特殊情况下，无差异曲线才表现为水平的或者垂直的，甚至是向右上方倾斜，斜率为正。

2. 在同一平面上可以有无数条无差异曲线，离原点越远的无差异曲线代表的效用水平越高

由于消费者对数量多的两种商品组合的偏好大于对数量少的两种商品组合的偏好，而离原点远的、位置较高的无差异曲线总是和较多数量的商品组合联系在一起，所以它所代表的效用要大于离原点近的无差异曲线所代表的效用。如在图 3 - 3 中，$U_1 < U_2 < U_3$。

3. 在同一平面图上，任意两条无差异曲线不能相交

这是因为两条无差异曲线如果相交，就会与无差异曲线的定义产生矛盾。只要消费者的偏好是可传递的，无差异曲线就不可能相交。

4. 无差异曲线通常凸向原点

假设消费者的商品组合沿图 3 - 3 中的某一条无差异曲线由左上方向右下方滑动，显然，向下滑动的过程就是用 X 商品代替 Y 商品的过程。一开始，消费者拥有较多的 Y 商品和较少的 X 商品，消费者愿意用较多的 Y 商品交换较少的 X 商品。随着这个过程的继续，消费者拥有的 X 商品数量越来越多，而 Y 商品的数量越来越少。在用 X 商品替代 Y 商品的过程中，消费者越来越珍惜 Y 商品，趋向于用更少的 Y 商品交换更多的 X 商品。因此，无差异曲线上端比较陡峭，下端比较平缓，凸向原点。这表明无差异曲线的斜率的绝对值是递减的，这是由于边际替代率递减规律所决定。

（三）边际替代率

无差异曲线说明当消费者增加对一种商品的消费时，为了维持效用不变，必须减少对另一种商品的消费，即两种商品的消费数量之间存在此消彼长的替代关系。为了描述这种替代关系，序数效用论提出了**边际替代率**（marginal rate of substitution，MRS）这一重要概念。边际替代率可以表述为：在维持效用水平不变的条件下，消费者增加消费一单位某种商品与不得不放弃的另一种商品的消费数量之间的比率。

假设用 X 商品取代 Y 商品，X 商品对 Y 商品的边际替代率可表示为

$$MRS_{XY} = -\frac{\Delta Y}{\Delta X} \tag{3.7}$$

式（3.7）中，由于 ΔX 是增加量，ΔY 是减少量，两者的符号肯定是相反的，为了使 MRS_{XY} 的计算结果是正值，以便于比较，就在公式中加了一个负号。

当商品数量的变化趋于无穷小时，商品的边际替代率公式可表示为

$$MRS_{XY} = -\frac{dY}{dX} \tag{3.8}$$

显然，无差异曲线上某一点的边际替代率就是无差异曲线在该点的斜率的绝对值。

根据无差异曲线总效用不变的原则，增加 X 商品的消费所增加的效用必然等于减少的 Y 商品的消费所减少的效用，否则总效用不可能不变，即

$$MU_X \cdot \Delta X = -MU_Y \cdot \Delta Y \tag{3.9}$$

式（3.9）可以改写为

$$-\frac{\Delta Y}{\Delta X}=\frac{MU_X}{MU_Y} \qquad (3.10)$$

式（3.10）表明，两种商品的边际替代率等于二者的边际效用之比，即

$$MRS_{XY}=\frac{MU_X}{MU_Y} \qquad (3.11)$$

经济学家指出，在两种商品的替代过程中，普遍存在替代能力不断减弱的现象，这种现象被称为商品的边际替代率递减规律（the law of diminishing marginal rate of substitution）。具体地说，商品的**边际替代率递减规律**是指：在维持效用水平不变的前提下，随着一种商品消费数量的连续增加，消费者为得到每一单位的这种商品所愿意放弃的另一种商品的消费数量是递减的。产生边际替代率递减规律的原因在于，随着一种商品消费数量的逐步增加，消费者想要获得更多这种商品的愿望就会减弱，从而他为了多获得一单位的这种商品而愿意放弃的另一种商品的数量就会越来越少。从几何意义上讲，由于商品的边际替代率就是无差异曲线的斜率的绝对值，所以边际替代率递减规律决定了无差异曲线的斜率的绝对值是递减的，即无差异曲线是凸向原点的。

（四）无差异曲线的特殊形状

在一般情况下，无差异曲线是一条向右下方倾斜并且凸向原点的曲线，这是因为边际替代率为负值，并且边际替代率是递减的。但是，无差异曲线的边际替代率不一定都是递减的，存在着特例。

1. 完全替代品

完全替代品是指替代比例固定不变的两种商品，它们的替代率不再递减。在完全替代的情况下，两种商品之间的边际替代率 MRS_{XY} 就是一个常数，相应的无差异曲线是一条斜率不变的直线。例如，对某消费者而言，一杯茶和一杯咖啡之间是无差异的，两者总是可以以 1∶1 的比例相互替代，此时无差异曲线是线性的，如图 3-4 所示。

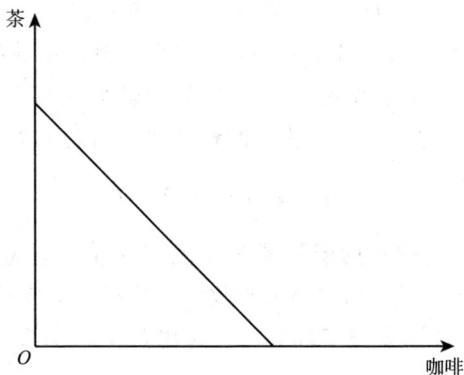

图 3-4　完全替代品的无差异曲线

2. 完全互补品

完全互补品是指必须按固定不变的比例同时被使用的两种商品。在完全互补的情

况下，无差异曲线为直角弯曲的折线。例如，一副眼镜架必须和两片眼镜片同时配合，才能构成一副可供使用的眼镜，无差异曲线如图 3 – 5 所示。图中水平部分的无差异曲线表示，对于一副眼镜架而言，只需要两片眼镜片即可，任何超量的眼镜片都是多余的。换言之，消费者不会放弃任何一副眼镜架去换取额外的眼镜片，所以，相应的 $MRS_{XY} = 0$。图中垂直部分的无差异曲线表示，对于两片眼镜片而言，只需要一副眼镜架即可，任何超量的眼镜架都是多余的。换言之，消费者会放弃所有超量的眼镜架，只保留一副眼镜架与两片眼镜片相匹配，所以，相应的 $MRS_{XY} = \infty$。

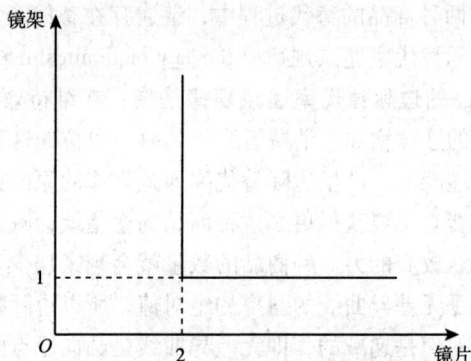

图 3 – 5   完全互补品的无差异曲线

三、预算线

如果所有的商品都是消费者所偏好的，消费者总是希望得到最大数量组合的商品。然而消费者的收入是既定的，这就意味着消费者面临着收入约束，在此需要引入另一个重要的概念——预算线。

（一）预算线的概念

预算线（budget line）又称为预算约束线、消费可能线或等支出线，它表示在消费者收入和商品价格既定的条件下，消费者所能购买到的两种商品的最大数量组合。

假定 I 表示消费者的既定收入，P_X 和 P_Y 分别表示 X 商品和 Y 商品的价格，Q_X 和 Q_Y 分别表示两种商品的数量，则相应的预算线可以表示为

$$P_X \cdot Q_X + P_Y \cdot Q_Y = I \tag{3.12}$$

式（3.12）表示，消费者用于购买 X 商品和 Y 商品的总支出不能超过他的全部收入。在收入既定条件下，总支出大于收入 I 的商品组合是无法实现的，而总支出小于收入 I 的商品组合则无法实现效用最大化。式（3.12）也可表示为

$$Q_Y = \frac{I}{P_Y} - \frac{P_X}{P_Y} \cdot Q_X \tag{3.13}$$

式（3.13）表明，预算线的纵截距为 $\frac{I}{P_Y}$，斜率为 $-\frac{P_X}{P_Y}$。可以将式（3.13）表

示的预算线绘制成图 3 - 6。

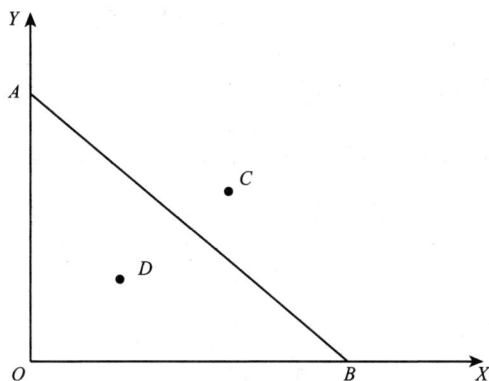

图 3 - 6　消费者的预算线

从图 3 - 6 中可以看到，预算线把平面坐标图划分为三个区域：预算线以外的任何一点，如 C 点，是消费者在既定收入下不可能实现购买的商品组合点。预算线以内的任何一点，如 D 点，表示消费者的全部收入在购买该点的商品组合以后还有剩余。只有预算线 AB 上的任何一点，才是消费者将其全部收入刚好用完所能购买到的商品组合点。

（二）预算线的变化

既然预算线取决于消费者的收入和商品的价格，当这两个因素发生变化时，预算线的斜率和位置就会发生变化。

1. 价格既定，收入变化

假定两种商品的价格 P_X 和 P_Y 不变，只有消费者的收入 I 发生变化。由于 P_X 和 P_Y 不变，预算线的斜率 $-\dfrac{P_X}{P_Y}$ 保持不变。但这时，纵截距 $\dfrac{I}{P_Y}$ 和横截距 $\dfrac{I}{P_X}$ 会因为收入 I 的变化而发生变化，导致预算线发生平行移动。当收入增加时，预算线向右平行移动；反之，当收入减少时，预算线向左平行移动。可以用图 3 - 7 表示。

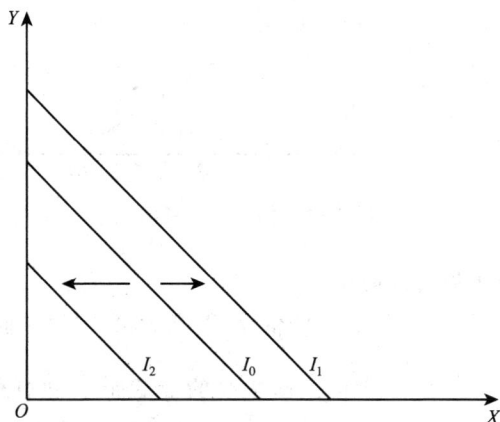

图 3 - 7　预算线的平行移动

2. 收入既定, 价格变化

假定消费者的收入 I 不变, 只有商品的价格发生变化, 也会导致预算线的变化。这可以分两种情况进行讨论。

（1）两种商品的价格 P_X 和 P_Y 同比例同方向发生变化。当 P_X 和 P_Y 同比例同方向发生变化时, 并不影响预算线的斜率 $-\dfrac{P_X}{P_Y}$, 而只会使预算线的横截距和纵截距发生变化。这时, 预算线会发生平移。当两种商品的价格同比例同方向减少时, 意味着消费者可以购买到的商品组合增加, 因而预算线向右平行移动; 反之, 当两种商品的价格同比例同方向增加时, 意味着消费者可以购买到的商品组合减少, 预算线向左平行移动。仍然用图 3-7 说明。当 P_X 和 P_Y 同比例同方向减少时, 预算线由 I_0 向右平行移动到了 I_1; 当 P_X 和 P_Y 同比例同方向增加时, 预算线由 I_0 向左平行移动到了 I_2。

（2）一种商品的价格不变, 另一种商品价格发生变化。例如, X 商品的价格 P_X 发生变化而 Y 商品的价格 P_Y 保持不变。这时, 预算线的斜率 $-\dfrac{P_X}{P_Y}$ 会发生变化, 预算线的横截距 $\dfrac{I}{P_X}$ 也会发生变化, 但是, 预算线的纵截距 $\dfrac{I}{P_Y}$ 保持不变。如果 X 商品的价格提高, 意味着所能购买到的 X 商品的最大数量会减少, 这时预算线的横截距会变小; 反之, 如果 X 商品的价格下降, 所能购买到的 X 商品的最大数量会增加, 预算线的横截距就会变大。预算线的变动可以用图 3-8 表示。当 Y 商品的价格 P_Y 保持不变, 如果 X 商品的价格提高, 预算线由 AB 变为 AB'; 如果 X 商品的价格下降, 预算线由 AB 变为 AB''。

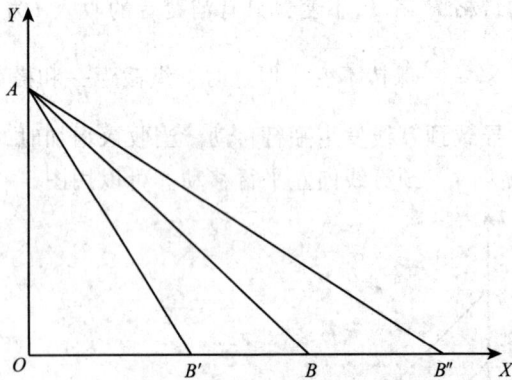

图 3-8 预算线的变动

3. 收入和价格同比例同方向变化

如果消费者的收入 I 与两种商品的价格 P_X 和 P_Y 都同比例同方向发生变化, 此时预算线的斜率 $-\dfrac{P_X}{P_Y}$ 不会发生变化, 预算线的横截距 $\dfrac{I}{P_X}$ 和纵截距 $\dfrac{I}{P_Y}$ 也保持不变, 因此预算线不会发生变化。

四、消费者均衡

在已知消费者偏好和预算线约束的前提下，就可以分析消费者对最优商品组合的选择。

（一）消费者均衡的条件

把消费者的无差异曲线和预算线结合在一起，分析消费者追求效用最大化的购买选择行为。在图 3-9 中，U_1、U_2、U_3 分别为三条无差异曲线，AB 为预算线。从无差异曲线 U_3 来看，虽然它代表的效用水平高于无差异曲线 U_1 和 U_2，但它与既定的预算线 AB 既无交点也无切点，说明消费者在既定收入水平下无法实现 U_3 上任何一点商品组合的购买。从无差异曲线 U_1 来看，虽然它与既定的预算线 AB 相交于 C、D 两点，表明消费者利用现有收入可以购买到 C、D 两点的商品组合。但是，这两点的效用水平低于无差异曲线 U_2，因此，理性的消费者不会用全部收入去购买 U_1 上 C、D 两点的商品组合。只有当既定的预算线和无差异曲线 U_2 相切于 E 点时，消费者才在既定的预算约束条件下获得效用最大化。所以，只有 E 点才能实现消费者均衡。

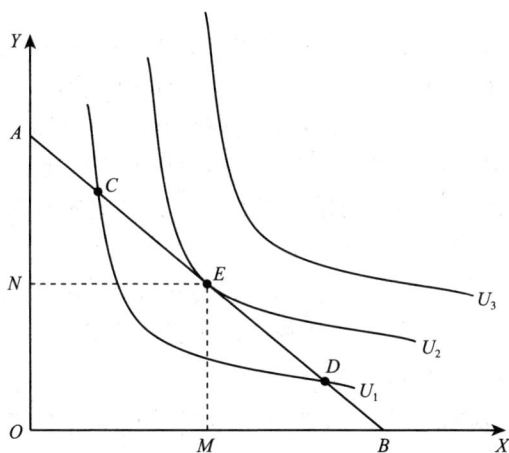

图 3-9　消费者均衡

进一步分析均衡点 E 的特点。

由于 E 点是无差异曲线上的一点，因此该点的斜率的绝对值就是商品的边际替代率 MRS_{XY}，即

$$MRS_{XY} = \frac{MU_X}{MU_Y}$$

E 点也是预算线上的一点，该点的斜率也可以表示为 $\frac{P_X}{P_Y}$。

因此可得

$$MRS_{XY} = \frac{MU_X}{MU_Y} = \frac{P_X}{P_Y} \tag{3.14}$$

式（3.14）也可以表示为

$$\frac{MU_X}{P_X} = \frac{MU_Y}{P_Y} \tag{3.15}$$

式（3.14）或式（3.15）说明，在消费者均衡点上，两种商品的价格之比等于边际替代率，也等于两种商品的边际效用之比。可见，序数效用论和基数效用论分析结论是一致的。如果把商品的价格之比看作市场对商品的客观评价，而边际效用之比看作消费者对商品的主观评价，那么当客观评价与主观评价正好相符时，消费者达到了效用最大化。

（二）消费者均衡的变动

如果消费者偏好和收入都是既定的，并且商品的价格不变，消费者均衡就是确定的，消费者将维持这种均衡状态。但在现实中，消费者的收入不是固定不变的，商品的价格也会经常发生变化，这都将引起消费者均衡的变化。下面用比较静态分析的方法，分别考察消费者均衡购买量的变化与收入、价格变化之间的关系。

1. 价格变动：价格 – 消费曲线

在其他条件不变时，一种商品价格的变化会使消费者均衡点发生移动，并由此可以推导出**价格 – 消费曲线**（price consumption curve，PCC）。换句话说，价格 – 消费曲线是在消费者的偏好、收入以及其他商品价格不变的条件下，与某一种商品的不同价格水平相联系的消费者效用最大化的均衡点的轨迹。

在图 3 – 10 中，假定 X 商品的初始价格为 P_1，相应的预算线为 AB_1，它与无差异曲线 U_1 相切于效用最大化的均衡点 E_1。如果 X 商品的价格由 P_1 下降为 P_2，相应的预算线由 AB_1 移至 AB_2，AB_2 与位置较高的无差异曲线 U_2 相切于均衡点 E_2。如果 X 商品的价格再由 P_2 继续下降为 P_3，相应的预算线由 AB_2 移至 AB_3，于是，AB_3 与位置更高的无差异曲线 U_3 相切于均衡点 E_3。以此类推，可以发现，随着 X 商品价格的不断变化，可以找到无数个均衡点，它们的轨迹就是价格 – 消费曲线，即图 3 – 10 中的 PCC 曲线。

进一步可以由价格 – 消费曲线推导出消费者的个人需求曲线。图 3 – 10 中的三个均衡点 E_1、E_2、E_3，都存在着 X 商品的价格与需求量之间一一对应的关系，把每一个价格水平和相应的均衡点上的需求量绘制在商品的价格 – 数量图上，便可以得到单个消费者的需求曲线。推导过程说明，个人需求曲线上与每一个价格水平相对应的商品需求量都是能够给消费者带来最大效用的最优消费量。

2. 收入变动：收入 – 消费曲线

在其他条件不变时，消费者收入的增减会改变消费者效用最大化的均衡数量的位置，并由此可以推导出**收入 – 消费曲线**（income consumption curve，ICC）。换句话说，收入 – 消费曲线是在消费者偏好和商品价格不变的条件下，与消费者不同收入水平相联系的消费者效用最大化的均衡点的轨迹。随着收入水平的不断提高，预算线由 A_1B_1 移至 A_2B_2，再移至 A_3B_3，形成了三种不同收入水平下的消费者均衡点 E_1、E_2、

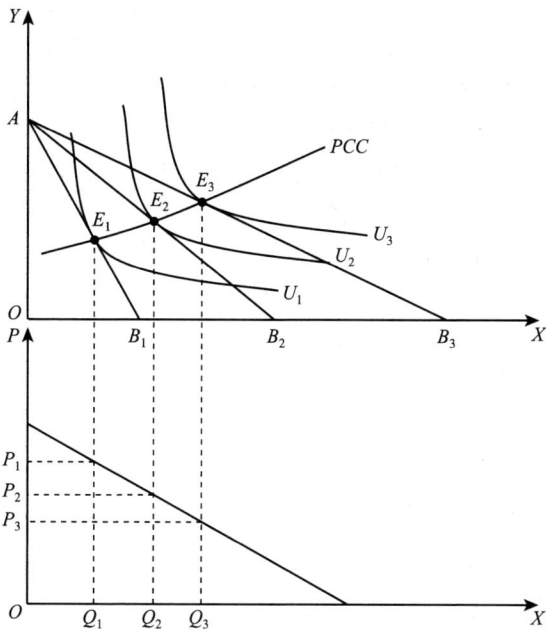

图 3 - 10　价格 - 消费曲线和需求曲线

E_3。如果收入的变化是连续的，则可以得到无数个均衡点的轨迹，这便是图3 - 11中的 ICC 曲线。收入 - 消费曲线是向右上方倾斜的，它表示随着收入水平的增加，消费者对 X 商品和 Y 商品的需求量都是上升的，所以两种商品都是正常商品。

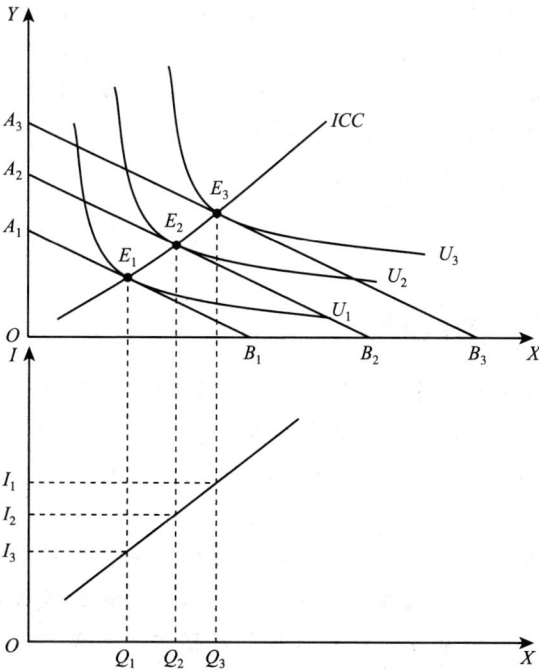

图 3 - 11　正常商品的收入 - 消费曲线和恩格尔曲线

可以由消费者的收入－消费曲线推导出**恩格尔曲线**（Engel curve）。在图 3 – 11 中的三个均衡点 E_1、E_2、E_3，都存在着消费者收入与 X 商品的需求量之间一一对应的关系。根据这种对应关系，把每一个价格水平和相应的均衡点上的需求量绘制在商品的收入－数量图上，便可以得到消费者的恩格尔曲线。

恩格尔曲线的形状取决于特定商品的性质、消费者的偏好以及保持不变的价格水平。例如在图 3 – 12（a）中，虽然 X 商品的消费量随着收入的增加而增加，但恩格尔曲线的增长率是递减的。一般来说，生活必需品的需求量和收入之间的关系就是如此。在图 3 – 12（b）中，X 商品的消费量也随着收入的增加而增加，并且恩格尔曲线的增长率是递增的，这反映了高档消费品的需求量和收入之间的关系。

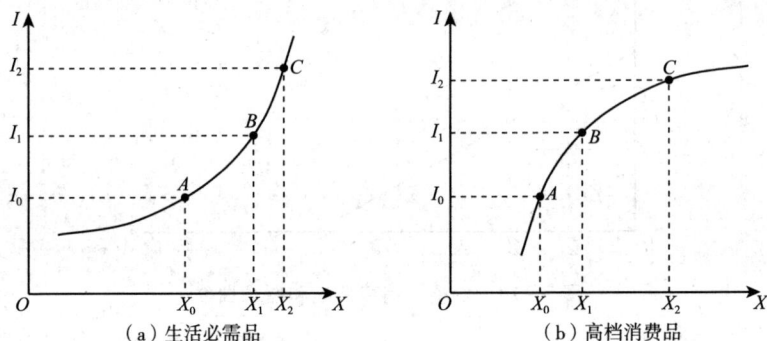

（a）生活必需品　　　　　（b）高档消费品

图 3 – 12　不同形状的恩格尔曲线

恩格尔曲线是以 19 世纪德国统计学家恩格尔（Engel）的研究成果进行命名的。恩格尔在对大量家庭的预算开支数据的统计分析中发现：随着收入的增长，用于食品消费的支出在收入中所占的比重越来越小，也就是说，食品的需求收入弹性非常低。据此，恩格尔系数可以用来衡量一个国家（或家庭）的富裕程度。较富裕国家（或家庭）的食品支出在其收入中所占的比重小于较贫穷国家（或家庭），这就是所谓的恩格尔定律（Engel's law）。

专栏 3 – 3

恩格尔系数对富裕程度的衡量

恩格尔系数可以用来衡量一个国家（家庭）的富裕程度。联合国根据恩格尔系数的大小，确定了世界各国生活水平的划分标准。如果一个国家平均家庭恩格尔系数大于 60% 为贫穷；50%～60% 为温饱；40%～50% 为小康；30%～40% 为相对富裕；20%～30% 为富足；20% 以下为极其富裕。

1978 年，中国城镇家庭的恩格尔系数约为 57.5%，农村家庭约为 67.7%，平均计算超过 60%，属于贫穷国家。改革开放以后，随着国民经济的发展和人们整体收入水平的提高，城镇家庭和农村家庭的恩格尔系数都不断下降。到 2000 年，城镇居民家庭恩格尔系数下降到 38.6%，农村居民家庭为 48.3%，加权平均约 42.2%，已经达到小康状态。2021 年，城镇居民家庭恩格尔系数进一步下降到

28.6%，农村居民家庭下降到32.7%，加权平均为29.8%，达到相对富裕状态。

恩格尔系数在中国是否适用，学术界一直存有争议。持否定意见的认为，中国居民生活状况并不符合恩格尔定律，如1997年福建省城镇居民恩格尔系数在全国各省中最高，达到62%，海南省为59%；而生活水平较低的陕西省城市居民恩格尔系数为47%，宁夏为46%。尽管有争议，但总体看，中国城镇居民生活水平的变化还是符合恩格尔规律的。首先，恩格尔系数是一种长期趋势。20世纪80年代以前，城市居民恩格尔系数一直在55%以上；1982~1993年，恩格尔系数在50%~55%；2002年以来，恩格尔系数在40%以下。其次，同一年份不同收入水平的居民也符合恩格尔规律，如1997年按可支配收入排队五等分，他们的恩格尔系数依次为：55.7%、51.1%、47.9%、43.6%和39.5%。

资料来源：文中数据源自历年《中国统计年鉴》。

第四节　替代效应和收入效应

当一种商品的价格发生变化时，会对消费者产生两种影响：一是使商品的相对价格发生变化；二是使消费者的实际收入水平发生变化。这两种影响都会改变消费者对商品的需求数量。

一、替代效应和收入效应的含义

替代效应（substitution effect）是在消费者偏好与收入水平不变的情况下，由于两种商品的相对价格发生变动而引起的购买商品组合的变化，但这些商品组合的总效用不变。例如，当 X 商品价格下降，意味着 X 商品相对于价格未发生变化的 Y 商品而言更便宜了，消费者可以增加 X 商品的消费而减少 Y 商品的消费，用增加的 X 商品来代替减少的 Y 商品，总效用仍然不变，所以替代效应表现为均衡点在同一条无差异曲线上移动。

收入效应（income effect）是在名义收入不变的情况下，由于商品价格变化导致实际收入变化引起消费者购买商品组合的变化，从而引起效用水平的变化。如 X 商品的价格下降，意味着消费者实际收入的增加，即在名义收入不变的情况下，可以买到更多数量的 X 商品和 Y 商品的组合，消费者的效用水平提高，无差异曲线向外移动。可见，收入效应表现为均衡点随预算线的移动在不同无差异曲线上的移动。

由此可见，一种商品价格变动所引起的该商品需求量变动的价格效应（price effect）可以被分解为替代效应和收入效应两个部分，即价格效应 = 替代效应 + 收入效应。其中，替代效应并不改变消费者的效用水平，而收入效应会引起消费者效用水平的变化。

二、正常商品的替代效应和收入效应

一种正常商品（normal goods）的价格效应表现为商品价格下降会引起消费者对

该商品需求数量增加，价格上升会引起消费者对该商品需求数量减少。如图 3-13 所示，假定 X 商品为正常商品。X 商品在初始价格时，预算线 AB_1 与无差异曲线 U_1 相切于 E_1 点，在消费者均衡点，消费者对 X 商品的需求数量为 X_1；当商品 X 的价格下降时，预算线由 AB_1 变为 AB_2，并与更高的无差异曲线 U_2 相切于 E_2 点，此时消费者对 X 商品的需求数量为 X_2。据此可知，总的价格效应为商品 X 的需求数量的变化量 X_1X_2，也就是替代效应和收入效应的总和。

第 三 章

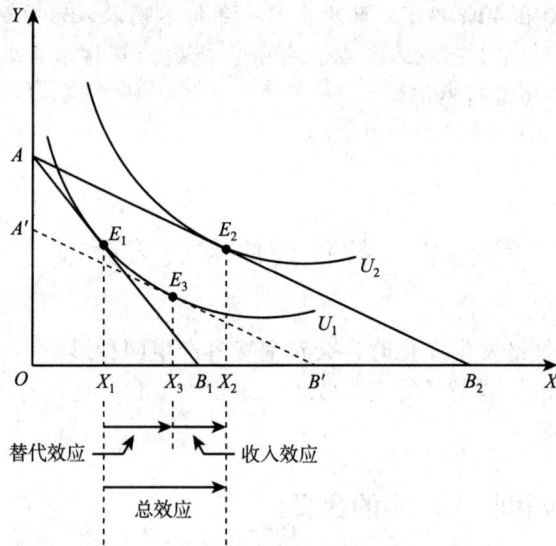

图 3-13 正常商品的替代效应和收入效应

首先分析替代效应。在图 3-13 中，由于 X 商品的价格下降，消费者的效用水平提高了，消费者新的均衡点 E_2 不是在原来的无差异曲线 U_1 上而是在更高的无差异曲线 U_2 上。为了得到替代效应，必须剔除实际收入水平变化的影响，使消费者回到原来的无差异曲线 U_1 上去。要做到这一点，需要利用补偿预算线这一分析工具。

补偿预算线是用来表示以假设的货币收入的增减来维持消费者的实际收入水平不变的一种分析工具。具体而言，在商品价格下降引起消费者的实际收入水平提高时，假设可以取走消费者的一部分货币收入，以使消费者的实际收入维持原有的水平，补偿预算线就可以用来表示使消费者的货币收入下降到只能维持原有的无差异曲线的效用水平这一情况。相反，在商品价格上升引起消费者的实际收入水平下降时，假设可以对消费者的损失给予一定的货币收入补偿，以使消费者的实际收入维持原有的水平，补偿预算线就可以用来表示使消费者的货币收入提高到得以维持原有的无差异曲线的效用水平这一情况。

在图 3-13 中，$A'B'$ 是一条假想的预算线，即补偿预算线。这条预算线平行于预算线 AB_2，且与无差异曲线 U_1 相切于 E_3 点，其含义是：$A'B'$ 与 U_1 相切，表示假设的货币收入的减少刚好能使消费者回到原有的效用水平。补偿预算线 $A'B'$ 与预

算线 AB_2 平行，则以这两条预算线的相同斜率，表示 X 商品和 Y 商品的相对价格不变。E_3 点与原来的均衡点 E_1 相比，需求量的增加量为 X_1X_3，这个增加量就是在剔除了实际收入水平变化影响以后的替代效应。

其次分析收入效应。收入效应是总效应的另一个组成部分。设想把补偿预算线 $A'B'$ 再推回到 AB_2 的位置上去，于是消费者均衡点就会由无差异曲线 U_1 上的 E_3 点回复到无差异曲线 U_2 上的 E_2 点，相应的需求量的变化量 X_3X_2 就是收入效应。这是因为，在分析替代效应时，为了剔除实际收入水平的影响，才将预算线 AB_2 移到补偿预算线 $A'B'$ 的位置。所以当预算线由 $A'B'$ 的位置再回复到 AB_2 的位置时，相应的需求量的增加量 X_3X_2 必然就是收入效应。收入效应产生的原因是 X 商品的价格变化所引起的实际收入水平的变化，它改变了消费者的效用水平。也就是说，正常商品的收入效应与价格呈反方向变动。

综上所述，对于正常商品来说，替代效应与价格呈反方向变动，收入效应也与价格呈反方向变动，在它们的共同作用下，总效应必定与价格呈反方向变动。正因为如此，正常商品的需求曲线是向右下方倾斜的。

三、低档商品的替代效应和收入效应

所谓低档商品（inferior goods），就是这类商品的需求量与消费者的收入呈反向变动的关系。当消费者收入增加时，对这类商品的需求量反而减少。正因为这个特点，当价格下降时，低档商品的替代效应表现为需求量的增加，但收入效应表现为需求量的减少，所以低档商品的替代效应和收入效应起作用的方向是相反的。

如图 3-14 所示，假定 X 商品为低档商品。X 商品在初始价格时，预算线 AB_1 与无差异曲线 U_1 相切于 E_1 点，在消费者均衡点，消费者对 X 商品的需求数量为 X_1；当商品 X 的价格下降时，预算线由 AB_1 变为 AB_2，并与更高的无差异曲线 U_2 相切于 E_2 点，此时消费者对 X 商品的需求数量为 X_2。据此可知，总的价格效应为商品 X 的需求数量的变化量 X_1X_2，也就是替代效应和收入效应的总和。通过作与预算线 AB_2 相平行且与无差异曲线 U_1 相切的补偿预算线 $A'B'$，可以将总效应分解为替代效应和收入效应。具体来看，当 X 商品的价格下降引起商品相对价格的变化，消费者的均衡点由 E_1 移动到 E_3，相应的需求增加量为 X_1X_3，这就是替代效应。而 X 商品的价格下降引起实际收入水平的变动，使均衡点由 E_3 移到 E_2，商品的需求量由 X_3 减少为 X_2，这就是收入效应，收入效应 X_3X_2 是一个负值，E_2 必定落在 E_1 点和 E_3 点之间，所以总的价格效应为商品 X 的需求数量的变化量 X_1X_2。综上分析表明，低档商品的替代效应与价格呈反方向变动，收入效应与价格呈同方向变动。由于在大多数情况下，替代效应的作用大于收入效应的作用，所以总效应与价格呈反方向变动关系，表明随着商品价格下降，需求量增加，需求曲线向右下方倾斜。

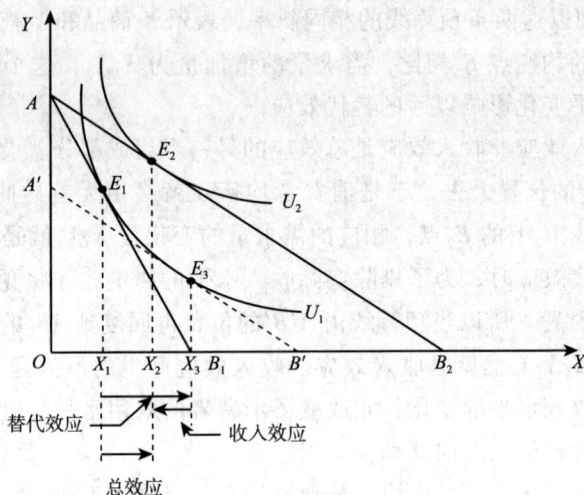

图 3 – 14　低档商品的替代效应和收入效应

四、吉芬商品的替代效应和收入效应

通过对低档商品的分析可以发现，如果负的收入效应足够大，超过了替代效应正的作用，那么价格变化的总效应也就为负。如图 3 – 15 所示，E_1 到 E_3 表现为替代效应，商品需求量由 X_1 增加到 X_3。从 E_3 到 E_2 为收入效应，商品的需求量由 X_3 减少为 X_2。因此总的价格效应为 X 商品的需求数量从 X_1 减少为 X_2。分析表明，吉芬商品的替代效应与价格呈反方向变动，收入效应与价格呈同方向变动，但收入效应的作用超过了替代效应的作用，从而使总效应与价格呈同方向变动。也就是说，随着商品价格下降，需求量反而减少，需求曲线是自左向右上方倾斜。这类特殊的低档商品即为**吉芬商品**（giffen goods），它们有悖于需求定理。

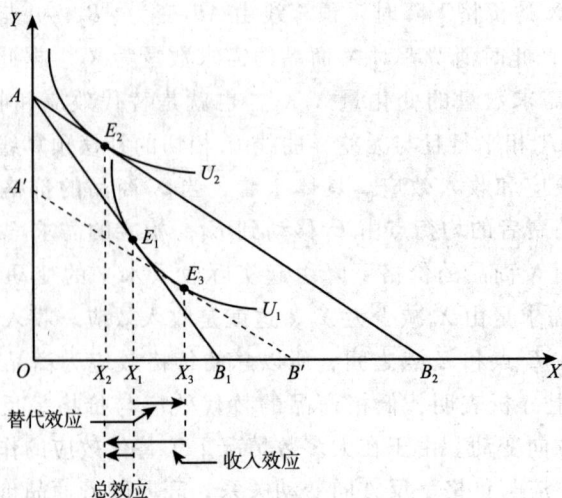

图 3 – 15　吉芬商品的替代效应和收入效应

把正常商品、低档商品以及吉芬商品的替代效应、收入效应和价格总效应的异同总结在表 3 - 7 中。

表 3 - 7 　　　　　　　　　　**商品价格变化引起的替代效应和收入效应**

商品类别	替代效应与价格的关系	收入效应与价格的关系	价格效应与价格的关系	需求曲线的形状
正常商品	反方向	反方向	反方向	向右下方倾斜
低档商品	反方向	同方向	反方向	向右下方倾斜
吉芬商品	反方向	同方向	同方向	向右上方倾斜

第 三 章

本章小结

1. 效用理论有两种：基数效用论和序数效用论。基数效用论以效用可以度量以及边际效用递减规律为假设前提，消费者行为被表述为既定约束条件下的效用函数最大化问题。序数效用论以无差异曲线为假设前提，消费者行为依然被表述为在预算约束下的效用最大化。

2. 边际效用递减规律是指，在一定时期内，在其他条件不变的前提下，随着消费者对某一种商品消费数量的连续增加，该消费者从连续增加的每一单位的商品消费量中所得到的边际效用是递减的。在边际效用递减规律基础上，可以推导出消费者的需求曲线是向右下方倾斜的。

3. 消费者均衡是指在商品价格既定的条件下，消费者把有限的货币收入分配在各种商品的购买中，从而实现总效用最大的一种情形。基数效用论得出的消费者均衡条件是：每一单位货币不论购买 X 商品还是 Y 商品，所得到的边际效用是相等的。

4. 序数效用论的分析表明，在商品的价格、消费者的收入和偏好既定的条件下，消费者唯一的一条预算线和无差异曲线组中的一条无差异曲线相切的切点表示消费者均衡。在这个切点上，该消费者就实现了在既定收入、价格和偏好条件下的效用最大化。

5. 从消费者效用最大化均衡点出发，可以得到价格 - 消费曲线。由价格 - 消费曲线出发，可以推导出消费者的个人需求曲线。需求曲线上和每一个价格相联系的商品需求量都是能够给消费者带来最大效用的最优消费量。

6. 从消费者效用最大化均衡点出发，可以得到收入 - 消费曲线。由收入 - 消费曲线出发，可以进一步推导出恩格尔曲线。正常商品的收入 - 消费曲线是向右上方倾斜的，表示随着收入水平的增加，消费者的需求量增加。恩格尔曲线的形状取决于特定商品的性质、消费者的偏好以及保持不变的价格水平。

7. 商品的价格效应等于替代效应和收入效应之和。任何商品的价格与替代效应呈反向变动。正常商品的价格与收入效应呈反向变动，而低档商品的价格与收入效应呈同方向变动。吉芬商品是特殊的低档商品，其收入效应的作用超过了替代效应的作用，从而使总效应与价格呈同方向变动。

| 第四章 | 生产者行为理论

　　本章从短期和长期分析了生产要素与产量之间的关系，探讨了规模报酬与规模经济问题。在学习中应当重点领会产量的基本概念，学会分析总产量、平均产量和边际产量之间的关系，理解劳动合理投入区域的确定，理解长期生产函数中生产要素的最优组合。

基本概念

　　生产要素　生产函数　短期　长期　总产量　平均产量　边际产量　边际收益递减规律　等产量线　边际技术替代率　等成本线　生产者均衡　规模报酬　规模经济问题

　　消费者行为理论分析了消费者的行为，从而确定了消费者在收入和商品价格既定的条件下如何实现效用最大化。厂商的最终目标是追求利润最大，涉及生产要素与产量之间的关系、成本和收益等。本章是对生产者行为进行研究，主要分析生产要素与产量之间的关系，从而确定在短期生产中，在资本不变的情况下，劳动合理投入的区域；在长期生产中，在劳动和资本都可变的情况下，劳动与资本的最优组合。

第一节　企业与生产函数

　　生产者也被称为企业或厂商，是指能够作出统一生产决策的单个经济单位。要研究生产者行为，需要首先了解企业的组织形式、企业产生的原因以及生产函数。

一、企业的组织形式

企业的组织形式主要有三种：单一业主制、合伙制和公司制。

（一）单一业主制企业

单一业主制企业是指由一个自然人投资，财产为投资者个人所有，投资者以其个人财产对企业债务承担无限责任的经营实体。单一业主制是历史上最早出现，也是最传统、最简单的组织形式。它只有一个产权所有者，业主直接经营、享有全部经营所得，并对企业的所有债务承担全部责任。单一业主制企业一般规模较小，结构简单，所以最大的优点是经营灵活、权责明确，但这种形式的企业往往受到个人财力、管理能力以及抵御市场风险能力的限制，难以持续、快速发展。

（二）合伙制企业

合伙制企业是指有两个或两个以上的人合资经营、共负盈亏的企业组织。合伙制企业一般通过协议的形式规定合资人的责任和权利。与单一业主制企业相比，合伙制企业由于共同出资，经营规模相对较大，抵御市场风险能力相对较强，同时分工和专业化也得到加强。但由于合伙人都参与管理，不利于协调，容易引起合伙人之间的利益矛盾，导致合伙人之间缺乏稳定性，这会在一定程度上限制企业的进一步发展。另外，多数合伙制企业都是无限责任，每一合伙人要对企业的行为承担无限连带责任。

（三）公司制企业

公司制企业也叫股份制企业，是指依照公司法的相关程序和要求设立、具有法人资格的企业组织，这是现代企业组织中最重要的组织形式。公司制企业实行法人治理结构，即由股东会、董事会、监事会和经理组成并形成一定制衡关系的管理机制。公司所有权属于全部股东，日常经营管理权由董事会控制下的经理掌控，所有权和管理权分离。股东会是公司的最高权力机构，对公司的经营方针、投资计划等重大事项作出决策，并选举董事和监事；董事会是公司的经营决策和业务执行机构，向股东会负责，并聘任经理；经理负责组织实施董事会决议和日常经营管理工作；监事会是公司内部的监督机构，主要对公司管理者违反法律、法规或公司章程的行为进行监督。

与前两种企业组织形式相比，公司制企业有其明显的优点：可以通过发行股票和债券筹集大量资金，有利于扩大公司规模，实现规模化和专业化生产；所有权和管理权分离，管理权掌握在职业管理人手中，有利于提高管理水平，更好地适应市场；股东对公司只承担有限责任，有利于分散风险；公司不会因为股东变动而影响其发展，从而使公司组织形式相对稳定，有利于公司的长期发展。但公司制也有其明显的缺点：公司规模大，增加管理的难度；所有权和管理权分离，在委托人和代理人之间会产生一系列复杂的授权和控制关系；股东持有公司股票的目的，往往是为了获取股利和价差，并不直接关心公司经营状况和经济效益。

企业不管采取什么组织形式，它的本质都是把投入转化为产出的生产经营性组织，因此在教科书里也把企业称为厂商，以突出这一重要本质属性。在本书中，也使用厂商这一概念。

二、企业存在的原因

社会发展导致社会分工不断深化。在现代社会，绝大部分产品都是由两个以上的生产者通过分工协作才能完成。组织生产过程有两种极端形式：第一种形式，全社会就是一个大企业，每个工厂只是这个大企业的一个车间，这就构成了纯粹计划经济的模式，在这种模式下，计划是配置资源的唯一手段。第二种形式，生产活动完全以个人为基本单位，各个生产阶段之间完全由市场来协调。在现实社会中，企业是介于这两种极端形式之间的一种组织形式，部分活动由市场来协调，部分活动由内部组织来协调。企业为什么会产生呢？经济学家用三个方面的原因加以解释。

（一）交易成本的节约

1991 年诺贝尔经济学奖得主科斯（R. H. Coase）在其发表于 20 世纪 30 年代的《企业的性质》一文中明确指出，企业的存在可以降低交易成本。所谓交易成本，是指市场活动的主体在市场交易过程中，为了收集信息、改判签约以及为监督协议的实施而必须付出的成本。交易成本实际上是市场运行的内在成本。正如没有免费的午餐，市场的正常运行不可能没有代价，交易活动的范围越大、交易越频繁，交易成本也就越高。当具有交易关系的经济活动主体归属于同一所有者时，组织内的协调就取代了市场协调，从而达到节省交易成本的目的。

（二）团队生产的优势

这一观点最初由阿门·阿尔钦（Armen Albert Alchian）和哈罗德·德姆塞茨（Harold Demsetz）提出来。由于生产过程中存在不同性质的工作，绝大多数产品不是由一个人而是由许多人合作完成的。例如，一部电影的完成需要有编剧、导演、演员、摄影、服装、化妆、道具以及制片等共同配合。如果把企业看成一个团队，不同的人负责不同的任务，团队的每名成员都是专业化的，专业化分工能够提高生产效率，分工也必然要求合作。当生产活动以团队形式进行时，可以利用各个方面专家的特长和优势，使效率大大提高。

（三）规模经济的存在

规模经济（economies of scale）是指随着生产规模扩大，单位产品成本呈递减趋势的事实。这种现象存在于许多行业之中，如汽车、钢铁、造船、冶金等。由于许多生产过程中所需要的投入要素不能任意分割，大规模生产使得每一单位产品分摊的成本大大降低，从而提高了生产过程的经济性。作为生产要素聚集的企业，这种组织形式为获得规模经济创造了条件。

三、生产要素与生产函数

（一）生产要素

生产就是厂商对各种生产要素进行组合以制成产品或提供服务的行为。生产的

第 四 章

过程就是一个从投入到产出的过程，投入的是生产过程中所使用的生产要素，产出的是能够满足人们需要的产品或服务。

生产要素（factor of production）是指生产中所使用的各种经济资源，传统经济学将生产要素归纳为劳动、资本、土地和企业家才能（管理）四种。劳动（labour）是指生产过程中所提供的劳务，包括体力劳动和脑力劳动；资本（capital）是指用于生产的一切资本品或者投资品，包括企业的厂房、设备、资金等；经济学中的土地是一个广义的概念，是指各种自然资源（natural resources），包括土地本身以及依附在土地上的森林、河流、山川、地下的各种各样的矿藏资源，它可以给生产提供场所、原料和动力；企业家才能（entrepreneurship）是指企业家经营企业的组织能力、管理能力和创新能力等。正是通过企业家才能，将劳动、资本、土地这三种生产要素合理组织，企业才能高效率地生产。

根据生产要素在生产过程中数量变化的特点，可以将生产要素划分为固定生产要素和可变生产要素。固定生产要素是指在一定时期内难以改变的生产要素，如厂房、设备等，它的投入量不随产量的变动而变动；可变生产要素是指在一定时期内容易改变的生产要素，如劳动力数量、原材料、燃料等，它的投入量会随产量的变动而变动。

为了生产一定量某种产品所需要的各种生产要素之间的配合比例被称为**技术系数**（technological coefficient）。根据技术系数是否可变，又分为固定技术系数和可变技术系数。

如果生产一定量某种产品所需要的各种生产要素之间的配合比例是不能改变的，这种配合比例被称为固定技术系数。固定技术系数表明，生产一定量的产品只存在唯一一种生产要素的配合比例，即生产要素之间不可替代。如果要增加产出，要素投入必须按照同一比例增加。例如，服装厂生产服装所需要的投入比例是一人一台缝纫机，增加缝纫机的数量就要相应增加缝纫机操作人员的数量。

如果生产某种产品所需要的各种生产要素之间的配合比例是可以改变的，这种配合比例被称为可变技术系数。例如，生产同样的产量，可以采用劳动密集型（即多用劳动少用资本），也可以采用资本密集型（即多用资本少用劳动）。在可变技术系数的生产函数中，各种生产要素之间彼此可以相互替代，如果增加某种生产要素，就可以少用另外一种生产要素。

专栏 4 - 1

数据成为生产要素

近年来，全球数字经济蓬勃发展，数字经济在国民经济中的占比不断提高。2018 年，美国、德国、英国数字经济在 GDP 中占比均超过了 60%。2021 年我国数字经济在 GDP 的占比也达到 39.8%。数据是对现实世界客观事物和客观事件的记录和反映。很早的时候，数据就以间接、隐性的方式作用于人类的生产和经济活动，如几千年来，我国劳动人民就在运用二十四节气这个"数据"来指导农业生产活动。

随着科学技术不断发展，尤其是大数据、人工智能、互联网和物联网、云计算、区块链等数字技术的涌现，数据成为新的生产要素。在数据和数字技术的作用下，劳动、资本、土地等传统生产要素也有了新的内涵，带来了生产方式、商业模式、管理模式以及思维模式的变革。例如，同样一亩农田，加上互联网和摄像头，就成为一个可直播的"数字农场"；同样一位老师，以前在教室里只能教几十名学生，现在在直播间可以面向全球授课；同样是销售商品，过去要在商场里设置专柜，现在可以通过直播或电商平台售卖给全世界的消费者。企业在生产、经营、管理等过程中形成的海量数据，都能为企业的后续发展带来巨大的经济利益。正如IBM 执行总裁罗睿兰所讲，"数据将成为一切行业中决定胜负的根本因素"，人类社会已经进入了数字经济新时代。

资料来源：中国信息通信研究院. 全球数字经济白皮书（2022）［R］. 2022；中国信息通信研究院. 中国数字经济发展报告（2022 年）［R］. 2022。

第 四 章

（二）生产函数

生产过程中生产要素的投入量和产品的产出量之间的关系，可以用生产函数（production function）来表示。**生产函数**表示在一定时期内，在技术水平不变的情况下，生产中所使用的各种生产要素的数量与所能生产的最大产量之间的关系。生产函数的一般表达式为

$$Q = f(L, K, N, E)$$

式中，Q 表示产量，L 表示劳动，K 表示资本，N 表示土地，E 表示企业家才能。由于 N 是固定的，而 E 难以估算，可以将这个一般表达式简化为

$$Q = f(L, K)$$

在经济学中，有一些具体的生产函数被广泛应用，其中最有代表性的是柯布 – 道格拉斯生产函数和里昂惕夫生产函数。

1. 柯布 – 道格拉斯生产函数

柯布 – 道格拉斯生产函数又简称为 C – D 函数，是 20 世纪 30 年代由美国经济学家 C. W. 柯布（Charles W. Cobb）和保罗·H. 道格拉斯（Paul H. Douglas）根据美国 1899 ~ 1922 年制造业生产的统计资料，得出美国这一时期的制造业生产函数。该函数的一般形式为

$$Q = AL^{\alpha} K^{\beta}$$

式中，A、α 和 β 是三个参数。A 表示技术参数（$A > 0$），A 的值越大，表示技术水平越高，投入既定的生产要素所能生产的产量也越大；α 是劳动产出弹性系数（$0 < \alpha < 1$），表示劳动贡献在总产出中所占的份额；β 是资本产出弹性系数（$0 < \beta < 1$），表示资本贡献在总产出中所占的份额。

通过计算，柯布和道格拉斯得出了美国在这一时期具体的生产函数为

$$Q = 1.01 L^{0.75} K^{0.25}$$

这个结果的经济含义是：在 1899～1922 年美国制造业的总产量中，劳动所得的相对份额为 75%，资本所得的相对份额为 25%。换言之，劳动和资本对总产出的贡献比例为 3∶1。根据柯布 - 道格拉斯生产函数中的参数，$\alpha + \beta = 1$，表明这一时期规模报酬不变。

柯布和道格拉斯在此后的研究中进行了一些修改，包括对产量和劳动指数进行了修正，舍去了规模报酬不变的假设，经过修正后的生产函数为

$$Q = 0.84 L^{0.63} K^{0.30}$$

如果 $\alpha + \beta > 1$，说明规模报酬递增；反之，如果 $\alpha + \beta < 1$，说明规模报酬递减。

2. 里昂惕夫生产函数

里昂惕夫生产函数是以诺贝尔经济学奖获得者 W. 里昂惕夫（W. Leontief）的名字命名的，它是指在每一产量水平上，任何生产要素投入量之间的比例都是固定的，因此也称为固定投入比例生产函数。

假定生产中只使用劳动和资本两种生产要素，里昂惕夫生产函数通常表示为

$$Q = \min\left(\frac{L}{u}, \frac{K}{v}\right)$$

式中，Q 为产量；L 和 K 分别为劳动投入量和资本投入量；u 表示固定的劳动生产系数，即每生产一单位产品所需要固定投入的劳动数量；v 表示固定的资本生产系数，即每生产一单位产品所需要固定投入的资本数量；$\frac{L}{u}$ 表示全部劳动能够生产的产量，$\frac{K}{v}$ 表示全部资本能够生产的产量。

里昂惕夫生产函数反映了固定投入比例生产函数的特点：产量取决于 $\frac{L}{u}$ 和 $\frac{K}{v}$ 中的最小值。这表明，要想取得产量的增加，L 和 K 必须按固定比例同时增加。如果两种生产要素中，只单独增加其中一种生产要素，另外一种生产要素不增加，那么产量不会增加。要想增加产量，最有效的办法应该是两种生产要素同比例增加，使 $Q = \frac{L}{u} = \frac{K}{v}$。里昂惕夫生产函数在结论上非常类似于管理学中的"木桶效应"或"短板效应"。

第二节　短期生产函数

短期生产函数是假设在两种生产要素中，一种生产要素（如资本）投入不变，另一种生产要素（如劳动）投入可变的情况下，分析可变生产要素投入对产量变化的影响，从而确定可变生产要素合理投入的区域。

一、决策的时间框架

在经济学中，企业的一切行为都被归纳到两个时间范畴：短期和长期。这里的短期和长期，与日历时间的长短无关，而是指考察期内企业是否能够自由地调整全部生产要素。

短期（short-run）是指生产者来不及调整全部生产要素的数量，至少有一种生产要素的数量是固定不变的时间周期。在短期生产函数中，由于调整劳动的投入量相对容易，而企业的厂房、设备等固定资产的调整和改变相对困难，所以在短期生产函数中，一般认为劳动是可变的，资本是不变的。

长期（long-run）是指生产者可以调整全部生产要素数量的时间周期。在长期中，所有生产要素投入都是可以调整和改变的，也就是说，只有可变要素投入，没有不变要素投入。在长期生产函数中，厂商不仅可以调整劳动投入，而且可以调整资本投入，劳动和资本都是可变的。

显然，生产理论中的短期和长期的划分，不是一个时间概念。不同行业、不同企业调整全部生产要素投入的时间长短是不同的，服装企业也许半年就可以完成生产规模的调整，因此对这类企业而言，半年属于长期；汽车制造企业也许三年都不能够改变生产规模，因此三年也只能属于短期。

二、总产量、平均产量和边际产量

根据时期不同，生产函数相应的有短期生产函数和长期生产函数。

短期生产函数可以表示为

$$Q = f(L, \bar{K})$$

式中，Q 表示产量；L 表示劳动，是可变的；$\bar{K}$ 表示资本，是固定不变的。从短期生产函数可以得到总产量、平均产量和边际产量三个重要概念。

（一）总产量、平均产量和边际产量的含义

1. 总产量

总产量（total product，TP）是指在生产技术水平一定的情况下，企业投入一定量生产要素后所生产出来的产量总和。在短期生产函数中，生产要素分为不变生产要素和可变生产要素，其中资本是不变的生产要素，劳动是可变的生产要素，因而总产量的定义可以用公式表示为

$$TP = f(L, \bar{K})$$

2. 平均产量

平均产量（average product，AP）是指在生产技术水平一定的情况下，平均每单位可变生产要素生产出的产量。在短期生产函数中，由于劳动是可变的，所以平

均产量实际上是指劳动的平均产量。平均产量的定义可以用公式表示为

$$AP_L = \frac{TP_L}{L}$$

3. 边际产量

边际产量（marginal product，MP）是指在生产技术水平一定的情况下，每增加一单位可变生产要素所带来的产量增量。在短期生产函数中，由于劳动是可变的，所以边际产量实际上是指劳动的边际产量。边际产量的定义可以用公式表示为

$$MP_L = \frac{\Delta TP_L}{\Delta L}$$

当 $\Delta L \rightarrow 0$ 时，$MP_L = \frac{\Delta TP_L}{\Delta L} = \lim\limits_{\Delta l \rightarrow 0} \frac{\Delta TP_L}{\Delta L} = \frac{\mathrm{d} TP_L}{\mathrm{d} L}$，其几何含义就是总产量曲线上相应点的斜率。

（二）总产量、平均产量和边际产量之间的关系

为了说明总产量、平均产量和边际产量之间的关系，举例如下。

假设某企业生产某种产品，使用劳动和资本两种生产要素，其中资本是固定的，为 10 个单位，劳动是可变的，总产量、平均产量和边际产量的变化情况如表 4-1 所示。

表 4-1   总产量、平均产量和边际产量

资本量（K）	劳动量（L）	总产量（TP）	平均产量（AP_L）	边际产量（MP_L）
10	0	0	0	0
10	1	26	26	26
10	2	60	30	34
10	3	120	40	60
10	4	200	50	80
10	5	260	60	60
10	6	300	50	40
10	7	336	48	36
10	8	352	44	16
10	9	360	40	8
10	10	360	36	0
10	11	352	32	-8

根据表 4-1 中的数据，可以绘出总产量、平均产量和边际产量曲线，如图 4-1 所示。从表 4-1 和图 4-1 中，可以概括出总产量、平均产量和边际产量三者之间的关系。

第 四 章

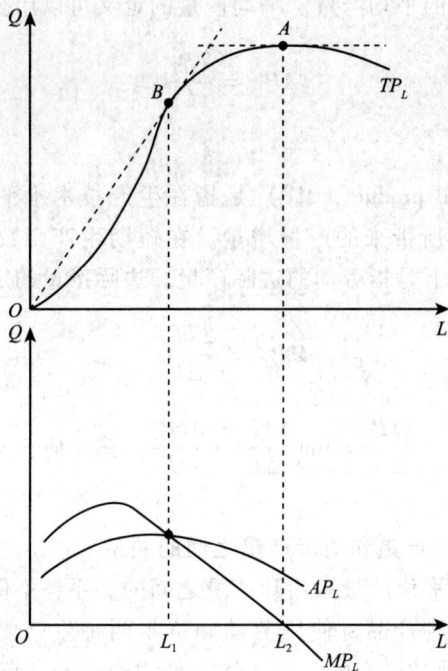

图 4 – 1 总产量、平均产量和边际产量

第一，在资本量不变的情况下，随着劳动投入量的增加，最初总产量、平均产量和边际产量都是递增的，但各自增加到一定程度之后就分别递减。所以，总产量曲线、平均产量曲线和边际产量曲线都是先上升后下降，这反映了边际收益递减规律。

第二，总产量与边际产量之间的关系。根据边际产量的定义：$MP_L = \dfrac{\mathrm{d}TP_L}{\mathrm{d}L}$可以推知，过总产量曲线任何一点上的切线的斜率就是相应的边际产量曲线的值。根据这一特点可以发现：当边际产量大于零时，意味着总产量曲线的斜率为正，总产量曲线是上升的，表明总产量呈递增趋势；当边际产量小于零时，意味着总产量曲线的斜率为负，总产量曲线是下降的，表明总产量呈递减趋势；当边际产量为零时，意味着总产量曲线的斜率为零，此时总产量达到最大[1]，如 A 点。因此，总产量与边际产量的关系可以表述为：只要边际产量是正的，总产量总是增加的；只要边际产量为负的，总产量总是减少的；当边际产量为零时，总产量达到最大值。

---

[1] 根据边际产量的定义公式 $MP_L = \dfrac{\mathrm{d}TP_L}{\mathrm{d}L}$ 可知，过 TP_L 曲线上任何一点的切线的斜率就是相应的 MP_L 的值。所以在 MP_L 曲线的上升阶段，有 $\dfrac{\mathrm{d}MP_L}{\mathrm{d}L} > 0$，即 $\dfrac{\mathrm{d}}{\mathrm{d}L}\left(\dfrac{\mathrm{d}TP_L}{\mathrm{d}L}\right) > 0$，$TP_L$ 曲线的上升速度是递增的；在 MP_L 曲线达到最高点时，有 $\dfrac{\mathrm{d}MP_L}{\mathrm{d}L} = 0$，即 $\dfrac{\mathrm{d}}{\mathrm{d}L}\left(\dfrac{\mathrm{d}TP_L}{\mathrm{d}L}\right) = 0$，该点为 TP_L 曲线的拐点，TP_L 曲线的斜率最大；在 MP_L 曲线开始下降时，有 $\dfrac{\mathrm{d}MP_L}{\mathrm{d}L} < 0$，即 $\dfrac{\mathrm{d}}{\mathrm{d}L}\left(\dfrac{\mathrm{d}TP_L}{\mathrm{d}L}\right) < 0$，$TP_L$ 曲线的上升速度开始降低；当 $MP_L = 0$ 即 $\dfrac{\mathrm{d}MP_L}{\mathrm{d}L} = 0$ 时，该点是 TP_L 曲线的极值点，总产量达到最大值，此后开始下降。

第三，总产量与平均产量之间的关系。根据平均产量的定义：$AP_L = \dfrac{TP_L}{L}$可以推知，从原点出发连接总产量曲线上任何一点的线段的斜率，就是平均产量值。根据这一特点可以发现，当平均产量曲线达到最大时，总产量曲线必然有一条从原点出发的最陡的切线，其切点为 B 点。

第四，边际产量与平均产量之间的关系。边际产量曲线与平均产量曲线相交于平均产量曲线的最高点。在相交之前，边际产量大于平均产量（$MP > AP$），平均产量是递增的；在相交之后，边际产量小于平均产量（$MP < AP$），平均产量是递减的；在相交时，边际产量等于平均产量（$MP = AP$），平均产量达到最大[①]。

三、边际收益递减规律

为什么总产量曲线、平均产量曲线和边际产量曲线都是先上升后下降？这可以用边际收益递减规律来解释。

边际收益递减规律（law of diminishing marginal revenue）也被称为边际报酬递减规律或边际产量递减规律，它的基本内容是：在技术水平不变的情况下，当把一种可变的生产要素投入到一种或几种不变的生产要素中时，最初这种可变生产要素的增加会使边际产量增加，但当它的增加超过一定限度时，这种可变生产要素投入所带来的边际产量就会出现递减，最终还会使产量绝对减少。边际收益递减规律是短期生产的一条基本规律。例如，在农业生产中，在土地、人力、种子等生产要素都不发生变化的前提下，随着施肥量的增加，最初粮食的产量会增加，但当土地中的肥料达到一定程度后，再增加施肥量，粮食的产量不仅不会增加，反而会下降。这个例子就是英国农业经济学家杨格在 1771 年为证明边际收益递减规律而作的"杨格堆肥实验"。

对边际收益递减规律的理解，需要注意以下三个方面。

第一，这一规律发生作用的前提是技术水平不变。技术水平不变是指生产中所使用的技术没有发生重大变革。当今社会，技术进步的速度日益加快，但并不是每时每刻都有重大的技术突破，一种技术水平一旦形成，总会有一个相对稳定的时期，这一时期就可以称为技术水平不变。因此，在一定时期内技术水平不变这一前提是可以成立的。如果技术水平发生变化，这个规律就不成立。

第二，技术系数是可变的。这一规律所指的是生产中使用的生产要素分为可变的与不变的两类，它研究的是把不断增加的一种可变要素投入到其他不变要素上

---

① 边际产量和平均产量之间的关系，可以用数学的方法证明如下：AP_L 曲线的斜率可表示为：$\dfrac{\mathrm{d}AP_L}{\mathrm{d}L} = \dfrac{\mathrm{d}\left(\dfrac{TP_L}{L}\right)}{\mathrm{d}L} = \dfrac{\dfrac{\mathrm{d}TP_L}{\mathrm{d}L} \times L - TP_L}{L^2} = \dfrac{1}{L}\left(\dfrac{\mathrm{d}TP_L}{\mathrm{d}L} - \dfrac{TP_L}{L}\right) = \dfrac{1}{L}\ (MP_L - AP_L)$ 因为 $L > 0$，所以当 $MP_L > AP_L$ 时，$\dfrac{\mathrm{d}AP_L}{\mathrm{d}L} > 0$，$AP_L$ 曲线的斜率是正的，AP_L 曲线是上升的；当 $MP_L < AP_L$ 时，$\dfrac{\mathrm{d}AP_L}{\mathrm{d}L} < 0$，$AP_L$ 曲线的斜率是负的，AP_L 曲线是下降的；当 $MP_L = AP_L$ 时，$\dfrac{\mathrm{d}AP_L}{\mathrm{d}L} = 0$，$AP_L$ 曲线的斜率为零，AP_L 曲线达到极值点。

时，对产量或收益所发生的影响，此时生产要素之间的配合比例（技术系数）会随着可变要素投入量的不断增加而发生变化，所以技术系数是可变的。这种情况在现实中普遍存在。例如，在农业生产中，当土地等生产要素不变时，增加施肥量，肥料与土地之间的配合比例会不断发生变化；在工业生产中，当厂房、设备等生产要素不变时，增加劳动投入，劳动与资本之间的配合比例也会不断发生变化。

第三，在其他生产要素不变时，一种可变要素增加所引起的产量的变动并不是一开始就递减，而是分为三个阶段。

第一阶段：边际产量上升，总产量递增增加阶段。即随着可变要素的增加，边际产量也上升，总产量递增增加。

第二阶段：边际产量下降，总产量递减增加阶段。即可变要素投入达到一定程度后，其边际产量会下降，但边际产量仍然大于零，所以会使总产量增加，只不过是以递减速度增加。因为这时候，不变要素已接近于充分利用，可变要素的增加不能像第一阶段那样使产量迅速增加。

第三阶段：边际产量小于零，总产量绝对减少阶段。即这种可变要素投入量增加到某种程度后，其边际产量会小于零，从而使总产量绝对减少。这是因为，这时不变要素已经得到充分利用，再增加可变要素只会降低生产效率，减少总产量。

为什么会产生边际收益递减规律？这与生产要素的利用效率有关。随着可变要素投入量的增加，可变要素投入量与固定要素投入量之间的比例在发生变化。在可变要素投入量增加的最初阶段，相对于固定要素来说，可变要素投入过少，因此随着可变要素投入量的增加，可变要素与固定要素的配合会越来越有效，从而使边际产量递增；当可变要素与固定要素的配合比例恰当时，边际产量达到最大；如果再继续增加可变要素投入量，由于其他要素的数量是固定的，可变要素就相对过多，可变要素与不变要素的配合会逐渐偏离最优组合，此时边际产量就必然递减。

四、可变生产要素的合理投入

边际收益递减规律给厂商提出了这样一个问题：既然可变生产要素投入的增加到最后反而引起总产量减少，那么可变要素的最优投入量为多少是合理的呢？这就涉及对可变生产要素合理投入的研究。根据总产量、平均产量与边际产量的关系，把图 4-2 分为三个区域。

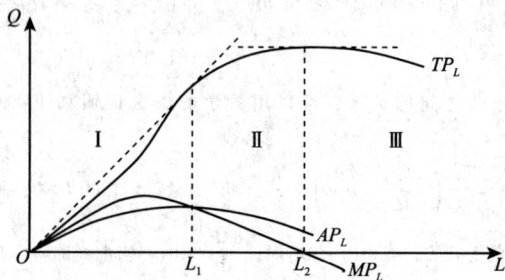

图 4-2　可变生产要素的合理投入区域

Ⅰ区域：劳动投入量从零增加到平均产量最大点这一阶段（即 L_1 之前）。这时边际产量大于平均产量，平均产量一直在增加。这说明在这一阶段，相对于不变的资本量而言，劳动投入量不足，所以劳动量的增加可以使资本得到更有效利用，从而使劳动效率提高，平均产量增加，总产量也在增加。由此来看，劳动投入量至少要增加到 L_1，否则资本无法得到充分利用。

Ⅱ区域：劳动量投入从 AP_L 最大增加到 TP_L 最大这一阶段（即 $L_1 \sim L_2$ 之间）。这时平均产量开始下降，边际产量也递减，但由于边际产量仍然大于零，总产量仍会增加，只不过是递减增加，在劳动量增加到 L_2 时，总产量可以达到最大。

Ⅲ区域：劳动量增加到 MP_L 为零后的区域（即 L_2 之后）。这时边际产量为负数，总产量绝对减少。可见，劳动量的增加超过此点之后是不利的。

上述分析表明，劳动投入量的增加最少不应该小于 L_1，最多不应该超过 L_2，所以劳动合理投入的区域应该在Ⅱ区域，即 AP_L 最大到 TP_L 最大的区域。至于应在Ⅱ区域的哪一点上，这还需要考虑其他因素：首先要考虑厂商的目标，如果厂商的目标是使平均产量达到最大，那么劳动量就应该增加到 AP_L 最大点，即 L_1；如果厂商的目标是使总产量达到最大，那么劳动量就应该增加到 TP_L 最高点，即 L_2。其次，如果厂商以利润最大化为目标，那就要考虑成本、收益等因素。因为 AP_L 最大时，并不一定是利润最大，TP_L 最大时，利润也不一定最大。劳动量增加到哪一点所达到的产量能实现利润最大化，还需要结合成本和收益进行分析。

第三节　长期生产函数

在长期内，所有生产要素都是可变的，即劳动和资本这两种生产要素都是可变的，因而长期生产函数用公式表示为

$$Q = f(L, K)$$

长期生产函数考察的是厂商如何选择生产要素的最优组合来实现既定成本下的产量最大，或者既定产量下的成本最小。

一、等产量线

生产理论中的等产量线类似于消费者行为理论中的无差异曲线。下面介绍等产量线的含义和特征。

（一）等产量线的含义
等产量线（isoquant curve）是指在生产技术水平不变的情况下，两种生产要素的不同数量组合能够生产相同产量的一条曲线。根据定义，在等产量线上，虽然两种生产要素的组合数量不同，但生产的产量是相同的。

假定某企业投入劳动 L 和资本 K 两种要素生产某种产品，其生产函数为 $Q = 0.125KL$，当产量 $Q = 100$ 时，生产要素有多种组合，见表 4 - 2。

表 4 - 2　　　　　　　　　　两种可变要素投入的等产量组合

组合方式	劳动（L）	资本（K）	产量（Q）
A	10	80	100
B	20	40	100
C	40	20	100
D	50	16	100
E	80	10	100
F	100	8	100

根据表 4 - 2，可以画出等产量线，如图 4 - 3 所示。

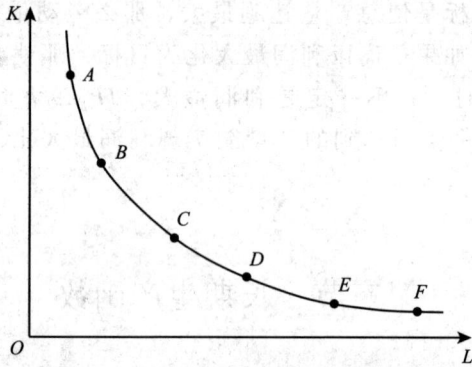

图 4 - 3　等产量线

在图 4 - 3 中，横轴表示劳动 L，纵轴表示资本 K。将 A、B、C……各点连接起来，就得到一条等产量线。等产量线上的各点表示劳动和资本不同数量的组合都能够生产出相同的产量。

（二）等产量线的特征

等产量线一般具有如下特征。

（1）等产量线通常向右下方倾斜，其斜率为负。这是因为等产量曲线上的每一个点通常都代表着能生产同一产量的两种要素的有效组合，表明增加一单位某种要素的投入量，要保持产量不变，就必须相应减少另一种要素的投入量。

（2）在同一平面上有无数条等产量线，其中离原点越远的等产量线代表的产量越大，离原点越近的等产量线代表的产量越小。

（3）在同一平面上，任意两条等产量线不会相交。

（4）在一般情况下，等产量线是凸向原点的，这是由边际技术替代率递减规律决定的。

（三）等产量线的特殊类型

根据生产要素之间的替代性不同，等产量线还有两种特殊类型。

1. 固定比例生产函数的等产量线

在现实生活中，生产一种产品的两种生产要素投入组合比例有时候是固定的。例如一个工人操作一台设备，两个工人操作两台设备……，工人和设备之间完全缺乏替代性，边际技术替代率为零，等产量线如图4-4所示，呈直角形。

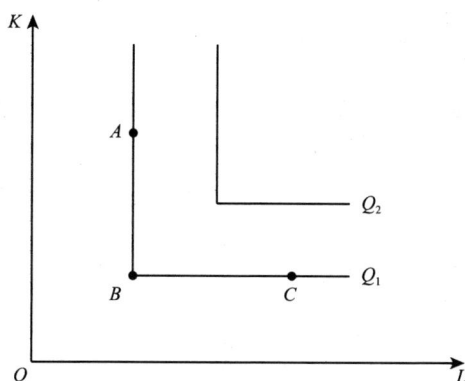

图4-4 固定比例生产函数的等产量线

在图4-4中，假设劳动 L 和资本 K 两种生产要素只能采用一种固定比例进行生产，说明两种要素不能互相替代，如果只增加一种要素投入，则产量不会增加，新增要素投入的边际产量为零，最后画出其等产量线呈直角形。假设 L 和 K 的投入组合有 A、B、C 三点，产量都是10，它们都在同一条等产量线上，当然，最优组合应该是 B 点。

2. 投入要素完全替代的等产量线

在技术条件不变时，如果两种投入要素之间可以完全替代，此时等产量线为一条直线，如图4-5所示。在这种等产量线下，企业可以资本为主（如 A 点），也可以劳动为主（如 C 点），或两者按特定比例的任意组合（如 B 点）生产相同的产量。

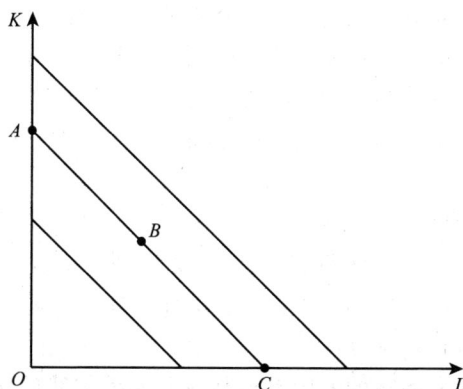

图4-5 投入要素完全替代的等产量线

（四）边际技术替代率

大多数等产量线是凸向原点的，这是因为边际技术替代率递减所致。**边际技术替代率**（marginal rate of technical substitution，MRTS）是指在技术水平不变的条件下，要保持相同产量，每增加一单位某种生产要素而必须减少的另外一种生产要素的数量。以 $MRTS_{LK}$ 表示劳动对资本的边际技术替代率，用公式表示为

$$MRTS_{LK} = -\frac{\Delta K}{\Delta L} \tag{4.1}$$

式中，ΔL 表示劳动投入量的变化量，ΔK 表示资本投入量的变化量。通常情况下，边际技术替代率为负值。因为在某一等产量线上，作为一种有效率的组合，在增加劳动使用量的同时，必须减少资本的使用量，二者呈反方向变化。为了便于比较，在 $MRTS_{LK}$ 前加负号。

如果劳动投入量的变化量为无穷小，式（4.1）变为

$$MRTS_{LK} = -\lim_{\Delta l \to 0}\frac{\Delta K}{\Delta L} = -\frac{dK}{dL} \tag{4.2}$$

式（4.2）说明等产量线上某一点的边际技术替代率就是等产量线上该点斜率的绝对值。

由于边际技术替代率的前提是保持产量不变，所以增加劳动投入量所带来的总产量的增加量和减少资本所带来的总产量的减少量必然相等，因此有：

$$\left| \Delta L \cdot MP_L \right| = \left| \Delta K \cdot MP_K \right|$$

整理得

$$MRTS_{LK} = -\frac{\Delta K}{\Delta L} = -\frac{MP_L}{MP_K}$$

由此可见，边际技术替代率可以表示为劳动的边际产量与资本的边际产量二者之比，并在前面加上负号。

在两种生产要素相互替代的过程中，普遍存在着边际技术替代率递减的规律。边际技术替代率递减规律是指在保持产量相同的前提下，随着某种生产要素投入量的不断增加，每一单位这种生产要素所能代替的另外一种生产要素的数量是递减的。需要说明的是，由于边际技术替代率本身是负数，边际技术替代率递减是指它的绝对值递减。

以图 4-6 为例，当生产要素组合沿着等产量线由 A 点按顺序移动到 B 点、C 点、D 点的过程中，劳动投入量等量地由 L_1 增加到 L_2、L_3、L_4，即 $L_2 - L_1 = L_3 - L_2 = L_4 - L_3$，相应的资本投入的减少量是递减的，即 $K_1 - K_2 > K_2 - K_3 > K_3 - K_4$，这恰好说明了边际技术替代率是递减的。

产生边际技术替代率递减的原因是边际收益递减规律的作用。因为随着劳动投入量的增加，劳动的边际产量是递减的，而随着资本的减少，资本的边际产量是递增的，所以每增加一单位劳动所能够代替的资本数量就越来越少。

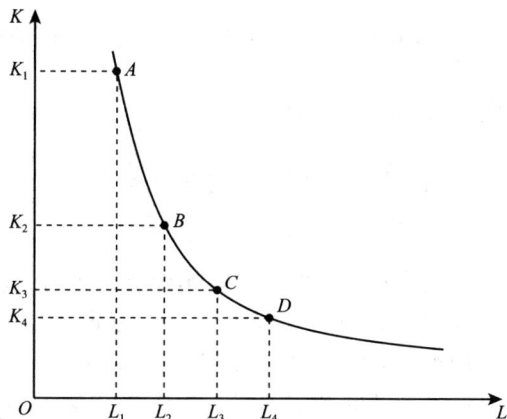

图 4-6 边际技术替代率递减规律

二、等成本线

(一) 等成本线的含义

企业对投入要素的购买支付构成了企业的生产成本。**等成本线** (isocost curve) 也称为企业预算线, 是指在企业成本和生产要素价格既定的条件下, 生产者所能购买的两种生产要素最大数量组合点的连线。它类似于消费者行为理论中的消费预算线。

假定厂商既定的成本支出为 C, 要素市场上劳动的价格用工资率 w 表示, 资本的价格用利息率 r 表示, 则成本方程为

$$C = w \cdot L + r \cdot K$$

这一方程还可表示为

$$K = \frac{C}{r} - \frac{w}{r}L \tag{4.3}$$

根据式 (4.3) 可以作出等成本线, 如图 4-7 所示。

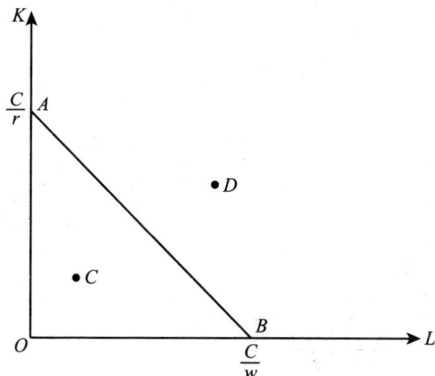

图 4-7 等成本线

在图 4 - 7 中，等成本线在纵轴上的截距为 $\dfrac{C}{r}$，表示全部成本支出用于购买资本时所能购买的最大资本数量；在横轴上的截距为 $\dfrac{C}{w}$，表示全部成本支出用于购买劳动时所能购买的最大劳动数量。等成本线的斜率为 $-\dfrac{w}{r}$，其绝对值是劳动与资本这两种生产要素的价格之比。

等成本线上的任意一点表示既定的全部成本能够购买的劳动和资本最大数量组合。在等成本线以内区域的任意一点（如 C 点）表示既定的总成本没有用完，增加生产要素的购买可以增加产量；等成本线以外区域的任意一点（如 D 点）表示既定的成本不足以支付该点的劳动和资本组合数量的成本。

（二）等成本线的变动

等成本线取决于生产成本和生产要素价格，如果企业的生产成本和要素价格发生变化，等成本线也将发生变动。

1. 生产要素价格不变，生产成本发生变化

如图 4 - 8 所示。在生产要素价格和生产成本既定的情况下，可以作出等成本线 A_1B_1。如果生产要素价格不变，只是生产成本增加，那么能够购买的劳动和资本的最大数量将会同比例增加，等成本线将会向右上方平行移动到 A_2B_2。

2. 生产成本不变，两种生产要素的价格同方向同比例变化

仍如图 4 - 8 所示。如果生产成本不变，生产要素价格同比例下降，那么能够购买的劳动和资本的最大数量将会同比例增加，等成本线将会向右上方平行移动到 A_2B_2。

3. 生产成本和一种生产要素价格不变，另外一种生产要素价格发生变化

如图 4 - 9 所示。如果生产成本不变，资本价格不变，劳动力价格下降，那么能够购买的资本最大数量不会发生变化，但能够购买的劳动力最大数量将会增加，等成本线将会变为 A_1B_2，等成本线呈扇形变动。同样可以分析生产成本和劳动力价格不变的情况下，资本价格变化所引起的等成本线的变动。

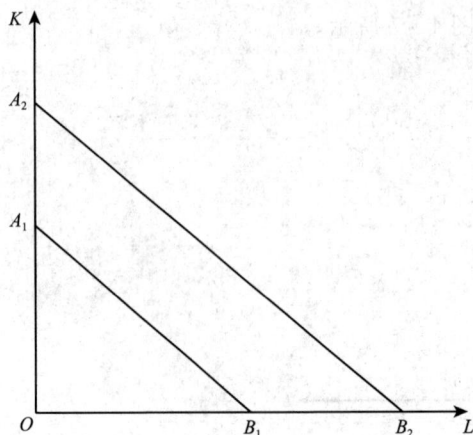

图 4 - 8　等成本线的平行移动　　　　　图 4 - 9　等成本线的扇形变动

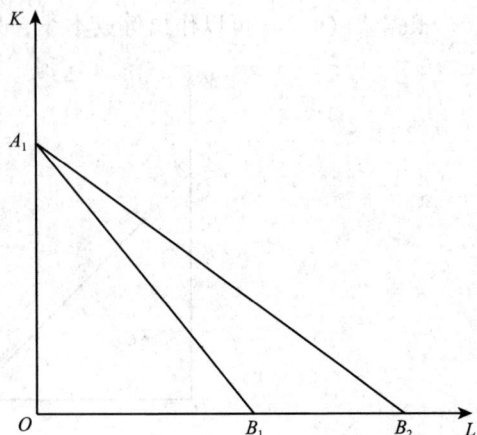

三、生产者均衡

任何一个理性的生产者，都会选择最优的生产要素组合进行生产。所谓**生产者均衡**，也称为生产要素的最优组合，是指在既定成本条件下的产量最大，或既定产量条件下的成本最小。

（一）成本既定条件下的产量最大

假定厂商的既定成本为 C，劳动的价格为 w，资本的价格为 r，把等成本线和等产量线画在同一个平面坐标系中。在图 4 - 10 中，由于成本既定，所以只有一条等成本线 AB，但可供厂商选择的产量水平有很多，图中画出了 3 条等产量线 Q_1、Q_2、Q_3。

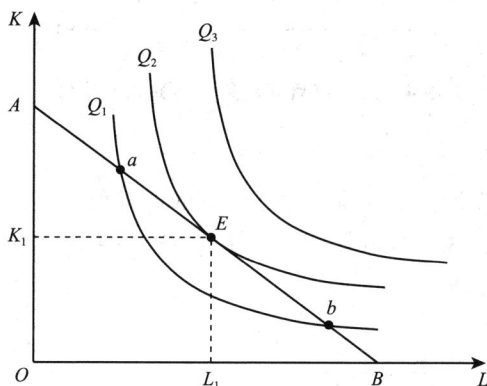

图 4 - 10　成本既定条件下的产量最大

等产量线 Q_3 处于等成本线以外的区域，表明厂商在既定成本条件下，不能购买到生产 Q_3 产量所需的要素组合，因此 Q_3 代表厂商在既定成本下无法实现的产量，当然不是生产要素的最优组合。

等产量线 Q_1 上的 a、b 两点在等成本线上，说明在成本既定的情况下可以达到 Q_1 代表的产量水平，但明显地，Q_1 代表的产量水平不及 Q_2 代表的产量水平高，所以 Q_1 上的要素组合也不是最优组合。

一方面，生产要素最优组合点一定在等成本线上；另一方面，只有等产量线 Q_2 与等成本线的切点 E，其产量水平高于等产量线 Q_1 上的 a、b 两点，所以 E 点才是成本既定条件下可以达到的最大产量，此时实现了生产者均衡，即达到了生产要素的最优组合。此时使用的劳动和资本数量分别为 L_1 和 K_1。

（二）产量既定条件下的成本最小

在图 4 - 11 中，由于产量既定，所以只有一条等产量线 Q。假定有三条等成本线 A_1B_1、A_2B_2、A_3B_3，三条等成本线斜率相同，但总成本不同，离原点越远的等成本线代表的成本越高，离原点越近的等成本线代表的成本越低。

在图 4 - 11 中，等成本线 A_1B_1 与等产量线 Q 没有交点，等产量线 Q 在等成本线 A_1B_1 以外，说明产量 Q 在 A_1B_1 的成本水平下是无法实现的。等成本线 A_3B_3 与等产量线 Q 有两个交点 a、b，说明 A_3B_3 代表的成本水平是可以实现 Q 的产量，但显

然此时的成本高于 A_2B_2 代表的成本水平，不是最低成本，所以只有等成本线 A_2B_2 与等产量线 Q 相切的 E 点是可以生产 Q 产量的最低成本，即是厂商的最优生产要素组合。此时使用的劳动和资本数量分别为 L_1 和 K_1。

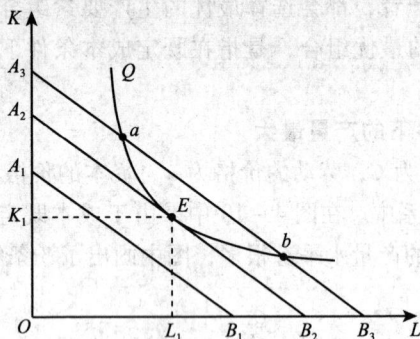

图 4 - 11　产量既定条件下的成本最低

（三）生产要素的最优组合

上述分析表明，无论是在成本既定条件下的产量最大，还是产量既定条件下的成本最小，生产要素最优组合点都应该是等产量线与等成本线的切点，在这个切点上同时满足两个条件。

1. 约束条件

在该切点上，等成本线为

$$C = w \cdot L + r \cdot K$$

2. 均衡条件

在该切点上，等产量线与等成本线斜率相等，即

$$MRTS_{LK} = -\frac{MP_L}{MP_K} = -\frac{w}{r}$$

从而有

$$\frac{MP_L}{w} = \frac{MP_K}{r} \tag{4.4}$$

式（4.4）表示，生产要素最优组合应实现两种生产要素的边际产量之比等于其价格之比；或者说，最后一单位支出成本无论用于购买哪一种生产要素所获得的边际产量都相等。

（四）扩展线

在生产技术和生产要素价格不变的情况下，如果企业改变生产成本，等成本线会平行移动；如果企业改变产量，等产量线也会平行移动。这些不同的等产量线与不同的等成本线相切，形成一系列不同的生产均衡点，这些生产均衡点的轨迹就是**扩展线**（expansion line）。因此，扩展线是随生产成本变化而形成的不同等成本线与各等产量线的切点的连线。如图 4 - 12 所示，A_1B_1、A_2B_2、A_3B_3 分别代表了三条不同成本的等成本线，它们分别与三条不同的等产量线相切于 E_1、E_2、E_3，连接

这些切点的曲线 *OR* 就是扩展线。

扩展线说明，在生产要素价格不变的情况下，当生产成本或产量发生变化时，厂商必然会沿着扩展线来选择最优的生产要素组合，从而实现既定成本条件下的产量最大，或既定产量条件下的成本最小。因此，扩展线是厂商在长期扩张或收缩生产时所必须遵循的路线。

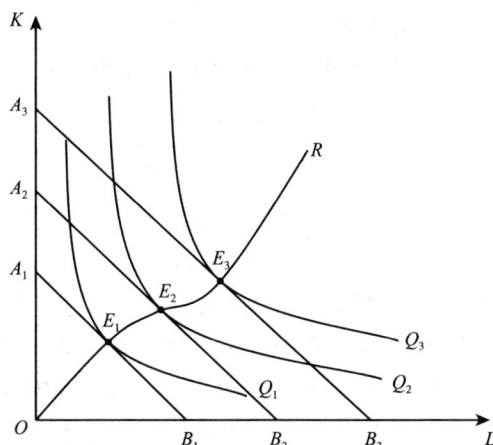

图 4 - 12　扩展线

第四节　规模报酬与规模经济问题

在长期中，厂商对所有生产要素的投入都是可变的，从而引起生产规模的改变，进而产量也会相应发生变化。

一、规模报酬

（一）规模报酬的含义

规模报酬分析涉及企业的生产规模变化与所引起的产量变化之间的关系。企业只有在长期内才可能变动全部生产要素，因而规模报酬分析属于长期生产的理论范畴。

规模报酬（return to scale）又称规模收益，是指在生产技术水平和生产要素价格不变的情况下，各种生产要素按相同比例变化所带来的产量（或收益）的变化。

（二）规模报酬的变化

根据生产要素投入变化所引起的产量变化情况不同，可以将规模报酬分为三种情况：规模报酬递增、规模报酬不变和规模报酬递减。

1. 规模报酬递增

规模报酬递增是指产量增加的比例大于生产要素增加的比例。如当全部要素投入都增加 1 倍，所引起的产量增加大于 1 倍。

假设企业的长期生产函数为

$$Q_0 = f(L_0, K_0)$$

当劳动 L 和资本 K 同比例增加为原来的 λ 倍，生产函数变为

$$kQ_0 = f(\lambda L_0, \lambda K_0) \qquad (4.5)$$

如果 $k > \lambda$，表明规模报酬递增。

例如，某企业投入 L 和 K 两种生产要素生产某种产品，其生产函数为 $Q_0 = 3L^{0.5}K^{0.8}$。假设 L 和 K 分别增加为原来的 2 倍，那么生产函数将变为

$$Q_1 = 3 \times (2L)^{0.5} \times (2K)^{0.8} = 2^{1.3} \times 3L^{0.5}K^{0.8} = 2^{1.3}Q_0$$

计算结果表明，当劳动和资本分别增加为原来的 2 倍后，产量增加为原来的 $2^{1.3}$ 倍。显然，$2^{1.3} > 2$，该生产函数是规模报酬递增。

规模报酬递增也可以用等产量曲线图形来表示。假定某企业生产某种产品，劳动与资本的固定投入比例为 2∶1。在图 4 – 13 中，有三条等产量线 Q_1、Q_2、Q_3 和一条从原点出发的射线型的扩展线 OR（图中的等成本线均略去）。从 A 点到 B 点，劳动的投入量从 6 增加到 10，资本的投入量从 3 增加到 5，劳动和资本同时增加了 2/3 倍，而产量从 100 增加到 200，产量增加了 1 倍，产量增加的幅度大于生产要素增加的幅度，所以是规模报酬递增。

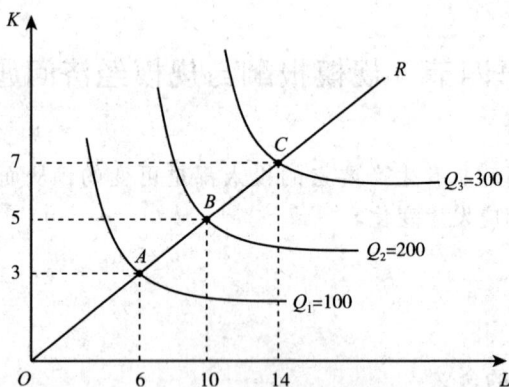

图 4 – 13 规模报酬递增

2. 规模报酬不变

规模报酬不变是指产量增加的比例与生产要素增加的比例相等。如当全部生产要素投入都增加 1 倍，所引起的产量增加也正好是 1 倍。在式 (4.5) 中，如果 $k = \lambda$，表明规模报酬不变。

例如，某企业投入 L 和 K 两种要素生产某种产品，其生产函数为 $Q_0 = 3L^{0.4}K^{0.6}$。假设 L 和 K 分别增加为原来的 2 倍，那么生产函数将变为

$$Q_2 = 3 \times (2L)^{0.4} \times (2K)^{0.6} = 2 \times 3L^{0.4}K^{0.6} = 2Q_0$$

计算结果表明，当劳动和资本分别增加为原来的 2 倍后，产量增加也为原来的

2 倍，因而该生产函数是规模报酬不变。

规模报酬不变可以用图 4 - 14 进行分析。从 A 点到 B 点，劳动的投入量从 6 增加到 12，资本的投入量从 3 增加到 6，劳动和资本同时增加了 1 倍，而产量从 100 增加到 200，产量也增加了 1 倍，产量增加的比例与生产要素增加的比例相等，所以是规模报酬不变。

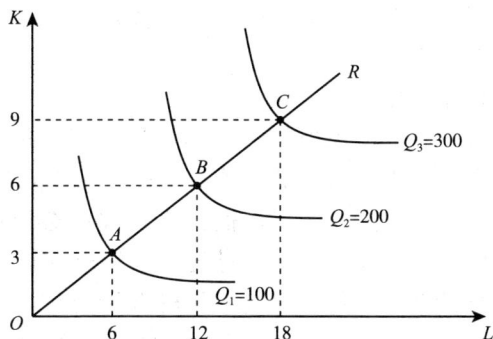

图 4 - 14　规模报酬不变

3. 规模报酬递减

规模报酬递减是指产量增加的比例小于生产要素增加的比例。如当全部生产要素投入都增加 1 倍，所引起的产量增加小于 1 倍。如在式（4.5）中，如果 $k < \lambda$，表明规模报酬递减。

例如，某企业投入 L 和 K 两种要素生产某种产品，其生产函数为 $Q_0 = 3L^{0.3}K^{0.5}$。假设 L 和 K 分别增加为原来的 2 倍，那么生产函数将变为

$$Q_3 = 3 \times (2L)^{0.3} \times (2K)^{0.5} = 2^{0.8} \times 3L^{0.3}K^{0.5} = 2^{0.8}Q_0$$

计算结果表明，当劳动和资本分别增加为原来的 2 倍后，产量增加为原来的 $2^{0.8}$ 倍，因而该生产函数是规模报酬递减。

规模报酬递减可以用图 4 - 15 进行分析。从 A 点到 B 点，劳动的投入量从 6 增加到 14，资本的投入量从 3 增加到 7，劳动和资本同时增加了 4/3 倍，而产量从 100 增加到 200，产量增加了 1 倍，产量增加的比例小于生产要素增加的比例，所以是规模报酬递减。

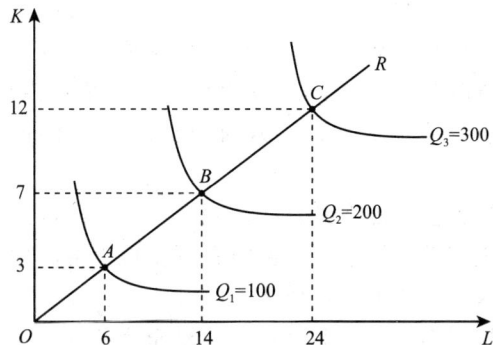

图 4 - 15　规模报酬递减

二、规模经济问题

规模报酬要求企业在生产规模扩大时，各种生产要素必须是同比例增加，而在现实生活中，企业在生产规模扩大时，生产要素同比例增加的情况并不多见，常见的是各种生产要素增加不同比例。在这种情况下，企业生产规模扩大所带来的影响可以用规模经济问题来描述。

（一）规模经济问题的含义

规模经济问题是指企业生产规模扩大过程中所引起的平均成本的变化情况。根据企业生产规模扩大过程中所引起的平均成本的变化，规模经济问题可以分为三种情况：一是规模经济，即企业生产规模扩大过程中会引起平均成本的下降；二是规模经济不变，即企业生产规模扩大过程中平均成本基本不变；三是规模不经济，即企业生产规模扩大过程中会引起平均成本的上升。一般而言，在企业生产规模扩大过程中，往往首先表现为规模经济，然后是规模经济不变，最后是规模不经济。

规模报酬和规模经济常被混用，但严格意义上，这两个概念既有联系也有区别。两者之间的联系是：规模报酬可以理解为规模经济的一种特殊情况。具体而言，在规模报酬递增情况下，往往表现为规模经济；在规模报酬递减情况下，往往表现为规模不经济；在规模报酬不变情况下，往往表现为规模经济不变。

但是，这两个概念是有实质区别的，主要有两个方面：一是规模报酬必须要求各种生产要素同比例增加，而规模经济却没有这个要求；二是规模报酬是用产量或者收益的变化情况来衡量，而规模经济是用平均成本的变化来衡量。

（二）规模经济问题的成因

产生规模经济问题的成因，可以从企业内部和企业外部两个方面进行分析。企业内部表现为内在经济与内在不经济，企业外部表现为外在经济与外在不经济。

1. 内在经济与内在不经济

内在经济是指企业生产规模扩大时，由自身内部因素所引起的平均成本下降的现象。引起内在经济主要有以下五个原因。

第一，可以使用更加先进的技术。企业生产规模扩大，可以购置和使用更加先进的机器设备；可以提高专业化程度，提高生产效率；可以实行资源的综合开发和利用，使生产要素的效率得到充分发挥。这些都有利于降低平均成本。

第二，可以提高管理效率。生产规模的扩大能使企业内部管理系统高度专门化，使各个部门管理者更容易成为某一方面的专家，从而提高管理水平和管理效率，降低平均成本。

第三，可以在购销方面更加有利。生产规模大的厂商从大宗原材料的购买和产品销售中可以获得更大好处。订购大批原材料可获得价格优惠，大宗产品的销售能节约销售成本，从而有利于降低平均成本。

第四，更容易筹措资金。当企业为扩大规模而筹措资金时，生产规模大的企业可以提供更多的财产担保，从而更容易获得银行贷款；规模大的企业更能取得投资者的信任，因而比小企业更能以较低的费用发行股票和债券来筹集资金，有利于降低融资成本和平均成本。

第五，可以对副产品进行综合利用。在小规模生产中，许多副产品往往被作为废物处理，而在大规模生产中，可以对这些副产品进行再加工，降低了平均成本。

专栏 4 −2

美国福特汽车公司 T 型车的规模经济

美国福特汽车公司创建于 1903 年，这一年生产了 1700 辆汽车，分属三种不同的款式，售价昂贵。亨利·福特在买入了其他股东拥有的公司股票取得控制权后，决定减少高价车的生产，提出了"我要为大众生产汽车"的经营理念。经过两年时间的设计和准备，具有简单、坚固、实用等特点的 T 型车于 1908 年 10 月 1 日上市销售，市场售价 850 美元，相当于当时通用汽车公司别克轿车售价的 70%。T 型车第一年的产量为 10660 辆，创下了当时汽车行业的新纪录。

T 型车颇受市场欢迎，但这并没有诱使福特产生提价获利的念头，仍然坚持"每个人都买得起车，也都有一部车"的经营思想。要实现这一思想，唯有持续降价，但如果不能够将每辆车的成本降到售价以下，公司将出现亏损，所以要降低价格，必须降低成本。据说福特从屠夫宰牛的观察中得到启示，构想出了流水线的生产方式。此后，T 型车在流水线上以惊人的速度生产出来，创造了日产量最高 9109 辆的辉煌纪录。

不断扩大的生产规模和产量降低了成本，使 T 型车下降到了一个闻所未闻的价格，进而又达到了一个前所未有的销售规模。1912 年，T 型车的市场售价下降到 575 美元，车价首次低于美国人的平均年收入，一个普通人用一年的工资就能够买一辆小汽车，由此诞生了一个"轮子上的国家"。T 型车的销售量在 1913 年达到了 24.8 万辆，福特公司的利润从 1909 年的 300 万美元，增加到 1914 年的 2500 万美元，福特汽车在美国市场的占有率从 1908 年的 9.4% 上升到 1914 年的 48%。到 1927 年，T 型车的市场售价仅为 260 美元，累计销售量达到 1500 万辆，创造了汽车史上的一个神话。

资料来源：张兵. 与厂长经理谈微观经济学 ［M］. 上海：立信会计出版社，2002：301。

内在不经济是指当企业生产规模过大时，由自身内部因素所引起的平均成本上升的现象。引起内在不经济的主要原因有以下四个方面。

第一，过细的劳动分工带来副作用。企业生产规模过大时，内部劳动分工必然很细，而过细的分工会使工作变得极其单调乏味，影响劳动者工作的积极性和创造性，同时也会使人视野狭窄，思维局限，生产技能单一，不利于劳动者全面能力的培养，不利于劳动效率的提高，反而提高了平均成本。

第二，规模过大导致运输成本的上升。企业规模太大，必然投入多，产出大，这就不得不从很远的地方将原材料运进来，再把生产出来的产品运送到很远的地方去销售。无论是原材料大量运进还是产品大量运出，都会产生昂贵的运输成本。而运输成本是企业经营成本的重要部分，运输成本的上升必然会引起平均成本的上升。所以中国自古就有"百里不贩樵，千里不贩粜"的商业格言。

第三，规模过大引起生产要素价格上升和销售费用的增加。企业规模太大，必然产生对生产要素需求的增加，这会导致生产要素价格上涨，生产成本增加；同时规模过大，产量大，为了实现产品的销售，企业需要投入更多的销售力量，增雇更多的销售人员，投入更多的广告宣传费用等，从而带来销售费用和销售成本的上升。生产要素价格上升和销售费用增加都会引起平均成本的上升。

第四，规模过大造成管理效率的降低。企业规模过大，组织结构错综复杂，管理部门和管理层次增加，相互之间的沟通、协调越来越困难，信息传递缓慢甚至可能失真，上级对下级的监督和控制难度加大，各种投入要素的浪费现象也会增多，最终导致平均成本上升。

第四章

专栏 4-3

透视"大宇神话"

韩国第二大企业集团大宇集团 1999 年 11 月 1 日向新闻界正式宣布，该集团董事长金宇中以及 14 名下属公司的总经理决定辞职，以表示"对大宇的债务危机负责，并为推行结构调整创造条件"。韩国媒体认为，这意味着"大宇集团解体进程已经完成""大宇集团已经消失"。

大宇集团于 1967 年开始奠基立厂，其创办人金宇中当时是一名纺织品推销员。经过 30 年的发展，通过政府的政策支持、银行的信贷支持和在海内外的大力购并，大宇成为直逼韩国最大企业——现代集团的庞大商业帝国：1998 年底，总资产高达 640 亿美元，营业额占韩国 GDP 的 5%；业务涉及贸易、汽车、电子、通用设备、重型机械、化纤、造船等众多行业；国内所属企业曾多达 41 家，海外公司数量创下过 600 家的纪录，鼎盛时期，海外雇员多达几十万，大宇成为国际知名品牌。大宇是"章鱼足式"扩张模式的积极推行者，认为企业规模越大，就越能立于不败之地，即所谓的"大马不死"。1993 年金宇中提出"世界化经营"战略时，大宇在海外的企业只有 15 家，而到 1998 年底已增至 600 多家，"等于每 3 天增加一个企业"。

1997 年底，韩国发生金融危机，其他企业集团都开始收缩，但大宇集团仍然我行我素，结果债务越背越重。尤其是 1998 年初，韩国政府提出"五大企业集团进行自律结构调整"方针后，其他集团把结构调整的重点放在改善财务结构方面，努力减轻债务负担。大宇集团却认为，只要提高开工率，增加销售额和出口就能躲过这场危机。因此继续大量发行债券，进行"借贷式经营"。1998 年大宇发行的公司债券达 7 万亿韩元（约 58.33 亿美元）。1998 年第四季度，大宇的债务危机已初露端倪，此后在严峻的债务压力下，大梦方醒的大宇集团虽作出了种种努力，但为时已晚。1999 年 7 月中旬，大宇集团向韩国政府发出求救信号；7 月 27 日，大宇集团因"延迟重组",被韩国4家债权银行接管;8月11日,大宇集团割价出售两家财务出现问题的公司;8月16日,大宇与债权人达成协议,在1999年底前,将出售盈利最优的大宇证券公司,以及大宇电器、大宇造船、大宇建筑公司等,大宇的汽车项目资产免遭处理。在此后的几个月中,经营依然不善,资产负债率仍然居高,大宇最终不得不走向本文开头所述的那一幕。

资料来源:毛付根.透视"大宇神话"[J].财务与会计,2000 (7):13-15。

2. 外在经济与外在不经济

一个厂商除了从自身规模扩大中获得利益外,还可以从行业规模扩大中获得好处。**外在经济**是指整个行业生产规模扩大以后,会给个别厂商带来成本的降低或者产量的增加。引起外在经济的主要原因在于,整个行业生产规模扩大后,个别厂商可以从中获得诸多便利,如获得低价优质的原料,吸纳优秀人才,在人才、技术、服务等方面可以实现资源共享,利用便捷的交通运输设施,提高信息交流的效率。扩大对外影响等,从而增加产量和降低成本。因此,地方政府常常致力于推动产业集聚,以获得外在经济的收益。

外在不经济是指整个行业生产规模过大,会使个别厂商的成本增加或者产量减少。引起外在不经济的主要原因在于,整个行业的生产规模过大,会加剧同行业各厂商之间的竞争,各厂商往往要在扩大市场销售份额、争夺生产要素市场等方面付出更高的代价。此外,整个行业的扩大,也会加重环境污染,使交通变得更加紧张,个别厂商需要为此承担更大代价。

(三)适度规模

内在经济和外在经济会带来规模经济,而内在不经济和外在不经济会带来规模不经济。所以,一个企业和一个行业的生产规模不能过小,也不能过大,即要实现适度规模。所谓**适度规模**就是使两种生产要素的增加,即生产规模的扩大正好使收益递增达到最大。当收益递增达到最大时就不再增加生产要素,并使这一生产规模维持下去。

适度规模不是一概而论的,不同的行业和不同市场条件下,适度规模的大小不同。在确定适度规模时,应考虑以下因素。

第一,本行业的技术特点。一般来说,投资量大,所用设备复杂先进的行业,适度规模就要大一些。例如,机械制造、汽车、冶金、石油、化工等重工业行业,生产规模越大,平均成本越低,经济效益越好。相反,投资量少,所用设备比较简单的行业,适度规模也应小一些。例如,服装行业、住宿餐饮业、服务业等,生产规模小能够更灵活地适应市场需求的变化,对生产更为有利。

第二,市场条件。一般来说,市场需求量大,标准化程度较高产品的行业,适度规模应该大一些。例如,钢铁制造、石油、化工、冶金等重工业行业。相反,例如,服装行业等,由于市场需求量小,标准化程度低,生产规模应该小一些。

除本行业的技术特点和市场条件之外,在确定适度规模时,还要充分考虑原材料、能源的供应、交通运输条件、政府产业政策等诸多因素。

第　四　章

本章小结

1. 生产者也称企业或厂商，是指能够独立地作出生产和销售决策，并以盈利为目的的经济组织。生产就是厂商对各种生产要素进行组合以制成产品或服务的行为，生产要素主要包括劳动、资本、土地和企业家才能（管理）四种最基本的生产要素。

2. 生产函数是生产过程中生产要素的投入量和产品的产出量之间的关系。柯布–道格拉斯生产函数和里昂惕夫生产函数是经济学中两个被广泛使用的生产函数。根据企业在生产过程中是否能够自由地调整全部生产要素，生产函数可分为短期生产函数和长期生产函数。

3. 从短期生产函数可以得到总产量、平均产量和边际产量三个重要概念，三者之间存在非常密切的关系。根据三者的重要关系，可以确定可变生产要素合理投入的区域。

4. 边际收益递减规律是指在技术水平不变的情况下，当把一种可变的生产要素投入到一种或几种不变的生产要素中时，最初这种可变生产要素的增加会使边际产量增加，但当它的增加超过一定限度时，这种可变要素投入所带来的边际产量就会出现递减，最终还会使产量绝对减少。

5. 长期生产函数考察的是厂商如何进行生产要素的最优组合，从而实现既定成本下的产量最大，或者既定产量下的成本最低。长期生产函数使用了等产量–等成本曲线分析法确定出生产要素的最优组合。

6. 在长期中，厂商对所有生产要素投入都是可变的，从而引起生产规模的改变，进而产量也会相应发生变化，即引起生产规模改变。随着规模的变化，产量、成本也会相应地发生变化，这涉及规模报酬和规模经济问题。

第四章

第五章 | 成本与收益理论

本章提要

本章分析了企业产量与成本、收益之间的关系，得出了利润最大化的均衡条件。学习中应领会成本的基本概念，重点掌握短期成本的变动规律以及短期成本曲线之间的关系，理解厂商利润最大化的均衡条件。

基本概念

成本　会计成本　显性成本　隐性成本　增量成本　沉没成本　短期总成本　固定成本　可变成本　短期平均成本　平均固定成本　平均可变成本　短期边际成本　长期总成本　长期平均成本　长期边际成本　总收益　平均收益　边际收益　会计利润　经济利润　正常利润　生产者剩余

为了实现利润最大化目标，企业在生产决策时，不仅要考虑生产要素投入与产量之间的关系，还要考虑成本与收益之间的关系。在生产理论中，生产函数有短期和长期之分，在成本理论中，成本可以分为短期成本和长期成本。本章在介绍相关概念的基础上，对短期成本、长期成本和收益理论进行分析，讨论成本和收益的变化规律。

第一节　成本与成本函数

企业对投入组合的选择，一方面取决于生产要素投入与产出之间的物质技术关系，另一方面也取决于成本或者说各种投入要素的价格水平。所以，对生产者行为的研究，还要在生产函数的基础上分析成本变动规律。

一、成本的基本概念

成本（cost）是指企业在生产经营过程中所使用的各种生产要素的货币支出，如企业在生产过程中雇佣了工人而支付的工资，向银行贷款而支付的利息，购买原材料支付的费用等。经济学中的成本与会计学中所讲的成本是有区别的，经济学意义的成本内涵更深刻。

（一）会计成本与机会成本

厂商进行财务分析时，使用的是**会计成本**（accounting cost），它是厂商在生产过程中按市场价格直接支付的一切费用。这些成本一般通过会计账目反映出来。

机会成本是指将某一生产要素用于某一用途时，所必须放弃的该要素用于其他用途中可能获得的最大收益。当把某一生产要素用于某一用途时，就不能够把该资源用于其他用途。这样，在放弃用于其他用途中可能得到的最大收益，就是该资源用于特定用途的机会成本。机会成本是决策时必须考虑的，意味着在进行任何决策时，当把生产要素用于某一特定用途时，要求得到的收益必须大于或者等于它的机会成本，否则决策就是不合理的。

（二）显性成本与隐性成本

第 五 章

从厂商所使用的生产要素的归属性质来看，成本可以分为显性成本（explicit cost）和隐性成本（implicit cost）两部分。

显性成本即是会计成本，是厂商在市场上购买或租用所需生产要素的实际支出，包括支付给工人的工资，购买原材料、半成品、燃料、动力等产生的费用，购买或者租用设备的费用，保险费、广告费等。

隐性成本是指厂商在生产或经营过程中使用自己所拥有的生产要素而应该得到的报酬，如厂商使用自有资金的利息、自有厂房和设备的租金、使用自有原材料的费用、企业主自己管理企业应该得到的工资报酬等。厂商在生产过程中使用了这些自有生产要素，虽然不需要直接支付报酬，但从机会成本角度考虑，如果企业将资金存放于银行或者进行投资，将厂房和设备租给他人使用，就会获得相应的报酬。换个角度，这些自有生产要素如果不是自己所拥有的，就必须到市场上购买或租用，需要支付相应费用，只不过现在是自己使用或者租用自己的而已，所以仍然应该计算成本。这部分成本往往在会计账目中没有明确反映出来，因此被称为隐性成本。从机会成本的角度考虑，隐性成本应当按照厂商自有生产要素在其他用途中所能得到的最高收入来支付，否则厂商会把自有生产要素转移出本企业，以获得更高的报酬。

（三）增量成本与沉没成本

增量成本（incremental cost）是由于某项生产决策而产生的相关成本，即总成本的增量。它主要是由于新增产量而增加的原材料费用、工人的工资等，即变动成本。**沉没成本**（sunk cost），又称为旁置成本，是指实际已经发生而又无法弥补的成本。对于沉没成本，美国经济学家斯蒂格利茨指出，普通人常常不计算机会成本，而经济学家则往往忽略沉没成本。他在《经济学》一书中写道："如果一项开支已经付出并且不管作出何种选择都不能收回，一个理性的人就会忽略它。这类支出称为沉没成本。"他举了个例子："假设现在你已经花 7 美元买了电影票。看了半小时后，你认为这电影简直是场灾难。你应该离开电影院吗？在做这一决策时，你应该忽视这 7 美元。这 7 美元是沉没成本，不管是去是留，这钱你都已经花了。"沉没成本是一种历史成本，在会计账目中已经反映出来，但不会影响当前行为和未来决策。从这个角度，在进行决策时要本着"向前看"的原则，排除沉没成本的干扰。

专栏 5 - 1

《泰坦尼克号》拍摄中的投资决策

美国好莱坞著名导演詹姆斯·卡梅伦受邀执导一部成本预算为 1.2 亿美元的电影。在拍摄过程中，为了逼真地再现历史的原貌，从道具的制作到每一个拍摄细节，他都精益求精，以至于费用不断超出预算，电影拍摄到一半的时候，原来预算的 1.2 亿美元就花光了。是否继续追加投资把这部电影拍完？在电影公司内部形成了两派观点：一种观点认为，卡梅伦的这种做法必定会让电影公司债台高筑，所以反对继续追加投资；另一种观点认为，卡梅伦这种精益求精的工作作风，加上该电影宏大的场面和震撼的效果，必定会受到观众的喜爱，给电影公司带来的票房收入会很高，应该继续追加投资把这部电影拍完。经过反复权衡，电影公司决定继续投资 1.3 亿美元把这部电影拍完。1997 年，这部最终耗资 2.5 亿美元、成为有史以来拍摄成本最高的影片开始公演，这就是大家所看到的著名经典爱情影片《泰坦尼克号》。该影片获得了 11 项奥斯卡奖，到 1999 年底，不到两年的时间，全球票房收入超过了 18 亿美元，成为有史以来最卖座的电影。

资料来源：张兵. 与厂长经理谈微观经济学 [M]. 上海：立信会计出版社，2002：337。

二、成本函数

企业决定生产多少产量，必须比较产品收益和成本的关系以求利润最大化。由于收益和成本都随产量变动而变动，因此有必要讨论成本函数。**成本函数**表示在生产技术水平和生产要素价格不变的条件下，一定时期内厂商所生产的某种产品的数量与相应成本之间关系的函数，用公式表示为

$$C = g(Q)$$

式中，C 表示成本，Q 表示产量。

成本函数取决于两个因素：生产函数和投入要素的价格。生产函数所反映的是投入的生产要素与产量之间的物质技术关系，它揭示在各种形式下厂商为了得到一定数量产品至少要投入多少单位生产要素。生产函数结合投入要素的价格就决定了成本函数，从而可以根据生产函数推导出成本函数。

例如，已知某公司的生产函数为：$Q = 4\sqrt{L \cdot K}$，其中，Q 为产量，L 为使用的劳动数量，K 为使用的资本数量。该公司为每单位劳动支付 8 元，为每单位资本支付 2 元，则有

$$C = 8L + 2K = \frac{Q^2}{2K} + 2K$$

如果要使成本最小化，则有

$$\frac{\mathrm{d}C}{\mathrm{d}K} = -\frac{Q^2}{2K^2} + 2 = 0$$

$$K = \frac{Q}{2}$$

$$C = 2Q$$

第二节 短期成本

厂商的生产可分为短期内的生产和长期内的生产。相应地，成本也分为短期成本和长期成本两类。**短期成本**（short-run cost）是指厂商在短期内生产一定产量需要的成本总额。企业在短期内有固定成本与变动成本之分，本节分别讨论短期总成本、短期平均成本与短期边际成本以及它们之间的关系。

一、短期成本的分类

短期成本可以分为短期总成本、短期平均成本和短期边际成本三大类。

（一）短期总成本

短期总成本（short-run total cost，STC）是指厂商在短期内生产一定量的某种产品所花费的全部成本。它又分为固定成本和可变成本。

固定成本（fixed cost，FC）是指厂商在短期内花费在所有固定生产要素上的成本。固定成本不随产量的变化而变化，是固定不变的，即使厂商暂时停产也需要支付的那部分费用。例如，厂房和机器设备的折旧以及保养费、保险费，管理部门人员的部分薪金，利息支付等。

可变成本（variable cost，VC）也称变动成本，是指厂商在短期内花费在可变生产要素上的成本。可变成本随产量的变化而同方向变化，当产量为零时，这部分成本也为零；当产量越大时，这部分成本就越大。可变成本包括实行完全计件的生产工人的工资，用于购买原材料、燃料、动力的成本，运输成本和缴纳货物税的成本等。

短期总成本用公式表示为

$$STC = FC + VC$$

（二）短期平均成本

短期平均成本（short-run average cost，SAC）是指厂商在短期内平均每生产一单位产品所耗费的成本，用公式表示为

$$SAC = \frac{STC}{Q} = \frac{FC + VC}{Q} = AFC + AVC \qquad (5.1)$$

式（5.1）表明，短期平均成本包括平均固定成本和平均可变成本两部分。

平均固定成本（average fixed cost，AFC）是指厂商在短期内平均每生产一单位产品所分摊的固定成本，用公式表示为

$$AFC = \frac{FC}{Q}$$

平均可变成本（average variable cost，AVC），也称平均变动成本，是指厂商在短期内平均每生产一单位产品所发生的可变成本，用公式表示为

$$AVC = \frac{VC}{Q}$$

平均可变成本是产量的函数，随产量的变动而变动。

（三）短期边际成本

短期边际成本（short-run marginal cost，SMC）是指在短期内厂商每增加一单位产品的生产所增加的总成本，用公式表示为

$$SMC = \frac{\Delta STC}{\Delta Q}$$

或者

$$SMC = \lim_{\Delta Q \to 0} \frac{\Delta STC}{\Delta Q} = \frac{\mathrm{d}STC}{\mathrm{d}Q}$$

由于短期总成本中只有可变成本是变化的，所以短期边际成本也可以用公式表示为

$$SMC = \frac{\Delta STC}{\Delta Q} = \frac{\Delta VC}{\Delta Q}$$

或者

$$SMC = \lim_{\Delta Q \to 0} \frac{\Delta STC}{\Delta Q} = \frac{\mathrm{d}STC}{\mathrm{d}Q} = \frac{\mathrm{d}VC}{\mathrm{d}Q}$$

二、短期成本的变动规律

（一）短期总成本的变动规律

在短期总成本的构成中，短期固定成本不会随着产量的变动而变动，即使产量为零，也会有固定成本存在，所以 *FC* 曲线是一条与横轴平行的直线，如图 5 – 1 所示。在图中，*FC* 曲线的截距大小取决于固定成本的值。

第 五 章

短期可变成本随产量变动而变动。当产量为零时，可变成本也为零，因此可变成本曲线是从原点出发的。总体来说，可变成本随产品产量的增加而增加，如图 5 - 2 所示。但是，可变成本并非与产量同比例增加，其变动规律是：最初，在产量开始增加时，由于各种生产要素的投入比例不合理，不能充分发挥生产效率，因而可变成本增加的幅度较大；随着产量的增加，各种生产要素的投入比例趋于合理，其效率逐渐得以充分发挥，可变成本的增加幅度逐渐变小，即是说可变成本随着产量的增加而递减增加；最后，由于各种生产要素的投入比例因变动要素投入过多又趋于不合理，造成生产效率下降，因此可变成本的增加幅度又逐渐变大，此时可变成本随产量增加而递增增加。

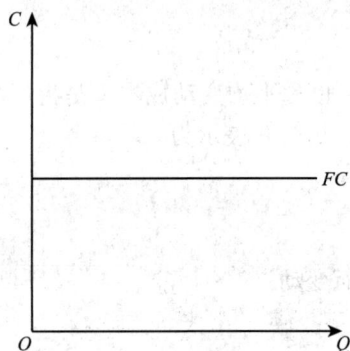

图 5 - 1　短期固定成本曲线　　　　图 5 - 2　短期可变成本曲线

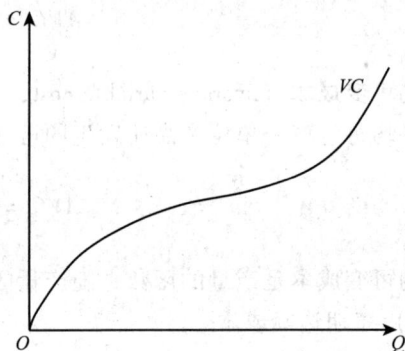

由于短期总成本由固定成本和可变成本构成，当产量为零时，可变成本 *VC* 为零，但此时仍然有固定成本 *FC*。所以 *STC* 曲线是从固定成本出发，在图形上，将 *VC* 曲线向上平行移动 *FC* 单位就可以得到 *STC* 曲线，如图 5 - 3 所示。

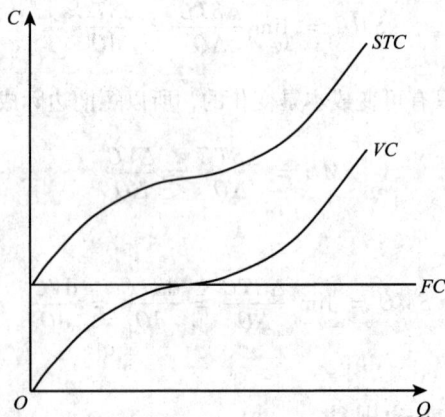

图 5 - 3　短期总成本曲线

（二）短期平均成本的变动规律

短期平均成本分为平均固定成本 *AFC*、平均可变成本 *AVC* 和平均总成本 *SAC* 三种类型。由于在短期内固定成本 *FC* 是不变的，所以随着产量的增加，体现在单

位产品上的固定成本 AFC 必然会越来越小。如图 5 - 4 所示，AFC 曲线表现为一条
向右下方倾斜并且单调递减的曲线。同时，当产量较小时，AFC 下降的速度较快，
以后随产量的增加下降速度越来越慢，最终越来越接近横轴。

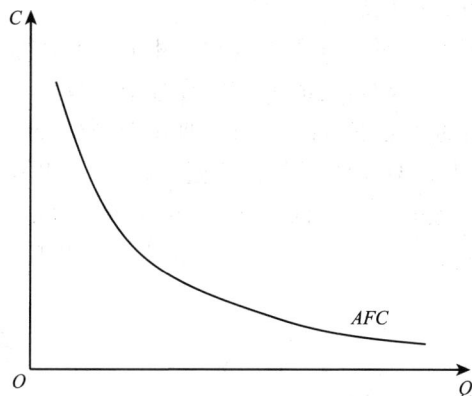

图 5 - 4　短期平均固定成本曲线

根据图 5 - 2，短期可变成本 VC 曲线是一条先递减增加、后递增增加的曲线。
可以用几何方法得到平均可变成本 AVC 的变化趋势：在 VC 曲线上任选一点，这一
点与原点连线的斜率的值即为该产量对应的平均可变成本的值。图 5 - 5 给出了短
期可变成本与平均可变成本之间的对应关系。

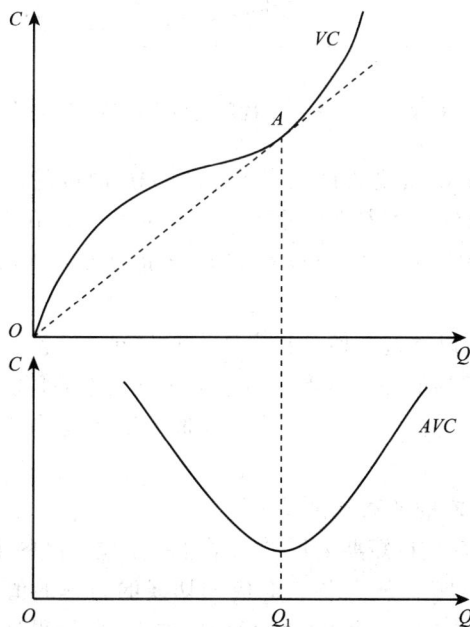

图 5 - 5　短期可变成本与平均可变成本曲线

从图 5 - 5 中可以看出，平均可变成本 AVC 曲线是一条先递减后递增的 U 形曲
线。当产量为 Q_1 时，此时该产量在 VC 曲线上对应 A 点，其与原点之间连线的斜率

是最小的，表明此时 AVC 达到最小值。当产量小于 Q_1 时，VC 曲线上各个点与原点之间连线的斜率会随着产量的增加而减小，所以 AVC 曲线在此阶段是递减的。当产量超过 Q_1 时，VC 曲线上各个点与原点之间连线的斜率会随着产量的增加而越来越大，因此 AVC 曲线在此阶段后是递增的。

把平均固定成本 AFC 和平均可变成本 AVC 相加，可以得到短期平均成本 SAC。由于 AFC 始终是递减的，平均可变成本 AVC 先递减后递增，因此在 AVC 曲线的下降阶段，SAC 会以更快的速度下降；当 AVC 曲线下降到最低点后转为上升，但由于 AFC 仍然在下降，只要 AFC 的下降量超过 AVC 的上升量，SAC 都会下降；当 AFC 的下降量与 AVC 的上升量相等的时候，SAC 达到最低，当 AFC 的下降量小于 AVC 的上升量，SAC 呈上升趋势。因此 SAC 也是一条先下降后上升的 U 形曲线。SAC 的变化趋势如图 5 − 6 所示。

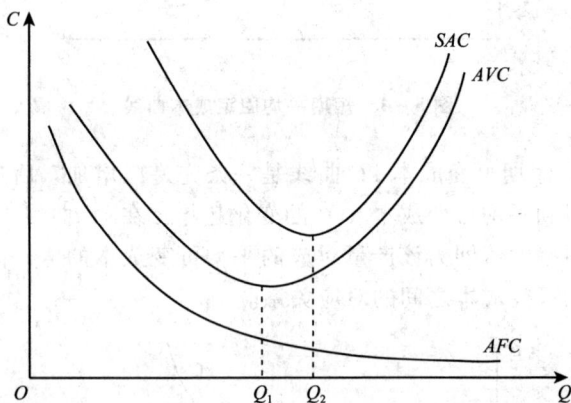

图 5 − 6　短期平均成本、平均固定成本与平均可变成本曲线

需要注意的是，AVC 曲线的最低点并不是 SAC 曲线的最低点，这是因为 SAC 包含了平均固定成本 AFC。AVC 曲线最低点对应的产量应小于 SAC 曲线最低点对应的产量。在图 5 − 6 中，AVC 最低点对应的产量为 Q_1，SAC 最低点对应的产量为 Q_2。

SAC 的变化规律可以通过几何分析方法得到相同的结论。在 STC 曲线上，任选一点与原点连线的斜率的值即为该产量对应的平均成本的值。STC 与 SAC 之间的关系如图 5 − 7 所示，其分析过程与对平均可变成本变动规律的分析相同，在此不再赘述。

（三）短期边际成本的变动规律

短期边际成本 SMC 是在短期内厂商每增加一单位产品的生产所增加的总成本，SMC 的几何含义就是 STC 曲线上各点对应的切线的斜率的值。边际成本既可以用短期总成本的 STC 曲线得到，也可以由可变成本 VC 曲线得到，如图 5 − 8 所示。

由于 STC 和 VC 都是先递减增加，后递增增加，即随着产量的逐步增加，这两条曲线相应点的切线斜率都是先减小后增加的，因此 SMC 曲线是一条先下降后上升的 U 形曲线，而且 STC 曲线和 VC 曲线上的拐点 A 和 B 与 SMC 曲线上的最低点 C 是对应的。

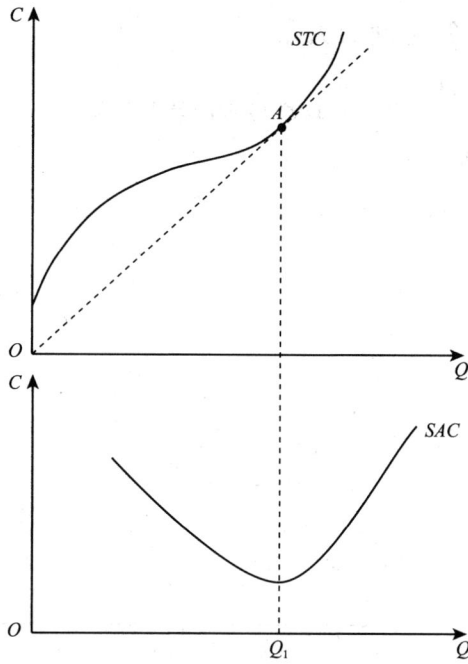

图 5 - 7 短期总成本与短期平均成本曲线

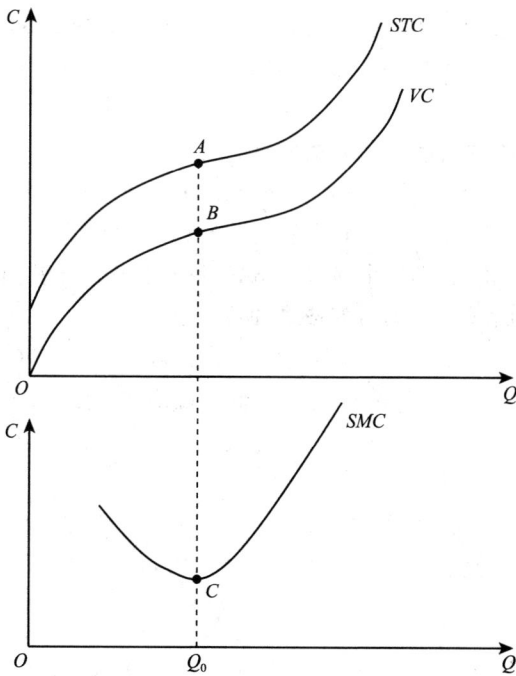

图 5 - 8 短期总成本、短期可变成本与短期边际成本

三、短期成本曲线之间的关系

短期平均成本曲线、短期平均可变成本曲线与短期边际成本曲线之间，存在相关关系，如图 5 - 9 所示。

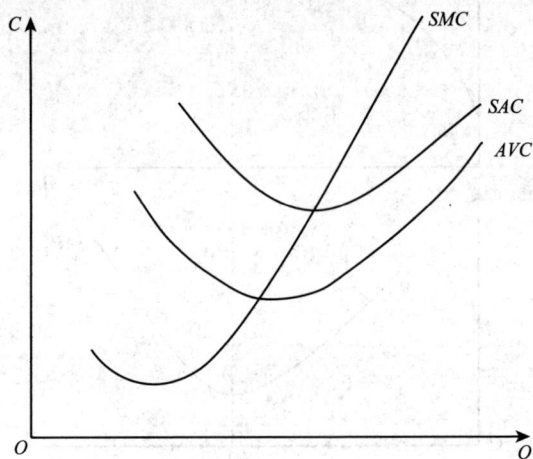

图 5 - 9 短期平均成本、短期平均可变成本与短期边际成本之间的关系

（一）平均成本曲线与边际成本曲线

SMC 曲线一定相交于 SAC 曲线的最低点。在相交之前，$SMC < SAC$，此时 SAC 是下降的；在相交之后，$SMC > SAC$，此时 SAC 是上升的；当 $SMC = SAC$ 时，SAC 达到最低[①]。

（二）平均可变成本曲线与边际成本曲线

SMC 曲线一定相交于 AVC 曲线的最低点。在相交之前，$SMC < AVC$，AVC 是下降的；在相交之后，$SMC > AVC$，AVC 是上升的；当 $SMC = AVC$ 时，AVC 达到最低。AVC 与 SMC 的关系，也可用证明 SMC 与 SAC 关系的数学方法进行说明。

（三）平均成本曲线与平均可变成本曲线

由于 SAC 包含了平均固定成本，SAC 在量上总是大于 AVC 的，因而 SAC 曲线位于 AVC 曲线上方。AVC 先于 SAC 达到最低；随着产量的增加，SAC 与 AVC 会越来越接近。

---

① 其数学证明如下：

因为 $SAC = \dfrac{STC}{Q}$，SAC 最小的必要条件是：$\dfrac{\mathrm{d}SAC}{\mathrm{d}Q} = 0$

$$\frac{\mathrm{d}SAC}{\mathrm{d}Q} = \frac{\mathrm{d}\left(\dfrac{STC}{Q}\right)}{\mathrm{d}Q} = \frac{STC' \times Q - STC}{Q^2} = \frac{1}{Q}\left(STC' - \frac{STC}{Q}\right) = \frac{1}{Q}\ (SMC - SAC)$$

因此，当 SAC 达到极值时，必定有 $SMC = SAC$ 成立。

第三节 长期成本

在长期中，厂商投入的所有生产要素都是可变的，所有成本都随产量变化而变化，换言之，长期内所有的成本都是可变成本，没有固定成本。因此，在长期内，只有长期总成本、长期平均成本和长期边际成本三类。

一、长期成本的分类

（一）长期总成本

厂商在长期中对全部生产要素投入量的调整就是对生产规模的调整。从长期看，厂商总是可以在每一个产量水平上选择最优的生产规模进行生产。**长期总成本**（long-run total cost，LTC）是指厂商在长期中，在各种产量水平上通过调整生产规模所能达到的最低总成本。

（二）长期平均成本

长期平均成本（long-run average cost，LAC）是指厂商在长期中平均每单位产量所分摊的最低成本。用公式表示为

$$LAC = \frac{LTC}{Q}$$

（三）长期边际成本

长期边际成本（long-run marginal cost，LMC）是指厂商在长期中每增加一单位产量所引起的最低总成本的增量。用公式表示为

$$LMC = \frac{\Delta LTC}{\Delta Q}$$

或者

$$LMC = \lim_{\Delta Q \to 0} \frac{\Delta LTC}{\Delta Q} = \frac{\mathrm{d}LTC}{\mathrm{d}Q}$$

二、长期成本的变动规律

（一）长期总成本的变动规律

由于长期总成本是厂商在长期中，在各种产量水平上通过调整生产规模所能达到的最低总成本，因此可以通过短期总成本曲线推导出长期总成本曲线。如图5－10所示，有三条代表不同生产规模的短期总成本曲线 STC_1、STC_2 和 STC_3。STC_1 固定成本最低，代表的生产规模最小；STC_3 固定成本最高，代表的生产规模最大。假定可供厂商选择的规模是上述三种，在每一产量水平下，采用不同生产规模进行生产所发生的总成本是不同的，厂商必然选择总成本最低的生产规模来安排生产活

动。例如，当产量为 Q_1 时，在 STC_1 上的 A 点，总成本最低；当产量为 Q_2 时，在 STC_2 上的 B 点，总成本最低；当产量为 Q_3 时，STC_3 上的 C 点，总成本最低。

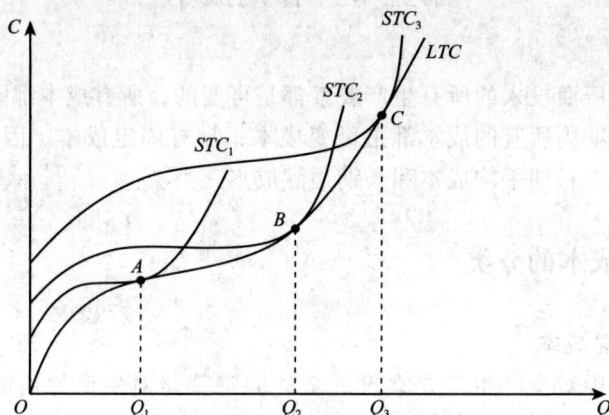

图 5 – 10　长期总成本曲线

　　如果把企业可供选择的生产规模扩大到无限多个，在每一个产量水平下，都可以找到一个类似于 A、B、C 这样的总成本最低点，把这些点连接起来，就可以得到长期总成本曲线。显然，长期总成本曲线是无数条短期总成本曲线的包络线。在这条包络线上，连续变化的每一个产量水平上都存在着 LTC 曲线和一条 STC 曲线的相切点，该 STC 曲线所代表的生产规模就是生产该产量的最优生产规模，该切点所对应的总成本就是生产该产量的最低总成本。所以，LTC 曲线表示长期内厂商在每一产量水平上由最优生产规模所带来的最小生产总成本。

　　LTC 曲线是一条从原点出发并且向右上方倾斜的曲线，它表示：当产量为零时，长期总成本为零，以后随着产量的增加，长期总成本是增加的。LTC 曲线的斜率先递减，经拐点之后，又变为递增。

　　从形状上看，LTC 与 STC 曲线都是一条先递减增加后递增增加的向右上方倾斜的曲线，但二者是有区别的，主要表现在：第一，二者的出发点不同。STC 曲线是从固定成本出发，而 LTC 是从原点出发。第二，二者形成的原因不同。造成 STC 曲线先递减增加而后递增增加的原因是边际收益递减规律的作用，由于 AP 先上升后下降引起 AVC 先下降后上升，从而使 VC 曲线和 STC 曲线都是先递减增加而后递增增加；LTC 曲线先递减增加而后递增增加的原因则是由于规模经济问题引起的，随着产量出现的规模经济和规模不经济使 LAC 先下降后上升，从而使 LTC 曲线先递减增加而后递增增加。

　　（二）长期平均成本的变动规律

　　将长期总成本曲线上每一个点与原点连接起来，连线的斜率值就是长期平均成本。如图 5 – 11 所示。如果将每个斜率值所对应的点画在图 5 – 11 的下图中，并将这些点连接起来，就可以得到长期平均成本曲线 LAC。其中 B 点是连线中斜率值最小的点，对应着 LAC 曲线的最低点。

　　从厂商规模的选择和短期平均成本出发，也可以推导长期平均成本 LAC 的形状。如图 5 – 12 所示。

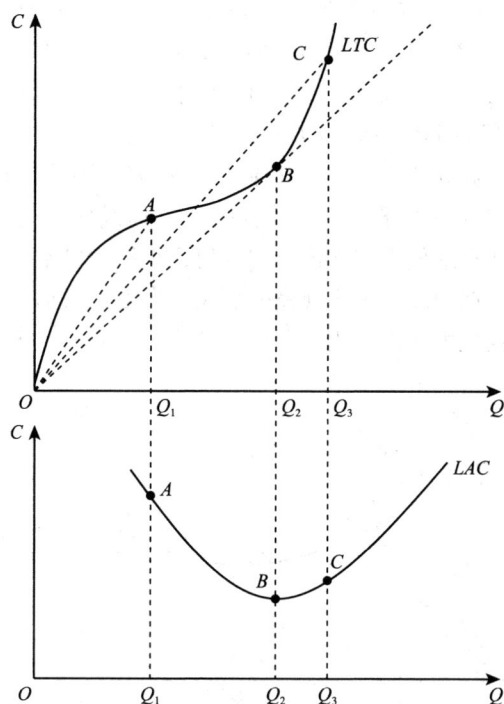

图 5 - 11　长期总成本与长期平均成本曲线

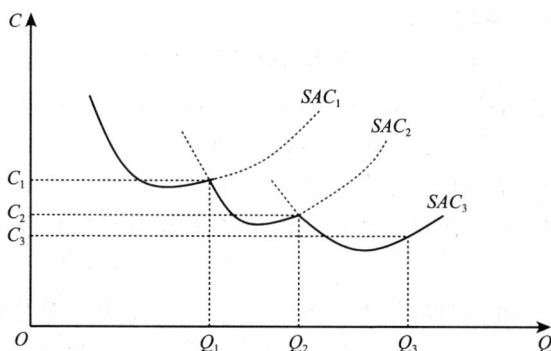

图 5 - 12　短期平均成本与长期平均成本

　　在图 5 - 12 中，SAC_1、SAC_2 和 SAC_3 分别是三条不同生产规模之下的短期平均成本曲线。在长期内，厂商根据产量选择最优规模进行生产。在图中，SAC_1 所代表的生产规模最小，SAC_3 所代表的生产规模最大。当产量小于 Q_1 时，厂商会选择 SAC_1 来生产，此时的平均成本最低；当产量在 Q_1 和 Q_2 之间时，厂商选择 SAC_2 生产，平均成本最低；当产量大于 Q_2 时，厂商选择 SAC_3 生产，平均成本最低。图中所有不同规模对应 SAC 曲线的实线连线部分，就是厂商在不同生产规模下的最低平均成本，即长期平均成本曲线。在理论分析中，可以将生产规模无限细分，就可以得出长期平均成本曲线 LAC，如图 5 - 13 所示。

　　图 5 - 13 显示，LAC 曲线是一条平滑的 U 形曲线，呈先下降而后上升的趋势。由

于 *LAC* 曲线是在 *SAC* 曲线上取一个点而构成的，这个点就是 *SAC* 曲线与 *LAC* 曲线的切点，所以 *LAC* 曲线包络了无数个 *SAC* 曲线，即是说 *LAC* 曲线也是一条包络曲线。在 *LAC* 曲线的下降阶段，*SAC* 曲线与 *LAC* 曲线的切点位于 *SAC* 曲线最低点的左边；在 *LAC* 曲线的上升阶段，*SAC* 曲线与 *LAC* 曲线的切点位于 *SAC* 曲线最低点的右边。*LAC* 曲线和 *SAC* 曲线的相切点，是该 *SAC* 曲线所代表的最优生产规模，该切点所对应的平均成本就是相应的最低平均成本。所以 *LAC* 曲线实质是厂商在长期内，在每一产量水平上，通过选择最优生产规模所实现的最小平均成本。*LAC* 曲线之所以先下降后上升，是因为在长期中随着生产规模的扩大，产量的增加，会出现先规模经济后规模不经济的情况。在规模经济阶段，*LAC* 下降，在规模不经济阶段，*LAC* 上升。

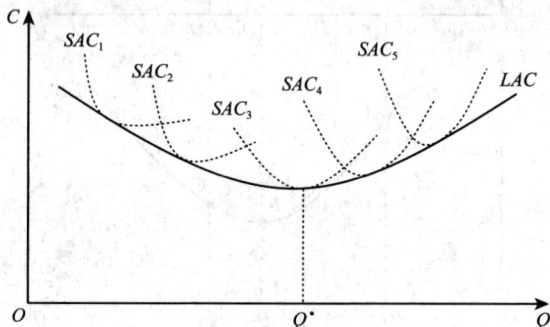

图 5 - 13　长期平均成本曲线

（三）长期边际成本的变动规律

长期边际成本 *LMC* 是厂商在长期中每增加一单位产量所增加的总成本。由于厂商长期成本是在不同规模条件下最低成本的包络线，因此 *LMC* 也表示厂商在长期内产量增加一个单位所引起的最低总成本的增量。

LMC 曲线可以通过 *LTC* 曲线推导出来。由于 *LMC* 的值是相应的 *LTC* 曲线的斜率，只要把每一产量水平上 *LTC* 曲线的斜率值描绘在产量和成本的平面图中，便可以得到 *LMC* 曲线。

LMC 曲线也可以由短期边际成本 *SMC* 曲线推导得出。但需要注意的是，前面分析长期总成本和长期平均成本均是每一种生产规模最小值的包络曲线，但长期边际成本不是短期边际成本的包络线，其推导如图 5 - 14 所示。

在长期内的每一个产量水平，*LTC* 都与一条代表某种生产规模的 *STC* 曲线相切（见图 5 - 10），说明此时这两条曲线的斜率是相等的。由于这两条曲线的斜率值都代表相应的边际成本的值，因此可以知道长期内每一产量水平上，*LMC* 值都与相应的代表最优生产规模的 *SMC* 相等。在图 5 - 14 中，每一产量水平都有一个对应的 *SAC* 曲线和 *SMC* 曲线，*SMC* 穿过 *SAC* 的最低点。以产量为 Q_1 为例，此时最优规模为 SAC_1 与 *LAC* 相切，对应的 *SMC* 为 AQ_1。根据长期总成本的特性，此时 AQ_1 也代表长期边际成本，即有 $LMC = SMC_1 = AQ_1$。同理，在其他产量上，如 Q_2 和 Q_3 处，均有类似的等式成立。在对生产规模无限细分的情况下，可以得到无数个类似于 A、B、C 这样的点，将这些点连接起来便可以得到 *LMC* 曲线。

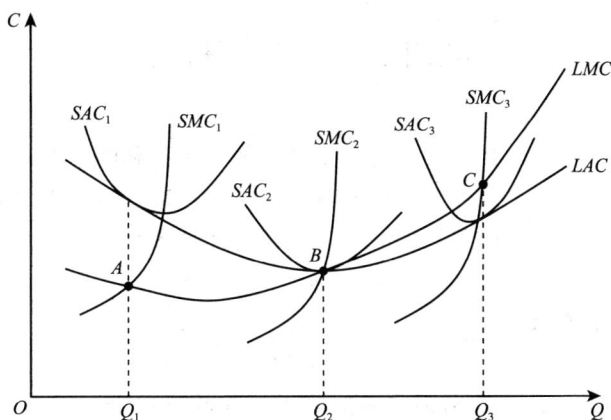

图 5 – 14　长期边际成本曲线

　　长期内，*LMC* 曲线是一条平滑的 U 形曲线，先递减而后递增。在 *LTC* 递减增加阶段，*LTC* 曲线的斜率会随着产量的增加越来越小，*LMC* 曲线在此阶段是下降的；在 *LTC* 递增增加阶段，*LTC* 曲线的斜率会随着产量的增加越来越大，所以 *LMC* 曲线在此阶段是上升的。

　　最后，如果将 *LAC* 曲线和 *LMC* 曲线放在同一个坐标图中，就可以找出它们之间的关系，如图 5 – 15 所示。*LAC* 曲线和 *LMC* 曲线一定相交于 *LAC* 曲线的最低点。在相交之前，*LMC* < *LAC*，*LAC* 是下降的；在相交之后，*LMC* > *LAC*，*LAC* 是上升的；当 *LMC* = *LAC* 时，*LAC* 达到最低[1]。

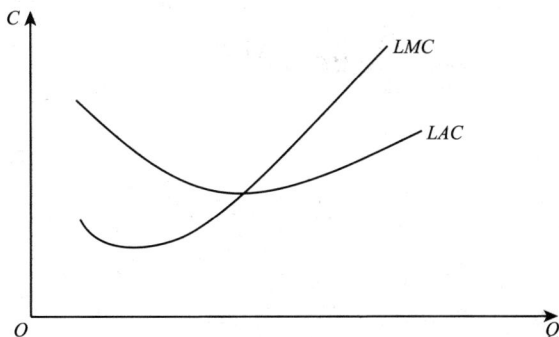

图 5 – 15　长期平均成本与长期边际成本之间的关系

---

　　[1]　*LAC* 曲线和 *LMC* 曲线之间的关系可以用数学证明如下：$\dfrac{\mathrm{d}}{\mathrm{d}Q}LAC = \dfrac{\mathrm{d}}{\mathrm{d}Q}\left(\dfrac{LTC}{Q}\right) = \dfrac{LTC' \cdot Q - LTC}{Q} = \dfrac{1}{Q}\left(LTC' - \dfrac{LTC}{Q}\right)$ $= \dfrac{1}{Q}(LMC - LAC)$。由于 $Q > 0$，所以，当 *LMC* < *LAC* 时，*LAC* 曲线的斜率 $\dfrac{\mathrm{d}}{\mathrm{d}Q}LAC$ 为负，*LAC* 曲线是下降的；当 *LMC* > *LAC* 时，*LAC* 曲线的斜率 $\dfrac{\mathrm{d}}{\mathrm{d}Q}LAC$ 为正，*LAC* 曲线是上升的；当 *LMC* = *LAC* 时，*LAC* 曲线的斜率 $\dfrac{\mathrm{d}}{\mathrm{d}Q}LAC$ 为零，*LAC* 曲线达到极值点（在此为极小值点）。

第四节　收益与利润

厂商生产经营活动的最终目的是追求利润最大化，利润是总收益和总成本的差额。在分析了生产理论、成本理论的基础上，本节将进一步分析收益理论以及厂商利润最大化的条件，从而确定厂商利润最大化的产量水平。

一、收益的概念

收益（revenue）是厂商出售产品的收入。收益可以分为总收益、平均收益和边际收益。

总收益（total revenue，TR）是指厂商销售一定量产品所获得的全部收入，等于产品价格与其销售量的乘积，即

$$TR = P \cdot Q$$

平均收益（average revenue，AR）是指厂商平均每销售一单位产品所获得的收入，即

$$AR = \frac{TR}{Q} = \frac{P \times Q}{Q} = P$$

边际收益（marginal revenue，MR）是指厂商每增加一单位产品的销售所增加的总收益，即

$$MR = \frac{\Delta TR}{\Delta Q}$$

或者

$$MR = \lim_{\Delta Q \to 0} \frac{\Delta TR}{\Delta Q} = \frac{\mathrm{d}TR}{\mathrm{d}Q}$$

二、收益曲线

随着产量的变动，总收益、平均收益和边际收益也会相应地发生变动，可以分为两种情况考察收益曲线的变动规律。

（一）固定价格条件下的收益曲线

当产品市场价格固定，无论企业销售多少数量的产品，厂商的产品价格都不会随销量的变动而变动时，下面根据收益曲线的类别分析其变动规律。

1. 总收益曲线

在价格不变的情况下，由于 $TR = P \cdot Q$，所以总收益会随着产量的增加同比例增加，TR 曲线是一条从原点出发，向右上方倾斜的直线，如图 5 – 16 所示。

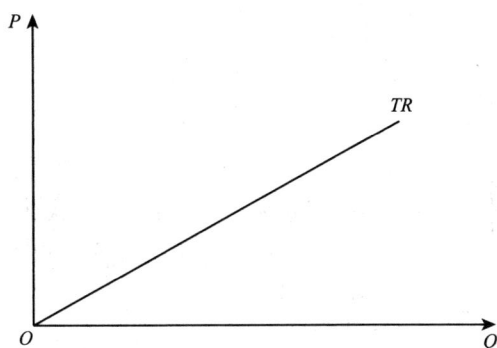

图 5 – 16　固定价格条件下的总收益曲线

2. 平均收益曲线

在商品价格不变的情况下，厂商平均收益可以表示为

$$AR = \frac{TR}{Q} = \frac{PQ}{Q} = P$$

可见，由于价格不变，AR 也是一个常数值，在量上等于价格，所以平均收益曲线是一条从既定价格水平出发与横轴平行的直线，如图 5 – 17 所示。

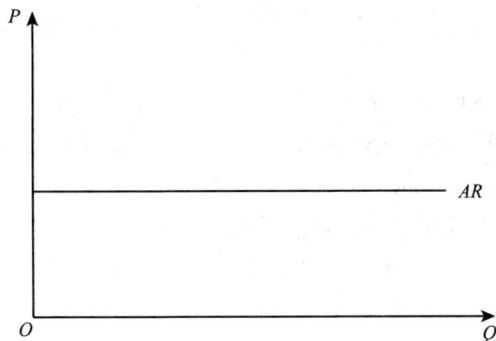

图 5 – 17　价格不变下的平均收益曲线

3. 边际收益曲线

在商品价格不变的情况下，厂商边际收益可以表示为

$$MR = \frac{dTR}{dQ} = \frac{dPQ}{dQ} = P$$

可见，MR 不会随销量的变动发生变动，在量上也与价格相等，所以边际收益曲线是一条从既定价格水平出发与横轴平行的直线，此时 $MR = AR = P$，它们之间的关系如图 5 – 18 所示。

（二）价格可变条件下的收益曲线

如果厂商的产品价格随着产量的变动而变动，那么厂商的总收益、平均收益和边际收益又如何变化呢？下面用线性的市场需求函数分析总收益、平均收益和边际收益之间的关系。

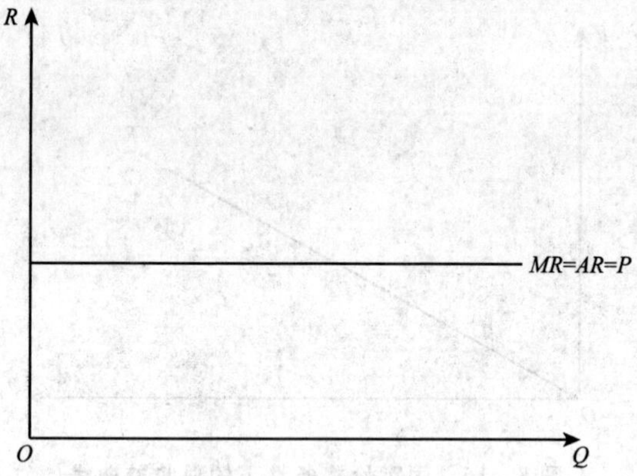

图 5-18 价格不变下的边际收益曲线

假定线性的需求函数为：$P = a - bQ$，此时总收益、平均收益和边际收益函数分别为

$$TR = P \cdot Q = (a - bQ) \cdot Q = aQ - bQ^2$$

$$AR = \frac{TR}{Q} = \frac{aQ - bQ^2}{Q} = a - bQ$$

$$MR = \frac{\mathrm{d}TR}{\mathrm{d}Q} = \frac{\mathrm{d}(aQ - bQ^2)}{\mathrm{d}Q} = a - 2bQ$$

可以发现，在价格可变的情况下，AR 仍然与价格 P 相等，但 AR 与 MR 并不相等，$MR < AR$。当需求函数是线性函数时，需求曲线向右下方倾斜，平均收益函数为：$AR = a - bQ$，与需求相同；边际收益函数为：$MR = a - 2bQ$。比较平均收益函数和边际收益函数可以发现，边际收益曲线的斜率为平均收益曲线斜率的 2 倍。根据上述关系，可以作出 AR、MR 和 TR 曲线，如图 5-19 所示。

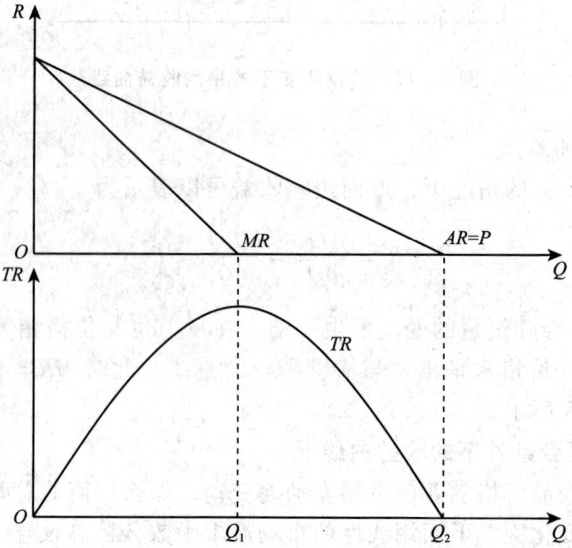

图 5-19 价格可变时的总收益、平均收益和边际收益

从图 5 - 19 可知，边际收益是总收益曲线的斜率，当边际收益大于零时，总收益增加；当边际收益小于零时，总收益减少；当边际收益等于零时，即边际收益曲线与横轴相交时，总收益达到最大。由此可以看出，总收益 *TR* 曲线是一条先递增而后递减的曲线。

三、厂商利润最大化

（一）会计利润、经济利润与正常利润

利润有会计利润（accounting profit）和经济利润（economic profit）之分。所谓**会计利润**，是厂商销售产品的总收益减去会计成本（即显性成本）后的余额；所谓**经济利润**，也称超额利润（excess profit），是厂商销售产品的总收益减去经济成本（显性成本和隐性成本之和）后的余额。会计成本、经济成本、会计利润和经济利润的关系可以表示如下：

会计成本 = 显性成本

经济成本 = 显性成本 + 隐性成本

会计利润 = 总收益 - 会计成本（显性成本）

经济利润 = 总收益 - 经济成本（显性成本 + 隐性成本）

可见，在厂商使用自有资源的情况下，会计利润并不能真实反映企业的盈利状况，它会高估企业生产或经营所得，据此进行的决策是不合理的。

除去会计利润和经济利润的区分之外，经济学还需要区别经济利润和正常利润（normal profit）。所谓**正常利润**，是厂商对自己所提供的企业家才能的报酬。从性质上来说，企业家才能属于企业所有者投入的自有资源。从机会成本角度，当一个企业所有者同时拥有经营管理才能时，他会面临两种选择：一种选择是参与他自己企业的经营和管理；另一种选择是到其他企业去工作。如果选择到其他企业去工作，他可以获得报酬；但如果选择在自己的企业工作，则失去了在其他企业获得报酬的机会，而他失去的这份报酬就是他参与自己企业经营管理的机会成本。换言之，当企业所有者参与自己企业的经营管理时，他应当向自己支付报酬。因此，正常利润是厂商生产成本的一部分，属于隐性成本。

正常利润和经济利润是经济分析中常用的概念，正常利润属于一种隐性成本。因此，通常情况下所称的利润指的是经济利润或超额利润，即使厂商利润为零时，它仍可以得到正常利润。

（二）利润最大化的均衡条件

企业从事生产经营活动的目的是获取最大的利润，用公式表示如下：

$$\pi = TR - TC \tag{5.2}$$

式（5.2）中，π 表示利润。由于 *TR* 和 *TC* 都是产出 Q 的函数，因此利润也是 Q 的函数。就式（5.2）中利润函数对产出求一阶导数，令其等于零，可以得到利润最大化的必要条件，具体推导如下：

第 五 章

$$\frac{\mathrm{d}\pi}{\mathrm{d}Q} = \frac{\mathrm{d}TR}{\mathrm{d}Q} - \frac{\mathrm{d}TC}{\mathrm{d}Q} = MR - MC = 0$$

由此可得到厂商利润最大化的均衡条件为

$$MR = MC$$

对于该条件，可以这样直观理解：当 $MR > MC$ 时，说明每增加一单位产品还有潜在利润，此时利润没有达到最大，增加产量还会使利润增加；当 $MR < MC$ 时，说明每增加一单位产品会出现亏损，利润没有实现最大，增加产量反而使利润减少。只有在 $MR = MC$ 时，增加一单位产品所增加的收益刚好等于增加的成本，此时厂商利润达到最大。

由于厂商利润是总收益与总成本的差额，利润最大化的条件是 $MR = MC$，分析市场价格固定条件下厂商利润最大化，如图 5 – 20 所示。总收益曲线 TR 是一条从原点出发向右上方倾斜的直线，短期总成本曲线 STC 是一条从固定成本出发先递减增加而后递增增加的向右上方倾斜的曲线。当总收益曲线与短期总成本曲线相交时，即产量为 Q_1 时，表示总收益与总成本相等，此时盈亏平衡；当产量小于 Q_1 时，总成本大于总收益，所以产量小于 Q_1 时企业存在亏损；Q_1 到 Q_4 之间是盈利区间。当产量超过 Q_4 后，厂商再次出现亏损。

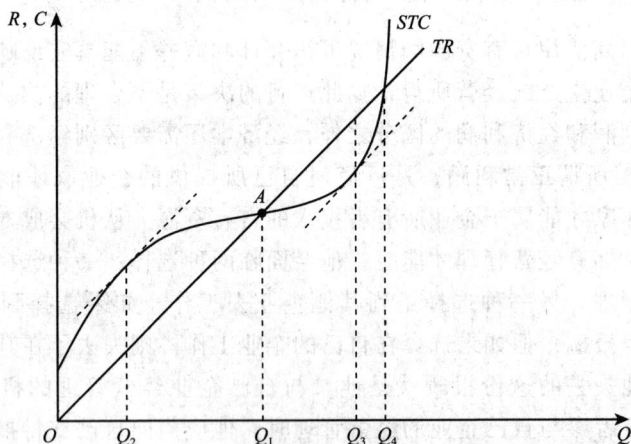

图 5 – 20   价格固定条件下厂商利润最大化

从图 5 – 20 中可以看出，当产量达到 Q_3 时，厂商获得最大利润。在该产量上，总成本曲线切线的斜率与总收益的斜率值相等，满足 $MR = MC$；同时，该点位于盈利区间，表明厂商获得了最大利润。

需要注意的是，$MR = MC$ 只是厂商实现利润最大化的必要而非充分条件，图 5 – 20 中另外一个产量 Q_2 对应的点也满足该条件，但并不是利润最大，而是亏损最大。因此在判断满足利润最大化基本条件时是实现了利润最大化还是亏损最大，还需要结合利润最大化的二阶条件，即

$$\frac{\mathrm{d}^2\pi}{\mathrm{d}Q^2} = \frac{\mathrm{d}MR}{\mathrm{d}Q} - \frac{\mathrm{d}MC}{\mathrm{d}Q} < 0$$

所以，厂商实现利润最大化的二阶条件为：$MR' < MC'$。

超市的失窃率

在超市的一次经营会议上，经理夸口说："我已经将超市失窃率降低到了总销售额的 1%。"一位同事却摇头说："我认为 1% 太低了。我看失窃率达到销售额的 2% 才是最好的。"失窃率高怎么反而比失窃率低好呢？这一回答是基于这样一个事实：降低失窃率本身是要付出很大成本的。如果为降低失窃率而不得不负担的额外成本超过了失窃率降低而减少的损失，那么一家追求利润最大化的超市将不愿意采取降低失窃率的措施。

可以将超市保安人员的边际收益列在表 1 内。

表 1　　　　　　　　　　超市保安人员的边际收益

每小时保安数量（人）	每小时避免的失窃损失总价值（美元）	每小时避免的边际被窃价值（美元）
0	0	—
1	50	50
2	90	40
3	110	20
4	115	5
5	117	2

为什么边际收益会从 50 美元持续下降？原因并不在于新增的保安人员比前面的保安人员更不称职。假设监控设备（即资本）数量是固定的，随着保安人员的增加，平均每人所能够使用的设备就会越来越少。边际收益下降，另一个原因就是最初被抓住的一般都是作案形迹明显、作案经验少的小偷，这些小偷很容易被发现，但是随着超市雇用的保安人员增多，阻止偷窃高手行窃的可能性也会随之增加，这些高手不但很难被发现，而且他们的人数也相对较少，因此避免的边际被窃价值会递减。

假设超市支付给每位保安人员的小时工资率为 20 美元，即边际成本为 20 美元。在该例中，雇用 3 位保安人员，第三位将会为超市避免 20 美元的损失，即带来 20 美元的收益增加值。第三位保安的边际收益等于小时工资率即边际成本，因此雇用 3 位保安是合理的。

资料来源：罗伯特·G. 伊兰伯格，罗伯特·S. 史密斯. 现代劳动经济学理论与公共政策（第十三版）[M]. 北京：中国人民大学出版社，2021：63-64。

四、生产者剩余

在消费者行为理论中，分析了消费者剩余。类似地，可以在成本和收益理论中引入生产者剩余这一概念。这两个概念通常被结合在一起使用,它们被广泛地用于有关经济效率和社会福利问题的分析之中。

所谓**生产者剩余**(producer surplus),是指厂商在提供一定数量的某种产品时实际接受的总价格(即总收益)和愿意接受的最小总价格之间的差额。厂商在生产中根据 $MR = MC$ 的原则确定利润最大化的价格和产量,那么厂商实际接受的总价格就是生产产品的总收益,即价格线以下的收益之和;厂商接受的最小总价格则是它生产这些产品支付的总成本,即边际成本曲线以下的成本之和,或称总边际成本。如图 5 – 21 所示,如果此时确定的产量为 Q_0,价格为 P_0,生产者剩余即为图中的阴影部分面积。生产者剩余可以表现为总收益和总边际成本的差额,如图 5 – 21 (a) 所示;由于边际成本之和,也即总边际成本就是总成本,因此生产者剩余也可表现为总收益与总成本的差额,如图 5 – 21 (b) 所示。

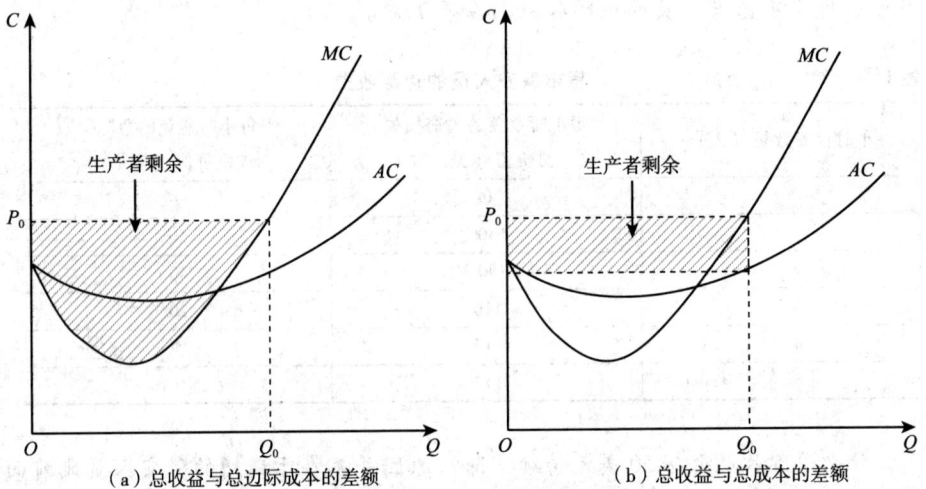

(a) 总收益与总边际成本的差额   (b) 总收益与总成本的差额

图 5 – 21   生产者剩余

本章小结

1. 成本是企业在生产经营过程中所使用的各种生产要素的货币支出。经济学中分析的成本可以划分为会计成本、机会成本、显性成本和隐性成本、增量成本、沉没成本等。

2. 短期成本是分析在短期内,产量与成本之间的关系。短期成本可分为短期总成本、短期平均成本和短期边际成本。短期中各种成本具有各自的变动规律。短期成本曲线之间存在相关关系。

3. 长期成本是分析在长期内产量与成本之间的关系。长期成本包括长期总成本、长期平均成本和长期边际成本。长期成本曲线具有各自的变动规律。三种成本之间存在相关关系。

4. 收益包括总收益、平均收益和边际收益。它们的变化规律要分为价格不变和价格可变两种情况进行考察。

5. 利润有会计利润与经济利润之分。企业从事生产经营活动的目的是获取最大利润。在某一产量水平下，厂商利润最大化应该满足两个条件：一是边际收益等于边际成本，即 $MR = MC$；二是边际收益曲线的斜率要小于边际成本曲线的斜率。

6. 生产者剩余是指厂商在提供一定数量的某种产品时实际接受的总价格（即总收益）和愿意接受的最小总价格之间的差额。

| 第六章 | 市场理论

本章提要

本章分别分析了完全竞争、完全垄断、寡头垄断、垄断竞争四种市场结构下厂商的行为方式与市场均衡的特征。本章应重点把握各类型市场结构的基本特征，理解各种市场结构下厂商实现利润最大化的方式及其利润大小，以及各种市场结构下均衡产量之间的关系。

基本概念

完全竞争　成本递增行业　成本递减行业　成本不变行业　完全垄断　价格歧视　垄断竞争　寡头垄断

消费者和生产者在市场中相互作用，并作出有利于自身利益最大化的行为选择。但在不同市场结构中，消费者和生产者实现其自身利益最大化的行为方式往往是不同的，市场理论分析的是不同市场结构下市场主体的行为模式。市场结构按照竞争程度的不同，可以分为完全竞争市场、垄断竞争市场、寡头市场和完全垄断市场四种类别。在现实经济中，买方的市场结构通常是完全竞争的，因此经济学在谈到各类市场结构时，如不作特别强调，指的是给定完全竞争的买方市场结构下的卖方市场类型。

第一节　完全竞争市场

完全竞争（perfect competition）又称为纯粹竞争，是指有许多交易相同产品的买者与卖者，以至于每一个买者和卖者都是价格接受者的市场结构。在现实中几乎不存在严格意义上的完全竞争市场，但农产品市场、普通股票市场等可以被看作是接近于完全竞争的市场。

一、完全竞争市场的特征

划分市场结构的标准可以分为四个方面：一是市场上厂商的数目；二是厂商所生产的产品的差别程度；三是单个厂商对市场价格的控制程度；四是厂商进入或退出一个行业的难易程度。根据这四个因素，可以考察完全竞争市场的基本特征。

（一）市场上有大量的买者和卖者

完全竞争市场上存在着大量的买者和卖者，每一个买者的需求量和卖者的供给量相对于整个市场的成交量而言都是微不足道的，以至于无论是买者还是卖者，都不可能通过调整数量影响市场的价格，市场价格是由整个市场的供求关系决定的，每个厂商和消费者都只能是市场既定价格的接受者（price taker），而不是这一价格的决定者（price maker）。

（二）市场上的产品是同质的

市场上的产品是同质的，即不存在产品差别。这里所指的产品差别，不是指不同产品之间的差别，而是指同种类型产品在功能、质量、包装、品牌或销售条件等方面的差别。例如，各手机厂商所生产的手机在功能、款式、质量、售后服务等方面存在的差别。产品是同质的，使每一厂商的产品与另一厂商的产品无法区分，从而使各厂商的产品可以完全替代，这意味着消费者无论从哪个厂商购买商品都是无所谓的，单个厂商不可能操纵市场。

（三）资源完全自由流动

完全竞争市场要求所有生产商品的资源或投入的生产要素都能自由流动而不受限制。没有任何自然的、社会的或法律的障碍阻止新的厂商进入该行业或使原有的厂商退出该行业；劳动力可以在不同地区和职业间流动；原材料的使用也不存在垄断。这样，任何一种资源都可以及时地投向能获得最大利润的生产，并及时地从亏损的生产中退出。当然，资源的自由流动是就长期而言的。在短期内，即使在完全竞争条件下，有些资源仍然无法从一种用途转到另一种用途中去。

（四）完全信息

市场上的每个买者和卖者都拥有产品和价格方面的充分信息，可作出最优的经济决策，获取最大的经济利益，而且每个买者和卖者都知道既定的市场价格，并且按照这一既定的市场价格进行交易，这就排除了由于信息不通畅而可能导致的一个市场同时按照不同的价格进行交易的情况。

二、完全竞争市场的需求曲线与收益曲线

（一）需求曲线

在完全竞争市场上，市场均衡由市场需求和市场供给共同决定，可表示为图6－1（a）中的需求曲线与供给曲线的交点。但是对单个的厂商而言，由于所占市场份额极小，它所作出的供给量调整对市场总供给而言可以忽略不计，并且不可能支配市场价格，也就是说，单个厂商都只能是价格的接受者。因此，单个厂商面对

第 六 章

的需求曲线并不是向右下方倾斜的，而是一条由既定价格出发的水平线。如图
6-1（b）中的需求曲线 d，每一点对应的价格均为市场均衡价格 P_0。

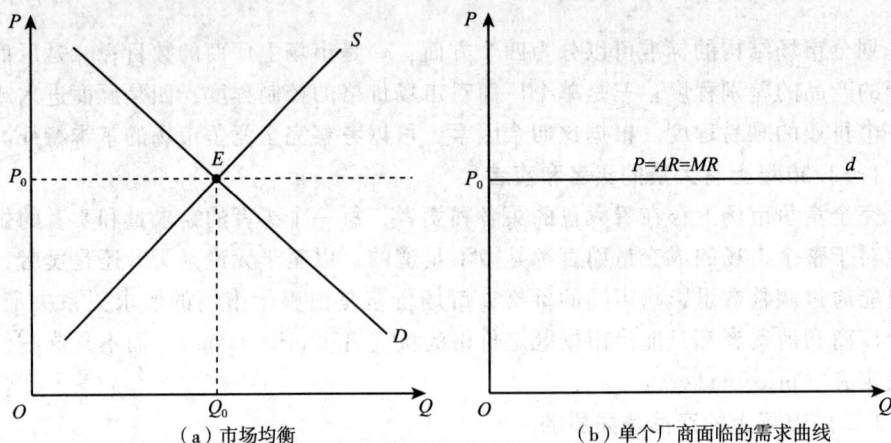

（a）市场均衡　　　　　　　　　　（b）单个厂商面临的需求曲线

图6-1　完全竞争市场的市场均衡

（二）收益曲线

厂商的收益就是厂商的销售收入。完全竞争厂商的收益分为总收益、平均收益
与边际收益。假定厂商的销售量等于厂商所面临的需求量，完全竞争厂商水平的需
求曲线就表明，在每一个销售量上，厂商的销售价格是固定不变的，必然会有平均
收益等于边际收益，并且等于既定的市场价格。从图6-1（b）可知，完全竞争厂
商的平均收益曲线 AR、边际收益曲线 MR 和需求曲线 d 三线重合，它们都是用一
条由既定价格水平出发的水平线来表示。此外，完全竞争厂商的总收益 TR 曲线是
一条由原点出发并且斜率不变的上升的直线。

三、完全竞争市场的短期均衡

（一）厂商的短期均衡

在完全竞争市场上，单个厂商只能是价格的接受者，所以厂商将对产量作出选
择，使 $MR=MC$，以实现利润的最大化。由于在短期内，厂商不能根据市场需求调整
全部生产要素，因此从整个行业来看，有可能出现供给小于需求、供给大于需求或供
求相等的情况。短期均衡就是分析在这些情况下个别厂商产量的决定和盈利状况。

1. 供给小于需求

当市场上供给小于需求，价格水平较高，此时厂商的边际收益曲线与边际成本
曲线的交点 E 位于平均成本曲线之上，或者说，厂商面对的需求曲线位于平均成
本曲线的最低点以上，此时厂商会获得经济利润或称为超额利润。如图6-2（a）
所示，根据 $MR=MC$ 的原则，厂商的均衡产量即能够获得最大利润的产量为 Q_0，此
时厂商的短期平均成本 $SAC=P_1<P_0$，厂商的总成本为 OQ_0FP_1，总收益为 OQ_0EP_0，
因此厂商可获得超额利润 P_1FEP_0，即图中阴影部分的面积。由于有超额利润存在，
厂商将选择留在该行业进行正常的生产。

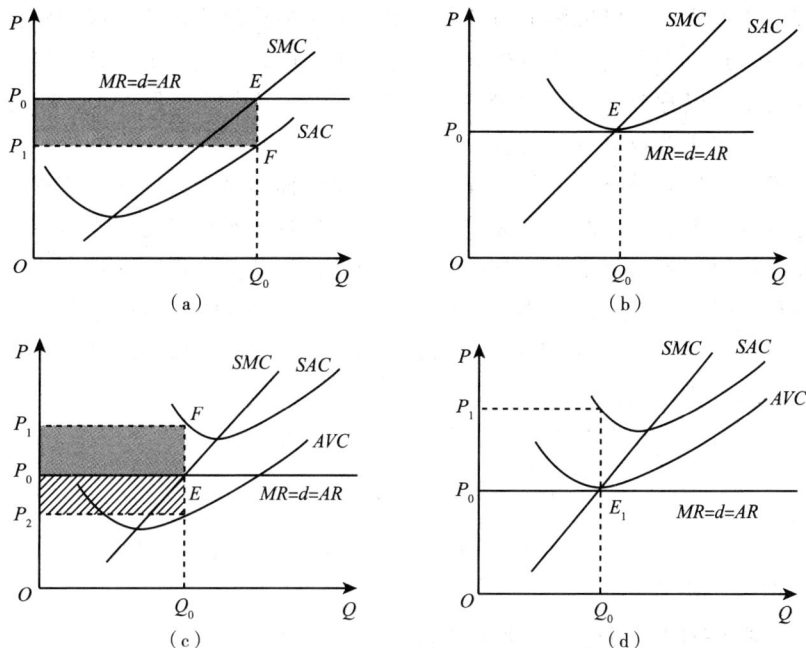

图 6 - 2　完全竞争市场中厂商的短期抉择

2. 供求相等

当市场供给等于需求时，厂商的边际收益曲线与边际成本曲线相交于平均成本曲线的最低点，即 E 点，或者说，厂商所面对的需求曲线与平均成本曲线的最低点相切时，该厂商既不盈利也不亏损，即收支相抵，E 点被称为收支相抵点。此时厂商实现了正常利润。如图 6 - 2（b）所示，根据 $MR = MC$ 的原则，厂商的均衡产量为 Q_0，而此时厂商的短期平均成本 $SAC = P_0$，厂商的总成本为 OQ_0EP_0，总收益为 OQ_0EP_0，收支相抵。虽然在这种情况下没有超额利润存在，但厂商可获得正常利润，因此也会选择留在该行业进行正常生产。

3. 供给大于需求

当市场供给大于需求时，价格水平较低，厂商的边际收益曲线与边际成本曲线的交点 E 位于平均成本曲线之下，或者说，厂商面对的需求曲线位于平均成本曲线的最低点以下，此时厂商会出现亏损。如图 6 - 2（c）所示，根据 $MR = MC$ 原则，厂商的均衡产量为 Q_0，此时厂商的短期平均成本 $SAC = P_1 > P_0$，厂商的总成本为 OQ_0FP_1，总收益为 OQ_0EP_0，厂商的亏损额为 P_0EFP_1。

当厂商面临亏损时，是继续亏损经营，还是停止营业呢？这要取决于产品价格能否抵偿其平均可变成本 AVC。如果价格能够抵偿平均可变成本，厂商应该继续生产。因为在短期内厂商无论是否生产，都必须为固定投入支付固定成本，如果停止营业，就要损失全部固定成本。所以，只要存在着高于平均可变成本的价格，虽然厂商不能弥补全部固定成本，但能够补偿平均可变成本，从而使亏损减少到最低程度。如图 6 - 2（c）所示，厂商的平均可变成本 $AVC = P_2 < P_0$，其全部收益弥补可变成本之后仍有剩余，可以收回部分固定成本。因此，厂商虽然是亏损的，但在短期中仍将选择留在该行业。

如果价格低到不足以抵偿平均可变成本，厂商应该停止营业。因为价格低于平均可变成本，意味着厂商在任何产量水平上的平均收益不仅不能弥补任何平均固定成本，而且不足以弥补平均可变成本，厂商越生产，亏损就会越大。在这种情况下，厂商应该停止营业以使亏损减少到最低程度。

由此可见，价格是否高于平均可变成本，是厂商是否继续营业的依据。当价格高于平均可变成本时，厂商可以继续营业；当价格低于平均可变成本时，厂商应该停止营业。所以，平均可变成本曲线与边际成本曲线的交点即平均可变成本曲线的最低点被称为停止营业点。如图 6 - 2（d）所示，根据 $MR = MC$ 原则，厂商将选择产量 Q_0，此时厂商的短期平均成本 $SAC = P_1 > P_0$，同时其平均可变成本 $AVC = P_0$，E_1 点即为停止营业点。

综上分析可见，完全竞争厂商短期均衡的条件是

$$MR = SMC$$

式中，$MR = AR = P$。在短期均衡时，厂商的利润可以大于零，也可以等于零，或者小于零。

（二）短期中的厂商供给与市场供给

对于完全竞争厂商来说，有 $P = MR$，由于短期均衡的条件是 $MR = SMC$，两式可以写成 $P = MC（Q）$。对此式可以作出这样的理解：在每一个给定的价格水平 P 下，完全竞争厂商应该选择最优的产量 Q，使得 $P = MC（Q）$ 成立，从而实现利润最大化。这意味着在价格 P 和厂商的最优产量 Q 之间存在着一一对应的关系。图6 - 3（a）中，当市场价格分别为 P_1、P_2 和 P_3 时，厂商根据 $MR = SMC$（即 $P = SMC$）的原则，选择的最优产量依次为 Q_1、Q_2、Q_3，SMC 曲线上的 E_1、E_2、E_3 点表示了价格和最优产量之间的对应关系。但是，厂商必须在 $P \geqslant AVC$ 的前提下进行生产，所以，短期供给曲线应该用 SMC 曲线上大于和等于 AVC 曲线最低点的部分来表示，即用 SMC 曲线大于和等于停止营业点的部分来表示，即厂商的供给曲线为图 6 - 3（b）中的曲线。

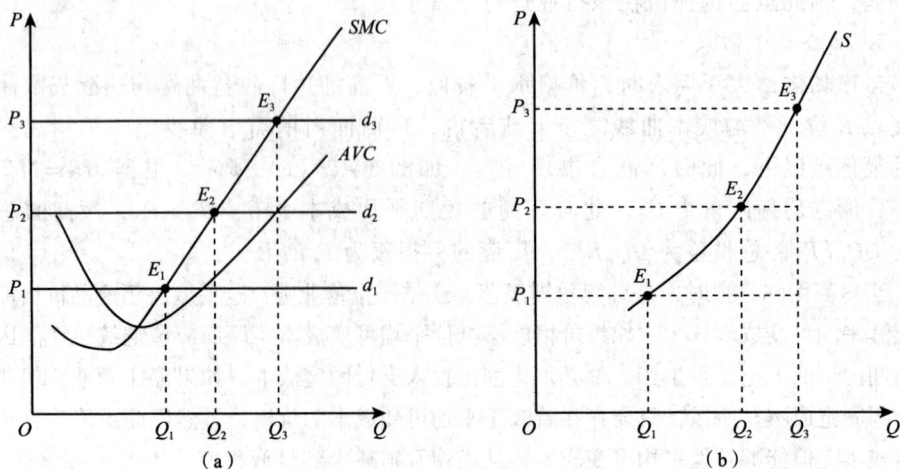

图 6 - 3 短期中完全竞争市场的厂商供给曲线

消费者的市场需求曲线可以通过对个人需求曲线的简单加总得到，但一般不能通过对单个厂商供给曲线的简单加总来得到行业的供给曲线。这是因为，尽管在完全竞争市场上，单个厂商对产量的改变并不影响价格，但所有厂商同时扩大或缩减其产量，很可能使投入生产要素的价格发生变化，进而引起单个厂商的成本曲线以及相应供给曲线的移动。例如，如果所有的农户都增加农产品的生产，将会引起农药、化肥等生产要素价格的上涨，导致单个厂商边际成本曲线向上移动，从而使短期供给曲线发生变化，其变化的量难以确定。在这种情况下，试图通过对单个厂商短期供给曲线的加总而得到短期行业供给曲线并不容易。但是，假定投入要素的价格是完全无弹性的，即行业内所有厂商同时增加或减少产量并不影响投入要素的价格，从而厂商的边际成本就是不变的，那么短期内的供给曲线与边际成本曲线就是一致的。在这种情况下，市场的短期供给曲线可以由该行业内所有厂商的短期供给曲线的水平加总而得到。

四、完全竞争市场的长期均衡

（一）厂商对最优生产规模的选择

在长期中，厂商投入的所有生产要素都是可变的，他们可以调整要素投入，使生产处于最优的规模。在长期中，行业中原有的厂商可以离开，新的厂商也可以进入。

如图 6 - 4 所示，厂商面对着完全竞争市场上的均衡价格 P_0，他选定那些短期中不能调整但长期中可以调整的生产要素的投入水平时，就面对了不同的短期成本曲线。例如，厂商选择了一个资本投入的规模，对应的短期平均成本曲线和短期边际成本曲线分别为 SAC_1 和 SMC_1。前述已证明，厂商的长期平均成本曲线是短期平均成本曲线的包络线，如图 6 - 4 中的 LAC 曲线所示。

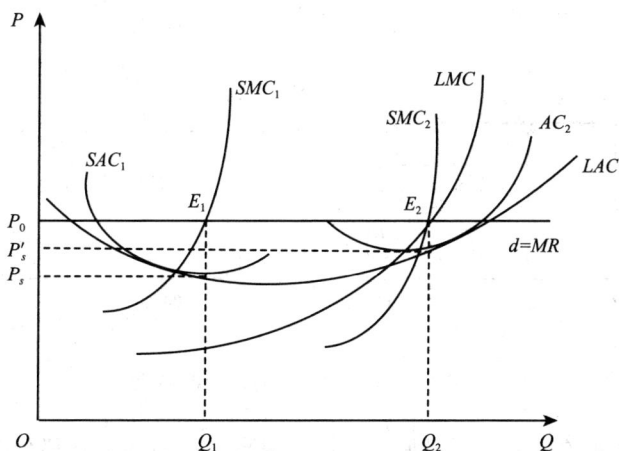

图 6 - 4　厂商的最优规模选择

如果厂商选择了 Q_1 生产规模，他将根据 $MR = SMC$ 的原则调整生产要素的投入，使生产处于 SMC_1 与其面对的市场需求曲线相交的 E_1 点，此时对应的短期成本

曲线为 SAC_1，获得的最大利润为 $(P_0 - P_s)Q_1$。在长期内，如果厂商选择了 Q_2 生产规模，它不但根据 $MR = SMC$ 的原则，而且根据 $MR = LMC$ 的原则调整生产要素的投入，使生产处于 SMC_2 与市场需求曲线相交的 E_2 点，此时对应的短期成本曲线为 SAC_2，获得的最大利润为 $(P_0 - P_s')Q_2$。可见，在长期，厂商通过对最优生产规模的选择，使自己的状况得到改善，获得了比在短期内所能获得的更大利润。

（二）厂商的长期均衡

在长期中，厂商可以选择自由进入或退出市场。由于信息是充分的，当行业外厂商获知在该行业中经营可获得超额利润时，就会把资源从其他行业转移过来，以分享超额利润。当然，已经获得超额利润的厂商也会追加投资，扩大其生产规模。这将导致整个行业的供给增加，供给曲线右移，从而使市场的均衡价格下降，直到没有厂商可获得超额利润为止。反之，当行业内的厂商出现亏损时，亏损厂商将选择退出市场，将资源转移到其他有利可图的行业，这将导致整个行业的供给减少，从而使市场的均衡价格上升，直到没有厂商亏损为止。

如图 6 - 5（a）所示。假定开始时市场价格较高为 P_0，根据 $MR = LMC$ 的利润最大化原则，厂商选择的产量为 q_0，此时厂商有超额利润存在，这就会吸引其他厂商进入该行业中来，随着行业内厂商数量的逐步增多，市场上的产品供给增加，假设产品供给曲线从 S 向右平行移动到 S'，均衡数量从 Q_0 增加到 Q_0'，市场均衡价格下降为 P_0'，相应地，面对均衡价格的下降，单个厂商仍然根据 $MR = LMC$ 的原则，将最优产量从 q_0 减少到 q_0'，与此同时利润也会相应减少。图 6 - 5（b）假定初始市场价格较低。由于存在亏损，行业内原有的厂商会退出，使市场供给减少，价格上升，单个厂商的利润将因为价格的上升而增加。

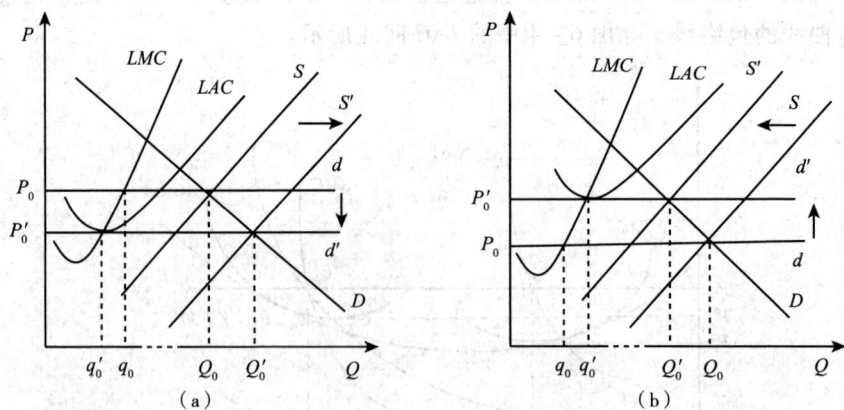

图 6 - 5　完全竞争厂商的长期均衡

不管是新厂商的进入，还是原有厂商的退出，厂商的调整都会使市场价格最终达到长期平均成本的最低点水平。在这一价格水平下，行业内的每个厂商既无利润，也无亏损，都实现了正常利润。在这一点上，厂商失去了进入或退出该行业的动力，行业内的每个厂商都实现了长期均衡。总而言之，完全竞争厂商的长期均衡出现在 LAC 曲线的最低点。这时，生产的平均成本降到长期平均成本的最低点，

商品的价格也等于最低的长期平均成本，此时厂商的均衡条件可以表示为

$$MR = LMC = SMC = LAC = SAC$$

其中，$MR = AR = P$。

（三）完全竞争市场的长期供给曲线

当厂商进入或退出一个行业时，该行业产量的变化可能导致生产要素市场价格的变化。根据行业产量变化对生产要素价格影响方向的不同，可以将完全竞争行业分为成本递增行业、成本递减行业和成本不变行业，在不同的行业中，完全竞争厂商和行业的长期供给曲线是不同的。

1. 成本递增行业的长期供给曲线

成本递增行业（increasing-cost industry）是指随着行业的扩张引起厂商成本增加的行业。在这种情况下，行业产量增加，会引起行业生产要素价格上升，并最终导致行业生产成本增加。对于某一完全竞争市场，如图 6-6（a）所示，市场初始的均衡点为 E_0，均衡价格为 P_0，均衡产量为 Q_0。假设市场需求增加了，需求曲线由 D_1 向右移动到 D_2，市场均衡将相应移动到 E_s 点，市场价格则提高到为 P_s。价格的提高使得厂商获得超额利润，这将吸引现有厂商增加生产规模，并且吸引新厂商进入，导致行业扩张，短期的市场供给曲线由 S_1 向右移动到 S_2，带动市场均衡由 E_s 点移动到 E_0' 点。显然，这两个均衡点对应的产量 Q_0 与 Q_0'，有 $Q_0 < Q_0'$。由此可以推导，行业的市场供给曲线即是通过这些市场均衡点的平滑曲线 LS。

对于单个厂商而言，生产将先由图 6-6（b）所示的 e_0 点移动到 e_s 点，但此时，由于该行业是成本递增的，行业的扩张将导致生产要素价格的上涨，并推动厂商的长期平均成本曲线由 LAC_1 上移到 LAC_2，长期边际成本曲线由 LMC_1 移动到 LMC_2，厂商的生产也因此由 e_s 点移动到 e_0' 点。e_0 点与 e_0' 点分别为 LAC_1 与 LAC_2 的最低点，因此，这两个均衡点对应的均衡价格分别为 P_0 与 P_0'，有 $P_0 < P_0'$。结合前面得到的结论 $Q_0 < Q_0'$ 可以推导，在图 6-6（a）中，E_0' 点在 E_0 点的右上方。这也就是说，在完全竞争的市场中，成本递增行业的长期市场供给曲线是向右上方倾斜的。

2. 成本递减行业的长期供给曲线

成本递减行业（decreasing-cost industry）是指随着行业的扩张引起厂商成本减少的行业。在这种情况下，行业扩张虽然引起生产要素投入量的增加，但并不总是引起生产要素价格的上升。有时候，有些行业会由于规模扩大的优势而获得较便宜的投入，行业的扩张还有可能改进运输系统、降低运输成本等，从而使行业的生产成本下降，厂商的长期平均成本曲线由 LAC_1 下移，则有 $P_0 > P_0'$，如图 6-6（c）所示。这也就是说，E_0' 点在 E_0 点的右下方。因此，完全竞争的市场中，成本递减行业的长期市场供给曲线是向右下方倾斜的。

3. 成本不变行业的长期供给曲线

成本不变行业（constant-cost industry）是指随着行业的扩张或收缩不会引起厂商成本变化的行业。在之前对厂商长期均衡的分析中，就隐含着行业成本是固定不变的假定，即行业的扩张不会引起投入价格的上升。假定市场初始的均衡点为 E_0，均衡价格为 P_0，均衡产量为 Q_0。当市场需求增加，需求曲线由 D_1 向右移动到 D_2，

市场均衡将相应移动到 E_s 点，市场价格则提高到为 P_s。价格的提高使得厂商获得超额利润，这将吸引现有厂商增加生产规模，并且吸引新厂商进入，导致行业扩张，短期的市场供给曲线由 S_1 向右移动到 S_2，带动市场均衡由 E_s 点移动到 E_0' 点，单个厂商的利润会随之逐步下降。从长期来看，当单个厂商利润下降持续到超额利润消失时，即单个厂商只获得正常利润，或者说市场价格回到原来的长期均衡价格水平 P_0，E_0' 是行业的又一个长期均衡点。可见，行业的长期市场供给曲线 LS 是一条水平线，如图 6-6（d）所示。

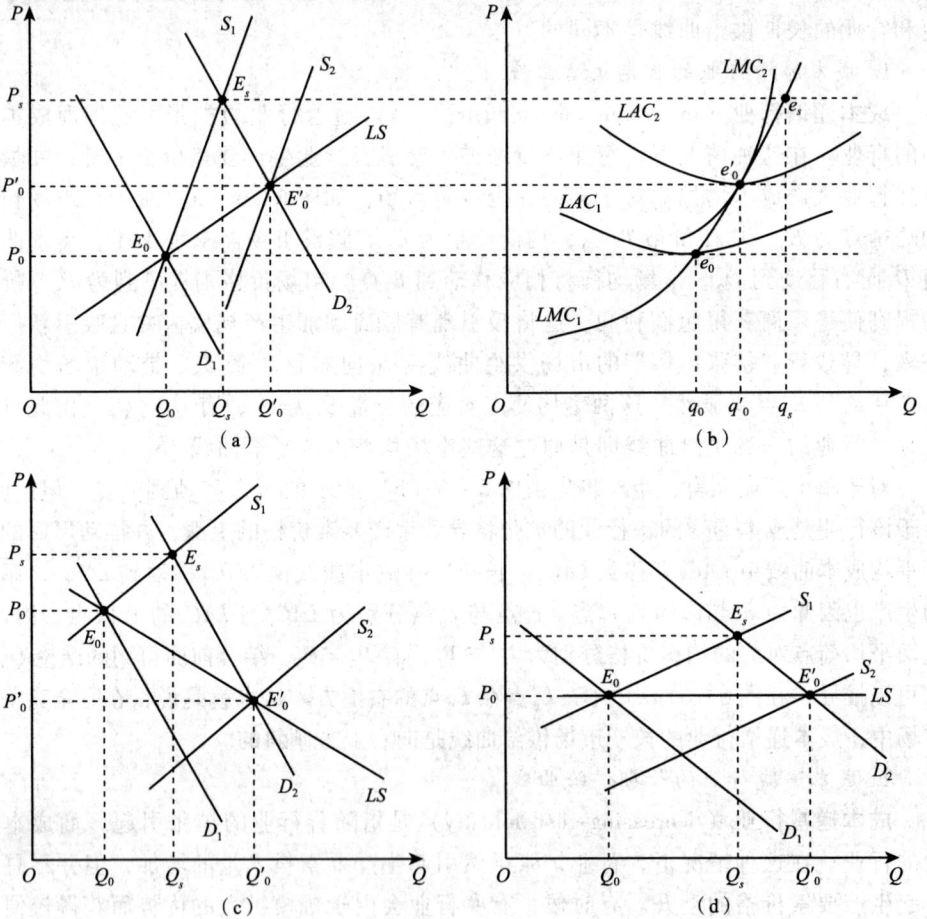

图 6-6　完全竞争市场的长期供给曲线

第二节　完全垄断市场

完全垄断（perfect monopoly market）是指只有一名卖者或买者的产品市场结构。其中，只有一名卖者的称为卖方完全垄断，只有一名买者的称为买方完全垄断。由于卖方垄断较为常见，所以在提及完全垄断或垄断时，一般指的是卖方完全垄断。

一、完全垄断市场的特征与形成原因

（一）完全垄断市场的特征

完全垄断市场具有以下三个方面的特征：

第一，整个行业只有一个厂商生产和销售商品。

第二，该厂商生产和销售的商品没有任何相近的替代品。

第三，存在进入壁垒，其他厂商不可能进入该行业或进入极为困难。

在这样的市场中，排除了任何竞争因素，唯一的一个厂商控制了整个行业的生产和销售，所以垄断厂商可以控制和操纵市场价格。

（二）完全垄断的成因

形成完全垄断的原因主要有以下四个方面。

1. 自然垄断

有些行业的生产具有这样的特点：企业生产的规模经济需要在一个很大的产量范围和巨大的资本设备的生产运行水平上才能得到充分体现，以至于整个行业的产量只有由一个企业来生产时才有可能达到这样的生产规模。在这类产品的生产中，行业内总会有某个厂商凭借雄厚的经济实力和其他优势，最先达到这一生产规模，从而垄断了整个行业的生产和销售，这就是自然垄断。

2. 资源垄断

如果某种产品的生产需要使用某一独特的资源，而该资源由某一个厂商独占，就排除了经济中其他厂商生产该产品的可能性，使得这一个厂商成为垄断者。例如，美国制铝公司从19世纪末到20世纪40年代，一直控制了用于生产铝的全部铝矾土矿资源，成为美国唯一生产铝的厂家。

3. 政府许可与授权

政府常常出于政治的、经济的考量，授予一个厂商排他性地出售某一商品或提供某一劳务的权利。获得政府赋予的特许权的厂商，成为某一市场中商品或劳务唯一供给者。例如，政府出于公共利益和公共安全的需要，将城市供水、供气、邮电、铁路等公用事业进行垄断经营。

4. 专利权

一个厂商可能由于唯一地具有某种产品所需要的技术或生产某种特殊物品的权利而成为垄断者。通常这种使用某种生产技术或生产一定产品的独占权是政府以专利的形式赋予的。专利法允许发明者在某段时期内拥有制造某种产品或使用某种特殊工艺的独占权。政府之所以认可这种垄断，是为了鼓励厂商的创新与承担风险的行为。

专栏 6-1

专利与垄断

专利与垄断有着很深的渊源，世界上第一部现代意义的专利法——1623年英国专利法就称为《垄断法规》。虽然许多国家有禁止私人垄断的反垄断法，但专利法却是积极地允许垄断，从而在反垄断法上开了一个大洞。

专利权是一种排他性的独占权，因而是一种受保护的法律意义上的垄断。一些科技发达的国家，垄断资本家唯恐先进的新技术破坏了他对某项产业已经取得的垄断地位，常常高价收买专利，然后束之高阁，不予实施，以达到攫取最大利润的目的。还有一些企业，采取钓鱼方式谋求垄断利益，他们在起初阶段对如其他国家侵权使用其专利假装不闻不问，但当这些国家的产品对他们的专利形成较强的依赖时，就伸手收取高额的专利费，如若不从，就发起专利诉讼。

二、垄断厂商的需求曲线与收益曲线

在完全垄断市场上，由于商品全部由完全垄断厂商生产和销售，因此该厂商的供给曲线就是市场的供给曲线，而市场的需求曲线即是厂商所面对的需求曲线。

如果说完全竞争的厂商是价格的接受者，完全垄断厂商则是价格的制定者，换句话说，垄断厂商可以制定任何它想要索取的价格。但是，市场需求曲线是向右下方倾斜的，这就意味着，提高价格会引起消费者需求量的减少，所以垄断厂商也并非可以通过任意提高价格来获取超额利润，往往通过调整产量来控制市场均衡价格。垄断厂商的平均收益 AR 可以表示为

$$AR = \frac{P(Q)Q}{Q} = P(Q) \tag{6.1}$$

式（6.1）表明，垄断厂商的平均收益曲线与向右下方倾斜的市场需求曲线是重合的。

当厂商增加供给时，市场均衡价格就会下降。由于原有产量与新增加的产量都只能按照下降后的价格出售，每增加销售一单位产品带来的总收益的增量即边际收益将低于产品的价格或平均收益。因此，完全垄断厂商的边际收益曲线将低于平均收益曲线或市场需求曲线，也就是说完全垄断厂商的边际收益 MR 总是小于平均收益 AR。完全垄断厂商的边际收益曲线和市场需求曲线的关系，已在第五章第四节加以论述，在此不再赘述。

三、完全垄断厂商的均衡分析

（一）短期均衡分析

在短期，由于完全垄断厂商不能调整固定要素的投入，厂商为了实现利润最大化，仍然将依据 $MR = SMC$ 的原则进行生产。如图 6-7（a）所示，厂商将把产量选择在 SMC 曲线与 MR 曲线相交的 M 点对应的 Q_m 上，此时，市场均衡为需求曲线 D 上与需求量 Q_m 相对应的 E_m 点，市场均衡价格为 P_m。如果厂商在产量 Q_m 上的短期平均成本 SAC_m 低于市场均衡价格 P_m，厂商就可获得超额利润（$P_m - SAC_m$）Q_m，

即图 6 - 7（a）中阴影部分的面积。

但如果厂商在产量 Q_m 上的短期平均成本 SAC_m 等于市场均衡价格 P_m，厂商获得的利润就为正常利润，如图 6 - 7（b）所示。而如果厂商在产量 Q_m 上的短期平均成本 SAC_m 大于市场均衡价格 P_m，厂商经营就会产生（$SAC_m - P_m$）Q_m 的亏损。这时，如果厂商在产量 Q_m 上的平均可变成本 AVC_m 小于市场均衡价格 P_m，其全部收益弥补可变成本之后仍有剩余，即可以收回部分固定成本，厂商将选择在短期留在该行业内，如图 6 - 7（c）所示。但如果厂商在产量 Q_m 上的平均可变成本 AVC_m 大于市场均衡价格 P_m，其全部收益就不足以弥补可变成本，厂商就将选择退出，如图 6 - 7（d）所示。

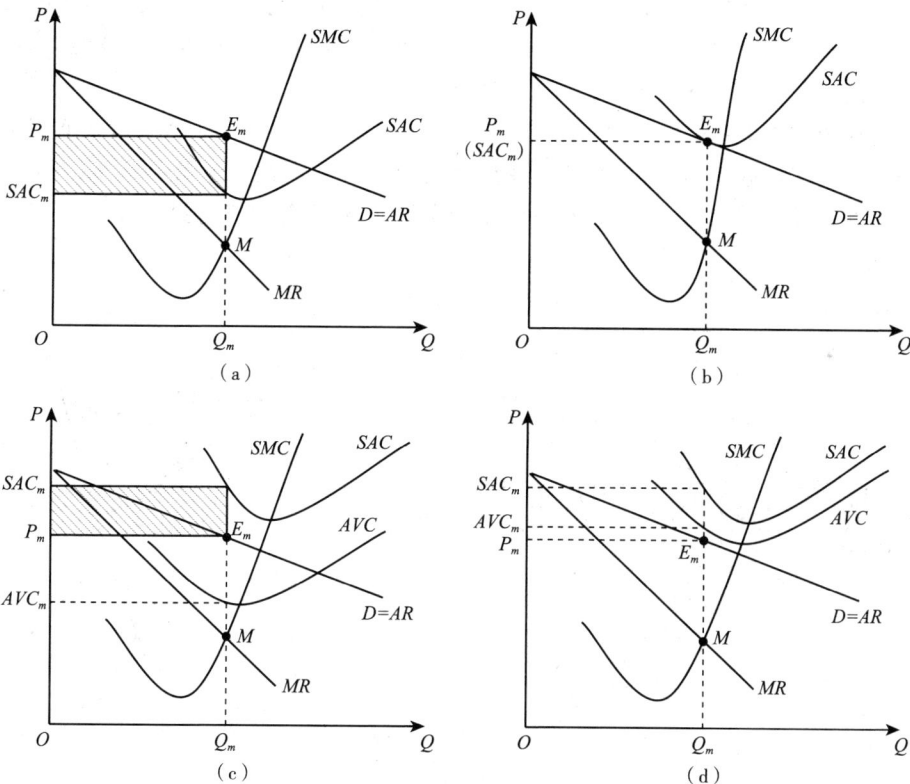

图 6 - 7　完全垄断厂商的短期均衡

由此可以得出完全垄断厂商短期均衡的条件为

$$MR = SMC$$

完全垄断厂商在短期均衡点上可以获得最大利润，可以是超额利润，可以是正常利润，也可以蒙受最小损失。

（二）长期均衡分析

在长期，垄断厂商要实现利润最大化，可以调整所有生产要素的投入量，使生产处于边际收益与长期边际成本相交的点所对应的产出水平上。如果在当前的生产规模上，厂商的短期平均成本曲线与短期边际成本曲线分别为图 6 - 8（a）中的

SAC_1 与 SMC_1，厂商将选择短期中可变的投入量，使产出处于 MR 与 SMC_1 相交的点所对应的产出水平 Q_S 上，此时市场均衡将处于 E_S 点，短期均衡的价格为 P_S，厂商所获得的最大化利润为 $(P_S - SAC_S) Q_S$，如图中斜直线阴影部分的面积所示。但在长期中，厂商为了获得更大的利润，将调整其所有投入要素，使生产处于长期边际成本与边际收益相交的 F 点所对应的产出水平 Q_L 上。其具体选择是：调整其固定投入要素，使短期边际成本曲线移至所有可能的短期边际成本曲线中恰好通过 F 点的 SMC_2 曲线上，并选择可变投入量，使产出处于 MR 与 SMC_2 相交的点所对应的产出水平 Q_L 上。因此，长期中的市场均衡将处于市场需求曲线与产出水平 Q_L 相对应的 E_L 点上，此时长期均衡的价格为 P_L，厂商所获得的最大化利润为 $(P_L - SAC_L) Q_L$，如图中点阴影部分的面积所示。如果仍然存在超额利润的增长空间，厂商将会继续调整自己的生产规模，直到厂商的长期边际成本曲线 LMC 恰好同边际收益曲线 MR 相交，此时就实现了厂商的长期均衡。

但如果如图 6 - 8（b）所示的那样有 $P_L < SAC_L$，表明厂商找不到一个固定要素与可变要素的投入组合，使其能够获得正的最大化利润，也就是说 LAC 曲线上的点均在市场需求曲线 D 的上方，该完全垄断厂商就会最终选择退出生产，这意味着该行业市场将不再存在。

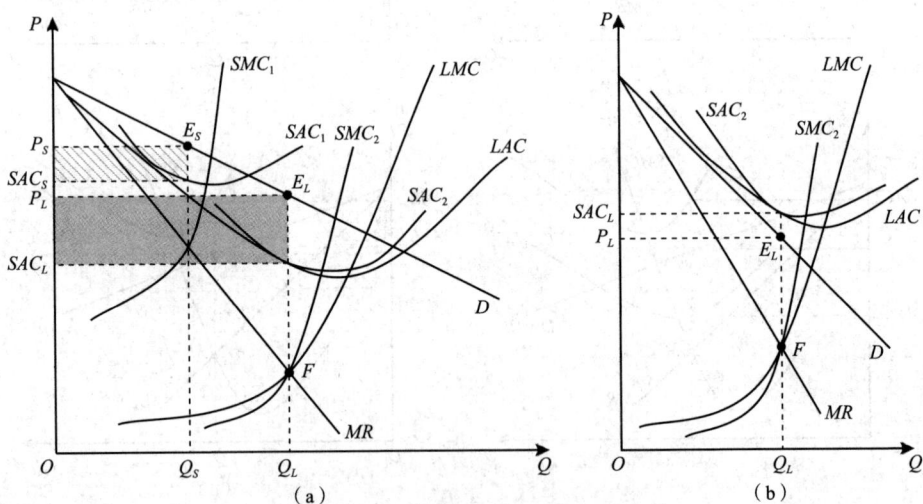

图 6 - 8 完全垄断厂商的长期均衡

由此可见，完全垄断厂商之所以能够在长期内获得最大利润，其原因在于长期内企业的生产规模是可调整的和市场对新加入厂商是完全关闭的。垄断厂商的长期均衡条件为

$$MR = LMC = SMC$$

值得注意的是，在完全垄断市场上，既不存在厂商的或市场的短期供给曲线，也不存在厂商的或市场的长期供给曲线。这是因为完全垄断厂商并不是价格接受者，没有如完全竞争市场那样脱离市场需求曲线讨论厂商在各价格水平下的供给量决策问题。以短期市场供给为例，任何人都无法作出回答，在价格为 P 的时候，

完全垄断厂商的供给量是多少，而只能说，完全垄断厂商将生产选择在 E_S 点上，其对应的均衡价格为 P_S，均衡产量为 Q_S。

四、价格歧视

价格歧视（price discrimination）是指厂商在同一时期对同一商品索取不同价格的行为。

（一）实行价格歧视的条件
并不是所有厂商都能够实行价格歧视，实行价格歧视需要具备以下三个条件。

1. 厂商对价格有一定影响力
价格歧视并不是任何厂商都可以实施的一种策略行为。例如，在完全竞争市场上，如果某厂商试图以稍高的价格将产品出售给消费者，消费者就会向其他厂商购买同样的产品，使该厂商的提价失去意义。只有拥有市场势力的厂商，即处在非完全竞争市场中的厂商，才有能力实施价格歧视策略。特别是完全垄断厂商，由于其具有较强的市场势力，往往会实施歧视性定价。

2. 市场可以有效分割
厂商可以将市场分割成两个或两个以上的市场，并且可以有效防止不同市场间产品的流动。如果两个市场之间因为价格不同而使倒卖有利可图，价格就会最终趋同。例如，电影院可以把观众分为成年人和儿童，电力公司可以将用电分为工业用电和居民用电，出租车收费可以分为白天和晚上。

3. 不同市场的商品价格需求弹性不同
在市场价格需求弹性不同的情况下，垄断者可以根据不同的需求价格弹性对同一产品索取不同的价格，如对需求弹性较小的市场索取高价，而对需求弹性较大的市场制定低价，以获得更多垄断利润。

（二）价格歧视的类型
根据价格歧视的程度不同，价格歧视一般被划分为一级价格歧视、二级价格歧视和三级价格歧视三种类型。

1. 一级价格歧视
一级价格歧视（first-degree price discrimination）也称完全价格歧视，指厂商对每一单位产品都按照消费者所愿意支付的最高价格出售。如图6-9所示，当厂商生产出第一单位产品 Q_1 时，消费者愿意支付的最高价格为 P_1，于是厂商将按照 P_1 出售第一单位产品。当厂商生产出第二单位产品 Q_2 时，消费者愿意支付的最高价格为 P_2，于是厂商将按照 P_2 出售第二单位产品。以此类推，直到消费者的最高支付意愿等于厂商在相对应的累计产量下的边际成本为止。此时，厂商的总产出为 Q_e，总收益为图中阴影部分的面积，而如果不实行价格歧视，按单一的价格 P_e 出售，厂商的总收益将仅为价格线 P_e 以下阴影部分的面积，即 OQ_eBP_e 的面积。而如果实行单一价格制，所有产品均按累积产量 Q_e 下消费者的最高支付意愿 P_e 定价，消费者将获得可用价格曲线以上的阴影部分面积表示的消费者剩余，但通过实施一级价格歧视，完全垄断厂商就侵占了消费者剩余。

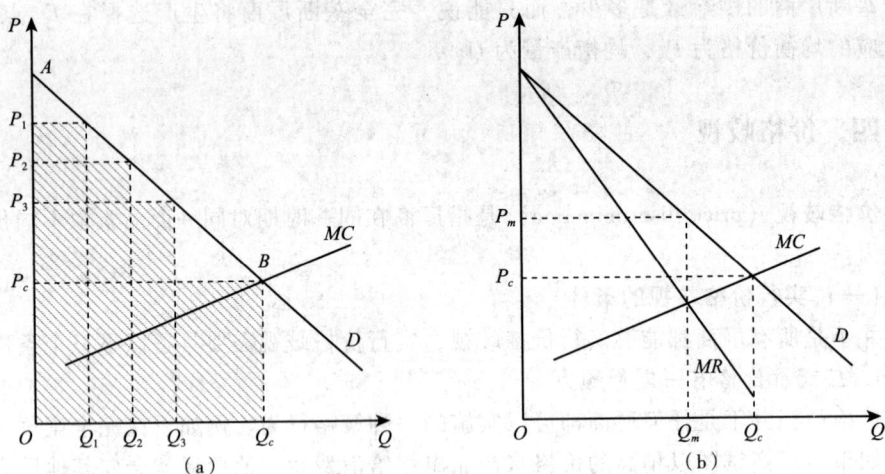

图 6-9 一级价格歧视

当实行一级价格歧视时，完全垄断厂商的边际收益曲线将与需求曲线重合（假设产量和价格变化是连续的），但如果实行单一价格定价，厂商的边际收益曲线将内移，均衡的产量将为 Q_m，如图 6-9（b）所示。显然，$Q_m < Q_c$。假设市场是完全竞争的，市场均衡将为各厂商边际成本曲线沿数量轴加和得到的曲线与市场需求曲线的交点。而对实施一级价格歧视的完全垄断市场而言，其市场均衡也为"各厂商"边际成本曲线沿数量轴加和得到的曲线与市场需求曲线的交点。这表明，在一级价格歧视下，完全垄断厂商的产出水平与假定市场是完全竞争情形下的各厂商总产出水平相等，并且该产出水平大于单一价格下的完全垄断厂商的产出水平。

专栏 6-2

高尔夫球俱乐部的会员证

厂商要实施一级价格歧视，必须知道消费者对每一单位产品愿意并且能够支付的最高价格，或者说完全知晓消费者的需求曲线，这无疑是相当困难的。因此，一级价格歧视的实例几乎是不存在的，只有少数的几种情况可列为一级价格歧视的近似案例。

高尔夫球俱乐部的会员证就是一种接近于一级价格歧视的例子。俱乐部在出售会员卡时，往往不自己报价，而是提供一个会员类型价单，让买方自己选定会员卡类型，如金卡、银卡、至尊卡、贵宾卡、都市卡、普通卡、夜场卡等。也有俱乐部甚至连价单也不提供，而是让买方根据自己的"身价"报价，购买会员资格。在这种自报价机制下，俱乐部的会员卡几乎张张价格不同，但他们给每一个会员提供的服务往往却并无差异或者差异在本质上非常小。

事实上，按"身价"报价就是一种让购买者将自己对会员卡的最高支付意愿表露出来的机制设计，利用这种机制，俱乐部就成功地识别出了购买者的需求曲线，进而有效地实施了一级价格歧视策略。

2. 二级价格歧视

二级价格歧视（second-degree price discrimination）指厂商对不同购买数量确定不同的价格。在一级价格歧视下，每一消费者为每一单位产品支付的价格都是不同的，但在二级价格歧视下，只要消费者购买的产品数量是相同的，他们支付的总价款就相等。

如图6－10所示，厂商对消费低于 Q_1 数量部分收取 P_1 的价格，对追加消费的 $Q_2 - Q_1$ 部分收取 $P_2 < P_1$ 的价格，依此类推，直到价格等于厂商的边际成本 MC 为止。这样，厂商将以价格 P_1 销售 $\sum Q_1$ 单位的产品，以价格 P_2 销售 $\sum Q_2 - \sum Q_1$ 单位的产品，依次类推。市场均衡时的产量为厂商边际成本曲线与市场需求曲线交点对应的需求量 Q_s。此时，厂商的总收益将为图中阴影部分的面积，而在单一价格制下，与产量 Q_s 相对应的厂商总收益仅为图中价格线 P_s 之下的那部分阴影部分的面积，剩余的价格线 P_s 之上的那部分阴影部分的面积则成了消费者剩余。

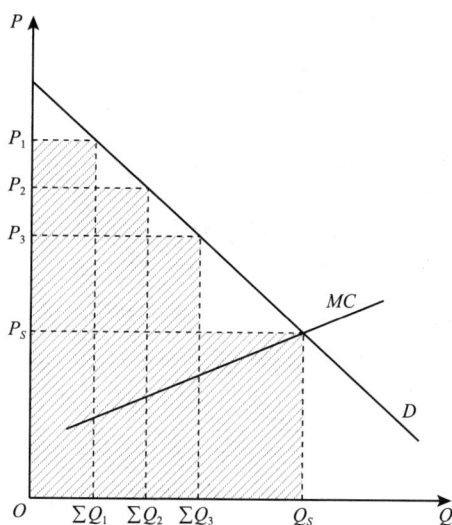

图6－10　二级价格歧视

由于消费数量是易于识别的，基于消费数量实施二级价格歧视的行为在现实经济中较为常见，如"买二送一""最低消费""分部定价"等。当然，现实经济中还有一种价格歧视，在该价格歧视下，消费者消费的产品数量超过某一数量时，超出部分的消费量就适用新的高价，这种价格歧视也被称为阶梯定价，在资源性产品、居民用水用电定价中被广泛采用。但这种定价机制在本质上是一种基于消费者差异的定价机制，宜采用三级价格歧视定价机制进行分析。

3. 三级价格歧视

三级价格歧视（third-degree price discrimination）指厂商对同一种产品在不同的细分市场或不同的消费者群体实施不同价格。只要厂商具有一定的市场势力，并且容易将不同消费者区分开来，厂商就可以实施三级价格歧视以获取更大的利润。国际贸易中实行的国别差异定价，电影院实行的"黄金时间"与"非黄金时间"差别定价、旅游景区实行的学生、老人优惠价格等均是典型的三级价格歧视。

　　三级价格歧视的定价机制如图6-11所示。假设某完全垄断厂商的边际成本为MC，其面对着由两个细分市场组成的产品市场，各自的市场需求分别为D_1与D_2，对应的厂商边际收益分别为MR_1与MR_2，市场需求曲线则是D_1与D_2沿数量轴的加和。如果厂商实行三级价格歧视，当$MR_1 > MR_2$时，厂商就会将细分市场2上的产品转而投入到细分市场1上，以增加企业的收益，直至$MR_1 = MR_2$为止，反之则相反。这表明，三级价格歧视下的厂商边际收益曲线MR将是其在各细分市场上边际收益曲线沿数量轴的加和。因此，完全垄断厂商将选择MR与MC曲线相交的E_t点对应的产出水平Q_t。设定与E_t点对应的厂商边际收益为MR_t，细分市场1的边际收益曲线上与MR_t相对应的供给量为Q_1，细分市场2上的边际收益曲线上与MR_t相对应的供给量为Q_2，则厂商在两个细分市场上的价格分别为Q_1与Q_2相对应的价格P_1和P_2。而如果在产出水平Q_t上实施单一价格制，则市场均衡的价格为图中所示的P_0。

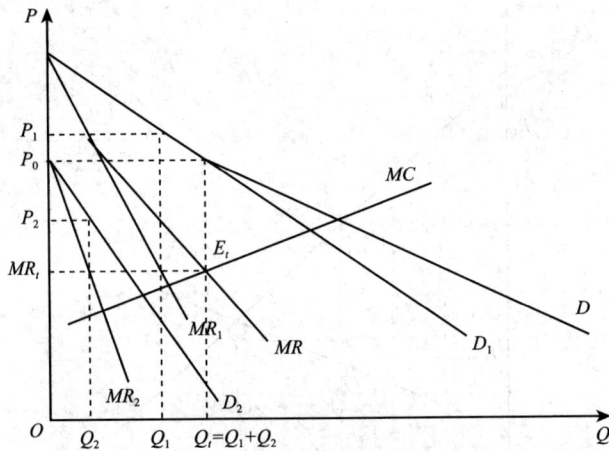

图 6-11　三级价格歧视

专栏6-3

大数据"杀熟"：懂你的人伤你最深

　　某知名作家发微博炮轰某在线旅游平台（OTA）App大数据"杀熟"："一张机票，查询时1104元，到订票界面变成2322元，过几个小时变成2796元，在别的家订了1300元，返回这个App，又变回2322元。"同样遭遇类似情况的还有某微博博主称，自己在某旅行App上帮助朋友查找机票时发现，相同的时间及航班，自己的钻石会员的价格反而比朋友的新账号贵了近200元！此外，有微博网友表示，由于自己平时会出差，所以他经常通过某网站订某家特定酒店的房间，在该网站上，这家酒店的房间长年在380~400元之间。有一天，他偶然从前台得知酒店淡季的价格在300元上下，他当即用朋友的账号查询，显示价位也是300元，但用自己的账号查询，定价仍然是380元。

　　许多网友在百度、知乎等论坛上都反映自己或身边的亲友遭遇过"杀熟"。该现象广泛存在于机票、酒店、电影、电商、出行等多个价格有波动的平台，而OTA网站则被曝是大数据"杀熟"的"重灾区"，"杀熟"成了一种潜规则。大数据"杀熟"是指同样的商品或服务，老客户看到的价格反而比新客户要贵出许多的现象。为什么称为"杀熟"，就是这些互联网电商、OTA，对你越了解，就越知道你的价格承受度和是否有比价习惯，一旦认定你是价格不敏感用户，就会很容易对你下手，反而对于新用户，这些平台为了留存还会给予一定的优惠，当然也留出一段"养熟期"。

第三节　垄断竞争市场

垄断竞争（monopolistic competition），也称不完全竞争（imperfect competition），指那种既存在垄断势力，但也有竞争，既不是完全竞争又不是完全垄断的市场结构。从竞争性或垄断性程度而言，垄断竞争市场更接近于完全竞争市场，而寡头垄断市场更接近于完全垄断市场。在现实经济中，完全竞争市场与完全垄断市场极为少见，甚至可以说是不存在的。寡头垄断市场虽然在现实中存在，但数量较少。现实社会经济中的市场大多是垄断竞争的，如商品零售市场、餐饮市场、期刊图书市场等。

一、垄断竞争市场的特征

垄断竞争市场具有以下四个特征：

1. **市场上有众多的厂商**

由于厂商数目众多，以至于每个厂商都认为自己的行为对市场的影响很小，因此每个厂商都认为可以独立行动，而不用去考虑其他厂商的对策。

2. **厂商生产有差别的同种产品**

由于产品相近，这些产品彼此之间具有较高的替代性。但各厂商的产品也存在差别。在这里，产品差别不仅指同一种产品质量、构造、外观、销售服务条件等方面的差别，还包括商标、广告方面的差别和以消费者的想象为基础的任何虚构的差别。一方面，由于产品之间存在较高的替代性，使得厂商之间存在激烈的竞争；另一方面，由于市场上的每种产品之间存在着差别，使得每个厂商都对自己产品的价格具有了一定的垄断力量。一般来说，产品差别越大，厂商的垄断程度越高。这样，各厂商既是竞争者，又是垄断者。

3. **厂商是产品市场价格的影响者**

垄断竞争厂商在市场上具有一定程度的垄断力量，因此对价格具有了一定程度的控制能力。但由于厂商的产品是相似的，产品间具有一定程度的可替代性，致使厂商不能充分控制市场价格，它们只能是产品价格的影响者。

4. 厂商进出市场的壁垒不明显

垄断竞争市场上的厂商和完全竞争市场上的厂商基本相同，进出市场的壁垒不是特别明显。

二、垄断竞争厂商的需求曲线

由于垄断竞争厂商可以在一定程度上控制自己产品的价格，即通过改变自己所生产的有差别产品的销售量来影响价格，所以和完全垄断市场上的厂商有些相似，同样面临向下倾斜的需求曲线。所不同的是，由于各垄断竞争厂商的产品相互之间都是很接近的替代品，市场中的竞争因素又使得垄断竞争厂商的需求曲线具有较大的弹性。因此，垄断竞争厂商向右下方倾斜的需求曲线是比较平坦的，相对地比较接近完全竞争厂商水平形状的需求曲线。

垄断竞争厂商面临的需求曲线有两种，即主观需求曲线 d 和实际需求曲线 D。主观需求曲线又称为自需求曲线，指某垄断竞争厂商改变产品价格，而其他厂商的产品价格都保持不变时，该厂商的产品价格与需求量之间的关系。如图 6-12 所示，假定某垄断厂商产品的初始价格为 P_0，产量为 Q_0，它想通过将价格降到 P_1 来吸引消费者，以增加销售量。该厂商预期降价后的产量将会由 Q_0 增加到 Q_1，也就是说，这个厂商预期自己的生产可以沿着 d 需求曲线由 A 点移动到 B 点。

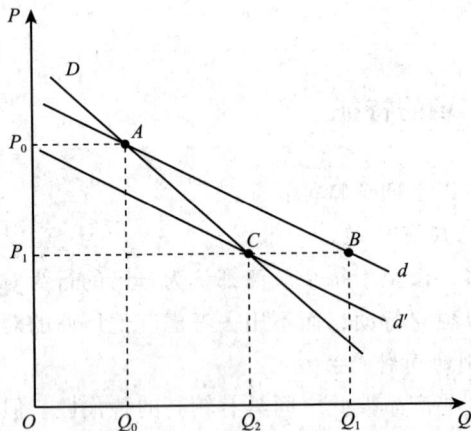

图 6-12　垄断竞争厂商面临的需求曲线

但是，当该厂商采取了降价行动，必然会影响其他厂商的需求量，这些厂商并不会被动接受，而是采取相应的降价行动，以应对该厂商的市场竞争行为。垄断厂商面临的实际需求曲线即指某垄断竞争厂商改变其产品价格，其他厂商跟进采取相应措施后，该垄断竞争厂商产品价格与需求量之间的关系。在图 6-12 中，某垄断厂商将价格由 P_0 调整到 P_1，其他垄断竞争厂商也会跟进降低价格，抢夺失去的市场，因此，该垄断竞争厂商的实际需求并不会增加到 Q_1，而是只增加到 Q_2，这就是沿着该厂商实际需求曲线 D 上的变化。同时，该垄断厂商的主观需求曲线也由 d 向下平移到 d'。

分析可见，垄断竞争厂商面临的实际需求曲线与主观需求曲线都是向右下方倾斜的，但实际需求曲线较主观需求曲线的斜率的绝对值更大，换言之，实际需求曲线的弹性较主观需求曲线的弹性小。

三、垄断竞争市场的均衡

垄断竞争厂商和完全垄断市场上的厂商相似，同样按照利润最大化原则决定自己的产量。对垄断竞争厂商的均衡分析也分为短期均衡分析和长期均衡分析。

（一）短期均衡

在短期内，现有厂商无法通过增加生产要素来扩大生产规模，新厂商也不能进入该行业，产品差异使每一家厂商成为一个小小的"垄断者"。垄断竞争厂商在既定的生产规模下，通过对产量和价格的调整，来实现 $MR = SMC$ 的均衡条件。可以用图 6 - 13 进行分析。

在图 6 - 13（a）中，SAC 曲线和 SMC 曲线分别是厂商现有生产规模下的平均成本和边际成本曲线，d 曲线和 D 曲线表示是厂商的两种需求曲线，MR_1 曲线是相对于 d_1 曲线的边际收益曲线，MR_2 曲线是相对于 d_2 曲线的边际收益曲线。假定厂商最初在 d_1 曲线和 D 曲线相交的 A 点上进行生产。就该厂商在 A 点的价格和产量而言，与实现最大利润的 $MR_1 = SMC$ 的均衡点 E_1 所决定的产量 Q_1 和价格 P_1 相差很远。于是，该厂商决定将生产由 A 点沿着 d_1 需求曲线调整到 B 点，将价格降低为 P_1，将产量增加为 Q_1。然而，市场内的每一个厂商所面临的情况都是相同的，而且每个厂商都是在假定自己改变价格而其他厂商不会改变价格的条件下采取了相同的行动，即都把价格降为 P_1，都计划生产 Q_1 的产量，于是，当整个市场的价格下降为 P_1 时，每个厂商的产量都毫无例外是 Q_2 而不是 Q_1，相应地，每个厂商的 d_1 曲线也都沿着 D 曲线运动到了 d_2 的位置。所以，首次降价的结果是使厂商的经营位置由 A 点沿着 D 曲线运动到了 C 点。在 C 点上，d_2 曲线与 D 曲线相交，d_2 曲线相应的边际收益曲线为 MR_2。显然，C 点上厂商的产品价格 P_1 和产量 Q_2 仍然不符合新的市场价格水平下的 $MR_2 = SMC$ 的均衡点 E_2 上的价格 P_2 和产量 Q_3。因此，该厂商又会进一步降价。相应地，d_2 曲线将向下平移，并与 D 曲线相交。依次类推，厂商为实现 $MR = SMC$ 的利润最大化原则，会继续降低价格，d 曲线会沿着 D 曲线不断向下平移，并在每一个新的市场价格水平与 D 曲线相交。

上述过程一直要持续到厂商没有理由再继续降价为止，即一直要持续到厂商所追求的 $MR = SMC$ 的均衡条件实现为止。如图 6 - 13（b）所示，厂商连续降价行为的最终结果，将使得 d 曲线和 D 曲线相交点 H 上的产量和价格，恰好是 $MR = SMC$ 时的均衡点 E 所要求的产量和价格。此时，厂商便实现了短期均衡，并获得利润，其利润量相当于图中矩形 P_eFGH 面积。当然，垄断竞争厂商在短期均衡点上并非一定能获得最大利润，也可能是损失最小。这取决于均衡价格是大于 SAC 还是小于 SAC。在厂商亏损时，只要均衡价格大于 AVC，厂商在短期内总是继续生产的；只要均衡价格小于 AVC，厂商在短期内就会停产。

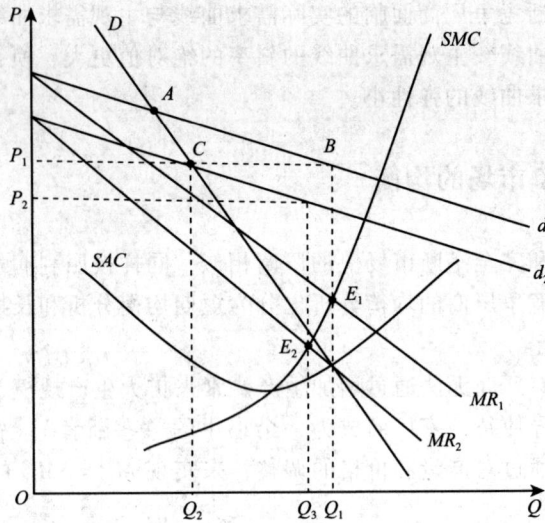

(a)

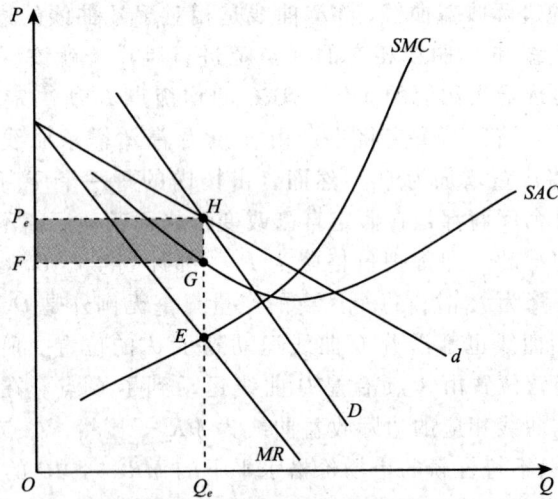

(b)

图 6 – 13 垄断竞争厂商短期均衡

根据上述分析，垄断竞争厂商短期均衡条件是

$$MR = SMC \quad d = D$$

在短期均衡产量上，必定存在一个 d 曲线和 D 曲线的交点，它意味着市场上的供求是相等的。此时，垄断竞争厂商可能获得最大利润，也可能利润为零，还可能蒙受最小亏损。

（二）长期均衡

在长期中，垄断竞争厂商不仅可以调整生产规模，还可以加入或退出市场。由于垄断竞争市场上厂商进出比较自由，在垄断竞争市场上存在利润时，会吸引新的厂商进入市场；相反，如果垄断竞争市场出现亏损，又会引起部分厂商退出市场。这就意味着，垄断竞争厂商在长期均衡时的超额利润必定为零，即在垄断竞争厂商的长期均衡点上，d 需求曲线必定与 LAC 曲线相切。厂商实现长期均衡见图 6–14。厂商在长期均衡产量 Q^* 上，SAC 和 SMC 表示该产量上的最优生产规模，均衡点 E 上有 $MR = SMC = LMC$，d 曲线与 LAC 曲线相切于 LAC 与 SAC 曲线的切点 J，即有 $AR = LAC = SAC$，厂商超额利润为零，并且有 $d = D$。

　　由上分析，得出垄断竞争厂商的长期均衡条件为

$$MR = LMC = SMC \quad AR = LAC = SAC \quad d = D$$

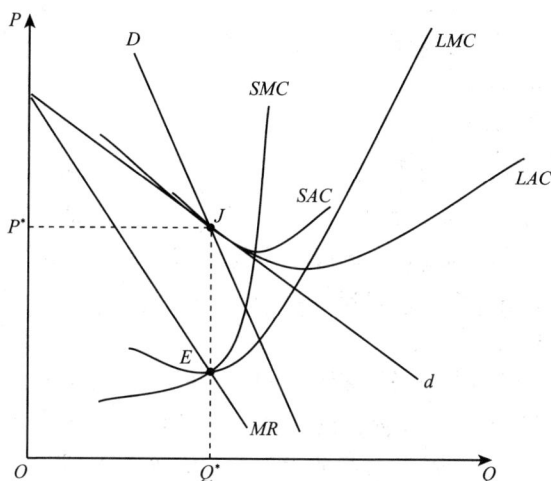

图 6–14　垄断竞争厂商长期均衡

专栏 6–4

垄断竞争与过剩的生产能力

　　在完全竞争市场上，厂商的长期均衡是其生产恰好处在长期平均成本曲线的最低点上，这种生产状况在经济学中被称为一种充分利用了生产能力的状态。而垄断竞争的长期均衡处在其长期平均成本曲线与其所面对的需求曲线相切的点上。由于垄断竞争厂商面对的需求曲线是向右下方倾斜的，意味着垄断竞争厂商的长期均衡处在长期平均成本曲线的左半段上，而不是处于最低点上。显然，如果垄断竞争厂商增加产量，就可降低产品的平均成本，这也就是说，垄断竞争厂商具有过剩的生产能力。在过去，经济学者认为，这种具有过剩生产能力的生产状况表明，垄断竞争是低效率的。

　　但事实上，垄断竞争的这种市场结构有其存在的自然合理性，强制性地将垄断竞争市场"改造"为完全竞争市场是不可能的，也是没有意义的，甚至可能会降低社会的经济福利。迪克西特与斯蒂格利茨在 1977 年撰写的《垄断竞争与最优产品多样化》一文提出了分析垄断竞争的新框架，提出"在具有规模经济的经济中，大批量地生产较少种类的商品，可以节约资源，但这就降低了多样性，造成社会福

利的损失"。因此，当存在市场垄断力量时，市场就能达到有约束的帕累托最优，即在最优地利用规模经济与达成更高的产品多样化之间作出最优的抉择。的确，如果市场上只供给可口可乐，而没有百事可乐，这个世界将是多么的单调无聊啊，即使这两种产品在本质上并无多大区别。

四、垄断竞争方式

垄断竞争市场上的厂商之间存在着十分激烈的竞争，但与完全竞争市场中以价格竞争为主要形式的竞争方式不同，垄断竞争中的厂商不仅存在着价格方面的竞争，也进行着非价格的竞争。

（一）价格竞争

由于产品是相似的乃至同质，垄断竞争市场中厂商不可避免会进行价格竞争，通过降价抢占其他厂商的市场份额。但这样的竞争往往会引发其他厂商的反击，最终导致厂商的利润下降。因此，垄断竞争市场上的价格竞争往往以短期降价促销活动的方式进行，并不会打长期的价格战。

（二）产品变异

垄断竞争厂商在市场上总是不断地"推陈出新"，发布着"新产品"，但这些"新"往往只是在产品外观、分量、包装样式、店面布局等方面的更新，只是新瓶装旧酒。产品变异包括：产品本身品质上的改变，如技术性能、样式、型号、颜色的改变等；包装和装潢改进；服务质量的改进，如提高服务速度、改进服务态度、改变经营方式和销售地点以及销售单位等。产品变异是性质的变动而不是数量的变动，厂商之所以采取产品变异，是想刻意塑造自己的产品与其他厂商产品的差异，以尽量保持其产品的需求曲线在新厂商进入与其他厂商的竞争时能不向下移动。

（三）广告与品牌

垄断竞争厂商往往还通过做广告、塑造品牌等方式强化其产品差异，吸引消费者的注意，强化消费者对其产品的忠诚度，扩大产品的市场影响力，巩固其现有市场份额并抢占其他厂商的市场份额。做广告与塑造品牌往往耗费不菲，垄断厂商之所以采用这种高价的竞争工具，当然是为了获得最大化利润。有学者认为，这种非价格竞争主要是消耗与浪费性的；但也有学者认为，广告与品牌也发挥着传递市场信息、促成市场交易的功能，存在着社会的合理性。

第四节　寡头垄断市场

寡头垄断（oligopoly）是指少数几家厂商控制整个市场的产品生产和销售的市场结构。这种市场结构比完全垄断更常见，如美、日等国的汽车产业、碳酸饮料产业、家用电器产业等。

一、寡头垄断市场特征与分类

（一）寡头垄断市场特征

（1）厂商为数不多。行业或市场的份额被少数几家厂商占有，其他厂商所占市场份额的总和相当低，在分析中可以忽略。由于行业中销售者的数目很少，因此每个寡头厂商的产量和销售量占市场的份额很大，对其产品的价格影响也很大。总之，每个寡头对市场都有巨大的控制能力。

（2）产品既可同质，也可能存在差别。厂商之间竞争十分激烈。

（3）寡头之间相互依存。由于厂商数目不多，每一家厂商占有很大的市场份额，而且寡头提供的又是非常相近的替代品，具有很大的需求交叉弹性，因此在寡头市场，厂商不可能单独行动。一家寡头在价格、产量等方面的变化，必将影响到其他寡头的利益，导致其他寡头相应地也会调整产量和价格，这种改变，反过来又影响该厂商相互依存的关系。这种关系导致寡头垄断市场厂商对价格处于一种特殊的地位，它们既不是价格的制定者，也不是价格的接受者，而是价格的寻求者（seeker）。

（二）寡头垄断的成因

寡头垄断的成因与完全垄断市场的成因相类似，只是在垄断的程度上有所不同而已。产生寡头垄断的主要成因有以下三个方面。

（1）资源的瓜分式占有。如果某产品生产所必需的某一种或几种资源被少数几家厂商所占有，该产品的行业市场就会被这仅有的几家厂商所占有。

（2）规模经济。如果产品市场存在较显著的规模经济效应，且行业市场规模约相当于经济产出规模的数倍，市场竞争将导致那些率先实现了规模扩张，并通过规模的进一步扩张不断提升了自己竞争力的少数企业生存下来，而其他企业则被迫退出市场。

（3）政府的许可与授权。当政府出于政治、经济、社会等方面的原因将资源利用、产品销售或服务提供的权利授予少数几家厂商时，就会形成寡头垄断。

（三）寡头垄断市场的分类

按照不同的分类标准可以对寡头垄断市场进行分类。例如，根据市场中产品差异程度的不同，寡头垄断可分为纯粹寡头垄断（pure oligopoly）和差别寡头垄断（differentiated oligopoly），其中纯粹寡头垄断中各厂商生产的产品几乎是完全同质的，以钢铁、石油和水泥等市场最为典型。差别寡头垄断中各厂商生产的产品一般稍有差异，如汽车、家电、软件等市场最为典型。

根据寡头市场厂商数目的不同，寡头垄断可分为双头垄断（duopoly）和多头垄断（polypoly）。双头垄断指行业市场上只存在两家厂商，多头垄断则指行业市场上存在三家或三家以上的少数厂商。

根据市场中厂商行为方式的不同，寡头垄断可分为独立行动寡头垄断和勾结性寡头垄断。其中，在独立行动寡头垄断市场中各厂商是彼此单独行动，互不串通合谋的；而在勾结性寡头垄断中则存在着厂商之间显性或隐性的相互勾结，联合行动。

第　六　章

二、寡头垄断市场的产量与价格决定

（一）非勾结的寡头垄断模型

1. 古诺模型（Cournot model）

法国数学家、经济学家安东尼·奥古斯丁·古诺（Antoine Augustin Cournot）在 1838 年出版的《财富论的数学原理研究》中首次提出了一个双头垄断模型，它是一个研究厂商之间不存在任何形式的正式或非正式勾结的一个模型。由于它是分析寡头垄断条件下厂商行为的最基本模型，因而被称作寡头垄断理论分析的出发点。

这一模型从矿泉水的利用开始研究。古诺假定提供相同矿泉水的两个矿泉位于同一地点，一个为 A 厂商占有，一个为 B 厂商占有。矿泉资源丰富，取之不竭，购买者则需自备容器。两个厂商除掘井所费固定成本之外，别无其他成本，也就是两个厂商是在销售成本几乎等于零的情况下进行决策选择的。

这一模型在研究中作出了如下假定：

（1）两个厂商销售相同的产品即矿泉水；

（2）产品的边际成本为零；

（3）市场需求曲线是线性的，两个厂商都能准确地了解市场上每一时期的总需求量；

（4）每一厂商的行为反应方式相同，都认为对方将保持产量不变，每一方都消极地以自己的产量去适应对方行为。

模型的研究从假定市场中只有一个 A 厂商开始。这时，相当于一个完全垄断市场。如图 6-15 所示，D_T 和 MR_T 分别表示矿泉水市场的需求曲线和边际收益曲线。对于率先进入市场的唯一 A 厂商来说，市场需求曲线就是 A 厂商的需求曲线，其产量的确定遵循边际收益与边际成本相等的原则。因为假设 $MC=0$，则利润最大化时，$MR=0$，利润最大化点在边际收益曲线与横轴的交点上。这时，A 厂商将生产 Q_1 产量，我们把价格为零时的需求量称为市场饱和需求量，则 Q_1 一定是市场饱和需求量 Q_T 的一半。

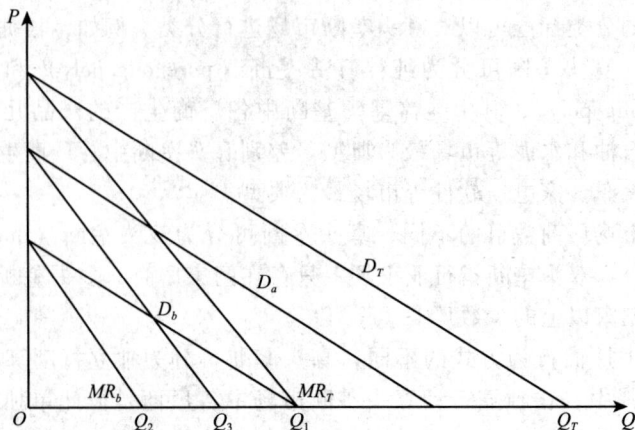

图 6-15 古诺模型

现在 B 厂商进入市场。按照假定，它会假设 A 厂商的产量不发生变化，在这个前提下，它决定自己的产量。此时自己产品的需求曲线就是市场需求曲线减去 Q_1，即由市场需求曲线向左平移 Q_1，如图 6-15 中 D_b 所示，并可得到相应的边际收益曲线 MR_b。B 厂商仍按 $MR = MC$ 的原则安排产量，因为 $MR = MC = 0$，所以 B 厂商的产量仍由 MR_b 与横轴相交的点决定，即图 6-15 中 Q_2，从数值上看，$Q_2 = \frac{1}{2}(Q_T - Q_1)$。也就是说 A 厂商的产量为 $\frac{1}{2}Q_T$，B 厂商的产量为 $Q_2 = \frac{1}{2}(Q_T - Q_1) = \frac{1}{2}\left(Q_T - \frac{1}{2}Q_T\right) = \frac{1}{4}Q_T$。

当 A 厂商发现市场并不是由自己独占，而是与 B 厂商分享时，为追求最大利润，它需要进行调整。此时，由于市场中 B 厂商销售 Q_2 的产量，因此，A 厂商认为自己的需求曲线不再是 D_T，而是总需求曲线减去 Q_2，即把 Q_T 曲线向左平移 Q_2 得到新的需求曲线 D_a。这时 A 厂商会在新的均衡点上进行生产，按照利润最大化原则，假设 A 厂商将生产 Q_3 的产量，则 $Q_3 = \frac{1}{2}(Q_T - Q_2) = \frac{1}{2}\left(Q_T - \frac{1}{4}Q_T\right) = \frac{3}{8}Q_T$。然后 B 厂商会在 A 厂商调整产量之后，继续调整产量。而 A 厂商在 B 厂商调整产量之后还会调整。每次调整，A 厂商的产量比上一次减少了，B 厂商的产量比上一次增加了。

依此类推，在每一次调整中，A、B 两厂商都按相同的方式行动，每个厂商总是生产饱和需求产量 Q_T 与其竞争对手差额的 $\frac{1}{2}$，在每一次调整中，A 厂商的产量依次是 $\frac{1}{2}Q_T$、$\frac{3}{8}Q_T$、$\frac{11}{32}Q_T$……，B 厂商的产量依次是 $\frac{1}{4}Q_T$、$\frac{5}{16}Q_T$、$\frac{21}{64}Q_T$……，A 厂商的产量越来越少，B 厂商的产量越来越多。最后，当 A、B 两个厂商的产量相等时，将不再进行调整。这时，每个厂商的产量是 $\frac{1}{3}Q_T$，总产量是 $\frac{2}{3}Q_T$，达到均衡状态。古诺模型中，没有相互勾结的厂商竞争行为所产生的均衡产量为 $\frac{2}{3}Q_T$，大于垄断产量 Q_1，即 $\frac{1}{2}Q_T$。

以上是以双头垄断为基础进行分析的，可以推广运用。仍假设饱和需求量是 Q_T，当寡头数目为 n 时，每个寡头的均衡产量 $= \frac{1}{n+1}Q_T$，行业的均衡总产量 $= \frac{n}{n+1}Q_T$。

古诺模型的分析是基于厂商之间没有勾结推演得到的。按照英国经济学家张伯伦（E. H. Chamberlin）的研究，如果寡头厂商相互串通，一致行动，就可通过低总产出量扩大利润并瓜分之。在这种情况下，市场就等同于完全垄断市场的情形了。当然，由于厂商在生产成本、经营目标等方面往往存在较大差异，串通往往较难达成。而且即使达成了串通，各厂商还可能秘密行动，增加产量，以提升利润。如果这种秘密行动难以取证，或者即使取到证据，串通协议又不能有效制裁该

"越轨"行为，各厂商就会竞相仿效，使串通瓦解，返回到寡头垄断市场格局。同时，由于串通是有成本的，当产品需求富于弹性时，市场控制并不能给厂商带来较大的利润，串通就是不值得的。只有当产品是缺乏弹性的时候，通过串通控制市场才可能是有效的。例如，石油输出国组织就在较长的时期中通过串通控制了需求价格弹性较小的石油产品的世界市场。

2. 斯威齐模型（Sweezy model）

这一模型是由 20 世纪 30 年代美国经济学家保罗·斯威齐（Paul Marlor Sweezy）建立的。该理论提出，寡头垄断的个别厂商，面对的需求曲线在某一价格上会出现折弯现象，因此这一模型又被称为"折弯需求曲线模型"。在这一模型中，假设寡头垄断者都能够敏锐意识到它的竞争对手以及它们之间的价格与产量决策的相互依存关系，而且寡头厂商对于竞争对手的行为方式预期是悲观的，无论作出什么决策，都从最不利的方面预期竞争对手可能作出的反应：①当某一寡头厂商降低产品价格时，他会认为行业中其他寡头厂商也都将价格下降到相同水平，以避免销售份额的损失。②当某一寡头垄断厂商提高他的产品价格时，他认为行业中的其他寡头厂商都不会变动自己产品的价格。在这两个前提条件下，就会得到一条折弯的需求曲线。

在图 6-16 中，有两条需求曲线。一条是 dd'，表示寡头垄断厂商当竞争对手对其价格变化不作出相应反应的价格与产量组合。假定初始产量为 Q_0，价格为 P_0。事实上，从 A 点出发，如果厂商降价的话，其需求量的增加不可能太多，因为其他厂商也会相应地降低价格。所以，在 P_0 价格以下部分的需求曲线，实际上是弹性较小的 DD' 的一部分。根据假定，从 P_0 出发，当厂商提价时，其他厂商不会有相应行动，因此厂商所面临的需求曲线是 dA 段；当厂商降价时，其他厂商也随之降价，所以厂商面临的需求曲线是 AD' 段。可见，厂商面临的需求曲线是折弯的，A 点以上的部分相对富有弹性，而 A 点以下的部分却相对缺少弹性。

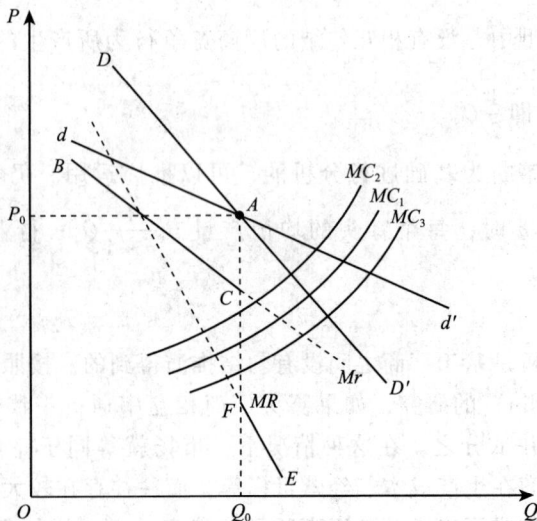

图 6-16　斯威齐模型

　　与折弯的需求曲线相对应，此时厂商的边际收益曲线也不再是一条直线。与 dd' 相对应的边际收益曲线为 Mr，与 DD' 相对应的边际收益曲线为 MR。从图 6-16 中得知，与 dA 段需求曲线对应的边际收益曲线为 BC 段，与 AD' 段需求曲线对应的边际收益曲线为 FE 段。这样，与整条折弯的需求曲线 dAD' 相对应的边际收益曲线就是一条带有缺口的边际收益曲线 $BCFE$，即边际收益曲线在 CF 段是断开的。

　　由于需求曲线是折弯的，对于寡头厂商而言，从一个既定的价格出发，降价的结果是其他厂商也跟随降价，使得自己面临着一条需求价格弹性非常小的需求曲线，因而降价的结果只能减少收益，所以降价不是明智之举。如果涨价，其他寡头厂商将不会改变自己的价格，这将使首先涨价的寡头厂商面临比较有弹性的需求曲线，使得市场份额大幅度下降，从而总收益减少。所以，对于寡头厂商而言，无论涨价还是降价都会使收益减少，寡头厂商会很谨慎地调整产品的价格，从而使得寡头垄断市场的产品价格呈现出价格刚性。

　　有缺口的边际收益曲线也能很好地解释寡头垄断市场的价格刚性。为实现利润最大化，厂商将在边际收益等于边际成本之处进行生产。假定边际成本曲线为 MC_1，厂商将生产 Q_0 产量，索取 P_0 价格。但如果边际成本发生变化，向上移动或者向下移动，图 6-16 中的 MC_2、MC_3，只要变动未超过 CF 段，厂商都不会改变价格和产量。另外只要需求曲线折点的位置不发生变化，即使需求状况在一定范围内发生变化，厂商有利可图的产量和价格仍是 Q_0 和 P_0。

　　斯威齐模型说明，一旦均衡价格 P_0 形成，它将在很长的时间内被保持下来。美国钢铁业就是一个典型的例子，从 1901 年开始，每吨钢铁 43 美元的价格被保持了 15 年，尽管这期间的需求和成本都发生了很大的变化。斯威齐模型在一定程度上解释了寡头垄断市场的价格刚性问题。不过，这一模型也受到了一些经济学家的批评，因为这一模型并没有说明最初的价格是如何决定的。

（二）勾结的寡头垄断模型

1. 卡特尔模型

　　由于寡头垄断市场的企业数目非常少，并且它们之间相互依存，这往往使企业意识到，如果企业之间相互竞争，容易导致两败俱伤。因此，寡头企业往往采取勾结、合谋的行为。最常见的形式就是卡特尔。

　　卡特尔是指独立的企业之间就价格、产量及瓜分销售区域等事项公开和正式建立的勾结性协议。虽然在欧洲国家中卡特尔普遍存在，但在美国，卡特尔一般是非法的。通常，通过卡特尔协定，寡头企业合并成为一个完全垄断企业。市场的需求曲线就是卡特尔面临的需求曲线，而每个企业的边际成本曲线的水平加总，可以获得整个卡特尔的边际成本曲线。根据边际收益等于边际成本的原则，可确定作为一个完全垄断企业的卡特尔的利润最大化产量和相应的价格。这种方法保证了寡头企业作为一个整体所获得的利润是最大的。

　　作为卡特尔的成员，寡头企业可以享受到比较高的产品价格，但代价是不能随意决定产量，只能接受卡特尔的限额。卡特尔会把最大化利润时的产量在各个成员企业之间进行分配。在理论上，最合理的分配方法是使得每名成员企业的边际成本相等，但在具体实施中会遇到许多困难，因为产量分配实际上是一种利益的分配，这种限额的分配受到各企业的地位和谈判能力、企业已有的生产能力、销售规模以及地区划分的影响。各企业的配额决定后，对于单个企业而言，在其他企业遵守协议的情况下，极有愿望突破限额。

在现实经济生活中，卡特尔具有不稳定性，也不能持久，一般不超过 5～10年。对企业而言，加入卡特尔，得到的好处是能以垄断高价卖出产品，但付出的代价是必须接受卡特尔的市场限额。因此，卡特尔成员企业既想保持住高价，又不愿遵循产量限制。企业有一种增加产量的冲动，因为产量增加后，以高价出售会获取高额利润。所以，企业可能会脱离卡特尔或违反协议进行暗中欺骗。如果不被惩罚，企业利润会增加，但如果有此行为的企业不止一家，则行业产量将大幅度扩大，垄断高价将无法维持，卡特尔将会瓦解。

专栏 6 - 5

卡特尔与欧佩克

卡特尔为法语 cartel 的音译，原意为协定或同盟。生产同类商品的企业为了垄断市场，获取高额利润而达成有关划分销售市场、规定产品产量、确定商品价格等方面的协议所形成的垄断性企业联合。卡特尔最早在 1865 年产生于德国，第一次世界大战后在各资本主义国家迅速发展。生产同类商品的企业作为卡特尔成员，各自在法律上保持其法人资格，独立进行生产经营，但必须遵守协议所规定的内容。由于成员企业之间的经济实力对比往往因为经济发展而变化，卡特尔的垄断联合缺乏稳定性和持久性，经常需要重新签订协议，甚至会因成员企业在争取销售市场和扩大产销限额的竞争中违反协议而瓦解。美国的反托拉斯法规定，卡特尔是非法的。

卡特尔也常常是国际性的。石油输出国组织（OPEC, Organization of Petroleum Exporting Countries，中文音译为欧佩克）是一个典型。欧佩克成立于 1960 年 9 月 14 日，1962 年 11 月 6 日在联合国秘书处备案，成为正式的国际组织，其总部设在维也纳。欧佩克最初的发起国是伊朗、伊拉克、科威特、沙特阿拉伯和委内瑞拉五国，截至 2020 年 5 月有 13 个成员国，包括阿尔及利亚、安哥拉、刚果（布）、赤道几内亚、加蓬、伊朗、伊拉克、科威特、利比亚、尼日利亚、沙特阿拉伯、阿联酋、委内瑞拉。卡塔尔于 2019 年 1 月、厄瓜多尔于 2020 年 1 月退出欧佩克。欧佩克的宗旨是协调和统一成员国的石油政策，维护各自的和共同的利益。近年来曾多次使得石油价格暴涨来抗衡美国等西方发达国家，为平衡世界力量有不可小觑的作用。该组织成员国共控制了全球约 2/3 的石油储备并提供 40% 以上的石油消费量。

2. 价格领先制模型

由于公开的勾结会受到法律等阻碍，寡头垄断企业常常采取非公开的方式进行勾结。价格领先制模型就是一种非正式签订协议的寡头市场模型。在这种模型中，虽无公开协议，但各企业会默认一些共同的准则，当某一企业率先变动价格后，行业中其他企业跟着执行、统一行动。这一模型又以处于领导地位的企业的特点不同而分为三种情况。

（1）晴雨表型价格领先制。在这种价格决定方式中，处于领导地位的企业在行业中不一定具有绝对优势，也没有实力统治其他企业。但是它能及时预感到价格变化的倾向和可能的幅度，合理而准确地反映整个行业基本的成本和需求状况，如同能够反映气候变化的晴雨表。当市场萧条时，可能带头降价；当市场需求状况好转时，可能带头提价。

（2）低成本企业价格领先制。在这一定价模式中，寡头垄断者为了保持其产品的市场销路，放弃能给自己带来最大利润的均衡价格，而把低成本企业最大利润时的市场价格作为自己的销售价格。假设 A 企业是低成本企业，B 企业是高成本企业。B 企业如果按照自己的边际成本与边际收益相等时的价格出售产品，价格一定会高于 A 企业。这样 B 企业就会把顾客推向售价更低的 A 企业。购买 B 企业产品的消费者，只剩下信息不灵或因 A 企业卖空而只好出高价的购买者。同时，面对这种状况，A 企业可能会扩大生产规模，增加供给，使得 B 企业受到严重排挤，面临着产品也卖不出去的危险。所以，为了能够继续生存而不至于被 A 企业排挤出行业，B 企业只好也以 A 企业的价格出售其产品，以牺牲一部分利润的方式避免和A 企业的竞争，这样做对 B 企业来说是一个明智之举。所以，在这种定价模式中，低成本企业是价格领导者，而高成本企业是价格的追随者。

（3）支配企业价格领先制。这种价格决定模式是指寡头企业中如果有一个规模很大、具有市场支配能力的企业，它将按利润最大化原则制定销售产品的价格，同时也使其他企业销售它们所希望销售的全部数量，其他企业在价格上则像完全竞争企业那样，只是一个接受者，接受支配企业制定的价格。这种价格决定模式实际上是大企业对小企业某种程度上的让步，因为对于大企业而言，完全有可能制定一个很低的价格，足以把小企业从市场中赶出去，但由于一些法律上的限制，大企业的这种为排除竞争而进行的低价措施一般是不会采用的，以保证各种规模企业能够相安无事。

3. 成本加成定价模型

寡头垄断企业为了避免价格的频繁波动，在需求具有不确定性以及计算收益和成本比较复杂的情况下，往往采取一种较为简单的定价方法，这就是成本加利润定价法。成本加成法首先按一定产量水平计算平均成本。它是根据该企业生产能力的某一百分比确定一个标准产量，再根据这一产量计算出相应的包括固定成本与可变成本的平均成本。然后，在平均成本的基础上，加上一个按百分比计算的毛利，毛利的参考依据是全行业的利润率。如果用 r 表示加成百分比，则

$$P = AC(1 + r)$$

这种方法比较简单，可使各企业确定出相同或者相似的价格，但不一定使各企业都获得最大化利润。其优点是价格稳定，无须随产量变化而变化，当行业中所有企业都采用这种方法时，能够产生一个稳定的价格格局，避免了价格竞争的不利后果。

（三）博弈论与寡头企业的决策

传统的微观经济决策理论是在假设其他条件不变的情况下，研究经济主体的决策行为，很少考虑决策者对他人的影响，也不考虑他人对决策者的影响。但是在寡头垄

断市场上，寡头之间既互相合作又互相勾结，市场往往存在不确定性，因而传统理论对寡头决策行为的解释一直没有取得令人满意的成果。博弈论的发展，为寡头垄断市场的研究提供了良好的工具。由于博弈论研究在既合作又冲突的情况下个人或组织的决策行为，和寡头垄断市场非常接近，因而可以用博弈论来研究寡头企业的决策行为。

博弈论（game theory）也称对策论，是研究在策略性环境下如何进行策略性决策和采取策略性行动的科学。策略性环境是指，每一个人进行的决策和采取的行动都会对其他人产生影响。策略性决策和策略性行动是指，每一个人要根据其他人的可能反应来决定自己的决策和行动。任何一个博弈都具有三个基本要素：局中人、局中人的策略和参与人的支付。所谓局中人，也称参与人，是在博弈中进行决策的个体。局中人通过在博弈中选择最优的行动和决策来使自己的目标函数（如效用或期望效用）达到最大。在任何一个博弈中，都至少有两个局中人。局中人的策略，指的是一项规则，根据该规则，局中人在博弈的每一时点上选择如何行动。每一个局中人至少应有两个可供选择的策略，因为如果只有一个策略，就没有选择的必要。所谓局中人的支付，是指在所有局中人都选择了各自的策略且博弈已经完成之后，局中人获得的效用（或期望效用）。在一个博弈中，当所有的局中人都选择了自己的策略时，就得到一个策略组合，对于每一个策略组合，每一个局中人会得到一个支付，所有这些局中人的支付合在一起，即构成相对于某个策略组合的支付组合，通常用一个矩阵列出来，所以也称为支付矩阵。运用博弈论研究寡头垄断市场寡头厂商的行为，可以从囚徒困境开始。

假设有两个人甲和乙，因为涉嫌一次犯罪而被捕，并且被警方分别关在两个房间审讯，他们面临的形势是：如果两个人都坦白，那么将各被判处 6 年有期徒刑；如果一方坦白另一方不坦白，那么坦白者从宽，判处 1 年徒刑，抗拒者从严，判处 8 年徒刑；如果两个人均不坦白，则各被判处 2 年徒刑。可见，两个局中人都有两种策略，他们的支付函数可以用图 6－17 的矩阵形式表示。

		乙	
		坦白	不坦白
甲	坦白	−6, −6	−1, −8
	不坦白	−8, −1	−2, −2

图 6－17　囚徒困境

在支付矩阵中，方框内的第一个数字表示局中人甲在对应策略组合形成的结局中得到的支付；第二个数字表示局中人乙的相应支付。从支付矩阵可以看出，如果两个人都不坦白，各自判处 2 年徒刑。这表面上是一个最优的结果，但是，对于甲而言，如果他不坦白而乙坦白了，他将被判处 8 年徒刑；而如果他坦白，他将判处 6 年徒刑。因此相比而言，无论乙如何决策，甲坦白比不坦白的好处都要大。同样，对于乙而言，坦白也比不坦白更好。最终两个人都选择了坦白。

从囚徒困境模型可知，甲和乙各自都有两个条件策略和与此相联系的两个条件策略组合，合起来共有四个条件策略和四个条件策略组合。条件策略或条件策略组合具有一个非常重要的性质，即它代表了博弈中某个局中人在某个条件下的均衡状态。例如，甲的第一个条件策略组合（坦白，不坦白），甲的选择即坦白是最优的，因而他没有单独改变策略的倾向，尽管此时乙有可能单独改变自己的策略；乙的第一条件策略组合（坦白，不坦白），乙的选择即坦白也是最优的，因而他也没有单独改变策略的倾向，尽管此时甲有可能单独改变自己的策略。由此可见，如果要想让甲和乙同时都不再有单独改变策略的倾向，其要求的必然是，他们的条件策略组合恰好相同，例如（坦白，坦白）既是甲的条件策略组合，也是乙的条件策略组合，所以在该策略组合上，甲和乙都不再有单独改变策略的倾向。当两个局中人的条件组合恰好相同，从而两个人都不再单独改变策略的倾向时，整个博弈就达到了均衡。博弈均衡是博弈各方最终选取的策略组合，是博弈的最终结果，或称为博弈的解。这种均衡被称为"纳什均衡"。所谓纳什均衡，指的是局中人的这样一种策略组合，在该策略组合上，任何局中人单独改变策略都不会得到好处。从图 6－17 可以看出，策略组合（坦白，坦白）是一个纳什均衡，而（不坦白，坦白）或（坦白，不坦白）的策略组合不是纳什均衡。这是因为，在这些策略组合上，局中人都会单独改变策略，即从不坦白到坦白。

　　囚徒困境反映了一个很深刻的问题：个体理性不等于集体理性。在这个例子中，局中人的理性选择是坦白，双方各被判处 6 年徒刑，然而事实上他们可以有更好的结局，即双方都不坦白而各自只被判处 2 年徒刑，用经济学的术语说，其中存在帕累托改进的机会。囚徒困境显然不符合集体理性的要求，囚徒陷入了理性的困境。在经济学中，假定人都是理性的，每个人都为自己的利益而努力，但每个人都只考虑自己的利益，不一定能够得到帕累托最优的结局，存在使局中人利益都得到改进的可能性但却无法利用，这种情况就是市场失灵。

　　在寡头垄断市场上，寡头企业在进行策略选择时，也会出现囚徒困境。每家企业都从自身出发，追求利润最大化，但结果不一定尽如人意。例如，在卡特尔中，企业的超限额冲动，虽然策略组合也会带来纳什均衡，但最终却可能导致价格下降，利润减少。各企业行为单独看似乎是最佳选择，但对各方共同利益来说，则可能是坏的选择。例如，在图 6－18 中，支付矩阵列出了卡特尔协议中两个企业的行为选择。

		乙	
		遵守协议	不遵守协议
甲	遵守协议	400，400	100，500
	不遵守协议	500，100	300，300

图 6－18　卡特尔协议中的企业行为

　　分析两个企业的决策过程。在甲企业看来，如果乙遵守协议而自己不遵守，其利润要比乙的利润多出 400（500－100），而如果自己遵守协议而乙不遵守协议，其利润要比乙少 400，至少低于（不遵守，不遵守）时的利润 300。因此，不管乙选择何种策略，甲选择不遵守的策略总比选择遵守的策略要好，所以甲会选择不遵守的策略。同样，乙也会选择不遵守的策略。在这个卡特尔协议中，两个企业都选择了不遵守协议，博弈的结果就是（不遵守，不遵守），这是一个纳什均衡结果。虽然博弈论仍然没有对寡头垄断企业的行为做出十分完美的解释，但它为寡头垄断这一具有高度不确定性的市场结构开辟了一个新的研究途径。

专栏6-6

博弈论简介

博弈论思想古已有之，《史记·孙子吴起列传第五》就记载了军事家孙膑采取博弈论思维给齐国大将田忌出谋划策战胜了对手的故事，也就是流传的"田忌赛马"的故事。1928年，冯·诺依曼证明了博弈论的基本原理，标志着博弈论的正式诞生。1944年，冯·诺依曼和摩根斯坦出版了《博弈论与经济行为》，将二人博弈推广到n人博弈结构并将博弈论系统地应用于经济领域。随后，约翰·福布斯·纳什（1950，1951）利用不动点定理证明了均衡点的存在，为博弈论的一般化奠定了坚实的基础。

现代博弈论是分析博弈行为中斗争各方是否存在着最合理的行为方案，以及如何找到这个合理的行为方案的数学理论和方法。一个标准的博弈模型包括决策人、对抗者、局中人、策略、支付、次序、均衡七个方面。而根据相互发生作用的当事人之间有没有一个具有约束力的协议，可以把博弈分为合作博弈和非合作博弈；根据行为的时间序列性分为静态博弈和动态博弈；根据局中人对其他局中人了解程度的不同可分为完全信息博弈和不完全信息博弈。经济学中的经典博弈分析模型较多，如囚徒困境博弈、交通博弈、智猪博弈、情侣博弈等。

例如，智猪博弈就分析了如下情境下的局势均衡：

假设猪圈里有一头大猪、一头小猪。猪圈的一头有猪食槽，另一头安装着控制猪食供应的按钮，按一下按钮会有10个单位的猪食进槽，但是谁按按钮就会首先付出2个单位的成本，若大猪先到槽边，大小猪吃到食物的收益比是9:1；同时到槽边，收益比是7:3；小猪先到槽边，收益比是6:4。

如果两头猪都是有智慧的，最终的结果将是小猪选择等待。这是因为，在大猪选择行动的前提下，小猪如果选择等待，小猪可得到4个单位的纯收益，而小猪行动的话，则仅仅可以获得大猪吃剩的1个单位的纯收益，所以等待优于行动；在大猪选择等待的前提下，小猪如果行动，小猪的收入将不抵成本，纯收益为−1单位，如果小猪也选择等待，那么小猪的收益为零，成本也为零，总之，等待还是要优于行动。

用博弈论中的支付矩阵可以更清晰地刻画出小猪的选择：

<table>
<tr><td></td><td></td><td colspan="2">小猪</td></tr>
<tr><td></td><td></td><td>行动</td><td>等待</td></tr>
<tr><td rowspan="2">大猪</td><td>行动</td><td>5，1</td><td>4，4</td></tr>
<tr><td>等待</td><td>9，−1</td><td>0，0</td></tr>
</table>

从矩阵中可以看出，当大猪选择行动的时候，小猪如果行动，其收益是1，而小猪等待的话，收益是4，所以小猪选择等待；当大猪选择等待的时候，小猪如果行动的话，其收益是 -1，而小猪等待的话，收益是0，所以小猪也选择等待。综合来看，无论大猪是选择行动还是等待，小猪的选择都将是等待，即等待是小猪的占优策略。

第五节　市场结构与经济效率

前面四个小节中分别考察了完全竞争和不完全竞争的市场结构。不同市场结构的价格策略和产量策略是不同的，因而所带来的经济效率也是不同的。下面主要对完全竞争市场和完全垄断市场进行比较，以分析不同市场结构的经济效率。

一、对资源配置效率的比较

在完全竞争条件下，厂商的需求曲线是一条水平线，并且每个厂商的长期利润都为零。所以在长期均衡中，水平的需求曲线相切于 LAC 曲线的最低点，即每个厂商都在长期平均成本最低点上（它同时也是短期平均成本的最低点）经营。如图 6-19 所示。此时，完全竞争市场上的均衡价格为 P_c，均衡产量为 Q_c。在完全垄断条件下，厂商的需求曲线是向右下方倾斜的，在长期均衡产量 Q_m 下，长期成本并不是最低点，此时的均衡价格为 P_m。从图中可见，完全垄断市场的均衡价格高于完全竞争市场，但均衡产量却低于完全竞争市场。所以，在完全垄断市场上，存在着资源浪费的现象，经济效率低于完全竞争市场。

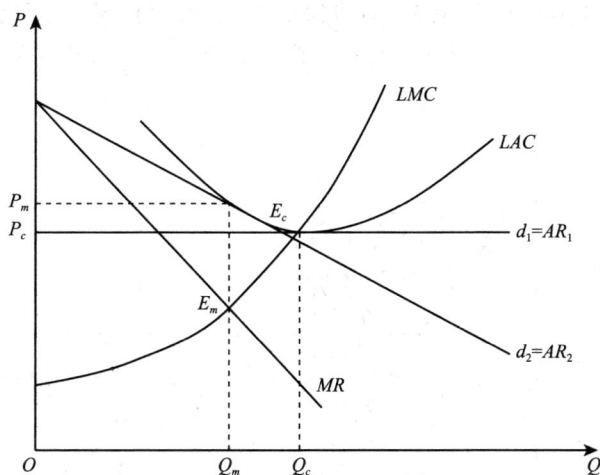

图 6-19　垄断的低效率

第六章

垄断竞争条件下，厂商的需求曲线也是向右下方倾斜的，并且厂商的垄断程度越高，需求曲线越陡峭。在垄断竞争厂商的长期均衡时，需求曲线与 LAC 曲线相切于 LAC 曲线最低点的左边，其均衡价格低于完全垄断市场，但却高于完全竞争市场；均衡产量高于完全垄断市场，但均衡价格低于完全垄断市场。

经济学家认为，一个行业在长期均衡时是否实现了价格等于长期边际成本，即 $P = LMC$，是判断该行业是否实现了有效资源配置的一个条件。商品的市场价格 P 通常被看成是商品的边际社会价格，商品的长期边际成本 LMC 通常被看成是商品的边际社会成本。当 $P = LMC$ 时，商品的边际社会价值等于商品的边际社会成本，它表示资源在该行业中得到了最有效的配置。如果 $P > LMC$，即社会边际价值大于社会边际成本，意味着相对于该商品的需求而言，该商品的供给是不足的，应该有更多的资源转移到该商品的生产中来，以使这种商品的供给增加，价格下降，最后使商品的社会边际价值等于边际社会成本。这样，社会的境况得到了改善。在完全竞争市场中，厂商的长期点在 $P = LMC$ 这一点上，它表明资源在该行业得到了有效的配置。但在不完全竞争市场中，在不同类型厂商的长期均衡点上都有 $P > LMC$，它表示资源在这些非竞争行业生产中的配置是不足的，尤其是在完全垄断市场，独家厂商所维持的低产高价，往往使得资源配置不足的现象更为突出。

二、对社会福利损失的比较

垄断这种市场结构会给消费者以及整个社会都带来福利损失，这可用图 6 – 20 进行分析比较。图中曲线 D 为市场需求曲线，也是垄断厂商面临的需求曲线，根据该曲线可作出垄断厂商的边际收益曲线 MR。MC 表示垄断厂商的边际成本曲线。显然，垄断厂商将选择 $MR = MC$ 时的产量 Q_m 以获取最大利润，此时消费者剩余为三角形 X 的面积，而生产者剩余为 $A + S$。

如果该产品市场是完全竞争的，那么市场供给曲线就是厂商的边际成本曲线，市场均衡就是市场供给曲线与需求曲线的交点 G，此时市场产出量为 Q_c。消费者剩余为图中三角形 X、B 和矩形 A 之和，生产者剩余则为 S 和 C 之和。

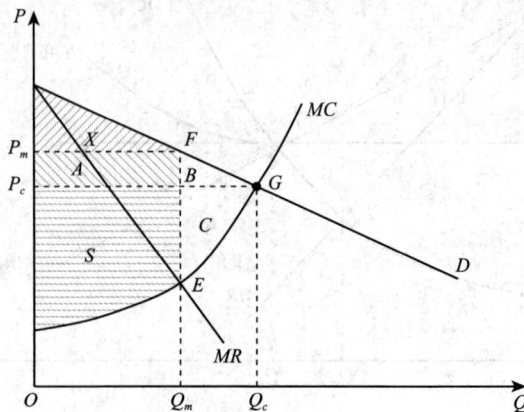

图 6 – 20 垄断的福利损失

对比两种市场结构可知，与完全竞争条件相比，垄断条件下的消费者剩余与生产者剩余之和减小了 $B+C$，这就是垄断所造成的福利损失。同时，图中还显示，完全竞争下的消费者剩余 A 在垄断条件下变为了生产者剩余，这表明垄断厂商剥夺了消费者的福利。在垄断条件下，由于 $P_m > P_c$，并且 $Q_m < Q_c$，表明消费者消费了更少的商品，但却支付了更高的价格。

三、其他比较

除了对不同市场结构的资源配置效率和社会福利损失进行比较以外，经济学家们还对其他方面进行了比较。

1. 关于技术进步

经济学家们认为，由于垄断是获取长期利润的手段，因此垄断厂商会阻碍技术进步，这就造成垄断厂商往往缺乏技术创新的动力，甚至为了防止潜在竞争对手的新技术或新产品对其垄断地位造成的威胁，还可能通过各种方式阻碍技术进步。但也有经济学家反对这种观点，认为垄断是有利于技术进步的。因为，一方面垄断厂商利用高额利润，有雄厚的经济实力进行各种科学研究和技术创新，并将成果运用于生产过程。另一方面，垄断厂商可以凭借自己的垄断地位，在长期内保持由于技术进步所带来的更高的利润，这说明垄断厂商是有动力进行技术进步和产品创新的。

2. 关于规模经济

一些行业的生产，只有在大规模的条件下，才能降低平均成本，获得规模经济的好处。而这往往只有在寡头市场和垄断市场条件下才能做到。如果仅仅只依靠数量多、规模小的完全竞争企业或垄断竞争企业是不可想象的，其结果肯定是无效率的，如钢铁、石油、铁路运输等行业。

3. 关于产品差别和广告支出

经济学家认为，在完全竞争市场条件下，所有厂商的产品是完全相同的，它无法满足消费者的各种偏好。在垄断竞争市场条件下，众多厂商之间的产品是有差别的，多样化的产品使消费者有了更多的选择自由，满足消费者不同的需求。虽然有经济学家认为，过于庞大的广告支出造成了资源的浪费，并抬高了销售价格，但是垄断竞争市场和产品有差别市场的大量广告，为消费者提供和传递了商品和服务信息，提高了市场买卖的达成速度，满足了消费者的不同需求，是有利于资源配置的。

四、不同市场结构的经济效率总结

上述分析表明，按照四种市场结构经济效率的大小排序，依次为完全竞争、垄断竞争、寡头垄断和完全垄断。下面概括总结四种市场结构的需求曲线、供给曲线、均衡条件以及价格、产量、经济利润等方面的特征（见表 6-1）。

第 六 章

表 6 - 1 　　　　　　　　不同市场结构的厂商特征比较

经济特征		市场结构			
		完全竞争	垄断竞争	寡头垄断	完全垄断
市场特征	厂商数目	很多	较多	很少	一个
	进入难度	非常容易	很容易	很难	非常难
	产品同异	同质	有差异	同质或有差异	—
供求曲线	需求曲线	水平，完全弹性	向右下方倾斜，但平坦	向右下方倾斜，较陡峭	向右下方倾斜，陡峭
	供给曲线	向右上方倾斜	无	无	无
均衡状态	均衡条件 短期	$MR = SMC$	$MR = SMC$　$d = D$	—	$MR = SMC$
	长期	$MR = LMC =$ $SMC = LAC = SAC$	$MR = LMC = SMC$ $AR = LAC = SAC$	—	$MR = LMC = SMC$
	均衡价格	最低	较低	较高	最高
	均衡数量	最大	较大	较小	最小
	经济利润		短期内有经济利润、收支相抵或亏损		
		长期内收支相抵		长期内有经济利润或收支相抵	
经济效率		最高	较高	较低	最低

本章小结

1. 市场结构按照竞争程度的不同，可以分为完全竞争市场、垄断竞争市场、寡头市场和完全垄断市场四种类别。完全竞争指有许多交易相同产品的买者与卖者，以至于每一个买者和卖者都是价格接受者的市场结构；完全垄断指只有一名卖者或买者的产品市场结构；寡头垄断指仅存在少数几个厂商的市场结构；垄断竞争则指既存在垄断势力，也有竞争，既不是完全竞争又不是完全垄断的市场结构。

2. 在短期，完全竞争市场中的企业将选择产量使其短期边际成本等于边际收益即市场价格。在长期，厂商的自由进入与退出将使得在完全竞争市场中经营的厂商的边际收益、长期边际成本、长期平均成本均等于市场均衡的价格，且其实现的最大化利润为零。

3. 根据行业产量变化对生产要素价格影响方向的不同，可以将完全竞争行业分为成本递增行业、成本递减行业和成本不变行业。在不同的行业中，完全竞争厂商和行业的长期供给曲线是不同的。

4. 在短期，完全垄断厂商为实现最大化利润将选择在短期边际成本等于边际收益处生产。在长期中，完全垄断厂商将调整其所有投入要素，使生产处于长期边际成本与边际收益相交的点上，但如果在该状态下厂商的长期平均成本高于市场均衡的价格，其将选择退出。

5. 价格歧视是指厂商在同一时期对同一商品索取不同价格的行为。根据价格歧视的程度不同，价格歧视一般被划分为一级价格歧视、二级价格歧视和三级价格歧视三种类型。

6. 在垄断竞争市场上，厂商的自由进出将使市场中厂商的生产恰好处在长期平均成本曲线与其所面对的向右下倾斜的需求曲线相切的点上，且厂商获得的最大化利润为零。垄断竞争中的厂商不但存在着价格方面的竞争，也进行着非价格的竞争。

7. 寡头垄断市场中的厂商生产决策需要考虑其他厂商的生产决策，以及其他厂商对其生产决策的反应。对寡头垄断市场产量与价格的决定分析，有非勾结的寡头垄断模型和勾结的寡头垄断模型。

8. 博弈论的发展，为寡头垄断市场的研究提供了良好的工具。由于博弈论研究在既合作又冲突的情况下个人或组织的决策行为，和寡头垄断市场非常接近，因而可以用博弈论来研究寡头企业的决策行为。

9. 按照市场结构经济效率的大小排序，依次为完全竞争、垄断竞争、寡头垄断和完全垄断。

第 六 章

第七章 | 要素价格与收入分配理论

本章提要

　　本章分析了生产要素价格的决定以及基于生产要素价格决定的收入分配机制。学习中应当重点掌握生产要素需求决策与供给决策的原则，理解劳动、资本、土地与企业家才能的价格形成机制，掌握收入分配状况的衡量方法，并初步了解收入分配政策。

基本概念

　　要素的边际产品　边际产品价值　边际要素成本　工资　劳动的边际生产力　利息　地租　准租金　经济租金　超额利润　洛伦兹曲线　基尼系数

　　前面章节讨论了供求决定产品价格和数量的机制，但这只是经济运行的一个方面。现实市场中除了产品交易以外，还有生产要素的交易。因此在对产品市场讨论之后，需要进一步讨论生产要素市场。19 世纪法国经济学家让·巴蒂斯特·萨伊（Jean Baptiste Say）提出了一个"三位一体"的公式：劳动 - 工资，资本 - 利息，土地 - 地租。以后英国经济学家马歇尔又在此基础上增加了企业家才能 - 利润，从而成为"四位一体"公式。从生产要素所有者的角度看，要素的价格和数量决定了他们凭借这些要素获得收入的多少，而收入则决定了他们对最终产品的占有，因此生产要素价格以及由此决定的收入分配解决的是社会经济中"为谁生产"的问题。

第一节　生产要素的需求与供给

　　经济学将进行社会生产经营活动时所需要的各种社会资源称为生产要素。在现代经济中，经济体中的生产要素主要是通过市场来配置的，因此对生产要素配置问题的分析需要首先研究生产要素的需求与供给问题。

一、完全竞争市场厂商使用生产要素的原则

对生产要素使用的研究，是从完全竞争市场开始的。如果厂商所生产产品的市场是完全竞争的，并且所使用要素的市场也是完全竞争的，这样的厂商就被称为完全竞争市场中的厂商。

（一）边际产品价值

在产品市场上，收益被看成是产量的函数而与生产要素无关。现在把讨论从产品市场转向生产要素市场。假设完全竞争厂商使用的生产要素为劳动 L，要素与产量之间的关系用生产函数表示为

$$Q = Q(L)$$

可以将收益看成是生产要素的函数，用公式表示为

$$R(L) = Q(L) \cdot P$$

在产品市场理论中，收益是产量的函数，收益对产量的导数就是产品的边际收益 MR。在完全竞争条件下，边际收益等于产品的价格，即 $MR = P$。在要素市场理论中，收益是要素的函数，因此以要素为自变量求导，即得到

$$MP = \frac{\mathrm{d}Q(L)}{\mathrm{d}L}$$

它表示厂商追加投入一单位某生产要素所增加的产量，这被称为该**要素的边际产品**（marginal product）。之所以不称为边际产量，是为了与前面的产品的边际收益概念相区别。于是有

$$VMP = MP \cdot P \tag{7.1}$$

VMP 被称为**边际产品价值**，它表示在完全竞争的条件下，厂商追加投入一单位生产要素所增加的收益。

VMP 与 *MR* 的区别在于：*MR* 通常是对产量而言的，所以称为产品的边际收益；*VMP* 是对生产要素而言的，所以被称为生产要素的边际产品价值。

在式（7.1），*MP* 是产量对要素的导数，因此它也是要素的函数。根据边际收益递减规律，该函数曲线向右下方倾斜，即是说，随着要素使用量的增加，边际产品将不断下降。由于要素的边际产品价值 *VMP* 也是要素的函数，并且产品价格 *P* 为正的常数，因此边际产品价值曲线也与边际产品曲线一样向右下方倾斜，如图 7-1 所示。

在图 7-1 中，横轴表示劳动要素 *L* 的数量，纵轴表示边际产品 *MP* 和边际产品价值 *VMP*。由图可见，两条曲线都是向右下方倾斜的，但二者的位置不同。根据式（7.1），*VMP* 曲线的高低取决于两个因素：一是要素的边际产品；二是产品

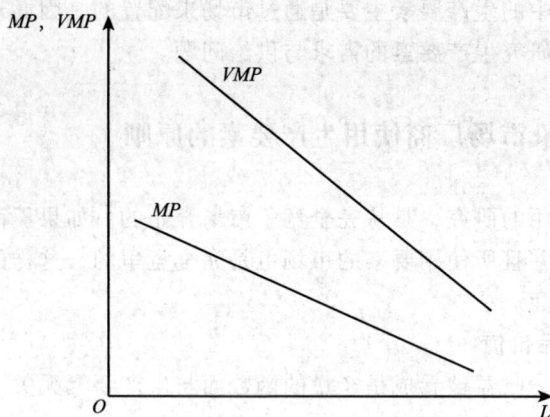

图 7 – 1 边际产品与边际产品价值

价格。随着价格上升或要素的 *MP* 函数的上升，*VMP* 曲线将向右上方移动，反之则相反。*VMP* 曲线与 *MP* 曲线的相对位置，取决于产品价格是大于 1 还是小于 1 或是等于 1。如果产品价格大于 1，则有 *VMP > MP*，表明对于给定的某个要素数量，*VMP* 曲线高于 *MP* 曲线；如果产品价格小于 1，则有 *VMP < MP*，*VMP* 曲线位于 *MP* 曲线之下；如果产品价格等于 1，即 *VMP = MP*，两条曲线完全重合。

（二）边际要素成本

在前述章节中讨论了成本函数，成本函数表示厂商的成本与产量之间的各种关系。可以用公式表示为

$$C = C(Q)$$

由于产量本身也取决于所使用的生产要素的数量，因此成本也可以表示为生产要素的函数。假设使用劳动这种生产要素，并且劳动要素的价格即工资为 W，则使用要素的成本可以表示为

$$C = W \cdot L \tag{7.2}$$

式（7.2）表明，成本等于要素价格和要素数量的乘积。要素价格 W 是既定不变的常数，使用要素的"边际成本"即成本函数对要素的导数恰好就等于劳动价格，表示为

$$\frac{\mathrm{d}C(L)}{\mathrm{d}L} = W \tag{7.3}$$

式（7.3）表明，完全竞争厂商增加使用一单位生产要素所增加的成本，被称为**边际要素成本**（marginal factor cost）。在产品市场中，成本是作为产量的函数，而在要素市场中，成本是要素的函数。因此，边际成本和边际要素成本是不同的。边际成本是增加一单位产品所增加的成本，而边际要素成本则是增加一单位生产要素所增加的成本。

由于使用要素的成本被看作是要素数量的函数，所以它对要素的导数即边际要素成本也是要素数量的函数。不过在完全竞争条件下，这个函数采取了最为简单的

形式，它被看作是一个常数，即不随劳动使用量 *L* 的变化而变化。

（三）厂商使用生产要素的原则

厂商使用生产要素的原则是利润最大化这个一般原则在要素使用问题的具体化，它可以简单地表述为：边际产品价值与边际要素成本相等，即

$$VMP = W \tag{7.4}$$

当 *VMP > W* 时，增加使用一单位生产要素所带来的收益就会大于所增加的成本，厂商就会增加要素使用以提高利润。反之，当 *VMP < W* 时，增加使用一单位生产要素所带来的收益就会小于所增加的成本，厂商就会减少要素使用以提高利润。当 *VMP = W* 时，追求利润最大化的厂商才不再调整要素的使用量，此时厂商实现了利润最大化[①]。

二、生产要素的需求

（一）生产要素需求的特征

要素需求和产品需求在性质上并不完全相同。产品需求来自消费者，消费者购买产品是为了满足衣食住行的需要，追求的是效用最大化，他们对产品的需求是直接的。厂商购买生产要素并不是为了满足自己的直接需求，而是为了生产并出售产品以获得收益。如果消费者不购买产品，厂商就不会购买生产要素。因此厂商对生产要素的需求是由于消费者对产品的直接需求引发的，是一种引致需求或者派生需求（derived demand）。

厂商对生产要素的需求还有一个特点，那就是所谓"联合性"。这主要是由于技术上的原因，各种生产要素要相互结合才能生产出产品，如机器（资本）与人（劳动）相组合才能生产出产品。生产要素需求的这种联合性特征使得各种要素之间的关联性较不同产品之间的关联性显著得多。因此，对某一生产要素的需求，往往不仅取决于该生产要素的价格，而且还要受到其他生产要素价格的影响。

（二）厂商对生产要素的需求曲线

式（7.4）可以进一步表示为

$$VMP = P \cdot MP(L) = W$$

假设要素价格 *W* 上升，使 $P \cdot MP(L) < W$，为了重新回到均衡点，厂商必须调整生产要素使用量 *L*，使 *MP*（*L*）上升进而 $P \cdot MP$（*L*）上升。根据边际收益递减规律，只有通过减少生产要素使用量才能达到这个目的。这就意味着，随着生产要素价格的上升，厂商对生产要素的最佳使用量即需求量将下降。因此，完全竞争厂商的要素需求曲线与其边际产品价值曲线一样向右下方倾斜，如图 7 - 2 所示。

---

① 可以用数学方法推导要素使用原则。假设 π 为完全竞争厂商的利润，它是要素 *L* 的函数，利润可表示为 $\pi(L) = P \cdot Q(L) - W \cdot L$。为了达到利润最大化，必须使：$\dfrac{\mathrm{d}\pi(L)}{\mathrm{d}L} = P\left[\dfrac{\mathrm{d}Q(L)}{\mathrm{d}L}\right] - W = 0$，即 $P\left[\dfrac{\mathrm{d}Q(L)}{\mathrm{d}L}\right] = W$，这就是 *VMP = W*。

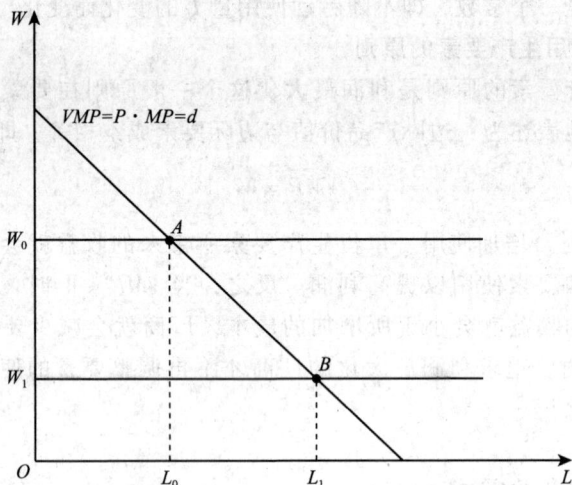

图 7-2 完全竞争厂商的要素需求曲线

式（7.4）左边表示，边际产品价值是要素 L 的函数，即向右下方倾斜的 VMP 曲线；式（7.4）右边要素的价格 W 也是 L 的函数，只是由于完全竞争市场假定要素价格 W 为一个常数，因而是一条水平线。VMP 曲线与 W_0 曲线的交点 A 表示在要素价格为 W_0 时，根据 $VMP = W$ 这一利润最大化原则，要素需求量为 L_0。同样地，如果给定另外一个要素价格 W_1，则有另外一个交点 B，此时要素需求量为 L_1。可见，完全竞争厂商对要素的需求曲线与要素的 VMP 曲线是重合的。

需要指出的是，尽管生产要素的需求曲线与其 VMP 曲线重合，但却表示不同的含义。首先，二者各自包含的变量不同。作为 VMP 曲线，它的 L 表示生产要素的使用量，而作为生产要素的需求曲线，L 表示要素的最优使用量或需求量。其次，二者反映的函数关系也不同。对于 VMP 曲线，自变量是要素的使用量 L，VMP 是要素使用量的函数；对于要素需求曲线，自变量却是要素价格 W，要素需求 L 是价格的函数。

三、生产要素的供给

生产要素的所有者将其拥有的生产要素的一部分乃至全部供给市场，就可以获得收入。厂商和个人（或称为家庭、消费者等）是要素的两类供给者。在提供要素时，厂商的依据是利润最大化原则，个人的依据则是效用最大化原则。

（一）生产要素的供给特征

在完全竞争条件下，生产要素的供给对单个厂商来说是完全弹性的，但整个行业所面临的要素供给曲线却不是这样。对于大多数作为生产要素的中间产品来说，除非价格上升，否则整个市场供给的生产要素总量是不会增加的。而在一些特殊情况下，整个行业所面对的要素供给是完全无弹性的。

一般来说，要素的供给曲线是向右上方倾斜的，因为随着要素价格的上升，个人愿意供给的要素数量会增加。推广到整个市场的要素供给曲线，可以通过将所有个人的要素供给曲线水平相加而得到。但是，对不同的生产要素来说，供给曲线的形成却不尽相同。例如，机器、设备、厂房等资本品的供给价格和供给量主要与生产和再生产该种生产要素的成本有关；土地的供给价格和供给量与某一时期的土地存量有关；劳动的供给价格和供给量与供给者的偏好、机会成本有关。

与产品供给不同，要素的供给还有一个显著特点，即要素所有者在一定时期内可供给的要素数量往往是有限的。例如，劳动者每天只能拥有 24 小时，所以劳动供给不可能超过这一时长；土地所有者拥有的土地也是有限度的，如为 200 亩，他可能的土地供给不可能超过这一数值；资本所有者拥有现金 10 万元，他的储蓄（即资本供给）不可能高于这一数额。

（二）生产要素的供给原则

生产要素的供给者可以分为厂商和个人（家庭）两类，他们对于生产要素的供给有所不同，需要分类讨论。

对于供给生产要素的厂商而言，厂商生产的机器设备等是其他厂商的生产要素，但对这个厂商而言，这些东西是他们的产品，因而这个厂商也在追求利润最大化。可见，这些要素的供给可以按照产品市场的供给进行分析，其供给原则也和产品市场上的产品供给原则相一致，在此不再赘述。

对于供给生产要素的个人（家庭）而言，提供生产要素的目的在于获得收入以购买其他商品进行消费。因此，个人（家庭）生产要素的供给往往要考虑要素价格、自身的偏好等因素，将其所拥有的要素在"供给市场"与"自用"之间进行分配，以实现效用最大化。如图 7 - 3 所示，横轴 L 表示自用生产要素的数量，纵轴 Y 表示向市场提供生产要素所带来的收入。U_1、U_2、U_3 表示生产要素所有者的一组效用无差异曲线，每一条无差异曲线上的点均具有相同的效用水平。

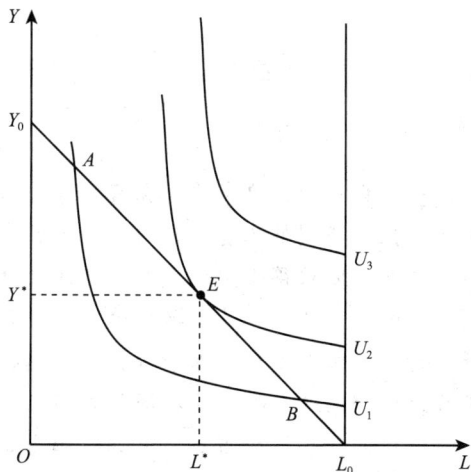

图 7 - 3　要素供给数量的决定

假设个人在初始时拥有 L_0 既定资源，并且假设要素价格为 W，如果他将 L_0 数量的要素全部提供给市场，可获得 $Y_0 = L_0 \cdot W$ 的收入，连接横轴上的 L_0 和纵轴上的 Y_0 点就是要素所有者的预算约束线。要素所有者面对的问题是：在预算约束线之下，如何选择收入 Y 和自有资源 L 的组合，以使得效用最大化。如图 7 - 3 所示，这一最优组合就是预算约束线与无差异曲线 U_2 的切点 E。此时，该要素所有者将数量为 L^* 的要素自用，而将数量为 $L_0 - L^*$ 的要素供给市场，并获得 Y^* 的收入。

显然，对最优点 E，无差异曲线在该点的切线斜率等于预算线的斜率。预算线的斜率可以推导得到

$$-\frac{Y_0}{L_0} = -\frac{L_0 \cdot W}{L_0} = -W$$

即预算线的斜率是要素价格的相反数。

无差异曲线的斜率可以表示为收入对自用要素数量的导数 $\dfrac{\mathrm{d}Y}{\mathrm{d}L^*}$，因此对最优点 E 有

$$-\frac{\mathrm{d}Y}{\mathrm{d}L^*} = W \tag{7.5}$$

式 (7.5) 表明，要素所有者为增加一单位自用资源所愿意减少的收入量要等于必须减少的收入量。例如，某人考虑花 2 个小时去看一场电影，如果他愿意放弃的收入是 100 元，而市场上工作 2 小时的工资为 70 元，则有 $-\dfrac{\mathrm{d}Y}{\mathrm{d}L^*} > W$，这时他将会选择去看电影而放弃工作；反之，如果市场上工作 2 小时的工资为 120 元，则有 $-\dfrac{\mathrm{d}Y}{\mathrm{d}L^*} < W$，这时他将会放弃看电影而选择工作。如果他愿意放弃的收入是 100 元，市场上工作 2 小时的工资为 100 元，即有 $-\dfrac{\mathrm{d}Y}{\mathrm{d}L^*} = W$，这时的生产要素供给决策能够实现效用最大化。

专栏 7 – 1

社会福利与"养懒人"

在欧洲的许多国家，一个失业者只要表明正在有意寻找工作，就可以领取政府救济金。一些技术水平差，仅能找到低工资工作的人因此常常假意寻找工作，或者找到工作之后故意犯错被解雇，以够得上申领失业救济的条件。相关研究表明，失业救济金水平越高、领取的期限越长，失业人数就越多，并且失业时间越长。

社会常常批判这样的行为，但对于这些人来说，如此选择恰恰是理性的。这是因为，如果他找到了工作，就会失去领取失业救济的资格，当新工作的工资水平低于失业救济的给付水平时，他的理性选择当然是失业。而当新工作的工资水平仅稍高于失业救济的给付水平时，他的理性选择仍然可能是失业，因为这部分增加的收入给他带来的效用可能比不上他游手好闲给他带来的效用。

欧洲多国政府已认识到现有福利制度的这一弊端，并着手改革。英国政府在 2011 年 2 月 17 日就公布了福利制度改革方案，承诺帮助失业者再就业，同时警告失业者如果拒绝工作、靠领取救济过日子将面临处罚。

第二节　生产要素价格的决定

马歇尔的"四位一体"公式概括了分配理论的核心，即在生产中，劳动者提供劳动，获得工资；资本所有者提供资本，获得利息；地主提供土地，获得地租；企业家提供企业家才能，获得利润。换言之，各种生产要素都根据自己在生产中所作出的贡献获得相应的报酬。

一、劳动与工资

（一）工资的含义和分类

工资是劳动这种生产要素的报酬，也是劳动这种生产要素的价格。工资有狭义和广义之分，狭义的工资指货币工资，不包括福利；广义的工资指各种形式的劳动报酬的总和，包括狭义的工资、奖金、津贴、补贴、加班费以及厂商提供的员工福利等。

可以从不同角度划分工资的种类。按计算方式的不同，工资可分为计时工资和计件工资。计时工资是按劳动者工作时间的长短和工作完成情况来计算的工资；计件工资是按劳动者完成的工作数量和质量来计算的工资。按支付方式的不同，工资可分为货币工资和实物工资。货币工资指厂商以货币方式支付给劳动者的工资；实物工资则指厂商以实物形式支付给劳动者的工资。实物工资可以折算为货币工资。在现代社会，实物工资方式较少采用，但年终时厂商发放给员工的年货就是一种实物工资。按是否考虑了物价因素，工资可分为名义工资和实际工资。名义工资是没有考虑物价因素对购买力影响的工资；实际工资则考虑了物价因素对购买力影响的工资。在物价变化时，如果名义工资不变，实际工资随物价的变化呈反方向变化，即当名义工资不变，物价上升时，实际工资就会下降，因为此时工资的实际购买力下降了。

（二）完全竞争市场工资的决定

这里所说的完全竞争，是指在劳动市场上的完全竞争状况，无论是劳动力的买方或卖方都不存在对劳动的垄断。在这种情况下，工资完全是由劳动的供求关系所决定的。

1. 劳动的需求

厂商对劳动的需求取决于多种因素，如市场对产品的需求、劳动的价格、劳动在生产中的重要性等，但劳动的需求主要还是取决于劳动的边际生产力。所谓**劳动的边际生产力**，是指在其他条件不变的情况下，增加一单位劳动所增加的产量。劳动的边际生产力是递减的。厂商在购买劳动时要使劳动的边际成本（即工资）等于劳动的边际产品价值。如果劳动的边际产品价值大于工资，说明增加劳动的投入可以带来更多的利润，劳动的需求就会增加；如果劳动的边际产品价值小于工资，说明增加劳动的投入反而使利润降低，劳动的需求就会减少。因此，劳动的需求曲线是一条向右下方倾斜的曲线，表明劳动的需求量与工资呈反方向变动。

2. 劳动的供给

劳动的供给主要取决于劳动的成本。劳动的成本包括了两类：一类是实际成本，即维持劳动者及其家庭所必需的生活资料的费用，以及培养、教育劳动者的费用；另一类是心理成本，劳动者以牺牲闲暇享受作为代价，劳动会给劳动者心理上带来负效用，补偿劳动这种心理上负效用的费用就是劳动的心理成本。

人们的时间也是稀缺资源。每个人一天只有 24 小时，除了基本生理需要所花费的时间以外，用于劳动和闲暇的时间是有限的。如果用于劳动的时间多了，用于闲暇的时间就会相应减少。因此当工资较低时，随着工资的上升，劳动者将投入更多的时间用于劳动，以获得更高的收入，此时劳动者的劳动供给量会增加。不过，当工资上升到某一水平（W^*）后，劳动者反而将减少劳动供给，如图 7-4 所示。从图上看，劳动供给曲线先是向右上方倾斜，斜率为正，继而向左上方倾斜，斜率为负，这条供给曲线被称为**向后弯曲的劳动供给曲线**。

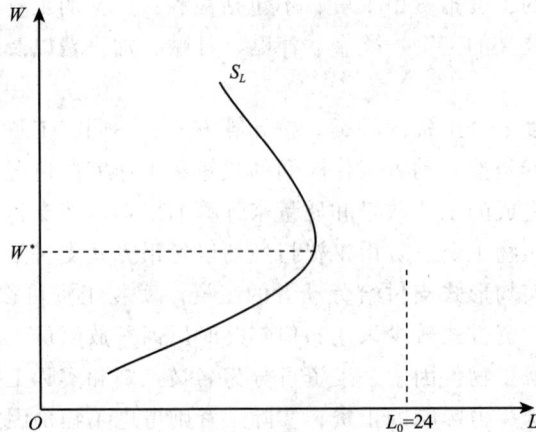

图 7-4　向后弯曲的劳动供给曲线

劳动供给曲线为什么会向后弯曲？这可以通过工资率增加所产生的替代效应和收入效应来解释。每个劳动者每天除了必需的基本生理时间以外，可以将他的时间用于两种用途——劳动和闲暇。劳动可以带来收入，闲暇可以带来精神上的享受。劳动供给可以被看作是闲暇需求的反面，因为在时间资源总量既定的条件下，劳动的增加就是闲暇需求的减少，反之则相反，二者呈反方向变动关系。劳动的价格即工资率也可以被看作是闲暇的机会成本，如果劳动者增加一单位时间的闲暇，意味着放弃了本来可以得到的一单位时间的劳动收入，即工资。现在考虑闲暇商品的情况。对闲暇商品的需求，受到替代效应和收入效应两个方面的影响。当工资率上涨，意味着闲暇的机会成本上升，每一小时的闲暇就会变得"昂贵"，于是劳动者愿意多劳动而少闲暇，即愿意以劳动代替闲暇，这就是工资率增加的替代效应。由于替代效应，闲暇需求量与闲暇价格呈反方向变化。另外，闲暇商品与一般商品不同。对于一般商品而言，价格上升会导致实际收入下降，但闲暇价格即工资率的上升，意味着实际收入的上升。随着收入的增加，消费者将增加对商品的消费，从而也增加对闲暇商品的消费，这就是工资率增加的收入效应。由于收入效应，闲暇需求量与闲暇价格呈同方向变化。当工资率提高时，替代效应和收入效应会同时起作用，但最终如何则取决于两种效应的力量对比。如果替代效应大于收入效应，即闲暇的需求量随工资率上升而下降，个人劳动供给曲线的斜率为正；当收入效应大于替代效应，即闲暇的需求量随工资率上升而上升，个人劳动供给曲线的斜率为负。

将所有单个劳动者的劳动供给曲线沿劳动供给量水平相加，即可得到市场的劳动供给曲线。值得强调的是，市场的工资水平往往是平均的工资水平，也就是说，在某一市场工资水平下，不同劳动者的工资水平是不同的。如果市场工资水平上升，导致某些劳动者的工资水平越过了临界点，劳动供给减少，但其他劳动者的工资水平可能尚未越过临界点，其劳动供给仍会增加，这种差异化加和的结果将使得市场的劳动供给曲线的向后弯曲特征较个体的劳动供给曲线的向后弯曲特征弱得多。

3. 工资的决定

工资是由劳动供给与劳动需求两方面因素共同决定的，如图 7-5 所示。在完全竞争的劳动市场上，市场的劳动供给曲线是一条向后弯曲的供给曲线，而劳动的需求曲线与其他生产要素需求曲线一样，是一条向右下方倾斜的曲线。显然，当某一工资率水平下市场的劳动需求与劳动供给相等时，劳动市场即达到了均衡，如图中劳动的市场供给曲线与市场需求曲线的交点 E。该均衡点对应的工资率水平 W_0 即是均衡的工资率水平，对应的劳动数量 L_0 即是均衡的劳动供给量或需求量。

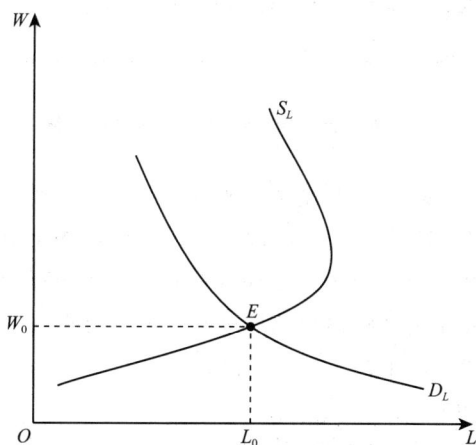

图 7-5　完全竞争劳动市场的工资决定

（三）不完全竞争市场工资的决定

现实中的劳动市场并不都是完全竞争的，不少劳动市场上存在着市场势力，是不完全竞争的劳动市场。典型的不完全竞争的劳动市场有两种情形：一是劳动供给的垄断，主要是通过工会控制劳动供给；二是劳动需求的垄断，主要是厂商对某些需求面窄的专业性劳动的购买垄断。这里仅对工会参与下的劳动供给垄断的市场均衡进行分析。

在经济学中，工会被看作劳动供给的垄断者，并以垄断来影响工资的决定。工会影响工资的方式主要有三种。

1. 促成劳动需求的增加

在劳动供给总量不变的条件下，增加对劳动的需求，可以增加工资率水平。如图 7－6 所示，如果劳动供给曲线不变，劳动需求的增加导致劳动需求曲线向右上方移动，其与劳动供给曲线的交点由 E_0 移动到 E'_0，市场均衡的工资率水平上升为 W'_0，均衡的劳动数量也增加到 L'_0。在一般的情形下，市场均衡点往往处在市场劳动供给曲线向右上倾斜的部分，而不会到达其向后弯曲的部分，因此，工会促成市场劳动需求增加的方法不但会导致工资率的提高，而且还会导致均衡劳动量的增加，表现在现实经济中即是就业量的增加。

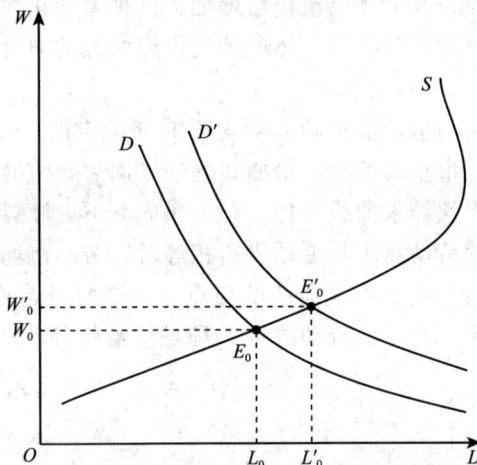

图 7－6　劳动需求增加与劳动市场均衡

工会促成市场劳动需求增加的途径主要有两种：一是要求政府采取增加产品市场需求的经济政策，如扩大内需的经济政策、扩大外需的出口贸易政策、抑制进口产品供给的贸易保护政策等。如果工会促成政府制定了扩大产品需求的经济政策，市场的产品需求就会增加，这就会导致厂商对劳动这种派生需求的增加。二是反对机器设备代替工人劳动，即干预厂商的生产技术选择，阻碍厂商提高自动化程度。

2. 促成劳动供给的减少

在劳动需求总量不变的条件下，减少劳动供给，也可以增加工资率水平。如图 7－7 所示，如果劳动需求曲线不变，劳动供给的减少将使劳动供给曲线向左上方移动，其与劳动需求曲线的交点将由 E_0 移动到 E'_0，市场均衡的工资率水平上升为 W'_0，均衡的劳动数量则将下降为 L'_0。因此，工会采取减少劳动供给的方法虽然提高了受雇工人的工资水平，但却带来了均衡劳动量的下降，导致就业的减少，失业率上升，这与工会促成市场增加劳动需求量的方法在结果上是不同的。

工会促成劳动供给减少的途径主要有：限制非工会会员受雇；要求政府制定强制退休、禁止使用童工、限制移民、减少工作时间等法律。

3. 要求政府制定最低工资标准

工会对政府施加压力，要求政府通过最低工资法，规定厂商支付给工人的工资

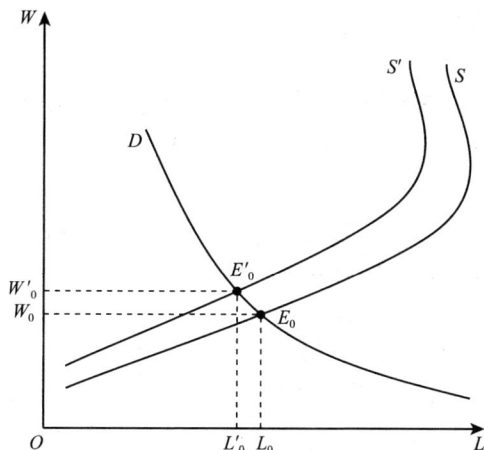

图 7-7　劳动供给减少与劳动市场均衡

不能低于某一水平。如图 7-8 所示，市场原来的均衡工资水平为 W_0，如果通过了高于该均衡工资水平的最低工资标准 W_1，虽然劳动市场上的供给量将会增加到 L_1''，但是厂商也会将劳动的需求量削减到 L_1'，市场将处于非均衡的 A 点上。与原来的市场均衡相比较，工人的工资提高了，但市场的就业量却减少了，或者说出现了失业。

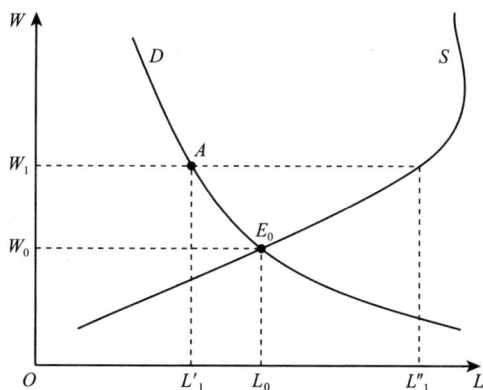

图 7-8　最低工资标准

　　工会对工资的影响是有限度的。从劳动的需求来看，主要受到三种因素的影响：一是产品的需求弹性，如果产品的需求弹性大，工资增加引起产品价格上升，会导致产品需求量大幅度减少，因而工资无法增加。二是劳动在总成本中所占的比重，如果劳动在总成本中所占的比重大，工资增加引起总成本增加的幅度大，工资增加就有限。三是劳动的可替代性，如果劳动较容易被其他生产要素代替，如可以使用机器设备代替工人，工资提高就有限。

　　从劳动的供给来看，也要受到三种因素的影响：一是工会会员的数量，如果工会会员数量众多，工会的垄断程度就越高，要求增加工资的力量就越大。二是工人的流动性大小，如果某一行业或地区可以从其他来源得到工人，工会就难以增加工资。三是工会基金的多少，工会基金越多，越能保证罢工期间工人生活，提高工资就较容易。

当然，工会对工资的影响还取决于整个经济形势的好坏、劳资双方的力量对比、政府干预程度以及社会对工会的支持程度等。

（四）工资差异

在现实经济中，不同国家、地区、部门、职业、群体和劳动者个人之间工资差异往往较大，工资差异可以归纳为以下类型。

1. 生产率工资差异

由于劳动者在智力、体力、教育和培训等方面各不相同，边际生产力也不同，导致了工资差异。这种由劳动质量不同导致的工资差别也被称为非补偿性工资差异。例如，公司中高层管理人员劳动质量较高，他们的工资往往高于普通员工的工资。接受过技能培训的工人的劳动生产率较高，他们的工资高于未接受培训的工人。

2. 补偿性工资差异

不同的职业在劳动条件、劳动强度、声誉等方面差异悬殊，从而心理成本是不同的。如果不给那些劳动条件差、劳动强度大、心理成本高的职业以额外的收入补偿，就难以保证这些部门的劳动供给。如建筑、煤炭、地质、环卫、殡葬等行业的工作环境和工作条件较差，这些行业的员工工资相对就应该高一些。这样的工资差异被称为补偿性工资差异。

3. 非竞争性工资差异

现实经济中的诸多劳动市场往往是不完全竞争的，其非竞争性表现在不完全信息、不完全劳动力流动、市场分割、非竞争群体等，从而造成工资差异。例如，石油、电力、烟草、自来水、金融、通信等垄断行业员工的工资就比非垄断行业员工的工资高。由于不完全信息，雇主在雇用劳动者之前，对劳动者的质量缺乏了解，不同雇主对同一劳动者愿意支付的工资就可能出现差异。此外，非竞争性工资差异还受到地域限制、性别歧视、种族歧视、国籍歧视等多种因素的影响。

二、资本与利息

资本和资本品是指那些生产出来的耐用品，主要包括生产过程中使用的厂房、机器和各种生产工具等。对形态不一、种类繁多的资本的需求必然导致对货币资本的需求，因此资本又指用于市场交换、购买或支配各种资本物的货币。货币资本不是生产出来的，其供给主要取决于借贷资本的供给，也就是取决于与一定利息率相关的储蓄的大小。

（一）利息的本质、分类与作用

作为生产服务的源泉，资本本身是具有市场价格的，或者说资本是所有者所得到的价格。**利息**就是资本这种生产要素的价格，或者说是资本所有者提供资本获得的报酬。利息一般不用货币的绝对量表示，而是用利息率（或简称利率）来表示。利息率就是在每一单位时间内（如一年内）的利息与对应的资本的比率。例如，货币资本为 10000 元，一年内得到的利息收入为 1000 元，则利率为 10%。

可以按不同划分标准对利息进行分类。按构成不同，可以将利息分为纯利息和借贷利息。纯利息是由资本供求关系决定的利息，借贷利息还包含了风险收入。这是因为资本所有者将资本借给债务人之后，还承担着两方面的风险：一是债务人到期不能偿还的风险；二是通货膨胀引起的货币贬值的风险。资本所有者向债务人收取的利息往往是借贷利息，一般高于纯利息。

在经济中，通过利率的调节作用，可以使资本市场实现均衡，因此利率在经济中具有十分重要的作用。首先，利率可以调节消费与储蓄。增加储蓄是发展经济的关键，刺激人们增加储蓄的最有效方法就是提高利率。其次，利率可以使资本得到更有效的利用。如果社会的利率水平是既定的，人们就会把资本用于利润率较高的部门，从而使资本使用得到优化。最后，利率可以调节可贷资金的需求和供给，尤其在社会出现通货膨胀时，调节利率进而调节可贷资金可以对通货膨胀起到抑制作用。

（二）利息理论

为什么要向资本所有者支付利息？资本为什么可以带来利息？经济学家提出了多种解释。

1. 时间偏好与利息

为什么要向资本所有者支付利息？经济学家提出了时间偏好理论。这一理论最早由美国经济学家欧文·费雪（Irving Fisher）提出。该理论认为，人们具有一种时间偏好，即在未来消费与现期消费中，人们更偏好于现期消费。换句话说，现在多增加一单位消费所带来的边际效用大于将来多增加这一单位消费所带来的边际效用。人们之所以有时间偏好，是因为未来是难以预测的，因此人们对物品未来效用的评价总是要小于现在的效用。例如，一个人对现在或明年购买一部苹果手机的效用评价就不同。也许他现在非常喜欢苹果手机，而明年就不一定如此；或者他认为现在使用苹果手机可以显示身份，但明年如果大家都使用也就体现不出特殊性了。由此可见，人们总是更喜爱现期消费。因此放弃现期消费而把货币作为资本就应该得到利息作为报酬。

2. 迂回生产与资本净生产力

资本为什么可以带来利息？经济学家用迂回生产理论来解释。迂回生产理论是由奥地利经济学家欧根·冯·庞巴维克（Eugen von Böhm-Bawerk）提出的。所谓迂回生产，就是先生产出生产资料（或称资本品），然后用这些生产资料去生产消费品。迂回生产提高了生产效率，并且迂回生产的过程越长，分工程度就越深化，生产效率也就越高。例如，远古时候，人们依靠体力与野兽追逐或是使用棍棒石头等原始工具进行狩猎，后来人们通过炼铁等工艺制造出了弓箭和长矛，再后来通过更加复杂的生产过程制造出了效率更高的猎枪。迂回生产的实现必须借助于资本，所以说，资本使迂回生产成为可能，从而提高了生产效率。这种由于使用资本而提高的生产效率就是**资本的净生产力**，是资本能够带来利息的源泉。

（三）利率的决定

在相对完善的资本市场上，利率取决于资本的供求关系。现实中的资本借贷大多是通过银行中介实现的，因此资本的供给主要表现为储蓄，可以用储蓄来代表资本的供给。资本的需求主要是企业的投资需求，现实中一般用投资来表示资本需求的大小。

企业借入资本进行投资，目的是实现利润最大化，所以投资就取决于投资成本和投资收益。企业的投资成本就是利率，投资收益就是投资的预期收益率。预期收益率与利率之差越大，企业投资的净收益率就越高，企业就越愿意投资，反之则反。因此，如果给定投资收益率，利率与投资就呈反方向变化关系，即是说，资本的需求曲线是向右下方倾斜的。

从资本供给看，放弃现期消费是为了获得利息。在其他条件不变的情况下，利率越高，人们越愿意多储蓄而少消费，资本的供给就会增加；反之，当利率较低时，人们就愿意少储蓄而多消费，资本的供给就会减少。因此，储蓄与利率呈同方向变化关系，即是说，资本的供给曲线是向右上方倾斜的。

如果在某一利率水平下，资本需求和资本供给相等，资本市场就实现了供求平衡，该利率水平就是均衡利率，如图7-9中资本需求曲线与资本供给曲线的交点 E，所对应的均衡利率为 r_0。

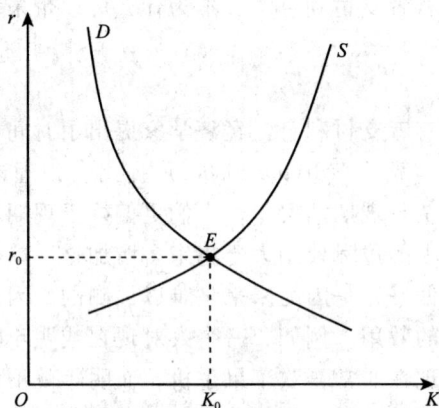

图 7 - 9　利率的决定

三、土地与地租

（一）地租

地租是土地这种生产要素的价格。这里的土地是广义的概念，泛指生产中使用的各种自然资源。地租是由土地的供给与需求两方面因素决定。土地的需求取决于土地的边际生产力。由于土地的边际生产力是递减的，土地的需求曲线是向右下方倾斜的。

作为特殊的自然资源，土地的供给量不但有限，而且是基本不变的。因为土地这种生产要素具有稀缺性、不能移动、不能再生产等特点，只有在特殊情况下才能增加或减少供给量，因此土地的供给一般是固定不变的，也就是说，土地的供给曲线是一条与横轴相垂直的线。

土地的需求曲线与供给曲线的交点决定了地租，如图7-10所示，均衡的地租为 R_0。随着社会经济的发展，人类经济活动不断扩张，对土地的需求持续不断增长，土地的需求曲线向上移动，导致均衡点也向上移动，即地租呈现出不断上涨的趋势。

需要说明的是，模型中分析的仅是社会平均的或总体性的地租情形。现实经济

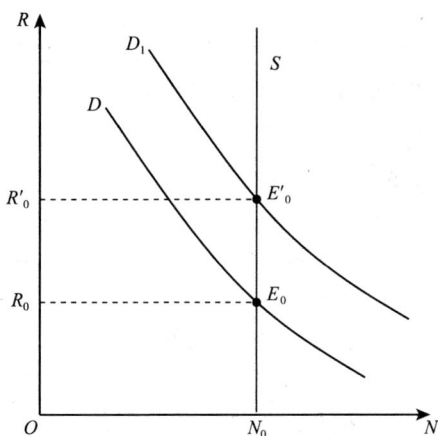

图 7 – 10　地租的决定

中的土地在肥沃程度、地理位置等方面是有差异的，其边际生产力并不相同，一般被区分为上等地、中等地和劣等土地等，同样面积但等级不同的土地，其地租也是不同的。

（二）准租金与经济租金

1．准租金

在前面章节的分析中，我们学习了长期和短期的概念。虽然在长期中，固定资产的数量是可变的，但在短期中，固定资产的数量与使用量却是固定的，与土地具有类似的特征。马歇尔因此提出了**准租金**（quasi rent）的概念，即短期中凭借固定资产获得的收入。如图 7 – 11 所示的完全竞争厂商的情形。厂商以价格 P_0 销售任意数量的产品，为了实现利润最大化，他将根据 $MR = MC$ 选择产量 Q_0，厂商的总收益可表示为 OP_0EQ_0 的面积，可变成本可用 OP_1CQ_0 的面积表示，此时固定资产的总收益为 P_1P_0EC 的面积，即图中阴影部分所示，该部分即固定资本所获得的准租金，在数量上等于厂商的总收益与总可变成本之差。

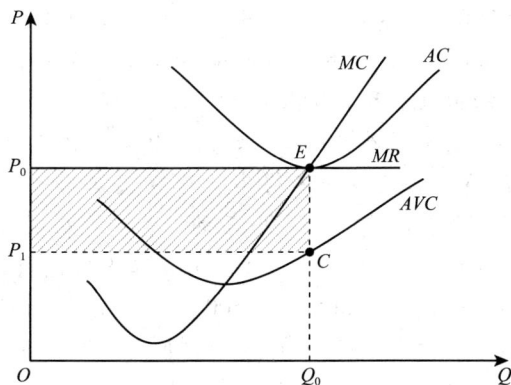

图 7 – 11　准租金

2. 经济租金

地租有一个重要的特征，即地租的变化不会改变土地的供给。诸多生产要素的收入尽管从整体上看不同于租金，但收入中的某一部分却与地租相类似，其数量变化不会影响要素的供给，经济学中将这部分要素收入称为**经济租金**（economic rent）。在数量上，经济租金等于厂商对某生产要素的支付超过该生产要素目前所得报酬的部分，也等于要素收入与其机会成本的差，与生产者剩余相类似。

如图 7–12 所示，S 是要素的供给曲线，D 是要素的需求曲线，均衡时的要素价格为 R_0，要素使用量为 Q_0。显然，要素所有者为提供 Q_0 的要素所愿意得到的最低总收益是与要素使用数量对应着的供给曲线以下部分的面积，即 $OAEQ_0$ 部分的面积，而要素供给者实际得到的收入是 OR_0EQ_0 的面积，因此，OR_0EQ_0 与 $OAEQ_0$ 的面积之差即代表了要素的经济租金，即图中的阴影部分。

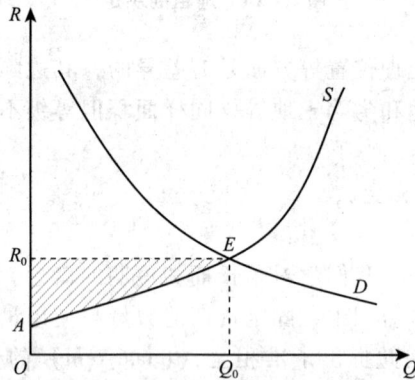

图 7–12　经济租金

专栏 7–2

第 七 章

招聘工人与经济租金

　　某公司需要在劳动力市场招聘某类技术工人 100 人，但在劳动力市场上能够满足公司招聘要求的工人有 A、B 两类，其中 A 类工人有 40 人，他们素质相对较高，所要求的工资为每月 3000 元；B 类工人有 60 人，他们素质相对较低，所要求的工资为每月 2500 元。那么，公司在招聘工人时，当然先招聘工资要求低的 B 类工人。但由于 B 类工人只有 60 人，所以还不得不招聘 A 类工人 40 人。在这种情况下，公司必须按 A 类工人的要求支付每月 3000 元的工资，否则就只能够招聘到 B 类工人 60 人，无法招聘到 40 个 A 类工人。这样，B 类工人所得到的收入就超过了他们的要求，B 类工人所得到的高于 2500 元的 500 元收入就是经济租金。

资料来源：梁小民. 西方经济学教程［M］. 北京：中国统计出版社，1995：222–223。

四、企业家才能与利润

在经济学中，一般将利润分为正常利润与超额利润，这两种利润的性质与来源是不同的。

（一）正常利润

正常利润是企业家才能的价格，或者说是企业家才能这种生产要素所获得的收入。正常利润的性质与工资相类似，由企业家才能的需求与供给共同决定。由于企业家才能这种生产要素是稀缺的，供给量较少，但厂商对企业家才能的需求却较大，因此企业家才能的要素回报——正常利润，要远远高于一般劳动者的工资。可以说，正常利润是一种特殊的工资，其特殊性就在于其数额远远高于一般劳动所得的工资。

正常利润虽然在字面上被称为利润，但从厂商生产的角度，正常利润是由厂商支付给企业家才能的报酬，其实质仍然是生产成本的一部分，而且往往作为一种隐含成本，所以，收支相抵就是获得了正常利润。在完全竞争条件下，利润最大化实际就是获得正常利润。

（二）超额利润

超额利润指超过正常利润的那部分利润，又称为纯粹利润或经济利润。超额利润是在动态经济或不完全竞争等条件下产生的，在静态社会或完全竞争条件下，不会有超额利润存在。超额利润的产生主要有以下三个原因。

1. 创新

创新是指开发新产品、采用新的生产方法、开辟新市场、采用新原料和建立新的企业组织形式等行为。成功的创新能够带来生产效率的提高，从而降低成本，增强企业竞争能力，带来超额利润。创新是社会进步的动力，而支付给创新者的超额利润可以视为对创新的一种奖励，是激励提高社会效率的合理报酬机制。

2. 承担风险

美国经济学家弗兰克·奈特（Frank H. Knight）在其著作《风险、不确定性与利润》中提出，不确定性会带来超额利润。在奈特看来，不确定性是那种不能用概率衡量的风险。当存在不确定性时，决定做什么和怎么做的任务相对于其实施处于支配地位。而面对不确定性，个人的预测能力是不同的，那些预测能力高的人将因此成为一个特殊阶层，他们向他人支付有保证的工资，并控制他人的行为，并且占有利润，这就是企业家获得的超额利润。许多具有风险的生产或事业是社会需要的。例如，对新药品的研发，有助于医疗水平的提高和疾病的治愈。但研发新药的风险相当大，需要研发者敢于承担失败的风险，因此由承担风险而产生的超额利润也是合理的，应当得到鼓励。

3. 垄断

由垄断而产生的超额利润，又称为垄断利润。在卖方垄断下，垄断者可以通过提高产品的销售价格获得垄断利润。而在买方垄断下，垄断者可以通过压低半成品或生产要素的购买价格而获取垄断利润。但无论是卖方垄断还是买方垄断，垄断利润都是垄断者对他人利益的剥夺，并且这种剥夺还将带来社会福利损失，因此是不合理的。

第三节　社会收入分配

生产要素价格决定理论是分配理论的重要部分，但并不构成分配理论的全部内容，因为还涉及收入分配结果的公平问题。如果社会收入分配结果是不公平的，还要关注收入分配政策。

一、收入分配的衡量

（一）收入分配的标准

收入应当按照何种原则进行分配呢？经济学家们并未给出统一的答案。一般认为，收入分配的标准有三种：一是贡献标准，即按照社会成员的贡献大小进行分配。市场机制下的要素价格机制就是一种按贡献标准进行分配的机制。二是需要标准，即按照社会成员的需要进行分配。马克思设想的共产主义的"按需分配"就是按需要标准进行分配的典型。三是平均标准，即社会成员无论贡献大小，都实行平均分配。按贡献标准分配有利于提高经济效率，但由于各成员能力、机遇的差别，又会引起收入分配的不平等，并且这种不平等还会不断扩展，即具有马太效应，最终造成社会经济秩序的混乱。按需要分配或平均分配有利于社会平等，但却会损害人们创造财富的积极性，有损于经济效率，这就是经济学所说的平等与效率的矛盾。

专栏7－3

明星的高收入合理吗？

一种生产要素的价格（或这种要素所有者的收入）是否合理取决于它的决定机制。如果这种高收入由政府人为决定，无论多少都不合理；如果这种高收入是由市场决定的，无论多少都合理。这是我们判断一种收入是否合理的标准。

明星的高收入公平吗？如果每一个想成为明星的人都可以从事演艺业，并参与和其他做明星梦的人的竞争，结果只有极少数人成了高收入明星，就没什么不公平的。如果社会用种种手段限制人们进入演艺业，做明星梦的人之间没有平等竞争权，才会不公平。市场经济中明星们是竞争出来的，他们成功了，这就实现了公平。

明星的高收入有利于效率吗？作为一种激励制度，明星的高收入的确刺激了演艺业的效率。演艺业的效率就是充分利用资源，为社会提供更好更多的演出。高收入引起高效率的原因在于：第一，使更多的人渴望成为明星，其中必有少数成功者。明星的增加会使演艺事业繁荣。第二，明星受高收入的激励，到处去表演。这就给公众带来更多享受，给企业带来更多收入。第三，在竞争中，不断产生高水平的明星，明星的演艺水平不断提高。这些都繁荣了演艺事业，就是效率的提高。

明星的高收入对社会也是有利的。他们不仅给人们带来更多更高的艺术享受，而且还会拉动经济增长。一场精彩的体育表演或电影会给多少人带来就业机会？又会拉动相关部门的多大增长？演艺业的活动被称为娱乐经济，它的产值已成为 GDP 的重要部分。没有明星，有娱乐经济的繁荣吗？明星们得到了高收入，也为社会作出了贡献，有什么不合理的？

资料来源：俞宪忠，吴学花，张守凤. 微观经济学 [M]. 北京：中国人民大学出版社，2010。

（二）洛伦兹曲线

不平等的分配不利于社会经济的长远发展，因此有必要对社会分配的平等程度作出科学的衡量。衡量社会收入分配平等程度的方法较多，但常用的主要是洛伦兹曲线和基于洛伦兹曲线计算的基尼系数。

洛伦兹曲线（Lorenz curve）是由美国统计学家洛伦兹（Max Otto Lorenz）于 1905 年提出来的衡量收入分配平等程度的工具。洛伦兹曲线的具体绘制方法如下：①按照由低到高的顺序将社会经济中人们的收入进行排序；②从低收入者开始，逐次统计社会中一定比例人群的总收入在全社会总收入中所占的比重，得到一系列关于人口累计百分比和收入累计百分比的统计数据（见表 7－1）；③将得到的人口累计百分比和收入累计百分比数据描绘在以人口百分比为横轴、收入百分比为纵轴的坐标系中，得到一系列的点，将这些点用平滑的曲线连接起来，即得到了洛伦兹曲线。如图 7－13 中的 *OLY* 曲线所示。

表 7－1　　　　　　　　　　　　收入分配资料　　　　　　　　　　单位：%

人口累计	收入累计
0	0
20	4
40	9
60	30
80	59
100	100

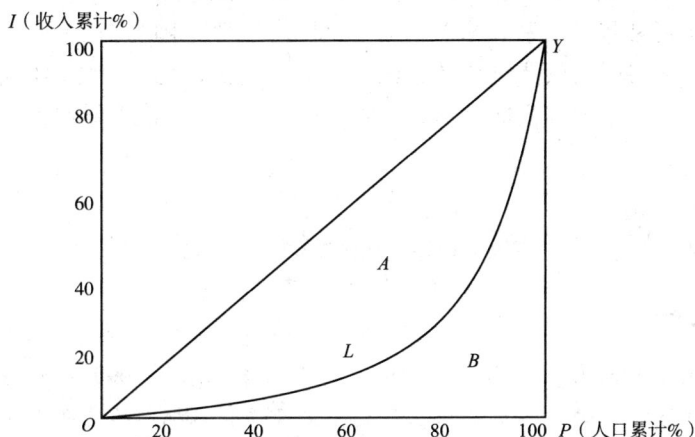

图 7－13　洛伦兹曲线

　　图 7 – 13 中的对角线 *OY* 是一条 45 度线，在这条线上的点都表示人口累计百分比等于收入累计百分比，是一种绝对平等的收入分配状态，因此这条对角线也被称为绝对平等线。折线 *OPY* 则表示了另一种极端的收入分配状态，即收入的极不平等分配状态，其中绝大部分人得到的收入占社会总收入的比例接近于零，而极少数人得到了社会绝大部分的收入，因此这条折线也被称为绝对不平等线。现实中经济体的收入分配往往既不是绝对平等状态，也不是绝对不平等状态，而是介于两者之间，相应地，洛伦兹曲线是介于绝对平等线和绝对不平等线之间的一条弧线。洛伦兹曲线的弯曲程度反映了收入分配的平等程度，曲线弯曲程度越大，越接近绝对不平等线，表明社会收入分配越不平等；曲线弯曲程度越小，越接近绝对平等线，表明社会收入分配越平等。

（三）基尼系数

　　基尼系数（Gini coefficient）是意大利经济学家科拉多·基尼（Corrado Gini）于 1922 年在洛伦兹曲线基础上提出的评价社会收入分配平等程度的指标。在洛伦兹曲线图中，将洛伦兹曲线与绝对平等线之间的面积记为 *A*，洛伦兹曲线与绝对不平等线之间的面积记为 *B*，则基尼系数 *G* 的计算公式为

$$G = \frac{A}{A + B}$$

　　显然，基尼系数介于 0～1 之间，即 $0 < G < 1$。基尼系数越小，表明收入分配越平等；基尼系数越大，表明收入分配越不平等。

　　根据国际通用标准，基尼系数在 0.2 以下，表示收入分配绝对平等；基尼系数在 0.2～0.3 之间，表示收入分配比较平等；基尼系数在 0.3～0.4 之间，表示收入分配基本合理；基尼系数在 0.4～0.5 之间，表示收入分配差距较大；基尼系数在 0.5 以上，表示收入分配悬殊。

　　如果一个国家基尼系数过高，并且还有不断提升的趋势，表明收入分配失衡，这将带来一系列的社会经济问题，如形成对比强烈的富有者阶层和相对贫困者阶层，导致人们的心理失衡，引发社会伦理道德问题、违法犯罪问题以及社会激励失效等。国际上通常将基尼系数等于 0.4 作为收入分配差距的红色警戒线，即认为基尼系数高于 0.4 将引发较严重的社会经济问题。当然，现实中各国国情千差万别，社会价值观念和居民的承受能力不尽相同，这一警戒线标准只能作为各国调控收入分配的参考。

专栏 7 – 4

中等收入陷阱

　　当一个国家的国内生产总值（GDP）处于人均 1000～3000 美元之间时，经济快速增长中的各种问题与矛盾交织在一起，自身体制与机制的更新进入临界，使这一时期成为"发展风险期"。世界银行《东亚经济发展报告（2006）》提出了"中等收入陷阱"的概念，报告指出，鲜有中等收入经济体成功地跻身为高收入国家，

这些国家往往陷入经济增长的停滞期，既无法在工资方面与低收入国家竞争，又无法在尖端技术研制方面与富裕国家竞争。

拉美地区和东南亚一些国家是陷入"中等收入陷阱"的典型代表。从20世纪50年代中期起，拉美许多国家全面推进工业化和城市化进程，工业发展战略由初级产品出口为主转向进口替代工业化为主。各国政府重点和优先发展与工业化和城市化相关的基础设施，并且巨额投资制造业。与此同时，实施牺牲"三农"利益、扶持"幼稚工业"的产业倾斜政策以及一系列吸引外国资本向制造业投资的优惠政策，这些政策使各国工业年均增长8%以上，国民经济年均增长6.5%。到60年代，除极个别国家外，大部分拉美国家人均GDP一举突破1000美元大关，有的国家甚至达到1500美元左右。然而，就在"拉美奇迹"的背后，却隐藏着忽视全面、协调、可持续发展带来的必然隐患。最突出的问题就是经济与社会的畸形发展，城乡二元结构矛盾突出，分配严重不公，社会两极分化严重，大量城市贫民和失去土地的农村移民陷入严峻的生存困境之中，从而导致了社会动荡和政局动荡以及严重的经济危机和外债危机，导致经济增长速度急剧下滑，到80年代，人均GDP出现负增长。这就是人们常说的"拉美陷阱"。

陷入"中等收入陷阱"的原因主要有以下五个方面。

第一，错失发展模式转换时机。阿根廷等拉美国家在工业化初期实施进口替代战略，推进耐用消费品和资品的进口替代，但未能及时转换发展模式，使进口替代战略延续了半个世纪。马来西亚等东南亚国家则因国内市场狭小，长期实施出口导向战略使其过于依赖国际市场需求，极易受到外部冲击。

第二，难以克服技术创新"瓶颈"。一国经济在进入中等收入阶段后，低成本优势逐步丧失，在低端市场难以与低收入国家竞争，但在中高端市场则由于研发能力和人力资本条件制约，又难以与高收入国家抗衡。在这种上下挤压的环境中，很容易失去增长动力而导致经济增长停滞。

第三，对发展公平性重视不够。在进入中等收入阶段以后，由于收入差距迅速扩大导致中低收入居民消费严重不足，消费需求对经济增长的拉动作用减弱。20世纪70年代，拉美国家基尼系数高达0.44～0.66，一些国家由于贫富悬殊，社会严重分化，引发激烈的社会动荡，甚至政权更迭，对经济发展造成严重影响。

第四，宏观经济政策出现偏差。受西方新自由主义影响，拉美国家政府作用被极度削弱，宏观经济管理缺乏有效的制度框架，政策缺乏稳定性，政府债台高筑，通货膨胀和国际收支不平衡等顽疾难以消除，经济危机频发造成经济大幅波动，20世纪80年代的拉美债务危机，1994年墨西哥金融危机、1999年巴西货币危机、2002年阿根廷经济危机，都对经济持续增长造成了严重冲击。

第五，体制变革严重滞后。由于受到利益集团羁绊，拉美国家的体制变革严重滞后于经济发展，精英集团的"现代传统主义"片面追求经济增长和财富积累，反对在社会结构、价值观念和权力分配等领域进行变革，或者把这种变革减少到最低限度。经济财富过度集中，利益集团势力强大，造成寻租、投机和腐败现象蔓延，市场配置资源的功能受到严重扭曲。

二、收入分配政策

收入分配政策是指政府调节收入分配，缩小收入分配差距的一系列经济活动以及指导这些经济活动的原则。缩小收入分配差距的政策思路主要有两个方面：一是通过征税减少高收入者的收入；二是通过补贴增加低收入者的收入。除此以外，还需要辅之以其他措施与手段。

（一）对高收入者的征税

税收是政府用来改变收入分配状况的重要手段。税收的再分配作用可以概括为：一是通过对不同的人征收不同数量的税收而直接调节收入分配；二是通过改变市场的相对价格而间接地改变收入分配。对高收入者征税可以减少高收入者的收入，达到缩小收入分配差距的目的。具体税种有两类，第一类是累进的个人所得税，第二类是主要针对高收入群体的财产税、遗产税、赠予税和消费税等。

累进的个人所得税制是世界各国广泛采用的一种调节收入分配的税种。这种税种将应税收入划分为若干等级，低收入者适用较低税率甚至免税，高收入者适用较高税率。在累进的个人所得税制度下，收入较高的人不仅需要缴纳更多的税收，而且纳税的强度即应纳税额占总收入的比重也高于收入较低的人。这种差别化的税率制度可以在一定程度上缩小高收入者与低收入者的收入差距。

财产税是对法人或自然人在某一时点占有或可支配财产为对象征收的一类税收。财产税的课税对象一般可分为不动产（如土地、房屋等）和动产两大类。遗产税和赠予税是在财产转移环节征收的税收，可有效防止收入差异的代际累积。消费税则是选择性地对某些商品和服务特别是高收入者消费的奢侈性商品和服务征收的高税收，也可以在一定程度上达到缩小收入差距的目的。

（二）对低收入者的补贴

对低收入者的补贴包括货币补贴和实物补贴两种形式，这些补贴可以增加低收入者的收入或减少他们的支出，是世界各国广泛采用的缩小收入分配差距的分配政策。失业救济金、最低生活保障、针对特定群体发放的基本生活实物等都是典型的对低收入者的补贴。均等化的社会福利政策，如免费的义务教育、免费的城市公园、博物馆、文化馆等，由于减少了低收入者在这些方面的支出，在本质上也属于对低收入者补贴政策的范畴，发挥着缩小收入分配差距的作用。

（三）其他措施

除了各种税收和补贴之外，政府还可以通过价格管制、重新分配产权等措施间接达到收入分配目的。价格管制的形式多种多样，如关税、最低工资法、农产品价格支持、加速折旧、工资—价格控制等。价格管制可以使一部分人得到好处，一部分人受到损失。例如，提高某种产品的关税，会增加该种产品国内生产者的收入，同时又会伤害到国内消费者的利益。又如，实施最低工资标准，可以增加低工资工人的收入，但又会造成部分工人的失业。重新分配产权的形式也是多种多样的，如政府放宽对捕鱼的限制、颁布污染控制的标准、颁布食品卫生标准等。重新分配产

第 七 章

权不但影响市场的价格结构，而且还会改变市场的"游戏规则"，产生收入分配的效果。

收入分配政策可以减少高收入者的收入，增加低收入者的收入，改善低收入者的生活条件，最终达到缩小收入分配差距的目的，在一定程度上稳定了社会秩序。但收入分配政策也会带来不利影响。例如，较高的个人所得税税率抑制了高收入者的工作积极性，而对低收入者的补贴，则不可避免地助长失业者的惰性。社会福利政策的各种资金来源于国家财政，高福利政策会加重国家的财政负担，不少高福利国家都曾陷入或正在陷入持续的财政困境，促使这些国家改革本国的社会福利制度。

本章小结

1. 厂商使用生产要素的原则是利润最大化这个一般原则在要素使用问题的具体化，它可以简单地表述为：边际产品价值与边际要素成本相等。

2. 工资是由劳动供给与劳动需求两方面因素共同决定的。在完全竞争的劳动市场上，劳动供给曲线是一条向后弯曲的供给曲线，而劳动需求曲线是一条向右下方倾斜的曲线，市场在两条曲线的交点处达成均衡。

3. 在经济学中，工会被作为劳动供给的垄断者，并以这种垄断来影响工资的决定。工会影响工资的方式主要有三种：促成劳动需求的增加、促成劳动供给的减少以及要求政府制定最低工资标准。

4. 时间偏好理论解释了为什么要向资本所有者支付利息；迂回生产理论解释了资本为什么可以带来利息。在相对完善的资本市场上，利率由资本的供求关系决定。

5. 土地的供给曲线是一条与横轴垂直的线，土地的需求曲线则是向右下方倾斜的，地租水平在两条曲线的交点处达成均衡。随着社会经济的发展，人类对土地的需求不断增长，地租呈现出不断上涨的趋势。

6. 正常利润是企业家才能的价格，或者说是企业家才能这种生产要素所获得的收入。从厂商生产的角度看，正常利润是生产成本的一部分。超额利润指超过正常利润的那部分利润，是在动态经济或不完全竞争等条件下产生的。

7. 常用的衡量社会收入分配平等程度的方法主要有洛伦兹曲线和基于洛伦兹曲线计算的基尼系数。一般认为，基尼系数超过警戒水平，表明收入分配失衡，将带来一系列的社会经济问题，最终阻碍社会经济的发展与人民福祉的提升。

8. 缩小收入分配差距的政策思路主要有两条，即减少高收入者的收入和增加低收入者的收入，与这两条思路相对应的政策措施分别是对高收入者的征税和对低收入者的补贴。除此之外，政府还可以通过价格管制、重新分配产权等手段间接达到收入分配目的。

第　七　章

第八章 经济效率和资源配置

本章提要

　　本章分析了市场一般均衡的形成机制和经济效率的评判标准，剖析了市场失灵问题以及矫正市场失灵的微观经济政策。本章要求领会一般均衡、帕累托最优、市场失灵的概念，理解产生市场失灵的原因，掌握运用微观经济政策矫正市场失灵的机制与方法。

基本概念

　　帕累托改进　帕累托最优状态　经济效率　市场失灵　寻租　外部性
产权　公共产品　免费搭车　信息不对称　逆向选择　道德风险　政府失灵

　　现实经济由众多行为者及众多市场构成，并且各市场之间存在着不可忽略的相互关联与相互影响，因此在分析了单一行为者的行为以及单一市场中多个行为者的行为之后，还需要分析关联性市场体系下人们的行为特征，并探讨人类行为的群体性经济特征——社会福利问题以及市场机制的效率问题。

第一节　一般均衡

　　现实社会经济是相当复杂的，为了分析这种复杂经济下的人类行为，马歇尔提出了局部均衡（partial equilibrium）分析方法，即在其他情况不变的条件下，仅考察经济生活在一定时间的某个变化对有关经济变量的影响。但是，要更准确地分析一个经济行为者通过关联市场的相互影响，仍然应当考虑交易中的所有经济行为者，并且分析所有的交易活动。

一、市场关联与一般均衡

假设一个经济体由食用油市场、大豆市场、小麦市场和劳动力市场构成，并且这四个市场在某一时刻都处于均衡状态，如图 8-1 所示的均衡价格 P_A、P_B、P_C、P_D 与均衡产量 Q_A、Q_B、Q_C、Q_D，其中，D_A、D_B、D_C、D_D 分别表示四个市场的需求曲线，S_A、S_B、S_C、S_D 分别表示四个市场的供给曲线。现假设由于某种原因，如政府提高了食用油质量的检测标准，食用油的供给减少，导致食用油市场的供给曲线向左移动，如图 8-1（a）所示，供给曲线由 S_A 向左平移至 S'_A，这就导致食用油市场的均衡价格上升为 P'_A，均衡产量下降为 Q'_A，这就是局部均衡分析下的结论。但市场上的变化并不会就此完结。由于大豆是食用油的投入要素，食用油产量的下降，将引起厂商对大豆需求量的下降，使大豆市场上的需求曲线向左移动，大豆的均衡价格下降为 P'_B，均衡产量下降为 Q'_B，如图 8-1（b）所示。不过影响还不会就此停止。大豆和小麦生产都需要耕地，而耕地是有限的，大豆价格的下降导致大豆播种面积减少，小麦的播种面积将会增加，这样，小麦市场的供给曲

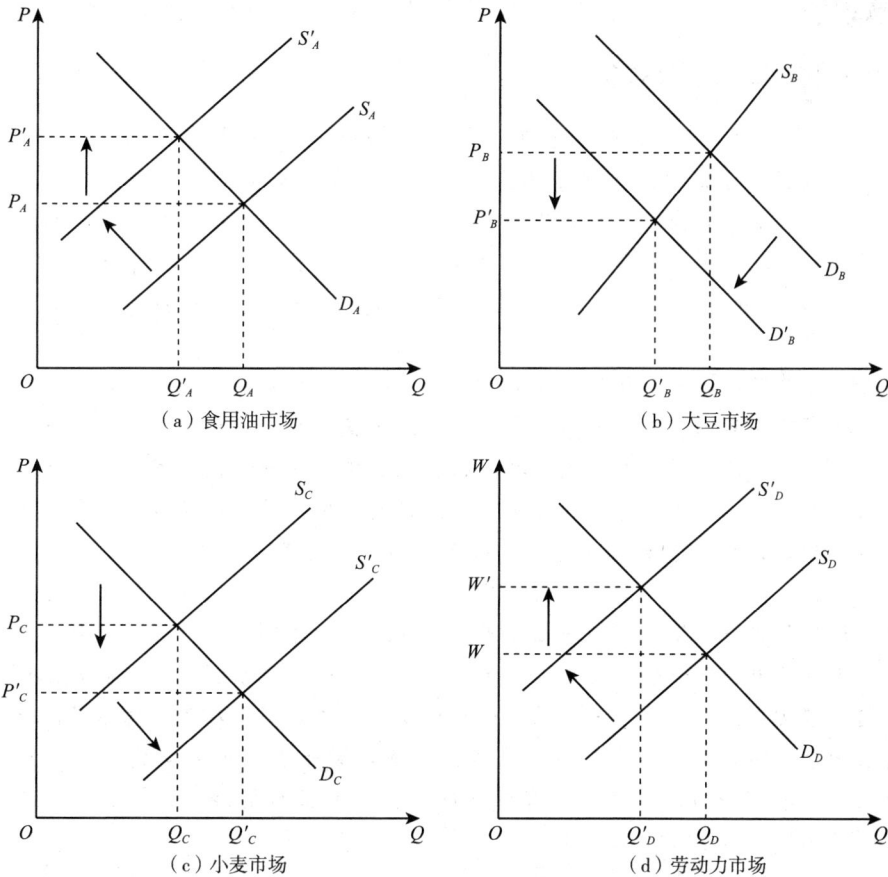

（a）食用油市场

（b）大豆市场

（c）小麦市场

（d）劳动力市场

图 8-1　各个市场间的相互联系

第 八 章

线将会向右移动，使小麦的均衡价格下降为P'_c，均衡产量增加为Q'_c，如图 8 – 1（c）所示。这些变化还会影响到劳动力市场。如果这三种产品价格的变化导致劳动者生活成本上升，劳动的供给曲线将向左移动，如图 8 – 1（d）所示，反之则将向右移动。而劳动力市场的这一变化又会反过来作用到产品市场，由于工资水平上升，各商品的生产成本将上升，从而推动各商品的供给曲线向左移动，均衡价格上升，均衡产量下降。

由此可见，市场是相互影响的。要准确、全面地分析一个市场的变动，仅用局部均衡的方法是不够的，经济分析还需要考虑各市场之间的关联，在整体经济的框架内分析价格、生产与消费。瓦尔拉斯在其 1874 年的著作《纯粹经济学要义》中最先提出，总可以找到一组价格使得各市场上的供给与需求相等，这种状态不同于孤立的单一性市场上的均衡，而是各个市场都实现了均衡，瓦尔拉斯称其为一般均衡（general equilibrium）。根据瓦尔拉斯的这一观点，一种商品的价格和供求的均衡，只有在一切商品的价格和供求都达到均衡时才被决定，在这一理念下进行的市场变化分析被称为一般均衡分析。

专栏 8 – 1

成语典故：牵一发而动全身

"牵一发而动全身"成语出自北宋文学家苏轼的《成都大悲阁记》一文，其中写道"吾头发不可胜数，而身毛孔亦不可胜数。牵一发而头为之动，拔一毛而身为之变，然则发皆吾头，而毛孔皆吾身也"。后来清代诗人龚自珍在《自春徂秋偶有所触》诗中援用并精练苏东坡该段话说："一发不可牵，牵之动全身。"这之后，"牵一发而动全身"作为成语广为使用，用来描述一种极小的变动导致了全局性的变化。

世界万事万物之间是相互联系、相互影响的。某个事件或某个部位的变化会传导到其他事件或部位，使其他事件或部位也随之发生变化，而且其他事件或部位的变化又会进一步传导开来，导致世界整体发生变化。西方现代物理学中的混沌理论也指出，现实中的极小变动不仅会带来全局性的变化，并且往往造成全局的巨大改观，我们常称其为蝴蝶效应。蝴蝶效应是气象学家爱德华·洛伦兹 1963 年提出来的。他提出，一只南美洲亚马孙河流域热带雨林中的蝴蝶，偶尔扇动几下翅膀，可能在两周后引起美国得克萨斯一场龙卷风，这是因为蝴蝶翅膀的扇动会引起微弱气流的产生，而微弱气流的产生又会引起它四周空气或其他系统产生相应的变化，由此引起连锁反应，最终导致其他系统的极大变化。这表明，在系统总体层面而不是局部层面分析问题是相当有必要的。英国经济学家保罗·奥默罗德还出版了《蝴蝶效应经济学》一书，讨论了如有机体那样相互关联的复杂社会经济系统的运行问题。

二、简单一般均衡模型

一般均衡模型都较为复杂，模型表述与论证采用了高度专业化的数学语言与数学定理，本节仅以交换的一般均衡为例，说明一般均衡分析的基本思路与均衡的存在性。

假设经济中有数量给定的两种产品 X 和 Y，两名消费者 A 和 B，最初的分配状态是 A 拥有 $X_{A,0}$ 单位的 X 产品、$Y_{A,0}$ 单位的 Y 产品，B 拥有 $X_{B,0}$ 单位的 X 产品、$Y_{B,0}$ 单位的 Y 产品，他们的偏好已知，可表示为一束无差异曲线，假设消费者可通过市场交换产品，那么追求效用最大化的消费者的自愿交换行为将如何展开，并最终达到一种任一消费者都不试图改变的状态，即一般均衡状态呢？

这一交换的一般均衡问题可采用埃奇沃斯方盒图（Edgeworth Box）作出直观的分析。将其中一名消费者如消费者 B 的效用曲线图旋转 180°拼接在消费者 A 的效用曲线图上，并使拼接成的矩形的长代表 $X_{A,0} + X_{B,0}$ 单位的 X 产品，宽代表 $Y_{A,0} + Y_{B,0}$ 单位的 Y 产品，于是就得到了这一交换经济的埃奇沃斯方盒图（见图 8 - 2），其中的每一点均代表一种总产品的完全分配状况。

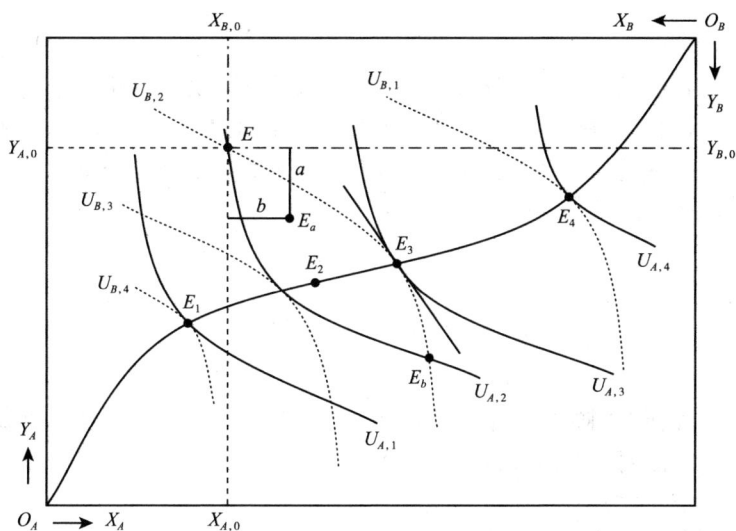

图 8 - 2　交换的契约曲线

图 8 - 2 显示，在初始分配状态 E 点处，A 的效用水平为 $U_{A,2}$，B 的效用水平为 $U_{B,2}$。这并不是一种稳定的产品分配状态，因为 A 和 B 可以通过自愿交换改善各自的效用水平。例如，图示中的 E_a 点可通过 A 以 a 单位的 Y 产品交换 B 的 b 单位的 X 产品实现，而在该点，A 和 B 的效用水平均较 E 点的效用水平高。事实上，在由过 E 点的 A 的无差异曲线 $U_{A,2}$ 和 B 的无差异曲线 $U_{B,2}$ 围合成的区域中（不包括边界）的任何一点，A 和 B 的效用水平都高于其在 E 点的效用水平，这些点都是 A 和 B 愿意通过交换达到的。值得注意的是，在这个区域边界上的点，除两条无差异曲线的交点 E 和 E_b 外，A 和 B 的效用水平中都有一名消费者的效用水平等

于其在 E 点时的水平而另一名的高于其在 E 点时的水平，这也是两名消费者愿意通过交换达到的，或者更严格地说是不会拒绝通过交换达到的。

这一简单交换经济的一般均衡在图中可以明显地看出来。如果一个总产品的完全分配状态点恰好是消费者 A 的一条无差异曲线与消费者 B 的一条无差异曲线相切的点，如图中的 E_3 点，两名消费者将无法找到一个状态点使得他们的效用水平都不低于其各自在 E_3 点的效用水平，也就是说这样的产品分配状态是均衡的。这是因为对消费者 A 而言，效用水平不低于 E_3 点的产品组合点都应处于其过 E_3 点的无差异曲线 $U_{A,3}$ 的右上方，而对消费者 B 而言，效用水平不低于 E_3 点的产品组合点都应处于其过 E_3 点的无差异曲线 $U_{B,2}$ 的左上方，而这两个区域的交集为 E_3 点。

因此，对追求效用最大化的消费者 A 和 B 而言，如果初始产品分配在埃奇沃斯方盒图中对应的状态点不是他们的无差异曲线相切的点，他们将自愿通过产品交换，提高其效用水平，直至通过交换实现的产品分配在埃奇沃斯方盒图中对应的状态点正好是他们的无差异曲线相切的点，即达成经济的一般均衡。两条无差异曲线相切意味着它们的切线斜率相等，而根据消费者行为理论，无差异曲线上一点的切线斜率即是该消费者在该点的产品边际替代率，这表明，交换的一般均衡满足两消费者在均衡点的产品边际替代率相等，即

$$MRS_{XY}^A = MRS_{XY}^B \tag{8.1}$$

由于消费者的无差异曲线是密集的一束，埃奇沃斯方盒图中两个消费者无差异曲线的相切点将有无数个，并且这些点组成了一条曲线，又由于曲线上的每一点代表的一般均衡状态是各消费者自愿同意并且通过交换达成的，经济学上称这一曲线为交换的契约曲线（contract curve）。

第二节　经济效率

如何判断各种不同的资源配置的优劣，以及确定所有可能的资源配置中的最优资源配置呢？这需要涉及对经济效率的考察。

一、判断经济效率的标准

假定整个社会只包括两个人甲和乙，并且只有两种可能的资源配置状态 A 和 B。甲和乙在 A 和 B 之间进行选择，是状态 A 优于状态 B，还是状态 B 优于状态 A，或者 A 和 B 没有差异？

对于甲而言，他有三种可能的选择，乙也有三种可能的选择。因此从整个社会来看，就存在九种可能的选择情况：

(1) $A > B$, $A >' B$　　(2) $A > B$, $A =' B$　　(3) $A > B$, $A <' B$
(4) $A = B$, $A >' B$　　(5) $A = B$, $A =' B$　　(6) $A = B$, $A <' B$
(7) $A < B$, $A >' B$　　(8) $A < B$, $A =' B$　　(9) $A < B$, $A <' B$

式中：符号"＞""＜"和"＝"分别表示甲的三种看法，即"优于""劣于"和"无差异于"。符号"＞′""＜′"和"＝′"分别表示乙的三种看法，即"优于""劣于"和"无差异于"。

这九种可能的选择情况，按甲和乙的不同态度可分为三大类型：第一种类型是甲和乙的意见完全相反，这包括了第3和第7两种情况；第二种类型是甲和乙的意见完全相同，这包括了第1、第5和第9三种情况；第三种类型是甲和乙意见基本一致，这包括了第2、第4、第6和第8四种情况。

从第一种类型来看，如果甲和乙的意见完全相反，除非能够判定两者之一的意见无关紧要，可以不加考虑，否则不能判断 A 和 B 两种状态的优劣。换句话说，从社会观点看，A 和 B 是"不可比较的"，即没有任何"客观"的标准对它们进行判断。

从第二种类型来看，甲和乙的看法完全一致，此时自然可以认为甲和乙两个人的共同看法就代表了社会的看法，因此可以由此判断 A 是否优于、劣于 B 或与 B 无差异。

从第三种类型来看，甲和乙的看法基本一致，但不是完全一致。不过，在这种情况下，也可能由个人的观点形成社会的看法。例如第 2 种情况，此时有 $A > B$，$A ='B$，即甲认为 A 优于 B，而乙认为二者无差异。这表明，如果让资源配置状态从 B 变动到 A，这种改变至少使得甲的状况变好，而没有使乙的状况变坏。换句话说，这种改变的净结果是增进了甲的福利，从而也增进了社会的福利。第4、第6和第8的情况亦如此。

将上述三种情况总结起来，就可以得到两人社会在两种可能的资源配置状态中的一种选择标准：如果两人中至少有一人认为 A 优（或劣）于 B，而没有人认为 A 劣（或优）于 B，则从社会的观点来看，亦有 A 优（或劣）于 B。如果两人都认为 A 与 B 无差异，则从社会的观点来看，亦有 A 与 B 无差异。

上述结论不只适用于两人社会在两种可能的资源配置中进行选择的简单情况，也可以推广到多人社会在多种资源配置状态中进行选择的情况。社会的选择标准只需稍微变动如下（其中 A 与 B 是任意两种状态）：

如果至少有一人认为 A 优于 B，而没有人认为 A 劣于 B，则认为从社会的观点看亦有 A 优于 B，这就是所谓的**帕累托最优状态标准**，简称为帕累托标准。利用帕累托最优状态标准，可以对资源配置状态的任意变化作出"好"与"坏"的判断：如果既定的资源配置状态的改变使得至少有一个人的状况变好，而没有使任何人的状况变坏，则认为这种资源配置状态的变化是"好"的；否则认为是"坏"的。这种以帕累托标准来衡量为"好"的状态改变称为**帕累托改进**（Pareto improvement）。更进一步地说，如果对于某种既定的资源配置状态，所有的帕累托改进均不存在，则称这种资源配置状态为**帕累托最优状态**（Pareto optimality）。换言之，如果对于某种既定的资源配置状态，还存在帕累托改进，即在该状态上，还存在某种（或某些）改变可以使至少一个人的状况变好而不使任何人的状况变坏，则这种状态就不是帕累托最优状态。帕累托最优概念是由意大利经济学家维弗雷多·帕累托（Vilfredo Pareto）提出的。帕累托最优状态又称作**经济效率**。满足帕累托最优状态就是具有经济效率的；反之，不满足帕累托最优状态的就是缺乏经济效率的。

二、完全竞争和帕累托最优状态

完全竞争经济在一定的假定条件下，存在着一般均衡状态，那么完全竞争经济的一般均衡状态是否实现了帕累托最优呢？假设在完全竞争经济中，存在一组价格，使得所有商品的需求和供给都恰好相等。设 P_x，P_y，…分别表示商品 X，Y，…的均衡价格；P_l，P_k，…分别表示生产要素 L，K，…的价格。在完全竞争市场条件下，每个消费者和每个生产者均是价格的接受者，它们将在既定的价格条件下实现自己的效用最大化和利润最大化。

1. 交换的最优状态

假定消费者 A 在完全竞争经济中的效用最大化条件是对该消费者来说，任何两种产品的边际替代率等于这两种商品的价格比率，即

$$MRS_{XY}^{A} = \frac{P_X}{P_Y} \qquad (8.2)$$

同样地，消费者 B 在完全竞争条件下的效用最大化条件亦是对 B 而言，任何两种产品的边际替代率等于这两种商品的价格比率，即

$$MRS_{XY}^{B} = \frac{P_X}{P_Y} \qquad (8.3)$$

由式（8.2）和式（8.3）即得到

$$MRS_{XY}^{A} = MRS_{XY}^{B} \qquad (8.4)$$

式（8.4）就是交换的帕累托最优条件。在完全竞争经济中，产品的均衡价格实现了交换的帕累托最优状态。

2. 生产的最优条件

在完全竞争经济中，任意一个生产者，如 C 的利润最大化条件之一是对该生产者来说，任意两种生产要素的边际技术替代率等于这两种生产要素的价格比率，即

$$MRTS_{LK}^{C} = \frac{P_L}{P_K} \qquad (8.5)$$

同样地，其他生产者如 D 在完全竞争条件下的利润最大化条件是对 D 而言，任意两种生产要素的边际技术替代率等于这两种生产要素的价格比率，即

$$MRTS_{LK}^{D} = \frac{P_L}{P_K} \qquad (8.6)$$

由式（8.5）和式（8.6）即得到

$$MRTS_{LK}^{C} = MRTS_{LK}^{D} \qquad (8.7)$$

式（8.7）就是生产的帕累托最优条件。在完全竞争经济中，生产要素的均衡

价格实现了生产的帕累托最优状态。

3. 生产和交换的最优条件

下面将生产者和消费者综合在一起，分析完全竞争经济如何满足生产和交换的帕累托最优条件，即在完全竞争条件下，产品的边际转换率是如何与边际替代率相等的。仍然是 X 和 Y 为任意两种产品，X 产品对 Y 产品的边际转换率表示为

$$MRT_{XY} = \left| \frac{\Delta Y}{\Delta X} \right| \tag{8.8}$$

式（8.8）表示，增加 ΔX 就必须减少 ΔY，或者增加 ΔY 就必须减少 ΔX，因此 ΔY 可以看成是 X 的边际成本（机会成本），同样 ΔX 也可以看成是 Y 的边际成本（机会成本）。用 MC_X 和 MC_Y 分别代表产品 X 和产品 Y 的边际成本，则 X 产品对 Y 产品的边际转换率可以定义为两种产品的边际成本的比率

$$MRT_{XY} = \left| \frac{\Delta Y}{\Delta X} \right| = \left| \frac{MC_X}{MC_Y} \right|$$

在前述章节中，已经说明在完全竞争中，生产者利润最大化的条件是产品的价格等于其边际成本，于是有

$$P_X = MC_X \quad P_Y = MC_Y$$

即有

$$\left| \frac{MC_X}{MC_Y} \right| = \frac{P_X}{P_Y} \tag{8.9}$$

将式（8.9）结合式（8.2）或式（8.3），即可得到

$$MRS_{XY} = MRT_{XY} = \frac{P_X}{P_Y} \tag{8.10}$$

式（8.10）就是生产和交换的帕累托最优条件。

当上述三个边际条件均得到满足时，可以称整个经济达到了帕累托最优状态。

第三节　市场失灵

一般均衡论得出了自由竞争市场能够实现帕累托最优化的结论。但现实中的市场往往是不完全自由竞争的，因此，"看不见的手"并不能实现资源配置的帕累托最优状态，换句话说，现实的市场机制在很多场合不能实现资源的有效配置，这种情况被称为**市场失灵**（market failure）。本节将分别讨论市场失灵的几种情况，即垄断、外部影响、公共物品和信息不对称以及相应的微观经济政策。

一、垄断

在前面章节的分析中得出，由于垄断厂商确定的垄断价格总是高于边际成本，

从而相对地高于完全竞争市场，而产量则相对地低于完全竞争市场。垄断还造成了消费者剩余或社会福利的净损失，导致生产效率低下。

（一）垄断与寻租

垄断会带来寻租问题。所谓**寻租**（rent seeking），是指厂商为了获得或维持垄断地位从而得到垄断利润（亦即垄断租金）而从事的非生产性寻利活动。例如，垄断集团为继续维持其行业垄断而游说政府，设置种种进入壁垒；一些行业的部分厂商和利益集团游说政府要求引入更多的进入管制，如要求颁发牌照或者特许经营权等，使得非垄断行业走向垄断。寻租是一种经济主体的寻利活动，与生产性寻利活动不同。生产性寻利活动如厂商改进技术、优化资源配置，可以提高生产效率、降低成本，从而获得更多利润，这些活动是社会进步的动力，是社会进步的基本激励机制。生产性寻利和寻租可以分别比作做蛋糕与分蛋糕。如果一个人一心一意想办法把蛋糕做大，进而可以分得更多蛋糕，这就是生产性寻利；而如果一个人无心做大蛋糕，整天想着如何能够影响分配规则和分配活动，把更多的蛋糕分给自己，这就是非生产性寻利活动。显然，如果大家都想着如何分蛋糕而无心去做大蛋糕，社会总体所得就不可能增加。另外，对分蛋糕的过分关注不可避免地激起争夺，这将消耗社会资源，并可能对社会的基本行为规则产生冲击，造成负面的示范效应，鼓励了更多的人去争夺财富而不是创造财富，特别是激发官员的腐败行为。可见，寻租这样的非生产性寻利并不带来社会财富的增长，反而对生产和资源分配产生不利影响，这可以从图 8-3 进行分析。图中，完全竞争厂商的产量为 Q^*，价格为 P^*，经济利润为零，消费者剩余为 adP^*，总的经济福利（生产者的经济利润加上消费者剩余）也等于 adP^*。在传统经济理论中，垄断厂商的产量为 Q_m，价格为 P_m，经济利润为 bcP^*P_m，消费者剩余为 bdP_m，总的经济福利为 bcP^*d。二者相比，垄断的总经济福利减少了，减少的数量为图中的小三角形 abc。如果考虑寻租活动，为了获得和维持垄断地位从而享受垄断的好处，厂商常常需要付出一定的代价，这样垄断的经济损失不仅包括被叫作"纯损"的小三角形 abc，还要包括垄断厂商的经济利润即 bcP^*P_m 的一部分或者全部，甚至还可能更多。

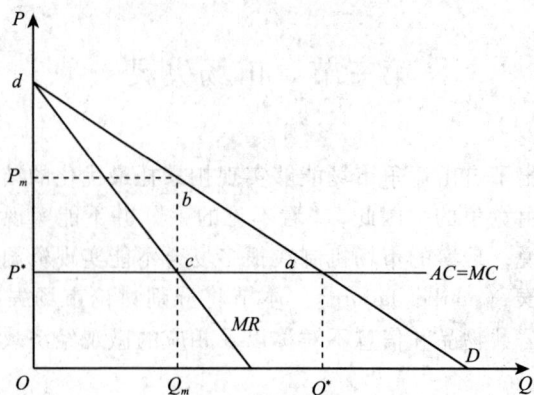

图 8-3 垄断与寻租

（二）政府对垄断的管制

垄断会扭曲资源的配置，导致社会福利损失，对垄断实施管制是有必要的。现实中政府采用多种政策对垄断进行管制。

1. 控制市场结构

当某种产品市场形成了垄断或者已经具有垄断趋势时，政府往往强制性地对垄断企业进行分拆，以打破垄断，形成竞争性的市场结构。例如，1984 年前，AT&T（美国电话电报公司）几乎垄断了美国的州内、州际和国际电话业务。该公司利用对市话系统的控制，限制长话竞争对手接入当地电话系统，实质上形成了对长话业务的垄断。美国监管部门认为，AT&T 已经严重阻碍了美国电信行业的健康发展。1913 年和 1949 年，AT&T 两度面临反托拉斯法诉讼，最后都一一化解。1984 年，美国司法部正式分解 AT&T，分拆出一个继承了母公司名称的新 AT&T 公司（专司长途业务）和七个本地电话公司（即"贝尔七兄弟"）。竞争放开后，新兴电信运营商如雨后春笋般出现，通信市场出现激烈竞争。竞争带给美国电信市场极大的繁荣，并且给消费者带来了实惠，通话价格到 20 世纪 80 年代末下降了 40%。

在市场经济条件下，制定反垄断法或反托拉斯法，约束垄断企业的行为，可以在一定程度上控制市场的结构，阻止垄断势力的增强。例如，禁止横向垄断协议或纵向垄断协议；禁止滥用市场支配地位，如垄断价格、掠夺性定价、拒绝交易、强制交易、搭售、差别待遇等；禁止经营者的过度集中；禁止滥用行政权力排除、限制竞争，如强制交易、地区封锁、强制经营者从事垄断行为等。

专栏 8 - 2

托拉斯与反托拉斯法

托拉斯（trust）是垄断组织的高级形式之一，1879 年首先在美国出现。托拉斯由许多生产同类商品的企业或产品有密切关系的企业合并组成，旨在垄断销售市场、争夺原料产地和投资范围，加强竞争力量，以获取高额垄断利润。参加的企业在生产上、商业上和法律上都丧失独立性。托拉斯的董事会统一经营全部的生产、销售和财务活动，领导权掌握在最大的资本家手中，原企业主成为股东，按其股份取得红利。

托拉斯主要有两种类型：第一种是以金融控制为基础而组成的，其参加者在形式上是独立的，但实际却完全从属于总公司。这种总公司实质上是一种持股公司，它通过持有其他公司的股票控制额，对它们进行金融上的控制。1899 年，美国洛克菲勒建立的新泽西美孚石油公司就是这类托拉斯的典型。通过这一持股公司控制了所属的各个石油公司，从而形成了一个石油大托拉斯。1972 年，该公司改名为埃克森公司，不但成为美国而且也是世界上最大的一家工业公司。第二种是以企业完全合并为基础而组成的，这种合并或是由规模相近的同类企业合并，或是由强大企业吞并实力较小的其他同类企业。这种托拉斯的总公司是直接掌握产销的业务公司。1916 年建立的美国通用汽车公司是这类托拉斯的一个典型。它除了把新泽西通用汽车公司的股票接收过来外，又于 1918 年和 1919 年相继合并了"雪佛莱汽车公司"和"费休车身公司",从而成为一个汽车大托拉斯。

1890~1950年,美国国会通过了一系列法案反对垄断,主要有《谢尔曼法》(1890)、《克莱顿法》(1914)、《联邦贸易委员会法》(1914)、《罗宾逊-帕特曼法》(1936)、《惠特-李法》(1938)和《塞勒-凯弗维尔法》(1950)。这些法律统称为反托拉斯法。这些法律规定,限制贸易的协议或共谋、垄断或企业垄断市场、兼并、排他性规定、价格歧视、不正当的竞争或欺诈行为等,都是非法的。

2. 对垄断企业产品价格进行管制

限制产量从而提高价格是垄断厂商获取垄断利润的主要方式,因此政府对垄断厂商产品的价格进行管制可以截断垄断厂商获得垄断利润的途径。价格管制主要有传统的确定性价格管制和激励性价格管制两种类型。

(1)传统价格管制。

传统价格管制的基本思路是限制垄断厂商的市场价格,但尽可能弥补其运营成本,常用的管制价格确定方法又有完全成本分摊法和公平报酬率法。

完全成本分摊法是将厂商生产经营中发生的所有成本分摊到所生产的产品上,从而计算出产品的管制价格,以弥补厂商生产经营的成本,确保其正常经营。但由于产品的管制价格依赖于产品成本,不考虑产品质量,这一方法会抑制厂商改善技术或工艺、降低产品成本和提高产品质量的积极性。

公平报酬率法是先依据社会平均的或正常的投资利润率确定出一个公平的投资报酬率,并根据垄断厂商的投资计算出公平的利润,再以此确定厂商的产品价格。其中,垄断厂商的投资应包括厂商生产、经营过程中的固定资本、流动资本以及其他资本。公平报酬率管制能够确保垄断厂商的正常经营,保障厂商的财务平衡,但这种方法也存在一些问题:第一,各行业的报酬率并不一致,并且随着时间和地点的不同而不同,根据社会的报酬率数据并不能简单地计算出垄断行业的公平报酬率水平。第二,公平报酬率的确定过程中难以避免垄断厂商与利益集团的非生产性寻利活动。第三,根据公平报酬率确定产品价格时还需要掌握垄断厂商的成本和资本投入等信息,而管制者并不能准确、低成本地获知这些信息。第四,在公平报酬率价格管制下,垄断厂商将倾向于过度使用资本来获取更多利润,这就直接扭曲了资源配置。

(2)激励性价格管制。

传统价格管制方法在限制垄断厂商获得垄断利润的同时,对厂商的生产经营也产生抑制作用。激励性价格管制可以克服这一弊端。激励性价格管制有价格上限管制、特许投标管制和标尺竞争管制等方式。

传统的价格管制一般采取限制价格的形式,但这种管制使价格低于均衡价格,产生了"排队"、"走后门"、产品质量下降、地下经济等问题。激励性的价格上限管制则认为,超额利润有三种来源,即高效率、垄断和好运气,价格管制不应该管制来自高效率的超额利润,并且应当将价格上涨率与零售价格指数、生产率增长率挂钩。以 RPI 表示通货膨胀率,X 表示由管制者确定的在一定时期内的生产率增长率，则价格上限系数 $PCI = RPI - X$。例如，通货膨胀率为 8%，管制当局确定的厂商生产率增长率为 3%，则价格上限系数为 5%，也即价格上浮的上限为 5%。在价格上限管制下，厂商具有一定的价格决定权，并且受到降低成本的激励；管制机构需要的信息也较传统价格规制中需要的少、精准度低，可以降低管制成本。但这种新型的价格上限管制也有弊端：一是管制者设定 X 值时仍必须掌握相当的信息；二是 X 值的经常变动会削弱其激励作用；三是管制机构在设定 X 值时仍可能设租或被寻租俘获。

特许投标管制主要应用于对自然垄断行业的管制。虽然垄断经营会导致资源配置扭曲，但由于自然垄断行业具有显著的规模报酬递增特征，多家厂商竞争会造成效率降低。特许投标是在自然垄断行业的行业准入环节引入竞争，以招投标的方式授予获胜厂商一定期限内的独享特许经营权，特许期满之后再展开下一期的特许经营权投标竞争。由于引入了事前的厂商竞争，最终获得垄断经营权的厂商因此具有较高的效率。而由于特许经营投标主要围绕厂商以更低的价格提供更高质量的产品展开，这种方法往往能够保证厂商的产品定价低于垄断定价。特许投标管制也存在局限性。例如，对初期投资规模较大的行业，第二次竞争投标若发生特许权的变化，就会产生既有资产的合理定价与权属变更等问题。在位的垄断厂商往往会实施多种活动阻碍新厂商参与特许投标。另外，政府对中标厂商合同的执行和监督还存在较高的成本。

标尺竞争管制适用于供水、市政、交通等自然垄断行业。由于这些自然垄断行业往往是区域性垄断的，不同区域的垄断厂商具有高度的可比性，这使得政府可以对比本地厂商与外地厂商的生产经营，以那些经营状态较好、社会效益较高地区的厂商为目标标尺来管制本地的自然垄断厂商，借以提高经济效率。标尺竞争管制需要管制当局了解各区域不同垄断厂商的成本和经营信息，找到与本地需求条件、费用条件等大致相似的多个地区的厂商，确定出一个比较合理的标尺，进而依据不同地区的实际情况制定各地区的管制价格。同时，标尺竞争管制也要求各区域的垄断厂商无法合谋，共同压低标尺。

3. 垄断企业国有化

国有化是一种主要针对自然垄断的反垄断政策。许多国家的政府都曾经接管过某些垄断行业的所有权，或将该行业国有化。例如，英国和法国就曾经对本国的电力公司、电话公司以及像煤气公司、自来水公司这样的公用事业部门实行国有化。但国有化也存在诸多弊端。因为政府通常不是一个很有效率的生产者或经营者，被国有化的企业常常缺乏降低成本和谋求最大利润的内在动力，国有化的垄断企业往往效率并不高，而且国有化的垄断企业也并不一定有动力将产量定在社会福利最大的水平上。

二、外部性

（一）外部性的概念与分类

在微观经济理论中，特别是"看不见的手"的原理，都隐含了一个假定：单个消费者或生产者的经济行为对社会上其他人的福利没有影响，即不存在"外部性"。所谓**外部性**（externality），是指一个经济主体的活动给他人带来了好处但是却无法向他人收费，或者给他人造成了损失却不需要给他人赔偿的现象。在现实生活中，许多活动都具有显著的外部性。外部性可以分为正外部性和负外部性。当一个经济行为主体采取的行动对他人产生了有利影响，而自己却不能从中得到报酬或补偿时，便产生了正外部性。反之，当一个经济行为主体采取的行动使他人付出了代价而他人却不能得到补偿时，就产生了负外部性。两种外部性又可按生产和消费来进行考察。

1. 生产的正外部性

当一个生产者采取的经济行动对他人产生了有利影响，而生产者却不能从中得到报酬时，便产生了生产的正外部性。例如，一个企业对其所雇用的工人进行培训，而这些工人跳槽到其他企业工作，该企业并不能从其他企业中索回培训费用或得到其他形式的补偿。我国在引进外商直接投资过程中，这些外资企业将先进的生产技术和管理经验带到当地，产生了技术"溢出效应"。

2. 消费的正外部性

当一个消费者采取的经济行动对他人产生了有利影响，而消费者本人却不能从中得到报酬时，便产生了消费的正外部性。例如，张某在自己的花园里种植的玫瑰争相开放，过路人都能够尽情观赏，但过路人并不需要向张某支付观赏费。

3. 生产的负外部性

当一个生产者采取的经济行动使他人付出了代价而又没有给他人以补偿时，便产生了生产的负外部性。例如，工厂生产时排污，污染了河流，毒杀了鱼虾，渔民的收入因此减少了，但他们却很难找工厂索赔。再如，企业扩大生产规模而破坏了原来的美丽风景，产生了噪声，使周围的居民生活变得不舒适。

4. 消费的负外部性

当一个消费者采取的经济行动使他人付出了代价而又没有给他人以补偿时，便产生了消费的负外部性。例如，一个人在公共场所抽烟，其他人就会被迫吸"二手烟"，使身体受到伤害，但他们并不能找抽烟的人索赔。在公共场所随地吐痰、大声喧哗等，都会产生消费的负外部性。

（二）外部性与资源配置无效率

经济学将经济活动主体为某一经济行为支付的成本与获得的收益称为私人成本与私人收益，而把整个社会为该经济行为支付的成本与获得的收益称为社会成本与社会收益。外部性是私人成本和社会成本、私人收益与社会收益之间存在差异的结果。当某经济活动具有显著的外部性时，其私人成本、私人收益与社会成本、社会收益不同，而经济主体只会根据其私人成本与私人收益作出决策，这就会扭曲资源的配置。

1. 负外部性与无效率

假设某生产竞争性产品的厂商面临着水平的产品需求曲线 D，这条曲线也是其边际收益曲线 MR 和平均收益曲线 AR，如图 8 - 4 所示。厂商追求利润的最大化，将按边际收益等于边际成本原则确定产量。

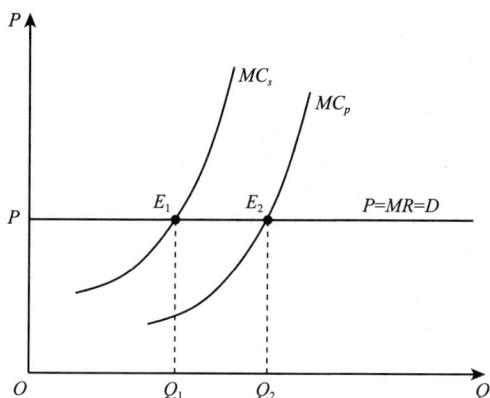

图 8 - 4　负外部性与市场无效率

如果该厂商的生产活动没有外部性，意味着社会成本与私人成本相同，因此边际社会成本与边际私人成本也相同，厂商按边际私人成本等于边际收益的原则作出的最优产量决策也就是社会的最优产量。对社会而言，最优产量由边际社会成本曲线 MC_s 与边际收益曲线 MR 的交点 E_1 决定，即图中的 Q_1，但如果厂商的生产活动具有负外部性，如厂商在生产中排放污水，但厂商并不为此支付赔偿，这时在各产量水平下的私人成本就低于社会成本，私人边际成本也就低于社会边际成本。这样，对厂商而言，最优产量将由边际私人成本曲线 MC_p 与边际收益曲线的交点 E_2 决定，即图中的 Q_2，显然有 $Q_2 > Q_1$。这表明，对具有负外部性的经济活动，市场中经济主体作出的产量决策将高于社会最优的产出量，换言之，负外部性造成配置到该经济活动的资源过多、产出过多，说明市场机制没有实现整个社会资源的最优配置。

2. 正外部性与无效率

假设张某精心打理私家花园，过路人看到花园开放的玫瑰而感到赏心悦目，但张某并不能向过路人收费，甚至还有人偷摘玫瑰。在这种情形下，张某在各产量水平下的私人收益低于了社会收益，边际私人收益也就低于边际社会收益，如图8 - 5 中，边际私人收益曲线 MR_p 位于边际社会收益曲线 MR_s 的下方。对张某而言，最优产量由边际成本曲线 MC 与边际私人收益曲线 MR_p 的交点 E_1 决定，即图中的 Q_1，但对社会而言，最优产量由边际成本曲线 MC 与边际社会收益曲线 MR_s 的交点 E_2 决定，即图中的 Q_2，显然有 $Q_2 > Q_1$。这表明，对具有正外部性的经济活动，市场中经济主体作出的产量决策将低于社会最优的产出量，换言之，正外部性造成配置到该经济活动的资源过少、产出过少，说明市场机制没有实现整个社会资源的最优配置。

另一个比较常见的例子是厂商的研究与开发活动（R&D）。假定一家厂商研究出一种新的生产技术，如果这项技术没有得到专利保护，其他厂商就会无偿使用这项生产技术，导致该厂商的利润减少，投入的研发成本无法收回。如果研究与开发没有回报，厂商对新技术的研发就没有积极性，市场对研发投入的资金就会严重不足。

第 八 章

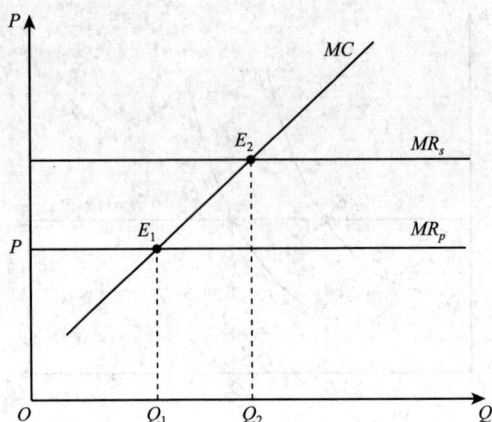

图 8 – 5   正外部性与市场无效率

（三）政府对外部性的管制

上述分析表明，无论是正外部性还是负外部性，都会导致资源配置的无效率，因此对于外部性特殊的行业，政府有必要采取一定的公共措施消除外部性。外部性导致市场不能实现资源最优化配置的关键是私人成本与收益和社会成本与收益的不相等，因此，矫正外部性下非最优资源配置的一种思路就是使私人成本和社会成本、私人收益和社会收益相一致，从而使经济主体的私人决策也是社会最优决策，这被称为**外部性的内部化**。

1. 征税或收费

征税或收费是矫正具有负外部性经济活动的一般方法，该方法最早由英国经济学家庇古（Arthur Cecil Pigou）提出，因此也称为庇古税。如图 8 – 6 所示，当经济主体将产量定在边际私人成本等于边际私人收益处，即 Q_1，其经济活动具有负外部性，这一产量较社会最优的产量高。此时，如果通过向该负外部性经济活动的实施主体征税或收费，使得其税后的边际私人成本曲线向左移动，并使该税后边际私人成本曲线正好在 E_2 点与边际收益曲线相交（E_2 是边际社会成本曲线与边际收益曲线的交点），经济主体的产量 Q_2 既是私人最优决策同时也是社会最优决策。这就相当于通过征税或收费使经济主体承担了给社会带来的成本，也就是使外部性内部化了。征税与收费的主体通常是政府而不是负外部性的承受者，因此政府在征税或收费之后，还要通过与之对应的补贴弥补负外部性承受者的损失。

2. 补贴

补贴是矫正具有正外部性经济活动的一般方法，也称为庇古补贴。如图 8 – 7 所示，经济主体将产量定在边际私人成本等于边际私人收益处，即 Q_1，当其具有正外部性时，这一产量较社会最优的产量低。此时，如果给予该正外部性经济活动的实施主体以财政补贴，使其边际私人成本曲线 MC 向右平行移动至 MC'，并使 MC' 与 MR_p 的交点 E_2 对应的产量正好是 MC 与 MR_s 交点对应的产量 Q_2。这就相当于通过给予财政补贴使经济主体获得了给社会带来的收益，也就是使其给他人带来的影响内部化了。值得注意的是，财政补贴是由政府支付的，而不是由正外部性的受

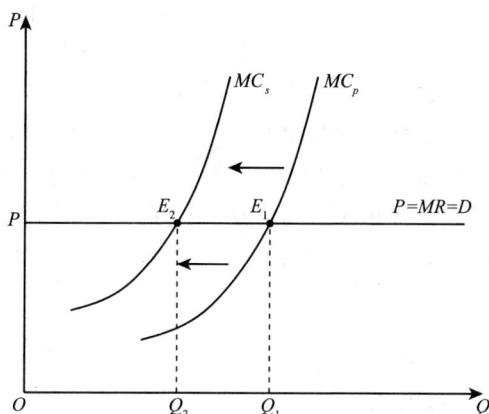

图 8-6　征税（收费）对负外部性的矫正

益者承担的，在理论上，政府应先通过向正外部性的受益者收税或收费来筹集财政资金，使其有能力给付补贴资金。

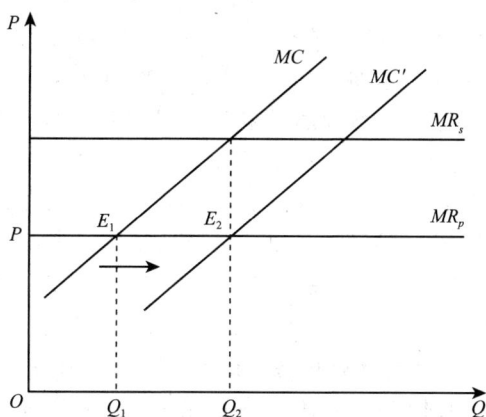

图 8-7　补贴对正外部性的矫正

3. 直接管制

涉及生态、环境、资源等外部性问题，政府往往采取行政性手段。对高污染工业的生态布局，严格限制厂址的选择，指定生产者提供最优的产量组合。在公共资源领域和市场上，政府制定相关保护措施和制度，对资源的开发使用实施统一管理。例如，强制性建立休渔期，限定捕捞作业区，规定渔网型号；对生产者强令安装符合一定标准的除污、除尘、净化设备；对某些产品的生产制定必须执行的质量、规格、性能等标准。也有对正外部性经济活动的直接管制，如要求临街商业网点外墙涂刷整洁，要求别墅区私家花园不能闲置等。现实社会中还有大量的管制是在道德约束下实现的，如在公共场所禁止大声喧哗、禁止吸烟等。

排污权交易是政府对污染排放量管制的一种优化方法。这种方法首先由政府确定一段时间污染的总量，并将这一污染总量分配给各厂商，允许厂商之间进行排污权的交易。例如，工厂 A 每年有 50 万吨的污水排放权，但由于它掌握先进的污水净化技术，每净化 1 万吨污水仅花费 3 万元，工厂 B 每年也有 50 万吨的污水排放权，但它的污水净化技术欠先进，每净化 1 万吨污水需要花费 5 万元。这样，工厂 A 每多净化 1 万吨污水，就可以 3 万元的成本换取工厂 B 以 3 万~5 万元的价格购买的 1 万吨的排污权，这就相当于使用工厂 A 的先进污水净化技术净化了工厂 B 排放的一部分污水。因此，排污权交易方法不仅能有效地将污染总量控制在社会最优的水平上，而且能最有效地利用现有的最先进污染治理技术。

专栏 8 - 3

排污权交易催生环保新思路

江阴永利新型包装材料有限公司近日需要新增化学需氧量（COD）排放量，于是到排污权储备交易中心花 252 万元"购买"了 26.25 吨 COD 的排放权。另一厂商则因生产调整，将排污权卖出，收益 20 多万元。

作为省内开展排污权交易的首家单位，江阴排污权储备交易中心投运一年多来，已有 179 家厂商的 223 个项目在此实施交易，交易额达 2526.1 万元。据测算，与 2005 年相比，排污权有偿使用和交易，使江阴 COD 排放总量下降了约 30%。2008 年底，江阴就对厂商实施排污总量有偿使用政策，当年有 600 多家厂商缴纳了 2225 万元排污指标有偿使用费。但在实施过程中，有厂商指标多却排得少，有厂商排污超标却无计可施，如何以市场化手段加以平衡？由此，排污权储备交易中心于 2009 年 4 月率先启动，排污权成了一种特殊商品，可买，也可卖。

据悉，注重环保的厂商，通过技术创新等措施，减少污染排放，可将富余指标卖出"赚钱"，或存起来，用于进一步发展；反之，排污量大的厂商则需高价"购买"指标。按规定，一家化工行业如要出让排污指标，每吨可售 6 万元，而厂商如要购买指标，必须按每吨 12 万元购进。高差额定价让一些环保工作做得差的厂商因成本太高而无法经营，最终被淘汰。排污权买卖的市场交易法则，催生了环保新思路，"逼"着厂商挖掘减排潜力，调整产业结构。江苏长电科技股份有限公司的巨量喷泉用水全部来自回收利用的中水。公司 2009 年投资 350 万元新建了中水回用装置，减少电镀等产生污染的工序，节省了十几吨 COD 指标。公司将这些"省"下的排放指标用到新上马的新型集成电路封装生产扩能项目，节支近 100 万元。

环保市场化机制下，排污权成了抢手货。2010 年上半年，江阴一家化工厂商因排放超标被关停，排污指标被收回。去年交易中心仅从关闭取缔的厂商那里获得的排污指标就有 200 吨左右。目前，江阴正积极筹备建立企业间交易的市场，以进一步实现排污指标租赁、排污指标买卖以及倒闭、关停厂商排污权收购等二级市场交易行为。

资料来源：王琴. 江阴排污权买卖催生环保新思路 [EB/OL]. http://www.smforestry.com/analysis/13611.htm, 2021 - 10 - 11.

4. 合并企业或明晰产权

政府通过引导或强制相关企业合并的方法可以使外部性得以内部化。例如，A企业是输出负外部性的企业，B企业是受害者，或者A企业是输出正外部性的企业，B企业是免费受益者，在上述两种情况下，如果把A、B两个企业合并，负外部性或正外部性都会因此而消失，即被内部化了。合并后的单个企业为了自己的利益将使自己的生产确定在边际成本等于边际收益的水平上，而由于此时不存在外部性影响，合并的成本与收益就等于社会的成本与收益，资源配置达到了帕累托最优状态。

在许多情况下，外部性影响之所以导致资源配置失当，是由于财产权不明确。如果财产权是完全确定的并得到充分保障，有些外部性可能不会发生。例如，某条河流上游的污染者使下游用水者受到损害，如果给予下游用水者以使用一定质量水源的财产权，则上游的污染者将因污染水质而受罚。在这种情况下，上游污染者便会同下游用水者协商，将这种权利从他们那里买过来再使用河水，同时，遭到损害的下游用水者也会使用他们出售污染权而得到的收入来治理河水。总之，由于污染者为其负外部性支付了代价，他们的私人成本与社会成本之间就不存在差别。

（四）产权与科斯定理

政府的干预可以用来消除来自外部性的无效率，但是政府干预不是解决外部性的唯一方法，在产权明确化的基础上通过市场交易，无须政府干预就可以解决外部性问题。

所谓**产权**（property rights）是指人们对财产的所有权以及基于所有权而引发的对财产的各种使用处置权利的总称。产权有两种类型，一种是公共产权，另一种是私人产权。公共产权是由整个社会拥有的，任何个人都不可能将资源仅供自己使用或支配；私人产权是指资源由私人拥有，按现有的法律供自己使用支配的权利，包括使用权、收益权以及处置权等。

科斯在1960年发表的经典论文《社会成本问题》中提出了有关外部性的新观点。他认为，订立及完成一项交易是需要耗费成本的，如搜寻交易对象、与交易对象讨价还价、监督履行协议等相关的费用。当交易成本趋于零时，我们只需将外部性影响产权化，并将其任意地赋予相关的一方，外部性经济活动的施行者与承受者就会通过谈判达成协议，使得最终的产出量处于社会最优的水平上，也即市场均衡是有效率的，这就是著名的科斯定理的思想。科斯定理可以表述为：只要法定权利可以自由交换，而且交易成本为零，那么法定权利的最初配置状态对于资源配置效率而言就是无关紧要的。

以污水排放的负外部性为例。假设工厂排放污水，污染了邻近的水源，给周围居住的5户居民每年每户造成了75万元的损失（合计损失375万元）。假设工厂可以使用污水净化设备实现无污染排放，但每年需要付出150万元的运营成本，或者居民可到稍远的地方取用净水，但每户每年需要付出50万元的运输成本。科斯提出，当工厂与居民之间可以低成本乃至无成本地通过协商达成协议时，只需将排污权授予工厂，或将清洁权授予居民，无须政府的财税政策干预，也无须政府的产量管制，工厂与居民即可通过协商将污染量确定在社会最优的水平上。例如，当法律规定工厂享有排污权时，居民会选择每户出资 30 万元去共同使用污水净化设备净化工厂的污水（或者付给工厂 150 万元要求其使用污水净化设备），因为相对于每户拿出 50 万元运水费用，或者承担 75 万元损失来说，这是最优的办法。而如果法律规定居民户享有清洁权时，工厂就会选择出资 150 万元使用污水净化设备，因为相对于支付居民共计 250 万元的运水费用，或者拿出 375 万元赔偿居民的损失而言，使用污水净化设备是最优的办法。可见，在交易成本为零时，无论法律是规定工厂享有排污权还是相反的规定居民享有清洁权，工厂与居民协商的结果都是相同的，即以 150 万元的代价使用污水净化设备，这一方案也是社会最优的。

因此，当交易成本较低乃至趋近于零时，按照科斯的观点，即使是对具有外部性的经济活动，市场仍然可以实现资源的最优配置。当然，在现实经济中，当事人之间的交易成本往往较高。例如，外部性影响涉及众多的经济主体，施加者需要与这些经济主体一一谈判才能达成一致，这就会阻碍当事人的谈判，或者不同初始产权配置下的谈判结果不同，从而影响资源配置的效率。而且，明晰界定产权并且让各经济主体都明确地知晓产权并不是一件容易的事，因此非市场的政府干预还是必要的。

三、公共产品

经济学并不研究自由取用资源（如阳光、空气等），但是当一些无须付费就可以取用的资源被过度利用时，整体社会福利就会受到损害，这就是公共产品导致的市场失灵问题。

（一）产品的类型

可以从两个角度考察产品，即产品的竞争性与排他性。所谓竞争性，是指如果某人已经使用了某件商品，其他人就不能再同时使用该商品。例如，一件衣服，张三穿在身上了，李四就不能同时穿上它；一块面包，张三吃下去了，李四就吃不上了；公交车上的座位，一个乘客占用了，另一个乘客就不能同时占用。所谓排他性，是指只有对商品支付价格的人才能够使用该商品。例如，电影院和体育场的入口均有人把守，禁止那些没有买票的人入场；不交费就不能在高速公路上行驶等。

根据产品竞争性与排他性程度的不同，可以将产品分为四种类别，如图 8 - 8 所示。竞争性与排他性都较强的产品被称为私人产品，现实生活中的大量物品都属于私人产品，如食品、服装、电子消费产品等。排他性和竞争性是私人产品的两个鲜明特点。竞争性较强但排他性较弱的产品被称为公共资源，如空气、水、公共牧场等。竞争性较弱但排他性较强的产品被称为俱乐部产品，如高尔夫俱乐部、健身俱乐部等，使用者只要取得了会员资格，就可不受影响地消费俱乐部提供的各项服务。竞争性较弱且排他性也较弱的产品，或者说具有非竞争性和非排他性的产品则被称为**公共产品**。如路灯，一个人路过时能够享受路灯的照明，多个人路过时，每个人都能享受到照明，并且不需要增设路灯或增加路灯的光照度，路过的行人也不必付费。国防、灯塔、市政道路等都是典型的公共产品。

竞争性		
强 → 弱		
排他性 强↓弱	私人产品 食品、服装、电子消费品、 拥挤的收费道路	俱乐部产品 健身俱乐部、高尔夫俱乐部、 有线电视、不拥挤的收费道路
	公共资源 空气、水、公海的鱼、 拥挤的不收费道路	公共产品 国防、路灯、 不拥挤的不收费道路

图 8 - 8 产品的类型

竞争性较强但排他性较弱的公共资源往往会被过度使用，这在经济学中被称为"公地悲剧"（tragedy of the commons）。这一理论由美国学者哈定在 1968 年《科学》杂志上发表的一篇题为《公地的悲剧》的文章中提出来。哈定设置了这样一个场景：一群牧民同时在一块公共草场放牧。一个牧民想多养一只羊增加个人收益，虽然他明知草场上羊的数量已经太多了，再增加羊的数目，将使草场的质量下降。牧民将如何取舍？如果每个人都从自己私利出发，肯定会选择多养羊获取收益，因为草场退化的代价由大家负担。每一位牧民都如此思考时，"公地悲剧"就上演了——草场持续退化，直至无法养羊，最终导致所有牧民破产。

（二）公共产品与市场失灵

公共产品具有非竞争性与非排他性的特点，公共资源竞争性较强但排他性较弱，由于自身特点，两类物品难以如私人产品那样由市场提供。

1. 免费搭车

由于公共产品具有非竞争性和非排他性，如果公共产品由私人生产并在市场销售，很容易产生免费搭车问题，导致产量偏低。**免费搭车**（free-rider）也被称为搭便车，就是指某些个人不付费也可以同时享受公共产品的好处，完全依赖于他人付费。例如，有一条小河将两个村庄隔开，两个村庄的村民都希望修建一座桥方便通行。一方面，在修桥时没有掏钱的村民可以和掏钱的村民同时在桥上通行（非竞争性）；另一方面，掏钱的村民不能排斥没有掏钱的村民的通行（非排他性），假设两个村庄的村民都是理性的，那么就没有人愿意出钱修桥。显然，分散决策的机制在这里就不起作用，市场机制产生了无效率性。即使有些村民不存在免费搭车的心理，愿意掏钱修桥，但他也只会根据这座桥给他个人所带来的私人利益来决定所愿意支付价格的高低，而不会根据社会利益决定自己愿意支付的价格。由此可见，如果由私人生产和销售公共产品，产量必定小于社会福利的最大产量。

2. 公共选择与表决机制

由于公共产品的非排他性，使得消费者可以在使用公共产品得到一定效用的同时，边际成本却为零。如果这种产品由私人生产和提供，他将会破产。因此，公共产品的生产往往由公共部门通过投票的方式来决定，这种根据人们投票结果作出决定，被称为公共选择。

在私人部门中，人们对商品的偏好是通过他们所愿意支付的价格来表达的，而在公共部门中，人们对商品的偏好则是通过投票来表达。投票的原则主要有两个：一致同意规则和多数规则。一致同意规则是指候选人或方案须经全体投票人赞成才能当选或通过的规则。如由两个村庄的村民进行投票，直到全体投票人一致同意为止。这种规则和完全竞争一样可以实现效率，因为按照这一规则通过的提案不会使任何一个人的福利受到损失，不存在任何把一些人的偏好强加于另一些人的现象，因而是最优的方案。但是，一致同意规则的实现需要花费大量的时间和资源，社会机会成本较大。

多数规则是指候选人或方案只需经半数以上投票人赞成就能当选或通过的规则。在采取这种规则做出公共选择时，多数人投票同意而少数人投票反对，意味着增进了多数人的福利而使少数人的福利受损，满足多数人的偏好而不能满足全体成员的偏好。在多数规则下作出的决策往往是投赞成票的多数人给投反对票的少数人强加了一笔负担，使反对的少数人产生了负效用，社会总效用最终是增加还是减少难以判定，除非社会给受损者进行补偿，才可能使社会总效用不至于减少。

专栏 8 - 4

协商公议与公共产品的提供

不少公共产品在现实社会经济中是通过协商公议的方式或者谈判的方式提供的，特别是一些地域性的公共产品，如乡村道路、居民点公共设施等。这主要是因为这类公共产品消费的经济主体人数不多，一方面，大家相互之间较为了解，各经济主体不易掩饰自己的偏好；另一方面，在小规模谈判群体中，大家也比较容易被相互说服，达成提供公共产品的费用分摊协议。

协商公议的公共产品提供机制也用数理模型来表达，这就是林达尔均衡（Lindahl equilibrium）模型，它是 1919 年瑞典经济学家林达尔（Erik Robert Lindahl）提出的。假定有两个政党，分别代表着具有共同偏好的两组选民。这两个政党均准确地表达了自己的偏好，是通过叫价程序来协调两者对公共产品提供的分摊份额。当一个政党叫价 h 份额时，另一政党的分摊份额就是（$1-h$），如图所示。林达尔提出，存在各政党都同意的纳税份额和公共产品的供给数量，并且公共产品的这种配置方式是帕累托最优的。

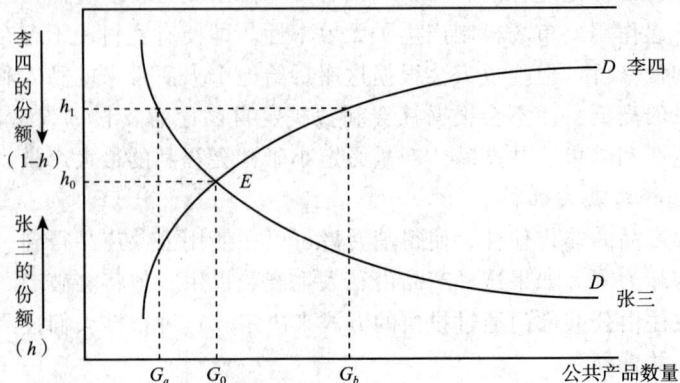

林达尔均衡

不过，在现实中，协商公议或者林达尔均衡机制的应用较为有限，这主要是因为各经济主体往往不会真实地透露自己对公共产品的偏好，即使各经济主体在起初都透露了他们对公共产品的偏好，在一个人数或党派众多的协商情境下，要找到一个令全体满意的分摊方案，需要花费大量的时间。

（三）政府与公共产品提供

由私人生产和销售公共产品，产量必定小于社会福利的最大产量，因此现代经济中的公共产品主要是由政府提供的。为避免"搭便车"行为，政府一般采取以下两种方式筹集提供公共产品所需要的资源。

1. 强制性征税

强制性征税是筹集公共产品供给资金的主要方法。这种方法假定公民与法人将从公共产品中获得收益，并强制性地要求其按国家或地方政府的法律法规将一部分财富交给政府，即向政府缴税。强制性征税可以有效地避免"搭便车"的问题，是提供公共产品的有效途径之一。但是，由于税收不可能按每个经济主体的偏好定制税收额度，所以提供的公共产品数量以及各经济主体承担的份额往往不是帕累托最优。为了弥补这一缺陷，经济学家提出了一些征税的原则，如受益原则、能力原则等，在一定程度上对经济主体作差别化征税，从而改进征税方式下公共产品生产与消费的效率状态。

2. 收费

收费是将公共产品转化为私人产品从而使公共产品由市场提供的方法。以收费的高速公路为例。公路本来是一种典型的公共产品，但将其建造为全封闭的形式，并在所有出入口设立收费站，高速公路就具有了明显的排他性特点。当同时存在多种到达目的地的道路时，如免费的坑洼公路、低价的一般收费公路、高价的收费高速公路等，高速公路的建设与运营者（往往是厂商而不是政府）以及司机们就会自由地作出价格决策和道路选择决策，这样形成的均衡是帕累托最优的。另一个典型例子是专利法，在本质上也是一种将公共产品转化为私人产品从而由市场提供的制度设计。作为知识或信息的专利虽然在外行人看来可能是高深复杂的，但在内行人看来，只要被公开，就不再是神秘的。如果一个人或者厂商投入大量资金研发出一种制造新产品的技术，新产品一投入市场，其技术就会被同行以极低的成本破解，可见创新性技术在自然属性上不具有排他性。创新性技术也不具有竞争性，一经创新出来即可低成本传授给他人。因此，创新性技术可以被视作一种典型的公共产品，在市场机制下私人生产较少甚至生产量为零。但如果对该创新技术授予专利，那么即使该技术被破解，未付费的使用者也不能使用该技术，否则就构成侵权。如果一个厂商希望使用该技术，他就必须付费给专利权人，这就破除了创新性技术的非排他性，将该公共产品转变为私人产品。由于收取专利费可以获得好处，厂商也就愿意对技术研发进行投资，使创新型技术得到有效率的供给。

四、信息不对称

信息和普通商品一样，是一种有价值的资源，它能够减少经济主体的决策风险和

第 八 章

失误，提高经济主体的效用和利润。在完全竞争市场的分析中，假定消费者和厂商都掌握了市场上的所有信息，也就是具有完全信息。在这种条件下，消费者能够实现效用最大化，厂商能够实现利润最大化。但是在现实中，人们进行决策时往往难以拥有充分的信息，或者获得更充分的信息需要支付高昂的成本，这就产生了信息不对称问题。信息不对称阻碍了市场机制充分发挥作用，对决策者的选择造成不利影响。

（一）信息不对称的概念

在现实中，信息的不充分往往直接导致了市场交易双方的信息不对称（asymmetric information）。所谓**信息不对称**，就是指市场上买方与卖方所掌握的信息不对等，其中的一方比另一方掌握更多的信息。一般而言，市场上的卖方往往比买方拥有更多关于交易商品的信息。例如，产品的生产者对自己产品的质量和性能比消费者知道得更多。求职者到企业去应聘，企业虽然可以通过简历、面试等各种方法来获得应聘者的信息，但却很难知晓应聘者道德品质和能力的真实情况，而这些信息只有求职者自己清楚。也存在买方比卖方拥有更多关于交易信息的情形。如在医疗保险市场中，投保人比保险公司更知晓自己的身体健康状况。

（二）信息不对称与市场失灵

信息不对称会导致逆向选择、道德风险以及委托-代理问题。

1. 逆向选择

逆向选择（adverse selection）是指由于交易双方信息不对称和市场价格下降产生的劣质品驱逐优质品，进而出现市场交易产品平均质量下降的现象。可以借助阿克洛夫（Akerlof）的二手车市场模型来说明逆向选择问题[①]。假设在一个二手车市场上有高质量和低质量的两种旧车出卖，如果买卖双方都确知哪一辆车是高质量的，哪一辆是低质量的，即他们对于旧车市场的信息是对称的，那么就会出现两个分离的市场。例如，高质量的车以8万元成交，低质量的车以4万元成交。但是，实际上买卖双方对旧车质量的信息是不对称的，旧车的卖方对车的质量比买方知道得更多。如果买方无法分辨旧车的质量，认为买到高质量车和低质量车的概率各为0.5，这样买方就会把所有的车都看作是"中等"质量，他愿意的出价为：$8 \times 0.5 + 4 \times 0.5 = 6$（万元），这就会导致旧车市场上较少的高质量车和较多的低质量的车。当消费者明白市场上低质量的车较多时，他会减少需求，导致购买价格降低，结果高质量的旧车进一步减少，消费者的需求也会继续减少。由于价格过低，任何高质量的旧车都不会进入市场出售，二手车市场就一天天萎缩并最终消失。可见，由于信息不对称，在有低劣品存在的市场，逆向选择造成了"劣币驱逐良币"的后果。这就是信息不对称下的逆向选择机制，即市场交易中的信息劣势方为规避风险而向下扭曲产品价格，并最终导致市场机制效率下降乃至市场消失的现象。由于这一机制不断地将质量相对较高的"好"产品排挤出市场，所以被称为"逆向选择"。

逆向选择现象还广泛存在于保险、金融以及劳动力市场，最典型的是健康保险市场。保险的买卖双方所掌握的信息是不对称的。每一个最希望购买医疗保险的人

[①] 阿克洛夫最早分析了商品市场中的信息不对称及其给市场机制造成的困难。他在1970年发表了著名的论文《"柠檬"市场：质量的不确定和市场机制》。"柠檬"一词在美国俚语中表示"残次品"或"不中用的东西"。

最了解自己的健康状况，而保险公司并不了解每一个人的情况，只知道他们的平均健康状况并且只能按照平均健康状况或者说平均患病率收取保险费。在这种情况下，谁会购买保险？当然是那些身体不太健康、经常患病的人，这会导致被保险人的平均健康状况下降，保险公司的保险金支付增加，保险公司不得不提高保险费。对于身体健康的人而言，由于不经常生病，原本获得保险金赔偿的概率就较小，保险费相对就较高。如果保险公司进一步提高保险费，这些身体健康的人就更不愿意购买保险，这就赶走了一批健康的客户。而愿意以较高保险费购买保险的，是那些患严重疾病或绝症可能性较大的人，这正是保险公司对买主进行逆向选择的结果。

信息不对称下的逆向选择抑制了人们的交易行为，抑制了资源的转让和优化配置，导致社会经济无法达成帕累托最优。通过某些制度安排或有效措施可以消除逆向选择问题，其中一个重要的机制就是信号传递。信号传递是市场上信息多的一方通过某种方式将信号传递给信息少的一方，即向市场发送信号。以劳动力市场为例，应聘者是信息的优势方，招聘者很难通过简短的语言交流来判断应聘者的能力。一个能力较强的应聘者会尽其所能，把可以反映自己能力水平的信息传递给招聘者，以增加招聘者对他更全面的认识，如向招聘者提供自己所取得的各种资格证书、奖状、学习成绩单、工作经验证明等。

2. 道德风险

道德风险（moral hazard）是指从事经济活动的人在最大限度地增进自身效用的同时做出不利于他人的行动。市场交易都是在现实的或潜在的契约约束下进行的，并且大多数交易需要耗用或长或短的时间，但契约只能在时间点上签署，由于在履约时人的诸多行为是不可观察或不可证实的，也就是说某些信息是契约中的一方知晓而另一方不知晓的，信息的优势方为寻求自身利益的最大化就可能会作出不遵守诺言的行为，这就是道德风险，也称为败德行为。

以财产保险为例。购买了家庭财产保险后的人不再如以前那样仔细地看管家中的财物了，他出门的时候不再像以前仔细检查水电是否关闭，入户门是否锁紧，甚至知道家里着火时，也不会积极地去救火，有的还可能故意制造灾难骗取保险公司的保费。这些行为主要是因为保险公司不能掌握他的行为信息，准确判定他是否尽到了合同规定的保管责任，这就给保险公司带来了损失，当然也带来了社会福利损失。

劳动合同的履行中也存在道德风险。例如，某人入职后发现，老板无法时刻监督他的工作行为和工作成效，所以他不必总是认真工作，只要大体上过得去就行了。这当然违背了在劳动合同中作出的努力工作的承诺，还给厂商带来了损失。

道德风险扭曲了人的行为，带来了社会的低效率与福利损失，而信息劣势方是损失的主要承担者，因此信息劣势方可以通过设计激励机制抑制信息优势方的机会主义行为，以减少自己的利益损失。例如，保险公司要解决道德风险问题，可以在保险合同中加入共同保险或免赔额条款。共同保险是指一旦出现风险损失，投保人要承担损失金额的一部分；免赔额条款是指投保人必须承担某一限额内的损失。共同保险和免赔额可以激励投保人采取更多的预防性措施，减少保险公司承担的赔付金额。

3. 委托 - 代理问题

当一方当事人（即委托人）雇用另一方当事人（即代理人）代表委托人完成

某些任务时，由于委托人的目标和代理人的目标并不一致，就会产生委托－代理问题（principal-agent problem）。在现实经济中，委托－代理关系非常普遍，例如雇主和雇员、股东和经理、医院和医生、被告和律师。前者是"委托人"，后者是"代理人"。委托人委托代理人处理与自己有关的事务，并支付相应的报酬。但是，代理人的利益往往和委托人的利益并不一致，就会产生委托－代理问题。例如，管理者（代理人）为了追求任期内自身利益的最大化而忽视企业的长期发展；工人偷懒懈怠不努力工作等。由于信息不对称而引起的委托－代理问题也会给市场机制的正常运行带来不利影响，从而造成低效率的结果。

解决委托－代理问题的关键是激励。委托人需要建立激励机制促使代理人采取某种适当的行为。例如，企业可以设计一种有激励意义的合约调动代理人的积极性，股票期权计划就是采用的方法之一。所谓股票期权，就是公司给予经营者在一定的时间期限内按照某个既定的价格购买一定数量本公司股票的权利。在股票期权约定下，如果企业的高级管理人员工作努力，企业经济效益增长迅速，业绩优异，股票价格就会上涨，这时高级管理人员按照约定的价格购买的股票以市场价出售就可获得不菲的收入。但是如果他们不努力工作，企业业绩不显著甚至下滑，股票价格就不会上涨甚至跌价，这些管理人员按照约定价格购买的股票获利不多甚至没有获利。这样，企业所有者（委托人）就将企业的未来与员工（代理人）的利益捆绑在一起。需要注意的是，股票期权计划不是现金报酬，也不是股票本身，而是一种权利，根据这种权利，高级管理人员可以购买本公司的股票。另外，针对普通员工的员工持股计划、基于企业与部门业绩的年终奖制度、分成制以及计件工资制度等，都具有奖勤罚懒，抑制道德风险的激励功能。

（三）政府矫正信息不对称的措施

信息不对称会扭曲经济的运行，导致资源配置无效率。虽然微观经济主体会主动采取一些手段改善交易中的信息状况，但这些手段往往是有选择性的，对信息不对称及其引发的资源配置无效率问题还需要借助政府的干预。

1. 强制企业披露相关信息

信息强制披露的目的在于避免交易者因信息不对称而作出不利的交易决定。现代社会一般强制要求企业规范、准确、真实地披露企业财务信息、企业环境污染与社会影响信息等，其中发展最为完善的是上市公司信息强制披露制度。上市公司强制信息披露主要包括发行和上市时的初次信息披露和上市后的持续信息披露。持续信息披露包括季度报告、中期报告和年度报告等定期报告，以及重大事件公告、公司收购公告等临时报告。此外，政府还鼓励上市公司自愿地披露一些相关信息，如向投资者描述和解释公司的投资潜力。

政府实施的强制性认证制度虽然属于一种市场准入管制，但也可归于强制性信息披露的范畴。例如，中国政府要求只有通过了3C认证并在醒目位置打上相关标记的机电产品才能进入市场销售，其本质就是要求企业披露其产品已经达到一定技术要求的信息。

2. 规范信息中介的信息服务行为

为增强信息的真实性与信息披露的权威性，企业一般需要或被强制要求通过信息中介机制披露信息。信息中介作为持续性的经营机构，一般不会为了短期的利益为公司造假，给社会传递不真实的信息。但现实经济中也有一些信息中介在利益诱使下被公司收买，为公司的虚假信息背书。为防范与制止这种行为，政府一般会设置中介企业与中介从业者的市场准入制度，并对中介企业与从业者出具虚假信息报告的行为处以没收信息服务所得并罚款、有限期乃至无限期吊销从业牌照、终身禁止从业等处罚。

3. 强制实施质量保证制度和社会保险制度

由政府强制实施质量保证制度和社会保险制度来矫正逆向选择导致的市场退出问题。强制性质量保证制度主要针对汽车、住宅等耐用品市场中销售者信息传递问题。当政府强制性地要求企业承担产品质量责任时，企业是否提供产品质量信息就不重要了，因为企业会主动关注产品质量给企业带来的损失，而不需要消费者进行监督。

强制性的社会保险制度主要针对的是消费者存在的信息披露问题。例如，当政府强制性地要求所有公民都参加基本医疗保险时，那些知道自己身体健康状况较好的公民就不能选择退出医疗保险，也就是说，逆向选择的机制被有效地阻绝了。

第四节　公共决策的政府失灵

市场失灵表明，市场经济的正常运行既需要市场机制这只"看不见的手"发挥应有的调节作用，也需要政府这只"看得见的手"对市场进行必要的干预。政府通过政府规制等形式介入市场。所谓政府规制，是指政府对私人经济部门的活动进行某种限制或管理。政府介入市场的原因，是由于市场失灵，但是市场失灵并不是政府介入的必要条件。政府介入成功与否，建立在两个前提之上：一是政府有动机使资源的配置更有效率；二是政府有能力使资源的配置更有效率。值得注意的是，政府在应对市场失灵方面，也不是万能的，可能不仅不能改善市场失灵下的资源配置，反而导致资源配置的恶化，也就是说，政府也存在失灵问题。所谓**政府失灵**（government failure），是指政府干预市场能力的限制以及所引发的不良副作用。

一、政府失灵的原因

（一）公共决策的复杂性

政府对经济生活干预的基本手段是制定和实施公共政策，这就涉及公共决策问题。公共决策作为非市场决策，有着不同于市场决策的特点，如市场决策以个人作为决策主体，以私人产品为对象，通过完全竞争的经济来实现。公共决策以集体作为决策主体，以公共产品为对象，通过一定政治秩序的政治市场来实现。公共决策是一个十分复杂的过程，存在着种种障碍或制约因素，使得政府难以制定并实施好的或合理的公共政策，导致公共决策失误。这非但不能起到补充市场机制的作用，反而加剧了市场失灵，带来了巨大的资源浪费甚至社会灾难。

（二）缺乏竞争

首先，政府的各个部门垄断了公共产品的供给，没有任何其他机构可以替代这些政府部门的工作。由于没有竞争对手，极容易导致政府部门的过度投资，提供多于社会需求的公共产品，如扩大办事机构、增加工作人员，提高工资和办公费用，造成人浮于事、办事效率低下等问题。其次，政府工作人员之间缺乏竞争，由于大部分官员和工作人员是逐级任命和招聘的，并且"避免错误和失误"成为政府官员的行为准则，所以没有竞争的压力，也就不能高效率地工作。再其次，是在政府部门之间缺乏竞争，因为政府各部门提供的服务是特定的，无法直接评估政府各部门内部的行为效率，也不能评价各部门之间的运行效率，更难以设计出促使各部门展开竞争、提高效率的机制。

（三）政府扩张的本性

政府部门并不会把利润最大化（或者成本最小化）作为自己的主要目标，政府自身有扩张的本性。政府扩张的主要形式有规模扩张、财政扩张和权力扩张等。规模扩张主要表现为机构臃肿；财政扩张意味着财政预算增大，政府可支配的资金增多；权力扩张主要表现为权力越位与错位，导致部门扩权与争权。部门扩权是指政府部门取得非政府职能，如将经营性服务收费纳入政府公共事业部门职能；部门争权是指政府部门取得非本部门职能，如部门立法权、建设营运权、监督权等，导致各部门职能交叉重叠及多头管理。政府扩张导致社会资源浪费，经济效益降低，资源配置低效，社会福利减少。政府支出的急剧增加还是引发通货膨胀的重要诱因。

（四）政府的自利性

政府由政治家和官员组成，其成员具有个人的动机、目标与利益，也具有群体或集体的动机、目标与利益，同时，政府及政府成员所具有的强权或优势为其实现自身动机、目标与利益提供了可能并起到了推波助澜的作用。政府的自利性，又称为政府内部性，是指政府及其成员追求自身利益的最大化而非社会福利的最大化。政府及其成员的自利性行为主要表现为创租与抽租。美国经济学教授麦克切斯内（1987）分析指出了政府在寻租活动中的积极作用：一是以对某些私人或利益集团有利的经济管制政策作为诱饵，引诱这些利益集团向他们进贡，这就是政府的创租行为；二是以对某些私人或利益集团不利甚至有害的经济管制政策通过并且实施进行相威胁，迫使这些利益集团向他们进贡，这就是政府的抽租行为。政府的自利性不但扭曲了资源配置，还导致不同政府部门官员之间的争权夺利，增加了廉政成本，导致社会资源浪费。

二、解决政府失灵的途径

公共选择理论认为，解决政府机构运行低效率的主要途径是引入竞争机制，具体做法有以下四个方面。

1. 使公共部门的权力分散化

分散有利于减少垄断成分，增加竞争因素，因此可以把过于庞大的公共机构分解成几个比较小的、有独立预算的机构，以提高政府部门的效率。

2. 由私人部门投标承包公共产品的供给

政府部门需要向社会提供公共产品，不一定要自己生产，可以通过招标方式，让私人部门投标承包，如街道清扫、垃圾处理、教育、体检等。由于私人部门相互之间存在竞争，政府部门可以花费较小的成本生产出同样数量的公共产品。

3. 促进公共部门和私人部门之间的竞争

在公共部门和私人部门之间进行竞争，可以提高公共部门的效率。

4. 增强地方政府之间的竞争

在西方国家，地方政府的权力不仅受到公民选票的制约，而且受到居民自由迁移的制约。当一个地方政府的公共服务的成本（税收）太高而质量太低时，居民就可能迁移到其他地区。居民的迁出会减少当地政府的税收，减少优质的劳动力资源，因此地方政府之间的竞争可以促使他们提高效率。

本章小结

1. 现实经济是由众多商品市场构成的，并且各市场之间存在不可忽略的相互关联与相互影响。对商品市场的分析，不但采用局部均衡分析方法，也要采用一般均衡分析方法，考虑各市场之间的关联，在整体经济的框架内分析价格、生产与消费。

2. 帕累托最优概念是由意大利经济学家维弗雷多·帕累托提出的。帕累托最优状态又称作经济效率。满足帕累托最优状态就是具有经济效率的；反之，不满足帕累托最优状态的就是缺乏经济效率的。

3. 现实的市场机制在很多场合不能导致资源的有效配置，这种情况被称为市场失灵。产生市场失灵的原因有垄断、外部影响、公共物品和信息不对称。

4. 垄断会带来寻租问题。所谓寻租是指厂商为了获得或维持垄断地位从而得到垄断利润（亦即垄断租金）而从事的非生产性寻利活动。这种活动不但不能带来社会财富的增长，反而对生产和资源分配产生不利影响。

5. 外部性是指一个经济主体的活动给他人带来了好处但是却无法向他人收费，或者给他人造成了损失却不需要给他人赔偿的现象。外部性影响使私人成本、私人收益与社会成本、社会收益不同，导致资源的配置扭曲和无效率。矫正外部性的一种思路就是使外部性内部化，包括征税或收费、补贴、直接管制、合并企业、明晰产权。

6. 根据产品竞争性与排他性程度的不同，可以将产品分为私人产品、俱乐部产品、公共资源和公共产品四种类型。公共资源和公共产品产生市场失灵。政府通过强制性征税、收费等手段避免免费搭车的行为。

7. 信息不对称是指市场上买方与卖方所掌握的信息不对等，其中的一方比另一方掌握更多的信息。信息不对称会导致逆向选择、道德风险以及委托－代理问题。对信息不对称及其引发的资源配置无效率问题仍然需要借助政府的干预。

8. 政府在应对市场失灵方面不是万能的，可能不仅不能改善市场失灵下的资源配置，反而导致资源配置的恶化，即政府也存在失灵问题。公共选择理论认为，解决政府机构运行低效率的主要途径是引入竞争机制。

第九章 | 国民收入核算

本章提要

    本章讨论了国民经济收入流量循环模型，主要介绍了国内生产总值的概念与核算方法。学习中应当重点领会国内生产总值的内涵，掌握国内生产总值的核算方法。理解储蓄-投资恒等式的推导，一般了解收入流量循环模型和国民收入核算的总量指标体系。

基本概念

    国内生产总值   最终产品   中间产品   国民生产总值   国内生产净值
国民收入   个人收入   个人可支配收入   名义 GDP   实际 GDP   支出法   收入法

    美国经济学家詹姆斯·托宾（James Tobin）指出，如果没有国民收入核算方法和近 50 年来其他方面统计的革新和改进，当前宏观经济学的发展是不可想象的。宏观经济学研究的是整个社会经济活动，需要有衡量整个社会经济的基本尺度，这一尺度就是国内生产总值（GDP）。对 GDP 及其相关经济总量的分析不仅是国民收入核算的主要内容，也是进行宏观经济研究的基本前提。

第一节　国民经济及其循环

    从理论上分析，国民经济可以分为由居民户和厂商所组成的两部门经济；由居民户、厂商和政府所组成的三部门经济以及再加上国外部门的四部门经济。为了说明国民收入如何决定，有必要首先了解收入、产出和支出之间的关系。

一、收入、产出和支出

（一）产出等于收入

产出就是各种生产要素在一定条件下通过某种方式组合而形成的。国民经济的生产过程需要生产要素（土地、资本、劳动、企业家才能）的投入。生产要素的所有者在提供要素过程中需要获取相应的要素报酬，形成要素所有者的收入。一般地，国民经济中产出总量等于收入总量。例如，一个服装企业，假定纺织厂生产100万元的棉布，并假定这100万元就是新增价值，那么这100万元实际就是生产棉布所投入的生产要素共同创造的价值。假定这100万元棉布卖给服装厂，经加工后以150万元卖出，新增价值就是50万元。由于使用工人、土地和资本分别要支付工资、地租和利息，这些要素报酬就等于这些要素在生产中的贡献，因而50万元的新增价值转化为要素提供者的收入。假定工资是20万元，利息15万元，地租5万元，利润就是10万元。把上述情况列成表，如表9-1所示。

表9-1　　　　　　　某服装厂年产出和收入报表　　　　　单位：万元

收　入	产　出
工资：20	生产出服装：150
利息：15	减：购买棉布：100
地租：5	
利润：10	
总计：50	产出：50

从这个例子可以看出，企业所有的销售所得都支付出去而形成了各种要素收入报酬，产出和收入是相等的。如果任何一个企业的产出总等于收入，那么一个国家的总产出也等于总收入，即

$$总产出 = 总收入$$

（二）产出等于支出

根据会计记账原则，例如，生产一件衬衣卖100元，意味着消费者购买时需支付100元，而这100元就是许多与此有关的生产者（棉农、纺纱厂、织布厂、服装厂、商店）创造的价值，即产出。社会上所有的最终产品都是这样。因而从全社会来看，总产出就等于购买最终产品的总支出，即

$$总产出 = 总支出$$

如果社会在某一年内生产的最终产品为1万亿元，卖出去8000亿元，总产出是否还会等于总支出呢？在国民收入核算中，未卖掉的2000亿元产品被看作是本企业在存货方面的投资支出，称为存货投资，它是总投资的一个组成部分。因此，总支出就不是8000亿元，而是1万亿元。在国民经济中，产出和支出相等是把存货投资作为支出组成部分的结果。

二、收入流量循环模型

一个经济社会是由社会部门组成的,这些部门之间存在着非常密切的联系,共同构成了一个有机的统一体。下面从最简单的两部门经济开始,分析国民收入的均衡。

(一) 两部门经济的收入流量循环模型

两部门是指在一个假设的经济社会,只有居民户(消费者)和厂商(企业)。由于没有政府部门,所以不存在企业间接税。这两大部门在国民经济活动中各自承担不同的职能,发挥着不同的作用。其中,厂商向居民户提供商品和劳务,居民户向厂商提供劳动和资本。在市场经济制度下,厂商向居民户提供商品和劳务并不是无偿的,居民户必须向厂商支付货币;同样,居民户向厂商提供劳动和资本也不是无偿的,厂商也必须向居民户支付相应的报酬——工资和利息。所以,在商品和劳务流向居民户以及劳动和资本流向厂商的同时,都产生了相应的货币回流,形成了最简单的收入流量循环模型(见图 9-1)。为使分析简化,再撇开折旧,这样国内生产总值等于国内生产净值等于国民收入,都用 Y 表示。在两部门经济中,没有税收、政府支出和进出口贸易。

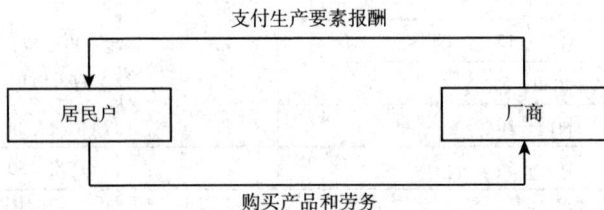

图 9-1　两部门经济收入流量循环

在两部门经济中,社会产品包括两部分:一部分是消费品,一部分是投资品。相应地,对社会产品的支出也划分为两部分:一部分是对消费品的支出,用 C 表示;另一部分是对投资品的支出,用 I 表示。对社会产品的支出实际就构成了社会总需求。此时,总产出就等于消费加投资,即

$$Y = C + I$$

从收入的角度看,居民向厂商提供生产要素的服务,从而得到工资、利息、租金和分配的利润,厂商则保留了折旧费和不分配的利润。这实际上反映了社会的总供给水平。总收入一部分用作消费,其余部分则当作储蓄,用 S 表示。于是,从供给角度看的国民收入构成为

国民收入 = 工资 + 利息 + 租金 + 利润 = 消费 + 储蓄

即

$$Y = C + S$$

根据总产出 = 总收入的原理，$C + I = Y = C + S$，公式两边同时消去 C 可以进一步得到

$$I = S$$

这个等式被称为储蓄—投资恒等式。这种恒等关系就是两部门经济中的总需求和总供给的恒等关系。

（二）三部门经济的收入流量循环模型

所谓三部门经济，是指在居民户和厂商之外，再加上政府部门的经济活动。政府的经济活动表现在两个方面：一方面是政府收入（主要是向厂商和居民户征税）；另一方面是政府支出（包括政府对商品和劳务的购买，以及政府给居民户的转移支付），用 G 表示。此时，就有了三部门的收入流量循环模型（见图 9 – 2）。

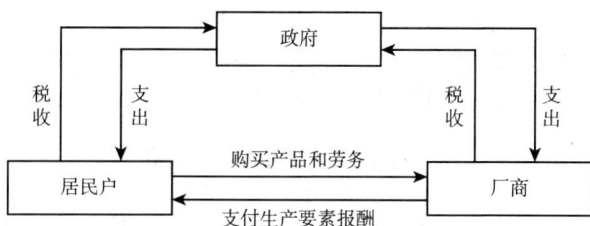

图 9 – 2　三部门经济收入流量循环

把政府经济活动考虑进去后，此时，总产出等于消费、投资和政府购买的总和，用公式表示为

$$Y = C + I + G$$

政府给居民户的转移支付所形成的对产品的需求，可以看作已包括在消费和投资中，所以公式中不再单独列出。

从收入角度看，总收入仍然为工资、利息、租金和利润的总和。总收入除了用于消费和储蓄，还需要纳税。居民户一方面要纳税，另一方面又会得到政府的转移支付收入。税金扣除了转移支付才是政府的净收入，也就是国民收入中归于政府的部分。假定用 T_0 表示全部税金收入，T_r 表示政府转移支付，T 表示政府净收入，则 $T = T_0 - T_r$。由此从收入方面看，国民收入的构成就是

$$Y = C + S + T$$

根据总产出 = 总收入的原理，可以把三部门经济中国民收入构成的基本公式概括为

$$C + I + G = C + S + T$$

公式两边同时消去 C，得到

$$I + G = S + T \quad 或 \quad I = S + (T - G)$$

这里（$T - G$）可以看作政府储蓄，因为 T 是政府净收入，G 是政府购买性支出，

二者差额即为政府储蓄。政府储蓄可能是正值，也可能是负值，这样公式 $I = S + (T - G)$ 也就表示储蓄（私人储蓄和政府储蓄的总和）和投资的恒等。

（三）四部门经济的收入流量循环模型

在实际经济中，经济活动的参与者除了厂商和居民户外，还有政府和国外部门（包括外国的消费者、厂商和政府）。这就有必要建立一个包括厂商、居民户、政府和国外部门在内的收入流量循环模型（见图 9 - 3）。

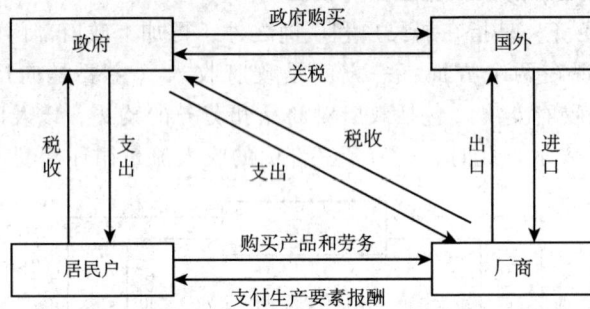

图 9 - 3 四部门经济收入流量循环

当有了对外贸易后，总产出就等于消费、投资、政府购买和净出口的总和。用 X 表示出口，M 表示进口，用公式表示为

$$Y = C + I + G + (X - M)$$

从收入角度看，国民收入构成的公式可写成

$$Y = C + S + T + K_r$$

这里，$C + S + T$ 的意义和三部门经济中的意义一样，K_r 则表示本国居民对外国人的转移支付，如对外国遭受灾害时的经济援助，这种转移支付也来自生产要素的收入。这样，四部门经济中国民收入构成的基本公式就是

$$C + I + G + (X - M) = Y = C + S + T + K_r$$

公式两边同时消去 C，则得到

$$I + G + (X - M) = S + T + K_r$$

这一等式也可以看成是四部门经济中的储蓄—投资恒等式，因为这一等式可以转化成以下公式

$$I = S + (T - G) + (M - X + K_r)$$

这里，S 代表居民私人储蓄，$(T - G)$ 表示政府储蓄，$(M - X + K_r)$ 可视作外国对本国的储蓄。因为从本国的立场看，M（进口）代表他国向本国出口的商品，是他国获得的收入，X（出口）代表本国向他国出口的商品（或是他国对本国进口的商品），是他国的支出，K_r 表示本国居民对外国人的转移支付，也代表他国从本国得到的收入。可见，当 $(M + K_r) > X$ 时，意味着外国对本国的收入大于支出，于是就有了正储蓄，相反则为负储蓄。这样，公式 $I = S + (T - G) + (M - X + K_r)$

就代表四部门经济中总储蓄（私人、政府和国外）和投资之间的恒等关系。

第二节 国内生产总值

GDP 是国民收入核算体系中最重要的一个指标，保罗·萨缪尔森和威廉·诺德豪森在《经济学》教科书中把 GDP 称为"20 世纪最伟大的发明之一"。可以说，没有 GDP 这一总量指标，就无法衡量国家和地区的经济表现，决策者也无法准确制定宏观经济政策或是对宏观经济进行调控。

一、国内生产总值的概念

国内生产总值（gross domestic product，GDP）是指一定时期内（通常为一年）在一国（或地区）所生产的全部最终产品（物品和劳务）的市场价值。它是衡量宏观经济运行情况的最基本指标。GDP 的内涵可以从五个方面进行理解。

（一）GDP 统计的是最终产品，而不是中间产品

所谓**最终产品**（final products），是指供人们直接使用和消费，不再转卖的产品和劳务。与最终产品相对应的一个概念是中间产品。所谓**中间产品**（intermediate products），是指作为生产投入品，不能直接使用和消费的产品和劳务。在表 9-2 中，作为最终产品的服装，其生产经历了四个阶段：种棉—纺纱—织布—制衣。其中，棉花、棉纱、棉布都属于中间产品，服装则是最终产品。之所以要区分中间产品和最终产品，是为了避免重复计算。例如，把棉花、棉纱、棉布和服装等各环节的产品价值直接加总，其结果是 355 元；而服装的卖价只有 150 元，这才是真正被创造出来的价值。这里的服装是最终产品，而棉花、棉纱和棉布是中间产品。两者产生差异的原因是中间产品的价值被重复计算了。因此，绝不能把中间产品的价值计入国内生产总值。

表 9-2　　　　　　　　　最终产品和中间产品　　　　　　　　单位：元

生产阶段	产品价值	中间投入	增加值
棉花	30	0	30
棉纱	75	30	45
棉布	100	75	25
服装	150	100	50
合计	355	205	150

需要指出的是，有些产品究竟属于中间产品还是最终产品，要视它们的具体用途而定。根据不重复出售这一原则，一般把用作个人消费、投资、政府购买和出口的产品称为最终产品。投资用的产品，如一台机器出售给某企业用作设备，表面上是用作生产其他产品的中间产品，但由于它不再出售，仍然视为最终产品，这和作

为原料使用的中间产品不同。另外，企业年终盘存时的库存货物也被当作最终产品，它可以看作是企业自己卖给自己的最终产品，在计算 GDP 时也应把库存的价值计算在内。

（二）GDP 是一个市场价值的概念

GDP 衡量了参与市场经济活动的各种最终产品的价值，而且这些价值都是用货币加以衡量的。产品的市场价值就是用这些最终产品的单位价格乘以产出量得出的。正因为衡量的是市场价值，所以以家务劳动、自给自足生产等非市场活动不计入 GDP 中。如在表 9-2 中，假设一个农民将自家种植的棉花用来做成棉被自用，虽然棉花被用作最终产品，但由于没有参与市场经济活动，没有在市场上实现其价值，因而不能计入 GDP 中。

（三）GDP 是在一定时期内（通常为一年）所生产的而不是所售出的最终产品价值

GDP 的计算期通常为一年。在计算期内，只要被厂商生产出来的最终产品都要计入当期的 GDP，而不管其销售业绩如何。例如，某服装厂上一年生产了价值 100 万元的产品，但是只卖掉了 80 万元的产品，剩下的 20 万元产品可以被看作企业自己买下来的存货投资，因此这 20 万元未售出产品同样应计入 GDP。相反，如果该服装厂当年生产了价值 100 万元的产品，但却售出了价值 120 万元的产品，那么，计入 GDP 的仍然是 100 万元，只是上一年的库存减少了 20 万元。

（四）GDP 是流量而非存量

由于 GDP 是在计算期内所生产出来的最终产品或劳务的市场价值的总和，是一定时期内发生变动的数值，因而是流量而不是存量。例如，某人于 2022 年花 140 万元购买了一套 2018 年修建的二手商品房，这 140 万元就不能计入 2020 年的 GDP，因为这套二手商品房的价值已经被计算进生产当年即 2018 年的 GDP 了。不过，买卖这套二手房的经纪人费用却可以计入 2022 年的 GDP，因为这笔费用是经纪人在买卖二手房过程中所提供劳务的报酬。

（五）GDP 是一个地域范围的概念

GDP 是一国或一地区范围内生产的最终产品或劳务的市场价值，是一个地域范围的概念。与 GDP 相联系的国民生产总值（gross national product，GNP）是一个涉及国民范围的概念，是指某国国民生产的最终产品或劳务的市场价值。所以，一个在中国工作的日本商人的收入应当计入日本的 GNP 中，但不能计入日本的 GDP，而是被计入中国的 GDP 中。反之，一个在日本开展业务的中国公司所取得的利润，则是中国当年 GNP 的一部分，而不是日本 GNP 的一部分，但它却应该计入日本的 GDP。所以，如果某国的 GNP 超过 GDP，就说明该国国民从外国获得的收入超过了外国国民从该国获得的收入，而 GDP 超过 GNP 时，说明的情况正好相反。根据概念，GDP 和 GNP 的关系可以表示为

$$GDP = GNP - 本国要素在国外创造的收入 + 外国要素在本国创造的收入$$

现在，世界上大多数国家都用 GDP 而不是 GNP 作为总产出水平的测量指标，我国也是如此。这首先是因为大多数国家都使用 GDP，使国际上的比较更加容

易。其次，本国公民在国外的收入数据也难以取得，相比之下 GDP 更容易测量。还有一个重要原因是，GDP 对本国经济的影响（如增加就业）比 GNP 更大，也更直接。

二、国民收入核算中的其他总量指标

（一）国民生产总值

国民生产总值（GNP）是指一个国家（地区）的所有国民（包括本国或本地区的公民以及常住外国或其他地区但未加入外国国籍的居民）在一定时期内（通常是一年）所生产的最终产品价值。不管是否发生在国内或本地区，都要计入本国或本地区的 GNP。如前所述，GNP 与 GDP 的关系可以简化表示为

$$GNP = GDP + 对外要素收入净额$$

（二）国内生产净值

任何产品价值中不但包含有消耗的原材料、燃料等的价值，还包含有使用的资本设备的折旧。最终产品价值并未扣除掉资本设备消耗的价值，所以还不是净增价值，因而最终产品市场价值总和只能称为国内生产总值。从 GDP 中扣除资本折旧就得到**国内生产净值**（net domestic product，NDP）。"总"和"净"对于投资也具有类似意义。总投资是一定时期内的全部投资，即建设的全部厂房、设备和住宅等，而净投资是总投资中扣除了资本消耗或者说重置投资部分。

$$NDP = GDP - 折旧$$

（三）国民收入

这里的**国民收入**（national income，NI）是指按生产要素报酬计算的国民收入，它是一国生产要素在一定时期内提供生产性服务所得报酬即工资、利息、租金和利润的总和。从国内生产净值中扣除间接税和企业转移支付再加上政府补助金，就可得到国民收入。之所以要扣除间接税和企业转移支付，是因为这两项虽然构成产品价格，但不属于要素收入。相反，政府给企业的补助金虽不列入产品价格，但属于要素收入。故前者应当扣除，后者应当加入。

$$NI = NDP - 间接税 - 企业转移支付 + 政府补助金$$
$$= 工资 + 利润 + 利息 + 地租$$

（四）个人收入

个人收入（personal income，PI）是一年内以货币计算的个人所得到的全部收入。生产要素报酬意义上的国民收入并不是全部成为个人收入。例如，利润收入中要给政府缴纳公司所得税；公司还要留下一部分利润不分配给个人，只有一部分利润才会以红利和股息形式分给个人；职工收入中也有一部分以社会保险税（费）的形式上缴有关机构。另外，人们也会以各种形式从政府那里得到转移支付，如退伍军人津贴、失业救济金、养老金、最低生活保障等。因此，从国民收入中减去公司未分配利润、公司所得税以及社会保险税（费），加上政府给个人的转移支付，

就得到个人收入。

$$PI = NI - 公司未分配利润 - 企业所得税 - 社会保险税(费)$$
$$+ 政府给居民的转移支付 + 政府向居民支付的利息$$

（五）个人可支配收入

因为要缴纳个人所得税，所以个人收入不能全部归个人支配使用，税后的个人收入才是**个人可支配收入**（disposable personal income，DPI），即人们可用来消费和储蓄的收入。

$$DPI = PI - 个人所得税 = 消费 + 储蓄$$

需要注意的是，国民收入有广义和狭义的概念。上面所讲的国民收入为狭义的国民收入，广义的国民收入泛指这五个总量。

下面用美国 2008 年的材料说明从 GDP 到个人可支配收入的变化步骤，见表 9 - 3。

表 9 - 3 美国 2008 年从 GDP 到个人可支配收入 单位：十亿美元

国内生产总值（GDP）		14441.4
加：本国居民来自国外的要素收入	809.2	
减：本国支付给外国居民的要素收入	667.3	
等于：国民生产总值（GNP）		14583.3
减：固定资本消耗	1847.1	
等于：国民生产净值（NNP）		12736.2
减：统计误差	101.0	
等于：国民收入（NI）		12635.2
减：包含存货价值和资本消耗调整的公司利润	1360.4	
净税收	993.8	
净利息	815.1	
社会保险税	990.6	
政府所经营之企业的当前盈余	-6.9	
企业当前转移支付	118.8	
加：个人资料收入	1994.4	
个人当期接收的转移支付	1875.9	
统计误差	5.1	
等于：个人收入（PI）		12238.8
减：个人所得税和非税支付	1432.4	
等于：个人可支配收入（DPI）		10806.4
减：个人各项支出	10520.0	
等于：个人储蓄		286.4

资料来源：美国商务部（U. S. Department of Commerce）。

三、名义 GDP 和实际 GDP

由于 GDP 是用货币来计算的，因此它往往会由于两个因素的变化而发生变动。一个因素是所生产的最终产品和劳务的数量变动；另一个因素是最终产品和劳务的价格变动。为了分清 GDP 的变动究竟是由产量变动引起的还是由价格变动引起的，就需要区分名义 GDP 和实际 GDP。

名义 GDP（nominal GDP）是用最终产品和劳务的当年价格计算的 GDP，**实际 GDP**（actual GDP）是按不变价格（以以前某一年份作为基期的价格）计算的 GDP。假如某国生产的最终产品以苹果和衬衣来代表。两种产品在 2010 年（现期）和 2000 年（基期）的价格和产量分别在下面的表 9 - 4 中列出。

表 9 - 4　　　　　　　　　　　名义 GDP 和实际 GDP

项目	2000 年名义 GDP	2010 年名义 GDP	2010 年实际 GDP
苹果	15 万单位 ×1 美元 = 15 万美元	20 万单位 ×1.5 美元 = 30 万美元	20 万单位 ×1 美元 = 20 万美元
衬衣	5 万单位 ×50 美元 = 250 万美元	6 万单位 ×60 美元 = 360 万美元	6 万单位 ×50 美元 = 300 万美元
合计	265 万美元	390 万美元	320 万美元

以 2010 年当期价格计算，当年的名义 GDP 为 390 万美元，但以 2000 年价格计算 2010 年的实际 GDP 为 320 万美元。这可以反映出 2010 年的价格相比于 2000 年变动的程度。在上面的例子中 390 ÷ 320 × 100% = 1.2188，说明从 2000 年到 2010 年该国价格水平上升了 21.88%。在这里，1.2188 称为 GDP 折算指数。可见，GDP 折算指数是某年份名义 GDP 与实际 GDP 的比值。如果知道了 GDP 折算指数，就可以将名义 GDP 折算为实际 GDP，其公式为

$$实际 GDP = 名义 GDP ÷ GDP 折算指数$$

专栏 9 -1

中国的名义 GDP 与实际 GDP

在计算 GDP 时，需要区分实际 GDP 与名义 GDP 两个概念，这是因为一国或一地区的价格水平会发生变动，名义 GDP 不能真实反映实际产出的变动。表 1 是中国 2005～2010 年名义 GDP 与实际 GDP 的比较。以 2010 年为例，以当年价格计算，名义 GDP 为 401512.8 亿元，但实际 GDP 为 314602.5 亿元，二者相差 86910.3 亿元。GDP 折算指数约为 127.63%，说明 5 年内价格水平上升了 27.63%。

第 九 章

表 1　　　　　　　　中国名义 GDP 与实际 GDP （2005 ~ 2010 年）　　　　单位：亿元

年份	以当年价格计算的 GDP	按 2005 年价格计算的 GDP
2005	184937.4	184937.4
2006	216314.4	208381.0
2007	265810.3	237892.8
2008	314045.4	260812.9
2009	340902.8	284844.8
2010	401512.8	314602.5

四、国民收入核算的缺陷与纠正

GDP 可以反映出一国经济发展的主要情况，它既是制定经济发展战略目标和宏观经济政策的重要依据，也是检验宏观经济政策科学性和有效性的重要手段。但它也存在一些缺陷。不少经济学家力图提出纠正或调整这些缺陷的新方法。

（一）GDP 核算的缺陷

尽管 GDP 是国民经济活动的核心指标，但它并不是完美无缺的，存在一定的缺陷。

1. 不能全面衡量一个国家的经济总量和经济质量

无论用哪一种方法核算 GDP，都很难得出准确的数值。

第一，有些经济活动无法计入 GDP，如非市场经济活动（家务劳动、机关团体不收费的公共服务），这些活动不通过市场交易，没有市场价格，因而无法计入GDP。再如在许多国家都存在非法经济活动（制毒贩毒、制假售假）、地下经济（地下工厂的生产以及偷、漏税的经济活动等），这些活动中的产品尽管有价格，但并不公开交易，因而无法计入 GDP，导致一国一定时期内 GDP 实际数值的低估。

第二，在 GDP 核算中，政府部门提供的行政、教育、医疗卫生等公共服务是利用政府部门提供这些公共服务的投入成本来衡量的，不能全面反映这些公共服务的价值。

第三，不同国家的产品质量和技术含量、劳动生产率、资本生产率、资源产出率差异很大，GDP 不能反映这些经济发展质量的差异。

第四，一个国家的经济实力在更大程度上决定于它所拥有的财富存量，而不仅仅是当期新增加的财富。经济增长质量不高会导致财富的巨大损失和浪费，在这种情况下，财富存量不能与经济增长率保持同步增长，从而 GDP 不能准确地反映财富的变化。

可见，GDP 不能全面衡量一个国家的经济总量和经济质量，就无法全面反映一个国家或一个地区的经济发展实际状况。

2. 不能全面反映福利状况

GDP 只是对社会生产的最终产品和劳务的实际测度，但并不是对人们福利的完全测度。

首先，GDP 是一个生产指标，而不是一个收入分配指标，不能反映一个国家收入分配是否公平合理。

其次，GDP 不能反映社会福利改善情况，例如，GDP 不能反映社会最低生活保障、失业保障、医疗保障、住房保障的改善情况，也不能全面地反映教育、医疗卫生状况的改善情况；不能反映资源环境的变化；不能反映产品结构的变化如新产品的出现和过时产品的消失对提高生活质量的作用；不能反映家庭主妇的家务劳动对提高生活质量的作用；没有反映闲暇所带来的福利。

尽管一个国家的 GDP 增加了，但增加的是与人民生活无关的物品（如军火），或者 GDP 增加是以严重环境污染为代价的，或者是人们的工作更加繁忙、精神更加紧张、收入分配更不公平，那么经济福利就不会增加，可能还会减少。因此，GDP 是反映经济增长的指标，但它没有反映经济增长过程中所带来的资源消耗成本和环境损失代价，也不能反映人们经济福利的改善程度。

3. 不能确切进行国际比较

各个国家市场经济发展水平不同，进入市场交易的产品比重不同，因而能够计入 GDP 的产品和劳务的范围也不相同。经济发展水平相对落后的发展中国家，市场化程度低，自给程度较高，这一部分产品由于没有进入市场而不能计算 GDP，因而 GDP 往往是被低估了。另外，汇率的差异和价格体系的不同以及自然环境的优劣都会造成 GDP 进行国际比较的困难性。所以，仅凭 GDP 或人均 GDP 比较不同国家的富裕程度和人民生活水平是不准确的。

（二）GDP 核算的纠正

国民收入核算中存在的各种缺陷越来越受到经济学家们的重视，许多经济学家力图提出纠正或调整这些缺陷的新方法。20 世纪 70 年代，美国经济学家威廉·诺德豪斯（William Nordhaus）和詹姆斯·托宾共同提出了"经济福利尺度"（measure of economic welfare，MEW）这一新概念。后来，保罗·萨缪尔森又提出了"净经济福利"（net economic welfare，NEW）的概念。从含义上讲，经济福利尺度和净经济福利是一致的，都是试图通过相应指标对 GDP 指标进行校正，他们认为应当从以下几个方面对 GDP 指标进行调整。

1. 应当增加的内容

一是应当加上闲暇的价值。闲暇的增加（即工作时间的缩短）虽然会使 GDP 减少，但人们却能从闲暇中得到物品与服务以外的精神上的满足，这种满足使人们的福利得到增加。闲暇的价值是根据闲暇的机会成本进行计算。二是应当加上地下经济活动收入。三是应当加上自给性劳动收入，如家庭主妇提供的劳务（如烹调、缝纫、卫生等），因为这些劳务的性质与市场上提供的服务是一样的。另外，还要加上自给性服务和物物交换的价值。

2. 应当减少的内容

一是应当减去为消除污染所付出的代价。二是应当减去尚未引起人们注意的现代城市生活造成的其他损失，如城市噪声、交通拥挤、住房紧张、生活不舒适等的代价。三是应当减去国防、警察等支出。国防、警察对国家安全和社会安定是必要的，但不能直接对改善生活作出贡献。

内容

　　经过上述对国民收入核算指标进行调整和校正，所得到的"净经济福利"才能弥补国民收入核算的缺陷。但这些项目具体应当如何计算，至今仍没有完全解决。诺德豪斯、托宾、萨缪尔森根据美国几十年的统计资料得出：按人口平均的"经济福利尺度"或"净经济福利"的增长要比国内生产总值慢，而为了取得NEW的增长，往往要牺牲一些GDP的增长。萨缪尔森指出："国家政策可以增进净经济福利（NEW）——如果有必要，可以故意地牺牲单纯的GDP的增长。政治经济学家必须为人类的意愿服务。除非他们希望如此，否则，没有必要把人类束缚在单纯的物质增长之中。"[1]

专栏 9-2

绿色 GDP 与幸福指数

　　人类的经济活动包括两个方面，一方面在为社会创造着财富，即所谓"正面效应"；但另一方面又在以种种形式和手段对社会生产力的发展起着阻碍作用，即所谓"负面效应"。负面效应集中表现在两个方面：其一是无休止地向生态环境索取资源，使生态资源从绝对量上逐年减少；其二是人类通过各种生产活动向生态环境排泄废弃物或砍伐资源使生态环境从质量上日益恶化。现行的国民收入核算制度只反映了经济活动的正面效应，而没有反映负面效应的影响，因此是不完整的，是有局限性的，是不符合可持续发展战略的。绿色GDP的基本思想是由希克斯在其1946年的著作中提出的。这个概念的基础是：只有当全部的资本存量随时间保持不变或增长时，这种发展途径才是可持续的。绿色GDP是指一个国家或地区在考虑了自然资源（主要包括土地、森林、矿产、水和海洋）与环境因素（包括生态环境、自然环境、人文环境等）影响之后经济活动的最终成果，即将经济活动中所付出的资源耗减成本和环境降级成本从GDP中予以扣除。这个指标实质上代表了国民经济增长的净正效应。绿色GDP占GDP的比重越大，表明国民经济增长的正面效应越高，负面效应越低，反之则相反。

　　"幸福指数"的概念最早由不丹国王提出并付诸实践。在这个人均GDP世界排名靠后的南亚小国，国民总体生活较幸福。"不丹模式"引起了世界的关注。如果说GDP、GNP是衡量国富、民富的标准，那么幸福指数就可以成为一个衡量民众幸福感的标准。幸福指数与GDP一样重要，一方面可以监控经济社会运行态势，另一方面又可以了解民众的生活满意度。可以说，作为最重要的非经济因素，它是社会运行状况和民众生活状态的"晴雨表"，也是社会发展和民心向背的"风向标"。2012年4月，联合国首次发布"全球幸福指数"报告，比较全球156个国家和地区人民的幸福程度，丹麦成为全球最幸福国度，于满分10分中获得近8分；其次为芬兰、挪威和荷兰。美国的GDP虽然列全球第1位，但幸福指数仅排名第11位。中国排名第112位。

---

① 转引自：李社宁，杨健全. 宏观经济学 [M]. 西安：陕西人民出版社，2017：30。

第三节　国民收入核算方法

在国民收入核算中，最主要是计算 GDP 这个指标。GDP 的核算可用支出法、收入法和生产法。常用的是前两种方法。

一、支出法

支出法又称最终产品法（final product approach），是通过核算在一定时期内全社会购买最终产品和劳务的总支出来得到 GDP。这里涉及的最终产品的购买者就是产品和劳务的最后使用者。在现实生活中，产品和劳务的最后使用者，除了居民，还有企业、政府以及国外的消费者、企业和政府。因此，用支出法核算 GDP，就是计算一个国家或地区在一定时期内消费、投资、政府购买以及净出口等方面支出的总和。

居民的消费支出包括购买耐用消费品（如小汽车、电视机、洗衣机等）、非耐用消费品（如食物、衣服等）和劳务（如医疗、旅游、理发等）的支出。

投资是指增加或更换资本资产（包括厂房、住宅、机器设备及存货）的支出。用于投资的物品为什么是最终产品而不属于中间产品呢？这是因为资本品（如厂房、设备等）和中间物品有重大的区别。中间物品在生产别的产品时会全部被消耗掉，但资本品在生产别的产品过程中只是部分地被消耗。资本品由于损耗所造成的价值减少叫作折旧。折旧不仅包括生产中资本品的物质磨损，还包括资本过时和陈旧所带来的精神损耗。例如，购买的电脑即使没有使用，也会由于新型的更先进的电脑迅速问世而贬值。

投资包括固定资产投资和存货投资两大类。固定资产投资指用于新厂房、新设备、新商业用房以及新住宅的投资。为什么住宅建筑也算作投资而不算作消费？这是因为住宅也像别的固定资产投资一样，是在长期使用中逐渐被消耗的。存货投资是企业掌握的存货价值的增加（或减少）。例如，在年初时，全部企业的存货价值为 100 亿美元，到年末为 150 亿美元，则该年内全部企业的存货投资量就是 50 亿美元。存货投资可能是正值，也可能是负值，因为年末的存货价值可能大于也可能小于年初存货的价值。

另外，投资是一定时期内增加到资本存量中的资本流量，而资本存量则是经济社会在某一时点上的资本总量。假定某国在 2020 年投资是 500 亿美元，该国在 2020 年年末，资本存量也许是 5000 亿美元。由于机器设备、厂房等固定资产会不断被磨损、消耗，为保持原有的生产能力，每年必须对它们加以补偿或重新购置。假定该国每年要消耗（即折旧）价值 100 亿美元的固定资产，则 500 亿美元的当年投资中就有 100 亿美元是用来补偿资本消耗的，因而当年净增加的投资实际只有 400 亿美元。由于那 100 亿美元是用于重置资本设备的，所以被称为重置投资。净投资和重置投资加在一起就构成了总投资。用支出法计算 GDP 时所涉及的投资，就是总投资。

政府对物品和劳务的购买是指各级政府购买商品和劳务的支出，包括政府进行国防建设、维持社会治安、建筑道路、开办学校等方面的支出。政府支出的另一部分，如转移支付、公债利息等都不计入 GDP。因为转移支付只是把已经生产的收入从一部分人（或组织、机构）手里转移到另一部分人（或组织、机构）手里，并没有为社会增加新的商品或劳务。例如，政府给失业者发放失业救济金，是因为这些失业者失去了工作没有收入来源，基本生活遭遇了困难，并不是因为他们提供了商品或劳务。

净出口是指出口和进口的差额。进口应从外国对本国的总支出中减去，因为进口表示收入流到了国外，是购买外国商品和劳务的支出，而不是外国用于购买本国产品的支出；出口则应该加到外国对本国的总支出当中，因为出口表示外国对购买本国商品和劳务的支出。所以，本国的净出口应该计入外国对本国的总支出。不过，它可能是正值，也可能是负值。

如果将消费表示为 C，投资表示为 I，政府购买支出表示为 G，X 表示出口，M 表示进口，$(X-M)$ 表示净出口。把上述四个项目相加起来，用支出法计算 GDP 的公式就可以表示为

$$GDP = C + I + G + (X - M)$$

表 9-5 是美国 2022 年的名义 GDP 及其构成情况。

表 9-5   2022 年美国 GDP 及构成情况（支出法）

项目	金额（十亿美元）	百分比（%）
个人消费支出	17362.5	68.2
私人国内总投资	4625.1	18.2
政府对产品和劳动的购买	4446.3	17.5
产品和劳务的净出口	-972.6	-3.9
国内生产总值	25461.3	100.0

资料来源：美国商务部（U. S. Department of Commerce）。

二、收入法

收入代表供给，因而**收入法**（income approach）也称供给法或要素支付法，就是用生产要素收入来核算 GDP。从严格意义上说，最终产品的市场价值中除了生产要素的收入所构成的成本，还有间接税、折旧、公司未分配利润等部分。因此，用收入法核算的国内生产总值应当包括以下项目：

（1）工资、利息和租金等生产要素的报酬。工资包括所有工作的酬金、津贴和福利费，也包括工资收入者必须缴纳的个人所得税及社会保险税（费）。利息是指人们给企业提供货币资金所得到的利息收入，如银行存款的利息、企业债券的利息等。不过，政府公债利息和消费信贷利息不包括在内，而是被当作转移支付。租

金包括在一定时期内出租土地、房屋等资源或物品使用权所获得的租赁收入以及专利、版权等收入。

（2）非公司企业主收入，如医生、律师、农民和小业主等个体从业者的收入。他们使用自有资金经营，自我雇用，其工资、利息、利润、租金常常被混合在一起作为非公司企业主收入。

（3）公司税前利润，包括公司所得税、社会保险税（费）、股东红利以及公司未分配利润等。

（4）企业转移支付及企业间接税。这些虽然不是生产要素所创造的收入，但要通过产品价格转嫁给购买者，所以一般也将其看作成本。企业转移支付包括对非营利组织的社会性慈善捐款和消费者呆账，企业间接税包括货物税或销售税、周转税等。需要注意的是，由于直接税（公司所得税、社会保险税等）已包含在工资、利润及租金中，因而不能重复计入 GDP 中。

（5）资本折旧。它虽然不是要素收入，但包括在总投资中，所以也应计入 GDP。

这样，按照收入法来计算，GDP 的计算公式可以表示为

$$GDP = 工资 + 利息 + 利润 + 租金 + 间接税和企业转移支付 + 折旧$$

三、生产法

生产法也称部门法或增值法，是按照生产物质产品和提供劳务的各个部门的产值来计算国内生产总值，它反映了国民收入的来源。为了避免重复计算，生产法仅计算新增加的价值，其核算的基本原理可以从表 9 - 2 中看到。将棉花、棉纱、棉布以及服装每一个生产阶段（部门）增值部分加总起来（30 + 45 + 25 + 50 = 150），即是要计算的 GDP，这一数值也是最终产品服装的价值。在实际核算中，物质生产部门和商业服务部门按增值法计算；卫生、教育、行政等部门按其工资收入来计算。

以上三种核算方法是从不同角度进行的，西方各国在核算国内生产总值时都同时采用，以便互相验证，提高核算的准确性。从理论上讲，用这三种核算方法所得出的结果是一致的。但是由于国内生产错综复杂，统计误差在所难免，在实际核算中其结果不会完全吻合。由于最终产品的使用去向比较清楚，资料也比较容易收集，因此各国都把支出法作为最基本的方法。当三种核算方法所得出的结果不一致时，往往是以支出法计算的结果为准，利用统计误差调整收入法和生产法的数值。

专栏 9 - 3

第 九 章

国民收入核算体系

国民收入核算体系是指一国或一地区在国民经济核算中形成的，由各总量及其组成成分之间的联系和指标概念、定义、分类、计算方法、表现形式和记录手续以及相关关系所构成的一套国民经济核算的标准和制度。世界上出现过两种国民收入

核算体系，一种是 SNA，另一种是 MPS。1953 年、1968 年和 1993 年，联合国先后三次公布了国民收入核算体系（system of national accounts，SNA），并向市场经济国家推荐使用。MPS 是联合国在 1971 年公布的，称为国民经济平衡表体系（system of Material product balance），过去主要为中央计划经济国家所采用。随着各国向市场经济制度方向改革，目前已很少有国家使用 MPS。

1929 年，经济危机在资本主义国家爆发，美国经济、政治和社会秩序遭到重创。当时，美国尚未建立起官方统计体系，政府只是知道有几百万人失业、铁路运输骤减、钢产量下降等一些零星信息，缺乏刻画经济全貌的关键指标，导致经济决策犹如在黑暗中摸索。1932 年，为帮助罗斯福总统应对经济危机，商务部内外贸易局经济分析处同国民经济研究所的西蒙·库兹涅茨等经济学家合作，开创性地编制了 1929～1932 年全国国民收入数据。不过，最初的统计指标是"国民收入"（NI）而不是 GDP。美国加入二战后，为支持战时经济规划的编制，美国经济学家们迅速估算了国民生产总值（即 GNP）的年度数值。而在英国，经济学家斯通在 1947 年撰写了一份题为《国民收入和相关总量的定义和测度》的报告。GDP 在美国真正诞生是在 1965 年，美国统计部门首次编制分产业的 GDP 数据，更好地把握了生产结构特征。

我国在新中国成立以后的很长时间里使用 MPS，在计划经济管理中曾发挥了重要作用。1985 年，我国开始计算 GDP，在 1985～1992 年之间，MPS 与 SNA 并存。1993 年后，开始只采用 SNA 体系进行核算，这使得我国的国民收入核算体系开始走向完善，并与国际接轨。

本章小结

1. 国民收入核算体系中存在着储蓄和投资的恒等式。在两部门、三部门和四部门经济中，这一恒等式分别是 $I=S$，$I=S+(T-G)$ 以及 $I=S+(T-G)+(M-X+K_r)$。

2. 核算国民经济活动的核心指标是国内生产总值（GDP），国内生产总值是指一定时期内（通常为 1 年）在一国（或地区）所生产的全部最终产品（物品和劳务）的市场价值。

3. 国内生产总值有名义的和实际的之分。某个时期名义国内生产总值和实际国内生产总值之间的差别，可以反映这一时期和基期相比的价格变动程度。

4. 国民收入核算体系主要包括的指标有：国内生产总值、国民生产总值、国内生产净值、国民收入、个人收入和个人可支配收入，这些概念通过一定的关系相互关联着。

5. GDP 的核算可用支出法、收入法和生产法。各国都把支出法作为最基本的方法。当三种核算方法所得出的结果不一致时，往往以支出法计算的结果为准。

第十章 | 国民收入决定理论

本章提要

　　本章介绍了凯恩斯消费函数和其他消费理论，分别讨论了两部门经济、三部门经济和四部门经济下的均衡国民收入决定，并对乘数进行了推导与比较。本章学习要求领会凯恩斯消费函数及其相关概念，理解均衡国民收入形成过程，重点学会推导均衡国民收入的一般表达式和乘数在两部门、三部门以及四部门经济中的变化。

基本概念

　　平均消费倾向　边际消费倾向　自发消费　引致消费　平均储蓄倾向边际储蓄倾向　均衡国民收入　潜在国民收入　乘数

　　本章在介绍消费理论、进出口理论的基础上，将分别讨论两部门经济、三部门和四部门经济中均衡国民收入的决定，之后借助均衡国民收入的一般表达式学习乘数理论。本章的均衡分析建立在投资是外生变量的假定之上，因而均衡国民收入将主要取决于产品和劳务市场上的居民消费、政府购买支出和进出口，因此被称为简单国民收入决定理论，或者产品市场均衡理论。

第一节　消费理论

　　当消费支出是一个经济变量时，它显著地影响均衡国民收入的大小。由于私人消费与收入水平密切相关，而收入水平又取决于国民经济发展状况，因此在经济繁荣时，人们收入增加，消费相应增加；在经济萧条时，消费将会减少。因此，私人消费被视为经济体系中的一个内生变量。相比之下，政府消费与国民经济发展联系并不一致，政府往往在经济萧条时增加政府购买支出，在经济繁荣时减少政府购买支出，因而政府消费被视为经济体系外的一个变量，即外生变量。在本小节中的消费理论主要针对私人消费行为，政府消费被视为一个给定的参数。

一、凯恩斯消费理论

凯恩斯因为创立政府积极干预市场的宏观经济学体系而为世人所熟知。他提出的消费理论被称为当期收入消费理论或者绝对收入消费理论（the absolute income theory of consumption），是一种最为常见的消费理论。

（一）消费函数和消费曲线

经过观察和分析，凯恩斯发现三点：一是人们在一段时期内的消费与同期收入密切相关，与前一期和后一期的收入相关性很低。为了简化表述，这里把一段时期定义为一年。例如，1940 年英国人的消费主要受到 1940 年本国收入水平的影响，与前一年或后一年的收入联系很少。二是人们倾向于把一定比例的收入用于消费，剩余的部分用于储蓄。三是随着收入不断增加，人们的消费支出会增加，但消费支出占收入的比例会下降，而用于储蓄的比例会增加。基于上述三个重要的观点，凯恩斯把一国的消费函数写为

$$c = f(y)$$

式中，c 表示消费量，y 表示收入。

假定某家庭的消费和收入之间有表 10 – 1 所示的关系。

表 10 – 1　　　　　　　　　　　　某家庭的消费函数

收入（元）	消费（元）	平均消费倾向（APC）	边际消费倾向（MPC）
5000	5200	1.04	—
6000	6000	1.00	0.8
7000	6700	0.96	0.7
8000	7300	0.91	0.6
9000	7800	0.87	0.5
10000	8100	0.81	0.3

表 10 – 1 表明，当收入最初是 5000 元时，消费为 5200 元，此时家庭是入不敷出的，需要举债或动用过去的储蓄。当消费为 6000 元时，收支平衡。当收入继续增加时，消费会随着收入的增加而增加，但增加的幅度会越来越小。在这里，任一收入水平上消费支出与收入的比率，被称为**平均消费倾向**（average propensity to consume，APC）。增加的消费与增加的收入之比，换句话说，增加的 1 单位收入中用于增加消费的比率，被称为**边际消费倾向**（marginal propensity to consumption，MPC）。

如果消费和收入之间存在线性关系，消费函数可以表示为

$$c = \alpha + \beta y \tag{10.1}$$

式（10.1）表示全部消费由自发消费和引致消费两部分构成。其中 α 表示**自发消费**（auto-consumption），表示即使收入为零时举债或动用过去储蓄也必须支付的基本生活费用，它与收入无关。βy 表示**引致消费**（induced consumption），这部分消费随收入变动而变动。其中 β 就是边际消费倾向，用数学公式可以表示为

$$\beta = \frac{\Delta c}{\Delta y} \quad 或 \quad MPC = \frac{\Delta c}{\Delta y} \tag{10.2}$$

当收入变化趋向极小值时，边际消费倾向 β 可通过对式（10.1）求 y 的一阶导数得到

$$\beta = \frac{\mathrm{d}c}{\mathrm{d}y} \quad 或 \quad MPC = \frac{\mathrm{d}c}{\mathrm{d}y} \tag{10.3}$$

凯恩斯认为，一国的边际消费倾向具有递减规律，即随着本国收入增加，本国消费支出占国民收入的比重将呈现下降趋势。从横向对比上看，由于不同国家之间的文化背景、消费观念、生活习俗等非经济因素的差异，不同国家的边际消费倾向往往不相同，但 β 的变化也遵循一定的规律：经济发达国家的 β 值比欠发达国家的 β 值小一些，但 β 取值范围通常在 0.6 ~ 0.9 之间。

平均消费倾向既然是消费支出与收入的比值，用公式可以表示为

$$APC = \frac{c}{y} \quad 或 \quad APC = \frac{\alpha}{y} + \beta \tag{10.4}$$

从式（10.4）可以推导出以下两点结论：第一，平均消费倾向比边际消费倾向更大，两者之间的差额为 $\frac{\alpha}{y}$；第二，当一国收入不断增加时，由于 α 是一个既定不变的常数，因此 $\frac{\alpha}{y}$ 是递减的，边际消费倾向 β 也递减，于是平均消费倾向满足递减规律。

把式（10.1）所表达的消费函数描述在横坐标为国民收入（y）、纵坐标为消费（c）的坐标系上，便得到凯恩斯消费曲线。在边际消费倾向 β 递减规律作用下，凯恩斯消费曲线将是一条非线性曲线，且斜率将变得越来越小、图形变得越来越平坦。为了作图方便，假定边际消费倾向 β 保持不变，于是凯恩斯消费曲线将是一条线性曲线（见图 10 - 1）。

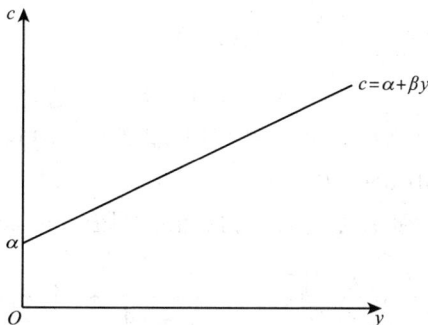

图 10 - 1 线性的凯恩斯消费曲线

由式（10.1）可以看出，如果自发消费 α 增加，凯恩斯消费曲线的纵截距将增加，凯恩斯消费曲线向上平移，斜率不变。如果边际消费倾向 β 降低，凯恩斯消费曲线的斜率将发生变化，凯恩斯消费曲线变得更加平坦。

（二）储蓄函数和储蓄曲线

在凯恩斯看来，收入除了用于消费之外，剩余的部分将全部用于储蓄。可以用表 10 - 2 分析。

表 10 - 2 某家庭的储蓄函数

收入（元）	消费（元）	储蓄（元）	平均储蓄倾向（APS）	边际储蓄倾向（MPS）
5000	5200	- 200	- 0.04	—
6000	6000	0	0	0
7000	6700	300	0.04	0.3
8000	7300	700	0.09	0.4
9000	7800	1200	0.13	0.5
10000	8100	1900	0.19	0.7

根据表 10 - 2，也可得出**平均储蓄倾向**（average propensity to saving，APS）和**边际储蓄倾向**（marginal propensity to saving，MPS）两个重要概念。平均储蓄倾向是指任一收入水平上储蓄在收入中所占的比率。边际储蓄倾向是指储蓄增量对收入增量的比率，换句话说，就是增加的 1 单位收入中用于增加储蓄的比率。

如果储蓄和收入之间存在线性关系，由于 $y = c + s$ 等式成立，变形后得到 $s = y - c$，凯恩斯的储蓄函数可以表示为

$$s = - \alpha + (1 - \beta)y \qquad (10.5)$$

式（10.5）中，s 代表储蓄，$(1 - \beta)$ 就是边际储蓄倾向。边际储蓄倾向可以用公式表示为

$$MPS = \frac{\Delta s}{\Delta y} = (1 - \beta) \qquad (10.6)$$

当收入变化极小量时，边际储蓄倾向可通过对式（10.5）y 求的一阶导数得到

$$MPS = \frac{\mathrm{d}s}{\mathrm{d}y} = (1 - \beta) \qquad (10.7)$$

观察式（10.6）或式（10.7）可以看出：第一，边际储蓄倾向与边际消费倾向的变动方向相反，边际消费倾向越大，边际储蓄倾向将越小。第二，这两种边际倾向之和恒等于 1，即 $MPC + MPS = 1$。

平均储蓄倾向既然是指储蓄与收入的比值，用公式可以表示为

$$APS = \frac{s}{y} \quad 或 \quad APS = - \frac{\alpha}{y} + (1 - \beta) \qquad (10.8)$$

把式（10.4）与式（10.8）相加，可得到平均消费倾向与平均储蓄倾向之和

恒等于 1，即 $APC + APS = 1$。

在图 10-2 中，可以看出凯恩斯的消费函数与储蓄函数具有互补关系。当凯恩斯消费曲线与 45°线相交于图中的 B 点时，当年收入（y_0）全部用于消费，没有储蓄，即储蓄为零。当消费曲线处于 B 点的左下方、45°线上方时，收入小于 y_0 并且消费大于收入，当年储蓄为负数，在图形上表现为储蓄曲线位于横轴的下方。当收入大于 y_0 时，消费小于收入，当年储蓄为正数，储蓄曲线位于横轴的上方。

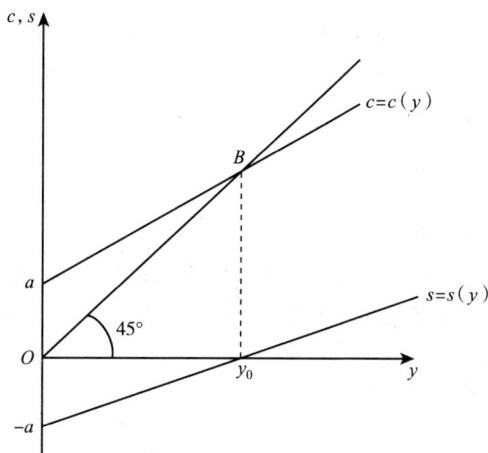

图 10-2　凯恩斯的消费曲线与储蓄曲线

专栏 10-1

凯恩斯消费函数之谜

凯恩斯消费理论和消费函数得出两个结论：一是边际消费倾向和平均消费倾向随着收入增加将满足递减规律；二是平均消费倾向和边际消费倾向随着收入增加，两者的差距越来越小。1942 年，美国经济学家西蒙·库兹涅茨对美国 1869~1938 年的收入和消费数据进行回归分析时发现两个结果：第一，在长期内，边际消费倾向与平均消费倾向相差无几；第二，在长期内，边际消费倾向与平均消费倾向基本保持不变。可见，库兹涅茨的第一结论与凯恩斯消费理论基本吻合，但第二结论与凯恩斯消费理论中的两种消费倾向递减规律不一致。经济学界把这种不一致称为"消费函数之谜"或"凯恩斯-库兹涅茨悖论"。

二、其他消费理论

除了凯恩斯的绝对收入消费理论之外，其他经济学家也从不同的角度考察了影响消费的因素，并提出了不同的消费理论。

第十章

（一）相对收入消费理论

相对收入消费理论（the relative income theory of consumption）由美国经济学家杜森贝利（J. S. Duesenberry）最先提出。这个理论有两个重要观点：

首先，长期内人们的消费与收入保持稳定的比例关系，长期消费函数是一条从原点出发的直线，可以表示为

$$C_L = \beta_L Y \tag{10.9}$$

式（10.9）中，C_L 表示长期消费，Y 表示长期收入，β_L 表示长期平均消费倾向。

杜森贝利认为，人们的短期消费曲线具有正截距，其原因在于消费者决定当期消费时，很大程度上受到经济景气时期消费习惯（或者说消费支出水平）的影响，因此短期消费函数可以表示为

$$C_S = C_a + \beta_s Y \tag{10.10}$$

式（10.10）中，C_S 表示短期的消费，β_s 表示短期的平均消费倾向。

可以把相对收入消费理论表示在图 10 – 3 中。

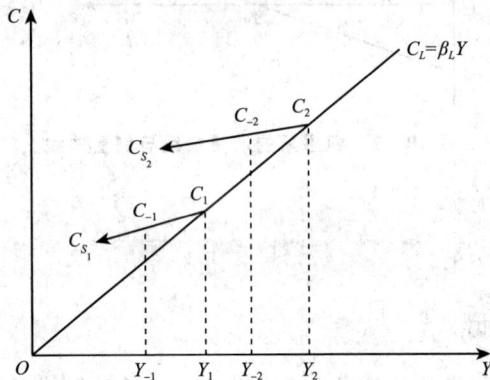

图 10 – 3　相对收入消费理论

如果国民经济保持稳定增长，没有发生周期性经济波动，人们的消费将沿着长期消费曲线向上移动，例如，从 C_1 向上增加到 C_2。如果经济发生周期性波动，人们的短期消费行为将会发生改变。例如，在收入为 Y_1 时，消费为 C_1。如果经济因衰退或萧条而使收入由 Y_1 减少到 Y_{-1} 时，消费不会沿着长期消费曲线减少，而是沿着短期消费曲线 C_{S_1} 的路径减少，即消费不是沿长期消费曲线向下移动，而是沿 C_{S_1} 曲线向下移动到 C_{-1} 的水平。显然，短期消费曲线 C_{S_1} 表现出的平均消费倾向大于长期消费曲线表现出的平均消费倾向，即 $\frac{C_{-1}}{Y_{-1}} > \frac{C_1}{Y_1}$。这说明相对于收入的减少，人们的消费减少的不是太多。

当经济逐步复苏，收入由 Y_{-1} 恢复至原来的 Y_1 水平，消费 C_{-1} 就会沿着短期消费曲线 C_{S_1} 向上移动至 C_1 的水平。如果经济从 Y_1 再继续增长，消费将沿着长期消费曲线增加。如果经济在收入为 Y_2 的水平上又发生一次衰退或萧条，收入将由 Y_2 减少到 Y_{-2}，消费就会沿着短期消费曲线 C_{S_2} 向下移动至 C_{-2}，消费的减少仍然不太

多。如此反复的结果，使得人们的消费表现出一个明显的特征：消费很容易随收入的增加而增加，但是不容易随收入的减少而减少，这就是所谓的消费"上去容易下来难"的"棘轮效应"，也是人们常说的"由俭入奢易，由奢入俭难"。

其次，人们的消费除了受收入水平影响外，还受到消费习惯和攀比心理的影响。当周围人群消费时髦的或高档的商品时，其他人往往会效仿消费——别人有的东西我也要有，别人买新的东西我也要买新的，这就是所谓消费的"示范效应"或"羊群效应"。这种效应将使得长期消费函数整体地向上移动。

（二）生命周期消费理论

生命周期消费理论（the life circle theory of consumption）由美国经济学家莫迪利安尼（F. Modigliani）最早提出。他认为人们会长时期、有计划地安排自己的消费支出，以达到在整个生命期间的最佳消费。

在莫迪利安尼看来，人们在年轻和年老时期收入甚微，因此是负储蓄，如年轻时借贷消费，年老时花费存款。在中年时，人们收入多，是正储蓄，如购买养老保险、医疗保险等。这样一来，在人生不同阶段，人们需要协调消费与储蓄的关系，边际消费倾向或边际储蓄倾向的大小取决于个人的工作年限以及预期寿命。

例如，假设张某刚好在 20 岁时大学本科毕业并开始在金融行业工作，他预计自己在 60 岁时退休、80 岁时去世，工作期间的年平均收入为 12 万元。另外，假定 20 岁之前的张某完全由家庭抚养，自己不需要借钱进行生活和学习，也没有外出打工赚钱，也就是说 20 岁之前的张某既没有负债也没有劳动收入。按照生命周期消费理论的解释，张某工作 40 年得到的全部收入 480 万元，将用于 60 年的个人生活开销，年平均消费是 8 万元，年平均消费倾向为 0.67。上述计算过程可以用公式表示为

$$年平均消费额 = \frac{（退休年龄 - 工作年龄）\times 年薪}{（寿命年龄 - 工作年龄）} \tag{10.11}$$

$$年平均消费倾向 = \frac{年消费额}{年薪} \tag{10.12}$$

把式（10.11）代入式（10.12）化简后得到

$$年平均消费倾向 = \frac{退休年龄 - 工作年龄}{寿命年龄 - 工作年龄} \tag{10.13}$$

把张某的相关数据代入式（10.13），便可以得到他的年平均消费倾向为

$$\frac{60 - 20}{80 - 20} = \frac{2}{3} \approx 0.67$$

基于式（10.13）可以发现：①如果其他因素保持不变，延长法定退休年龄可以提高一国的年平均消费倾向；②如果其他因素不变，人们的寿命提高可以降低一国的年平均消费倾向；③如果其他因素不变，人们参加工作的年龄变大，一国的年平均消费倾向就会递减。由此可见，一个国家可以通过延长法定退休年龄、降低法定工作年龄等方式提高平均消费倾向，增加收入和消费，并最终促进经济增长。

第 十 章

（三）永久收入消费理论

永久收入消费理论（the permanent income hypothesis of consumption）最早由美国经济学家米尔顿·弗里德曼提出，他认为人们的消费取决于永久收入而不是当期收入。所谓永久收入，是指人们能预期到的、较为固定的长期收入。永久收入消费函数可以用公式简单表示为

$$y_p = \sum \theta_t y_t \tag{10.14}$$

式（10.14）中，y_t 表示第 t 期的预期收入。θ_t 表示第 t 期预期收入的权数，离现在越近的收入，其权数 θ 越大，反之则权数越小，而且整个收入的权数之和为 1，即 $\sum \theta_t = 1$。

如果消费函数是线性关系如 $y = \alpha + \beta y_p$，β 将表示长期边际消费倾向。把式（10.14）代入这个消费函数，便得出第 t 期或者说是短期的边际消费倾向是 $\beta\theta_t$，而且有 $\beta\theta_t < \beta$ 成立，即短期边际消费倾向小于长期的边际消费倾向。这个结论是从数学关系上所作出的推导。在社会生活中，短期边际消费倾向小于长期的边际消费倾向的结论也可以得到证明。当收入发生改变时，多数人将无法准确预测这种收入变化是暂时性的还是长久的，在不完全信息的条件下，人们对于当期收入的增减会做出谨慎处理，即不会大幅地调整消费，从而使短期边际消费倾向小于长期边际消费倾向。只有收入变动最终证明是永久的，人们才会在最终证明是较高或较低的永久收入水平上充分调整其消费。

永久收入消费理论可以解释生活中的很多现象。例如，一个有前途的大学生暂时性的收入可能很少，甚至还可能欠债，但他相信自己将来的长久收入是较高的，因而并不缩减现在的支出。在经济繁荣时期，一个小商贩比以前多卖了不少商品，收入增加了，但他认为自己将来收入不高，因而不会随便花钱。根据这种理论，政府想通过减税来影响总需求的政策很难奏效，因为减税而增加的收入，人们并不会立即用来增加消费。

生命周期消费理论与永久收入消费理论有许多共同点：首先，两种理论假定消费者都是理性的、前瞻性的决策者，会利用经验及信息对未来收入进行预测，从而作出理性的消费选择；其次，两种理论都假设人们的消费支出与现期收入联系不紧密，而与长期收入或永久收入联系紧密；最后，两种理论均认同短期的边际消费倾向较小，而长期的边际消费倾向较大。鉴于此，一些学者把两种理论合在一起称为生命周期 - 永久收入理论，简称为 LC-PIH 理论（the life circle and permanent income hypothesis of consumption）。

第二节　均衡国民收入决定

本节将由浅入深讨论两部门、三部门和四部门经济中的均衡国民收入决定，其中重点学习各种内生变量对经济均衡的影响。

一、GDP 与均衡国民收入

2022 年中国按当年价格计算的 GDP 为 1210207 亿元，其中 2022 年第四季度中国 GDP 按现价计算为 335508 亿元。[①] 这两个数据仅反映中国在过去某年或某个季度内，生产的最终产品和劳务的价值总和。在此期间中国宏观经济是否实现均衡、经济是过热还是过冷，从 GDP 上无法作出准确判断，GDP 仅是对已经发生的经济活动的货币记录。即使可以使用某种宏观经济模型，对中国未来一个季度或一年的 GDP 进行预测，但这个预测结果往往也不是宏观经济学中讨论的均衡国民收入。

在宏观经济研究中，**均衡国民收入**是指总供给与总需求相等时的国民收入。经济体系实现总供给与总需求相等，需要的时间可能是一个季度、一年或者更长时期，也可能是比一个季度更短的时间。另外，总供给和总需求也不是固定不变的，技术进步、新的生产要素的发现都可能改变总供给，而居民、政府和厂商的消费投资行为则会改变总需求。当总供求变化时，均衡国民收入随之发生变化，从一个均衡走向另一个均衡。因此，在某个时期内核算或预测的 GDP 可能等于均衡国民收入，也可能大于或小于均衡国民收入，反过来，借助经济模型计算出的均衡国民收入可能与某个年度或季度的 GDP 相一致，也可能与任何一个时期的 GDP 都不一致。总而言之，GDP 与均衡国民收入之间没有必然的相等关系。

与国民收入有关的另一个概念是潜在国民收入。所谓**潜在国民收入**，是指经济中实现了充分就业时所能达到的国民收入水平，所以又称充分就业的国民收入。

二、总需求与均衡国民收入

均衡国民收入是由总供给（aggregate supply，AS）和总需求（aggregate demand，AD）共同决定的，但是经济学界认为短期均衡国民收入将由总需求单方面决定，其原因主要有两个方面：第一，影响总供给的因素如技术进步、新机器发明、劳动力素质改善以及新能源、新材料的发现在短期内不容易发生根本性变化，总供给在短期内往往保持不变；第二，短期内供给能力是充分的，总供给曲线是具有完全弹性的一条水平线，任何水平的总需求都可以得到满足。如图 10-4 所示，AS 表示水平的总供给曲线，AD_0 和 AD_1 分别表示初始和变化后的总需求曲线，y_0 和 y_1 分别表示初始和变化后的均衡国民收入。

对图 10-4 的分析可得出两点结论：第一，均衡国民收入水平取决于总需求。当总需求曲线由 AD_0 向右移至 AD_1 时，均衡国民收入由 y_0 增加至 y_1。反过来，当总需求曲线由 AD_1 向左移至 AD_0 时，均衡国民收入由 y_1 减少至 y_0。第二，短期内一般物价水平保持不变，其大小取决于具有完全弹性的总供给曲线的位置。反过来，当一般物价水平发生变化时，所讨论的将不是短期均衡国民收入决定，使用的分析工

[①]　资料来源于中国国家统计局，数据不含港澳台地区。

具既包括总需求曲线也包括总供给曲线，这将是第十二章所研究的总供给和总需求决定均衡国民收入的理论。

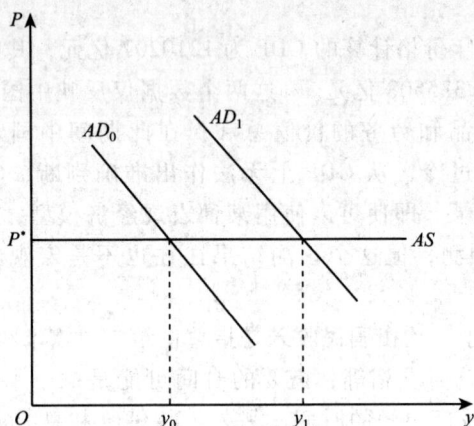

图 10 - 4 总需求决定均衡国民收入

三、两部门经济中均衡国民收入决定

在短期宏观经济分析中，总需求单独决定均衡国民收入。由于总需求与总支出是完全等价的，于是短期均衡国民收入等于短期总支出水平，用公式可以表示为

$$y = AE$$

在两部门经济模型中，只存在居民和厂商两种经济主体，相应的总支出将由居民消费支出和厂商投资支出构成，于是有

$$y = AE = c + i \tag{10.15}$$

从式（10.15）中可以看出 GDP 与均衡国民收入之间的差异。如果从宏观经济统计资料中，已知某国一定时期内消费支出 c 和投资支出 i 的具体数额，那么"$c + i$"计算出的就是这段时期的 GDP，也是 GDP 核算的内容。如果消费 c 是国民收入 y 的函数，且假定适用于凯恩斯消费函数 $c = \alpha + \beta y$，而投资支出 i 是一个给定的已知参数，则 $y = c + i$ 可以表示为

$$y = \alpha + \beta y + i \tag{10.16}$$

式中，α、β 和 i 都是已知的参数，式（10.16）可以变形为

$$y = \frac{\alpha + i}{1 - \beta} \tag{10.17}$$

式（10.17）是两部门经济中均衡国民收入的一般表达式，如果已知公式中各个参数的数值，就可以计算出均衡国民收入的大小。

【例1】已知自发消费 α 和意愿投资 i 均为 100 亿元，边际消费倾向为 0.8，把各个数值代入式（10.17），计算出均衡国民收入。

第 十 章

为了方便下面的表述，均衡国民收入写为 y_1，即

$$y_1 = \frac{100 + 100}{1 - 0.8} = 1000（亿元）$$

将 1000 亿元的均衡国民收入代入凯恩斯消费函数中，可以求出宏观经济均衡时的意愿消费是：$c_1 = 100 + 0.8 \times 1000 = 900$（亿元）；又因为在两部门经济中，凯恩斯储蓄函数表示为 $s = y - c$，代入均衡时的 y_1 和 c_1，可以求出宏观经济均衡时的意愿储蓄是：$s_1 = 1000 - 900 = 100$（亿元）。对比发现，经济体系中的意愿投资等于意愿储蓄，宏观经济实现了均衡[①]。另外，还可以从实际消费与意愿消费是否相等的比较中来考察宏观经济是否实现均衡，这可以通过表 10 - 3 进行分析。

表 10 - 3　　　　　　　　　均衡国民收入的形成过程　　　　　　　单位：亿元

期数	实际消费（c）	意愿投资（i）	GDP = $c + i$	意愿消费（c_1）	c 与 c_1 比较	经济均衡状态
	—	—	300.00*	—		
1	340.00	100	440.00	900.00	<	失衡、复苏
2	452.00	100	552.00	900.00	<	失衡、复苏
3	541.60	100	641.60	900.00	<	失衡、复苏
4	613.28	100	713.28	900.00	<	失衡、复苏
5	670.62	100	770.62	900.00	<	失衡、复苏
6	716.50	100	816.50	900.00	<	失衡、复苏
…	…	…	…	…	<	失衡、复苏
55	900.00	100	1000.00	900.00	=	均衡

注：* 300 是上一期的 GDP，可以任意假定。

在表 10 - 3 中，已知自发消费 α 和意愿投资 i 均为 100 亿元，边际消费倾向为 0.8，凯恩斯消费函数为 $c = 100 + 0.8y$。假定上一期的 GDP 为 300 亿元，则表中第一期的实际消费按照凯恩斯消费函数计算后为 340 亿元，意愿投资为初始给定的 100 亿元，根据 "$y = c + i$" 等式，第一期的 GDP 为 440 亿元。在第一期结束时，实际消费 340 亿元小于意愿消费 900 亿元（经济均衡时的消费 c_1），说明经济体系处于失衡状态。由于人们的意愿消费大于实际消费，在第二期的经济活动中，人们将会继续增加消费，经济运行走上复苏的道路。通过计算，第二期的消费为 452 亿元，GDP 为 552 亿元；第三期的消费为 541.6 亿元，GDP 为 641.6 亿元。按照这样的规律运行下去，实际消费和 GDP 这两项数据与均衡水平下的意愿消费和国民收入越来越接近，最终在第 55 期达到均衡水平。这个经济运行过程（数学演算过程）说明，第 55 期之前的每一期 GDP 都没有达到均衡水平，只有经济持续增长到第 55 期时，GDP 才是均衡国民收入，实际消费才等于意愿消费。如果假定上一期的 GDP 是零，意味着经济体系

---

① 意愿投资和意愿储蓄与 GDP 核算中的投资和储蓄是不同的。GDP 核算中的投资和储蓄是实际发生额，两者总是相等的，至于宏观经济是否处于均衡状态难以判断。只有厂商的意愿投资等于居民户的意愿储蓄时，国民收入才处于均衡状态，如果两者不相等，国民经济将处于失衡状态。

一切从零开始，之后逐渐发生变化：在第一期出现 100 亿元的意愿投资，出现 100 亿元的自发消费，按照国民收入核算方程"$y = c + i$"，第一期的 GDP 为 200 亿元。之后各期的消费变化趋势与上述分析类似，只是每一期的 GDP 数据不同，国民经济达到均衡水平所需要的时间不同。

如果假定上一期的 GDP 不是 300 亿元，而是 1500 亿元，分析将会发现，人们的实际消费大于意愿消费，在以后各时期的经济活动中，人们将不断减少消费，宏观经济将从过热状态回归到均衡状态。在均衡时，国民收入仍保持在 1000 亿元的水平，实际消费与意愿消费相等。这个路径下的均衡形成过程与前文的分析极为相似，具体过程留给读者自行演算。

均衡国民收入的形成，除了可以用数学知识进行演算外，还可以运用图形进行分析。在图 10 – 5 中，45 度线表示 $y = AE$ 的函数关系，即短期均衡国民收入由总支出（总需求）单方面决定，而不必考虑总供给的影响。由消费和投资组成的总支出曲线与 45° 线相交，通过交点 A 可以确定均衡国民收入水平为 y^*。

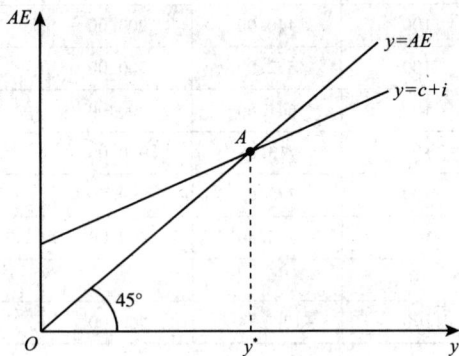

图 10 – 5　两部门的均衡国民收入决定

四、三部门经济中均衡国民收入决定

三部门经济有居民、厂商和政府三种经济主体，于是总支出决定均衡国民收入的函数式将由两部门经济中的 $y = c + i$ 改变为 $y = c + i + g$，其中政府购买支出 g 视为一个给定的已知参数。在经济体系中加入政府后，除了增加政府购买支出外，还对居民的收入和消费产生显著影响。

（一）居民可支配收入和凯恩斯消费函数

为了维持政府机构的正常运行和开展教育、卫生、国防等公共事务，政府需要从民间获得足够收入，税收是政府主要收入来源。为了简化分析，把政府税收定义为：$T = t_a + ty$，T 表示政府税收，由固定税（t_a）和比例税（ty）构成，固定税与当期收入无关，比例税由税率 t 与国民收入 y 的乘积决定。

政府除了从民间征税外，还对经济十分困难的个人给予资金援助。政府的这项支出称为转移支付，用字母组合 tr（transfer）来表示。需要指出的是，政府转移支付用于增加居民可支配收入，不是政府用于购买产品或劳务的开支，因而政府转移支付不属于政府购买支出范畴。

在政府转移支付和征税的影响下，居民可支配收入发生显著变化，用公式表示为 $y_d = y - T + tr$，代入政府税收 T 的表达式，整理后得

$$y_d = (tr - t_a) + (1 - t)y \qquad (10.18)$$

由于居民可支配收入发生变化，三部门经济中的凯恩斯消费函数调整为 $c = \alpha + \beta y_d$，代入式（10.18）中的 y_d，整理后得到的凯恩斯消费函数为

$$c = \alpha + \beta(tr - t_a) + \beta(1 - t)y \qquad (10.19)$$

（二）均衡国民收入的决定

在三部门经济中，总支出决定均衡国民收入将由下列两个等式联合实现

$$y = c + i + g$$

$$c = \alpha + \beta(tr - t_a) + \beta(1 - t)y$$

联立上述两个等式，解出三部门经济中均衡国民收入的一般表达式为

$$y = \frac{\alpha + i + g + \beta(tr - t_a)}{1 - \beta(1 - t)} \qquad (10.20)$$

【例2】如果已知自发消费 α 和投资 i 均为200亿元，边际消费倾向为0.8，政府购买支出和转移支付以及固定税均为100亿元，比例税率为0.25，把各个参数的取值代入式（10.20），可以计算出均衡国民收入

$$y = \frac{200 + 200 + 100 + 0.8(100 - 100)}{1 - 0.8(1 - 0.25)} = \frac{500}{0.4} = 1250（亿元）$$

将均衡国民收入1250亿元代入式（10.19），可以求出均衡消费为

$$c = 200 + 0.8 \times (100 - 100) + 0.8(1 - 0.25) \times 1250 = 950（亿元）$$

三部门经济中均衡国民收入的形成，可以用图10-6进行分析。在该图中，由消费、投资和政府购买支出组成的总支出曲线与45度线相交，通过交点 B 可确定均衡国民收入水平为 y^*。与两部门经济中的图10-5进行比较，可以发现这两种均衡的分析方法基本相同，不同的是总支出曲线 *AE* 的位置。

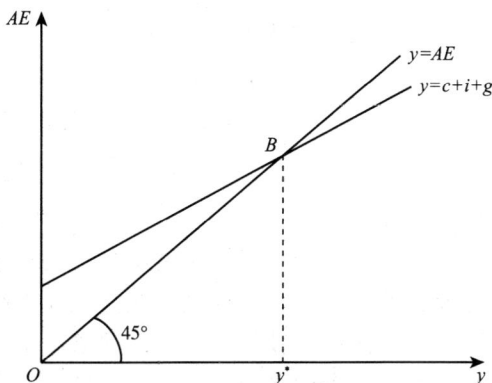

图10-6　三部门的均衡国民收入决定

五、四部门经济中均衡国民收入决定

四部门经济有居民、厂商、政府以及进出口部门四种经济主体。在讨论均衡国民收入决定之前，首先介绍进出口函数。

(一) 进出口函数

影响一国进出口的因素有很多，但可以归纳为两类：一类是经济因素，包括汇率和收入状况等；另一类是非经济因素，包括生产技术、产品质量、消费习惯、社会稳定性以及相关法律政策等。非经济因素常被视为外生变量，因此这类因素暂不纳入要研究的进出口函数当中。汇率因素对进出口的影响则在后面的章节中讨论。

1. 出口函数

一国出口商品和劳务的数量 (x) 与其影响因素之间的关系，可以用出口函数表示为

$$x = x(y_f) \tag{10.21}$$

式 (10.21) 表明，y_f 与 x 正相关，即外国收入水平 y_f 越高，外国人进口商品或劳务的数量越多，本国出口越多。反过来，y_f 越低，本国出口越少。为了定量分析和计算，这里将抽象的出口函数转换为具体方程，用公式表示为

$$x = x_0$$

式中，x_0 是一个已知参数，表示一国出口由外国收入水平和购买意愿决定，本国难以直接控制。

2. 进口函数

本国进口商品和劳务的数量 (m) 与其影响因素之间的关系，可以用进口函数表示为

$$m = m(y) \tag{10.22}$$

式 (10.22) 表明，y 与 m 正相关，即本国收入水平 y 越高，从外国进口商品或劳务的数量越多，本国进口越多。反过来，y 越低，本国进口越少。为了定量分析和计算，进口函数可以表示为

$$m = m_0 + \gamma y$$

式中，m_0 表示自发进口，与一国当期收入无关，常被视为一个已知参数；γ 表示本国边际进口倾向，用于衡量国民收入增加所引起的进口增加，通常 $0 < \gamma < 1$。例如，若一国边际进口倾向 $\gamma = 0.1$，意味着当本国国民收入增加 1000 亿元时，用于进口的支出将是 100 亿元。由于不同国家之间的文化背景、消费观念、生活习俗等非经济因素的差异，不同国家的边际进口倾向往往不相同。例如，欧美大陆上的美国和德国的边际进口倾向比较大，而亚洲国家中崇尚节俭的中国和日本的边际进口倾向比较小。对同一个国家而言，其边际进口倾向在一段时期内是比较稳定的。

3. 进出口函数

进出口函数由进口函数和出口函数共同构成。把上述定义的进口函数和出口函数结合起来，得到一国进出口函数为

$$nx = x - m，\text{或} nx = x(y_f) - m(y)$$

具体方程可以表示为

$$nx = x_0 - m_0 - \gamma y \tag{10.23}$$

式（10.23）中，nx 表示净出口，由一国的出口（x）减去进口（m）得到。当 $nx > 0$ 时，说明一国的出口大于进口，对外贸易出现顺差（又称为出超）。反之，当 $nx < 0$ 时，说明一国的进口大于出口，对外贸易出现逆差（又称为入超）。当 $nx = 0$ 时，一国的进出口相等，对外贸易实现均衡。

（二）均衡国民收入决定

国家之间发生进出口贸易后，总支出将由居民消费支出（c）、厂商投资支出（i）、政府购买支出（g）和净出口（nx）构成，前三项通常称为内需，净出口称为外需。需要指出的是，企业从外国进口原材料用于再生产，或进口产品用于居民消费或政府消费时，这些支出不能计入厂商投资支出、居民消费支出、政府购买支出，只能计入净出口，否则同一项支出将会被重复计算。当有国际贸易时，一国总支出等式将写为

$$AE = y = c + i + g + nx$$

四部门经济中的均衡国民收入将由下列三个等式共同决定：

$$y = c + i + g + nx$$
$$c = \alpha + \beta(tr - t_a) + \beta(1 - t)y$$
$$nx = x_0 - m_0 - \gamma y$$

联立这三个等式，可以解出四部门经济中均衡国民收入的一般表达式为

$$y = \frac{\alpha + i + g + \beta(tr - t_a) + x_0 - m_0}{1 - \beta(1 - t) + \gamma} \tag{10.24}$$

【例3】已知自发消费 α 和投资 i 均为 200 亿元，边际消费倾向为 0.8，政府购买支出和转移支付以及固定税均为 100 亿元，比例税率为 0.25，自发进口和自发出口均为 50 亿元，边际进口倾向为 0.1，把各参数的取值代入式（10.24），可算出均衡国民收入

$$y = \frac{200 + 200 + 100 + 0.8 \times (100 - 100) + 50 - 50}{1 - 0.8 \times (1 - 0.25) + 0.1} = \frac{500}{0.5} = 1000（亿元）$$

将均衡国民收入 1000 亿元代入式（10.19），可以求出均衡消费

$$c = 200 + 0.8 \times (100 - 100) + 0.8 \times (1 - 0.25) \times 1000 = 800（亿元）$$

四部门经济中均衡国民收入的形成，除了可以用数据分析以外，也可以使用类似于图 10 – 5 或图 10 – 6 的图形进行分析，在此不再赘述。

第三节　乘数理论

经济领域中的乘数概念，最早由英国经济学家理查德·卡恩（Richard Kahn）在 1931 年发表的《国内投资与失业的关系》一文中提出来的。后来，凯恩斯把这个概念用来说明投资变化所引起的国民收入变化。时至今日，各种乘数广泛应用于经济学领域中，对宏观经济研究起到了重要推动作用。

一、乘数的定义

在经济学领域之外，乘数（multiplier）这个术语并不陌生。例如，四则运算"4 × 3 = 12"，其中"4"是被乘数，"3"是乘数，"12"是积。"被乘数 × 乘数 = 积"通过等式变换后写为："乘数 = 积/被乘数"。可见，乘数可以看成是两个数的比值。在经济学领域，**乘数**是指当某个经济参数变化引起均衡国民收入变化时，均衡国民收入变化量与该经济参数变化量的比值，用公式表示为

$$k = \frac{\Delta y}{\Delta \varphi} \tag{10.25}$$

式中，k 表示乘数，Δy 表示均衡国民收入的变化量，$\Delta \varphi$ 表示某种经济参数的变化量。由于经济体系中影响国民收入变化的参数较多，下面将分别对每一种乘数进行介绍和分析。

二、乘数效应的推导

在两部门经济中，均衡国民收入的一般表达式为

$$y = \frac{\alpha + i}{1 - \beta}$$

在三部门经济中，均衡国民收入的一般表达式为

$$y = \frac{\alpha + i + g + \beta(tr - t_a)}{1 - \beta(1 - t)}$$

在四部门经济中，均衡国民收入的一般表达式为

$$y = \frac{\alpha + i + g + \beta(tr - t_a) + x_0 - m_0}{1 - \beta(1 - t) + \gamma}$$

可以看出，影响均衡国民收入的因素众多。在两部门经济中，主要是自发消费 α、自发投资 i 和边际消费倾向 β；在三部门经济中，除了前三种因素外，还有政

府购买支出 g、转移支付 tr、固定税 t_a，比例税率 t；在四部门经济中，除了前面的因素以外，还包括对外出口 x_0、自发进口 m_0、边际进口倾向 γ。在其他条件不变的情况下，每一种因素单独变化都会引起均衡国民收入的变化，因而都有一种与之相对应的乘数。例如，自发消费变化引起均衡国民收入变化的乘数记为 k_a，类似地，自发投资乘数记为 k_i，政府购买支出乘数记为 k_g，转移支付乘数记为 k_{tr}，固定税乘数记为 k_{ta}，对外出口乘数记为 k_{x_0} 等。

下面以两部门经济中的自发投资为例说明乘数的作用。自发投资乘数可以用公式表示为

$$k_i = \frac{\Delta y}{\Delta i}$$

在例 1 的基础上，假定投资支出 i 增加 200 亿元，即自发投资从原来的 100 亿元变成 300 亿元，其他参数保持不变。新的均衡国民收入为

$$y = \frac{\alpha + i}{1 - \beta} = \frac{100 + 300}{1 - 0.8} = 2000 \text{（亿元）}$$

$$k_i = \frac{\Delta y}{\Delta i} = \frac{2000 - 1000}{200} = 5$$

为什么投资的增加会引起乘数效应呢？这是因为各经济部门之间是相互联系的。某一部门的一笔投资支出不但会增加本部门的收入，而且会在国民经济的各部门引起连锁反应，从而增加其他部门的投资与收入，最终使国民收入成倍增长。

例如，投资者将增加的 200 亿元用于建造一个核电站，这笔投资将被用于购买发电设备、建筑材料，购买建厂所需要的土地，以及支付参与核电站建设的工人的工资等。实际上就是用来购买制造投资品所需要的生产要素。这笔钱经工资、利息、利润和租金等形式流入生产要素的所有者手里，使收入增加了 200 亿元，这是国民收入的第一轮。在例 2 中，边际消费倾向为 0.8，说明增加的这 200 亿元中会有 160 亿元用于购买消费品。于是与核电行业无关联的其他行业如餐饮、娱乐、交通、运输都将会受到刺激，这些市场的需求增加而产出扩大。可见，这 160 亿元又以工资、利息、利润和租金的形式流入生产消费品的生产要素所有者手中，从而使居民收入又增加 160 亿元，这是国民收入的第二轮。同样，会有 128 亿元（200 × 0.8 × 0.8 = 128）用于购买家电、服装以及医疗保健等产品和服务，使社会总需求增加 128 亿元。这个过程持续下去，便会形成一个连锁反应，使得各行各业、各地区的收入和消费都增加，最后使国民收入增加 1000 亿元，这个过程可以用等比数列加以描述和计算：

第一轮：$\Delta y_1 = 200$

第二轮：$\Delta y_2 = 200 \times 0.8$

第三轮：$\Delta y_3 = 200 \times 0.8^2$

……

第 n 轮：$\Delta y_n = 200 \times 0.8^{n-1}$

经济体系运行到第 n 轮后，国民收入增加额累计为

$$\Delta y = 200 + 200 \times 0.8 + 200 \times 0.8 \times 0.8 + \cdots + 200 \times 0.8^{n-1}$$
$$= 200 \times (1 + 0.8 + 0.8^2 + \cdots + 0.8^{n-1})$$
$$= 200 \times \frac{1}{1 - 0.8}$$
$$= 1000 \ (亿元)$$

由这个算式的计算过程，可以推导出两部门经济中的投资乘数 k_i 为

$$k_i = \frac{1}{1 - MPC} \quad 或 \quad k_i = \frac{1}{1 - \beta}$$

可见，自发投资乘数的大小与边际消费倾向有关。边际消费倾向越大，或边际储蓄倾向越小，乘数越大。需要注意的是，乘数效应发挥作用不但是正向的，也会是反向的。如果投资减少，也会引起国民收入数倍减少，因而乘数可以被看作是一把"双刃剑"。在政府无法直接控制人们的边际消费倾向和投资活动的情况下，如果乘数效应很大，那么一个小量的扩张性需求或紧缩性需求，都会使得一个国家的经济剧烈波动，所以从经济平稳运行的角度来说，我们并不希望各种乘数效应过大。

乘数效应也可以用图形 10 - 7 进行分析。在图 10 - 7 中，AE_1 为原来的总需求曲线，AE_2 为新的总需求曲线，原来的均衡收入为 y_1，新的均衡收入为 y_2，由于投资增加了 200 亿元，使均衡国民收入增加了 1000 亿元。

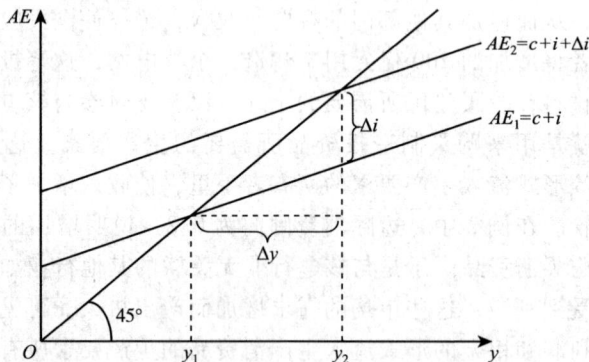

图 10 - 7　乘数效应

三、乘数效应的比较

同一种乘数在不同的经济环境中，其作用往往是不一样的。在此比较同种乘数在两部门、三部门或四部门经济中的大小。

（一）自发投资乘数的比较

在宏观经济研究中，自发投资 i 一直都存在于两部门、三部门和四部门经济体系内，对均衡国民收入有着显著影响。为了考察自发投资乘数 k_i 的变化，必须对下列均衡国民收入的一般表达式进行比较。

依据式 $k_i = \dfrac{\Delta y}{\Delta i}$，对两部门经济中均衡国民收入的一般表达式求 i 的一阶导数，得到两部门经济中的自发投资乘数为

$$k_{i_2} = \frac{1}{1 - \beta}$$

类似地，三部门和四部门经济中的自发投资乘数分别为

$$k_{i_3} = \frac{1}{1 - \beta(1 - t)}$$

$$k_{i_4} = \frac{1}{1 - \beta(1 - t) + \gamma}$$

在边际消费倾向 β、比例税率 t 和边际进口倾向 γ 均为大于零而小于 1 的正数时，可以比较得到

$$k_{i_2} > k_{i_3} > k_{i_4}$$

这意味着增加等量的自发投资，在两部门经济中均衡国民收入增加得最多，三部门次之，四部门最少。究其原因在于，政府征税行为会减少居民消费收入，影响均衡国民收入增加，而从国外进口商品或劳务，部分的国民收入将流失到国外，造成国内消费相对下降，均衡国民收入的增加幅度也就不如以前明显。

在宏观经济研究中，自发消费 α 一直都存在于两部门、三部门和四部门经济体系中，对均衡国民收入有着显著影响。借鉴上述分析方法，可以发现自发消费乘数的变化与自发投资乘数的变化有着完全相同的特征，在此不再进行推导。

（二）固定税乘数的比较

在宏观经济研究中，固定税只存在于三部门和四部门经济中，对均衡国民收入的影响也不同。

对三部门、四部门经济中均衡国民收入的一般表达式求 ta 的一阶导数，固定税收乘数分别为

$$k_{ta_3} = \frac{-\beta}{1 - \beta(1 - t)}$$

$$k_{ta_4} = \frac{-\beta}{1 - \beta(1 - t) + \gamma}$$

可见固定税乘数是一个负数，表示增加固定税征收会降低均衡国民收入，两者变化方向相反，因而 k_{ta_3} 和 k_{ta_4} 的分子式中都有一个"－"号。如果只考虑乘数效应的大小，显然有 $|k_{ta_3}| > |k_{ta_4}|$。

（三）转移支付乘数的比较

对三部门、四部门经济中均衡国民收入的一般表达式求 tr 的一阶导数，转移支付乘数分别为

$$k_{tr_3} = \frac{\beta}{1 - \beta(1 - t)}$$

$$k_{tr_4} = \frac{\beta}{1 - \beta(1 - t) + \gamma}$$

可见，转移支付乘数与固定税乘数的大小相同、方向相反。政府转移支付能够增加居民可支配收入，引起消费支出增加，促进国民收入在更高水平上实现均衡，因而转移支付乘数是一个正数。显然，$k_{tr_3} > k_{tr_4}$。

专栏 10 -2

储蓄悖论

"储蓄悖论"又称为"节俭悖论"，是凯恩斯最早提出的一种理论。根据凯恩斯的国民收入决定理论（$y = c + i$），消费变动会引起国民收入同方向变动，而储蓄变动会引起国民收入反方向变动。过度增加储蓄、提高边际储蓄倾向会压缩消费，降低边际消费倾向，引起均衡国民收入减少。反过来，均衡国民收入会影响下一轮经济中的储蓄和消费，这种状况若持续发展下去可能形成一个恶性循环。在消费乘数作用下，过度储蓄造成恶性循环的后果会更严重。资本主义国家在 1929 ~ 1933 年经历了经济大萧条，经济危机产生的一个原因与人们过度节俭有关，因此凯恩斯当时提出"积极消费就是爱国"的口号。

本章小结

1. 凯恩斯消费理论被称为当期收入消费理论或者绝对收入消费理论。任一收入水平上消费支出与收入的比率，被称为平均消费倾向。增加的消费与增加的收入之比，被称为边际消费倾向。

2. 凯恩斯认为，一国的边际消费倾向具有递减规律，即随着本国收入增加，本国消费支出占国民收入的比重将呈现下降趋势。

3. 平均储蓄倾向是指任一收入水平上储蓄在收入中所占的比率。边际储蓄倾向是指储蓄增量对收入增量的比率。

4. 边际储蓄倾向与边际消费倾向的变动方向相反，边际消费倾向越大，边际储蓄倾向将越小。这两种边际倾向之和恒等于1，即 $MPC + MPS = 1$。凯恩斯的消费函数与储蓄函数具有互补关系。

5. 凯恩斯以外的其他经济学家提出了不同的消费理论。相对收入消费理论认为，消费行为受到消费习惯、周围人群消费水平的显著影响，消费支出是相对决定的、不完全取决于收入水平。生命周期和永久收入消费理论认为，人们的消费具有前瞻性，他们希望在整个一生保持消费的平稳性。

6. 在宏观经济研究中，均衡国民收入是指总供给与总需求相等时的国民收入。GDP与均衡国民收入是两个不同的概念，两者之间有一定联系但不是一一对应关系。

第 十 章

7. 均衡国民收入受到自发消费、自发投资、政府购买支出、边际消费倾向、转移支付、固定税、对外出口、自发进口、比例税率、边际进口倾向等经济因素的影响。在两部门、三部门、四部门经济中，同一个影响因素的作用存在明显差异。

8. 乘数效应是一个数倍扩张或紧缩的概念，它的存在使得各种影响因素对均衡国民收入的影响更为显著。不过，乘数效应不是越大越好，扩张或紧缩效应往往会引起宏观经济巨大波动，不利于生产和消费。

第十章

第十一章 产品市场和货币市场的均衡

本章提要

本章介绍了投资理论，分别讨论了产品市场均衡与 IS 曲线，货币市场均衡与 LM 曲线，进而建立 IS – LM 模型分析两个市场同时均衡时，均衡国民收入的决定。本章学习要求重点掌握凯恩斯投资理论和货币需求理论，领会 IS 曲线和 LM 曲线的定义和函数表达式。理解产品市场和货币市场的一般均衡以及均衡国民收入和均衡利率的决定。

基本概念

净现值 资本边际效率 产品市场均衡 IS 曲线 凯恩斯陷阱 LM 曲线 IS – LM 模型

在第十章的研究中，假定整个社会都能以不变的价格提供相应的供给量，实际分析了产品市场的均衡。但是市场经济不但是产品经济，而且也是货币经济，从而不仅有产品市场，还有货币市场。这两个市场是相互影响、相互依存的。第十章还假定厂商投资是一个外生变量，在本章中将放弃这个假定而认为厂商投资支出是一个受利率影响的内生变量。由于投资函数引入了一个新的经济变量——利率，继而需要借助凯恩斯货币需求函数，考察货币市场的均衡，由此产品市场与货币市场便产生了密切联系。只有这两个市场同时达到均衡，宏观经济才会稳定下来，均衡国民收入才能确定。

第一节 投资理论

企业希望投资获得利润。影响企业投资决策的因素很多，其中一个关键性因素是货币市场的利率水平，投资净现值法将很好地说明这个观点。在此基础上，重点讨论凯恩斯投资理论中的投资函数和投资曲线。

一、企业投资的净现值法

为掌握企业投资净现值法，首先需要了解**现值**（present value，PV）和**净现值**（net present value，NPV）这两个重要概念。现值，顾名思义就是当前的价值。净现值就是收益现值减去成本现值的余额。当企业进行某项投资时，其成本和收益往往在不同时期相继发生，为了核算这项投资的利润，需要把各时期的成本和收益折算成当前的价值，再比较收益现值与成本现值的大小。如果收益现值大于成本现值，净现值将大于零，说明投资有利可图；反之，净现值将小于零，说明投资面临亏损。如果净现值等于零，说明投资实现收支平衡。

使用净现值法需要两个已知条件：一是各期的成本和收益；二是成本和收益折算成现值的方法。为简化讨论，假定成本是已经发生的投入，将来无须再追加投资，而收益是未来发生的并且是可预测的已知数。成本和收益如何折算成现值，将成为讨论使用净现值法的焦点。

以具体的例子来说明折算方法。在通货膨胀为零的情况下，企业现在需要多少投入才能在一年后增值为 10000 元？对于拥有投资回报率为 100% 的甲企业而言，它需要投入 5000 元；对于拥有投资回报率为 25% 的乙企业而言，它需要投入 8000 元；对于拥有投资回报率为 10% 的丙企业而言，它需要投入大约 9091 元[①]。换个角度来思考这个问题就是，一年后的 10000 元收益折成现值，对甲、乙、丙企业而言，分别是 5000 元、8000 元和 9091 元，折现率分别为 100%、25% 和 10%。由此可以得到两点结论：第一，企业的投资回报率同时也是它的折现率。第二，由于个体差异，企业之间的投资回报率或折现率往往不相等。

在市场经济中，并不是每一家企业都可以找到类似于甲、乙、丙的投资方案，况且这三个投资方案还存在某种程度的经营风险。假定丁企业没有好的投资回报率的项目，而只能把一笔钱存入银行，一年后让它增值为 10000 元。显然，丁企业所需存款的多少，将取决于银行利率。如果银行利率为 5%，需要存入大约 9524 元，如果银行利率为 3%，需要存入大约 9709 元。由此可以得出三点结论：第一，银行利率往往代表着最安全的也是比较低的市场投资回报率（市场折现率）。第二，如果企业的投资回报率（企业折现率）大于银行利率（市场折现率），企业在这项投资上有利可图。第三，如果银行利率变得越来越高，其他条件不变，则企业能够获利的投资项目将会减少，企业投资与银行利率呈现负向变化关系。

现值、净现值可以用数学公式表达为

$$PVR = \frac{R_t}{(1+r)^t} \tag{11.1}$$

---

① 计算公式为 $R_1 = R_0 (1 + X\%)$，R_1 为年末的收益，R_0 为年初的投入，$X\%$ 为年度投资回报率。

$$PVC = \frac{C_t}{(1 + r)^t} \tag{11.2}$$

$$NPV = \sum_{t=1}^{n} \frac{R_t}{(1 + r)^t} - \sum_{t=1}^{n} \frac{C_t}{(1 + r)^t} \tag{11.3}$$

在三个公式中，r 表示折现率，t 表示年数。式（11.1）中，PVR 表示收益现值（present value of return），R_t 表示在第 t 年得到的收益；式（11.2）中，PVC 表示成本现值（present value of cost），C_t 表示在第 t 年产生的成本；式（11.3）中，NPV 为净现值。

下面举例说明企业投资净现值法的应用。某企业计划从银行贷款 3 万元，用于购买一台使用期限只有 3 年的机器，每年年末机器能够带来的收益分别为 1.1 万元、1.21 万元、1.331 万元。假定使用期限届满后，这台机器完全报废，没有任何回收价值；另外，银行年利率在这 3 年内一直保持为 5%。请问这项投资是否有利可图？

企业投资成本的现值为已给定的 3 万元，每年的预期投资收益 R_1、R_2、R_3 也给定，净现值公式写为

$$NPV = \sum_{t=1}^{3} \frac{R_t}{(1 + r)^t} - 3 \ \text{或} \ NPV = \frac{1.1}{(1 + r)} + \frac{1.21}{(1 + r)^2} + \frac{1.331}{(1 + r)^3} - 3$$

$$\tag{11.4}$$

令净现值 NPV 等于零，由式（11.4）可以解出这家企业投资回报率（企业折现率）r 为 10%，企业的投资回报率大于银行利率，说明从银行借款进行投资项目是有利可图的（经营风险暂时不予考虑）。另一种解题思路为，把银行利率（市场折现率）作为公式中的 r，可算出企业投资收益的现值为 3.2949 万元。扣除成本现值后，投资的净现值为 2949 元，这也说明投资项目有利可图。

二、凯恩斯投资理论

在上面例子中，r 被称为折现率或贴现率，也是**资本边际效率**（marginal efficiency of capital，MEC）。资本边际效率是凯恩斯提出的一个重要概念，它是指一种使得投资项目净现值等于零的利率。在投资理论中，使得投资项目净现值等于零的利率又称为内含收益率或内含报酬率（internal rate of return，IRR），或者前文所说的投资回报率。可见，资本边际效率与内含收益率、投资回报率是相同的概念。

（一）企业投资曲线

对于单个企业而言，资本边际效率（投资回报率）与银行利率之间的差额关系，决定了企业是否进行项目投资。如果资本边际效率大于银行利率，企业将资金用在投资项目上更为有利；反之，如果资本边际效率小于银行利率，企业把资金存入银行获取利息将是上策。假定某企业有 A、B、C、D 四个可选择的投资项目，资本边际效率分别为 10%、7%、5% 和 3%，所需投资依次是 100 万元、200 万元、300 万元、400 万元。当银行利率大于 10% 时，上述四个投资项目都无法给企业带来盈利，企业投资为零。当银行利率大于 7% 而小于 10% 时，项目 A 能盈利，企业投资为 100 万

元；当银行利率大于5%而小于10%时，项目A和项目B能盈利，企业投资合计为300万元；当银行利率大于3%而小于10%时，项目A、项目B、项目C能盈利，企业投资合计为600万元；当银行利率小于3%时，4个项目都能盈利，企业投资合计为1000万元。把银行利率（r）与企业投资（i）的关系描绘在图11-1上，可以看出两点：第一，投资与利率呈负相关关系，银行利率越高，企业投资越少；反之，银行利率越低，企业投资越多。第二，单个企业的投资曲线是一条折弯的曲线。

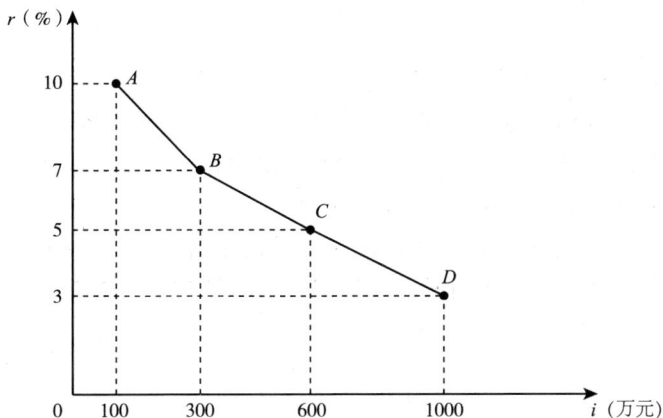

图 11-1　企业投资曲线

一个国家通常有许许多多的企业，整个社会的投资曲线将由许多折弯的企业投资曲线加总而成，在加总过程中会形成一条具有负斜率的光滑曲线，反映社会投资与银行利率的负相关关系，如图11-2所示。在投资逐渐增加的情况下，资本边际效率呈现递减趋势，这被称为资本边际效率递减规律。凯恩斯认为，资本边际效率也是一条心理规律，因为人们对未来收益前景的预期在很大程度上会受到他们心理因素和信心状态的影响。

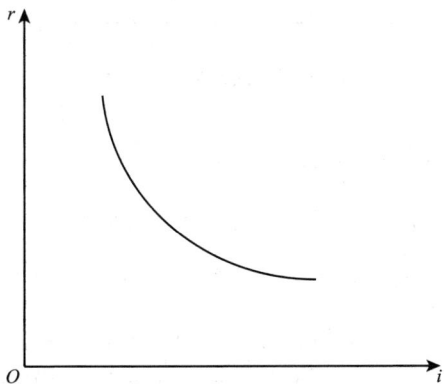

图 11-2　社会投资曲线

经济学家认为，资本边际效率还不能准确地反映企业的投资需求。因为当利率降低时，如果企业增加投资，机器、厂房、设备等投资品的价格将会上涨。在投资预期收益相同的情况下，资本边际效率必然降低。由于投资品价格上升，降低的资本边际效率被称为投资的边际效率（marginal efficiency of investment，MEI）。可见，投资边际效率和资本边际效率均用于衡量企业的投资回报率，只不过前者以投资品价格变化为条件，后者以投资品价格不变为条件。

（二）凯恩斯投资函数

前述分析表明，社会投资曲线是一条具有负斜率的曲线，说明了社会投资与市场利率的反方向变动关系。凯恩斯投资函数可以表示为

$$i = e - dr \tag{11.5}$$

式中，i 表示社会总投资，由自发投资和引致投资组成。其中 e 表示自发投资或固定投资，与市场利率变化无关；dr 表示引致投资，由投资利率敏感系数 d 与市场利率 r 的乘积决定，dr 前面的负号表示引致投资与市场利率变化方向相反。投资利率敏感系数 d，受到人们投资意愿变化的影响，其取值范围是大于零的正数。

把式（11.5）所定义的凯恩斯投资函数描绘在图形上，便得到可量化分析的凯恩斯投资曲线，如图 11-3 所示。鉴于图形上习惯用纵坐标表示市场利率 r，用横坐标表示投资 i，将式（11.5）改写为

$$r = \frac{e}{d} - \frac{1}{d}i \tag{11.6}$$

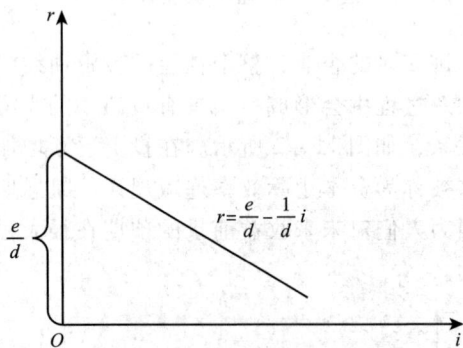

图 11-3　凯恩斯投资曲线

由式（11.6）可以看出：$\frac{e}{d}$ 是投资曲线的纵截距，$-\frac{1}{d}$ 是投资曲线的斜率。如果自发投资 e 增加，其他条件不变，凯恩斯投资曲线的纵截距增加，曲线向上平移 $\frac{\Delta e}{d}$ 个单位。如果社会投资对利率变化变得更敏感（系数 d 增加），凯恩斯投资曲线的纵截距变小，斜率变大，曲线变得更平坦、更有弹性。反之，社会投资对利率变化不太敏感（系数 d 降低），投资曲线变得更陡峭、更缺乏弹性。

三、其他投资理论

影响厂商投资的因素，除了凯恩斯所讨论的市场利率外，还有投资收益和投资风险等因素。托宾 q 投资理论和投资风险理论从不同的角度分析厂商投资需求。

（一）托宾 q 投资理论

这一理论最早由美国经济学家托宾提出，他认为企业的股票价格会影响企业的投资支出。按照托宾的投资理论，企业的市场价值与企业的重置成本之比，可以作为企业是否进行投资的评价标准，他把这个比率定义为"q"，即

$$q = \frac{企业市场价值}{企业重置成本}$$

企业市场价值是指企业在资本市场上得到的评估价值。对于一个股份公司而言，企业市场价值就等于公司发行的股票数量（股本）乘以每股的价格（股价）。显然，企业的市场价值越大，说明企业越值钱。重置成本又称为复制成本，是指建造一个一模一样的企业所需要支付的成本。当企业的市场价值大于重置成本时，$q>1$，说明重建一个企业得到的收益大于成本，于是投资会增加。不过，新增投资可能来自原来的企业，也可能来自新设立的企业。当 $q<1$，说明重建一个企业得到的收益还抵不上成本，企业不会出现新增投资。但是，希望提高产品市场占有率的企业发现，通过收购 $q<1$ 的同类企业要比重建这样一个企业的代价低，而且还能节约时间，于是会出现行业内的企业并购①。当 $q=1$，说明重建一个企业得到的收益等于成本，是否会出现新增投资将取决于对行业发展的预期。可见，托宾 q 投资理论实际上说明，当股票价格上涨，企业增加投资是有利可图的。

（二）投资风险理论

企业投资需求除了受企业市场价值、市场利率影响以外，还要受到投资风险的影响。投资支出总是发生在投资收益之前，即便是知识最渊博、能力最强的企业家，也不能准确无误地预测将来所有要发生的事情，因而投资收益具有不确定性，高收益往往伴随着高风险。如果收益不足以弥补风险损失，企业将不愿意进行投资。影响企业投资的风险多种多样，主要包括系统风险和非系统风险，前者如政策风险、利率风险、能源危机、经济金融危机等；后者如信用风险、财务风险、经营风险、流动性风险等。一般来说，当宏观经济处于上升时期，人们就业增加、收入增加，产品价格上升，银行信贷充裕，企业认为投资风险比较小，就会增加投资。相反，当宏观经济处于下降阶段，尤其在银行紧缩信贷资金的情况下，企业认为投资风险比较大，就会减少投资。

第二节　产品市场均衡与 IS 曲线

当企业投资是一个内生变量时，由总支出决定产品市场均衡的函数关系式发生了显著变化，同时产品市场均衡受到了资本市场上利率因素的影响。这些变化和影响将由产品市场均衡曲线——IS 曲线的形成和移动来表现。

---

① 企业之间的并购通常不能增加行业的机器、厂房、设备等实物资本，因而不是宏观经济学所定义的投资行为，不能引起投资的增加。

一、产品市场均衡

所谓**产品市场均衡**，是指产品市场上总供给与总需求相等。为了易于理解，下面从四部门经济中的产品市场均衡入手由繁入简进行讨论。首先将总支出方程、凯恩斯消费函数、净出口函数以及凯恩斯投资函数联立起来，便可以求解产品市场的均衡。

$$y = AE = c + i + g + nx$$
$$c = \alpha + \beta(tr - t_a) + \beta(1 - t)y$$
$$nx = x_0 - m_0 - \gamma y$$
$$i = e - \mathrm{d}r$$

解出四部门经济中的产品市场均衡表达式为

$$y = \frac{\alpha + e + g + \beta(tr - t_a) + x_0 - m_0}{1 - \beta(1 - t) + \gamma} - \frac{d}{1 - \beta(1 - t) + \gamma}r \qquad (11.7)$$

如果令 x_0、m_0、γ 都等于零，就意味着没有进出口活动，式（11.7）将变为三部门经济中的产品市场均衡，其函数表达式为

$$y = \frac{\alpha + e + g + \beta(tr - t_a)}{1 - \beta(1 - t)} - \frac{dr}{1 - \beta(1 - t)} \qquad (11.8)$$

在三部门经济基础上，如果再令 tr、t_a、t、g 都等于零，就意味着没有政府部门，式（11.7）将变为两部门经济中的产品市场均衡，其函数表达式为

$$y = \frac{\alpha + e}{1 - \beta} - \frac{d}{1 - \beta}r \qquad (11.9)$$

二、IS 曲线

把投资作为利率的函数以后，经济学家进一步用 IS 曲线来说明产品市场的均衡条件。仍然从四部门经济中的产品市场均衡入手开始讨论 IS 曲线的定义、函数表达式及其图形的变化。

（一）IS 曲线的定义

IS 曲线是指产品市场实现均衡时，国民收入与市场利率之间关系的曲线。在这条曲线上的任意一个利率与收入的组合都能够使意愿投资等于意愿储蓄，即 $i = s$，从而实现产品市场上的均衡国民收入决定。由此可见，IS 曲线中的字母 I 表示产品市场上的意愿投资，字母 S 表示产品市场上的意愿储蓄。

（二）IS 曲线的函数表达式推导[①]

式（11.7）表达了产品市场实现均衡时，国民收入与市场利率之间的组合。

---

① 推导 IS 曲线函数表达式通常有两种方法：第一种是利用产品市场的凯恩斯投资函数、储蓄函数以及投资等于储蓄来推导。第二种是利用产品市场的总支出决定国民收入的函数关系来推导。本章将使用第二种方法来推导 IS 曲线的函数表达式。

按照 IS 曲线的定义,这个关系式就是四部门经济中的 IS 曲线函数表达式。为了使 IS 曲线与习惯使用的图形坐标系 (y, r) 对应起来,把四部门经济中的 IS 曲线函数表达式改写为

$$r = \frac{\alpha + e + g + \beta(tr - t_a) + x_0 - m_0}{d} - \frac{1 - \beta(1 - t) + \gamma}{d}y \qquad (11.10)$$

需要指出的是,式(11.7)和式(11.10)表述的函数关系是等价的,都反映国民收入与利率之间反方向变化关系。式(11.7)用于说明产品市场均衡时国民收入要受到哪些经济变量和经济参数的影响。例如当市场利率上升,厂商投资将减少,在其他条件不变的情况下,总支出将会减少,由总支出决定的国民收入相应的会减少。式(11.10)用于说明产品市场均衡时国民收入与市场利率的一一对应关系,当国民收入提高,市场利率将会降低。另外,该等式还可以用于准确地描述 IS 曲线的特征和变化。

如果令 x_0、m_0、γ 都等于零,式(11.10)将变为三部门经济中的 IS 曲线,其函数表达式为

$$r = \frac{\alpha + e + g + \beta(tr - t_a)}{d} - \frac{1 - \beta(1 - t)}{d}y$$

在三部门经济基础上,如果再令 tr、t_a、t、g 都等于零,式(11.10)将变为两部门经济中的 IS 曲线,其函数表达式为

$$r = \frac{\alpha + e}{d} - \frac{1 - \beta}{d}y$$

(三) IS 曲线的形状

把式(11.10)所表达的函数关系描绘在坐标图上,便得到四部门经济中的 IS 曲线(见图 11 - 4)。从式(11.10)可以看出以下几点关系。

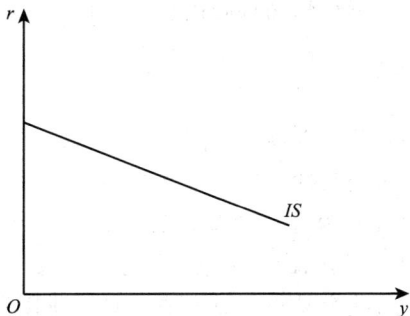

图 11 - 4 四部门经济的 IS 曲线

第一,IS 曲线的斜率由 $-\dfrac{1 - \beta(1 - t) + \gamma}{d}$ 决定。当边际消费倾向 β 和投资利率敏感系数 d 越大,或者比例税率 t 和边际进口倾向 γ 越小时,IS 曲线的斜率就越小,表现为 IS 曲线越平坦。相反,当 β 和 d 越小、t 和 γ 越大时,IS 曲线的斜率越

大，IS 曲线越陡峭。

第二，IS 曲线的纵截距由 $\dfrac{\alpha + e + g + \beta\ (tr - t_a)\ + x_0 - m_0}{d}$ 决定。当自发消费 α、自发投资 e、自发进口 x_0、政府购买支出 g、政府转移支付 tr 和边际消费倾向 β 越大，或者政府固定税 t_a、自主进口 m_0 越小时，IS 曲线的纵截距就越大。当投资利率敏感系数 d 改变时，IS 曲线的纵截距改变，同时 IS 曲线的斜率也改变。

根据定义，在 IS 曲线上的无数个收入与利率的组合点，都能够使产品市场实现均衡，因此在 IS 曲线上方或下方的收入与利率组合点，都没有使产品市场实现均衡。具体而言，在 IS 曲线上方的组合点，是投资小于储蓄，原因在于：IS 曲线上方组合点的利率水平，比 IS 曲线上组合点的利率水平要高，从而投资小于 IS 曲线上的均衡投资。又因为在 IS 曲线上，投资等于储蓄，进而 IS 曲线上方组合点的投资小于储蓄。同理，在 IS 曲线下方的组合点，是投资大于储蓄。需要注意的是，虽然 IS 曲线上的每一个点都表示产品市场的均衡，但具体哪一个点才能实现产品市场和货币市场的同时均衡，还需要结合 LM 曲线综合考察。

第三节　货币市场均衡与 LM 曲线

金融市场分为货币市场和资本市场，货币市场主要研究短期货币供求关系及其市场利率的决定。本节将在介绍凯恩斯货币需求和货币供给理论基础上，详细讨论货币市场均衡的形成过程，并考察反映货币市场均衡时国民收入与市场利率组合关系的 LM 曲线。

一、凯恩斯货币需求理论

货币是指固定充当一般等价物的特殊商品，它具有极强的支付能力，可以用来购买商品和服务、清偿债务，也可以用来投机获利。

（一）货币需求动机

凯恩斯认为，人们持有货币是为了满足日常交易、预防意外和投机获利的需要。相应地，货币需求分为交易性、预防性和投机性货币需求。

交易性货币需求是指人们为了完成日常交易而需要在手中持有一定数量的货币。在劳动分工日趋精细的现代社会中，人们每天都要购买一定数量的商品和服务，如果没有货币支付，这些交易将很难完成。对于消费者个人而言，日均持有货币数量的多少与其收入有密切联系。通常情况下，收入越多，交易性货币需求量就越大。对于一个国家也是如此，国民收入越多，本国居民想购买的东西越多，日常需要持有的货币量就越多。由此可见，交易性货币需求与国民收入呈正相关关系。

预防性货币需求是指人们为了预防意外事件发生而在手中持有一定数量的货币。由于未来的不确定性，人们时常面临着各种意外事件，如交通安全事故、生产安全事故、突发疾病、意外失业等，因而有必要持有一定数量的货币以应对不时之需。对于个人而言，为了保证意外事件发生时能够得到及时有效的处理，他必须从收入中拿出一部分作为预防性货币需求，因而收入越多，预防性货币需求量就越大。对于一个国家也是如此，国民收入越多，预防性货币需求量就越大。由此可见，预防性货币需求与国民收入呈正相关关系。

　　投机性货币需求是指人们为了在市场上实现投机获利而在手中持有一定数量的货币。在现代商业社会中，产品市场和货币市场每天都存在着一定数量的投机机会，投机者通过快速倒卖实体产品或金融产品，以贱买贵卖的方式来获得利润。以股票市场为例，投机者利用股票价格在短时间内剧烈波动的机会，逢低价时买进、逢高价时卖出，通过价格差来赚取利润。影响投机性货币需求的因素很多，例如，市场交易制度、监管制度的完善程度，投机者掌握专业知识的多少，投机者收入以及银行利率的高低。但在这些影响因素中，银行利率是影响投机性货币需求最为关键的因素。由于银行利率往往代表最安全同时也是较低的投资回报率，如果银行利率上升而投机活动的回报率不变，这意味着两点：第一，人们把货币存入银行获得的利息增加，存款所承担的风险没有增加；第二，投机回报率超过银行利率的投机产品在减少，投机所承担的风险增加，人们的投机性货币需求将会减少。因此，凯恩斯理论认为，投机性货币需求与银行利率呈负相关关系，银行利率越高，投机性货币需求越小；反之，银行利率越低，投机性货币需求越大。

　　（二）凯恩斯陷阱

　　投机性货币需求与银行利率呈负相关关系，这意味着利率越高，货币需求量越小。当利率极高时，这一需求量等于零，因为人们认为这时利率不大可能再上升，或者说有价证券价格不大可能再下降，因而将所持有的货币全部换成有价证券。反之，当利率极低时，人们会认为这时利率不大可能再下降，或者说有价证券市场价格不大可能再上升而只会跌落，因而会将所持有的有价证券全部换成货币。人们不管有多少货币都愿意持在手中，这种情况称为"**凯恩斯陷阱**"或者"**流动偏好陷阱**"。

　　由于货币是流动性或者灵活性最大的资产，货币随时可以作交易之用，随时可以应付不测之需，也随时可以作投机使用，所以人们有持有货币的偏好，这种对货币的偏好被称为流动性偏好。当利率极低时，人们愿意将货币留在手中而不会再去购买有价证券，流动性偏好就会趋向于无穷大，这时即使银行增加货币供给也不会使利率再降低。

　　（三）货币需求函数

　　依据凯恩斯理论的描述，人们的交易性和预防性货币需求与国民收入水平正相关，如果用 L_1 表示这两种动机下的货币需求量，用 y 表示国民收入，这两种货币需求与收入的函数关系可以用公式表示为：$L_1 = L_1(y)$，或进一步表示为

$$L_1 = ky \tag{11.11}$$

　　式（11.11）中的 k 表示上述两个动机的货币性需求对收入变化的敏感系数，是出于这两个动机所需货币数量同实际收入的比例关系。通常情况下，$0 < k < 1$。如果知道国民收入水平 y 以及收入货币需求系数 k，便可以求出交易性和预防性货币需求的大小。例如，当 $y = 10$ 万亿元，$k = 20\%$，则交易性和预防性的货币需求

量为 $L_1 = 2$ 万亿元。

如果用 L_2 表示投机性货币需求，用 r 表示银行利率，则投机性货币需求与利率的关系可以用公式表示为：$L_2 = L_2(r)$，或进一步表示为

$$L_2 = -hr \qquad (11.12)$$

式（11.12）中的 h 是投机性货币需求对利率的敏感系数，负号表示投机性货币需求与利率变化呈负相关关系。

一国的货币总需求等于人们交易性、预防性和投机性货币需求的总和，于是凯恩斯货币需求函数可以表示为

$$L = L_1 + L_2 = L_1(y) + L_2(r) = ky - hr \qquad (11.13)$$

式（11.13）中，L、L_1 和 L_2 均代表人们的实际货币需求量，即具有不变购买力的货币需求量，因而式（11.13）为实际货币需求函数。由于名义货币需求量（用 L_n 表示）等于实际货币需求量乘以一般物价水平，名义货币需求函数的公式可以表示为

$$L_n = L \times P = (ky - hr)P$$

为了使 L 曲线与习惯使用的图形坐标系 (L, r) 对应起来，L 曲线方程由式（11.13）改写为

$$r = \frac{ky}{h} - \frac{1}{h}L$$

图 11-5 画出了实际货币需求函数 L 的图形。在图中，横坐标为实际货币需求 L（简称货币需求），纵坐标为银行利率 r，货币需求曲线向右下方倾斜，表示货币需求与银行利率之间的负相关关系。

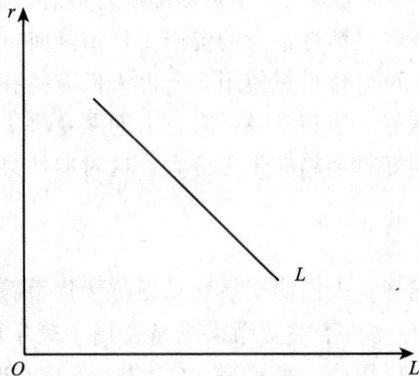

图 11-5　凯恩斯货币需求曲线

由式（11.13）还可以看出，L 曲线的斜率由投机性货币需求对利率变化的敏感系数 h 决定，h 越大，L 曲线越平坦。反之，h 越小，L 曲线越陡峭。L 曲线的纵截距由 ky 决定，如果 k 不变、国民收入 y 增加，L 曲线将向右平移，反之，y 减少时，L 曲线将向左平移。

二、凯恩斯货币供给理论

货币具有极强的支付能力，对于个人和单位来说货币是财富的象征。货币发行权归属于国家或者说中央政府，由政府或政府授权机构发行本国货币，以保证市场经济中流通的货币数量不至于过多或过少。

货币是什么？在古代，货币可以是贝壳、珍珠、金银等物品。在现代，货币除了可以是贵金属外，还可以是纸币、铸币、存款等信用货币。为了节约交易费用，当今社会流通的货币主要是信用货币。因此，下文讨论的货币供给将侧重于信用货币。货币供给又称为货币存量，是指某个时间点上一国中央银行发行的基础货币以及商业银行通过货币创造乘数提供的存款等。相应地，货币供给可分为狭义的货币供给和广义的货币供给。狭义的货币供给是指流通中的纸币、硬币以及个人和非银行机构的活期存款，一般用 M1 来表示。在狭义货币供给的基础上，再加上个人和非银行机构的定期存款，便是广义货币供给，一般用 M2 来表示。在 M2 的基础上，再加上政府债券、银行承兑汇票等流动资产，就是更广泛意义上的货币供给，一般用 M3 来表示。本书所讲的货币供给主要是指 M1 层面上的货币存量，为了表达方便，下文将 M1 简写为 M。

需要指出的是，货币供给又分为名义货币供给和实际货币供给，前者是指不考虑一般物价变动因素的货币供给量，它通常就是 M1、M2 或 M3。后者是指考虑一般物价变动因素后的货币供给量，它等于名义货币供给量除以物价水平。以狭义的名义货币供给与实际货币供给为例，两者之间的关系可用公式表示为

$$m = \frac{M}{P} \qquad (11.14)$$

式（11.14）中，m 为实际货币供给量，M 为名义货币供给量，P 为一般物价水平。凯恩斯理论认为，一国货币供给量的多少主要取决于本国中央银行的调控行为。中央银行可自行决定发行现金的数量，可调整法定存款准备金率、再贴现率以影响商业银行的信贷规模，可增减公开市场业务数量以影响广义货币的供给。于是，货币供给量往往被视为一个外生变量，与利率无关。如图 11-6 所示，货币供给曲线是一条垂线。当中央银行采取扩张性货币政策时，货币供给曲线将向右移动，反之，中央银行采取紧缩性的货币政策时，货币供给曲线将向左移动。

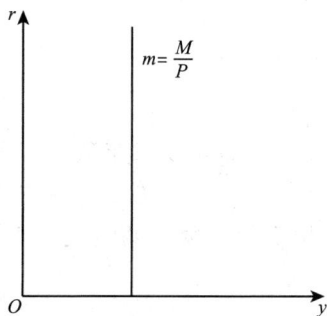

图 11-6　凯恩斯货币供给曲线

专栏 11 –1

我国货币供给量 M1 与 M2 的变化

表1 中是我国 2010～2020 年的狭义货币供给量 M1 与广义货币供给量 M2。通过时间序列分析后发现：我国狭义货币供给量增长率与广义货币供给量增长率的变化趋势具有较为明显的一致性。

表1　　　　　　　　　　　我国的 M1 与 M2

年份	M1（亿元）	M1 增长率（%）	M2（亿元）	M2 增长率（%）
2010	266622	20.4	725851.8	18.9
2011	289848	8.7	825493.9	13.7
2012	308664	6.5	974148.8	18.0
2013	337291.05	9.3	1106524.98	13.6
2014	348056.41	3.2	1228374.81	11.0
2015	400953.44	15.2	1392278.11	13.3
2016	486557.24	21.4	1550066.67	11.3
2017	543790.15	11.8	1690235.31	9.0
2018	551685.90	1.5	1826744.20	8.1
2019	576009.15	4.4	1986488.82	8.7
2020	625580.99	8.6	2186795.89	10.1

三、货币市场均衡

当货币供给等于货币需求时，货币市场实现均衡。已知凯恩斯的实际货币需求函数为 $L = ky - hr$、实际货币供给函数为 $m = \dfrac{M}{P}$。为简化表达式，假定 $P = 1$，并且 $L = m = \dfrac{M}{P}$，便可求出货币市场均衡的一般表达式

$$r = -\frac{m}{h} + \frac{k}{h}y \tag{11.15}$$

研究货币市场均衡，除了使用货币供求函数进行定量分析外，还使用货币供求曲线进行定性分析。在图 11 –7 中，向右下方倾斜的货币需求曲线与垂直的货币供给曲线相交时，货币市场实现均衡，两线交点对应的利率便是均衡利率①。

---

① 这里所说的均衡利率仅指货币市场均衡时的利率，它与产品市场和货币市场同时达到均衡时的利率有所差别。前者所说的均衡利率是国民收入的一个函数关系，后者所说的均衡利率是一个具体的数值［参看下面的式（11.17）］。

例如，在货币需求保持不变的情况下，初始的货币供给曲线 m_0 与货币需求曲线 L 相交于 A 点，货币市场实现了均衡，均衡利率为 r_0。如果中央银行增加货币供给量，货币供给曲线向右移动至 m_1，货币市场将在 B 点实现均衡，均衡利率将降低为图中的 r_1。

在货币供给保持不变的情况下，国民收入增加将引起货币需求增加，货币需求曲线会向右移动，货币市场形成新均衡时市场利率将提高；反之，国民收入减少将引起货币需求减少，货币需求曲线会向左移动，货币市场形成新均衡时市场利率将降低。

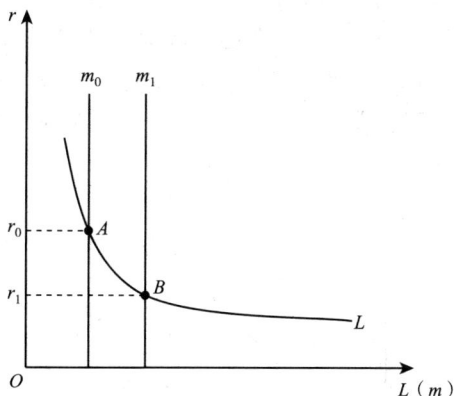

图 11 - 7　货币市场均衡及利率决定

四、LM 曲线

LM 曲线是讨论国民收入实现一般均衡时，必须使用到的一条曲线，它受到货币市场均衡变化的影响。为了清晰地掌握 LM 曲线，首先了解 LM 曲线的定义，在此基础上讨论 LM 的函数表达式、LM 曲线的图形及其移动。

（一）LM 曲线的定义

LM 曲线是指货币市场实现均衡时，国民收入与市场利率之间关系的曲线。在这条曲线上的任意一个利率与收入的组合都能够使实际货币需求等于实际货币供给，即 $L = m$，从而决定货币市场上的均衡国民收入和均衡利率。由此可见，LM 曲线中的字母 L 表示货币市场上的实际货币需求，字母 M 表示货币市场上的实际货币供给。

（二）LM 曲线的函数表达式

通常利用货币市场的均衡条件来推导 LM 曲线的函数表达式。已知货币市场均衡表达式为

$$r = -\frac{m}{h} + \frac{k}{h}y$$

这个等式就是 LM 曲线的函数表达式。它说明货币市场均衡时国民收入与市场利率之间的同方向变化关系。当国民收入提高，市场利率将会提高，反之，当国民

第十一章

收入降低，市场利率将会降低。

（三）*LM* 曲线的形状

从 *LM* 曲线的函数表达式可以看出，国民收入与市场利率变化方向相同，*LM* 曲线在（y，r）坐标系中是一条具有正斜率的曲线（见图 11 - 8）。根据 *LM* 曲线的函数表达式可知，曲线的斜率大小取决于 $\frac{k}{h}$。当交易性与预防性货币需求对收入变化的敏感系数 k 变小，*LM* 曲线投机性货币需求对利率变化的敏感系数 h 变大时，*LM* 曲线的斜率变小，*LM* 曲线会变得更平坦。反之，k 变大或 h 变小时，*LM* 曲线的斜率变大，*LM* 曲线会变得更陡峭。现代货币理论认为，k 在较长一段时期内保持稳定，而 h 受到投机因素的影响，在较短时间内都可能剧烈波动。因此，*LM* 曲线的斜率主要取决于投机性货币需求函数中的 h 值。

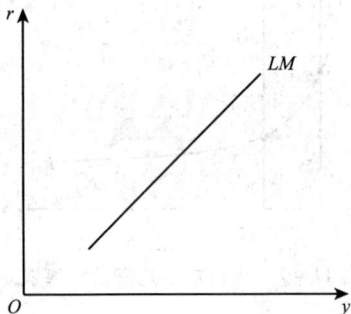

图 11 - 8　*LM* 曲线

从 *LM* 曲线的函数表达式还可以看出，*LM* 曲线的纵截距由 $-\frac{m}{h}$（或 $-\frac{M}{Ph}$）决定，这说明 *LM* 曲线纵截距的变化受到三个因素的影响：一是名义货币供给量 M；二是一般物价水平 P；三是投机性货币需求对利率变化的敏感系数 h。当 h 既定的条件下，*LM* 曲线的移动取决于名义货币供给量和物价水平。当 M 增加或 P 下降，*LM* 曲线将向右移动；反之，当 M 减少或 P 上升，*LM* 曲线将向左移动。

在 *LM* 曲线上的无数个收入与利率的组合点，都能使货币市场实现均衡，而在 *LM* 曲线上方或下方的收入与利率的组合点，都无法使货币市场实现均衡。具体而言，在 *LM* 曲线上方的点，是货币需求小于货币供给；在 *LM* 曲线下方的点，是货币需求大于货币供给。需要注意的是，*LM* 曲线上的每一个点都表示货币市场的均衡，但具体哪一个点才能实现货币市场和产品市场的同时均衡，需要结合 IS 曲线综合考察。

（四）*LM* 曲线的三个区间

图 11 - 8 中的 *LM* 曲线是一条具有正斜率的直线，这是最简单和最常见的 *LM* 曲线。在不同经济学派的观点中，*LM* 曲线的斜率具有明显的不同。为了整合各个学派对于 *LM* 曲线斜率的不同看法，经济学家把 *LM* 曲线划分为三个区间，*LM* 曲线的水平部分被称为凯恩斯区间，*LM* 曲线的垂直部分被称为古典区间，*LM* 曲线向右上方倾斜的部分被称为中间区间（见图 11 -9）。

　　凯恩斯学派认为，在市场利率处于谷底时，人们愿意持有大量的货币以等待投机机会，投机性货币需求对利率变化的敏感系数 h 趋于无穷大，于是 LM 曲线将是一条水平线。古典学派认为，有关交易的各种信息在买卖双方之间都是透明的，市场上将不存在可以获利的投机机会，利率变化对人们的投机性货币需求没有影响，投机敏感系数 h 趋于零，于是 LM 曲线是一条垂线。新古典综合学派认为，市场既不像古典学派所描述的那样完美，也不像凯恩斯学派所看到的那样极端，人们的投机性货币需求对利率变化还是有一定反应的，敏感系数 h 既不是零，也不是无穷大，而是介于两者之间，于是 LM 曲线是一条具有正斜率的曲线。

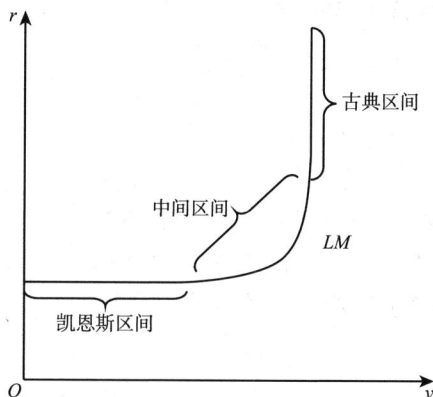

图 11 - 9　LM 曲线的三个区间

第四节　$IS - LM$ 模型

　　前面分析表明，产品市场与货币市场是通过利率、收入两个变量联系起来的。当两个市场同时实现均衡时，均衡国民收入和均衡利率便能确定下来，从而完成对国民收入决定理论的一般均衡分析。在国民收入一般均衡分析中，通常使用到 IS 曲线和 LM 曲线，因而这一理论又被称为 $IS - LM$ 模型。

一、一般均衡的函数分析

　　从前文的分析中，我们已经知道产品市场、货币市场独自实现均衡时所需要的条件。显然，要使两个市场同时实现均衡，需要两个市场的均衡条件有共同解。本节从四部门经济中的产品市场均衡入手，讨论两个市场的一般均衡。

　　产品市场均衡和货币市场均衡的条件，用两个方程分别表示为

$$r = \frac{\alpha + e + g + \beta(tr - t_a) + x_0 - m_0}{d} - \frac{1 - \beta(1 - t) + \gamma}{d}y$$

$$r = \frac{k}{h}y - \frac{m}{h}$$

联立这两个方程，可以解出宏观经济实现一般均衡时的收入和利率组合

$$y = \frac{h[\alpha + e + g + \beta(tr - t_a) + x_0 - m_0] + dm}{dk + h[1 - \beta(1 - t) + \gamma]} \qquad (11.16)$$

$$r = \frac{k}{h} \times \frac{h[\alpha + e + g + \beta(tr - t_a) + x_0 - m_0] + dm}{dk + h[1 - \beta(1 - t) + \gamma]} - \frac{m}{h} \qquad (11.17)$$

为更好地理解四部门经济中的一般均衡，下面举一例子说明。已知某国产品市场上消费函数为 $c = 200 + 0.8y_d$，政府税收函数为 $T = 100 + 0.25y$，政府转移支付和购买支出分别为 150 亿元和 300 亿元，投资函数为 $i = 500 - 5r$，净出口函数为 $NX = 60 - 0.1y$。在货币市场上，实际货币需求函数为 $L = 0.6y - 10r$，名义货币供给量 $M = 1000$，一般物价水平为 $P = 1$。由此可见，经济体系中各个参数取值分别为 $\alpha = 200$，$e = 500$，$g = 300$，$\beta = 0.8$，$tr = 150$，$t_a = 100$，$x_0 - m_0 = 60$，$\gamma = 0.1$，$d = 5$，$k = 0.6$，$h = 10$，代入式（11.16）式（11.17），求出产品市场和货币市场一般均衡时的国民收入为 2000 亿元，利率为 20%[①]。

如果令 x_0、m_0、γ 都等于零，就意味着没有进出口活动，式（11.16）和式（11.17）将变为三部门经济中产品市场和货币市场的一般均衡，国民收入和利率的函数表达式分别为

$$y = \frac{h[\alpha + e + g + \beta(tr - t_a)] + dm}{dk + h[1 - \beta(1 - t)]}$$

$$r = \frac{k}{h} \times \frac{h[\alpha + e + g + \beta(tr - t_a)] + dm}{dk + h[1 - \beta(1 - t)]} - \frac{m}{h}$$

沿用上述例子中已知的数据，可计算出三部门经济一般均衡时的国民收入为 2200 亿元，利率为 32%。

在三部门经济基础上，如果再令 tr、t_a、t、g 都等于零，就意味着没有政府部门，式（11.16）和式（11.17）将变为两部门经济中产品市场和货币市场的一般均衡，国民收入和利率的函数表达式分别为

$$y = \frac{h(\alpha + e) + dm}{dk + h(1 - \beta)}$$

$$r = \frac{k}{h} \times \frac{h(\alpha + e) + dm}{dk + h(1 - \beta)} - \frac{m}{h}$$

继续沿用上述例子中已知的数据，可计算出两部门经济一般均衡时的国民收入为 2400 亿元，利率为 44%。

对比上述三种结果可得出三点结论：第一，产品市场和货币市场实现新的均衡时，国民收入与利率变化方向相同，即均衡国民收入越高，均衡利率将越高；反之，均衡国民收入越低，均衡利率将越低。第二，两部门至四部门经济实现一

---

① 利用式（11.17）解出利率 r 的数值为 20，这意味着均衡利率为 20%，即 $r = 20\%$。

般均衡时，均衡国民收入逐渐降低，原因在于三部门经济中政府征税行为会减缓经济增长，四部门经济中与国民收入正相关的自主进口的出现会降低内需，进而减缓经济增长。第三，以上讨论均以一般物价水平保持不变为前提。如果 P 发生变化，均衡国民收入将会发生变化，这个内容将在下一章的总需求—总供给模型中进行研究。

二、一般均衡的图形分析

产品市场和货币市场同时实现均衡，除了可以使用函数进行定量分析外，还可以使用 IS 曲线和 LM 曲线进行定性分析。在图形上，能够很直观地讨论两个市场同时实现均衡时国民收入和利率的变化。

（一）均衡国民收入和利率的决定

在 IS 曲线上，有无数个收入和利率的组合可以使产品市场达到均衡。在 LM 曲线上，也有无数个收入和利率的组合可以使货币市场达到均衡。至于哪个收入和利率组合可以使产品市场和货币市场同时达到均衡，需要进一步分析。在图 11 – 10 中，当 IS 曲线和 LM 曲线相交时，两个市场同时均衡，国民收入和利率将通过交点 E 来确定。

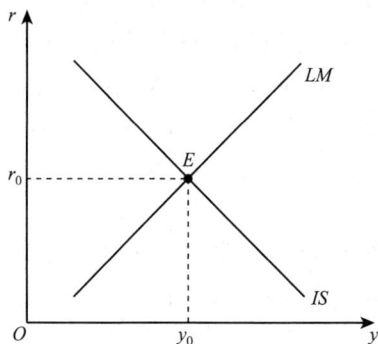

图 11 – 10 货币市场和产品市场的一般均衡

（二）均衡国民收入和利率的变动

在 IS 和 LM 曲线的交点上，产品市场和货币市场同时达到均衡，然而这一均衡不一定是充分就业的均衡，一国可能还有潜在产出尚未得到开发。例如，在图 11 –11中，IS 和 LM 曲线的交点 E 所决定的均衡国民收入和利率分别为 y_0 和 r_0，但是充分就业的国民收入则是 y_f，均衡收入低于充分就业收入。如果只是依靠市场力量的自发调节，国民经济将很难实现充分就业均衡。但如果是政府使用宏观经济政策干预市场运行，那么情况就不一样了。

例如，政府通过改变购买支出、转移支付和税收，将影响到 IS 曲线移动，进而影响到均衡国民收入和利率水平。如果一国政府增加购买支出或降低税收，IS 曲线将会向右移动。在图 11 – 11 中，当 IS 右移至 IS' 时，它和 LM 曲线相交于 F 点，均衡国民收入将达到充分就业水平。除此之外，一国中央银行可以通过变动货币供给量，引起 *LM* 曲线的移动，也会影响到均衡国民收入和利率的变化。如果中央银行增加货币供给，使 *LM* 曲线向右移至 *LM'*，它与 *IS* 曲线相交于 *G* 点，均衡国民收入将达到充分就业水平。如果一国同时改变政府购买支出、转移支付、税收以及货币供给量，*IS* 曲线和 *LM* 曲线会同时移动，均衡国民收入将在较短时间内走向充分就业水平。

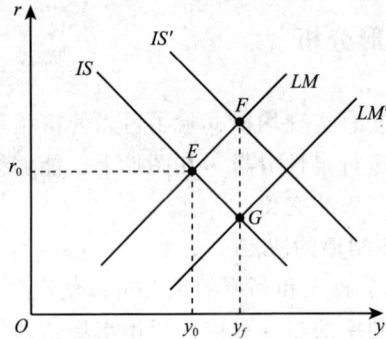

图 11-11　均衡国民收入和利率的变动

　　通常情况下，*IS* 曲线和 *LM* 曲线左右移动往往会改变均衡国民收入和均衡利率。如果 *IS* 曲线不移动，*LM* 曲线向右移动，在新的均衡实现时，国民收入将增加、利率将减少。如果 *LM* 曲线不移动，*IS* 曲线向右移动，在新的均衡实现时，国民收入和利率都将增加。如果 *IS* 曲线和 *LM* 曲线同时向右移动，均衡国民收入必定增加、均衡利率的变化将取决于 *IS* 曲线和 *LM* 曲线移动幅度的比较。如果 *IS* 曲线右移的幅度较大，均衡利率将增加，反之将减少。如果 *IS* 曲线右移的幅度与 *LM* 曲线相同，均衡利率将保持不变。

　　在 *IS* 曲线左移、*LM* 曲线右移的情况下，均衡利率必定减少，均衡国民收入的变化将取决于 *IS* 曲线与 *LM* 曲线移动幅度的比较，如果 *IS* 曲线左移的幅度较大，均衡国民收入将减少，反之将增加。在 *IS* 曲线右移、*LM* 曲线左移的情况下，均衡利率必定增加，均衡国民收入的变化将取决于两条曲线移动幅度的比较。

　　由此可以总结 *IS* 曲线与 *LM* 曲线同时移动对均衡国民收入和利率水平影响的规律：两条曲线向同一个方向移动时，均衡国民收入必定增加或减少，均衡利率是增加还是减少将不确定；两条曲线向反方向移动时，均衡利率必定增加或减少，均衡国民收入是增加还是减少将不确定。

本章小结

　　1. 本章核心内容是研究产品市场和货币市场同时实现均衡时，短期国民收入和利率的决定。首先要学习的内容有：一是凯恩斯投资函数；二是凯恩斯货币供求函数。

　　2. 本章不再将投资作为外生变量，而是一个与银行利率呈现负相关的函数关系式。在投资回报率保持不变的情况下，银行利率越低，企业投资越多；反之，银行利率越高，企业投资越少。

3. *IS* 曲线表示在产品市场实现均衡时，国民收入与利率呈负向变化关系，利率越高，产品市场上的国民收入将越低；反之，国民收入将越高。影响 *IS* 曲线变化的因素包括政府购买支出、政府转移支付、政府税收以及自发消费、自发投资、自发进口和出口、边际消费倾向、边际进口倾向等。

4. 凯恩斯货币需求与国民收入正相关，与利率负相关。货币供给被认为是一个给定的参数。*LM* 曲线表示在货币市场实现均衡时，国民收入与利率正向变化关系。影响 *LM* 曲线变化的因素包括投机性货币需求对利率变化的敏感系数、交易性和预防性货币需求对收入变化的敏感系数、名义货币供给量以及一般物价水平。

5. *IS* 曲线、*LM* 曲线的移动将影响产品市场和货币市场的一般均衡。新均衡时国民收入和利率的变化，将取决于两条曲线的移动方向和移动幅度。

第十一章

│第十二章│　　总需求－总供给模型

本章提要

　　本章引入价格因素，推导总需求函数及其曲线以及总供给函数及其曲线，进而讨论均衡国民收入的决定。在本章学习中应当了解总需求函数和总供给函数的推导，理解总需求曲线和总供给曲线形状及其产生原因，理解短期宏观经济均衡及其波动。

基本概念

　　总需求　总供给　实际余额效应　利率效应　$AD-AS$ 模型

　　前两章对均衡国民收入决定的讨论，都假定一般物价水平不变，并且总需求（总支出）决定总供给。本章将取消这两个假定，研究一般物价水平变化对总供求的影响，以及总需求和总供给共同决定均衡国民收入。一般物价水平发生变化，同一个经济变量将区分为名义变量和实际变量。在需求规律作用下，一般物价水平越高，居民消费、政府购买等实际支出将越少，由总支出决定的国民收入将越低。相反，在供给规律作用下，一般物价水平越高，原材料和劳动力的实际成本越低，厂商供给越多，由总供给决定的国民收入将越高。本章讨论的均衡国民收入，将由总需求和总供给共同决定。

第一节　总需求理论

　　在第二章中，我们学习了需求的定义，包括个人需求和市场需求，接下来将研究宏观经济中的总需求问题。

一、总需求函数

总需求是指经济社会对产品和劳务的需求总量。总需求由消费需求、投资需求、政府需求以及国外需求四部分构成，用等式表示为

$$AD = c + i + g + nx$$

用 y 表示总需求 AD，上述等式将变为

$$y = c + i + g + nx^{①}$$

总需求函数是以产量（国民收入）所表示的需求总量和价格水平之间的关系。下面将介绍从产品市场和货币市场均衡条件导出总需求函数的方法。在产品市场上，总需求的抽象函数记为 $y = c + i + g + nx$，由于居民消费支出和净出口是总需求的增函数，企业投资支出是利率的减函数，政府购买支出视为一个外生变量是给定的经济参数，于是总需求函数可以记为

$$y = c(y) + i(r) + g + nx(y)^{②}$$

当产品市场实现均衡时，可以求出利率与总需求量的函数关系，记为

$$r = f(y) \tag{12.1}$$

当货币市场实现均衡时，利率 r 是总需求量和一般物价水平的函数，记为

$$r = g(y, P) \tag{12.2}$$

联立式（12.1）和式（12.2），消去利率 r，就得到总需求量与价格水平的变化关系，即总需求函数

$$y = AD(P)$$

上述分析的只是总需求函数的形成机制，要得到能够量化分析的具体函数，还需要结合产品市场中的凯恩斯消费函数、投资函数、净出口函数以及货币市场中的凯恩斯货币需求函数和供给函数。以四部门经济为例，产品市场和货币市场实现均衡时的表达式分别为

第十二章

---

① 第十章、第十一章使用 $y = c + i + g + nx$，其中的 y 既表示总需求，又表示均衡国民收入，这是因为短期内总供给具有完全弹性，在一般物价水平保持不变的情况下，总供给总能够满足总需求，因而总需求量就是均衡国民收入。本章使用 $y = c + i + g + nx$，其中的 y 只能表示总需求，不能表示均衡国民收入，这是因为总供给未必具有完全弹性，一般物价水平也可以变化，因而均衡国民收入将由总供求共同决定。

② $c(y)$ 和 $nx(y)$ 中的 y 是总需求而不是均衡国民收入，因而 $c(y)$ 和 $nx(y)$ 是总需求的函数。只有当总供求均衡时，$c(y)$ 和 $nx(y)$ 才是均衡国民收入的函数。在第十章、第十一章，因为总需求直接界定为均衡国民收入，所以消费支出和净出口便是均衡国民收入的函数。可见，第十章、第十一章 $c(y)$ 和 $nx(y)$ 中的 y，与本章 $c(y)$ 和 $nx(y)$ 中的 y 在含义上是有所差别的，只有在总供求均衡时两者才短暂一致。

$$r = \frac{\alpha + e + g + \beta(tr - t_a) + x_0 - m_0}{d} - \frac{1 - \beta(1 - t) + \gamma}{d}y$$

$$r = \frac{k}{h}y - \frac{M}{Ph}$$

联立上述两个函数式，消去利率 r，将得到总需求量与价格水平的变化关系为

$$y = \frac{Ph[\alpha + e + g + \beta(tr - t_a) + x_0 - m_0] + dM}{Pdk + Ph[1 - \beta(1 - t) + \gamma]}$$

对上式进行等价变换后，将得到总需求函数为

$$y = \frac{h[\alpha + e + g + \beta(tr - t_a) + x_0 - m_0]}{dk + h[1 - \beta(1 - t) + \gamma]} + \frac{dM}{dk + h[1 - \beta(1 - t) + \gamma]} \cdot \frac{1}{P}$$

$$(12.3)$$

式（12.3）表示总需求 y 与一般物价水平 P 呈现负向变化关系，一般物价水平上升，总需求将会下降；反之，一般物价水平下降，总需求将会上升。如果式中各参数值都给定，便可求出总需求函数。例如，假定 $\alpha = 200$、$e = 500$、$g = 300$、$\beta = 0.8$、$tr = 150$、$t_a = 100$、$x_0 - m_0 = 60$、$\gamma = 0.1$、$d = 5$、$k = 0.6$、$h = 10$、$M = 1000$，代入式（12.3）就可以求出总需求函数为

$$y = 1375 + \frac{625}{P}$$

第十二章

如果令 x_0、m_0、γ 都等于零，式（12.3）将变为三部门经济中的总需求函数，其表达式为

$$y = \frac{h[\alpha + e + g + \beta(tr - t_a)]}{dk + h[1 - \beta(1 - t)]} + \frac{dM}{dk + h[1 - \beta(1 - t)]} \cdot \frac{1}{P}$$

在三部门经济基础上，如果再令 tr、t_a、t、g 都等于零，式（12.3）将变为两部门经济中的总需求函数，其表达式为

$$y = \frac{h(\alpha + e)}{dk + h(1 - \beta)} + \frac{dM}{dk + h(1 - \beta)} \cdot \frac{1}{P}$$

二、总需求曲线

依据式（12.3），可以画出一条向右下方倾斜的总需求曲线，其斜率为负，反映总需求量 y 与价格水平 P 呈现负向变化关系，如图12-1所示。在 A 点时，一般物价水平为 P_0，总需求量为 y_0。当一般物价水平降低至 P_1，总需求量上升为 y_1。

以两部门经济为例，该经济体系中总需求曲线的纵截距将取决于 $\frac{h(a + e)}{dk + h(1 - \beta)}$ 中各参数的变化，当参数变化引起纵截距增加时，总需求曲线将向右移动；反之，

总需求曲线将向左移动。总需求曲线的斜率取决于 $\dfrac{dM}{dk+h(1-\beta)}$ 中各参数的变化，当参数变化引起斜率的绝对值变大时，总需求曲线将变得更陡峭；反之，总需求曲线将变得更平坦。当产品市场上的投资对利率的敏感系数（d）、边际消费倾向以及货币市场上投机性货币需求敏感系数（h）、交易性和预防性货币需求敏感系数（k）发生变化时，总需求曲线的纵截距和斜率都将受到影响。

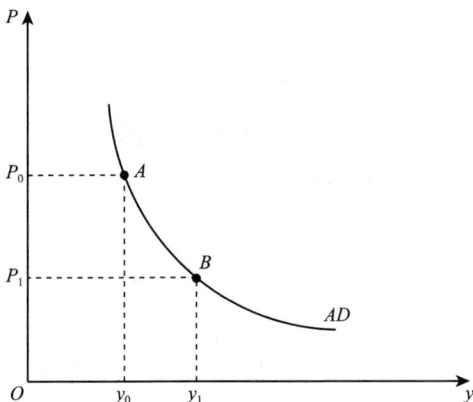

图 12－1　总需求曲线

　　为什么价格水平的变化会引起总需求水平变化？或者说总需求曲线为什么向右下方倾斜？可以用以下原因进行解释。

　　第一，如果价格水平上升，使人们所拥有的货币及其他以货币衡量的名义上固定不变的财富的实际价值降低，这种实际财富价值的降低会导致人们消费水平的相应降低，从而导致总需求减少。反之，如果价格水平下降，人们的实际财富价值会增加，消费水平提高，从而总需求会随之增加。这种效应被称为**实际余额效应**或财富效应。由于经济学家庇古强调了这种效应，因此也被称为庇古效应。

　　第二，如果价格水平上升，这将导致利率上升，进而导致投资和总需求下降。因为当价格水平上升时，人们需要更多的货币从事交易，使货币需求增加，利率水平随之上升。利率的提高使投资和消费减少，从而使总需求减少。反之，如果价格水平下降，人们对货币的需求减少，利率水平将会下降，有利于刺激投资和消费，从而使总需求增加。这种效应被称为**利率效应**。由于凯恩斯首先强调了这种效应，因此也被称为凯恩斯效应。

　　第三，如果价格水平上升，会使人们的名义收入增加，进而使人们进入到更高的纳税档次，导致税负增加，可支配收入下降，其结果也会使消费水平下降。

　　第四，在开放经济中，如果一国产品的价格水平上升，而外国可替代产品的价格水平保持不变，人们将增加对外国产品的购买以代替本国产品，国外主体也会减少对这些产品的购买，国内总需求因此而减少。反之，如果国内产品的价格水平下降，外国产品的价格水平保持不变，则外国产品的相对价格就会较高，人们更多地购买本国产品，外国主体也会增加对这些产品的购买，从而使国内产品的需求量上升。

第二节　总供给理论

在第二章中，我们学习了供给的定义，包括企业供给和市场供给，接下来将研究宏观经济中的总供给问题。

一、总供给函数

总供给是指经济社会所提供的总产量（或国民收入）。

总供给是生产要素投入量和技术水平的增函数，用 y 表示总供给 AS，抽象的总供给函数可表示为

$$y = AS\ (N,\ K,\ T)$$

式中，N 表示劳动投入、K 表示资本投入、T 表示生产技术。通常情况下，生产技术进步体现在两个方面：一是机器、设备等资本品的改良和更新；二是劳动者生产技能的提高。于是，技术可以分为资本加强型的技术和劳动加强型的技术，技术进步将体现在资本要素 K 和劳动要素 N 的投入中，因而总供给函数可简化为

$$y = AS\ (N,\ K)$$

短期内，假定资本投入不变，总供给函数可以表示为

$$y = AS\ (N) \tag{12.4}$$

在劳动市场上，劳动需求 N_d 是实际工资 $\dfrac{W}{P}$ 的减函数，劳动供给 N_s 是实际工资 $\dfrac{W}{P}$ 的增函数。当劳动市场达到均衡时，劳动供求量相等，即有

$$N_d\left(\frac{W}{P}\right) = N_s\left(\frac{W}{P}\right) \tag{12.5}$$

联立式（12.4）和式（12.5），消去 N，便可得到总供给量与价格水平的变化关系，即总供给函数

$$y = AS\ (P) \tag{12.6}$$

上述分析的只是总供给函数的形成机制，要得到能够量化分析的总供给函数，还需要使用劳动供求函数和生产函数的具体表达式。

二、总供给曲线

在不同的资源利用情况下，总供给与价格水平之间的关系是不同的，通常分为

三种情况。

（一）凯恩斯总供给曲线

凯恩斯最重要著作《通论》出版于 1936 年，当时整个西方国家都处于严重的大萧条时期，经济社会存在着大量的失业人口和生产能力。在这种状态下，由于资源没有得到充分利用，如果一国政府推行积极的就业政策，一国产出将不断增加。当产量（从而国民收入）增加时，价格和货币工资都不会发生变化。因此，凯恩斯学派认为短期总供给曲线是一条水平线，如图 12－2 中的 *AB* 段。凯恩斯总供给曲线之所以具有水平的形状，理由有两个：第一，货币工资和价格均具有刚性，也就是说，二者完全不能进行调整。第二，《通论》所研究的是短期的情况，即使没有工资刚性的假设，由于时间很短，工资和价格都没有足够的时间进行调整。因此凯恩斯总供给曲线被认为是短期总供给曲线的一个极端。

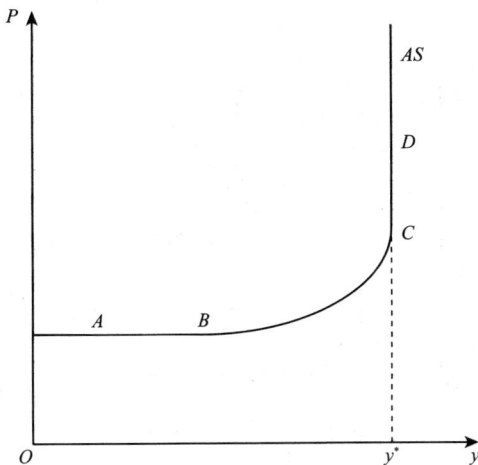

图 12－2　总供给曲线

（二）常规总供给曲线

新古典综合派认为，劳动市场在短期内既不能实现充分就业，也不存在大量的劳动力闲置。如果一国政府推行积极的就业政策，一国产出将不断增加并且受到价格水平变化的显著影响。因此，常规总供给曲线是一条具有正斜率的曲线，如图 12－2 中的 *BC* 段。由于这种情况是在短期内存在的情况，所以这种向右上方倾斜的总供给曲线又被称为"短期总供给曲线"。

（三）古典总供给曲线

古典学派认为，在长期中，劳资双方掌握的信息是完全对称的，工资和价格将具有伸缩性。在不同的价格水平下，当劳动市场存在超额劳动需求或超额劳动供给时，货币工资就会调整，进而实际工资发生调整，实际工资的调整使劳动市场达到均衡水平。换句话说，在长期中，经济的就业水平或产量并不随着价格水平的变动而变动，始终处在充分就业的状态上。因此，古典学派认为，总供给曲线是一条位于经济的潜在产量或充分就业产量水平上的垂线，如图 12－2 中的 *CD* 段，这条总供给曲线也被称为"长期总供给曲线"①。

第三节 总需求－总供给模型

运用总需求和总供给曲线，可以对现实经济问题进行解释。由总需求和总供给决定均衡国民收入的模型称为 **AD－AS 模型**。本节将使用 AD－AS 模型讨论短期宏观经济均衡的形成及其波动，在此基础上考察长期的宏观经济均衡。

一、短期宏观经济均衡

短期宏观经济均衡，通常用图 12－3 进行分析。

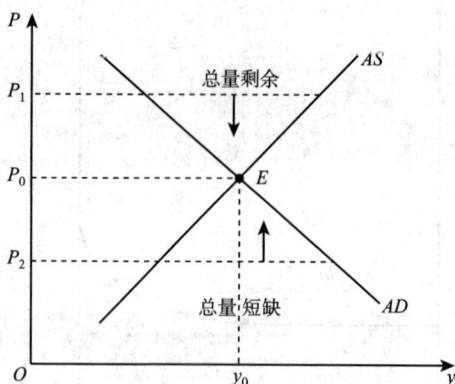

图 12－3　AD－AS 模型

具有负斜率的总需求曲线与具有正斜率的总供给曲线相交于 E 点，通过 E 点可以确定均衡价格、均衡国民收入分别为 P_0 和 y_0。如果价格水平偏离均衡价格在更高的 P_1 水平，将会出现总供给大于总需求。也就是说，企业愿意提供的产品和服务将超过社会的需求量，供给过剩会引起价格水平下降至均衡水平。反之，如果价格水平偏离均衡价格在更低的 P_2 水平，将会出现总供给小于总需求，价格水平会上升至均衡水平。只有在 E 点，价格水平和总产出将不再发生变动，整个经济达到了短期均衡。但是，短期均衡并不一定是充分就业均衡。

由于短期总供给曲线不一定与长期总供给曲线相吻合，从长期均衡的角度分

①　古典总供给曲线之所以具有垂直线形状，其理由可以有两个：第一，古典学派假设货币工资（W）和价格水平（P）可以迅速或立即自行调节，使得实际工资（W/P）总是处于充分就业所应有的水平，从而使产量或国民收入也总是处于充分就业的水平，这受价格的影响。根据这一理由，古典总供给曲线并不意味着时期长期，换句话说，只要存在着工资和价格的迅速或立即调整的假设，古典总供给曲线也是一条短期总供给曲线，它被看作是短期总供给曲线的另一种极端情况。第二，古典学派一般研究经济事物的长期状态，在长期中，即使不采用 W 和 P 能够迅速或立即调整的假设，货币工资和价格水平被认为具有充分的时间来进行调整，使得实际工资（W/P）处于充分就业水平，从而总供给曲线是一条垂直线。以此而论，古典总供给曲线又代表长期总供给曲线。

析，短期宏观经济均衡可能会出现图 12 - 4 所描述的失业均衡、充分就业均衡和超充分就业均衡。

（一）失业均衡

失业均衡是指短期均衡产量小于充分就业产量的均衡状态。如图 12 - 4 （a）所示，总需求曲线 AD_1 和短期总供给曲线 SAS_1 的交点表示，短期内社会的总需求量正好等于总供给量，既不存在总量短缺，又不存在总量剩余。但从长期看，该短期均衡点处在长期总供给曲线左边，短期均衡产量 y_1 小于充分就业产量 y_f。这说明整个社会的经济资源没有得到充分利用，资本出现闲置，实际失业率大于自然失业率。

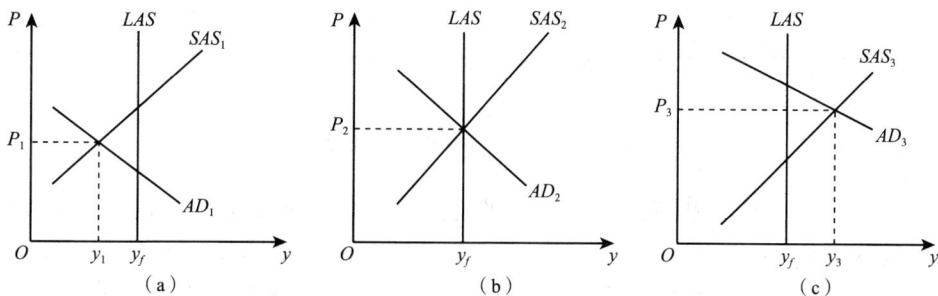

图 12 - 4　短期均衡的三种情况

（二）充分就业均衡

充分就业均衡是指短期均衡产量恰好等于充分就业产量的均衡状态。如图 12 - 4 （b）所示，总需求曲线 AD_2 和短期总供给曲线 SAS_2 的交点刚好处在长期总供给曲线上，短期均衡产量就是充分就业产量 y_f，短期经济均衡与长期经济均衡相吻合。这意味着整个经济体系的经济资源得到充分利用，资本没有闲置，失业率为自然失业率。这种短期均衡被称为充分就业均衡。

（三）超充分就业均衡

超充分就业均衡是指短期均衡产量大于充分就业产量的均衡状态。如图 12 - 4 （c）所示，总需求曲线 AD_3 和短期总供给曲线 SAS_3 的交点处在长期总供给曲线的右边，短期均衡产量 y_3 大于充分就业产量 y_f。这表明整个社会的经济资源被过度使用，如机器设备被超负荷使用，劳动力处于加班加点状态，实际失业率小于自然失业率。超充分就业均衡对宏观经济来说未必是一件好事，因为经济过热会刺激总需求，导致通货膨胀。另外，工人劳动时间的延长和机器设备的过度使用会影响企业生产的正常运行，不利于经济的长期稳定增长。

二、短期宏观经济波动

总供给曲线、总需求曲线的移动通常会影响价格水平和总产出，使宏观经济体系形成新的均衡。引起总需求曲线移动的因素被称为总需求冲击，引起总供给曲线移动的因素被称为总供给冲击，总需求冲击和总供给冲击会影响到均衡价格和均衡国民收入，形成宏观经济短期波动。

第十二章

（一）总需求冲击与均衡变化

总需求冲击会引起总需求曲线发生移动，这个过程可以用图 12 - 5 进行分析。

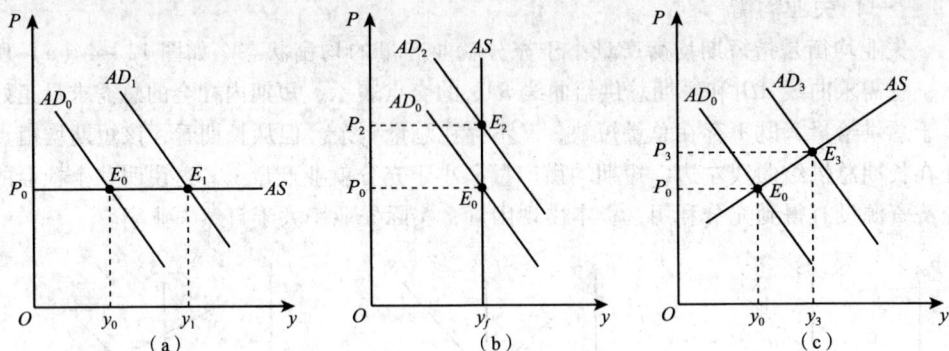

图 12 - 5　总需求冲击与均衡变化

图 12 - 5（a）描述凯恩斯短期总供给曲线与总需求曲线所确定的宏观均衡。当促进总需求增加的因素出现时，总需求曲线向右移动至 AD_1，新的均衡国民收入增加至 y_1，价格水平仍然保持在 P_0。反之，当减少总需求的因素出现时，总需求曲线将左移，国民收入减少，价格水平仍然保持不变。因此，凯恩斯学派认为，总需求冲击引起均衡国民收入变化，形成了短期宏观经济波动。

图 12 - 5（b）描述古典学派长期总供给曲线与总需求曲线所确定的宏观均衡。当促进总需求增加的因素出现时，总需求曲线向右移动至 AD_2，新的均衡国民收入仍然保持在充分就业产出水平 y_f，价格水平将上升至 P_2。反之，当减少总需求的因素出现时，总需求曲线将左移，均衡国民收入仍保持不变，价格水平将下降。因此，古典学派认为，总需求冲击只会影响价格水平和名义总产出，不会影响实际总产出。

图 12 - 5（c）描述新古典综合派短期总供给曲线与总需求曲线所确定的宏观均衡。当促进总需求增加的因素出现时，总需求曲线向右移动至 AD_3，新的均衡国民收入增加至 y_3，但尚未达到充分就业产出水平，价格水平将上升至 P_3。反之，当减少总需求的因素出现时，总需求曲线向左移动，均衡国民收入将减少，价格水平将下降。因此，新古典综合派认为，总需求冲击不仅影响价格水平和名义总产出，还会影响实际总产出。

专栏 12 - 1

2001 年的美国经济衰退

在历史上最长的经济扩张之后，美国经济在 2001 年经历了一次衰退。失业率从 2000 年 12 月的 3.9% 上升到 2001 年 8 月的 4.9%，之后又上升到 2003 年 6 月的 6.3%。从那时起失业率开始下降，到 2005 年 1 月，失业率已下降到 5.2%。

是什么原因引起了这次衰退？又是什么原因结束了这次衰退？这两个问题的答案都是总需求的移动。

衰退开始于股市上网络泡沫的结果。在 20 世纪 90 年代，许多股市投资者对信息技术持有乐观态度，他们抬高了股票价格，特别是高科技公司的股票价格。从事后看，公平地说，这种乐观过度了。最终，这种乐观消失了，从 2000 年 8 月到 2001 年 8 月，股票价格下跌了 25% 左右。股市下跌减少了家庭财富，从而减少了消费者支出。此外，当新技术开始表现出不像原来那么有利可图了，投资支出也减少了。因此，总需求曲线向左移动。

对经济的第二个冲击是 2001 年 9 月 11 日对纽约和华盛顿的恐怖主义袭击。在那次袭击后的一周内，股市又下跌了 12%，这是自从 20 世纪 30 年代大萧条以来一周内最大的跌幅，而且这次袭击增加了人们对未来的不确定性。不确定性会减少支出，因为家庭和企业推迟了计划，等待不确定性的解决。因此，恐怖主义袭击也使总需求曲线进一步向左移动。

使总需求减少的第三个事件是一系列公司财务丑闻。在 2001 年和 2002 年间，几个大公司，包括安然和世通，被发现误导公众对其利润率的看法。当人们知道了真相时，它们股票的价值大跌。由于股市投资者不信任所有财务数据，甚至诚信的公司也经历了股价下跌。这种股市下跌进一步抑制了总需求。

决策者迅速对这些事件作出反应。一旦经济增长放慢变得显而易见，联邦储备就推行扩张性货币。货币增长加速了，利率也就下降了。联邦基金利率（银行之间的贷款利率，联储把它用作短期政策目标）从 2000 年的 6.5% 下降到 2003 年 6 月的 1.0%。低利率通过降低借贷成本刺激了支出。同时，在总统的催促下，国会在 2001 年通过了减税法案，包括直接的退税，而且，在 2003 年又通过了一项减税法案。减税的一个目标是刺激消费支出和投资支出。利率下降和减税共同使总需求曲线向右移动，抵消了经济所经历的三次紧缩性冲击的影响。

资料来源：曼昆．经济学原理（宏观经济学分册）［M］．4 版．北京：北京大学出版社，2006：252－253。

（二）总供给冲击与均衡变化

总供给冲击会引起总供给曲线向右移或向左移动，这个过程可以用图 12－6 进行分析。

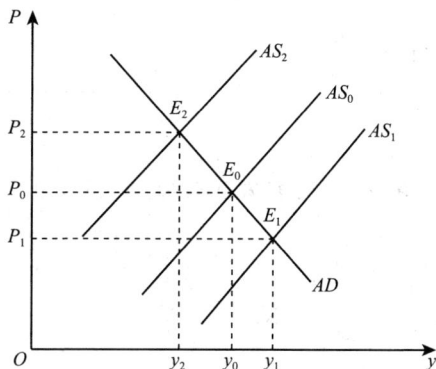

图 12－6　总供给冲击与均衡变化

通常情况下，技术进步和生产要素增加是引起 AS 曲线右移的主要原因。例如，互联网、大数据、区块链、人工智能等技术在生产中的应用以及新能源的发现等会使总供给曲线向右移动。在图 12－6 中，当促进总供给增加的因素出现时，总供给曲线向右移动至 AS_1，新均衡时国民收入增加至 y_1，但尚未达到充分就业产出水平，一般物价水平将下降至 P_1。

生产要素价格上涨是引起 AS 曲线左移的主要原因。例如，20 世纪 70 年代初，石油输出国组织（OPEC）决定对美国等西方国家实行石油禁运，引发原油价格急剧上升，导致西方工业化国家的总供给明显减少，失业大量增加，价格水平居高不下。在图 12－6 中，当减少总供给的因素出现时，总供给曲线向左移动至 AS_2，均衡国民收入减少为 y_2，价格水平上升为 P_2。在西方社会中，总供给曲线左移引起总产出减少（经济衰退），同时物价上涨（通货膨胀）的现象被称为"滞胀"。

三、长期宏观经济均衡

从长期来看，总供给曲线是一条垂线，总需求曲线是一条具有负斜率的曲线。当总供求曲线相交时，在交点上，宏观经济实现长期均衡。

当长期总需求曲线不变，生产技术发生重大变革或者新的重要资源被发现时，如图 12－7（a）所示，长期总供给曲线从 LAS_0 向右移动至 LAS_1，新均衡时的充分就业产出将由 y_{f0} 增加到 y_{f1}，均衡价格将从 P_0 下降至 P_1。当长期总供给曲线不变时，如图 12－7（b）所示，总需求曲线向右或向左移动只会影响价格水平和名义总产出，不会影响长期实际总产出。由此可见，一国要实现长期经济增长，需要依靠人才培养、技术创新以及重要经济资源的发现。

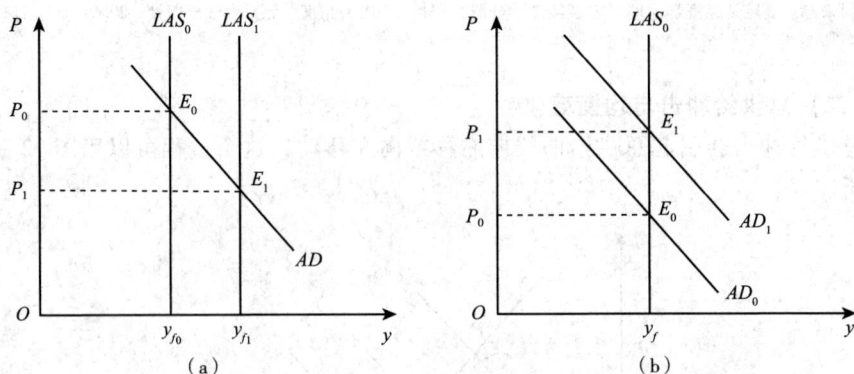

图 12－7　长期宏观经济均衡及其变化

本章小结

1. 本章讨论价格水平可变条件下，均衡国民收入的决定。这需要使用总需求和总供给函数进行定量分析，或者使用总需求曲线和总供给曲线进行定性分析。

2. 宏观经济中的总需求与微观经济中的需求有相似之处。两种需求都反映价格与需求量的负向变化关系；两种需求曲线在图形上通常具有负斜率，反映价格与需求量负相关。不同的是，总需求反映的是整体价格水平与总支出的关系，需求反映的是某种商品价格与其需求量的关系。

3. 宏观经济中的总供给与微观经济中的供给有相似之处。两种供给都反映价格与供给量的正向变化关系；两种供给曲线在图形上通常具有正斜率，反映价格与供给量正相关。不同的是，总供给反映的是总体价格水平与总产出的关系，供给反映的是某种商品价格与其供给量的关系。

4. 在不同的资源利用情况下，总供给与价格水平之间的关系是不同的，通常分为三种情况，即凯恩斯总供给曲线、常规总供给曲线和古典总供给曲线。

5. 总需求曲线和总供给曲线共同决定均衡国民收入。在短期中，总需求冲击和总供给冲击会影响到总需求曲线、总供给曲线的移动，形成新的宏观经济均衡。至于均衡价格和均衡产出是否变化，将取决于两者变化的方向和力度。

6. 长期内，总供给曲线是一条垂线，总需求曲线是一条具有负斜率的曲线。当总供求曲线相交时，宏观经济实现长期均衡。

第十二章

第十三章 失业与通货膨胀

本章提要

本章分别讨论了失业理论、通货膨胀理论以及表达失业和通货膨胀之间关系的菲利普斯曲线。学习中应当领会失业、失业率以及通货膨胀的概念，重点掌握失业的类型、通货膨胀的类型、成因以及经济效应，理解菲利普斯曲线及其相应的政策含义。

基本概念

失业　失业率　自愿失业　非自愿失业　摩擦性失业　结构性失业　周期性失业　充分就业　自然失业率　奥肯定律　通货膨胀　消费者价格指数　通货膨胀率　菲利普斯曲线

古典经济学家认为，市场是完美的，市场机制可以自动调节，使经济趋向充分就业的均衡状态。但是通过前面章节的学习可以发现，短期内总需求曲线和总供给曲线不一定相交于充分就业水平，经济可能会偏离充分就业状态，产生就业减少或（和）物价水平上涨，即产生失业或（和）通货膨胀。从现实情况来看，总需求和总供给由于受到外部冲击而时常处于变动之中，经济也就经常遭受失业和通货膨胀的困扰。因此，失业和通货膨胀成为各国政府和经济学家们普遍关注的重大问题。

第一节　失业理论

就业是民生之本，也是每个劳动者的基本权利，绝大多数劳动者通过就业获得收入以维持生存以及实现自我发展。与就业相对应的概念是失业。失业既是经济问题，也是政治问题，实现充分就业是各国实施宏观经济政策的首要目标。

一、失业的定义与衡量

（一）失业的定义

国际劳工组织指出，就业（employment）是指一定年龄范围内的人们所从事的为获取报酬或赚取利润而进行的活动。失业（unemployment）是相对就业而言的。**失业**是指在一定年龄范围内具有工作能力的人，愿意工作而没有找到工作，并且正在寻找工作的状态。可见，失业必须具备三个条件：第一，有劳动能力；第二，有就业愿望；第三，正在寻找有报酬的工作。

各国对失业的规定不尽相同。在美国，法定工作年龄是 16～65 岁，凡在这一年龄范围内，没有工作并且正在积极寻找工作的人均称为失业者，包括：①新加入劳动队伍第一次寻找工作，或重新加入劳动队伍正在寻找工作已达 4 周以上的人；②为了寻找其他工作而离职，在找工作期间作为失业者登记注册的人；③被暂时辞退并等待重返工作岗位而连续 7 天未得到工资的人；④被企业解雇而且无法回到原工作岗位的人，即非自愿离职者。

（二）失业的衡量

衡量和反映一个国家社会劳动力失业状况的最基本指标是**失业率**（rate of un-employment），它是指现有失业人口占全社会劳动人口数的比例。

在计算失业率中，相关的变量有以下几个。

（1）劳动年龄人口。各国对法定劳动年龄的规定不尽相同。我国的法定劳动年龄，男性为 16～60 岁，女性为 16～55 岁。在规定的年龄范围内的人口，统称为劳动年龄人口。由于各国对法定劳动年龄的规定有所差异，劳动年龄人口统计标准也有一定差别。

（2）非劳动人口。劳动年龄人口中有一部分属于非劳动人口，包括在校学生、家务劳动者、因病退职人员以及丧失劳动能力不能工作的人，还有正在服刑的犯人、军队服役的人、不愿工作的人、家庭农场或家庭工场中每周工作少于一定时间的人。

根据上述定义，各变量之间的关系可以用公式表示为

$$劳动人口 = 劳动年龄人口 - 非劳动人口$$
$$失业人口 = 劳动人口 - 就业人口$$
$$失业率 = \frac{失业人口}{劳动人口} \times 100\% = \frac{失业人口}{失业人口 + 就业人口} \times 100\%$$

在某一时点上，就业人口、失业人口和非劳动人口都是确定的存量。但从一段时期来看，三者又处于不断变动之中。例如，在一定时间内，失业人口中会有失业者因找到工作而进入就业人口群体，也会有就业者因失去工作而进入失业人口群体；失业人口中的一些人可能会因为长期找不到工作而丧失信心，进入非劳动人口群体；同时非劳动人口中会有一些人重新有就业意愿而寻找工作，进入失业人口群体。三者之间的经常性变动给统计带来不少麻烦，不同国家在测算失业率时所使用的统计方法有所区别和差异。有些国家通过劳动统计部门对一定数目的样本家庭定期进行抽样调查，得出失业人口；有些国家则主要以领取失业救济金的人数作为失

业人口数量。统计方法不同，测算出的失业率也就不同，因而各国的失业率统计数据并不完全可比。中国国家统计局在统计公报中发布的失业率曾经使用城镇登记失业率，由于这种失业率通常低于实际的失业率，所以从 2018 年起，公报开始使用城镇调查失业率。

二、失业的经济学解释

经济生活中为什么会有失业产生？这可以用劳动力市场劳动力供求分析框架来加以解释。在现代经济学中，失业被分为自愿失业和非自愿失业两种。所谓**自愿失业**，是指劳动者不愿在现行工作和收入条件下被雇用，自动放弃就业机会所造成的失业。**非自愿失业**是指人们愿意并积极寻找在现行条件下被雇用的机会而未能就业的状态。这两种失业可以用图 13 - 1 进行分析。

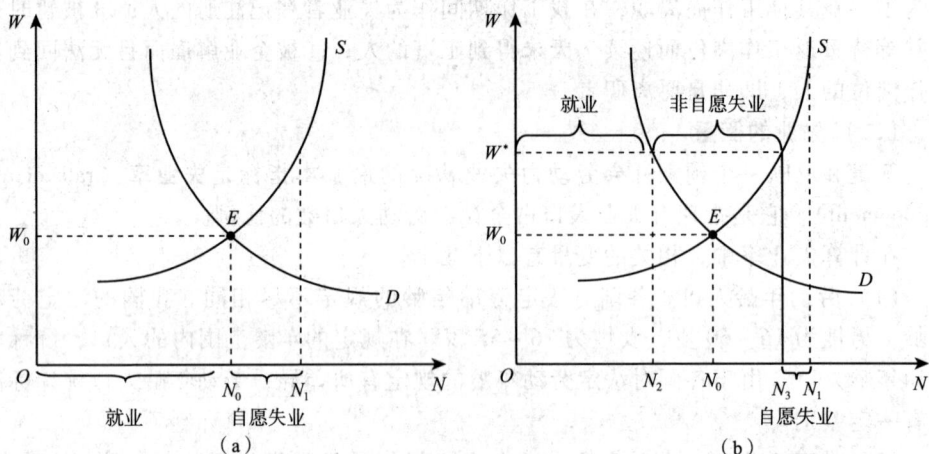

图 13 - 1　失业的经济学解释

（一）自愿失业

图 13 - 1 中，横轴为劳动力数量，纵轴为劳动力价格，即工资率。在图 13 - 1 （a）中，假定全社会的劳动力供给为 N_1，劳动力供求所形成的均衡点为 E 点，即在完全竞争的、市场出清的均衡状态下，工资率为 W_0，均衡就业量为 N_0。但在 W_0 的工资水平下，有数量为 $(N_1 - N_0)$ 的工人，他们虽然愿意工作，但他们要求的工资率高于 W_0，这部分工人显然在 W_0 的水平下失业了。由于他们是因为不愿意接受现行的均衡工资水平而形成的失业，被称为自愿失业。经济学家用保留工资、失业救济金的存在等原因来解释自愿失业的原因[①]。

---

① 保留工资（reservation wage）是指那种若水平比它低人们就不愿意工作的工资。这是因为人们实际是在工作与闲暇之间进行选择，如果一个小时的闲暇价值为 X 元，只有当工资率高于 X 元，他才愿意去工作，否则他就会"保留"自己的劳动力。失业救济金是政府对劳动者在失业期间支付的救济金，以帮助失业者在失业期间维持基本的生活水平。失业救济金会使劳动者在就业与领取救济金之间进行选择，从而形成自愿失业，并且失业救济金水平越高，领取时间越长，自愿失业的人就越多。

（二）非自愿失业

图 13 - 1（b）显示的是非出清的劳动力市场。由于工资对经济冲击的调整是迟缓的，造成现行的工资水平不是均衡工资率 W_0，而是 W^*，此时厂商愿意雇用的劳动力是 N_2 而非 N_0，劳动者愿意提供的劳动力是 N_3 也非 N_0，于是就会有 $(N_3 - N_2)$ 的劳动供给过剩，这部分劳动力是愿意在 W^* 水平下工作的，但由于厂商的劳动力需求减少，所以以形成了失业。这种失业被称为非自愿失业。可见，缺乏弹性的工资是造成非自愿失业的原因。这就引出一个问题：为什么劳动力市场的工资率不像谷物、玉米、普通股票那样的市场，可以上下浮动以便实现市场出清？现代经济学家从以下方面进行了解释。

1. 工资刚性

工资刚性表现为劳动力市场的工资状况处于一种"黏性"状态。现代经济学家普遍认为，工资向下是刚性的，其原因有以下三个方面。

（1）合同的存在。在发达经济中，工资不是在即时交易中决定的，而是由劳资双方以明确（或隐含）的合同确定的。劳动合同是在对未来不可预期的情况下签订的，合同期限一般为 1~3 年甚至更长，这就使合同内容包括工资水平无法随经济状况的变化而变化。如经济出现衰退，总需求减少，企业产品销量减少，但工人的工资并不下降，导致企业通过裁员的方式减少劳动需求。

（2）工会的存在。通过代表一个企业所有工人集体进行谈判，相对于那些单个工人在劳动力市场上进行谈判，工会更有可能从雇主那里获得更高的工资。在英国，参加工会的工人约占 15%，工会力量强大的部门包括了大部分制造业、建筑业和交通运输业。在工会化的劳动力市场，为了减少集体谈判成本，劳动合同通常以 3 年为期，工资水平在合同中事先确定。在合同有效期内，工资不会因特定领域的超额供给或超额需求而进行调整，工会工人也不会接受工资削减。

（3）工资等级和工资标准的存在。大多数的企业都事先确定了工资等级与相应的工资标准，再按这个工资率雇佣一定量的工人。为了减少工资管理费用，工资等级和工资标准一旦确定，一般很少频繁变动。当劳动力市场处于不均衡状态时，企业往往不是调整工资水平，而是重新规定职位的最低资格要求。

2. 最低工资标准

最低工资标准是政府对劳动力价格设定的最低水平（最低限价）。最早的最低工资法产生于 1884 年的新西兰，但作为专门最低工资立法开端的是澳大利亚 1896 年的最低工资法令。1938 年，美国制定了《公平劳动标准法》，规定了最低工资标准。

最低工资标准对就业产生影响。如图 13 - 1（b）所示，当政府规定最低工资水平为 W^* 而不是市场均衡工资率 W_0，就会有 $(N_3 - N_2)$ 的劳动者失业。最低工资标准对劳动者的影响是不同的，一般更容易导致低技能工人或者缺乏工作经验的工人就业机会减少。既然会导致失业，政府为什么还要实施这一政策呢？这是因为最低工资标准可以确保有工作的人能够获得足够的收入来维持最低限度的生活方式，因而最低工资政策具有合理性。

3. 效率工资

即使没有工会的影响，企业也可能选择支付高于均衡水平的工资，这种企业为了提高工人生产率而支付的高于均衡水平的工资称为效率工资。企业之所以采用效率工资，基于以下几个原因。

（1）强调工资和工人健康之间的关系。这种观点认为，工资高的工人因其饮食的营养更丰富，所以更健康，更有效率。

（2）强调工资与工人流动率之间的关系。企业向工人支付的工资越高，工人向外流动的机会成本越大，工人的流动意愿就越低。

（3）强调工资和工人素质之间的关系。企业支付高工资，可以吸引更好的工人应聘，从而提高了劳动力素质。

（4）强调工资和工作努力程度之间的关系。高工资使工人更渴望保护自己的工作，从而可以激励工人尽自己最大努力工作，降低了企业对工人的监督成本。

三、非自愿失业的类型

造成非自愿失业的原因是多种多样的，经济学家把这些原因归纳为两大类型：第一种类型是在宏观经济正常运行过程中，由于劳动力缺乏充分流动所形成的失业，被划分为摩擦性失业、结构性失业、技术性和季节性失业；第二种类型是由凯恩斯提出的周期性失业。

（一）摩擦性失业

摩擦性失业是指由于劳动力市场信息不畅通或者劳动者与岗位的匹配需要时间等诸多因素的作用，造成社会中总是有一部分人处于失业状态。在一个动态经济中，各行业、各部门与各地区之间劳动力需求的变动是经常发生的，这种变动必然导致劳动力的正常流动。在劳动力市场流动的劳动者有足够的工作能力，社会上也存在适合他们的工作岗位，只是由于劳动力市场上信息不畅通，对就业信息了解不充分，即使工作空缺与失业者在人数、技能和地区上大致相符，也会有人处于寻找工作的失业状态，这就形成了摩擦性失业。例如，刚毕业的大学生在短时间内找不到合适的工作，就属于这种情况。

如果劳动者一失业就能发现并找到适合自己偏好和能力的工作岗位，摩擦性失业就为零。但是在现实中，劳动力市场的信息是不充分的，劳动者不可能了解到所有空缺的工作岗位信息，劳动者在搜寻工作的过程中需要时间，包括上网搜索招聘信息、打电话咨询、应聘的交通过程等。即使在网络信息沟通十分发达的今天，搜寻工作岗位的成本虽然可以大大降低，但是上网仍然需要时间，并且现实中雇主一般不会把工作交给第一个求职的人，而求职的人一般也不会只进行一次找工作的尝试，双方通过反复考察和搜索以相互匹配的过程也需要时间。因此，摩擦性失业在任何时候都是存在的，而且随着经济的发展，还表现出不断扩大的趋势。客观地说，经济中存在适当的摩擦性失业，是人才流动和人力资源不断寻求最优配置的必然现象。

（二）结构性失业

结构性失业是指由于经济结构或产业结构的变化引起的劳动力市场上供给和需求结构长期失调而造成的失业。这种失业的主要表现是：在劳动力市场上，劳动力供给的性质、结构、比例不符合社会对劳动力需求所提出的新要求，即正在寻找就业机会的劳动者知识结构、技能结构类型与现有岗位对劳动力性质的要求不一致，造成失业与职位空缺现象。

造成结构性失业的主要原因有以下三个方面。

1. 产业结构的迅速调整

由于科学技术的迅速发展，不断地引起经济结构和产业结构的变化和调整，传统产业部门逐渐被淘汰，新兴产业部门不断涌现，社会生产对劳动力需求的结构发生了很大的变化。这时，如果劳动力的供给结构不能适时地进行调整，就会造成结构性失业。

2. 新技术、新工艺的迅速应用与人力资源开发滞后的矛盾

在现代市场经济中，企业为了在竞争中取胜，不断开发新技术和新工艺，并迅速地运用到生产过程中，由于原有就业人员的知识结构、技能结构不能适应这种转变，再加上人力资源开发滞后，就会造成结构性失业。

3. 政府产业政策的变动

政府对某些产业或行业的支持，就会增加这些部门劳动力需求，而另一些产业或行业由于失去政府的支持，劳动力需求就会减少。政府政策的变动引起劳动力供求总量的失衡，导致劳动力结构的失调，从而引起结构性失业。

除此以外，有些地区正在开发，而有些地区经济正在衰落，这也足以引起经济衰落地区一部分人失去工作形成结构性失业。

（三）技术性失业

技术性失业是由于技术进步所引起的失业。在经济增长过程中，技术进步的必然趋势是生产中越来越广泛地采用了资本密集型生产技术，使用先进的设备取代了工人的劳动。这样，对劳动力需求的相对缩小就会使失业增加。此外，在经济增长过程中，资本品相对价格的下降和劳动力相对价格的上升，加剧了机器取代工人的趋势，也加重了技术性失业。技术性失业的工人大多是文化技术水平较低、不能适应现代化技术要求的工人。

（四）季节性失业

季节性失业是由于某些行业生产的季节性变动所引起的失业。某些行业的生产具有季节性，生产旺季时所需的工人多，而生产淡季时所需的工人少，这就形成了季节性变动的特点。这些行业生产的季节性一般是由自然条件决定的，一般很难改变，如农业、建筑业、旅游业等，因此失业属于正常现象。

（五）周期性失业

周期性失业又称需求不足的失业，它是由于社会对商品和劳务的需求不足，劳动供给超过了可提供的就业岗位数量而引起的失业。根据凯恩斯的分析，就业水平取决于国民收入水平，而国民收入又取决于总需求。在经济周期的衰退或萧条阶段，由于整个社会对商品和劳务的有效需求不足，从而引起对劳动力需求的不足，出现劳动力供过于求的失业。这种由于有效需求不足而产生的失业是由凯恩斯提出来的，因而也被称为凯恩斯失业。

周期性失业一般出现在经济周期的萧条阶段，可以用紧缩性缺口来说明这种失

业产生的原因。紧缩性缺口是指实际总需求小于充分就业的总需求时，实际总需求与充分就业总需求之间的差额。可以用图 13 – 2 来加以说明。

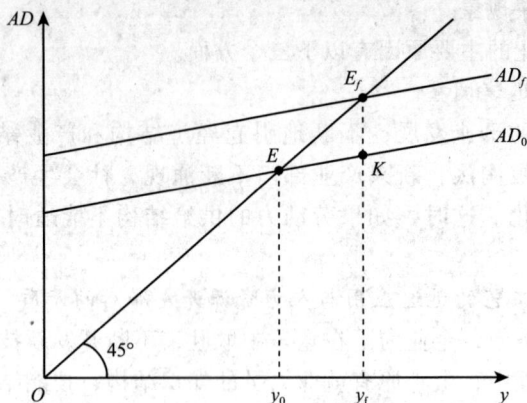

图 13 – 2　紧缩性缺口与周期性失业的关系

在图 13 – 2 中，横轴表示国民收入，纵轴表示总需求。当国民收入为 y_f 时，经济中实现了充分就业，y_f 为充分就业的国民收入。实现这一国民收入水平所要求的总需求水平为 AD_f，即充分就业的总需求。但现在的实际总需求为 AD_0，这一总需求水平决定的国民收入为 y_0，由于 $y_0 < y_f$，这就必然产生失业。实际总需求与充分就业总需求之间的差额，是造成周期性失业的根源。

四、充分就业与自然失业率

（一）充分就业

充分就业（full employment）是任何国家在任何时期重要的宏观经济目标，但是实现充分就业并不等于社会上每个劳动者都有工作。**充分就业**是指消除了周期性失业时的就业状态。在经济学中，充分就业有时还有更宽泛的含义，指经济社会的全部既定资源得到充分利用的状态。

（二）自然失业率

与充分就业相联系的一个概念是自然失业率（natural rate of unemployment）。所谓**自然失业率**，是经济社会在正常情况下的失业率，它是劳动力市场处于供求稳定状态时的失业率。这里的稳定状态被认为是：既不会造成通货膨胀也不会导致通货紧缩的状态。可以说，自然失业率就是一国实现了潜在国民收入水平时的失业率。当实际失业率低于这个比率时，通货膨胀就趋于上升；高于这个比率时，通货膨胀将趋于平缓。

自然失业率的概念是由米尔顿·弗里德曼提出来的。按照弗里德曼的观点，自然失业率下的失业，既包括传统的摩擦性失业和由于所要求的实际工资超过劳动边际生产力，以致难以为企业主雇用的"自愿失业"，也包括那些并不是认为现行实际工资太低，而是在寻求更称心的工作岗位期间暂时的失业。自然失业率的存在与劳动力市场和商品市场的实际结构性特征有关，也与市场信息的不完全性、寻找工作的成本和劳动力的转移成本有关。自然失业和周期性失业不同。周期性失业是由于经济的周期性波动所引起的，当经济状况逐渐好转，周期性失业可以慢慢消除。但自然失业是经济中难以克服的原因造成的，很难通过反周期的办法予以消除。不过，经济学家们认为，从资源配置的角度来看，自然失业并不是一件坏事，反而可以提高社会效益。

自然失业率不是一个固定不变的数值。不同的国家和同一国家的不同时期，自然失业率都会有所变动。如美国公布的自然失业率，20 世纪 60 年代为 4% 左右，70 年代为 4.9%，80 年代为 5% ~ 6%。可见，自然失业率是逐渐提高的。造成自然失业率提高的原因主要有以下三个方面。

1. 劳动者结构的变化

在劳动力队伍中，如果年轻人、妇女等所占的比重上升，自然失业率就会增加。

2. 结构性失业的加重

由于科学技术的不断突破和运用，各国产业结构调整速度不断加快。新兴产业不断兴起，传统产业逐渐衰落，产业结构的变化都将引起就业人数的变化，衰落产业的劳动者成为失业者。

3. 政府劳动政策的影响

政府的失业保险政策较容易对失业产生影响。如果失业保险金水平较高，享受失业保险待遇的时间较长，失业者不会为了维持生存而急于寻找工作，自然失业率就会上升。此外，最低工资标准也会影响自然失业率。如果政府规定的最低工资标准水平较高，企业就会用机器代替工人，导致失业的增加。

第十三章

五、失业的影响

（一）失业的经济代价

劳动力是最宝贵的经济资源，失业意味着劳动力资源被浪费了，这会减少经济中的产出，降低社会公众的福利水平。从产出核算的角度来看，失业者的收入总损失等于生产的损失。因此，丧失的产量是计算周期性失业损失的主要尺度，因为它表明经济处于非充分就业状态。20 世纪 60 年代，美国经济学家阿瑟·奥肯（Arthur Okun）根据美国的数据，提出了经济周期中失业变动与产出变动的经验关系，即**奥肯定律**（Okun law）。

奥肯定律描述了失业率变动与产出变动的经验关系。这一定律认为，失业率每高于自然失业率一个百分点，实际 GDP 将低于潜在 GDP 两个百分点。换句话说，实际 GDP 相对于潜在 GDP 而言，每下降 2%，失业率大约上升 1%。这种关系并不是十分严格，它只是说明了失业率增加 1% 时，产量下降将超过 1%。以美国为例，根据数据资源公司（Data Resources Inc.，DRI）的估算，1991 年美国的自然失业率是 5.5%，而实际失业率是 6.6%，经济衰退导致美国 1991 年的 GDP 损失约 2.2%，数额大约为 1300 亿美元。随着 1992 年经济衰退的加剧，年均失业率为 7.4%，DRI 估计的自然失业率为 5.4%，丧失的产量约为 4%，约为 2500 亿美元。

奥肯定律的一个重要结论是，实际 GDP 必须保持与潜在 GDP 同样快的增长，以防止失业率的上升。如果政府要想使失业率下降，那么该经济社会的实际 GDP 的增长必须快于潜在 GDP 的增长。

（二）失业对收入分配的影响

失业会导致收入分配不公平。有经济学家认为，一般而言，失业对穷人的打击比对富人的打击要大。根据美国 1947～1996 年按种族划分的失业率，总失业率每增加 1%，黑人的失业率就增加 2%。还有的观点认为，由于失业者可能停止纳税，他们可能得到失业保险的好处或其他的政府转移支付，而这种失业的产量损失也会由就业者即纳税人来承担。尤其是当失业者领取的失业救济金总额接近于他们就业时所得到的收入，失业者不会因为失业而遭遇明显的损失，社会总产量的损失主要由就业者来承担，因为失业救济金是通过向在职工人征税来提供的。

（三）失业的社会成本

失业还可能给个人造成心理伤害，带来家庭关系的恶化。失业直接减少了失业者及其家庭收入，而收入的减少又会造成家庭消费水平的下降。在一个失业保障制度不健全的国家里，如果失业工人长期找不到工作，其面临的悲惨境地可想而知。其次，失业给失业者带来极其严重的心理负担，这种负担是无法用金钱来衡量的。美国公共健康机构的研究表明，失业率会导致身体和心理健康的退化，引发心脏病、酗酒和自杀等。不仅如此，失业给失业者及其家庭带来的经济和精神损失，还会引发严重的社会问题。失业会造成失业者对社会的失望和不满情绪，提高社会的犯罪率、离婚率，甚至有可能引发社会骚乱。

六、降低自然失业率的政策

失业给个人和社会带来的成本如此巨大，失业问题成为每个政府都致力于治理的重大问题。自然失业率不是一成不变的，也不是自然而然产生的，往往受到宏观经济条件和制度性、政策性因素的影响，因此制定相应的政策降低自然失业率也是必要的，而且是可行的。

（一）扩大政府就业计划

政府可以通过各种措施提供更多的就业岗位，如增加基础设施建设和公共工程的投入，外包公共服务等，以扩大对劳动力的需求。

（二）完善劳动力市场服务

产生自然失业的一个重要原因是劳动力市场的不完善，如摩擦性失业的根源在于劳动供求双方反复的考察和搜索、通过不断试探来寻求相互匹配的过程。虽然不可能从根本上消除摩擦性失业，但是可以最大限度地缓解这种类型的失业，如增强就业的信息发布和反馈机制，清除劳动力自由流动的各种障碍，大力加强就业指导等。治理政策的重点应当放在提供准确、充足的信息以及对失业者求职技巧的培训上。

第十三章

（三）加强职业培训

结构性失业的主要原因在于劳动力在各个部门之间的转移和流动需要成本。当一个经济因为产业结构进化而面临失业率不断上升时，改善和优化劳动力供给素质是一个有效的措施。常用的方法是加强职业培训、提高劳动者的就业适应能力。目前，世界各国都有各具特色的职业培训和继续教育体系，有企业主导型的，也有政府主导型的。职业培训的目的一是提高劳动者的素质和劳动生产率，二是为了失业者转岗的需要，通过与时俱进的就业技能培训，使劳动者快速适应就业市场的变化。这些措施同样可以减少技术性失业。

（四）制定促进就业的政策措施

通过创业扶持计划，激励失业者自主就业；制定适度的最低工资标准，减少企业的裁员；调整失业保险金的给付金额与享受期限，以调动劳动者的就业积极性，这些政策对促进就业都有积极作用。

第二节　通货膨胀理论

在 20 世纪 80 年代，一支雪糕的价格只需要 1 角钱人民币，但在今天，一支雪糕的价格是 4 元甚至更多。1981 年，美国的通货膨胀率达到 10.4%，在盖洛普公司进行的民意调查中，接受调查的大多数美国人都认为当时的通货膨胀是美国面临的最主要问题。可见，通货膨胀不但是学者们关心的问题，也是大多数民众关注的焦点问题。

一、通货膨胀的定义与衡量

（一）通货膨胀的定义

当一个经济中的大多数商品和服务的价格连续在一段时间内普遍上涨时，宏观经济学就认为这个经济中出现了通货膨胀（inflation）。严格地讲，**通货膨胀**就是指经济中一般物价水平普遍而持续上升。对于这一定义，可以从两个方面进行理解：第一，通货膨胀不是一种或几种商品价格的上升，而是物价水平普遍的上升。如果仅有一种或几种商品的价格上升，就不能算作是通货膨胀。第二，不是物价的偶然上升或暂时上升，而是指持续一定时期的物价上升。由此可见，只有普遍、持续的物价上升才能够被称作通货膨胀。

（二）通货膨胀的衡量

宏观经济学一般用价格水平来描述整个经济中的各种商品和劳务价格的总体平均数。作为一个总量指标，价格水平是用价格指数来衡量的，常涉及的价格指数主要有 GDP 折算指数、消费者价格指数和生产者价格指数。关于 GDP 折算指数，在第九章中已经做过说明，这里不再重复。下面主要介绍消费者价格指数和生产者价格指数。

1. 消费者价格指数

消费者价格指数（consumer price index，CPI），又称零售价格指数或生活费用指数，旨在反映一定时期内居民所消费商品及服务项目的价格水平变动趋势和变动程度。它可以告诉人们，对普通家庭的支出来说，购买具有代表性的一组商品，不同时期的花费具有多大差别。CPI 用公式可以表示为

$$CPI = \frac{一组固定商品按当期价格计算的总价}{一组固定商品按基期价格计算的总价} \times 100$$

例如，以 2005 年为计算基期，我国一个普通家庭在 2005 年每月购买一组相同数量的商品的费用为 800 元，2010 年购买同样一组商品的费用是 1400 元，则我国 2010 年消费价格指数为

$$CPI_{2010} = \frac{1400}{800} \times 100 = 175$$

与此相似，如果在 2000 年购买相同的一组商品费用为 200 元，那么 2000 年的消费者价格指数（仍然以 2005 年为基期）就是这一数值与 2005 年购买相同一组商品费用的比较结果，即

$$CPI_{2000} = \frac{200}{800} \times 100 = 25$$

第十三章

专栏 13-1

我国的 CPI 是如何调查和生成的

1. CPI 包含的内容

CPI 即居民消费价格指数的定义决定了其所包含的统计内容是居民日常消费的全部商品和服务项目。由于人力和财力的限制，不可能也没有必要调查全部商品和服务项目的价格，世界各国都采用抽样调查方法进行调查。具体做法就是抽选一组一定时期内居民经常消费的、对居民生活影响相对较大的、有代表性的商品和服务项目，通过调查其价格来计算价格指数。

目前，我国用于计算 CPI 的商品和服务项目，由国家统计局和地方统计部门分级确定。国家统计局统一确定商品和服务项目的类别，设置食品、烟酒及用品、衣着、家庭设备用品及服务、医疗保健及个人用品、交通和通信、娱乐教育文化用品及服务、居住八大类 262 个基本分类，涵盖了城乡居民的全部消费内容。

由于地域辽阔，各地居民消费的传统习惯和消费水平不同，具体的代表规格品由各地确定后报国家统计局审定。比如粮食制品，北京选择的是馒头、火烧和大饼等规格品，贵阳选择的是米粉、卷粉和宽粉等规格品。考虑到大城市、小城市和县之间人口数量的巨大差异，在 600 种调查商品和服务项目的最低要求基础上，对大城市的要求要多一些。如北京实际调查 1429 种，贵阳实际调查 647 种。

2. 价格调查地点的选择

由于没有必要在每一个销售场所和销售地点都开展价格调查，选取一部分有代表性的商场（店）、超市、农贸市场、服务网点和互联网电商等实施抽样调查是最好的选择。目前，计算我国CPI的价格资料来源于31个省（区、市）共500个调查市县的8.8万个商业业态、农贸市场，以及医院、电影院等提供服务消费的单位，统称为价格调查网点。由于在人口和市场建设等方面的差距，大中城市要明显多一些，小城市和县就相对要少一些。

3. 价格的采集方法

世界各国通常采用派人直接调查、电话调查、企业报表、网上收集等方式相结合收集计算CPI所需的原始价格资料。1984年，经国务院批准，国家统计局在各地成立了直属调查队通过手持数据采集器，采用定人、定点、定时的方法直接调查。

目前对于CPI中的粮食、猪牛羊肉、蔬菜等与居民生活密切相关、价格变动相对比较频繁的食品，每5天调查一次价格；对于服装鞋帽、耐用消费品、交通通信工具等大部分工业产品，每月调查2~3次价格；对于水、电等政府定价项目，每月调查核实一次价格。

4. 权数资料来源

收集齐价格资料以后，就可以计算单个商品或服务项目以及262个基本分类的价格指数，但还不能计算类别价格指数，还需要各类别相应的权数。权数又称比重。CPI中的权数是指每一类别商品或服务项目的消费支出在居民全部商品和服务项目总消费支出中所占的比重。现行制度规定，CPI中的权数每5年调整一次，但每年还要根据城乡居民家庭消费支出的变动及相关资料对权数进行一次相应的调整。

5. CPI的汇总计算方法

CPI的汇总计算方法相对复杂一些，有比较强的专业性。我国采用的汇总计算方法与其他国家基本是一样的。主要区别在于世界上大多数国家仅仅汇总计算国家一级的CPI，我国既有分省的CPI，部分市县也计算CPI。

资料来源：中国国家统计局网站，http：//www.stats.gov.cn。

2. 生产者价格指数

生产者价格指数（producer price index，PPI）又称批发价格指数，是衡量生产原料和中间投入品等价格平均水平的价格指数。PPI与CPI的不同之处在于，PPI选取的商品组合主要是原材料和中间产品，旨在对商品所处生产阶段的价格水平进行度量，这使得它被当作经济周期的早期指示性指标之一而受到政策制定者的密切关注。

3. 通货膨胀率

通货膨胀的程度通常用通货膨胀率来衡量。**通货膨胀率**被定义为从一个时期到另一个时期价格水平变动的百分比。用公式表示为

$$\pi_t = \frac{P_t - P_{t-1}}{P_{t-1}} \times 100\%$$

式中，π_t 为 t 时期的通货膨胀率；P_t 和 P_{t-1} 分别为 t 时期和 $(t-1)$ 时期的价格水平。如果用消费者价格指数来衡量价格水平，通货膨胀率就是不同时期的消费者价格指数变动百分比。假定消费者价格指数从上年的 100 增加到本年的 127，那么这一时期的通货膨胀率就为

$$\frac{127 - 100}{100} \times 100\% = 27\%$$

二、通货膨胀的类型

西方学者按照不同的标准对通货膨胀进行了分类。

（一）按照通货膨胀的严重程度分类

按照通货膨胀的严重程度，可以将通货膨胀划分为三种类型：温和的通货膨胀、严重的通货膨胀和恶性的通货膨胀。

温和的通货膨胀（low inflation），又称为爬行的通货膨胀，是指年物价上升的比率在 10% 以内。许多国家都存在或者曾经存在这种类型的通货膨胀。经济学家并不十分害怕温和的通货膨胀，甚至有些人还认为这种缓慢而逐步上升的物价对经济和收入的增长有积极的刺激作用。由于人们对通货膨胀的预期比较稳定，温和的通货膨胀的效率损失是有限的。

严重的通货膨胀（galloping inflation），又称为奔腾的通货膨胀，是指年物价上升的比率在 10% ~ 100% 之间，即通货膨胀率高达两位数。这种情况下人们对通货膨胀有明显的感觉，并且预期价格会进一步上涨，因而采取各种措施维护自己的利益，如囤积商品、购买房屋，提高利率贷出货币等，以免遭受通货膨胀之害，但这些措施反而对通货膨胀起推波助澜的作用。

恶性的通货膨胀（hyper inflation），又称为超级的通货膨胀，一般指通货膨胀率在 100% 以上，而且完全失去了控制。这时流通中的货币量增长速度远远超过了货币流通速度的增长幅度，货币的购买力急剧下降，人们都希望尽快将货币脱手，从而大大加快了货币流通速度，其结果是人们对货币完全失去信任，各种正常的经济关系遭到破坏，以致货币体系和价格体系最后完全崩溃，严重的情况下还会出现社会动乱。

（二）按照通货膨胀对价格影响的差别分类

按照通货膨胀对不同商品价格的影响程度和差别，可以将通货膨胀划分为两种类型：平衡的通货膨胀和非平衡的通货膨胀。在平衡的通货膨胀中，每种商品的价格都按照相同比例上升；在非平衡的通货膨胀中，各种商品价格上升的比例并不完全相同，例如，甲商品价格的上涨幅度大于乙商品，或者利率上升的比例大于工资上升的比例。

（三）按照人们对通货膨胀的预期情况分类

按照这种分类标准，可以将通货膨胀分为两种：未预期到的通货膨胀和预期到

的通货膨胀。前者是指人们没想到价格会上涨，或者价格上升的速度超出人们的预料。例如，国际市场原料价格的突然上涨所引起的国内价格上升，或者在长期价格稳定的情况下突然出现的价格上涨。后者是指价格上涨的幅度在人们的预料之中。例如，当某国的物价水平年复一年按5%的速度上升时，人们便会预计到物价水平将以同样的速度继续上升，从而在日常生活中进行经济核算时会把物价上升的比例考虑在内。比如劳动者所要求的工资、银行所要求的利率都会以5%的速度上涨。因此，预期的通货膨胀具有自我维持的特点，类似物理学中运动物体具有的惯性，这种通货膨胀有时又被称为惯性的通货膨胀。

（四）按照通货膨胀产生的原因分类

根据产生的原因，可以把通货膨胀分为需求拉动的通货膨胀、成本推动的通货膨胀、混合型通货膨胀和结构性通货膨胀。

三、通货膨胀的原因

有关通货膨胀的原因，经济学家们的解释可以归纳为三个方面：第一是货币数量论的解释，它强调货币在通货膨胀形成过程中的重要作用；第二是从总需求和总供给的角度加以解释，包括从需求和供给两方面的角度进行解释；第三是从经济结构中相关因素变动的角度来说明。

（一）作为货币现象的通货膨胀

18世纪的大卫·休谟提出，所有经济变量应该分为两类：一类由名义变量（nominal variables）组成，即按货币单位衡量的变量；另一类由实际变量（real variables）组成，即按实物单位衡量的变量。这种名义变量和实际变量的区分，被称为古典二分法。根据古典分析，货币供给变动影响名义变量而不影响实际变量。当中央银行使货币供给翻一番时，物价水平翻了一番，美元工资翻了一番，所有其他用美元衡量的价值都翻了一番。而实际变量，例如，生产、就业、实际工资和实际利率等都不变。这种货币供给变动对实际变量的无关性称为货币中性，换言之，货币供给变动并不影响实际变量。古典分析对长期经济而言是正确的，例如，我国居民在超市购买大米，在10年前为每斤2元，现在为每斤4元，与此同时，月平均名义工资水平也由10年前的2000元增长到3000元。但这并不意味着在短期内货币变动对实际变量没有影响，相反会产生重要影响。

持货币数量论观点的经济学家认为，每次通货膨胀都是货币供给量迅速增长的结果。这一理论的出发点和依据是费雪交易方程式

$$MV = Py \tag{13.1}$$

式（13.1）中，M为货币供给量（假定全部用于流通）；V为货币流通速度，被定义为名义收入与流通中的货币量之比，即一定时期（如一年）内平均一单位货币用于购买最终产品和劳务的次数，MV反映的是经济中的总支出。P为价格水平；y为实际收入水平；Py即是指名义收入水平。由于经济中对商品和劳务支出的货币额就是商品和劳务的总销售价格，因而方程的两边相等。由式（13.1）可以

得到如下关系式①：

$$\pi = \hat{m} - \hat{y} + \hat{v} \tag{13.2}$$

式中，π 为通货膨胀率；$\hat{m}$ 为货币增长率；$\hat{y}$ 为产量增长率；$\hat{v}$ 为货币流通速度的变化率。可以看出，通货膨胀来源于三个方面：货币流通速度的变化、货币增长和产量增长。由于货币流通速度一般较为稳定，假定是不变的，也假定收入处于其潜在的水平上，可以得出以下结论：通货膨胀的产生主要是货币供给量增加的结果，或者说，货币供给的增加是通货膨胀的根本原因。

倡导货币数量论的经济学家米尔顿·弗里德曼指出，通货膨胀是发生在货币量增加的速度超过产量增加的速度的情况下，而且每单位产品所配合的货币量增加得越快，通货膨胀的发展就越快。他认为："在当今世界上，通货膨胀是印刷机带来的现象。"

专栏 13 -2

旧中国与津巴布韦的货币发行

1945 年 8 月，国民党政府法币的发行额是 5569 亿元，比 1937 年 6 月的 14.1 亿元增加了 392 倍，增加幅度已经不小，但与以后的发行量相比简直是"小巫见大巫"。1948 年 8 月 21 日，竟然高达 6636946 亿元，币值已贬到不及它本身纸价以及印刷费的价值。于是国民党当局孤注一掷，发行新的通货金圆券来取代法币，以 1：300 万的比例收兑无限膨胀的法币。1948 年 8 月 19 日规定新币每元含金量为纯金 0.22217 公分，发行总限额为 20 亿元。但到 1948 年 12 月，金圆券的发行量已经达到 83.2 亿元，超过限额 4 倍多；1949 年 1 月，再增加至 208 亿元，相当于发行最高额的 10.4 倍；1949 年 5 月上海解放前夕，更增加至 679458 亿元，是金圆券发行限额的 33 972 倍。假如以 1：300 万的兑换率折合成法币，数量则高达 2038374000000 亿元的天文数字，相当于 1937 年 6 月的 144565531900 倍。票面额也越发越大，从 100 元到 1 万元、10 万元，最后竟出现 50 万元、100 万元一张的巨额大钞。金圆券最后遭到民众拒绝使用，并且加速货币制度的彻底崩溃。

---

① 推导过程如下：将 $MV = Py$ 中的变量动态化，并取自然对数有

$$\ln P + \ln y = \ln M + \ln V$$

对上式关于时间 t 求微分得

$$\frac{\dot{P}}{P} + \frac{\dot{y}}{y} = \frac{\dot{M}}{M} + \frac{\dot{V}}{V}$$

若记 $\pi = \frac{\dot{P}}{P}$，$\hat{y} = \frac{\dot{y}}{y}$，$\hat{m} = \frac{\dot{M}}{M}$，$\hat{v} = \frac{\dot{V}}{V}$，则上式可以整理得到

$$\pi = \hat{m} - \hat{y} + \hat{v}$$

无独有偶，津巴布韦也许是世界上唯一一个亿万富翁与香车、美女、洋房联系不上的国家。2008年4月4日，继2008年1月津巴布韦中央银行发行最大面值为1000万津元的纸币后，又发行了当今世界上面额最大的2.5亿津元纸币，在津巴布韦，人们对货币的使用早已不是论"张"，而是论"堆"或用秤来"称量"。1张1000亿津元的钞票仅仅等于1美元。这场经济危机开始于1980年，自从这个国家获得独立以来，通货膨胀率已经达到了2200000%。为了应对完全失控的通货膨胀，津巴布韦于2008年7月21日发行了面额为1000亿津元的钞票。不过这样一张钞票，仍然不足以购买一条面包。津巴布韦还发行过一套100亿、200亿和500亿津元面额的新钞。截至2009年1月9日，1美元可兑换250亿津元，后来津巴布韦政府宣布，将100万亿津元后去除12个0，改为1津元。

（二）需求拉动的通货膨胀

需求拉动的通货膨胀，是指总需求超过总供给所引起的一般价格水平的持续显著上涨。需求拉动的通货膨胀理论是凯恩斯提出的，这种理论强调实际因素（如政府支出和税收的变动）对总需求的影响，认为通货膨胀的实质是"过多的货币追逐过少的商品"。

图13-3说明需求拉动的通货膨胀产生的原因。图中横轴y表示总产量（国民收入），纵轴P表示一般价格水平。AD为总需求曲线，AS为总供给曲线。AS的水平段表示，当总产量较低时，总需求的增加不会引起价格水平的上涨。当产量从零增加到y_1，价格水平始终稳定。总需求曲线AD_1与总供给曲线AS的交点E_1决定的价格水平为P_1，总产量水平为y_1。当总产量达到y_1以后，继续增加总需求，就会遇到生产过程中供给短缺的"瓶颈"现象，产量不能随总需求的增加而扩大，进而引起商品价格水平的上涨。如总需求曲线AD_2与总供给曲线AS的交点决定了价格水平P_2和总产量y_2。价格水平从P_1上升到P_2和P_3的现象也被称作"瓶颈"式的通货膨胀。

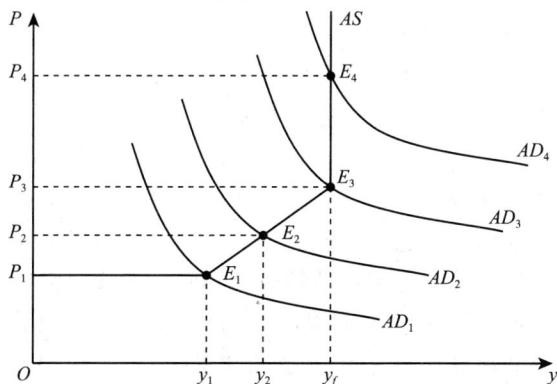

图13-3　需求拉动的通货膨胀

当总产量达到充分就业的产量y_f以后，如果总需求继续增加，总供给就无法继续增加了，因此总供给曲线AS呈垂直状。这时总需求的增加只会引起价格水平的上涨。例如，图中总需求曲线从 AD_3 提高到 AD_4 时，它同总供给曲线的交点所决定的总产量并没有任何增加，但是价格水平已经从 P_3 上升到了 P_4，这就是需求拉动的通货膨胀。造成总需求过度增长的因素来自消费需求、投资需求、政府需求或国外需求，这些因素都会导致需求拉动的通货膨胀。

（三）成本推动的通货膨胀

成本推动的通货膨胀是从总供给方面说明一般价格水平上涨的原因。成本推动的通货膨胀，是指在没有超额需求的情况下，由于供给成本的提高所引起的一般价格水平持续和显著的上涨。用图 13－4 来说明。图中，总需求没有发生变动，只有总供给发生变动。总供给曲线为 AS_1 时，总供求曲线的交点 E_1 决定了总产量 y_1 和价格水平 P_1。当总供给曲线由于成本提高而移动到 AS_2 时，总供求曲线交点 E_2 决定了总产量 y_2 和价格水平 P_2。与之前相比，总产量下降而价格水平上涨。当总供给曲线由于成本进一步提高而移动到 AS_3 时，新的交点 E_3 决定了总产量进一步下降到 y_3，而价格水平进一步上涨到 P_3。

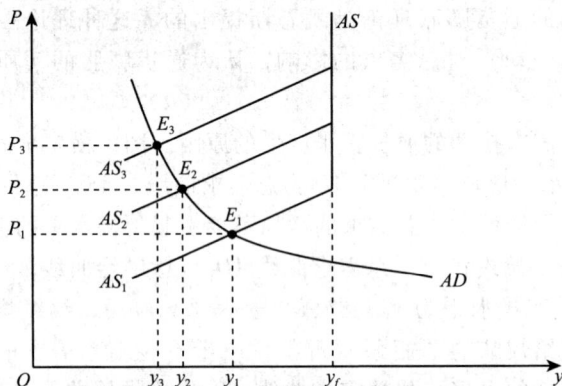

图 13－4　成本推动的通货膨胀

根据引起成本增加的原因，成本推动的通货膨胀可分为以下几种。

1. 工资成本推动的通货膨胀

工资成本推动的通货膨胀是指在不完全竞争的劳动力市场上，过高的工资导致了一般价格水平的上涨。这是由于在完全竞争的劳动力市场上，工资率完全由劳动的供求决定，均衡工资的提高不会造成通货膨胀；而在不完全竞争的劳动力市场上，由于工会组织的存在，工资不再是竞争性的结果，而是工会和雇主集体议价的结果，而且由于工资的增长率超过生产的增长率，工资的提高导致成本提高，从而导致一般价格水平上涨，形成工资推动的通货膨胀。经济学家进而认为，工资提高和价格上涨之间存在因果关系：工资提高引起价格上涨，价格上涨又引起工资提高。这样，工资提高和价格上涨形成了螺旋式的上升运动，即所谓"工资—价格螺旋"，导致严重的通货膨胀。

2. 利润推动的通货膨胀

利润推动的通货膨胀又称价格推动的通货膨胀，是指企业利用市场的力量谋取过高利润所导致的一般价格水平上涨。这种观点认为，就像不完全竞争的劳动力市场是工资推动通货膨胀的前提一样，不完全竞争的产品市场是利润推动通货膨胀的前提。如果产品市场是完全竞争的，价格会完全取决于商品的总供求，任何企业都不能通过控制产量来改变市场价格；而在不完全竞争的产品市场上，垄断企业和寡头企业为了追求更大的利润，可以操纵价格，把产品价格定得很高，致使价格上涨的速度超过成本增长的速度，从而形成通货膨胀。

3. 进口成本推动的通货膨胀

进口成本推动的通货膨胀是指在开放经济中，由于进口原材料的价格上升而引起的通货膨胀。在这种情况下，一国的通货膨胀通过国际贸易渠道而影响到其他国家。例如，20世纪70年代初，由于石油输出国组织提高石油价格，导致石油市场油价大幅度上升，引发西方国家严重的通货膨胀。

（四）混合型通货膨胀及通货膨胀预期

在实际经济生活中，很难说只有单纯的需求拉动或成本推动的通货膨胀，往往是混合的通货膨胀。

在图 13-5 中，AS_1 代表初始的总供给曲线，AD_1 代表初始的总需求曲线，AS_1 与 AD_1 的交点决定了初始的均衡产量 y_1 和均衡价格 P_1。当某些原因导致社会总需求增加，总需求曲线从 AD_1 移动到 AD_2，此时价格水平从 P_1 上升到 P_2。同时，由于生产成本、垄断利润和进口成本等诸多因素的影响，社会总供给减少了，供给曲线从 AS_1 移动到 AS_2，在总需求和总供给的双重作用下，均衡价格水平进一步上升到 P_3。当社会总需求和总供给继续变化时，总需求曲线向上移动到 AD_3，总供给曲线向上移动到 AS_3，价格水平最终上升到 P_4。在这个过程中，由于社会总需求和总供给的共同作用，物价水平持续上涨，形成了混合型的通货膨胀。

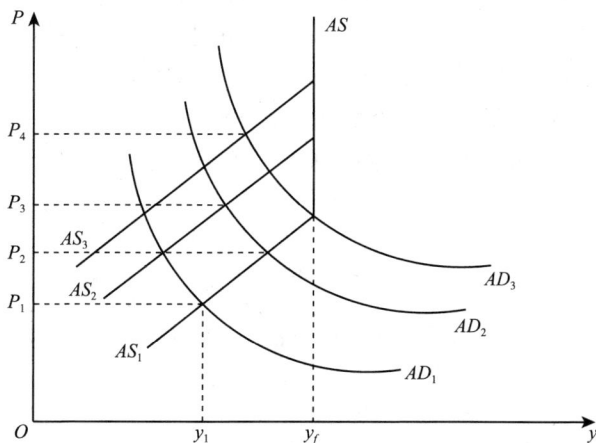

图 13-5　混合型通货膨胀

与需求拉动型通货膨胀和成本推动型通货膨胀相比，混合型通货膨胀理论可以较全面地分析通货膨胀的形成。各国实践证明，通货膨胀往往不是价格水平的一次性改变，而是价格水平的持续上升。在大多数情况下，通货膨胀似乎有一种"惯性"。产生这种现象的原因在于，在通货膨胀时，如果人们普遍意识到物价上涨并形成了通货膨胀预期，工人会与雇主进行谈判，要求工资上升与物价水平的上涨相一致，以保证他们的实际工资不会下降。在通货膨胀时，银行也会调整贷款利率以确保货币资本的实际收益率。这意味着以货币计量的一些名义变量（如工资、利息、租金等）的提高和价格上涨之间存在着因果关系。以工资为例，工资提高引起价格上涨，价格上涨又引起工资提高。于是，工资提高和价格上涨形成了螺旋式的上升运动。

这种通货膨胀惯性同样可以借助图 13 – 5 进行分析。当 AD 曲线第一次移动到 AD_2 时，价格水平上升到 P_2，根据上面所说的工资—价格上升螺旋，价格上升会引起工资提高，较高的工资使 AS 曲线向左上移动到 AS_2。同时为了避免持有货币而遭受购买力下降的损失，人们会竞相购买商品，使消费增加，总需求进一步扩大到 AD_3。总供给和总需求的这种变动使得价格水平继续从 P_2 上升到 P_4，价格的进一步上涨又引发了新一轮的工资上涨。这样，通货膨胀的压力在整个经济中有不断循环下去的趋势。

（五）结构性通货膨胀

结构性通货膨胀是从部门结构方面分析通货膨胀的原因。这种理论认为，社会经济可以从不同角度划分许多部门，这些部门受外界影响程度不同，它们在需求方面或成本方面的变动所引起的价格变动也不同。从生产率提高的速度看，一些部门生产率提高的速度快，另一些部门生产率提高的速度慢；从经济发展的过程看，一些部门正在迅速发展，另一些部门日趋衰落；从同世界市场的关系看，一些部门（开放部门）同世界市场的联系十分密切，另一些部门（非开放部门）同世界市场没有密切联系。在现代社会的经济结构之中，前者的产品日益受到人们的青睐，需求不断增加，但是生产要素却不容易从生产率低的部门转移到生产率高的部门、从渐趋衰落的部门转移到正在迅速发展的部门、从非开放部门转移到开放部门。然而，生产率提高慢的部门、正在日趋衰落的部门以及非开放部门在工资和价格上都会要求"赶上去"，结果导致一般价格水平的上涨。

假定社会存在 A、B 两个生产率提高快慢不同的部门，二者的初始产量相等。部门 A 的生产增长率 $\left(\dfrac{\Delta y}{y}\right)_A$ 为 3.5%，工资增长率 $\left(\dfrac{\Delta W}{W}\right)_A$ 也为 3.5%，这时全社会的一般价格水平不会因为 A 部门工资的提高而上涨。如果 B 部门的生产增长率 $\left(\dfrac{\Delta y}{y}\right)_B$ 仅有 0.5%，但也要求工资增长率 $\left(\dfrac{\Delta W}{W}\right)_B$ 达到 3.5%，以向 A 部门看齐，这时全社会的生产增长率为

$$\frac{\Delta y}{y} = \left[\left(\frac{\Delta y}{y}\right)_A + \left(\frac{\Delta y}{y}\right)_B\right] \div 2 = (3.5\% + 0.5\%) \div 2 = 2\%$$

全社会的工资增长率为

$$\frac{\Delta W}{W} = \left[\left(\frac{\Delta W}{W}\right)_A + \left(\frac{\Delta W}{W}\right)_B\right] \div 2 = (3.5\% + 3.5\%) \div 2 = 3.5\%$$

这时，全社会工资增长率超过生产增长率 1.5%，工资增长率超过生产增长率

的百分比就是价格上涨率或通货膨胀率①。可见，即使总供给和总需求在总量上是平衡的，但如果在结构上不匹配，也会引发价格水平的不断提高，从而形成结构性通货膨胀。这个理论揭示了在总供给和总需求总量大致平衡的情况下，一国完全可能存在着不同程度的通货膨胀。现实也确实如此，一国的经济发展往往伴随着某种程度的通货膨胀，物价水平很少长时期稳定不变。

专栏 13-3

马克思对通货膨胀成因的解释

马克思的货币流通规律对通货膨胀的成因进行了剖析。作为流通手段，流通中的货币需要量取决于以下几个因素：一是待售商品的总量；二是商品的价格水平；三是货币的流通速度。前两项相乘就是价格总额。一定时期内商品流通所需要的货币量，等于全部待售商品的价格总额除以同一单位货币的平均流通速度，这就是货币流通量的规律。这一规律表明，流通中的货币需要量与商品价格总额成正比，而与货币流通速度成反比。

在货币作为支付手段的情况下，一方面，需要动用货币的地方，不仅有商品买卖，而且还有清偿债务、支付工资以及缴纳税款等；另一方面，在有商品买卖的地方，随着商业信用关系的发展，在很多情况下，商品买卖采取赊购和各当事人债权债务相抵消的办法。因此，货币流通量规律扩充为：流通中所需要的货币量=（待售商品价格总额－赊销商品价格总额＋到期支付总额－互相抵消支付总额）/货币流通速度，这是金融货币的流通规律。

当纸币出现以后，纸币只是价值符号，代表金属货币执行流通手段职能，它本身并没有价值。那么，纸币的流通量是怎样决定的呢？马克思指出："纸币流通的特殊规律只能从纸币是金的代表这种关系中产生。这一规律简单说来就是：纸币的

---

① 经济学家认为，在劳动生产率、工资增长率和通货膨胀率之间具有如下数量关系：

$$通货膨胀率 = 货币工资增长率 - 劳动生产增长率$$

这一关系的推导是：在微观经济学中，货币工资等于劳动边际产品价值

$$W = P \cdot MP \tag{1}$$

从宏观经济学来看，式（1）中的 W 可以理解为整个社会的平均货币工资，P 为社会的平均价格水平，MP 为整个社会的劳动的边际产品，并用 MP 大体衡量社会的劳动生产率。将上述三个变量动态化，即将 W、P 和 MP 都看成时间 t 的函数，通过对式（1）关于时间 t 微分，可以得到

$$\dot{W} = \dot{P} \cdot MP + M\dot{P} \cdot P \tag{2}$$

式（2）中，字母上带点表示该字母所代表的变量是关于时间 t 的导数。如 $\dot{W} = dw/dt$。

用式（2）除以式（1），经变形后可以得到

$$\frac{\dot{P}}{P} = \frac{\dot{W}}{W} - \frac{M\dot{P}}{MP} \tag{3}$$

式（3）表明了劳动生产率、工资增长率和通货膨胀率之间的关系。

发行限于它象征地代表的金（或银）的实际流通的数量。"① 纸币本身没有价值，只是代表金属货币执行流通手段职能，因此纸币流通规律是以金属货币流通规律为基础的，纸币的发行数量限于货币流通规律所决定的金属货币的需要量。如果国家发行的纸币和流通中所需要的金属货币量相适应，那么纸币就可以按金属货币同等价值进行流通；纸币发行量如果超过流通中所需要的金属货币量，纸币代表的金属币值就会减少，纸币就会贬值，物价就会上涨，这就是所谓的通货膨胀。可见，纸币超过流通中所需金属货币量的发行量与单位纸币所代表的货币价值成反比，与物价上涨的程度成正比。

四、通货膨胀的经济效应

通货膨胀是一个广泛存在而且能够扩散其影响的经济过程，每一个经济活动的参与者和经济单位都会在某种程度上受到它的影响。在此主要从三个方面来考察其经济效应。

（一）收入再分配效应

通货膨胀会通过改变名义资产的价值，在经济社会的不同人群中引发收入和财富的再分配。在分析之前，先要区分名义收入（资产）和实际收入（资产）。名义收入（资产）就是一个人所拥有的以货币数量表示的收入（资产）价值；而实际收入（资产）则是一个消费者用他的名义收入（资产）能够买到的商品和劳务数量。

1. 有利于浮动收入者，不利于固定货币收入者

浮动收入者的收入可以根据价格水平的变化进行调整，实际收入不会受到太大损失。例如，在扩张中的行业工作并有强大的工会支持的工人，工会可以代表他们与资方进行谈判，在每个新合同中都能得到大幅度的工资增长；从利润中得到收入的企业主，如果产品价格上升速度快于资源价格上升速度，企业的收益将比成本增长更快，企业主能够从通货膨胀中获利。但是对货币收入固定的人而言，在通货膨胀时期收入的增长速度往往落后于物价水平的上升速度，固定货币收入的实际购买力必将随着价格上升而下降，实际收入会由于通货膨胀而减少。这些人包括工薪阶层、领取退休金或救济金以及靠福利和其他转移支付维持生活的人，他们往往是通货膨胀的牺牲品。

2. 有利于债务人，不利于债权人

如果按照固定利率支付借款利息，通货膨胀就会对债权人和债务人的利益进行再分配。例如，甲向乙借了 1 万元，约定借款年利率为 10%，贷款期限为 1 年。如果借款期间通货膨胀率为 15%，则实际利率为 -5%，实际利率为名义利率和通货膨胀率的差额。只要通货膨胀率大于名义利率，实际利率就是负值。从实际购买力来说，乙不但没有因为借出货币而获利，反而受损。

---

① 马克思恩格斯全集：23 卷［M］. 北京：人民出版社，1972：147.

3. 不利于储蓄者

随着价格上涨，存款及其固定利息的实际价值或购买力就会降低，将闲置货币存在银行的人会受到严重打击。如果名义利率为5%，而通货膨胀率为10%，则实际利率为 -5%。类似的还有固定收益的保险金、养老金以及其他固定价值的证券金融资产等，它们本来是为防患于未然和积蓄养老的，在通货膨胀中，其实际价值反而会下降。

4. 有利于政府，不利于居民

收入再分配还发生在政府和居民之间。大量实际研究表明，第二次世界大战以来，西方国家的通货膨胀从居民手中把大量的财富通过再分配转移到公共经济部门。原因有两点：第一，政府作为债券的发行人，大量的债券掌握在居民手里，也就是说政府是债务人，而居民是债权人；第二，一般政府所得税是累进的，所以在通货膨胀期间，人们要多交税，这不但因为他们的货币收入提高了，而且还因为他们进入了较高的纳税级别。所以，有些经济学者认为，很难希望政府会努力去制止通货膨胀。

需要注意的是，由于居民往往同时是收入获得者、金融证券持有者和实际资产（不动产）所有者，通货膨胀对他们的影响在一定程度上是可以互相抵消的。例如，某家庭既有固定价值的货币资产，如储蓄、债券、保险等，会因通货膨胀而削减其实际价值；但同时通货膨胀又会增加其房产、土地的价值。总之，许多居民同时因通货膨胀得益，又因通货膨胀受损。

专栏 13 -4

通货膨胀税

如果通货膨胀如此容易解释，那么为什么一些国家还会发生超速通货膨胀呢？也就是说，为什么这些国家的中央银行选择发行这么多货币，以致货币必然会一直迅速贬值呢？

答案是，这些国家的政府把货币创造作为支付其支出的一种方法。当政府想要修公路、支付政府官员的薪水，或者对穷人或老年人进行转移支付时，它首先必须筹集必要的资金。在正常的情况下，政府可以通过征收所得税和销售税来筹资，也可以通过出售政府债券向公众借债来筹资。然而，政府也可以简单地通过印发它需要的货币来为其支出进行支付。

当政府通过印发货币筹集收入时，可以说是在征收一种通货膨胀税（inflation tax）。但是，通货膨胀税和其他税并不完全一样，因为没有一个人从政府那里收到这种税的税单。相反，通货膨胀税是较为隐蔽的。当政府印发货币时，物价水平就会上升，你钱包里的美元就不值钱了。因此，通货膨胀税就像是一种向每个持有货币的人征收的税。

资料来源：曼昆. 经济学原理（宏观经济学分册）[M]. 4 版. 北京：北京大学出版社，2006：164 - 165。

（二）产出效应

国民经济的产出水平是随着价格水平的变化而变化的，通货膨胀对产出和就业水平的影响具有不确定性。可以分为三种情况。

1. 促进产出和就业的增加

这一般来自需求拉动通货膨胀的刺激。经济学家认为，温和的、需求拉动的通货膨胀对产出和就业具有扩张效应。当总需求增加，经济复苏，导致一定程度的通货膨胀，产品价格的上涨快于货币工资率和其他资源价格的上涨，企业利润增加，可以刺激企业扩大生产，增雇工人，国民产出增加。这种情况意味着通货膨胀再分配的不利后果，会被就业增加、产出增加所获得的收益所抵消。如果失业者只有在通货膨胀条件下才能得到就业机会，显然受益于通货膨胀。

2. 导致产出和就业的下降

这一般来自成本推动的通货膨胀。假定在原来的总需求水平下，经济实现了充分就业和物价稳定。如果此时发生成本推动的通货膨胀，物价水平的上升使原来的总需求水平只能购买到较少的产品数量，由于购买力相对不足，产量将会减少，失业将会扩大。美国在 20 世纪 70 年代的经济情况就证实了这一点。1973 年年末，石油输出国组织把石油价格翻了两番，成本推动通货膨胀的后果是美国 1973 ~ 1975 年的物价水平迅速上升，与此同时，美国的失业率从 1973 年的不到 5% 上升到了 1975 年的 8.5%。

3. 导致经济崩溃

首先，随着价格持续上升，居民和企业都会产生通货膨胀预期，估计物价会再度升高。为了不让自己的储蓄和现有的收入贬值，人们宁可在价格进一步上升前把它花掉，就会产生过度的消费购买，导致储蓄和投资减少，经济增长率下降。

其次，随着通货膨胀带来的生活费用上升，劳动者不但要求增加工资以抵消过去价格水平上升所造成的损失，而且要求补偿下次工资谈判前可以预料到的通货膨胀带来的损失，企业增加生产和扩大就业的积极性就会逐渐丧失。

再次，企业在通货膨胀率上升时会力求增加存货，以便在稍后按高价出售以增加利润。这种通货膨胀预期还可能鼓励企业增加新设备。但是，企业的这些行为不久就会由于无法筹集到必要的资金而停止，因为银行会拒绝继续为企业扩大信贷，而且银行的利率也会上升，企业得到贷款会越来越困难，从而被迫减少存货，导致生产的收缩。

最后，当出现恶性通货膨胀时，经济状况会变得更加不稳定。当人们完全丧失对货币的信心时，货币就再不能执行它作为交换手段和储藏手段的职能。这时，人们会考虑如何尽快把钱花出去或进行投机活动。等价交换的正常买卖、经济活动的签订和履行、经营单位的经济核算以及银行的结算和信贷活动等，都无法再实现，市场经济机制也无法再正常运行，整个市场运行机制完全被打乱，经济出现崩溃局面。

（三）资源配置效应

未预期的通货膨胀对经济产生负面影响，但预期的通货膨胀也会对经济造成实际的损害。经济学家们指出，预期的通货膨胀也会产生价值尺度成本（unit-of-account cost)、皮鞋成本（shoe-leather cost）和菜单成本（menu cost），从而影响社会资源的配置。

1. 价值尺度成本

货币的重要职能之一是充当价值尺度。通货膨胀会引起单位货币在不同时间发生变化，这种效应降低了经济决策的质量，使社会对经济资源利用程度降低。通货膨胀的价值尺度成本就是指由于通货膨胀使得货币作为价值尺度的可信程度降低而带来的成本。例如，在没有通货膨胀之前，甲、乙两地都有基本相同的价值尺度，甲地的1元和乙地的1元是等值的。但是通货膨胀会带来单位货币在不同时间的变化，甲地的1元与乙地的1元不再等值，对两地的交换与贸易造成阻碍。

2. 皮鞋成本

人们持有货币是为了交易方便，但通货膨胀使得人们不愿意持有货币，而是将现金换成实物或其他的硬通货。比如德国在超级通货膨胀期间，商人雇用了很多善跑之人，一天中多次把银行的钱存进生息账户或转成更为稳定的外国货币。以色列在1984～1985年间，人们不得不在一星期中多次光顾银行或ATM机，把他们的钱从生息账户中转进或转出。这些都说明，为了尽力避免通货膨胀税，人们贡献出了本来可以用于其他生产性活动的有效资源——时间、善跑之人的劳动。通货膨胀所引起的交易成本增加就是所谓的皮鞋成本，这一说法是对人们为了尽可能避免持有货币而四处跑动造成的皮鞋磨损的形象比喻。在高通货膨胀经济中，皮鞋成本是相当高的。

3. 菜单成本

菜单成本是与价格调整相关的小额成本支出。这一术语来自这样的情形：对于餐馆来说，印制新菜单既费时间又花钱，所以不如少改变价格。这在很大程度上推迟了应该随着供求关系而进行的价格调整。但是当通货膨胀发生时，企业不得不经常改变价格，这意味着菜单成本的增加。如巴西在超级通货膨胀时期，有报道说超市的工作人员有一半时间花在更换价格标签上。

第三节　失业与通货膨胀的关系

失业和通货膨胀都是短期宏观经济运行中的主要问题。经济决策者会发现，低通货膨胀和低失业的目标往往是冲突的，因此有必要从理论上探讨失业和通货膨胀之间的关系。在宏观经济学中，失业和通货膨胀的关系主要是由菲利普斯曲线来说明的。

一、菲利普斯曲线

菲利普斯曲线是由英国伦敦经济学院新西兰籍的经济学家菲利普斯在1958年提出的。他分析了1861～1957年间英国的货币工资增长率和失业率，发现两者之间存在着显著的负相关关系：失业率越高，货币工资增长率就越低；失业率越低，

第十三章

货币工资增长率就越高。把这种关系刻画在图形上就是原始的或称传统的**菲利普斯曲线**（Phillips curve），如图 13 – 6 所示。

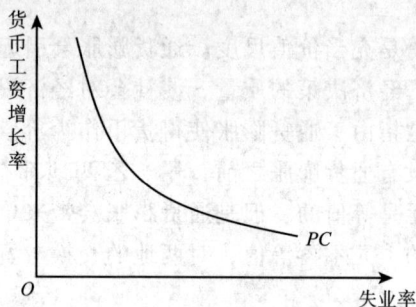

图 13 – 6　传统菲利普斯曲线

工资是产品成本的主要部分，因而也是产品价格的重要基础，所以，反映货币工资增长率与失业率关系的菲利普斯曲线也反映了通货膨胀率与失业率之间的关系。以萨缪尔森为代表的新古典综合学派把菲利普斯曲线改造为失业和通货膨胀率之间的关系，并把它作为新古典综合理论的一个组成部分，用以解释通货膨胀。新古典综合学派对最初的菲利普斯曲线进行改造的出发点是基于工资增长率、劳动生产率和通货膨胀率之间的关系，即

通货膨胀率 = 货币工资增长率 – 劳动生产增长率

如果劳动生产增长率为零，则通货膨胀率就与货币工资增长率一致，因此菲利普斯曲线就可以表示为通货膨胀率与失业率之间的替换关系，即失业率高，通货膨胀率就低；失业率低，通货膨胀率就高（见图 13 – 7）。

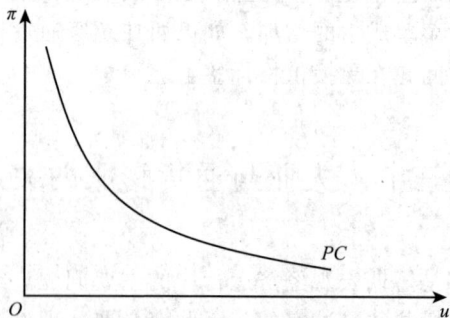

图 13 – 7　菲利普斯曲线

在图 13 – 7 中，横轴 u 代表失业率，纵轴 π 代表通货膨胀率，向右下方倾斜的曲线 PC 即为菲利普斯曲线。菲利普斯曲线所揭示的失业与通货膨胀的替换关系与美国 20 世纪 60 年代通货膨胀与失业的数据吻合得很好（见图 13 – 8）。

若设 u^* 代表自然失业率，则可以将简单形式的菲利普斯曲线表示为

$$\pi = -\varepsilon(u - u^*) \tag{13.3}$$

式（13.3）中，参数 ε 衡量价格对失业率的反应程度。例如，$\varepsilon = 2$，则实际

失业率相对于自然失业率每增加 1 个百分点，通货膨胀率会下降 2 个百分点。总之，当失业率超过自然失业率，即 $u > u^*$ 时，价格水平就下降；反之，价格水平就上升。由此可见，在失业和通货膨胀之间存在着一种替换关系，即可以用通货膨胀率一定量的增加来换取失业率一定量的减少，或者反之。

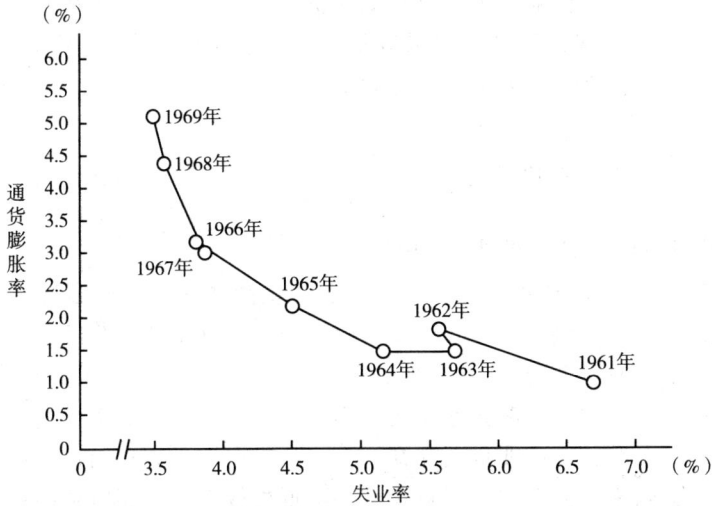

图 13 - 8　美国的通货膨胀与失业（1961 ~ 1969 年）

资料来源：多恩布什，等. 宏观经济学 ［M］. 10 版. 北京：中国人民大学出版社，2010：107。

二、菲利普斯曲线的政策含义

菲利普斯曲线的含义给了政策制定者一种思路。具体而言，政府在运用菲利普斯曲线的时候，首先应确定经济中所能忍受的失业率和通货膨胀率，即一个经济社会先确定一个社会临界点，由此确定一个失业与通货膨胀的组合区域，如图13 - 9的阴影部分。

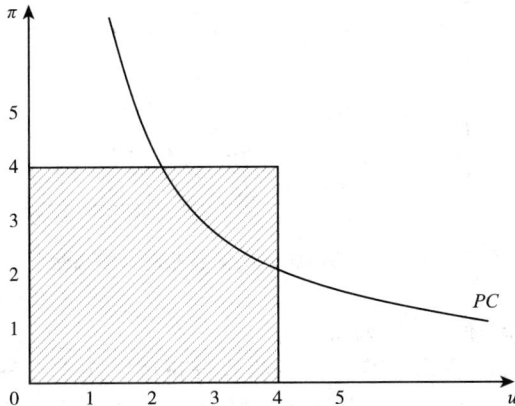

图 13 - 9　菲利普斯曲线的政策含义

图 13 - 9 中，假定失业率和通货膨胀率都在 4% 以内，经济社会被认为是安全的或可容忍的，由此形成的四边形阴影区域被称为安全区域。如果该经济的实际失业率和通货膨胀率组合落在安全区域内，决策者无须采取任何措施对经济进行调节。但是，如果实际通货膨胀率高于 4%，例如达到了 5%，则经济决策者可以采取紧缩性政策，以提高失业率为代价降低通货膨胀率。如果经济社会的失业率高于4%，例如为 5%，此时决策者可以采取扩张性政策，以提高通货膨胀率为代价来降低失业率，把经济调整到安全区域之内。

三、菲利普斯曲线的变异

（一）后凯恩斯主义的菲利普斯曲线

20 世纪 60 年代末 70 年代初以来，菲利普斯曲线所表示的通货膨胀与失业的关系发生了很大变化。例如，1962 年或 1963 年，能以稍微超出 5.5% 的高失业率换来 2% 左右的低通货膨胀率，但到了 1974 年，以几乎相同的高失业率却换来 10% 的通货膨胀率。这表示失业率与通货膨胀率之间的互换关系发生了变化。后凯恩斯主义认为，菲利普斯曲线仍然存在，并且已经向右上方移动，失业率和通货膨胀率将在更高的水平上并存，这就意味着要降低失业率就需要以更高的通货膨胀率为代价；或者说要降低通货膨胀率就需要以更高的失业率为代价。如图 13 - 10 所示。在图中，菲利普斯曲线由最初的 PC_1 向右上方移动到了 PC_2，PC_2 上的任何一点所表示的失业率和通货膨胀率比 PC_1 都要高。菲利普斯曲线向上的移动，表明社会面临着更高的通货膨胀率与更高失业率同时并存的局面，宏观经济政策的运用将面临更大的困难。

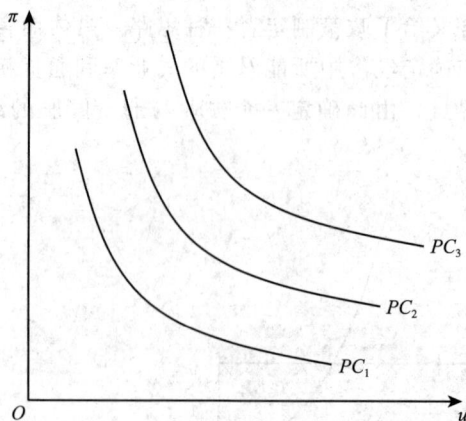

图 13 - 10　后凯恩斯主义的菲利普斯曲线

（二）货币主义的菲利普斯曲线

弗里德曼在 1968 年指出了菲利普斯曲线分析的一个严重缺陷，即它忽略了影响工资变动的一个重要因素：工人对通货膨胀的预期。这里的预期，是适应性预期，即人们根据过去的经验来形成并调整对未来的预期。弗里德曼指出，企业和工人关注的不是名义工资，而是实际工资。当劳资双方谈判新工资协议时，他们都会对新协议期的通货膨胀进行预期，并根据预期的通货膨胀率相应调整名义工资水平。货币主义根据人们是否来得及根据实际情况来调整自己的预期，最终使预期与未来实际发生的情况完全吻合，将考察期间分为短期和长期两种情况。

短期菲利普斯曲线就是预期通货膨胀率保持不变时，通货膨胀率与失业率的关系曲线。考虑到预期因素之后，菲利普斯曲线的方程（13.3）被改写为

$$\pi - \pi^e = -\varepsilon(u - u^*) \qquad (13.4)$$

或

$$\pi = -\varepsilon(u - u^*) + \pi^e \qquad (13.5)$$

式中，π^e 表示预期通货膨胀率。式（13.5）也被称为现代菲利普斯曲线，或者叫作附加预期的菲利普斯曲线。

如图 13-11 所示，当通货膨胀率 $\pi = 0$ 时，预期通货膨胀率 $\pi^e = 0$，菲利普斯曲线与横轴相交于自然失业率 u^*，此时预期通货膨胀率与实际通货膨胀率相同，通货膨胀率既不会加速上升，也不会减速。这以另一种方式描述了自然失业率的概念，即将自然失业率定义为非加速通货膨胀的失业率。

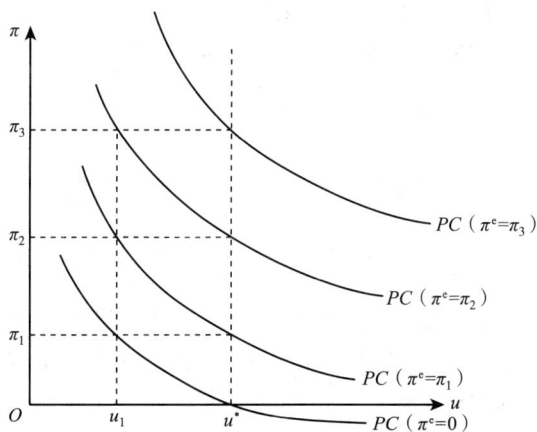

图 13-11　货币主义的短期菲利普斯曲线

如果当局认为，该自然失业率仍然太高，而采取政策使其降低到 u_1，通货膨胀率将沿着既定的短期菲利普斯曲线 PC（$\pi^e = 0$）上升到 π_1。人们对通货膨胀的预期不久就会提升到 $\pi^e = \pi_1$，由于人们开始要求增加名义工资，厂商会减少劳动力雇佣，从而导致失业率再次提高到最初的水平 u^*。此时短期菲利普斯曲线已经向上移动到 PC（$\pi^e = \pi_1$）。此时如果政府采取扩张性政策，想使失业率再次下降到 u_1，通货膨胀率会沿着新的 PC（$\pi^e = \pi_1$）上升到 π_2，但不久人们的预期通货膨胀率也会由 $\pi^e = \pi_1$ 提高到 $\pi^e = \pi_2$，造成短期菲利普斯曲线的再次上升，移动到 PC（$\pi^e = \pi_2$），失业率再次恢复到 u^*。将以上过程重复下去，可以想象，短期内，由于人们不能及时改变预期，存在着失业与通货膨胀之间的替换关系，表现在图形

上，便有诸如 PC（$\pi^e = 0$）、PC（$\pi^e = \pi_1$）等各条短期菲利普斯曲线。随着人们预期通货膨胀率的上升，短期菲利普斯曲线不断上升。

附加预期的短期菲利普斯曲线表明，在预期的通货膨胀率低于实际的通货膨胀率的短期中，失业率与通货膨胀率之间仍然存在替换关系。由此，向右下方倾斜的短期菲利普斯曲线的政策含义就是：在短期内引起通货膨胀率上升的扩张性财政政策与货币政策是可以起到减少失业的作用的。换句话说，调节总需求的宏观经济政策在短期内是有效的。

从长期来看，工人将根据实际发生的情况不断调整自己的预期，因此预期的通货膨胀率与实际通货膨胀率迟早会一致。这时，工人会要求改变名义工资，以使实际工资不变，从而较高的通货膨胀率不会起到减少失业的作用。因此，企业不会增加生产和就业，失业率也就不会下降，从而形成了一条与自然失业率位置重合的长期菲利普斯曲线 LPC。

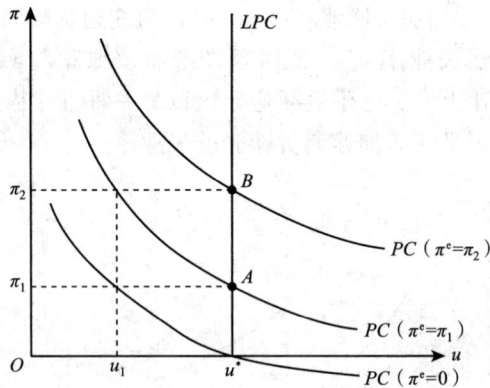

图 13 – 12　短期和长期菲利普斯曲线

在图 13 - 12 中，假设某一经济处于 A 点。由于扩张性政策的实施，总需求增加，导致价格水平上升，通货膨胀率上升为 π_2，此时实际工资会下降，从而会使生产增加，失业率由 u^* 下降为 u_1。但这种情况只能在短期内出现。因为经过一段时间后，工人发现他们实际工资是下降了，就会要求提高货币工资。与此同时，工人们会相应地调整其预期，即从 π_1 调整为 π_2，实际工资回到了原有的水平。相应地，企业生产和就业也都回到了原有的水平，失业率又恢复到 u^*。但此时，经济已处于具有较高通货膨胀率预期的 B 点。将以上过程重复下去，可以发现，在短期内，由于工人不能及时改变预期，存在着失业与通货膨胀之间的替换关系，从而有短期菲利普斯曲线。从长期来看，工人预期的通货膨胀与实际通货膨胀是一致的，因此企业不会增加生产和就业，失业率也不会下降，从而形成了一条与自然失业率重合的长期菲利普斯曲线 LPC。这条垂直的菲利普斯曲线表明，在长期内，不存在失业与通货膨胀的替换关系，也就是说，扩张性政策虽然能够在短期内有效，但是在长期内是无效的。从长期看，政府运用扩张性政策不但不能降低失业率，还会使通货膨胀率不断上升。

（三）理性预期学派的菲利普斯曲线

理性预期学派所采用的预期概念不是适应性预期，而是理性预期。理性预期是合乎理性的预期，即实际发生的情况与人们事先作出的预期完全相同。根据这一基本观点，理性预期学派对菲利普斯曲线的看法与货币主义相当近似，但是他们认为，既然人们从一开始就能准确预见到政府宏观经济政策将带来的效果，工会就会使货币工资与价格水平同步提高，因此无论在短期或长期中，预期的通货膨胀率与实际发生的通货膨胀率总是一致的，从而也就无法以通货膨胀为代价来降低失业率。所以，无论是在短期还是在长期中，菲利普斯曲线都是一条从自然失业率出发的垂线，即失业率与通货膨胀率之间不存在交替关系。由此得出的结论是：无论长期还是短期，政府宏观经济政策都是无效的。

本章小结

1. 失业被分为自愿失业和非自愿失业。非自愿失业可以分为摩擦性失业、结构性失业、技术性失业、季节性失业和周期性失业等类型。其中摩擦性失业、结构性失业、技术性失业和季节性失业被称为自然失业，其对应的失业率被称为自然失业率。

2. 现代经济学家解释非自愿失业的原因主要有工资刚性、最低工资标准以及效率工资。

3. 失业会带来一系列的代价。奥肯定律描述了失业率变动与产出变动的经验关系，认为失业率每高于自然失业率一个百分点，实际 GDP 将低于潜在 GDP 两个百分点。

4. 针对摩擦性、结构性和周期性失业产生的不同原因，可以从扩大政府就业计划、完善劳动力市场服务、加强职业培训以及制定促进就业的政策措施等方面加以治理。

5. 从物价水平上升的速度来看，可以把通货膨胀分为温和的通货膨胀、严重的通货膨胀和超级的通货膨胀。从通货膨胀的原因来看，可以从货币数量论、需求拉动、成本推动、混合型通货膨胀、结构性通货膨胀等方面加以解释。

6. 通货膨胀的经济效应表现为收入再分配效应、产出效应和资源配置效应。

7. 菲利普斯曲线反映了失业与通货膨胀之间的关系。菲利普斯曲线的政策含义在于，政府应确定经济中所能忍受的失业率和通货膨胀率的社会临界点，并根据失业率与通货膨胀率的变化制定相应的宏观经济政策。

8. 20 世纪 60 年代以来，菲利普斯曲线产生了变异。后凯恩斯主义菲利普斯曲线表明社会面临更高通货膨胀率和更高失业率并存的局面，使宏观经济政策运用更加困难。货币主义学派将菲利普斯曲线分为短期和长期两种。短期菲利普斯曲线表明宏观经济政策在短期是有效的；长期菲利普斯曲线表明宏观经济政策在长期是无效的。理性预期学派认为菲利普斯曲线是一条垂线，表明无论是短期还是长期，宏观经济政策都是无效的。

第十四章 | 经济增长和经济周期理论

本章提要

　　本章讨论了经济增长的源泉，介绍了经济增长模型，并研究了经济周期理论。通过本章学习，领会经济增长和经济周期的概念，重点理解哈罗德-多马模型和新古典增长模型，掌握经济周期的主要分类。

基本概念

　　经济增长　资本的黄金律水平　经济周期　乘数-加速数模型　加速原理

　　在前述各章中，主要介绍了宏观经济的短期波动，即在假定资本存量、人口数量和技术水平都保持不变的情况下，各个变量如何影响短期内的均衡国民收入。从长期来看，又是哪些因素促进了总收入或人均收入水平的持续增长呢？经济增长理论是凯恩斯主义出现之后形成的，是国民收入决定理论的长期化与动态化。

第一节　经济增长与经济发展

　　为什么一些国家富有而一些国家贫穷？为什么一些国家能够在较短的时期内由穷国变为富国，但另外一些国家却长期难以摆脱贫困？这些问题都是经济学家们一直试图回答的问题，经济增长理论历来是经济学研究中一个古老但又时髦的话题。

一、经济增长的定义与度量

（一）经济增长的定义

经济增长（economic growth）一般是指一个国家产出（或收入）水平的增长。西蒙·库兹涅茨（Simon S. Kuznets）认为：一个国家的经济增长，可以定义为给居民提供日益繁多的经济产品能力的长期上升，这种不断增长的能力是建立在先进技术以及所需要的制度和思想意识相应调整的基础之上的。库兹涅茨对经济增长的定义包含了以下三个方面的内容：①提供产品能力的长期上升，因而不断提高国民生活水平是经济增长的标志。②技术进步是经济增长的基础或者说必要条件。即是说，只有依靠技术进步，经济增长才是可能的。③制度与意识的调整是经济增长的充分条件。即是说，只有社会经济制度和意识适合于经济增长的要求，技术进步才能充分发挥作用，经济增长才能实现。

库兹涅茨还总结了现代经济增长的六个特征：①按人口计算的产量、人口以及资本形成的高增长率。②生产率本身增长的速度也是很高的。③经济结构的快速变革，例如，由农业转向非农业、由工业转向服务业、生产规模的变化、单个私人企业转向全国性或跨国公司等。④社会结构与意识形态的迅速改变，表现在社会城市化和移风易俗上。⑤经济增长在世界范围内的迅速扩大，经济发达国家要向其他国家争取市场和原料。⑥世界各国经济增长不平衡，先进国家和落后国家之间人均产出水平有很大差距。

库兹涅茨对经济增长的数量与结构问题的研究有很大的影响力，反映了经济增长的实质。

第十四章

（二）经济增长的度量

经济学家用来衡量经济增长的数据，最常用的是国内生产总值，因为它衡量了经济中所有人的总收入。但是，为了有利于对同一国家不同时期或同一时期不同国家之间经济增长情况的比较，一般不使用 GDP 的绝对数值，而是使用相对数值。具体而言，常用两种度量方法。

1. 国民收入的变化指数或倍数

国民收入的变化指数或倍数是指某一时期国民产出水平与基期国民产出水平之比，其计算公式为

$$G = \frac{GDP_i}{GDP_0}$$

式中，GDP_i 表示某一时期的国内生产总值，GDP_0 表示基期的国内生产总值。两者的比值反映了国内生产总值的变化与发展指数。

2. 国民收入增长率

国民收入增长率是某一时期国民收入与基期国民收入水平相比的增加量与基期国民收入水平的比值，其计算公式为

$$G = \frac{GDP_i - GDP_0}{GDP_0} \times 100\%$$

在运用国民收入增长率反映经济增长时，需要注意以下两点。

第一，应剔除价格变动的因素，即以不变价格计算 GDP，而不能用名义 GDP。

第二，应剔除人口变动的因素。经济学家经常用人均 GDP 来衡量经济增长，因为人均 GDP 反映了经济中人均实际产出的高低。

二、经济增长的源泉

是什么力量使一国经济增长呢？美国经济学家爱德华·富尔顿·丹尼森（Edward Fulton denison）认为，对经济长期发生作用并且影响增长率变动的主要有七类经济增长因素，它们分别是：

（1）就业人数及其年龄—性别构成；

（2）包括非全日工作的工人在内的工时数；

（3）就业人员的教育年限；

（4）资本存量大小；

（5）资源配置，主要指低效率使用的劳动力比重的减少；

（6）规模的节约，以市场的扩大来衡量，即规模经济；

（7）知识的进展。

前四种因素属于生产要素的供给增长，其中 1～3 种为劳动要素的增长，第 4 种为资本要素的增长。后 3 种因素属于生产要素的生产率范畴，可归纳为技术进步。在这 7 种因素中，知识进展是最重要的因素。

经济增长表现为产品和劳务数量的增加，因此可以根据生产函数来分析研究经济增长的源泉。

假设经济的总量生产函数是柯布－道格拉斯（Cobb-Douglas）生产函数

$$Y = AF(K, L) \tag{14.1}$$

式（14.1）中，Y 是总产出，K 是资本存量，L 是劳动数量，A 则衡量了经济的技术水平，被称为全要素生产率（total factor productivity，TFP）。对柯布—道格拉斯生产函数进行全微分展开，能够得到产出变化量 ΔY 的方程

$$\Delta Y = MP_K \times \Delta K + MP_L \times \Delta L + F(K, L) \times \Delta A \tag{14.2}$$

式（14.2）中，MP_K 是资本的边际产出，MP_L 是劳动的边际产出。在上述方程两边同时除以总产出 Y，可以得到

$$\frac{\Delta Y}{Y} = \frac{MP_K \times \Delta K}{Y} + \frac{MP_L \times \Delta L}{Y} + \frac{\Delta A}{A} \tag{14.3}$$

对式（14.3）进行简单的变形，可以得到产出增长率（$\Delta Y/Y$）的决定方程

$$\frac{\Delta Y}{Y} = \frac{MP_K \times K}{Y} \times \frac{\Delta K}{K} + \frac{MP_L \times L}{Y} \times \frac{\Delta L}{L} + \frac{\Delta A}{A} \tag{14.4}$$

在微观经济学中，完全竞争市场上的厂商将按照生产要素的边际产出等于其实际价格的条件来决定生产过程中的要素投入。因此，在完全竞争的市场上，资本的边际产出 MP_K 就等于单位资本的实际价格，劳动的边际产出 MP_L 等于单位劳动的实际工资。相对应地，$MP_K \times K$ 就是生产过程中资本的收益；$MP_L \times L$ 是生产过程中劳动的收益。

假设经济的资本份额是 α，即资本收益在产出中所占的份额；劳动份额是 β，即劳动收益在产出中占的份额。如果生产是规模报酬不变的，则有 $\alpha + \beta = 1$ 成立。因此，可以得到

$$\begin{cases} \alpha = \dfrac{MP_K \times K}{Y} \\ \beta = \dfrac{MP_L \times L}{Y} \end{cases}$$

将 α 和 β 代入式（14.4），可以简化为

$$\frac{\Delta Y}{Y} = \alpha \times \frac{\Delta K}{K} + \beta \times \frac{\Delta L}{L} + \frac{\Delta A}{A} \tag{14.5}$$

式（14.5）表明，产出的增长包括了三种来源：第一部分源于资本存量的变动（$\alpha \times \dfrac{\Delta K}{K}$）；第二部分源于劳动投入的变动（$\beta \times \dfrac{\Delta L}{L}$）；第三部分源于全要素生产率的增长（$\dfrac{\Delta A}{A}$），即技术进步。其中，$\dfrac{\Delta A}{A}$ 不仅衡量了经济的全要素生产率的增长率（技术进步率），而且还衡量了全要素生产率（技术进步）对产出增长的贡献，它一般被称作索洛残差（Solow residual）。由此可见，经济增长的源泉就是劳动、资本和技术进步。

1. 劳动

根据索洛的估算，在 1909～1940 年间，美国经济年增长率为 2.9%，其中由劳动引起的增长率为 1.09%，即劳动在经济增长中做出的贡献占 38% 左右。劳动主要指生产过程中所使用的劳动力的增加。劳动力的增加又可分为劳动力数量的增加与劳动力质量的提高。劳动力数量的增加来源于三个方面：一是人口的增加；二是人口中就业率的提高；三是劳动时间的延长。劳动力质量的提高表现为劳动者文化技术水平和健康水平的提高。劳动力质量的提高相当于低质量劳动的倍加。经济学家认为，在经济增长的初始阶段，人口增长率较高，劳动的增加主要依靠劳动力数量的增加，此时经济增长的质量较低；当经济增长到一定阶段，人口增长率开始下降，这就需要通过提高劳动力质量来弥补劳动力数量的不足，此时经济增长进入一个良性循环的轨道。

2. 资本

资本分为两类，即人力资本和物质资本。人力资本被称为无形资本，主要体现为劳动者身上的文化技术水平、健康状况等。物质资本又称为有形资本，是指以设备、厂房、存货等形式存在的资本。这里的资本是指物质资本。资本是社会

生产得以进行的物质条件。根据索洛对美国 1909~1940 年间的估算，由于资本增加所引起的增长率为 0.32%，即资本在经济增长中的贡献占 11% 左右。经济学家认为，在经济增长的开始阶段，资本增加所做的贡献还要大一些。因此经济学家们把资本积累占国民收入的 10%~15% 作为经济起飞的先决条件。在以后的增长中，资本的相对作用会有所下降。但西方各国经济增长的事实表明，储蓄水平高从而资本增加较大的国家，经济增长率仍然较高，如德国、日本等。

3. 技术进步

在现代社会，技术进步在经济增长中的作用越来越显著，并占据了最重要的地位。根据索洛的估算，1909~1940 年间，在美国 2.9% 的年增长率中，由技术进步而引起的增长率为 1.49%，所做出的贡献占经济增长的 51%。技术进步主要包括了资源配置的改善、规模经济和知识的进展。资源配置的改善主要是指人力资源配置的改善，即劳动力从低生产率部门转移到高生产率部门，或是从农业部门转移到工业部门，从独立经营者与分散小企业转移到大企业中。人力资源配置的改善，提高了全社会的生产率，推动了经济增长。规模经济是指由于企业规模扩大而引起厂商成本下降与收益增加。企业规模的扩大，能够采用先进的技术与先进的生产设备，从而提高生产率，这一点在工业部门（如汽车、机械、冶金、电子等行业）中表现得最为突出。知识的进展包括科学技术的发展及其在生产中的运用，新工艺的发明与采用新的管理方法和手段等。知识进展是技术进步中最重要的内容，根据经济学家丹尼森的估算，技术进步引起的生产率提高中，有 60% 左右要归功于知识进展。

专栏 14-1

中国的经济增长

中国的经济增长无疑也得益于劳动、资本和技术进步。但各自对经济增长的贡献是多大呢？以 2001~2007 年为例。在核算过程中，以 2000 年不变价格的 GDP 作为衡量中国经济总产出 Y 的指标，并且按照永续盘存法计算得到了 2000 年价格的资本存量 K[①]，以就业人数作为衡量劳动的指标。同时，设定资本份额 $\alpha=0.4$，劳动份额 $\beta=0.6$。[②]

表 1 中的核算结果显示，2001~2007 年中国经济总产出的年均增长率高达 12.18%。其中，资本积累贡献了 6.06%，劳动增长贡献了 1.20%，其余的 4.91% 是全要素生产率增长（技术进步）的贡献。也就是说，技术进步能够解释 2001~2007 年中国经济 GDP 增长率的 40.31%。

---

① 永续盘存法（perpetual inventory）是核算资本存量 K 的一种常用方法，其计算资本存量 K 的公式是：期末资本存量 = 期初资本存量 + 本期资本增加数 - 本期资本减少数。

② Young A. Gold into Base Metals: Productivity Growth in the People's Republic of China During the Reform Period [J]. Journal of Political Economy, 2003, 111 (6): 1220-1261.

表 1		中国经济增长核算（2001～2007 年）						单位:%
年份	产出的增长 $\Delta Y/Y$	增长的来源						
		=	资本 $\alpha\Delta K/K$	+	劳动 $\beta\Delta L/L$	+	全要素生产率 $\Delta A/A$	
2001～2007	12.18		6.06		1.20		4.91	

资料来源：陈刚. R&D 溢出、制度和生产率增长 [J]. 数量经济技术经济研究，2010 (10)：64－77，115.

三、经济发展

在 20 世纪 50～60 年代以前，传统理论认为，经济发展（economic development）意味着国家财富和劳务生产增加以及人均国民生产总值提高，因此经济增长被看作经济发展的同义词，并不加以严格区分。但是在 20 世纪 60 年代以后，这一观点受到了若干国家现实的挑战，一些国家人均国内生产总值迅速增长，但其社会政治和经济结构并未得到相应改善，贫困和收入分配不公平情况仍然十分严重，人们的生活质量并未随着国民总收入的增长而得到改善，经济学家开始把经济发展同经济增长区别开来，并认识到经济发展比经济增长具有更加丰富的内涵。在这个时期，一般将经济发展定义为：在经济增长基础上，一个国家经济与社会结构现代化演进的过程。经济发展不仅涉及物质增长，而且涉及社会和经济制度以及文化的演变；既着眼于经济规模在数量上的扩大，还着重于经济活动效率的改进，同时又是一个长期、动态的进化过程。

20 世纪 70 年代，著名经济学家阿玛蒂亚·森（Amartya Sen）关于社会选择、福利分配、贫困和自由的研究再一次改变了人们对经济发展的认识。阿玛蒂亚·森批判了狭隘的经济发展观，包括发展就是国民生产总值增长、或个人收入提高、或工业化、或技术进步、或社会现代化等观点。阿玛蒂亚·森指出，（经济）发展可以看作扩展人们享有的真实自由的一个过程，真实自由包括免受困苦（例如饥饿、营养不良、可避免的疾病）的基本可行能力，以及能够识字算数、享受政治参与等的自由，即人们能够过自己愿意过的那种生活的"可行能力"（capability）。

阿玛蒂亚·森以实质自由和可行能力的扩展为首要目的的发展观引起了经济发展理念的一次意义深远的革命。1990 年，联合国计划开发署（UNDP）以可行能力视角为指导，发表了第一个《人文发展报告》。其中，选用收入水平、期望寿命和教育三个指标来计算各国的人文发展指数（human development index，HDI），并用其来衡量各国的（经济）发展水平。此后，沿袭这一重要理论思想的年度《人类发展报告》成为最受重视的全球性报告之一，并对世界各国的发展理念和发展模式产生了深远的影响。

第十四章

第二节　经济增长模型

经济增长模型是说明经济增长和有关经济变量之间因果关系和数量关系的理论。经济学家建立了许多经济增长模型，试图回答能否保持经济长期增长以及所必需的条件等问题。本节介绍几种比较著名的经济增长模型。

一、哈罗德－多马模型

为了解释经济的长期增长，英国经济学家罗伊·哈罗德（Roy F. Harrod）在1948年发表的《动态经济学导论》一书中，提出了一个国民经济长期均衡增长的模型。与此同时，英国经济学教授埃夫赛·多马（Evsey D. Domar）在1946年发表的《资本扩张、增长率和就业》和1948年发表的《资本积累问题》两篇论文中也独立地提出了一个说明经济动态均衡增长的条件和途径的模型。由于这两个模型在内涵上基本一致，后人将这两个模型合称为哈罗德－多马模型（Harrod-Domar model）。哈罗德－多马模型是在凯恩斯收入决定理论思想的框架下，将凯恩斯的理论动态化和长期化，从而发展出的现代经济学意义上的第一代经济增长模型。

（一）基本假设条件

哈罗德－多马增长模型有以下基本假设：

（1）生产技术水平不变，即不存在技术进步。

（2）全社会只生产一种产品，这种产品既可以作为消费品，又可以作为资本品。

（3）生产要素只包括资本 K 和劳动 L，且生产过程中资本和劳动的比例固定不变，即资本和劳动是不能相互替代的。

（4）社会总量生产函数是柯布－道格拉斯生产函数形式，且满足规模报酬不变。

（5）不存在资本折旧。也就是说，每年的新增投资 I 都转化为了资本存量 K 的增加（Δ 表示该变量的增量；下标 t 表示时间），即

$$I_t = K_t - K_{t-1} = \Delta K_t$$

（6）资本存量 K 和总产出 Y 的比例，即资本－产出比 v 不变，即

$$v = \frac{K_t}{Y_t} = \frac{I_t}{\Delta Y_t}$$

由此投资函数 I 可以表述为：$I_t = v\Delta Y_t = v\,(Y_t - Y_{t-1})$

（7）储蓄 S 是国民收入 Y 的函数，且储蓄率 s 是外生给定的不变常数（意味着边际消费倾向也不变），即

$$S_t = sY_{t-1}$$

（二）实际增长率

在满足上述基本假设之后，哈罗德－多马模型能够得到总产出（总收入）的

实际增长率 G，即一定时期内实际发生的经济增长率（actual rate of growth）。具体来说，当产品市场实现均衡时，有总供给 = 总需求，即

$$C_t + S_t = C_t + I_t$$

上述均衡条件也可表达为

$$S_t = I_t$$

将储蓄函数 $S_t = sY_{t-1}$ 和投资函数 $I_t = v(Y_t - Y_{t-1})$ 带入产品市场的均衡条件，得到

$$sY_{t-1} = v(Y_t - Y_{t-1})$$

整理之后，可得到实际增长率 G 是

$$G = \frac{Y_t - Y_{t-1}}{Y_{t-1}} = \frac{s}{v} \tag{14.6}$$

第十四章

式（14.6）定义的实际增长率 G，就是哈罗德 – 多马增长模型中实际产出（收入）的长期增长路径。它表明实际增长率与储蓄率 s 成正比，与资本产出比 v 成反比。只要储蓄等于投资的产品市场均衡条件能够成立，总能够保证总产出（总收入）以一个稳定的速度（s/v）增长。

（三）经济长期稳定增长条件

为了得到模型的均衡增长条件，哈罗德 – 多马增长模型还提出了合意增长率（也称为"有保证的增长率"）和自然增长率，从而区分了实际增长率 G、合意增长率 G_w 和自然增长率 G_n。

合意增长率（warranted rate of growth）是指能够使企业家感到满意并愿意保持下去的增长率。它是由合意的储蓄率 s_d 和合意的资本 – 产品比 v_w 所决定，可表述为如下形式：

$$G_w = \frac{s_d}{v_w} \tag{14.7}$$

式（14.7）中，G_w 是合意增长率，s_d 是合意的储蓄率，v_w 是厂商合意的资本 – 产出比。

自然增长率（natural rate of growth）是指在人口增长和技术进步条件下所能达到的长期最大增长率。它是由最适宜的储蓄率 s_o 和合意的资本 – 产出比 v_w 决定，可表述为如下形式：

$$G_n = \frac{s_o}{v_w}$$

哈罗德认为，要实现经济长期稳定的均衡增长，必须使实际增长率、合意增长率和自然增长率相一致，即：$G = G_w = G_n$。在这种情况下，社会经济既得到了均衡增长，又保证了充分就业，从而实现了充分就业的均衡增长，这是经济增长的最理想状态。然而这三个经济增长率却是经常背离的，从而社会经济稳定的均衡增长是

很难实现的。

第一，在不存在人口增长和技术进步的情况下，均衡增长率是 $G = G_w$，即实际增长率 G 等于合意增长率 G_w。此时，所有的资本得到了充分利用，经济在长期内实现了资本充分就业的均衡增长。但是，G 等于 G_w 在现实中很难实现，一旦 G 和 G_w 发生了偏离，由于缺少恢复均衡的机制，经济将会持续上升（或下降），很难保持稳定的增长速度。

如果 $G > G_w$，厂商会发现实际的资本－产出比 v 小于合意的资本－产出比 v_w。此时，厂商将会追加投资，从而增加了 G，进一步加剧了 G 与 G_w 之间的差距，会造成投资和 G 的再次增加，并如此循环下去。因此，一旦 $G > G_w$，就会形成累积性的经济扩张，并造成严重的通货膨胀。反之，如果 $G < G_w$，厂商会发现实际的资本－产出比 v 大于合意的资本－产出比 v_w。此时，厂商将会减少投资，从而降低了 G，进一步加剧了与 G_w 之间的差距，会造成投资和 G 的进一步下降，并如此循环下去。因此，一旦 $G < G_w$，就会形成累积性的经济收缩，并造成严重的失业。由于 G 与 G_w 总是时而此高彼低，时而此低彼高，所以经济在扩张与收缩的波动中发展。

第二，在存在人口增长和技术进步的情况下，均衡增长率是 $G = G_w = G_n$。这意味着，当存在人口增长和技术进步时，为了维持充分就业和技术进步，总收入必然要以相同的速度增长，为增长的人口提供消费品和就业机会，同时为技术进步提供物质基础。

如果 $G_w > G_n$，说明储蓄和投资超过了人口增长和技术进步所要求的水平，厂商会在下一期减少投资，从而导致储蓄大于投资，引起资本过剩或投资不足的累积性经济衰退。反之，如果 $G_w < G_n$，说明储蓄和投资不能满足人口增长和技术进步所要求的水平，厂商会在下一期增加投资，引起资本短缺的累积性经济扩张。因此，只有在 $G = G_w = G_n$ 的条件下，全部的劳动力和生产设备才能得到充分利用，使经济在充分就业的情况下稳定地增长下去。

在哈罗德－多马模型中，实际增长率 G 取决于有效需求，合意增长率 G_w 取决于厂商的预期，自然增长率 G_n 取决于人口增长和技术进步。由于有效需求、厂商预期、人口增长和技术进步之间并不存在必然的联系，它们是彼此独立并且由不同因素所决定，因此在哈罗德－多马模型中，经济要实现充分就业条件下稳定的均衡增长几乎是不可能的。正因为如此，哈罗德－多马模型中的均衡增长条件常常被称为"刀刃上的均衡"（a razor's edge model）。

二、新古典增长模型

著名经济学家罗伯特·索洛（Robert M. Solow）在 1956 年发表的《对经济增长理论的一个贡献》一文中，修正了哈罗德－多马模型中关于资本和劳动不可替代的假定，构建了新的古典经济增长理论（也称为索洛增长模型）。新古典增长理论也成为分析经济增长的最重要的基准模型之一。

（一）基本假设条件

（1）社会只生产一种产品。

（2）生产中只使用资本和劳动两种生产要素。

（3）规模收益不变。

以上假设条件与哈罗德－多马模型的假设条件相同，但新古典模型又提出了与哈罗德－多马模型不同的假设条件。

（4）生产中资本与劳动的比率是可以改变的，即资本和劳动力是可以替代的。

（5）考虑技术进步的因素。

（二）基本公式

在规模报酬不变的假设条件下，如果资本和劳动都增加相同的倍数 w，总产出 Y 也将增加 w 倍，即

$$wY = F(wK, wL) \tag{14.8}$$

当 $w = 1/L$ 时，人均总产出（即 Y/L）将由式（14.9）决定

$$\frac{Y}{L} = F\left(\frac{K}{L}, 1\right) \tag{14.9}$$

式（14.9）说明，人均总产出（Y/L）是人均资本（K/L）的函数。为了方便分析，以小写字母来表示相应变量的人均量，即 $y = Y/L$，$k = K/L$。因此，人均产出函数可以表示为

$$y = F(k, 1) = f(k)$$

假定经济中只包括居民和厂商部门，产品的总需求包括消费（C）和投资（I）。人均产出 y 就分为人均消费 c 和人均投资 i，即

$$y = c + i$$

设定个人的储蓄率为 s（$0 < s < 1$），则人均消费和人均储蓄分别为 $(1-s)y$ 和 sy。人均产出 y 相应表示为

$$y = (1-s)y + i$$

整理后可得到

$$i = sy \tag{14.10}$$

式（14.10）说明，当产品市场均衡时，投资等于储蓄。因此，储蓄率 s 也是产出中用于投资的比例。

由生产函数可知，资本存量是决定经济产出的重要因素，随着资本存量的增加，经济产出也将增加。有两种力量会对资本存量的变化产生影响，即资本投资和资本折旧。其中，投资是指用于新工厂和设备的支出，它会引起资本存量的增加。折旧是指原有资本的损耗，包括物质损耗和精神损耗，它会引起资本存量的减少。根据 $i = sy$ 和 $y = f(k)$，可以将人均投资 i 表示为人均资本存量 k 的函数，即

$$i = sf(k) \tag{14.11}$$

式（14.11）将现有资本存量 k 和新资本的投资 i 联系了起来。图 14 – 1 描述了资本存量 k、产出 y 和储蓄 sy 之间的关系。该图说明，产出 y 是由生产函数 $f(k)$

决定。同时，产出 y 如何在投资 i 和消费 c 之间配置，则是由储蓄率 s 决定。

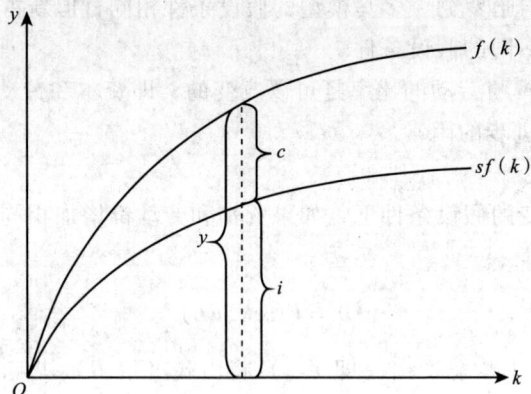

图 14 - 1　产出、投资和消费

假设折旧率为 δ，则每年折旧的人均资本量是 δk。由于投资 i 引起资本存量的增加，折旧 δk 引起资本存量的减少。因此，每期资本存量的变化量 Δk 为

$$\Delta k = i - \delta k$$

同时，在产品市场均衡的情况下，投资 i 等于储蓄 $sy = sf(k)$。因此，每期资本存量的变化量 Δk 又可以表述为

$$\Delta k = sf(k) - \delta k$$

（三）稳态分析

在图 14 - 2 中描述了对于不同的人均资本存量 k、投资 i 和资本折旧 δk 曲线之间的关系。其中，k 越多，投资 $sf(k)$ 就越多，但同时，δk 也会越多。当 $sf(k) > \delta k$ 时，k 将会持续增加；当 $sf(k) < \delta k$ 时，k 将持续减少；只有当 $sf(k) = \delta k$ 时，k 将不再变化（$\Delta k = 0$），意味着此时 k 达到了稳态水平 k^*（steady state），即人均资本存量将不再变化。

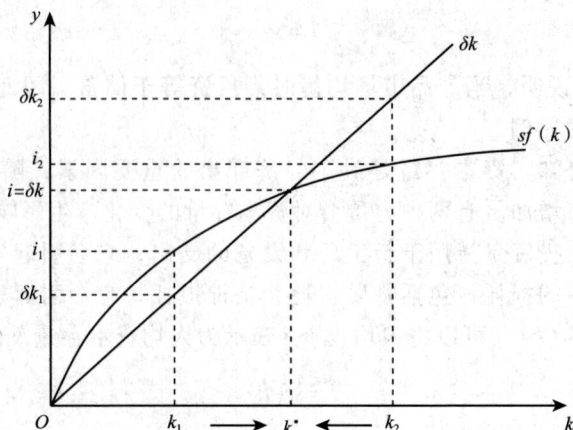

图 14 - 2　投资、折旧和资本稳态

当不存在人口增长和技术进步时，一旦人均资本存量 k 达到稳态水平，人均产出 $y = f(k)$ 也相应达到了稳态水平。此时 $f(k)$ 的增长率为零，总产出 $Y = Ly$ 的增长率也为零。

（四）稳态的变化

1. 储蓄率对稳态的影响

储蓄率 s 决定了产出在投资 $sf(k)$ 和消费 $(1-s)f(k)$ 之间的分配，是稳态资本 k^* 的重要影响因素。通过图 14 - 3 可以分析储蓄率 s 的变化如何影响稳态人均产出及其增长率。假定资本折旧率是 δ，初始的储蓄率是 s_1，则由储蓄率 s_1 和折旧率 δ 决定的初期稳态人均资本存量是 k_1^*，人均产出是 $f(k_1^*)$。如果由于外生事件的影响，储蓄率由初期的 s_1 上升到了 s_2，则投资也将上升，投资曲线上移到 $s_2 f(k)$。投资曲线的上移使稳态人均资本由之前的 k_1^* 增长到新的稳态水平 k_2^*，新的稳态人均产出相应增加到 $f(k_2^*)$。在这个过程中，由于储蓄率的上升增加了稳态人均资本存量，从而增加了稳态的人均产出水平。

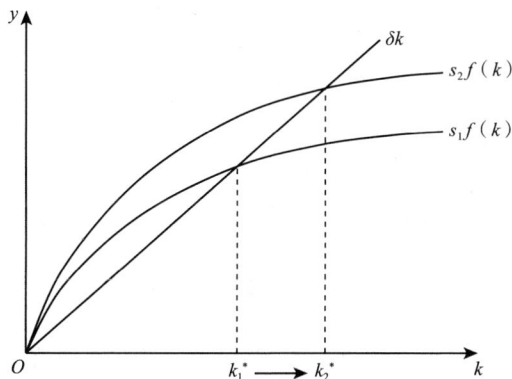

图 14 - 3 储蓄率与经济稳态

但是，储蓄率的上升对人均产出水平增长率（经济增长）的影响又如何呢？当经济在稳态运行的时候，人均产出水平达到了它的稳态，人均产出的增长率为零。此时，如果储蓄率由 s_1 上升到 s_2，将会使得投资大于资本折旧，人均资本将会因此而增加，进而使人均产出增加，即人均产出的增长率将大于零。但是人均产出的增长只会是暂时的，因为储蓄率由 s_1 上升到 s_2 并不会使人均资本持续地增长下去，一旦人均资本达到了新的稳态水平 k_2^*，人均资本将停止增长。相应的，人均产出水平也达到了其新的稳态水平 $f(k_2^*)$，人均产出的增长率也将停滞。由此可见，储蓄率的上升对经济增长的影响只存在水平效应（level effect），而不存在持续效应（persist effect），即储蓄率的上升只会使经济增长率暂时性的增长，但不会持续增长下去。

2. 人口增长对稳态的影响

假定人口（劳动力）增长率为 n。由于人口增长将导致人均资本的减少，因此需要为新的人口配备平均的资本。此时，人均资本 Δk 为

$$\Delta k = sf(y) - (\delta + n)k$$

上式表明，投资增加了 k，而折旧和人口增长减少了 k。其中，$(\delta+n)k$ 被定义为收支相抵的投资，即保持人均资本不变所需要的投资。收支相抵的投资包含了两个部分：一是资本折旧 δk，二是为新增人口提供资本所需的投资 nk。

图 14-4 中描述了人口增长对经济稳态的影响。当投资 $sf(k)$ 与收支相抵投资 $(n+\delta)k$ 相等时，经济达到了稳态，此时的人均资本存量即是稳态人均资本 k^*。如果人均资本存量低于稳态人均资本 k^*，意味着投资大于收支相抵的投资，这将会使得人均资本存量增加；如果人均资本存量高于稳态人均资本 k^*，意味着投资小于收支相抵的投资，这将会使得人均资本存量减少。也就是说，当经济达到稳态之后，投资就只有两个目的：一部分投资（δk^*）用来弥补稳态资本的折旧，其余的投资（nk^*）用来为新增人口提供稳态的资本存量。

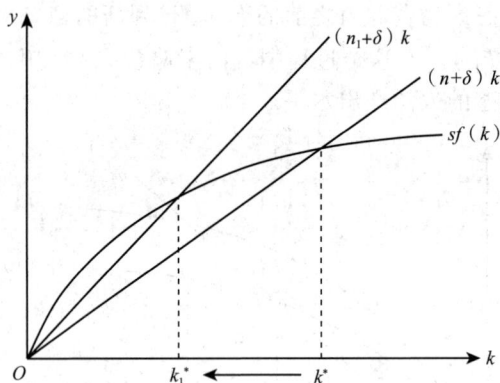

图 14-4　人口增长与经济稳态

如果经济中的人口增长率由 n 上升到了 n_1，人口增长率的上升将使稳态人均资本存量由之前的 k^* 下降到 k_1^*，因为人口增长率的上升意味着需要为更多的新增人口提供资本。稳态人均资本存量的下降进而导致了稳态人均产出的下降。在存在人口增长的情况下，虽然稳态人均产出的增长率为零，但是对于总产出 Y 来说，由于总产出等于人均产出 y 乘上劳动力 L，即 $Y=Ly$，所以稳态总产出将会以人口增长率 n 的速度持续增长下去。

（五）资本的黄金律水平

上述分析表明，储蓄率上升能够增加稳态人均产出水平，即高储蓄率总是会带来更高的产出和收入。但是，这是否意味着储蓄率越高越好呢？储蓄是收入用于消费之后的结余，增加储蓄意味着消费的减少。从社会福利的角度看，经济增长的最终归宿是提高国民福利。因此，高的储蓄虽然会带来更多的产出和收入，但是却降低了消费，直接影响社会福利。所以，储蓄率并非越高越好。为了最大化社会消费，就会存在一个最优的储蓄率和资本的稳态水平。

假定决策者的目的是使个人消费最大化，那么使消费最大的稳态资本被称为**资本的黄金律水平**（golden rule level of capital），用 k_{gold}^* 来表示。在经济达到稳态时，稳态的消费水平 c^* 等于稳态产出水平 $f(k^*)$ 减去稳态的储蓄 $sf(k^*)$，即

$$c^* = f(k^*) - sf(k^*) \tag{14.12}$$

假定不考虑人口增长与技术进步，当经济达到稳态时，投资恰好能够弥补资本折旧，即有

$$sf(k^*) = \delta k^* \qquad (14.13)$$

将式（14.13）代入式（14.12），可以得到稳态消费 c^* 为

$$c^* = f(k^*) - \delta k^* \qquad (14.14)$$

由于资本的黄金律水平 k_{gold}^* 是使得稳态消费 c^* 最大时的稳态资本，对式（14.14）界定的稳态消费 c^* 求最大值，即可得到资本的黄金律水平 k_{gold}^* 为

$$MP_K = \delta \qquad (14.15)$$

式（14.15）中，MP_K 是资本的边际产量。式（14.15）表明，在资本的黄金律水平，资本的边际产量 MP_K 等于折旧率 δ。将式（14.15）代入式（14.13），可以求得支持这个资本黄金律的储蓄率。值得注意的是，由于黄金律稳态需要特定的储蓄率来支持，因此任何经济都不会自动趋向于黄金律稳态水平。

下面举例求解资本的黄金律水平以及支持这个黄金律的储蓄率。设人均生产函数为

$$y = k^{1/2}$$

资本的黄金律水平将由资本的边际产量 MP_K 与折旧率 δ 相等的条件来给定，则有

$$\frac{1}{2} \times \frac{1}{\sqrt{k_{\text{gold}}^*}} = \delta$$

假定资本折旧率 $\delta = 0.1$，通过上式可以求得资本的黄金律 $k_{\text{gold}}^* = 25$。同时，资本的黄金律水平必定是稳态资本，即投资恰好能够弥补资本折旧

$$s_{\text{gold}} \sqrt{k_{\text{gold}}^*} = \delta k_{\text{gold}}^*$$

将已知的 $\delta = 0.1$ 和已求得的 $k_{\text{gold}}^* = 25$ 代入上式，可以求得支持这个资本黄金律的储蓄率 s_{gold}，其等于

$$s_{\text{gold}} = \delta \sqrt{k_{\text{gold}}^*} = 0.1 \times \sqrt{25} = 0.5$$

（六）技术进步对稳态的影响

将总量生产函数重新设定为如下形式：

$$Y = F(K, L \times E) \qquad (14.16)$$

这个总量生产函数引入了一个新的变量 E，E 被称为劳动效率（efficiency of labor）。随着技术的进步，劳动效率也将得到提高。E 与劳动力 L 的乘积（$L \times E$），衡量了效率工人（effective workers）的人数。此时总产出 Y 取决于资本 K 的数量和效率工人（$L \times E$）的数量。

假定技术进步将引起 E 以某种不变的速率 g 增长。这种通过提高劳动效率来

影响产出的技术进步，被称为劳动扩张型技术进步（labor augmenting technological progress）。假定人口按 n 的速率增长，由此效率工人（$L \times E$）的数量就将按照 $n + g$ 的速率增长。以总产出 Y 除以效率工人的数量（$L \times E$），可以得到每个效率工人的产出，表示为

$$\frac{Y}{L \times E} = F(\frac{K}{L \times E}, 1)$$

假定每个效率工人的产出为 y，每个效率工人的资本存量为 k，则每个效率工人的产出可以表述为

$$y = f(k)$$

这一生产函数与前文的生产函数在符号上看似并无差异，但是此处的 y 和 k 分别表示每个效率工人的产出数量和资本存量。此时，k 的变化量（Δk）由式（14.17）决定

$$\Delta k = sf(k) - (\delta + n + g)k \tag{14.17}$$

由式（14.17）可知，收支相抵投资包括了三项：一部分投资（δk）用于弥补资本的折旧，一部分投资（nk）用于为新增人口提供资本，另外还有一部分投资（gk）用于为技术进步创造的效率工人提供资本。

将人均产出量（Y/L）表示为每个效率工人的产出量与劳动效率的乘积，即得到

$$\frac{Y}{L} = \frac{Y}{L \times E} \times E = y \times E$$

在稳态水平上，每个效率工人产出量 y 的增长率为零，但是劳动效率 E 却因为技术进步而呈现增长。假定增长速度为 g，此时稳态的人均产出量也将以 g 的速率保持增长。假定人口数量（劳动力数量）以 n 的速率增长，总产出 Y 在稳态时将会以 $g + n$ 的速率增长。

三、内生增长理论

新古典增长模型的分析表明，只有技术进步才能解释人均产出（收入）的持续增长。但是，新古典增长模型将技术进步率 g 设定为外生变量，并不能解释为什么会存在技术进步。为了更好地理解技术进步及经济增长的过程，经济学家建立了解释技术进步的经济增长模型，这类模型常常被称为内生增长理论（endogenous growth theory）。内生增长理论将技术进步视为经济增长模型中的内生变量，从而能够更好地解释技术进步与经济增长之间的关系。

为了说明内生增长理论的基本思想，从一个简单的生产函数开始

$$y = Ak \tag{14.18}$$

式（14.18）中，y 为产出，k 为资本存量，A 是一个常量，衡量了每一单位资

本的产出。在这里，AK 生产函数并没有反映资本的边际产量递减的性质，因为无论资本存量 k 有多高，资本的边际产出都等于常量 A。不存在资本边际产出递减的性质，是这个 AK 模型与新古典增长模型最关键的差异。

假定储蓄率为 s，资本折旧率为 δ。资本变化 Δk 可以表示为

$$\Delta k = sy - \delta k \tag{14.19}$$

式（14.19）说明，资本存量的变化量（Δk）等于投资（sy）减去资本折旧（δk）。进一步得到人均产出 y 的增长率（$\Delta y/y$）为

$$\frac{\Delta y}{y} = \frac{\Delta k}{k} = \frac{sy - \delta k}{k} = sA - \delta \tag{14.20}$$

式（14.20）说明，只要 sA 大于折旧率 δ，人均产出和人均收入就会持续增长下去。在新古典增长模型中，储蓄只能引起人均产出的暂时性增长，资本的边际产出递减最终将使得人均产出达到稳定状态，稳态的人均产出增长只取决于外生的技术进步。但是，在内生增长模型中，由于放弃了资本边际产出递减的性质，储蓄和投资就能够引起持续的经济增长。

在内生增长模型中，资本边际产出并非是递减的，这一说法是否合理呢？按照传统观点，资本的边际产出是递减的。例如，为农业工人配置 10 把镰刀并不会使农业工人的生产率达到只配备 1 把镰刀的 10 倍。但是，在内生增长理论中，新知识也被视为是一种资本，此时资本边际产出递减的假设就不再适用。例如，在农业生产中运用了新的生产工具——联合收割机，并且一台联合收割机的资本存量等于 10 把镰刀的资本存量。但是很明显，这台联合收割机的生产率很可能达到甚至超过为工人配置 10 把镰刀的生产率（或是 1 把镰刀 10 倍的生产率）。

内生增长理论的主要代表人物罗默认为，企业通过增加投资的行为，提高了知识水平，知识有正的外部性，从而引起物质资本和劳动等其他要素也具有收益递增的特点。另一代表人物卢卡斯认为，发达国家拥有大量人力资本，经济持续增长是人力资本不断积累的结果。还有的学者强调从事生产过程也是获得知识的过程，即所谓的"干中学"，干中学积累起来的经验使劳动力和固定资产的效率在生产过程中不断提高。总之，技术进步并非如新古典增长理论所假设的是外生变量，而应该是经济体系中的内生变量。

人力资本理论的发展

古希腊思想家柏拉图最早在他所著的《理想国》中提出了人力资本的思想，他论述了教育和训练的经济价值。亚里士多德也认识到教育的经济作用以及一个国家维持教育以确保公共福利的重要性。但是在他们眼中，教育是消费品，其经济作用也是间接的。

重农主义的代表人物魁克是最早研究人的素质的经济学家，他认为人是构成财

富的第一因素。英国古典经济学的创始人威廉·配第提出"土地是财富之母，劳动是财富之父"。亚当·斯密是第一个将人力视为资本的经济学家，他指出，劳动技巧的熟练程度和判断能力的强弱必然要制约人的劳动能力与水平，而劳动技巧的熟练水平要经过教育培训才能提高，教育培训则是需要花费时间和付出学费的。李嘉图明确指出机器和自然物不能创造价值，只有人的劳动才是价值的唯一源泉。穆勒认为技能与知识都是对劳动生产率产生重要影响的因素，他强调取得能力应当与机器、工具一样被视为国民财富的一部分。萨伊认为，花费在教育与培训方面的费用总和称为"积累资本"，受过教育培训的人的工作报酬，不仅包括劳动的一般工资，而且还应包括培训时所付出的资本的利息，因为教育培训支出是资本。19世纪末英国著名经济学家马歇尔也提出知识和组织是资本的重要组成部分，是最有力的生产力。他指出知识和组织是一个独立的生产要素，认为教育投资对经济增长起重要作用。

1906年，费雪在《资本的性质与收入》一文中首次提出人力资本的概念。1960年，西奥多·W.舒尔茨在美国经济学年会上的演说中系统阐述了人力资本理论。他指出，人力资本存在于人的身上，表现为知识、技能、体力（健康状况）价值的总和。人力投资的目的是获得收益。舒尔茨对1929~1957年美国教育投资对经济增长的关系作了定量研究，得出如下结论：各级教育投资的平均收益率为17%；教育投资增长的收益占劳动收入增长的比重为70%；教育投资增长的收益占国民收入增长的比重为33%；人力资本投资是收益率最高的投资。由于舒尔茨对人力资本理论研究的贡献，被尊称为"人力资本之父"。

丹尼森对舒尔茨论证的教育对美国经济增长的贡献率做了修正，他将经济增长的余数分解为规模经济效应、资源配置和组织管理改善，知识应用上的延时效应以及资本和劳动力质量本身的提高等，从而论证了1929~1957年间美国的经济增长中教育的贡献率应是23%，而不是舒尔茨所讲的33%。

第三节　经济周期

在长期中，经济增长过程本身是不平稳的。长期的经济增长总是呈现出"增长—衰退—再增长—……"的周期性过程，这是经济学家非常关心的经济周期问题，因为剧烈的经济周期性波动将会对社会生产和社会福利带来极大的影响。如何熨平经济的周期性波动，对于社会生产和社会福利的增加都具有重要意义。

一、经济周期的定义与特征

凯恩斯在《通论》中，对经济周期作了如下解释：所谓的周期性变动，即为经济体制向上发展时，促使其上升的各种因素最初积聚力量，相互推动直至某一点。在该点之后，为相反方向的力量所取代，而这些相反方向的力量又在一段时期中积聚力量相互推动直至达到最高峰，然后逐渐衰落并且让位于作用相反的力量。周期性的变动，并不仅仅指上升或下降趋势，它们一旦开始，就不会在同一方向上一直持续下去，最终是会把方向逆转回来的。此外，向上变动或向下变动在时间顺序上和持续性上都具有明显的规律性。简言之，**经济周期**（business cycle，又被称为商业周期），是指经济生产过程中周期性出现的经济扩张与经济紧缩交替更迭、循环往复的一种现象，即实际产出围绕潜在产出重复"繁荣—衰退—萧条—复苏—繁荣……"这样一个循环的周期性波动。

在图 14 - 5 中，经济周期有四个阶段，AB 段为繁荣（prosperity）阶段，BC 段为衰退（recession）阶段，CD 段为萧条（depression）阶段，DE 段为复苏（recovery）阶段。上述四个阶段也可大致分为衰退阶段（B - D）和扩张阶段（D - F）。

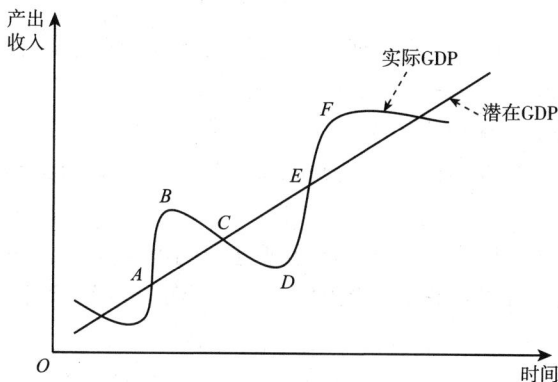

图 14 - 5　经济周期

繁荣阶段是经济活动的上升或扩张时期，此时总需求达到很高水平，经济资源能够得到充分利用，设备使用率很高，就业率很高，信用活跃，通货膨胀较为显著。

衰退阶段是整个经济活动从繁荣走向萧条的转折期。当经济高涨达到顶峰后，很快转向经济衰退，此时投资下降，失业人数增加，信用紧缩，厂商悲观情绪开始出现。

萧条阶段是整个经济活动的收缩或下降的时期，此时国民收入和经济活动低于正常水平，厂商与公众对经济持悲观态度，投资减少，设备开工率很低，生产资源不能充分利用，生产急剧减少，失业率不断上升，价格水平和利率下降，信用紧缩。

复苏阶段是整个经济活动从萧条走向繁荣的转折时期。当经济衰退达到最低点之后开始稳定下来，并重新逐步转向高涨。此时投资水平上升，失业人数减少，信用开始活跃，厂商的乐观情绪开始出现，经济活动继而回到高涨阶段。

二、经济周期的类型

经济学家一般根据经济周期波动的时间长短，将经济周期划分为长周期、中周期和短周期。

1. 中周期

中周期是最早被发现的一种经济周期。法国经济学家克莱门特·朱格拉 (Clement Juglar) 在 1860 年出版的《论法国、英国和美国的商业危机及其发生周期》一书中提出,危机 (crisis) 或恐慌 (panic) 并不是独立的现象,而是经济周期性波动的三个连续阶段中的一个。这三个连续阶段分别是繁荣、危机、清算,它们依次反复出现,形成周期波动的现象。周期的平均时间长度是 9 ~ 10 年,这就是中周期,又被称为朱格拉周期。后来,美国经济学家阿尔文·汉森 (Alvin Hansen) 将这种周期称为"主要经济周期",并由统计数据计算出美国 1795 ~ 1937 年中共有 17 个这样的周期,其平均时间长度是 8.35 年。

2. 短周期

短周期是指平均时间长度约为 40 个月的经济周期。它是英国经济学家约瑟夫·基钦 (Joseph Kitchin) 在 1923 年提出的,所以又被称为基钦周期。基钦在 1923 年发表的《经济因素中的周期与倾向》一文中,研究了 1890 ~ 1922 年英国和美国的物价、利率、银行结算等指标,发现经济周期包括了大周期和小周期两种。其中,大周期相当于前述的中周期,一个大周期包括了两个或三个小周期,每个小周期的平均时间长度约为 3 ~ 4 年。这种小周期就是短周期,又被称为基钦周期。后来,阿尔文·汉森由统计数据计算出美国 1807 ~ 1937 年中共有 37 个短周期,其平均时间长度是 3.51 年。

3. 长周期

长周期是指一个经济周期的长度平均为 50 年左右。苏联经济学家尼古拉·康德拉季耶夫 (Nikolar D. Kondratiev) 在 1925 年发表的《经济生活中的长期波动》一文中,研究了美国、英国和法国一百多年里的批发物价指数、利率、工资率等指标的变动,发现这些国家有一种为期 50 ~ 60 年的经济波动,其平均时间长度大约是 54 年左右。这就是长周期,又被称为康德拉季耶夫周期。

著名经济学家西蒙·库兹涅茨在 1930 年发表的《生产和价格的长期运动》一文中,通过对美国、英国、德国、法国等国家的数据分析发现,经济中还存在一种与房屋建筑业相关的经济周期,这种经济周期的时间长度在 15 ~ 25 年之间,平均时间长度是 20 年左右。这种周期也是一种长周期,被称为建筑业周期或库兹涅茨周期。

经济学家约瑟夫·熊彼特 (Joseph A. Schumpeter) 在 1939 年出版的《经济周期》第一卷中,对朱格拉周期、基钦周期和康德拉季耶夫周期进行了综合分析。他认为,每一个长周期包括 6 个中周期,每一个中周期包括三个短周期。短周期约为 40 个月,中周期约为 9 ~ 10 年,长周期为 48 ~ 60 年。他以重大的创新为标志,划分了三个长周期。第一个长周期从 18 世纪 80 年代到 1842 年,是"产业革命时期";第二个长周期从 1842 年到 1897 年,是"蒸汽和钢铁时期";第三个长周期从 1897 年以后,是"电气、化学和汽车时期"。在每个长周期中有中等创新所引起的波动,这就形成若干个中周期。在每个中周期中还有小创新所引起的波动,这就形成若干个短周期。

三、传统经济周期理论

为了解释经济周期，经济学家们做了大量研究工作，提出了许多解释经济周期的理论。早期经济周期理论大致上可以划分为外生经济周期理论和内生经济周期理论。

（一）外生经济周期理论

外生经济周期理论认为，经济周期的根源是经济系统之外的某些因素的冲击。外生经济周期理论主要包括创新理论、政治周期理论和太阳黑子理论等。

1. "创新" 周期理论

熊彼特在 1939 年提出了解释经济周期的创新理论。创新理论认为创新是经济周期波动的主要原因。所谓创新是指引进一种新的生产函数，或者说是生产要素的一种 "新组合"。按照熊彼特的观点，创新主要是指新技术、新工艺、新材料、新产品、新市场、新的要素组合形式。创新理论指出，技术的革新和发明不是均匀的和连续的过程，而有其高潮和低潮，因而导致经济上升和下降，形成经济周期。

2. 政治周期理论

政治经济周期理论将经济周期的循环归结为政府的周期性决策。政治性周期的产生有三个基本条件：①凯恩斯国民收入决定理论为政策制定者提供了刺激经济的工具；②选民喜欢高经济增长，低失业以及低通货膨胀的时期；③政治家喜欢连任。政治性周期的具体运行表现为：在大选前，总统为了连任，采取宽松的经济政策来刺激经济增长；大选结束后，宽松的政策使通货膨胀成为人们关注的问题，因而不得不采取紧缩的经济政策，导致经济走向衰退。米哈尔·卡莱斯基（Miehal Kaleeki）在 1943 年首次比较详细地阐述了政治周期理论。

3. 太阳黑子理论

太阳黑子理论认为经济周期的波动性是由于太阳黑子的周期性变化。因为太阳黑子的周期性变化会影响气候的周期变化，而这又会影响农业收成，农业的收成又会影响工业以及整个经济。太阳黑子的出现是有规律的，大约每 10 年左右出现一次，因而经济周期大约也是每 10 年一次。这一理论由英国经济学家威廉·杰文斯（William S. Jevons）在 1875 年提出。

（二）内生经济周期理论

内生经济周期理论并不否认外在因素对经济的冲击作用，但认为经济周期波动的根源是经济系统中的内生变量所引起的。内生经济周期理论主要包括纯货币理论、消费不足理论、投资过度理论、心理周期理论等。

1. 纯货币理论

纯货币理论的主要代表人物是英国经济学家拉尔夫·霍特里（Ralph G. Hawtrey）和货币主义的创始人米尔顿·弗里德曼。他们认为经济周期是一种纯货币现象，货币供应量和货币流通速度直接决定了名义国民收入的波动。经济周期性的波动完全是由银行体系交替扩张和紧缩信贷造成的，其中短期利率发挥着重要作用。当银行体系扩张信用、降低利率时，商人会向银行增加贷款，并增加向厂商的订单，从而造成生产扩张和收入增加。而生产扩张和收入增加进而又会引起社会需求的增加，导致物价上升。此时，经济生产进入了扩张阶段。反之，当银行体系紧缩信用、提高利率时，商人会减少向银行的贷款并减少向厂商的订单，此时经济将逐渐进入衰退阶段。

2. 消费不足理论

消费不足理论的代表人物是英国经济学、人口学家托马斯·马尔萨斯（Thomas R. Malthus）和法国经济学家西斯蒙第（Sismondi）等。他们认为，经济中出现萧条是由于社会对消费品的需求赶不上社会对消费品生产的增长，这种不足又根源于国民收入分配不公所造成的穷人购买力不足和富人过度储蓄。

3. 投资过度理论

投资过度理论的代表人物有瑞典经济学家古斯塔夫·卡塞尔（Gustav Cassel）和克努特·维克塞尔（Knut Wicksell）。他们用生产资料过度投资来解释经济周期。该理论将经济周期归因于生产资料的过度投资。一般而言，无论什么原因引起的投资的增加，都会引起经济繁荣，但是投资过多，与消费品的生产相比较，资本品生产发展过快，就会使经济进入繁荣阶段。然而，资本品过度生产导致消费品生产的减少，形成经济结构失衡，进而导致社会需求不足，最终使经济进入萧条阶段。

4. 心理周期理论

心理周期理论的代表人物有英国著名经济学家庇古和凯恩斯。他们认为，经济周期取决于投资，而投资的大小主要取决于业主对未来的预期，预期是一种心理现象，具有不确定性。因此，经济波动的最终原因取决于人们乐观与悲观预期的交替。当预期过于乐观时，就会增加投资，经济步入复苏、繁荣；当预期过于悲观时，就会减少投资，经济陷入衰退与萧条。

专栏 14 –3

经济危机与马克思的论述

经济危机（economic crisis）是指一个或多个国民经济或整个世界经济在一段比较长的时间内不断收缩，表现为负的经济增长率。自 1825 年英国第一次发生普遍的生产过剩的经济危机以来，在 19 世纪，资本主义国家几乎每隔 10 年左右就要发生一次危机，包括 1825 年、1836 年、1847 年、1857 年、1866 年、1873 年、1882 年、1890 年。进入 20 世纪以后，几乎每隔七八年就发生一次危机，包括 1900 年、1907 年、1914 年、1921 年、1929～1933 年、1937～1938 年。第二次世界大战以后，属于世界性经济危机的有三次，即 1957～1958 年、1973～1975 年和 1980～1982 年。在上述各次危机中，最严重的当数 1929～1933 年的大危机，这次危机长达 4 年之久，生产下降和失业增长都达到了空前猛烈的程度。整个资本主义世界的工业生产几乎下降了 44%，倒退到 1908～1909 年的水平，失业人数达到 5000 万人左右，一些国家的失业率高达 30%～50%。美国的工业生产下降了 56.6%，整个加工工业工人人数减少 42.7%，支付工资总额降低 57.7%，全国失业人数达 1200 多万人。危机使资本主义世界的各种矛盾进一步激化，德、意、日三国法西斯乘机上台，相继发动了侵略战争，直至 1939 年爆发第二次世界大战。

关于经济危机的成因，经济学家们从不同的角度进行了论述，而得到普遍公认的是马克思的经济危机理论。马克思指出："如果仅仅在一个国家的全体成员的即使最迫切的需要得到满足之后才发生生产过剩，那么在迄今资产阶级社会的历史上，不仅一次也不会出现普遍的生产过剩，甚至也不会出现局部的生产过剩……生产过剩只同有支付能力的需求有关。"[1] 他认为，资本主义经济危机的实质是生产的相对过剩。资本主义经济危机根源于资本主义生产方式所固有的基本矛盾，即生产的社会性同生产资料的资本主义私人占有之间的矛盾。首先，这种基本矛盾在生产上必然引起个别企业内部生产的有组织性和整个社会生产的无政府状态之间的对立，使社会再生产所要求的比例关系遭到破坏，引起普遍性的买卖脱节。其次，因为资本家对雇佣工人的剥削，使其有支付能力的需求受到限制；因为资本积累而导致的大量相对过剩人口，使整个雇佣劳动者队伍的支付能力进一步受到限制；在资本积累过程中，大批中小生产者的破产，也会削弱有支付能力的需求。这样，资本主义制度就把社会的基本消费者、占人口绝大多数的广大劳动群众的购买力限制在一个相对狭小的范围内，远远跟不上生产规模的扩大，这就形成了生产无限扩大的趋势同广大劳动群众有支付能力的需求相对狭小之间的对立。当这种对立发展到特别尖锐的程度，使一些主要产品的实现条件遭到破坏时，就会引起普遍性的买卖脱节，经济危机就不可避免。

资料来源：中国大百科全书总编辑委员会《经济学》编辑委员会. 中国大百科全书：经济学 1 [M]. 北京：中国大百科全书出版社，1992：454。

四、凯恩斯主义的经济周期理论

（一）凯恩斯经济周期理论

凯恩斯在《通论》一书中提出了经济周期理论。他认为，经济发展必然会出现一种开始向上，继而向下，再重新向上的周期性运动。在繁荣、恐慌、萧条、复苏四个阶段中，繁荣和恐慌是经济周期中两个最重要的阶段。经济周期的基本特征，尤其是周期的时间过程和时期长短的规律性，主要是由于资本边际效率的波动而产生的。凯恩斯从经济繁荣阶段的后期和"危机"的来临期开始，对资本边际效率的波动进行分析，从而分析经济周期的规律性。

资本边际效率不仅取决于现有资本品数量的多少和生产它现在所需要的成本，而且也取决于对资本品未来收益的预期。因此，对于耐用性的资本品而言，对未来的预期在决定新投资的规模上起着重要的作用。但是，以变动的和不可靠的证据作为依据，这种预期是完全靠不住的。在繁荣后期，由于资本家对未来收益预期乐观，使生产成本逐渐加大或利率上涨，投资增加。但实际上这时已经出现了两种情况：一种情况是劳动力和资源渐趋稀缺，价格上涨，使资本品的生产成本不断增大；另一种情况是，随着生产成本增大，资本边际效率下降，利润逐渐降低。但由于资本家过于乐

[1] 马克思恩格斯全集：26 卷第 2 册 [M]. 北京：人民出版社，1972：578.

观，仍然大量投资，而投机分子也不能对资本的未来收益做出合理的估计，乐观过度，购买过多，使资本边际效率突然崩溃。随即资本家对未来失去信心，造成人们的灵活性偏好大增，利率上涨，结果使投资大幅度下降，经济危机就此来临。

凯恩斯认为，要解释经济复苏的时间，就要首先探讨影响资本边际效率复苏的因素。为什么经济活动下降阶段所表现的时间长短并不具有偶然性，而是具有明显的规律性，在一定年限（如3～5年）间波动，主要由两个因素决定：一是与人口增长率有关的固定资产的寿命；二是过剩存货的保藏费。在经济萧条状态开始时，很可能有许多资本的边际效率已变得微不足道，甚至变成负数，但是经过一段时间后，由于使用、腐蚀和老化等原因，资本设备会出现短缺，这样又会使资本边际效率提高。这一段时间的长短，是某一时代资本设备的平均寿命的函数，同时也与人口增长率有关。其次，保管剩余存货所需费用也会影响经济萧条阶段的时间。保管费用的存在将迫使剩余存货在一定时期内吸收完毕，这段时间既不会很长，也不会很短。由于剩余存货的保管费用每年通常高于10%，所以必须降价以限制生产，使之在3～5年内把存货吸收完毕。存货被吸收的过程就是负投资，只有等这一过程结束后，经济开始复苏，就业量才会显著增加。

（二）凯恩斯主义经济周期理论

凯恩斯主义的经济周期理论是国民收入决定理论的动态化。凯恩斯主义学派的经济周期理论有以下几个特征。

第一，国民收入的水平取决于总需求，因而引起国民收入波动的主要原因仍在于总需求。以总需求分析为中心是凯恩斯主义经济周期理论的特征之一。

第二，在总需求中，消费占的比例相当大，但根据现代经济学家的理论与经验研究，消费在长期中是相当稳定的。消费中的短期变动，尤其是耐用品的消费变动，虽然对经济周期也有影响，但并不是主要原因。政府支出是一种可以人为控制的因素，净出口所占的比例很小。这样，经济周期的原因就在于投资的变动。所以说，凯恩斯主义经济周期理论是以投资分析为中心来分析投资变动的原因及其对经济周期的影响。

第三，这一理论是从乘数原理和加速数原理的相互作用来解释资本主义社会经济的循环波动。

第四，在分析方法上则是把凯恩斯的宏观静态均衡理论发展为宏观动态经济体系。

凯恩斯主义学派从乘数－加速数的相互作用来解释经济的周期运动，乘数－加速数模型是一种非常重要的经济周期理论，其主要代表人物有英国经济学家希克斯和美国经济学家萨缪尔森。

（三）乘数－加速数模型

乘数－加速数模型是保罗·萨缪尔森在1939年提出的解释经济周期的模型。

1. 乘数－加速数模型的含义

乘数－加速数模型是通过乘数－加速原理相互作用理论，即把投资水平和国民收入变化率联系起来解释国民收入周期波动的一种理论。这个理论认为，经济中之所以会发生周期性波动，其根源在于乘数原理与加速原理的相互作用。两种原理相互作用引起经济周期的具体过程是：投资增加通过乘数效应引起国内生产总值的更大增加，国内生产总值的更大增加又通过加速效应引起投资的更大增加，这样经济就会出现繁荣。然而，国内生产总值达到一定水平后由于社会需求与资源的限制无法再增加，这时就会由于加速原理的作用使投资减少，投资的减少又会由于乘数的作用使国内生产总值继续减少。这两者的共同作用使经济进入衰退。衰退持续一定时期后由于固定资产更新，即大规模的机器设备更新又使投资增加，国内生产总值再增加，从而经济进入另一次繁荣。正是由于乘数与加速原理的共同作用，经济中就形成了由繁荣到衰退，再由衰退到繁荣的周期性运动。

2. 加速原理

在国民经济中，投资与产出之间是相互影响的。乘数原理说明了投资变动对产出变动的影响，而**加速原理**则说明产出变动对投资变动的影响。假设资本存量是 K，产出量是 Y，v 表示资本－产出比率，即一定时期内生产单位产量所需要的资本。资本存量 K 与产出 Y 之间的关系可以表述为

$$K_t = vY_t \tag{14.21}$$

式中，下标 t 表示第 t 期。由于 K 是存量，Y 是流量，所以一般情况下资本－产出比率 v 都是大于 1 的。如果 $v = 2$，意味着生产 1 单位的产出需要有 2 单位的资本。

假定 t 期的资本存量 K_t 相对于 $t-1$ 期的资本存量 K_{t-1} 的增加量就是第 t 期的净投资 I_t，则有

$$I_t = K_t - K_{t-1} = v(Y_t - Y_{t-1}) \tag{14.22}$$

式（14.22）说明，第 t 期的净投资 I_t 决定于资本－产出比率 v 和产出的变化量 $(Y_t - Y_{t-1})$，且其与产出的变化量 $(Y_t - Y_{t-1})$ 成正比。当第 t 期产出 Y_t 相对于 $t-1$ 期产出 Y_{t-1} 增加了 1 个单位，则第 t 期的净投资是 v 个单位。所以，资本－产出比率 v 也被称为加速数。由于加速数 v 一般是大于 1 的，式（14.22）意味着，资本存量的增加（I_t）必定要超过产量的增加（$Y_t - Y_{t-1}$）。需要指出的是，加速原理之所以成立，是建立在资本得到了充分利用，且技术水平不变的假设基础之上的。

3. 乘数－加速数原理

萨缪尔森构造的乘数－加速数模型的基本方程如下：

$$\begin{cases} Y_t = C_t + I_t + G_t & \text{产品市场均衡} \\ C_t = \beta Y_{t-1}, 0 < \beta < 1 & \text{消费方程} \\ I_t = v(C_t - C_{t-1}), v > 0 & \text{投资方程} \end{cases}$$

在上述的投资方程中，第 t 期的净投资 I_t 等于加速数 v 乘上 t 期的消费 C_t 与 $t-1$ 期的消费 C_{t-1} 之差（$C_t - C_{t-1}$）。之所以用 $C_t - C_{t-1}$ 替代之前净投资方程中的 $Y_t - Y_{t-1}$，是因为消费与产出（收入）是保持固定比例变化的。

将上述方程组中的消费方程和投资方程带入产品市场均衡条件，则可以得到乘数－加速数模型：

$$Y_t = \beta Y_{t-1} + \upsilon(C_t - C_{t-1}) + G_t$$

假设边际消费倾向 $\beta = 0.5$，加速数 $\upsilon = 1$，每期的政府购买固定不变，且 $G = 1$。将上述条件代入乘数 – 加速数模型，可以计算得到之后每期的消费 C、净投资 I 和总产出 Y（见表 14 – 1）。

表 14 – 1　　　　　　　　　　乘数 – 加速数模型：数值模拟结果

时期 t	政府购买 G_t	消费 $C_t = 0.5Y_{t-1}$	净投资 $I_t = 0.5(Y_t - Y_{t-1})$	产出 Y_t	经济趋势
1	1	0.00	0.00	1.00	—
2	1	0.50	0.50	2.00	复苏
3	1	1.00	1.00	3.00	繁荣
4	1	1.50	1.00	3.50	繁荣
5	1	1.75	0.50	3.25	衰退
6	1	1.63	-0.25	2.38	衰退
7	1	1.19	-0.88	1.31	萧条
8	1	0.66	-1.06	0.59	萧条
9	1	0.30	-0.72	0.58	萧条
10	1	0.29	-0.02	1.27	复苏
…	…	…	…	…	…

乘数 – 加速数模型从投资、收入和消费之间的相互影响出发，通过乘数原理和加速数原理解释了经济周期：通过加速数，上升的收入和消费会引致新的投资；通过乘数，投资又使收入进一步增加。如果每期的政府购买是固定的量，那么依靠经济系统的自发调节就会造成经济的周期性波动，经济周期正是乘数和加速数相互作用的结果：投资通过乘数效应影响收入和消费，收入和消费反过来又以加速数效应影响投资，乘数效应和加速数效应的共同作用，就造成了经济的周期性扩张和紧缩。总而言之，根据乘数 – 加速数模型，只有政府干预才能熨平经济的周期性波动。例如，在经济扩张阶段，政府可以实施紧缩性的财政或货币政策；在经济衰退阶段，政府需要实施扩张性的财政或货币政策。

五、实际经济周期理论

在 20 世纪 70 年代的石油危机之前，几乎所有的经济学家都集中研究需求面冲击以解释对充分就业的偏离。1973 ~ 1974 年的石油冲击使人们意识到实际的"供给面"冲击对产量的决定也相当重要。如果经济主体基于他们对未来的预期进行决策，那么需求的变化也依赖于预期的生产函数的变动，因此经济供给面的冲击就显得举足轻重。实际经济周期理论尝试清晰描述经济主体面临的实际经济环境和各种冲击的努力，就是从供给冲击着手的。实际经济周期理论（real business cycle theory）是对经济周期理论研究的延伸和发展，由爱德华·普雷斯科特（Edward

C. Prescott) 和芬恩·基德兰德（Finn E. Kydland）提出。

（一）基本假设条件

实际经济周期理论建立的基本模型是完全的瓦尔拉斯形式的，因此也被称为均衡经济周期模型。这一理论的基本假设与前提有：一是经济主体是理性的，也就是说在现有的资源约束下追求它们效用和利润的最大化；二是理性预期假设成立；三是市场有效性假设成立；四是就业变动反映了工作时间的自愿变化，非自愿失业不存在，工作和闲暇在时间上具有高度替代性；五是货币中性假设。

（二）冲击的类型

根据实际经济周期理论，冲击一般分为来自货币的冲击和来自实际因素的冲击，以及由预期未来生产率变化产生的消费和投资变动引起的总需求冲击和总供给冲击。总需求冲击和总供给冲击或两者的组合会导致产量和就业的不稳定。其中总供给冲击主要由五种因素引起，一是自然环境中的一些不利变化包括地震、洪灾、旱灾等自然灾害给农业产出带来不利影响；二是能源价格的突然升降；三是战争、政治动荡等会扰乱现有经济的运行秩序，破坏经济结构；四是政府干预破坏了市场激励结构，改变了经济主体的行为约束，使企业家才能转向寻租活动；五是资本、劳动投入的质量改变，新的管理方法、新产品的开发及新的生产技术的引进所引起的冲击。实际经济周期理论将第五种因素宽泛地定义为是"技术冲击"。

（三）技术冲击与持久影响

普雷斯科特和基德兰德认为，在所有的冲击中，技术冲击是造成经济周期的最主要因素。由于技术冲击具有随机性，经济波动也呈现出随机性特征。当生产技术进步时，产出就会增加，经济趋于繁荣；当生产技术退步时，产出就会减少，经济开始进入衰退。

实际经济周期理论还认为，技术冲击对供给的影响将是长期存在的，这种影响不会随着时间的推移而有所变化，除非发生新的技术冲击。这一观点是该理论不同于其他经济周期理论的主要区别之一。同时，实际经济周期理论还解释了技术冲击为什么会对就业和产出产生持续多年的影响。该理论把资本与劳动力等投入品转化为产品和服务产出的生产能力称为生产技术水平。显然，当生产技术得以改进，产出就会增加，在劳动力存在跨期替代时，会进一步带来更多的就业。

实际经济周期理论强调了劳动力市场在经济周期中的作用。它指出：在任何给定的时间，劳动的供给取决于工人面对的工资激励，如果工人的实际工资上升了，他们将愿意放弃部分闲暇时间而增加劳动时间；反之，如果工人的实际工资下降了，则会增加闲暇时间而减少劳动时间。如果工人的实际工资足够低，他们就会暂时性地选择完全放弃工作。这种人们随着时间的推移重新配置工作时间的意愿被称作时际劳动替代（intertemporal substitution of labor）。

例如，一个大学生拥有七月和八月这两个月的暑期，他希望利用其中的一个月去工作，另一个月出去旅游休闲。那么，他选择哪一个月去工作呢？假定 W_1 是他选择七月去工作所获得的实际工资，W_2 是他选择八月去工作所获得的实际工资。同时，如果他选择七月去工作，除了获得 W_1 的实际工资之外，还可以在八月份获得部分利息收入 rW_1（r 是实际月利率）。这时，相对于八月来说，实际相对工资就是：

$$实际相对工资 = \frac{rW_1}{W_2}$$

可见，这个大学生到底选择哪个月去工作，主要依据实际相对工资作出选择。如果利率 r 或者 W_1 较高，选择七月去工作对这个大学生会更有吸引力，因为这能赚得更多的实际收入。

根据实际经济周期理论，所有工人在进行时间配置的时候，都将根据这种成本-收益分析作出选择。如果实际工资高，或者利率高，工人就会将更多的时间用于工作；反之，如果实际工资低，或者利率低，工人会将更多的时间用于闲暇。当可获得的技术得到改进时，不仅经济产出会增加，工人的边际产出也会增加，进而使得实际工资上升。同时，由于劳动的时际替代，技术的进步也引致了就业量的上升，因而技术进步将会导致经济繁荣。反之，如果可获得的技术退化了，总产出和工人的边际产出都将会下降，工人的实际工资也会下降，同时由于劳动的时际替代，技术的退化导致就业量的减少。

（四）货币中性与政策无效

货币中性是指货币供给变化不会对产出、就业等实际变量产生任何影响，只会改变价格水平。实际经济周期理论认为，既然货币供给量内生于经济系统本身，货币是中性的，那么政策当局刻意运用所谓货币政策干预经济，不但是完全没有必要而且反而可能对实际经济有害。经济波动在很大程度上体现了经济活动基本趋势本身的波动，而不是围绕不变的基本趋势的波动。也就是说，经济周期不是对经济均衡的偏离，而是经济均衡本身发生了暂时波动。因此，政府花费大量成本，采取各种宏观经济政策措施，试图稳定经济，不但是没有必要的，而且可能干扰经济系统对技术冲击应有的合理反应，从而损害经济运行。

本章小结

1. 经济增长是指一个国家产出（或收入）水平的增长，一般使用国民收入的变化指数（倍数）或国民收入增长率来衡量经济增长。经济增长的源泉是劳动、资本和技术进步。

2. 哈罗德-多马模型是现代经济学意义上的第一代经济增长模型。这一模型指出，要实现经济的长期稳定的均衡增长，必须使实际增长率、合意增长率和自然增长率相一致。

3. 新古典增长理论指出，储蓄率和资本积累影响稳态收入，但不影响长期的经济增长；人口增长影响稳态人均收入，同时能够解释长期总收入的增长，但是却不能解释长期人均收入的增长；技术进步不仅影响了稳态收入，而且还能够解释长期总收入和人均收入的增长，是长期经济增长的源泉。

4. 内生增长模型放弃了新古典增长模型的外生技术变革的假设，而将技术进步视为经济增长模型中的内生变量，从而能够更好地解释技术进步与经济增长之间的关系。

5. 经济周期是指经济生产过程中周期性出现的经济扩张与经济紧缩交替更迭、循环往复的一种现象。经济周期分为繁荣、衰退、萧条和复苏四大阶段。

6. 经济学家一般根据经济周期波动的时间长短，将经济周期划分为长周期、中周期和短周期。解释经济周期产生的原因，在早期有外生经济周期理论和内生经济周期理论。萨缪尔森构建的乘数－加速数模型，运用乘数原理和加速数原理来解释经济周期。

7. 实际经济周期理论是对经济周期理论研究的延伸和发展。实际经济周期理论指出，经济周期是由于经济中的实际冲击所造成的，其中技术冲击是造成经济周期的最主要因素。

第十五章　宏观经济政策

本章提要

　　宏观经济政策有四大目标，本章从需求管理和供给管理两方面讨论了实现四大目标的手段。通过本章学习，了解宏观经济政策目标的统一性与矛盾性；重点理解财政政策、货币政策的具体内容及其实际运用；理解货币政策传导机制。

基本概念

　　财政政策　补偿性财政政策　自动稳定器　功能财政　挤出效应　货币政策　中央银行　存款准备金　法定准备金　法定准备金率　货币创造乘数　超额准备金　超额准备金率　公开市场业务

　　当国民收入处于不均衡状态时，政府既可以从需求方面也可以从供给方面进行调节。宏观经济政策是各国政府加强宏观经济管理，以实现充分就业的政策主张。

第一节　宏观经济政策目标

　　经济政策是国家或政府为了增进社会经济福利而制定的解决经济问题的指导原则和措施。一国或政府经济政策的运用，是为了在一定时期内追求一定的经济目标。为了达到这些经济目标，政府必须掌握某些工具或手段，并且有计划地运用这些政策工具，以调节宏观经济的运行。

一、宏观经济政策目标内容

　　宏观经济政策目标包括了四大部分，即充分就业、价格稳定、经济持续均衡增长和国际收支平衡。

（一）充分就业

充分就业是宏观经济政策的首要目标。就业是民生之本，而失业的成本是巨大的，不仅使有劳动能力的社会成员得不到劳动机会，形成劳动力资源的极大浪费，而且对失业人员及其家庭的生活构成威胁，引发社会的不安定，因此无论从经济发展还是社会稳定考虑，充分就业都被列为政府宏观经济政策的第一目标。从广义上说，充分就业是指一切生产要素都有机会以自己愿意的报酬参加生产的状态。但通常使用狭义的概念，即特指劳动这种生产要素的充分就业。凯恩斯认为，如果失业仅限于摩擦性失业和自愿失业，不存在"非自愿性"失业，那么就实现了充分就业。也有一些经济学家们认为，如果空缺职位总额刚好等于寻找工作的人数，就是充分就业。货币主义者提出了"自然失业率"的概念。总之，经济学家们普遍认为，充分就业不是百分之百就业，存在 4% ~ 6% 的失业率是正常的，此时社会经济处于充分就业的状态。

（二）价格稳定

价格稳定是宏观经济政策的第二个目标。价格稳定是指价格总水平的稳定。大部分西方国家把轻微的通货膨胀看作一种正常的经济现象，这种低而稳定的通货膨胀率对经济不会产生不利影响，能够为社会所接受。但是持续的价格上涨，使得人们的实际收入下降，国民收入发生因价格变动而引起的再分配。这种再分配的结果，不利于领取固定收入的人员。同时，通货膨胀影响人们对未来的预期，从而影响到社会的投资与储蓄，阻碍经济增长，因此政府需要把价格稳定作为宏观经济政策的目标之一。

（三）经济持续均衡增长

经济持续均衡增长是宏观经济政策的第三个重要目标。经济增长是指在一个特定时期内经济社会所生产的人均产量和人均收入的持续增长。经济增长表现为社会财富的增加，是改善人民生活、增强国家经济实力的基本途径。经济增长要达到一个适度的增长率，这种增长率既能满足社会发展的需要，又是人口增长和技术进步所能达到的。对于政府来说，以经济增长为目标，不但能够提高一个国家居民的生活水平，而且能够提高本国的综合国力和国际威望，因此这一目标是许多国家宏观经济政策追求的目标之一。

（四）国际收支平衡

宏观经济政策的第四个目标是国际收支平衡。在开放的经济中，一国的对外贸易和资本在国内外之间的流动直接影响着国内总需求和投资资金的来源。国际收支平衡是指既无国际收支赤字又无国际收支盈余。如果一国出现国际收支失衡，一方面是对整个国民经济均衡的破坏，导致国内总需求和总供给的失衡；另一方面，大量国际收支盈余使本币升值，出口受阻，而出现大量国际收支赤字时，又会因为进口过量，使本国经济发展受到冲击，失业增加。因此，保持国际收支平衡也是实现国内宏观经济健康发展的必要条件。

二、宏观经济政策目标的统一与矛盾

现代经济学家一般认为，宏观经济政策应当同时实现充分就业、物价稳定、经济增长和国际收支平衡这四个目标的统一。从长期来看，这四个目标之间是相互促进，相互包容的。经济增长是充分就业、价格稳定和国际收支平衡的物质基础；价格稳定是经济增长的前提；国际收支平衡有利于国内物价稳定，有利于利用国际资源扩大本国生产能力，加速经济的增长；充分就业意味着充分利用资源，其结果是促进了经济的增长。这四个目标之间存在一定的一致性，即一个目标的实现会带动另外一个或几个目标的实现。但是从短期来看，目标之间又存在着矛盾性，一个目标的实现可能导致其他目标的偏离。

（一）充分就业与经济增长的统一与矛盾

经济增长与充分就业之间具有统一性。通常就业人数越多，经济增长速度就越快；而经济增长速度越快，为劳动者提供的就业机会也就越多。但是，经济增长与充分就业之间又存在矛盾。首先，如果就业增加带来的经济增长伴随着社会平均劳动生产率的下降，那就表明经济增长是以投入产出的比例上升为前提的，它不仅意味着本期浪费了更多的资源，而且还会妨碍后期的经济增长。其次，经济增长中的技术进步和劳动生产率的提高会引起资本对劳动的代替，相对地减少对劳动的需求，使部分劳动者尤其是技术水平较低的劳动者失业。最后，如果经济增长大部分是由资本密集型投资增长带来的，对劳动密集型产业的投资比例增加不大，那么经济增长也不会带来就业的大幅度增加，反而带来结构性失业。

（二）充分就业与价格稳定的统一与矛盾

从统一性看，价格稳定可以为劳动者的充分就业与其他生产要素的充分利用提供一个良好的货币环境与生产环境。但价格稳定与充分就业之间更多地表现为矛盾性。一般来说，要实现充分就业，政府必须运用扩张性财政政策和货币政策，而这些政策又会由于财政赤字的增加和货币供给量的增加而引起通货膨胀。当价格比较稳定，通货膨胀率比较低时，失业率往往较高，而要降低失业率，就要以牺牲一定程度的价格稳定为代价，二者难以兼顾。

（三）价格稳定与经济增长的统一与矛盾

通常情况下，这两个目标是可以相辅相成的，价格稳定有利于经济增长，经济增长也有利于价格稳定。但是，过分强调价格稳定，经济的增长与发展又会受阻，同时经济增长也会在不同程度上带来价格的波动。根据凯恩斯的理论，在有效需求不足时，政府往往会采取扩张性的财政政策和货币政策，通过增加投资、刺激消费和增加政府支出来刺激需求，从而促进经济增长，但一旦总需求超过了总供给，还继续采取扩张性的政策刺激经济，就会引发通货膨胀，而过高的通货膨胀又会成为阻碍经济增长的重要因素。

（四）充分就业与国际收支平衡的统一与矛盾

当充分就业推动经济快速增长时，不但可以减少进口，而且还可以扩大出口，这有利于平衡国际收支。但是，为了追求充分就业，就需要更多的资金和生产资料，当国内满足不了需求时，就要引进外资、进口设备与原材料等，这又不利于平衡国际收支。同时，充分就业的实现会引起国民收入的增加，在国际进口倾向相对稳定的情况下，会引起进口的增加，从而可能导致国际收支状况的恶化。

综上所述，宏观经济政策目标在实现过程中既存在一定的统一性，也存在一定的矛盾性，因而在经济政策实施过程中，政府要综合考虑各个目标之间的关联性，对经济目标权衡轻重缓急和利弊得失，使各项政策相互配合。此外，还要考虑到政策本身的协调和对时机的把握程度，以提高政策运用的有效性。

第二节　需求管理（一）：财政政策

财政是政府凭借权力对一部分国民收入所进行的收入分配和再分配活动以及为进行这些活动而制定的一整套制度规则和组织机构。**财政政策**是指政府为实现宏观经济政策目标而对其收入和支出水平所作的决策。要理解财政政策起作用的机制，就必须对制度本身有一定的了解。

一、财政的构成与财政政策工具

财政体系是财政政策得以贯彻的基本环境。在一定的财政体系所设定的活动规则下，政府通过财政政策来实现宏观经济政策目标。财政政策的主要内容分为两大部分，即财政支出与财政收入。

（一）财政支出

财政支出是整个国家各级政府支出的总和，其支出的内容主要有：①国防与安全支出；②社会福利支出；③卫生教育支出；④建设与环保支出；⑤科研支出；⑥农业补贴支出；⑦债务利息支出；⑧国防事务支出（包括外援等）。这些支出内容又可分为政府购买支出和政府转移支付两大类。政府购买支出是指政府对商品和劳务的购买，包括政府用于购买军需品、办公用品、公共工程、支付政府雇员工资等方面的支出。政府购买支出是一种实质性支出，有着商品和劳务的实际交易，因而直接形成社会需求和购买力，是国民收入的一个组成部分。因此，政府购买支出是决定国民收入大小的主要因素之一，其规模大小直接影响社会总需求的增减。政府转移支付是指政府在社会保险福利、贫困救济和补助等方面的支出。与政府购买支出不同，这是一种货币性支出，政府在付出这些货币时并没有相应的商品和劳务的交换发生。因此，政府转移支付不能算作国民收入的组成部分，它只是政府将收入在不同社会成员之间进行转移和重新分配，全社会的总收入并未增加。

（二）财政收入

财政收入包括税收和公债两个部分。税收是财政收入最主要部分，它是国家为了实现其职能，按照法律预先规定的标准，强制地、无偿地取得财政收入的一种手段。税收具有强制性、无偿性和固定性三个基本特征。按照课税对象，税收可以分为财产税、所得税和流转税三大类别。财产税主要是对不动产即土地和土地上的建筑物等所征收的税。遗产税一般包含在财产税中。所得税是对个人和公司所得征收的税，包括个人的工薪收入和股票、债券、存款等资产的收入税、公司利润税。我国现行税制中的所得税主要包括个人所得税和企业所得税。由于财产税和所得税是由纳税人负担而不能转嫁给别人，因此又被称为直接税。流转税是对流通中的商品和劳务买卖的总额征税，主要包括消费税和增值税。流转税的纳税人通常采取提高销售价格的方式，至少把一部分税收负担转嫁给了最终消费者，因此又被称为间接税。

公债是财政收入的又一组成部分。它是政府对公众的债务，或公众对政府的债权。公债是政府运用信用形式筹集财政资金的特殊形式，包括中央政府的债务和地方政府的债务，其中中央政府的债务称为国债。政府借债一般有短期债、中期债和长期债三种形式。短期债期限一般为1年以内，利息较低，主要进入短期货币市场；中期债期限一般在1年以上5年以下；5年以上的为长期债券。中长期债利息因其时间长、风险大而收益较高，是西方国家资本市场上最主要的交易品种之一。

第十五章

二、财政政策的运用

财政政策就是运用政府财政收入与支出来调节经济。在经济萧条时期，总需求小于总供给，经济中存在失业。这时，政府应采取扩张性的财政政策来刺激总需求，以实现充分就业。扩张性的财政政策包括增加政府支出与减税。政府提高购买支出水平，如举办公共工程，可以弥补消费需求和投资需求的不足，增加社会总需求水平，从而刺激经济。虽然政府转移支付不直接形成当期的社会购买力，但是由于它能改变人们的收入，可以间接影响人们的消费水平，所以转移支付也是一项重要的财政政策工具。当经济衰退时，由于社会有效需求不足，非自愿失业人数增加，这时政府增加转移支付水平，如增加失业救济金和养老金等社会福利支出，就能够提高人们可支配收入水平和消费水平，社会有效需求会相应增加，促使经济回升。税收作为调节经济的手段是通过改变税率和税收绝对量来实现的。在总需求不足、失业增多时，政府可以采取减税或降低税率的措施，因为减少个人所得税可以增加可支配收入，可以刺激消费和有效需求；减少公司所得税可以增加公司的投资；减少间接税对消费、投资也起到了刺激作用。增加政府支出、减税，都会使国民收入在乘数原理的作用下数倍扩大，从而实现充分就业的国民收入均衡。

在经济膨胀时期，存在过度需求，经济过热会引起通货膨胀。这时政府应采取紧缩性的财政政策，即减少支出，增加税收以降低总需求，抑制通货膨胀。减少政府支出，一方面直接减少了总需求，另一方面抑制了私人消费和投资，间接减少了总需求。当经济过热时，政府降低转移支付水平，如减少失业救济金和养老金等社会福利支出，会降低人们的可支配收入水平和消费水平，社会总有效需求会相应下降，使得通货膨胀率相应回落。在总需求过多、价格水平持续上涨时，政府可以采取增税或提高税率的措施，因为增加个人所得税可以减少可支配收入，从而抑制消费和有效需求；增加公司所得税可以减少公司的投资；增加间接税对消费、投资也起到了抑制作用。同理，国民收入在乘数原理的作用下大幅度收缩，从而抑制经济的膨胀。

经济学家们认为，政府要密切关注经济的变动趋势，预测未来的经济发展，斟酌使用财政政策。为确保经济稳定，政府要审时度势，主动采取一些财政措施，变动支出水平或税收以稳定总需求水平，使之接近价格稳定的充分就业水平，这就是**酌情使用的或权衡性的财政政策**。当总需求非常低时，政府应通过减税、增加支出或双管齐下以刺激总需求；反之，应通过增税或削减开支以抑制总需求。这种交替使用的扩张性和紧缩性财政政策，被称为**补偿性财政政策**。这样一套经济政策就是凯恩斯主义的相机抉择的"需求管理"。由于凯恩斯分析的是需求不足的萧条经济，因此他认为调节经济的重点要放在总需求的管理方面，即当总需求过低，产生衰退和失业时，政府应采取刺激需求的扩张性财政措施；当总需求水平过高，产生通货膨胀时，政府应采取抑制总需求的紧缩性财政措施，简言之，就是要"逆经济风向行事"，其原理可以用图 15－1 进行分析。

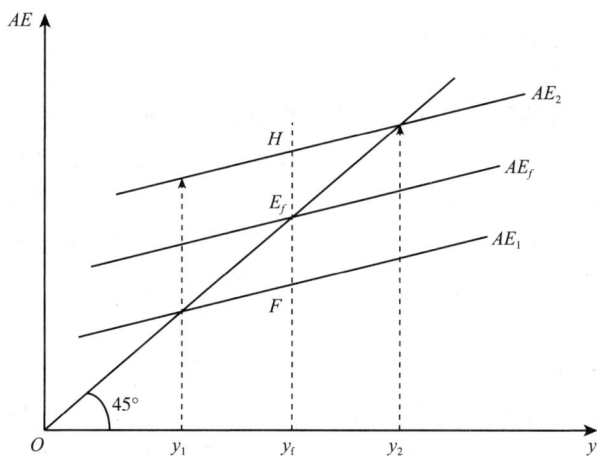

图 15－1　逆风行事的财政政策

图 15－1 表示，社会总收入和总支出相等时所决定的国民收入均衡水平，并不一定就是充分就业的国民收入均衡水平 y_f。当国民收入均衡水平为 y_1，则存在紧缩性缺口 FE_f，需要采取扩张政策；当国民收入均衡水平为 y_2 时，则存在膨胀性缺口 HE_f，需要采取紧缩政策。扩张性财政政策就是在经济衰退时，增加政府支出，减少税收，以扩大消费和投资，刺激总需求由 AE_1 提高到 AE_f，最终达到充分就业的均衡收入水平 y_f。紧缩性财政政策就是在经济过热时，缩减政府支出，增加税收，以减少消费和投资，抑制总需求由 AE_2 降低到 AE_f，最终达到充分就业的均衡收入水平 y_f。

专栏 15－1

带来繁荣的一座桥

在 1998 年，日本政府完成了世界上最长悬索桥的建设，6500 米的跨度，把淡路岛和神户市连接在一起，花费 73 亿美元之巨。然而，怀疑者已经预测，它承载的交通流量非常小，一天大约只能通过 4000 辆汽车。作为比较，美国最长的悬索桥，连接纽约市的斯塔滕岛和布鲁克林区的韦拉扎诺海峡大桥，每天通行超过 30

万辆汽车。

在日本，像这样的故事太平常了。在 20 世纪 90 年代期间，日本政府花费大约 1.4 万亿美元用于基础设施建设，其中包括许多用途受到质疑的工程。但是日本的工程建设开支的主要目的不是提供有用的基础设施，而主要是为了增加需求。

在 20 世纪 90 年代，日本政府修桥、铺路，建水坝和防波堤甚至停车车库，目的是应对总需求的持续不足。日本政府通过工程开支来刺激经济，是使用相机选择的财政政策的事例——即通过政府有目的地改变支出和税收政策来管理需求。

资料来源：保罗·克鲁格曼，罗宾·韦尔斯. 宏观经济学［M］. 北京：中国人民大学出版社，2009：362－363。

第十五章

三、自动稳定器

自动稳定器，又被称为内在稳定器，是指经济系统本身存在的一种会减少各种干扰对国民收入冲击的机制。这种机制能够在经济繁荣时期自动抑制通货膨胀，在衰退时期自动减轻萧条，无须政府采取任何行动。由于现代财政制度本身的特点，财政支出和税收政策具有某种自动调节经济的功能。当经济发生波动时，财政制度的自动稳定器就会自动发挥作用，调节社会总需求水平，减轻经济波动。自动稳定器主要有三种。

（一）政府税收制度

个人所得税有一定的免征额和固定税率，企业所得税有规定的应纳税所得额和对应的税率。当经济处于萧条阶段时，失业增加，国民产出水平下降，个人收入和企业利润普遍减少，在税率不变的情况下，个人和企业纳税就会自动减少，在一定程度上能够减缓消费和投资的下滑，有利于维持社会总需求水平。在个人所得税实行累进税的情况下，经济衰退还能使纳税人的收入自动降为较低纳税档次，政府税收下降的幅度会超过收入下降的幅度，可以抑制经济的进一步衰退。反之，当经济处于繁荣阶段时，失业率下降，居民收入和企业利润增加会使纳税人的应纳税所得额增加，政府税收上升的幅度会超过收入上升的幅度，从而起到抑制经济过热的作用。

（二）政府转移支付制度

政府转移支付有助于稳定可支配收入，从而稳定在总支出中占很大比重的消费支出。政府转移支付主要包括政府的失业救济金和其他社会福利支出。按照失业救济制度，人们被解雇后，在没有找到工作以前可以在一定期限内领取一定金额的救济金，另外政府也对穷人进行救济。当经济出现衰退与萧条时，失业人数增加，符合救济条件的人数增多，失业救济金和其他社会福利支出就会相应增加，可以间接地抑制人们可支配收入的下降，进而抑制总需求水平的下降。当经济繁荣时，由于失业人数减少，社会福利支出额也自动减少，从而抑制可支配收入和消费的增长。

（三）农产品价格维持制度

这实际是政府转移支付的一种形式，即政府财政补贴。所谓农产品价格维持制度，就是政府为了保证农产品生产者的可支配收入不低于一定水平而对农产品实施财政补贴，以维持农产品价格稳定的一种制度。这一制度对宏观经济运行也会产生自动稳定的作用。当经济衰退或萧条时，国民收入下降，农产品价格降低，政府依据农产品价格维持制度，按照支持价格收购农产品，可以使农民收入和消费维持在一定的水平。反之，当经济繁荣或扩张时，国民收入水平上升，农产品价格相应上涨，政府减少对农产品的收购并抛售农产品，限制农产品价格上升，也就限制了农民收入的增长，从而抑制可支配收入和消费需求的增加。

自动稳定器可以自动地发生作用，调节经济，无须政府做出任何决策，因此是应对经济波动的第一道防线。但是自动稳定器的作用是十分有限的，它只能减轻萧条或通货膨胀的程度，并不能改变萧条或通货膨胀的总趋势，只能对财政政策起到自动配合的作用，并不能代替财政政策，因此政府仍然需要有意识地运用财政政策来调节经济。

四、政府公债与赤字财政政策

第二次世界大战以前，西方国家奉行的理财思想，基本上遵循了亚当·斯密在《国富论》里提出的原则：一个谨慎行事的政府应该厉行节约，量出为入，每年预算都要保持平衡。因此在很长的时间里，财政预算平衡思想主要是年度平衡预算和周期平衡预算两种。年度平衡预算要求每年都要做到财政收支平衡，这是 20 世纪 30 年代以前普遍采取的财政政策。30 年代的世界经济危机和"凯恩斯革命"使人们认识到，经济衰退期间保持预算平衡既无必要而且也会加深衰退，但是由于预算平衡的思想根深蒂固，财政预算平衡只是从年度平衡预算转为周期性平衡预算。所谓周期性平衡预算是指政府在一个经济周期中保持平衡。由于在经济萧条时实行扩张的财政政策会出现财政赤字，而在经济膨胀时实行紧缩性的财政政策又会出现财政盈余，以膨胀时的盈余弥补萧条时的赤字，使整个周期的盈余和赤字相抵而实现预算平衡。由于很难准确估计膨胀与萧条的时间与程度，两者更不会完全相等，因此周期预算平衡事实上无法实现。

功能性财政思想是凯恩斯主义的财政思想。他们认为，政府为了实现充分就业和消除通货膨胀，需要赤字就赤字，需要盈余就盈余。所谓**功能财政**，是指政府为实现无通货膨胀的充分就业水平，在财政方面采取的积极财政政策。根据斟酌的财政政策，政府在财政方面的积极政策主要是为实现无通货膨胀的充分就业水平。当实现这一目标时，预算可以是盈余的，也可以是赤字的。预算赤字是政府财政支出大于收入的差额。实行扩张性财政政策，即减税和扩大政府支出就会造成预算赤字。预算盈余是政府收入超过支出的余额。实行紧缩性财政政策，即增税和减少政府支出，会产生预算盈余。

凯恩斯主义认为，资本主义经济的问题在于有效需求不足，财政政策应是增加政府支出，减少政府税收，这样就必然出现财政赤字，所以必须放弃原有财政预算平衡思想，实行赤字财政政策。财政赤字又称预算赤字，是一个国家财政年度预算的支出超过收入的差额。当一个国家财政年度预算出现赤字时，弥补赤字的方法不外乎有两种：一是凭借国家垄断货币发行的权力，通过中央银行增发货币，通常称为赤字货币化；二是政府运用国家信用，发行公债，通常称为赤字债务化。

公债是政府对公众的债务，或公众对政府的债权。凯恩斯主义认为，通过发行公债实施财政政策不仅是必要的，而且也是可能的。第一，债务人是政府，债权人是本国公民。公民是政府的纳税人，政府是公民的代表，两者的根本利益是一致的。因此，政府欠公民的债务，就是自己欠自己的债务。第二，由于政府的政权是稳定的，这就保证了债务的偿还。在实际的公债发行中，政府一般还采取了多发短期公债的办法，一边发行新公债，一边偿还旧公债，这样就不会引起信用危机。第三，发行公债的目的在于调节经济，只要把发行公债所筹集的资金用于投资，通过投资乘数的作用，国民收入会多倍地增加，公债就可以偿还。这样，公债不会无限扩大下去，而且一般与国民收入保持一定的比例，这就是所谓的"公债哲学"。

政府实行赤字财政政策，在发行公债时，公债不能直接卖给公众或厂商，因为这样可能会减少公众与厂商的消费和投资，使赤字政策起不到应有的刺激经济的作用。财政部可以用政府债券向中央银行换取支票存款，用于各项支出，刺激经济。中央银行则可以把政府债券作为发行货币的准备金或作为运用货币政策的工具，也可以在金融市场上卖出。

专栏 15-2

新冠疫情期间美国的经济刺激政策

2020 年初，突如其来的新冠疫情席卷全球。在三年的时间里，疫情反反复复，对大多数国家的经济生活造成了严重影响。2020 年第一季度，美国实际 GDP 按环比年化下降 5%，创下了 2008 年全球金融危机以来最大降幅。失业率在 2020 年 4 月上升至 14.7%，失业人数高达 2308 万，几乎打破 20 世纪 30 年代经济大萧条时期的历史纪录。2020 年全年实际 GDP 增长率同比下降 3.5%，是美国近十年来首次出现 GDP 负增长。

为了应对疫情的冲击，2020 年 3 月至 2021 年 3 月的一年里，美国制定法案（见表 1）共实施了 4 次刺激经济的财政政策，各经济主体和部门都获得了相应的财政资金援助（见表 2）。

表1　　　　　　　　　2020~2021 年美国财政政策概览　　　　　　单位：亿美元

序号	财政政策	规模
第一次	《防备和应对新型冠状病毒补充拨款法案》	83
	《家庭优先新型冠状病毒应对法案》	1920
	《新型冠状病毒援助、救济和经济安全法案》	22000
	《薪资保护计划和强化医疗护理法案》	4840
第二次	《新冠肺炎疫情救助法案》	9000
第三次	《美国救援法案》	19000
第四次	《美国基建法案》	23500

序号	居民	企业	医疗	教育	州和地方政府	其他
第一次	5000	8500	1083	140	1500	—
第二次	3090	3000	40	1050	—	450
第三次	7800	500	600	1300	3500	1100

表 2　　各部门获得的财政资金援助　　单位：亿美元

注：第四次经济刺激政策主要是通过基建投资增加就业，法案颁布较晚，并且分为 8 年实施，因此未纳入表 2。

自刺激经济的财政政策颁布之后，实体经济和消费开始恢复。2020 年 4 月，美国制造业产出月率跌至 −13.7%，但在 2020 年 5 月，制造业产出月率增长到 3.8%。2021 年 10 月的消费者信心指数已经接近疫情前水平，当月失业率为 4.6%。2020 年全年 GDP 增速为 −2.8%，2021 年 GDP 增速达到 5.67%。毋庸置疑，四次大规模的财政政策是促进经济恢复的强大动力。

资料来源：根据美国财政部、美国国会预算办公室及美国联邦储备委员会相关法案整理。

五、财政政策运用的局限性

财政政策如果能够正确制定并实施，对总需求将起到一定的影响并促进经济的稳定运行，但是在实际操作中，往往存在许多限制性因素，制约财政政策作用的发挥。

（一）政策时滞

任何一项政策措施，从方案的提出、讨论、批准到最后执行都有一个过程，在短期内很难见效。即使政策开始实施，也需要一定时间才能输入经济和产生效果。然而在这一段时期内，经济形势也许会发生意想不到的变化，从而使最终通过的方案执行后失去应有的效果。如果经济形势在政策方案执行时已经发生逆转，政策的实施反而会起负作用，对经济产生不利影响。

（二）不确定性

政府实施财政政策，往往会面临两个不确定性：一是乘数大小的不确定性；二是财政政策作用使总需求水平达到预定目标时间的不确定性。例如，在经济萧条时期减少税收不会引起反对，但是人们是否会把减税所增加的收入用于增加消费支出，则不得而知。转移支付的增加也有同样的情况，人们或许不会把这笔钱用于增加消费。不确定性可能导致政府决策的失误。

（三）利益集团的影响

财政收支的变动必然产生收入再分配效应，这往往会遭到不同社会阶层和利益集团的阻挠。例如，在西方国家增税会遭到普遍的反对，甚至引起政治动乱；减少政府购买（尤其是减少政府军事支出）会遇到强有力的垄断资本家的反对；削减转移支付则会受到一般平民及其同情者的反对；增加公共工程会被认为是与民争利。各种利益集团或是直接向政府施加压力，或是通过院外集团影响立法机构，阻挠财政政策的实施。

（四）挤出效应

政府支出增加可能引起私人消费或投资降低，即产生**挤出效应**。在一个充分就业的经济中，如果政府支出增加，会导致在商品市场上对商品和劳务的需求量增加，物价上升，在名义货币供应量不变的情况下，实际货币量减少，可供用于投机目的的货币量减少，这必然使贷款利率上升，贷款成本增加，从而导致私人投资减少。投资减少了，人们的消费也会随之减少。这就是说，政府支出增加"挤占"了私人投资和消费，从而影响财政政策的实施效果。

第三节　需求管理（二）：货币政策

货币政策是中央银行控制货币供给量以及通过货币供给量来调节利率进而影响投资和整个经济以达到一定经济目标的各项措施。货币政策作为国家干预经济活动的基本政策之一，同财政政策一样，分担着宏观经济调控的各种目标。

一、银行制度

随着货币和信用的发展，一个国家的金融体系应运而生。世界各国的金融机构并不完全相同，但是一般都包括金融中介机构和中央银行两大类。金融中介机构中最主要的是商业银行，还有储蓄和贷款协会、信用协会、保险公司等。

（一）商业银行

商业银行（commercial bank）名称的由来，是因为较早向银行借款的人都经营商业，但后来工业、农业、建筑业、消费者也都日益依赖商业银行融通资金，因而客户遍及经济各部门，业务也多种多样，商业银行只是沿用旧称呼。国际货币基金组织将能够创造存款货币的金融中介机构统称为存款货币银行，传统称之为商业银行。商业银行的主要业务是负债业务、资产业务和中间业务。

1. 负债业务

商业银行的负债业务是形成其资金来源的业务。存款是商业银行传统业务，主要包括活期存款、定期存款和储蓄存款三大类。活期存款主要是指可以由企业随时存取的存款，是商业银行主要的存款业务。企业存入活期存款，目的不是获取利息，而是通过银行进行各种支付结算，因此银行往往不付利息或利息很少，而以免费办理支票业务作为代价。定期存款是指具有确定到期期限才能提取的存款。由于定期存款期限未到之前一般不能提取，所以银行给予较高利息。储蓄存款主要是针对居民个人的货币储蓄而设立的一种业务。储蓄存款通常由银行发给储户存折，到期还本付息，一般不能据此签发支票。

2. 资产业务

资产业务是商业银行将负债业务所聚集的货币资金加以运用的业务，是商业银行获取收益的主要途径。资产业务主要包括放款和投资两类业务。放款业务是为企业提供短期贷款，包括票据贴现、抵押贷款等。投资业务就是商业银行以其持有的资金进行各种有价证券投资的业务活动。

3. 中间业务

中间业务也称无风险业务，是商业银行代理客户承办支付及其他委托项目，并收取手续费的业务，如汇兑、信用证、信托等业务。汇兑是客户以现款交付银行，由银行把款项支付给异地收款人的一种业务。信用证业务是由银行保证付款的业务，这种业务在异地采购尤其是国际贸易中被广泛应用。信托是商业银行经营金融性质的委托—代理业务，代为客户管理、经营和处理有关事项。

商业银行除了这三项传统业务以外，还有银行卡业务、国际业务、联行往来业务等，这些业务日益成为商业银行利润新的增长点。

（二）中央银行

中央银行（central bank）是一国的最高金融当局，负责统筹管理全国的金融活动，实施货币政策以影响经济。世界上最早设立的中央银行是瑞典政府于1668年设立的国家银行，但现代意义上的中央银行直到19世纪以后才出现。美国的联邦储备局、英国的英格兰银行、法国的法兰西银行、德国的德意志联邦银行、日本的日本银行，都是各国的中央银行。这些中央银行已经成为各国金融体系和经济体系的神经中枢。一般认为，中央银行具有三个职能。

1. 作为发行的银行

中央银行是由政府指定的唯一法定货币发行机构，独占货币发行权。中央银行一方面有权发行纸币，另一方面通过影响商业银行的存款来控制全社会的货币供给量。

2. 作为银行的银行

中央银行并不直接经营商业银行的业务，而是对商业银行"存、放、汇"，即为商业银行集中保管存款准备金，为商业银行提供贷款（用票据再贴现、抵押贷款等办法），还为商业银行集中办理全国的结算业务。

3. 作为国家的银行

所谓国家的银行，是指中央银行代表国家执行财政金融政策，为国家提供各种金融服务。作为国家银行的职能，主要表现在以下五个方面：第一，代理国库，一方面根据国库委托代收各种税款和公债价款等收入作为国库的活期存款；另一方面代理国库拨付各项经费，代办各种付款与转账。第二，提供政府所需资金，既采用贴现短期国库券等形式为政府提供短期资金，也采用帮助政府发行公债或直接购买公债的方式为政府提供长期资金。第三，代表政府与外国发生金融业务关系。第四，执行货币政策。第五，监督、管理全国金融市场活动。

二、存款创造与货币创造

狭义的货币供给（M1）是硬币、纸币和活期存款的总和。活期存款可以用来支付债务，并具有随时提取的特点。但是，很少会出现所有储户在同一时间里取走全部存款的现象，因此银行只需要留下一部分存款作为应付提款需要的准备金，而把绝大部分存款资金用来从事贷款或购买短期债券等盈利活动。银行这种经常保留的供支付存款提取用的一定金额，称为**存款准备金**。在现代银行制度中，这种准备金在存款中的最低比率是由中央银行规定的，因而这一比率称为**法定准备金率**。按法定准备金率提留的准备金称为**法定准备金**。法定准备金一部分是银行库存现金，另一部分存放在中央银行的存款账户上。商业银行都希望把法定准备金以上的那部分存款当作超额准备金贷放出去或用于短期债券投资，以获得更多的利润。正是这种较小比例的准备金来支持活期存款的能力，使得银行体系得以创造货币。

假定法定准备金率为 20%，再假定银行客户会将其一切货币收入以活期存款方式存入银行。首先是甲将 100 万元存入自己有账户的 A 银行，银行系统由此增加了 100 万元的准备金。A 银行按法定准备金率保留 20 万元作为准备金存入中央银行，其余 80 万元全部贷出。假定是借给乙用于购买机器，乙得到这笔从 A 银行开出来的支票又全部存入 B 银行，B 银行得到这 80 万元支票存款后留下 16 万元作为准备金存入中央银行，然后再贷放出 64 万元，得到这笔贷款的丙又把它存入 C 银行，C 银行将其中的 12.8 万元作为准备金存入自己在中央银行的账户上，然后再贷出 51.2 万元。由此，不断存贷下去，各银行的存款总和是

$$100 + 80 + 64 + 51.2 + \cdots$$
$$= 100 \times (1 + 0.8 + 0.8^2 + 0.8^3 + \cdots 0.8^{n-1})$$
$$= \frac{100}{1 - 0.8} = 500 \text{（万元）}$$

贷款总和是

$$80 + 64 + 51.2 + \cdots$$
$$= 100 \times (0.8 + 0.8^2 + 0.8^3 + \cdots 0.8^n) = 400 \text{（万元）}$$

由此可见，存款总和（用 D 表示）同这笔原始存款（用 R 表示）及法定准备金率（用 r_d 表示）之间的关系为

$$D = \frac{R}{r_d}$$

式中，$\frac{1}{r_d}$ 称为**货币创造乘数**，用 k 表示，则 $k = \frac{1}{r_d} = \frac{D}{R}$。如法定准备金率是 0.2，则 $k = 5$。

由上述分析可知，货币供给数量取决于两个因素，即中央银行起初投放的货币数量和货币创造乘数。货币创造乘数大小与法定准备金率有关，法定准备金率越大，乘数就越小。这是因为，准备金率越大，说明商业银行吸取的每一轮存款中用于贷款的份额越小，由于贷款转化为存款，因而下一轮存款就减少。这一过程可以用表 15 -1 表示。

表 15 -1 　　　　　　　　　　　　　　银行存款多倍派生存款　　　　　　　　　　　　　　单位：万元

存款人 （1）	银行存款 （2） =（3）＋（4）	银行贷款 （3） =（2）×0.8	存款准备金 （4） =（2）×0.2
甲	100	80	20
乙	80	64	16
丙	64	51.2	12.8
…	…	…	…
合计	500	400	100

货币创造乘数为法定准备金率的倒数是有条件的。

（1）商业银行得到的存款扣除法定准备金后会全部贷放出去，即商业银行没有超额准备金。如果银行找不到可靠的贷款对象，或厂商由于预期利润率太低而不愿借款，或银行认为给客户贷款的市场利率太低而不愿意放款，这些原因都会使银行的实际贷款低于其本身的贷款能力。这部分没有贷放出去的款额就形成了**超额准备金**，即超过法定准备金要求的准备金。超额准备金对存款的比率可称为**超额准备金率**（用 r_e 表示）。法定准备金加超额准备金是银行的实际准备金。法定准备金率与超额准备金率的和就是实际准备金率。如果考虑有超额准备金，货币创造乘数就不再是 $k = \dfrac{1}{r_d}$，而应当是 $k = \dfrac{1}{r_d + r_e}$，即是实际准备金率的倒数。派生存款总额 $D = \dfrac{R}{r_d + r_e}$。如上例中，100 万元的原始存款在法定准备金率为 20% 时本来可派生出 500 万元的存款，但假设超额准备金率为 5%，则只能派生出 400 万元的存款。由于超额准备金的漏出，货币创造乘数就变为 $k = \dfrac{1}{r_d + r_e} = \dfrac{1}{20\% + 5\%} = 4$。可见，货币创造乘数不但和法定准备金率有关，而且和超额准备金率也有关。一般来说，市场贷款利率越高，银行越不愿多留超额准备金，因为准备金不能生利。因此，市场利率上升，超额准备金率下降从而实际准备金率会下降，货币乘数就会增大。超额准备金率除了和市场贷款利率相关，还和商业银行向中央银行借款的利率或者说再贴现率有关。再贴现率上升，表示商业银行向中央银行借款的成本上升，这会促使商业银行自己多留超额准备金，从而会提高实际准备金率。可见，当贴现率提高时，货币创造乘数就会变小。

（2）银行客户将一切货币存入银行，支付完全以支票形式进行。如果客户将得到的贷款不是全部存入银行，而是抽出一定比例的现金，就会形成一种漏出。如上例中，假定银行客户在每一轮存款中抽出 5% 的现金，A 银行能贷出的款项将不再是 75 万元，而是 70 万元，B 银行贷出的款项将是 49 万元。如此继续下去，最后形成的派生存款将是 $\dfrac{100}{1 - 0.7} = 333.3$（万元）。如果用 r_c 表示现金在存款中的比率，则存在超额准备和现金漏出时，货币创造乘数就为 $k = \dfrac{1}{r_d + r_e + r_c}$。可见，货币创造乘数除了和法定准备金率、超额准备金率有关，还和现金－存款比率有关。这一比率上升时，货币创造乘数会变小。

上述分析表明，如果非银行部门（个人或企业）缩减其持有的货币并将它存入银行，商业银行的超额准备金就会增加，这就为存款扩张或者说货币创造提供了基础。存款扩张的基础是商业银行的准备金总额（法定的和超额的）加上非银行部门持有的通货，可称为**基础货币**。由于它会派生出货币，因此是一种高能量的或者说活动力强大的货币。基础货币可以用公式表示为

$$H = C_u + R_d + R_e$$

如果用 C_u 表示非银行部门持有的通货，则货币供给（严格意义的货币供给

M_1）表示为

$$M = C_u + D$$

由此

$$\frac{M}{H} = \frac{C_u + D}{C_u + R_d + R_e}$$

将上式中右端的分子、分母同时除以 D，则可以得到货币创造乘数为

$$\frac{M}{H} = \frac{\dfrac{C_u}{D} + 1}{\dfrac{C_u}{D} + \dfrac{R_d}{D} + \dfrac{R_e}{D}} = \frac{r_c + 1}{r_c + r_d + r_e} \tag{15.1}$$

式（15.1）表明，货币供给可以看作是基础货币供给、法定准备金率、贴现率、市场利率和现金 – 存款比率的函数，而所有这些影响货币供给的因素都可以归结到准备金变动对货币供给变动的作用上来，中央银行正是通过控制准备金的供给来调节整个货币供给的。需要说明的是，当发生取款行为时，相应的连锁反应会使整个银行体系按乘数来缩小存款总额。

三、债券价格与市场利息率的关系

货币供给量可以影响利息率有这样一个假设前提：人们只是在货币与债券这两种形式中进行选择，债券是货币的唯一替代物。当货币多了，人们就想购买债券，债券价格就会上升。根据下列公式：

$$债券价格 = \frac{债券收益}{利息率}$$

这个公式表明，债券价格与债券收益的大小成正比，与利息率的高低成反比。

假设一张债券开出时间为今天（1 月 1 日），到期日为该年的 12 月 31 日，即期限为一年，票面价值为 100 元，票面利息（债券规定偿付的利息率）为 10%。这就是说，该债券到期时的本息和为 110 元。如果这张债券在今天的市场价格为 105 元，则今天的市场利息率为 4.75%（$\frac{110 - 105}{105} \approx 0.0476$）；如果这张债券在市场的价格为 95 元，则今天的市场利息率为 15.8%（$\frac{110 - 95}{95} \approx 0.158$）。可见，债券价格与市场利息率呈现反方向变动的关系。

四、货币政策工具

货币政策的首要目标就是稳定币值，稳定利率，稳定金融秩序，防止物价大幅度上涨，而其中心问题是控制货币供给量。货币政策一般分为扩张性货币政策和紧

缩性货币政策。前者是通过增加货币供给来带动总需求的增长。当货币供给增加时，利息率会降低，取得信贷更为容易，因此经济萧条时多采用扩张性货币政策。反之，紧缩性货币政策是通过削减货币供给的增长来降低总需求水平，在这种情况下，取得信贷比较困难，利率也随之提高，因此在通货膨胀严重时，多采用紧缩性货币政策。为了达到宏观经济的最终目标，中央银行通常采用改变法定准备金率、调整再贴现率和公开市场业务等货币政策手段来实施货币政策。

（一）调整法定准备金率

中央银行有权在一定范围内调整法定准备金率，以影响货币供给量。在经济萧条时，为刺激经济的复苏，中央银行可以降低法定准备金率。在商业银行不保留超额储备的条件下，法定准备金率的下降将给商业银行带来多余的储备，从而可以把存款中更大的比例用于贷款，导致货币供给量的增加。货币供给量的增加又会降低利率，从而刺激投资的增加。反之，在经济过热时，中央银行可以用提高法定准备金率的方法减少货币供给，以抑制投资的增长，减轻通货膨胀的压力。由于货币创造乘数是法定准备金率的倒数，法定准备金率的下降导致货币创造乘数的提高，或者法定准备金率的提高导致货币创造乘数的下降，最终改变一定量基础货币所创造出来的货币总量。

调整法定准备金率是一项剧烈的货币政策。据统计，在美国，假如各商业银行没有超额准备金，法定准备金率提高1%，便可迫使商业银行体系削减10亿美元的贷款。这项政策虽然有助于经济摆脱严重的萧条和通货膨胀，但同时也会因冲击力过大而造成经济的不稳定。因为一旦准备金率变动，所有银行的信用都必须扩张或收缩。如果准备金率变动频繁，就会使商业银行和所有金融机构的信贷业务受到干扰而感到无所适从，不利于中央银行对银行体系的管理。所以这一政策手段很少使用，一般几年才改变一次准备金率。

（二）调整再贴现率

贴现和再贴现是商业银行和中央银行的业务活动之一。商业银行的贴现是指客户因急需使用资金，将所持有的未到期票据出售给商业银行兑现现款以获得短期融资的行为。商业银行在用现金购进未到期票据时，可按该票据到期值的一定百分比作为利息预先扣除，这个百分比就叫作贴现率。一般地，商业银行会将贴现的票据保持到票据规定的时间再向票据原发行单位自然兑现，但商业银行如果临时因为储备金不足而急需现金时，可以将这些已贴现但仍未到期的票据出售给中央银行，请求再贴现。这样，中央银行从商业银行手里买进已贴现但仍未到期的银行票据的活动就称为再贴现。在再贴现时同样要预先扣除一定百分比的利息作为代价，这种利息率就叫作中央银行对商业银行的贴现率，即再贴现率，这就是再贴现率的本意。但目前在美国，商业银行主要不再用商业票据而是用政府债券作为担保向中央银行借款，所以现在都把中央银行给商业银行及其他金融机构的借款称为"贴现"，相应的放款利率称为"贴现率"。中央银行通过变动再贴现率可以调节货币供给量。当市场上货币供给量不足时，中央银行可以降低再贴现率，商业银行向中央银行的"贴现"就会增加，从而使商业银行的准备金增加，可贷资金增加，这将通过货币乘数的作用使整个社会货币供给量倍数增加。反之，如果市场上货币供给量过多，中央银行可以提高再贴现率，商业银行就会减少向中央银行的"贴现"，商业银行的准备金减少，可贷资金减少，通过货币乘数的作用，社会上的货币供给量将倍数减少。

调整再贴现率是美国中央银行（即联邦储备局）最早运用的货币政策工具，但在 20 世纪 30 年代以后，变动再贴现率在货币政策中的重要性已大大减弱，这是因为中央银行可以通过降低贴现率诱使但不能强迫商业银行来借款。如果商业银行不向中央银行借款，那么贴现率政策就无法执行，因此再贴现率政策往往作为补充手段和公开市场业务政策结合在一起执行。改变再贴现率实际并不是为了发挥贴现率本身的作用，主要是为了发出一种信号。当中央银行提高再贴现率，意味着经济将紧缩，反之将扩张。

第十五章

（三）公开市场业务

这是目前中央银行控制货币供给最重要也是最常用的货币政策工具。所谓**公开市场业务**是指中央银行在公开市场上买卖政府债券以控制货币供给与利率的货币政策手段。在经济萧条时期，中央银行在公开市场上买进政府债券，无论债券的卖者是个人、企业还是商业银行，出售债券的最终结果是使商业银行的准备金增加，通过银行的放款和存款乘数的作用使货币供给量成倍增加。而货币供给量的增加又会促使利率降低，刺激投资和总需求，促进经济增长。在经济繁荣时期，中央银行则在公开市场上卖出政府债券，其结果是减少了商业银行的超额资金储备，从而减少货币供给，达到了提高利率、限制投资、控制需求、平抑物价的目的。

另外，中央银行买进政府债券，还会导致债券价格上升。根据债券价格与利息率呈反比例变动的关系，债券价格上升也会引起利息率下降。假定中央银行从公开市场买进 100 万元的政府债券，又假定这些政府债券是从某商业银行买进的。中央银行一方面增加了 100 万元的政府债券资产，同时商业银行从中央银行获得了 100 万元支票，商业银行又将其存入中央银行，所以中央银行的存款负债也增加 100 万元。在商业银行方面，其政府债券资产减少 100 万元，而在中央银行的存款资产却增加了 100 万元。在这种情况下，该商业银行的超额准备金增加，如果该银行愿意持有此项超额准备金，则货币供给不受影响。但是由于存入中央银行的超额准备金没有任何的收益，所以商业银行一般都愿意利用它去扩张其信用。如果不考虑各种现金外流情况，假定法定准备金率为 20%，则该银行新增加的超额准备金可以使货币供给量增加 500 万元。同时，商业银行在利用新增超额准备金扩张信用时，通常必须压低放款利率，才能吸引更多的借款顾客。所以，货币供给量的增加和利率的下降同时出现，从而起到放松银根的作用。相反，如果中央银行在公开市场上卖出政府债券，其效果是紧缩银根。假定中央银行认为经济中存在通货膨胀，它就会向公开市场卖出一定数量的政府债券，假定仍然是商业银行买进这些政府债券。商业银行购买政府债券的资金来源主要有两个：一是用自己原有的超额准备金来购买，其结果是按照一定的比例缩小了商业银行创造货币的能力；二是在超额准备金不足的情况下，收回一部分贷款或是减少其他资产，再将收回来的资金用于购买政府债券，这样就直接紧缩了银根。

公开市场业务政策的优点可以概括为以下四个方面。

（1）作为控制手段，中央银行可以及时买卖一定规模的政府债券，从而比较容易准确地控制银行体系的准备金。如果中央银行只希望少量地变动货币供给，只需少量地买进或卖出政府债券；如果希望大量地变动货币供给，就大量买进或卖出政府债券。

（2）中央银行可以通过买进或卖出债券及时改变货币供给的方向，从而增加或减少货币供给。中央银行可以连续地、灵活地进行公开市场操作，自由决定债券的数量、时间和方向，即使中央银行出现某些政策失误，也可以及时得到纠正，这是贴现率政策和准备金政策所不具备的。

（3）公开市场业务对货币供给的影响可以比较准确地预测出来。如一旦买进一定数量的债券，就可以大体上按货币乘数估计出货币供给量的增加额。

（4）公开市场业务对于所有金融机构均能产生影响，不管它们是否属于中央银行直接管理。

但是，公开市场业务的实施需要一定的条件：首先，必须有足够数量的债券，而且种类应该多样，以便有选择地操作；其次，要有发达的金融市场，以保证各种金融工具的流通。

上述三大货币政策工具往往需要配合使用。例如，当中央银行运用公开市场业务在公开市场上卖出政府债券使市场利率上升（债券价格下降）后，再贴现率应该相应提高，以防止商业银行增加再贴现。于是，商业银行向其顾客的贷款利率也将提高，以免产生亏损。相反，当中央银行认为需要扩大信用时，就可以在公开市场买进政府债券的同时降低再贴现率。

货币政策除了以上三种主要工具以外，还有一些其他工具，如道义劝告。道义劝告是指中央银行运用自己在金融体系中的特殊地位和威望，通过对银行及其他金融机构的劝告，影响其贷款和投资方向，以达到控制信用的目的。如在衰退时期，中央银行鼓励扩大贷款；在通货膨胀时期，劝阻银行不要任意扩大信用。但由于道义劝告没有可靠的法律地位，因而并不具有强制力。

五、货币政策的传导机制

货币当局通过货币政策工具影响经济体系中的货币供给量，进而对经济活动中的总需求产生影响。在西方不同派别的理论中，对于货币政策最终影响总需求的传导机制的认识是不同的。下面主要介绍凯恩斯主义理论和货币主义理论的货币政策传导机制。

（一）凯恩斯主义理论中的货币政策传导机制

凯恩斯主义强调利率投资对总需求的影响，因此把利率的变动作为货币政策的导向器和控制目标，通过运用货币政策工具调整利率水平，实现在没有通货膨胀条件下的充分就业和经济增长。按照这一理论，如果中央银行通过公开市场业务买进债券，就可以增加货币供给，最终达到刺激总需求的目的。这一货币政策的传导机制如图 15-2 所示。

```
┌─────────────┐                              ┌─────────────┐
│ 中央银行在二级 │                              │ 最终恢复 M = L │
│ 市场上购进债券 │                              └─────────────┘
└─────────────┘                                      ▲
       │                                              │
       ▼                              ┌─────────────┐
┌─────────────┐                       │   总货币需求  │
│ 商业银行的超额 │                       │    L 上升    │
│  准备金增加   │                       └─────────────┘
└─────────────┘                              ▲
       │                                      │
       ▼                              ┌─────────────┐
┌─────────────┐                       │  货币的交易需求 │
│    M > L     │                       │   L₁ 上升    │
└─────────────┘         ┌─────────────┐ └─────────────┘
       │                │  货币的投机需 │       ▲
       ▼                │  求 L₂ 上升  │       │
┌─────────────┐         └─────────────┘ ┌─────────────┐
│ 对债券需求上升 │              ▲          │ Δy=kᵢ · Δi  │
│ 债券价格上升  │              │          └─────────────┘
└─────────────┘              │                 ▲
       │                     │                 │
       ▼                     │          ┌─────────────┐
┌─────────────┐─────────────┘          │    AE > y   │
│  市场利率 r 下降 │                       └─────────────┘
└─────────────┘                              ▲
       │                                      │
       ▼                                      │
┌─────────────┐    ┌─────────────┐    ┌─────────────┐
│ 资本的边际效率 │    │ 投资 i 上升引 │    │    AE > y   │
│  大于利率 r   │───▶│ 起总需求增加  │───▶│             │
└─────────────┘    └─────────────┘    └─────────────┘
```

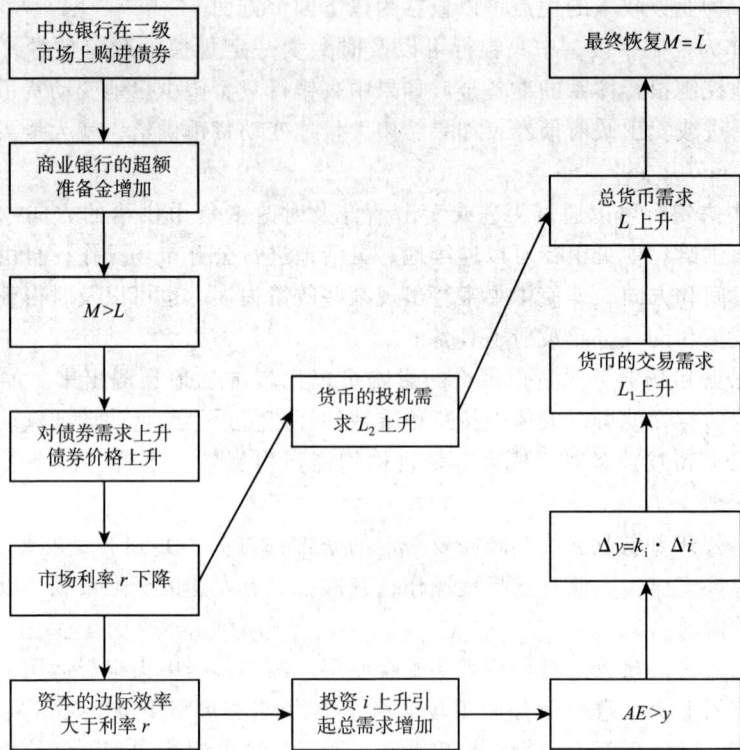

图 15 - 2　凯恩斯主义理论中的货币传导机制

　　假定最初货币市场上货币供给与货币需求是平衡的，由于中央银行在公开市场上买进债券，使货币供给量增加，货币市场上原有的供求平衡就会被打破，货币供给大于货币需求，此时多出的货币就会进行证券投资，增加了对证券的需求并提高了证券价格，引起实际利率的下降。利率下降在实际经济中引起投资的预期利润（资本的边际效率）高于利息率，从而刺激厂商增加投资支出。投资支出增加通过投资乘数使总产量和总收入增加，从而提高了货币的交易需求。利率的下降还引起货币投机需求增加。货币的交易需求和投机需求增加最终使货币需求跟上货币供给的变化，实现货币市场的平衡。可见，在货币市场从不平衡向新的平衡转化的过程中，引起了利率的变动，而利率变动又引起实际经济的变动，从而实现对经济进行宏观调节的目的。因此，按照这一传导机制，当经济出现衰退时，政府应当增加货币供给以降低利率水平，促进投资支出的增加，以扩大总需求；当通货膨胀压力加大时，政府应当减少货币供给以提高利率，抑制投资支出，以降低总需求。

　　（二）货币主义理论的货币政策传导机制

　　货币主义学派认为，当货币供给量增加，货币供给大于货币需求时，人们不仅用手中多余的货币购买债券，而且购买包括金融资产和实际资产在内的各种资产商品。这样，货币供给增加直接导致最终产品市场上的需求增加，不必通过债券市场供求关系变化来影响利率，再引起总需求的变化。可见，货币主义把货币供给量增加与总需求的增加直接联系起来，这与凯恩斯主义理论的解释存在一定的差别。这一传导机制如图 15 - 3 所示。

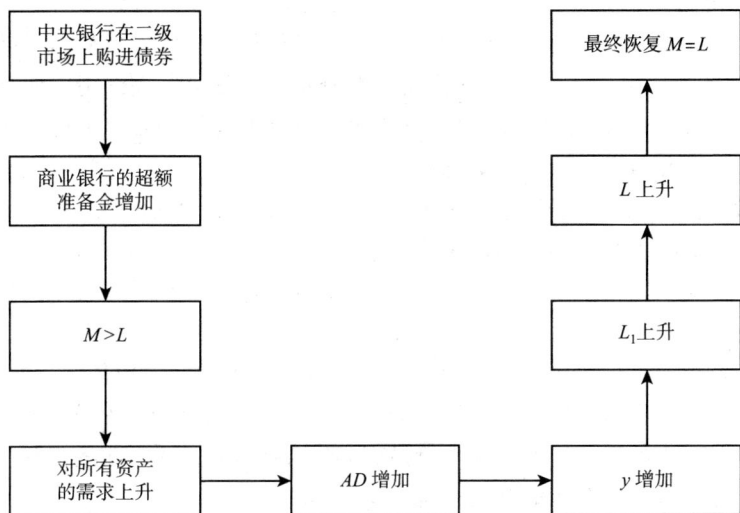

图 15 - 3　货币主义理论中的货币传导机制

货币主义的货币政策主张是建立在货币数量论基础上的。货币主义理论认为,货币流通速度是稳定的,货币供给量的变动将全部转化为名义国内生产总值的变动。所以,当货币供给量增加时,不管利息率如何变动,总需求及国内生产总值都会以相同的数量增加。据此,货币主义学派反对凯恩斯主义根据利息率变动频繁改变货币供给量的主张,他们认为,这只会引起经济运行不稳定。货币主义者还认为,实际产量的增长率是受生产力水平限制的,在可以利用的资源数量及其生产效率的约束下,所能生产出来的最大产量就是该生产力条件下产量的极限。因此货币供给量要与产量的增长相适应,不能超过产量增长的极限,否则不但不会使产量有更多的增长,反而会因超出的货币供给量转化为价格总水平的提高而导致通货膨胀。

六、货币政策运用的局限性

货币政策在对总需求进行调节的过程中,也会遇到一些不利情况,从而在实施中有其局限性。

(一) 流动性陷阱使货币政策失效

根据流动性偏好理论,利息率的降低总有一个最低限度,超过这一限度,货币供给量无论如何增加也不会降低利息率。而且在经济膨胀时期,货币供给量增加,由于人们往往预期通货膨胀率将上升,对货币的需求也增加,这样利息率反而可能随货币供给量的增加而上升。

(二) 作为反衰退政策的效果不明显

在经济衰退时期,投资者对经济前景普遍持悲观态度,即使中央银行松动银根,降低利率,投资者也不愿意增加贷款从事投资活动,银行为安全起见,也不愿意轻易贷款。这样货币政策作为反衰退的政策,其效果就相当微弱。

（三）政策时滞

货币政策同样存在政策时滞。中央银行变动货币供给量，要通过影响利率再影响投资，最终传导至就业和国民收入，这一过程往往要经过相当长的时间才能使政策作用得到充分发挥。利率变化时，投资规模并不会很快发生作用，而经济形势有可能已经发生了与人们预测方向相反的变化，使货币政策反而起了相反的作用。

（四）作用大小受到诸多因素影响

货币政策的作用也会受到诸多因素的影响。例如，在萧条时期，中央采取鼓励贷款的政策，但商业银行不愿意承担风险，增加货币供给的政策就难以奏效。相反，在膨胀时期，中央采取限制贷款的政策，但因利息率较高，商业银行仍然愿意多放款，无法减少货币供给量。公开市场业务也往往因公众不配合而流于失败。因为在萧条时期，中央银行企图买进债券以增加货币供给，但公众不一定卖掉债券；在膨胀时期，中央银行想卖出债券以减少货币供给，但公众不一定买进债券。另外，国际金融市场的变动、政治因素的影响以及其他政策措施等也会影响到货币政策的效果。

（五）对不同部门产生的作用不同

即使是同样的货币政策，在不同部门产生的效果是不同的。对利率反应敏感的部门，货币政策效果大，而对利率反应不敏感的部门，货币政策效果小，这种情况将影响货币政策的作用广度。

专栏 15 – 3

美国退出量化宽松政策

2014 年，当地时间 9 月 29 日，美联储宣布 10 月结束资产购买计划，为六年前开始实施的量化宽松政策画上了句号。

量化宽松（quantitative easing，QE）是指中央银行在实行零利率或近似零利率政策以后，通过购买国债等中长期债券，增加基础货币供给，向市场注入大量流动性资金的干预方式，以鼓励开支和借贷，也被简化地形容为间接增印钞票。量化指的是扩大一定数量的货币发行，宽松即减少银行的资金压力。当银行和金融机构的有价证券被央行收购时，新发行的货币便被成功地投入到私有银行体系。

在经济发展正常的情况下，央行通过公开市场业务操作，一般通过购买市场的短期债券对利率进行微调，从而将利率调节至既定目标利率；而量化宽松则不然，其调控目标是锁定长期的低利率，央行持续向银行系统注入流动性，向市场投放大量货币。量化宽松政策所涉及的政府债券，不仅金额庞大，而且周期较长。一般来说，只有在利率等常规工具不再有效的情况下，货币当局才会采取这种极端做法，此时中央银行对经济体实施的货币政策并非微调，而是开了一剂猛药。

美联储实施的量化宽松政策经历了四个阶段：第一阶段是零利率政策。从 2007 年 8 月开始，美联储连续 10 次降息，隔夜拆借利率由 5.25% 降至 0% ~ 0.25% 之间。第二阶段是补充流动性。2007 年金融危机爆发至 2008 年雷曼兄弟破产期间，美联储以"最后的贷款人"的身份救市，收购一些公司的部分不良资产、推出一系列信贷工具，防止国内外的金融市场、金融机构出现过分严重的流动性短缺。美联储在这一阶段，将补充流动性（其实就是注入货币）的对象，从传统的商业银行扩展到非银行的金融机构。第三阶段是主动释放流动性。2008～2009年，美联储决定购买3000亿美元的长期国债、收购房利美与房地美发行的大量的抵押贷款支持证券。在这一阶段，美联储开始直接干预市场，直接出资支持陷入困境的公司；直接充当中介，面向市场直接释放流动性。第四阶段是引导市场长期利率下降。2009年，美国的金融机构渐渐稳定，美联储渐渐通过公开的市场操作购买美国长期国债，引导市场降低长期的利率，减轻负债人的利息负担。到这一阶段，美联储渐渐从台前回到幕后，通过量化宽松为社会的经济提供资金。

　　2012年9月，美国失业率为8.1%，但自此以来已降至5.9%，而美国经济在2014年度第三季度的增速似乎达到了3%左右。在宣布推出永久量化宽松时，美联储曾表示"如果劳动力市场前景没有显著改善"，将一直执行该政策。《华尔街日报》称，美联储指出，一系列劳动力市场指标显示，美国劳动力市场的过剩状况正逐渐消退。这一表态删除了上一次声明中有关劳动力市场过剩状况较为"严重"的评估。现在看来，无论量化宽松政策是否足够，它已达到目标。量化宽松政策下，受益最大的不是美联储购买的资产，而是股票。在永久量化宽松时期，标准普尔500指数（S&P 500）累计上涨42.75%。

资料来源：美国量化宽松政策落幕 全球经济版图面临重组 ［EB/OL］. www.chinanews.com/gi/2014/10 - 3016732669.shtml，2014 - 10 - 30。

七、财政政策与货币政策的混合使用

　　财政政策与货币政策各有自己的特点，并且各自产生效果的剧烈程度不同。例如，政府购买支出的增加与法定准备金率的调整作用都比较剧烈，而税收政策与公开市场业务的作用则比较缓慢。因此在需要对经济进行调节时，究竟采取哪一项政策，或者如何搭配使用不同的政策，并没有一个固定不变的程式，政府应根据不同的情况灵活决定。例如，某一时期经济处于萧条状态，政府既可以采用扩张性财政政策，也可以采用扩张性货币政策，还可以将两种政策结合起来使用。如图15-4所示。

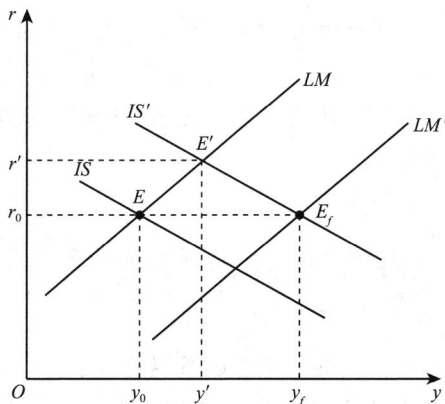

图15-4　财政政策和货币政策的混合使用

假定经济起始处于 E 点，收入为 y_0，利率为 r_0，而充分就业的收入为 y_f。为克服萧条，实现充分就业，政府可采取扩张性财政政策使 IS 曲线右移，也可实行扩张性货币政策使 LM 曲线右移。采用这两种政策虽然都可以使收入达到 y_f，但右移 IS 曲线会使利率上升，右移 LM 曲线则会使利率下降。如果既想使收入增加到 y_f 又不使利率变动，则可采取扩张性财政政策和扩张性货币政策结合使用的办法。如图 15－4 所示，为了将收入从 y_0 提高到 y_f，可实行扩张性财政政策，使产出水平上升。但为了使利率不随产出上升而上升，可相应地实行扩张性货币政策，增加货币供给量，使利率保持原有水平。可见，如果仅实行扩张性财政政策，将 IS 曲线移动到 IS′，则均衡点变为 E′，利率上升，发生"挤出效应"，产量不可能达到 y_f，此时如果采用"适应性"的货币政策，即按利率不上升的要求，增加货币供给，将 LM 曲线移动到 LM′，则利率可保持不变，投资不被挤出，产量就可达到 y_f。

财政政策和货币政策可以有多种结合，这种混合的政策效应对产出和利率有不同的影响。表 15－2 给出了各种政策混合使用的效应。

表 15－2　　　　财政政策和货币政策混合使用的政策效应

序号	政策混合	产出	利率
1	扩张性财政政策和扩张性货币政策	增加	不确定
2	扩张性财政政策和紧缩性货币政策	不确定	上升
3	紧缩性财政政策和紧缩性货币政策	减少	不确定
4	紧缩性财政政策和扩张性货币政策	不确定	下降

由于财政政策和货币政策对产出和利率的影响不同，政府和中央银行可以根据具体情况和不同目标选择不同的政策组合。当经济严重萧条时，可采用扩张性财政政策增加总需求，用扩张性货币政策降低利率以克服"挤出效应"。当经济萧条但又不太严重时，可采用扩张性财政政策刺激总需求，同时用紧缩性货币政策控制通货膨胀。当经济发生严重通货膨胀时，可采用紧缩性货币政策来提高利率，降低总需求水平，同时实行紧缩性财政政策，以防止利率过分提高。当经济中出现通货膨胀又不太严重时，可采用紧缩性财政政策压缩总需求，同时采用扩张性货币政策降低利率，以避免财政过度紧缩而引起衰退。总之，通过这些政策的搭配与混合使用，达到既能刺激总需求又不至于引起严重的通货膨胀，或者既能够控制通货膨胀又不至于产生严重失业的目的。

第四节　供给管理政策

自 20 世纪 70 年代以来，经济学家开始重视总供给对经济的影响，他们分析了供给对通货膨胀的影响（即成本推动的通货膨胀理论）以及劳动力市场结构对失业的影响，提出了供给管理政策。

一、收入政策

收入政策是通过控制工资与物价来制止通货膨胀的政策。因为其控制的重点是工资，故称为"收入政策"。根据成本推动的通货膨胀理论，通货膨胀是由于成本增加，尤其是由于工资成本的增加而引起的，因此要制止通货膨胀就必须控制工资增长率，而要有效地控制工资增长率，还要同时控制价格水平。收入政策一般有以下三种形式。

（一）工资－物价冻结

政府采用法律手段禁止在一定时期内提高工资与物价。这种措施一般是在特殊时期（如战争时期）采用的。但在某些通货膨胀严重时期，也可以采用这一强制性措施。例如，1971年美国尼克松政府为了控制当时的通货膨胀，就曾宣布工资与物价冻结3个月。然而，这种措施虽然在短期内可以有效地控制通货膨胀，但它破坏了市场机制的正常作用，在长期中不仅不能制止通货膨胀，反而还会引起资源配置失调，给经济带来更多的困难。所以，一般不宜采用这种措施。

（二）工资与物价指导线

政府为了抑制通货膨胀，根据劳动生产率的增长率和其他因素，规定工资与物价上涨的限度，其中主要是规定工资增长率，所以又称"工资指导线"。工会和企业要根据这一指导线来确定工资增长率，企业也要根据这一规定确定物价上涨率。如果工会或企业违反规定，使工资增长率和物价上涨率超过了这一指导线，政府就要以税收或法律形式进行惩罚。这种做法比较灵活，在20世纪70年代以后被西方国家广泛采用。

（三）税收刺激计划

以税收为手段来控制工资的增长。具体做法是：政府规定货币工资增长率，即工资指导线，以税收为手段来付诸实施。如果企业的工资增长率超过这一指导线，就课以重税；如果企业的工资增长率低于这一规定，就给予减税。但这种计划在实施中会遇到企业与工会的反对。美国卡特政府在1978年曾提出过这一政策，但被议会否决而未付诸实施。

专栏 15–4

里根为什么只拍四部电影？

1980年1月，刚刚通过总统竞选的罗纳德·里根被安排参加经济学课程学习。第一位给里根总统上课的就是拉弗。利用这个大好的机会，拉弗向里根大大推销了一通自己研究的"拉弗曲线"理论。当他说道："税率高于某一值时，人们就不愿意工作。"里根激动地站起来，很肯定地对拉弗说："是这样的。二战时，我正在'大钱币'公司当电影演员，当时的战时收入附加税高达90%，我们只拍四部电影就达到了这一税率范围。如果我们再拍第五部，那么第五部电影赚来的钱将有90%给国家交税了，我们几乎赚不到钱。所以，拍完了四部电影后，我们就选择到国外去旅游，而不工作了。"

拉弗曲线理论是由供给学派代表人物、美国南加利福尼亚商学研究生院教授阿瑟·拉弗提出的。该理论之所以被称为供给学派理论，是因为它主张以大幅度减税来刺激供给从而刺激经济活动。拉弗曲线的基本含义是，税收并不是随着税率的增高而增加，当税率高过一定点后，税收的总额不仅不会增加，反而还会下降。因为决定税收的因素，不仅要看税率的高低，还要看课税的基础即经济主体收入的大小。过高的税率会削弱经济主体的经济活动积极性，因为税率过高，企业只有微利甚至无利，企业便会心灰意冷，纷纷缩减生产，使企业收入降低，从而削减了课税的基础，使税源萎缩，最终导致税收总额的减少。当税收达到100%时，无人愿意投资和工作，政府税收也将降为零。

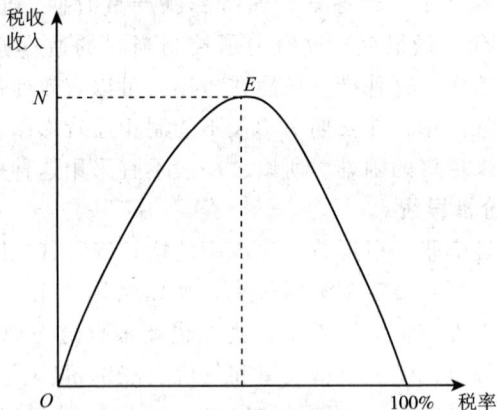

拉弗曲线可以用上图来表示，它表明了税收与税率之间的关系：当税率为零时，税收自然也为零；而当税率增大时，税收也逐渐增加；当税率增大到一定点时，税收额达到抛物线的顶点，这是最佳税率，如再提高税率，税收额将会减少。当年拉弗教授在一次宴会上，为了说服当时福特总统的白宫助理切尼，使其明白只有通过减税才能让美国摆脱滞胀的困境，即兴在餐桌上画了一条抛物线，以此描绘高税率的弊端。后来，拉弗曲线理论得到了里根总统的支持，并作为"里根经济复兴计划"的重要理论之一，以此提出一套以减少税收、减少政府开支为主要内容的经济纲领。里根执政后，其减税的幅度，在美国的历史上实为罕见，经济增长也出现当时少有的景气，可以说拉弗曲线理论立下了汗马功劳。

资料来源：钱明义. 一看就懂的 77 个经济学故事［M］. 北京：台海出版社，2019。

二、指数化政策

通货膨胀会引起收入分配的变动，使一部分人受损，另外一部分人受益，从而对经济产生不利的影响。指数化就是为了消除通货膨胀不利影响的政策，它的具体做法是定期根据通货膨胀率来调整各种收入的名义价值，以使其实际价值保持不变。指数化政策主要有以下内容。

（一）工资指数化

工资指数化是按通货膨胀率指数来调整名义工资，以保持实际工资水平不变。在经济发生通货膨胀时，如果工人的名义工资不变，实际工资就下降了，这就会引起有利于资本家而不利于工人的收入再分配。为了保持工人的实际工资不变，在工资合同中就要确定有关条款，规定在一定时期内按消费物价指数来调整名义工资，这项规定被称为"自动调整条款"。此外，也可以通过其他措施按通货膨胀率来调整工资增长率。工资指数化可以使实际工资不下降，从而维护社会的安定。但在有些情况下，工资指数化也会引起工资成本推动的通货膨胀。

（二）税收指数化

税收指数化是按通货膨胀率指数来调整起征点与税率等级。当经济中发生了通货膨胀时，实际收入不变而名义收入增加了。这样，纳税的起征点实际降低了。在累进税制下，纳税者名义收入的提高使原来的实际收入进入了更高的税率等级，从而使缴纳的实际税金增加。如果不实行税收指数化，就会使收入分配发生不利于公众而有利于政府的变化，成为政府加剧通货膨胀的动力。只有根据通货膨胀率来调整税收，即提高起征点并调整税率等级，才能避免不利的影响，使政府采取有力的措施来制止通货膨胀。此外，利息率等也应该根据通货膨胀率来进行调整。

三、人力政策

人力政策又称"就业政策"，是旨在改善劳动力市场结构，减少失业的政策。主要有以下内容。

（一）人力资本投资

由政府或有关机构向劳动者投资，以提高劳动者的文化技术水平与身体素质，适应劳动力市场的需求。从长期来看，人力资本投资的主要内容是增加教育投资、普及教育。从短期来看，是对工人进行在职培训，或者对由于技术不适应而失业的工人进行培训，以增强他们的就业能力。

（二）完善劳动力市场

产生失业的一个重要原因是劳动力市场的不完善。例如，劳动供求信息不畅通、就业介绍机构缺乏等。因此，政府应该不断完善和增加各类就业介绍机构，为劳动的供求双方提供迅速、准确而全面的信息，使工人找到满意的工作，企业也能得到他们所需要的工人。这无疑会有效减少失业，尤其是降低自然失业率。

（三）协助工人进行流动

劳动者在地区、行业和部门之间的流动，有利于劳动力的合理配置与劳动者人尽其才，也能减少由于劳动力的地区结构和劳动力的流动困难等原因而造成的失业。对工人流动的协助包括提供充分的信息以及必要的物质帮助与鼓励。

四、经济增长政策

从长期来看，影响总供给的最重要因素还是经济潜力或生产能力。因此，提高经济潜力或生产能力的经济增长政策就是供给管理政策的重要内容。促进经济增长的政策是多方面的，其中主要有以下内容。

（一）增加劳动力的数量和质量

劳动力的增加对经济增长有重要的作用。劳动力包括数量与质量两个方面。增加劳动力数量的方法有提高人口出生率、鼓励移民入境等。提高劳动力质量最重要的方法则是增加人力资本投资。

（二）资本积累

资本的增加可以提高资本与劳动比率，即提高每个劳动者的资本装备率。发展资本密集型技术，利用更先进的设备，可以提高劳动生产率。资本的积累主要来源于储蓄。因此，应该通过减少税收、提高利息率等途径鼓励人们储蓄。从各国的经验看，储蓄率较高的国家，经济增长率也较高。例如，德国、日本等经济发展迅速的国家，储蓄率都比较高。

（三）技术进步

技术进步在现代经济增长中起着越来越重要的作用。因此，促进技术进步成为各国经济政策的重点。其中的主要措施有：第一，国家对全国的科学技术发展进行规划与协调。例如，美国在1976年成立了总统领导下的科学技术政策办公室。第二，国家直接投资于重点科学技术研究领域。例如，美国的原子弹、阿波罗登月计划和工程等都是直接由政府投资进行的。第三，政府采取鼓励科学技术发展的政策措施。诸如重点支持工业企业的科学研究，以取得直接经济效益；支持大学与工业企业从事合作研究，促进科研与生产的结合；实行技术转让，加速科技成果的推广等。第四，加强对科技人才的培养。其中包括加强与改革中、小学基础教育，发展各种职业教育，发展与改革高等教育，加强对在职科技人员的继续教育，引进国外科技人才等。

（四）计划化与平衡增长

现代经济中各个部门之间是相互关联的，各部门之间的协调增长是经济本身所要求的。在以私有制为基础的资本主义经济中，这种各部门之间的平衡增长，要求通过国家的计划化或政策指导来实现。国家的计划与协调要通过间接的方式来实现，因此各国都要制定本国经济增长的短期、中期与长期计划，并通过各种经济政策来实现。

本章小结

1. 宏观经济政策目标主要有四个：充分就业、价格稳定、经济持续均衡增长和国际收支平衡，这四个目标之间既有统一性又有矛盾性。

2. 财政分为财政收入和财政支出。政府可以使用扩张性的财政政策或紧缩性的财政政策来调节总需求，从而达到调节经济的目的。财政的调节有自动稳定器，制度本身就有着自动地抑制经济波动的作用。

3. 货币政策的工具包括了调整法定存款准备金率、调整再贴现率、公开市场业务。三大货币政策工具往往需要配合使用。在西方不同派别的理论中，对于货币政策最终影响总需求的传导机制的认识是不同的。

4. 财政政策和货币政策在实践中暴露出了局限性。从财政政策来看，时滞、不确定性和"挤出效应"都会制约财政政策作用的发挥。从货币政策来看，流动性陷阱、政策时滞、作为反衰退的政策以及商业银行与公众的配合度等都会影响货币政策作用的发挥。

5. 供给管理政策包括收入政策、指数化政策、人力政策以及经济增长政策等内容。

第十六章 | 开放经济中的宏观经济均衡

本章提要

本章介绍了外汇、汇率、汇率制度与汇率决定，讨论了国际收支平衡与不平衡问题，并且研究了蒙代尔－弗莱明模型。通过本章学习，领会外汇以及汇率的相关基本概念，理解均衡汇率的决定、影响汇率变动的因素以及国际收支平衡的含义，重点掌握蒙代尔－弗莱明模型，以及不同汇率制度下财政政策和货币政策的经济效应。

基本概念

外汇　汇率　名义汇率　实际汇率　固定汇率制度　浮动汇率制度　国际收支　国际收支平衡表　蒙代尔－弗莱明模型

影响一国净出口的主要因素有国民收入和汇率水平，第十章讨论了国民收入对净出口的影响。本章在介绍外汇、汇率基本知识基础上，研究汇率的决定，之后利用蒙代尔—弗莱明模型考察小型开放经济体的宏观经济均衡，进而讨论不同汇率制度下的财政政策与货币政策对均衡国民收入的影响。

第一节　汇　率

一般地说，每个国家都有自己的货币。由于历史原因，如中国香港、澳门、台湾也有本地区的货币。而欧盟成员国虽然有主权，但却使用统一的货币——欧元。本节将介绍外汇、汇率的一些基础知识，然后从外汇市场上的供求关系来讨论汇率的决定。

一、外汇及其构成

外汇（foreign exchange）是国际汇兑的简称，本意是指不同国家货币之间的兑换活动。现在人们通常不取其本意，而是把它看作一类特殊的资产和债权。国际货币基金组织对外汇的解释是："外汇是货币行政当局（中央银行、货币机构、外汇平准基金组织、财政部）以银行存款、财政部国库券、长短期政府证券等形式所保有的在国际收支逆差时可以使用的债权。"简言之，所谓**外汇**，就是在国际经济交往中形成的以外国货币表示的用于国际收支和国际结算的支付手段。

一般而言，外汇由以下几类构成：

（1）外国货币，包括钞票、铸币等；

（2）外币有价证券，包括政府公债、国库券、公司债券、股票、息票等；

（3）外币支付凭证，包括票据、银行存款凭证、邮政储蓄凭证等；

（4）其他有外汇价值的资产，如黄金。

充当外汇的资产或债权，一般应具有如下条件：

（1）必须以外币计价表示；

（2）具有可兑换性，即可以转换为其他货币计价表示的等值资产；

（3）其债权在国外能够得到偿付。

根据可转换程度的不同，外汇可区分为两类：一类是自由外汇。这种外汇可以自由兑换成其他国货币或能够向第三者办理支付的外汇。美元、日元、欧元等一些主要西方国家的货币属于这一类。另一类是记账外汇（协定外汇）。这种外汇不经有关国家当局批准不能自由兑换成其他货币，也不能向第三者进行支付。

二、汇率

汇率是国际金融市场上重要的经济变量，影响到进出口贸易和国际资本流动，同时也受到利率变化、进出口贸易和国际资本流动的影响。

（一）汇率及其标价

汇率（exchange rate）是一个国家的货币折算成另一个国家货币的比率，表示两个国家货币之间的互换关系。

汇率有两种标价方法，即直接标价法和间接标价法。

汇率的直接标价（direct quotation）是指以一定单位的外国货币为标准来计算等价的本国货币量。例如，人民币兑换美元的汇率，直接标价形式是：$100 = ¥680.95。这里，人民币是本币。用直接标价法，当汇率下降时，表示本币对外币升值；反之，当汇率上升时，则表示本币对外币贬值。

汇率的间接标价（indirect quotation）是指以一定单位的本币为标准来计算等价的外国货币量。以上述例子来说，人民币兑换美元的汇率，间接标价形式相应是：¥100 = $14.69。用间接标价法，当汇率上升时，说明本国货币对外国货币升值；反之，当汇率下降时，表示本国货币对外国货币贬值。

在知道汇率的直接标价情况下，可以计算得到相应的间接标价。相应的，在知道汇率的间接标价情况下，也可以得到其直接标价。在本书中，除非做特别说明，汇率都是间接标价。

（二）名义汇率与实际汇率

名义汇率（nominal exchange rate）是两个国家通货的相对物价。例如，如果人民币与美元之间的汇率是 100 美元兑换 680.95 元人民币，意味着在外汇市场上，可以用 100 美元兑换得到 680.95 元人民币，或者，也可以用 680.95 元人民币兑换得到 100 美元。此时，上述的汇率就表示了人民币与美元这两种通货之间的相对物价，因此，上述汇率也就是名义汇率。一般来说，人们提到的汇率，通常都指的是名义汇率。

实际汇率（real exchange rate）是两个国家商品的相对物价。实际汇率表示的是，人们将按照什么比率用一国的商品交换另一国的商品。

名义汇率与实际汇率之间，存在着如下的换算关系式：

$$e = E \times \frac{P_d}{P_f} \tag{16.1}$$

式中，e 是实际汇率，E 是名义汇率，P_f 是外国的物价水平（以外国货币来衡量），P_d 是国内的物价水平（以本国货币来衡量）。

下面通过一个案例来说明名义汇率和实际汇率之间的关系。假如一双耐克牌运动鞋，在中国市场上的售价是 100 元人民币，而一双相同质量的耐克鞋在美国市场上的售价是 25 美元，同时，人民币与美元之间的名义汇率是 1 美元兑换 8 元人民币，即 $E = 0.125$。那么，人民币与美元之间的实际汇率为

$$e = E \times \frac{P_d}{P_f} = 0.125 \times \frac{100}{25} = 0.5$$

这个例子说明，当花费 100 元人民币在中国市场上购买的一双耐克鞋，它在中国市场上的价值是 12.5 美元（100 元人民币在外汇市场能兑换 12.5 美元）。与此同时，一双耐克鞋在美国市场的售价是 25 美元。这意味着中国市场上耐克鞋的物价，是美国市场上相同质量耐克鞋物价的 1/2，即人民币与美元之间的实际汇率就是 0.5，即 $e = 0.5$。

如果人民币与美元之间的名义汇率仍然是 1 美元兑换 8 元人民币，即 $E = 0.125$。一双耐克牌运动鞋在中国市场上的售价仍然是 100 元人民币（折算成美元的售价仍为 12.5 美元），但一双相同质量的耐克鞋在美国市场上的售价从 25 美元下降为 12.5 美元。依据实际汇率公式，可计算出人民币的实际汇率为 1，即 $e = 1$。由此可见，实际汇率还可以表述为：同样一篮子商品（不仅包括耐克鞋，还包括许多其他商品）在不同国家用同一种货币表示的价格之比。

从上述案例可得出两点结论：首先，当一国货币的实际汇率为 1 时，说明本国商品与外国商品一样贵；当一国货币的实际汇率小于 1 时，说明本国商品比外国商品便宜；当一国货币的实际汇率大于 1 时，说明本国商品比外国商品昂贵。其次，一国货币的实际汇率越小，越有利于本国商品的出口，因而实际汇率通常被用于衡

量一国的贸易条件。实际汇率上升，本国贸易条件变差；反之，实际汇率下降，本国贸易条件变好。

三、汇率制度与汇率决定

（一）汇率制度

现有的汇率制度，主要有固定汇率制度和浮动汇率制度两种。

固定汇率制度（fixed exchange rate system）是指一国货币与外国货币的汇率基本固定不变，其波动仅限于一定的幅度之内。历史上的金本位制和布雷顿森林体系都属于固定汇率制。实行固定汇率制有利于一国经济的稳定，也有利于维护国际金融体系的稳定与国际经济交往的正常进行。但是，实行固定汇率制度要求一国的中央银行有足够的黄金外汇储备。

浮动汇率制度（floating exchange rate system）是指一国货币当局不规定本国货币与外国货币的汇率，汇率将由外汇市场上的供求关系来决定。浮动汇率制度还可以分为自由浮动汇率制度和管理浮动汇率制度。其中，自由浮动汇率制度是指一国货币当局完全不干涉本国货币与外国货币的兑换比率，汇率完全由外汇市场上的供求关系决定。管理浮动汇率制度是指汇率主要由外汇市场的供求关系决定，但一国货币当局也会通过买卖本币或外币来调节货币的供求从而影响汇率。实行浮动汇率制有利于通过汇率的波动来调节经济，但不利于国内经济和国际经济关系的稳定，会加剧经济波动。

（二）汇率决定

1. 汇率的决定基础

各国货币的可比性，在于它们都具有或代表一定的价值，这是决定外汇汇率的基础。在不同的货币制度下，各国货币具有或代表的价值的情况不同，汇率决定的基础就不同。

在金本位制下，各国都以法律形式规定了本国货币的含金量，两国货币含金量的对比即铸币平价是决定两种货币汇率的基础。例如，在 20 世纪 30 年代大危机之前，英国规定每 1 英镑含纯金 7.32238 克，美国规定每 1 美元含纯金 1.50463 克，这样按含金量对比，英镑与美元的铸币为 7.32238÷1.50463＝4.8665，即 1 英镑＝4.8665 美元，这是英镑与美元汇率的决定基础。不过，铸币平价虽然是汇率决定的基础，但它并非外汇市场上买卖外汇时的实际汇率。在外汇市场上，受供求因素影响，市场汇率以铸币平价为中心上下波动，但其波动幅度局限于黄金输送点所确定的范围内。

金本位制度崩溃以后，各国普遍实行了纸币流通制度。在布雷顿森林体系下，各国政府用法令规定纸币的含金量，所以两国纸币的金平价是决定汇率的基础。在布雷顿森林体系瓦解之后，由于黄金非货币化，各国货币的购买力成为汇率决定的基础。从长期来看，两国货币购买力的对比决定着两国货币的交换比率。从短期分析，外汇市场供求关系经常处于不平衡的变动状态，市场汇率可能偏离两国货币购买力的比值。

专栏 16-1

布雷顿森林体系与特里芬难题

1944 年 7 月，二战中的 45 个同盟国在美国新罕布什尔州的布雷顿森林召开会议，旨在建立新的国际货币体系，以促进战后世界贸易与经济繁荣。各盟国在此次会议中签订了《国际货币基金组织协定》（或称为《布雷顿森林协定》）。该协定达成了以美元为中心的固定汇率制度，被称为"布雷顿森林体系"（Bretton Woods System）。布雷顿森林体系概括起来就是"双挂钩"制度，即美元与黄金挂钩，而其他国家货币与美元挂钩。

布雷顿森林体系确定的"双挂钩"制度，存在着固有的、无法克服的矛盾。1960 年，美国经济学家罗伯特·特里芬（Robert Triffin）在其《黄金与美元危机——自由兑换的未来》一书中提出："由于美元与黄金挂钩，而其他国家的货币与美元挂钩，美元虽然因此而取得了国际核心货币的地位，但是各国为了发展国际贸易，必须用美元作为结算与储备货币，这样就会导致流出美国的货币在海外不断沉淀，对美国来说就会发生长期贸易逆差。而美元作为国际货币核心的前提是必须保持美元币值稳定与坚挺，这又要求美国必须是一个长期贸易顺差国。这两个要求互相矛盾，因此是一个悖论"。布雷顿森林体系具有的上述固有矛盾，就是特里芬难题（Triffin Dilemma）。由于布雷顿森林体系存在固有的"特里芬难题"，最终导致其在 1971 年崩溃。

资料来源：罗伯特·特里芬. 黄金与美元危机：自由兑换的未来 [M]. 陈尚霖，雷达，译. 北京：商务印书馆，1997。

2. 均衡汇率的决定

在经济学家看来，货币也是一种商品。因此，在自由浮动汇率制度下，一国货币与外国货币的均衡汇率，在短期内主要由外汇市场对本币和外币的供求关系决定[①]。以图 16-1 说明人民币与美元的汇率如何受到外汇市场上供求关系的影响和决定。

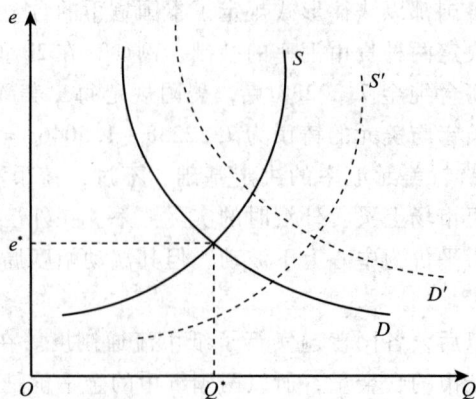

图 16-1　短期汇率的决定

[①] 长期汇率的决定取决于一国货币的购买力。

　　在图 16-1 中，横轴 Q 表示外汇市场上人民币的供求数量，纵轴 e 表示人民币兑美元的汇率。在自由浮动汇率制度下，人民币兑美元的汇率 e 由外汇市场上人民币的需求和供给来决定，人民币需求曲线 D 与供给曲线 S 交点所对应的汇率 e^* 就是市场均衡汇率，对人民币的供求量均为 Q^*。如果市场汇率高于 e^*，人民币的供给量就会大于需求量，导致汇率向下浮动；反之，如果市场汇率低于 e^*，人民币的供给量就会小于需求量，促使汇率向上浮动。

　　从图 16-1 还能够直观判断，如果外汇市场上人民币供给增加了，人民币供给曲线向右移，那么人民币汇率将会下降，这意味着人民币在贬值。反之，如果外汇市场上人民币供给减少了，人民币供给曲线向左移，那么人民币汇率将会上升，这意味着人民币升值。

（三）影响汇率变动的因素

　　在外汇市场上，汇率是经常变动的，影响汇率变动的因素十分复杂，既有经济的因素，也有非经济的因素。

　　1. 国际收支状况

　　国际收支状况对一国汇率有长期影响，尤其是经常收支项目。经常项目的差额中，主要是贸易差额。当一国国际收支为顺差时，引起外国对该国货币需求的增加，引起本币升值，即本币汇率上升；反之，当一国国际收支为逆差时，引起该国对外汇需求增加，从而引起本币贬值，即本币汇率下跌。在固定汇率下，这一点很重要，国际收支逆差往往是货币贬值的前兆。

　　2. 通货膨胀

　　当一国发生通货膨胀时，该国货币的购买力下降，因此两国通货膨胀率的差异必然导致汇率发生变动。一般来说，甲国的通货膨胀如果超过了乙国，则甲国的汇率就会下跌。在当今社会，通货膨胀对汇率的影响，往往还通过间接的渠道长期地表现出来，这主要表现在：第一，高通货膨胀率会削弱本国商品在国际市场上的竞争力，引起出口减少，进口增加，外汇供不应求，结果外汇汇率上升。第二，一国货币对内价值的下降不可避免地影响其对外价值，削弱该国货币在国际市场上的信用地位，从而导致汇率下跌。第三，通货膨胀还会降低实际利率，阻碍资本流入，间接影响外汇供求。

　　3. 利率

　　利率变动引起国际短期资本流动，从而影响国际收支与汇率。具体而言，一国的利率水平越高，投资回报率就越高，更多的外国资本将流入本国，这样一来，在外汇市场上将出现本币供不应求、外币供过于求的情况，促使该国货币汇率上升。反之，一国的实际利率越低，更多的外国资本将流出本国，从而该国货币汇率下跌。除了短期效应以外，利率变动还会对汇率产生长期影响，如利率上升导致银根紧缩，投资和消费需求减少，这在一定程度上可以抑制进口、促进出口，并带动该国货币汇率上升。

　　4. 经济增长率

　　经济增长对汇率的影响实际上难以确定。如果出口不变或增长较慢，经济增长所引起的进口增加，会使国际收支恶化，本币贬值。如果经济是出口导向型的，出口增加，就会使国际收支改善，本币升值。从实际情况来看，经济增长对汇率的影响要进行具体分析。

5. 心理预期

随着资本的国际流动日益增加，心理预期产生的作用越来越大。影响预期的既有一国的经济增长、国际收支等经济因素，也有一国的政治状况、国际形势等非经济因素。当人们预期某种货币的汇率将要下跌时，就会抛售该种货币，造成汇率下跌。这种心理预期往往伴随着各种投机因素，对汇率波动起到推波助澜的作用。

6. 政府的干预政策

政府干预经济运行的各项政策都会直接或间接地影响汇率的变动。其中，对该国货币汇率影响较大的是汇率政策、财政政策、货币政策以及贸易政策。政府可以通过买卖外汇或外汇管制等直接或间接手段来影响外汇市场的短期汇率。财政政策的变动也会影响到汇率的变动，如财政赤字政策。一般来说，财政赤字会加剧通货膨胀，从而使本币贬值，但财政赤字又会使利率上升，使本币升值。哪一种作用更大，需要根据具体情况进行分析。政府的贸易政策会通过贸易壁垒和鼓励出口等措施间接地影响到本国货币的汇率。

专栏 16 -2

中国的汇率制度改革和人民币汇率

中国人民币汇率制度改革一直为国内外高度关注。自 1994 年以来，人民币汇率制度分别以汇率并轨、波幅扩大和中间价改革为重心，经历了三次改革。

第一次改革：双轨制向单一汇率制转型（1994 年至 2005 年上半年）。这次改革主要有三个方面：一是实行汇率并轨，将官方汇率（1 美元兑 5.8 元人民币）与外汇调剂市场汇率（1 美元兑 8.7 元人民币）并轨，境内所有本外币转换均使用统一汇率，即 1 美元兑 8.7 元人民币；二是调整人民币汇率中间价，使用 18 个主要外汇调剂市场的加权平均汇率作为汇率中间价；三是亚洲金融危机期间采用让人民币汇率暂时性盯住美元的临时应对措施。

第二次改革：实行有管理的浮动汇率制（2005 年下半年至 2015 年上半年）。这次改革主要有四个方面：一是一次性调整汇率水平。2005 年 7 月 21 日，人民币兑美元一次性升值 2%，从 8.28 上升至 8.11。二是改革汇率调控方式，实行以市场供求为基础、参考一篮子货币进行调节、有管理的浮动汇率制度。三是改革中间价定价机制，人民币汇率中间价由"参考上一日银行间市场加权价确定"改为"参考上一日收盘价确定"。四是每日银行间外汇市场美元对人民币的交易价仍在人民银行公布的美元交易中间价上下千分之三的幅度内浮动。

第三次改革：人民币汇率中间价改革（2015 年下半年至今）。围绕中间价改革经历了从单因子到双因子、再到三因子的发展过程：一是单因子定价机制。参考前一日收盘价，实施"中间价＝收盘价"的单因子定价机制。二是双因子定价机制。实施"中间价＝收盘价＋一篮子货币汇率变化"的双因子定价机制。三是三因子定价机制。实施"中间价＝收盘价＋一篮子货币汇率变化＋逆周期因子"的三因子定价机制。详见表 1。

表1 **中国外汇交易中心受权公布人民币汇率中间价**

日期	1 美元	1 欧元	100 日元	1 港元	1 英镑
2015 – 6 – 01	6.1207	6.7130	4.9403	0.78947	9.3685
2016 – 6 – 01	6.5889	7.3308	5.9543	0.84789	9.5369
2017 – 6 – 01	6.8090	7.6658	6.1526	0.87391	8.7700
2018 – 6 – 01	6.4078	7.4961	5.8906	0.81672	8.5173
2019 – 5 – 31	6.8992	7.6833	6.3019	0.87913	8.7042
2020 – 6 – 01	7.1315	7.9299	6.6194	0.91998	8.8111
2021 – 6 – 01	6.3572	7.7720	5.8046	0.81913	9.0381
2022 – 6 – 01	6.6651	7.1531	5.1756	0.84946	8.4031

资料来源：中国外汇交易中心，http：//www.chinamoney.com.cn。

第十六章

第二节 国际收支

国际收支是指一定时期（通常为 1 年）内一国居民与世界其他国家居民之间全部经济交易的系统记录。进行国际收支统计的主要目的在于使政府了解本国的国际债权债务地位，为政府制定相关经济政策提供必要的信息，同时为本国企业提供重要的本国外部均衡的信息。

一、国际收支平衡表

一国国际收支的状况反映在该国的国际收支平衡表上。**国际收支平衡表**是在一定时期内一个国家（包括居民、企业、政府）与世界其他国家之间全部经济交易的系统记录。所有外国居民、企业、政府把货币支付给本国的活动为收入项目，记入贷方（＋）；所有要求本国居民、企业、政府把货币支付给外国的活动为支出项目，记入借方（－）。表 16 – 1 是一张简化的国际收支平衡表。

表 16 – 1 **国际收支平衡表** 单位：十亿美元

项 目	贷方（＋）	借方（－）	净贷（＋）或净借（－）
经常项目			－412
商品贸易	594	1025	－431
服务（无形贸易）	278	189	89
投资收益	276	301	－25
单方面转移		45	－45
资本项目			336
私人借贷	728	392	336

项　　目	贷方（+）	借方（-）	净贷（+）或净借（-）
官方储备变动			53
黄金储备	8		8
外汇储备	45		45
错误与遗漏			23
总　　计			0

　　国际收支平衡表按照"有借必有贷，借贷必相等"的复式记账原理系统记录每笔国际经济交易。主要项目由三大部分组成，即经常项目、资本项目、平衡或结算项目。其中经常项目与资本项目为两个基本项目。

（一）经常项目

　　经常项目是国际收支平衡表中最基本的项目。根据国际货币基金组织的规定，经常项目包括商品贸易收支、劳务贸易收支以及单方面转移三方面经济交易的项目。贸易收支涉及所有可转移的有形商品的进出口，非货币用途的黄金贸易也在贸易收支项目之列。劳务项目的内容比较繁杂，包括通信运输、旅游收支、保险、投资收益、技术和专利使用费等。单方面转移记录单方面不对等的经济交易，如侨民汇款、援助、馈赠等。

（二）资本项目

　　资本项目记录了一国居民在一定时期内与他国居民有关金融资产交易以及对外债权债务的变化，也即一国资本的流出和流入。属于这一项目的有：本国公民私人、企业、政府向外国公民私人、企业、政府的长期或短期贷款，以及在外国的实物投资和金融投资，这一部分称为资本流出或者资本输出；外国公民私人、企业、政府向本国公民私人、企业、政府的长期或短期贷款，以及在本国的实物投资和金融投资，包括购买的各种股票、债券等，这一部分称为资本流入或者资本输入。

　　根据资本流动期限的不同，又可以将上述资本流动分为短期资本项目与长期资本项目。期限在一年以上的资本流动为长期资本项目，包括直接投资和长期证券投资。直接投资是一国居民为了取得或者增加对外国公司或者企业的控制权而进行的投资；长期证券投资是指在长期债券和公司股票上的投资。此外，长期的商业贷款也在此项目中。期限在一年以下的为短期资本项目。短期资本流动包括国际经济交易造成的日常收支，主要是通过活期存款和短期存款所有权在各国居民间易手而进行的。此外，短期证券、票据买卖、短期信贷也构成短期的资本项目。由于短期资本流动具有投机性，是国际收支平衡表中最容易被动的项目，因此在一定的条件下具有破坏性。大规模的短期资本流动会对国际金融市场上的外汇供求、汇率、一国的国际收支都产生明显的影响。

（三）平衡或结算项目

　　国际收支平衡表是按复式簿记原理编制的，每笔经济交易同时分记有关的借贷两方，并且金额相等。因此，原则上国际收支平衡全部项目的借方总额与贷方总额

第十六章

相等，其净差额为零。但是，国际收支平衡表的每一个具体项目的借方与贷方却经常是不平衡的。经常项目和资本项目总和的差额是通过官方储备项目抵消的。平衡项目大体体现为三项内容：①官方储备。它是指一国的金融当局持有的储备资产（货币黄金、外汇储备等）及其对外国的债权。当一个国家国际收支出现顺差或逆差时，最后必须通过增减其官方储备资产或增减其对外债权债务以保持平衡。②分配的特别提款权。③错误和遗漏。主要反映一国在统计国际收支各项数据时由于资料来源不一致或统计国际收支不准确而发生的误差。

二、国际收支平衡与不平衡

国际收支平衡可以分为静态平衡和动态平衡。国际收支静态平衡是指一国在期末国际收支既不存在顺差，也不存在逆差，即在一年内的收支数额对比平衡，是国际经济交易的总平衡。国际收支动态平衡并不强调一年的国际收支平衡，而是以经济实际运行可能实现的计划期为平衡周期，保持周期内国际收支的平衡。国际收支平衡能够促进一国经济与社会的正常、健康发展，促进该国均衡汇率水平的实现和稳定。然而，每个国家在一定时期内可能产生经常账户或资本账户的顺差或逆差，因此一国的国际收支状况从数量上说一般是不平衡的，平衡只是一个相对概念。

（一）国际收支平衡

1. 净出口

一国对外贸易分为出口和进口，出口是向其他国家销售产品和提供劳务，进口则是从其他国家购买产品和劳务。净出口被定义为出口与进口的差额。当出口大于进口时，即当净出口为正时，存在贸易顺差；反之，当出口小于进口时，即当净出口为负时，存在贸易逆差。影响净出口函数的因素很多，其中汇率和国内收入水平被认为是两个最重要的因素。

对于出口，当实际汇率上升，则本国货币实际贬值，意味着国外商品相对于国内商品变得更加昂贵，这使本国商品的出口变得相对容易。一般来说，出口正向地受实际汇率影响。对于进口，当实际汇率上升，意味着国外商品相对于国内商品变得更加昂贵，故使进口变得相对困难，从而进口反向地取决于实际汇率。由于净出口为出口与进口之差，所以净出口正向地取决于实际汇率。

除了汇率以外，进口还取决于一国的实际收入。当收入提高，消费者用于购买本国产品和进口产品的支出都会增加。一般认为，出口不直接受一国实际收入的影响。因此，净出口反向地取决于一国的实际收入。

2. 净资本流出

资本账户主要记录国际投资和国际借贷。国际投资包括本国的个人、企业和政府在国外购买房地产、外国企业的股票、外国政府债券，同时也包括外国的个人、企业和政府购买本国房地产、企业股票和政府债券。国际借贷包括本国企业和政府从国外银行、基金会、政府所获得的贷款，同时也包括外国企业和政府从本国拆借的款项。国际投资和国际借贷的目的都是盈利，追逐较高的利润回报的动机是形成国际资本流动的根本原因，因此国际资本的流向是由利率低的国家向利率高的国家流动。如果本国利率高于国外利率，外国的投资和贷款就会流入本国，这时净资本流出减少，使资本账户出现盈余。反之，如果本国利率低于国外利率，则本国的投资者就会向国外投资，或向国外企业放贷，资本就会外流，使净资本流出增加，也可能使资本账户出现逆差。

（二）国际收支不平衡

根据产生的原因，可以将国际收支不平衡划分为以下五种类型。

1. 周期性不平衡

周期性不平衡是一国经济周期性波动引起该国国民收入、价格水平、生产和就业发生变化而导致的国际收支不平衡。周期性不平衡是世界各国国际收支不平衡常见的原因。由于各国经济不同程度地处于周期性波动之中，周而复始出现繁荣、衰退、萧条、复苏，经济周期的不同阶段对国际收支就会产生不同影响。在经济衰退阶段，国民收入减少，总需求下降，物价下跌，会促使出口增长，进口减少，从而出现顺差；在经济繁荣阶段，国民收入增加，总需求上升，物价上涨，则使进口增加，出口减少，从而出现逆差。

2. 货币性不平衡

货币性不平衡是指一国货币价值变动（通货膨胀或通货紧缩）引起国内物价水平变化，使该国一般物价水平与其他国家比较相对地发生变动，由此引起的国际收支失衡。例如，一国发生通货膨胀，其出口商品成本必然上升，使用外国货币计价的本国出口商品的价格就会上涨，从而削弱本国商品在国际市场上的竞争力，客观上起到抑制出口的作用；相反，由于国内商品价格普遍上升，相比较而言，进口商品就显得便宜，鼓励了外国商品的进口，从而出现贸易收支逆差。通货膨胀也会引起该国货币汇率一定程度的贬值，但一般来说此时汇率贬值的幅度要比物价上涨的幅度小得多，因而其影响也小得多，它只能缓和但不会改变通货膨胀对国际收支的影响。货币性不平衡可以是短期的，也可以是中期的或长期的。

3. 结构性不平衡

结构性不平衡是指当国际分工格局或国际需求结构等国际经济结构发生变化时，一国的产业结构及相应的生产要素配置不能完全适应这种变化，从而发生国际收支失衡。世界各国由于地理环境、资源分布、劳动生产率差异等经济条件和历史条件不同，形成了各自的经济布局和产业结构，进而形成了各自的进出口商品结构，各国的产业、外贸结构最终综合成国际分工结构。如果在原有的国际分工结构下，一国的进出口尚能保持平衡，但在某一时期，世界市场对该国的出口需求或对该国进口的供给发生变化，该国势必要调整其经济结构以适应这种国际变化。而如果该国经济结构不能灵活调整以适应国际分工结构的变化，则会产生国际收支的结构性不平衡。

4. 收入性不平衡

收入性不平衡是指由于各种经济条件的恶化引起国民收入的较大变动而导致的国际收支不平衡。国民收入变动的原因很多，如经济周期波动、经济增长率的变化等。一般来说，国民收入大幅增加，全社会消费水平就会提高，社会总需求也会扩大。在开放型经济下，社会总需求的扩大，通常不一定表现为价格上涨，而是表现为进口增加，从而导致国际收支出现逆差；反之，当经济增长率较低时，国民收入减少，国际收支出现顺差。

5. 临时性不平衡

临时性不平衡是指短期的由非确定或偶然因素引起的国际收支不平衡，如洪水、地震、骚乱、战争等因素带来的贸易条件的恶化，使得国际收支发生变化。但是这种性质的国际收支不平衡程度一般较轻，持续时间也不长。

在现实生活中，一国的国际收支不平衡不仅是不可避免的，而且在某种意义上，一定限度内的国际收支顺差或逆差是有益无害的。如一定的顺差可以使一国的国际储备得到适度增长，增强对外支付和应对国际游资冲击的能力；一定的逆差可以使一国适度地利用外国资源，加快国内经济的发展。然而，如果一国的国际收支出现了持续的、大量的不平衡而又不能够得到改善，那么无论是国际收支顺差还是逆差都将对本国经济产生十分不利的影响。

第三节 开放经济中的宏观经济均衡

在开放经济条件下，一国采取什么样的财政政策和货币政策，不仅需要关注本国经济，还需要考虑其他国家的经济状况。因为国内市场利率变化会引起汇率变化，汇率变化会影响到本国的净出口，进而影响到本国和外国的均衡国民收入。本节先讨论开放经济条件下宏观经济均衡的基准模型，即蒙代尔－弗莱明模型（Mundell-Fleming model），之后讨论不同汇率制度下的宏观经济均衡。

一、蒙代尔－弗莱明模型

蒙代尔－弗莱明模型是 $IS-LM$ 模型在开放经济中的运用，或者说，蒙代尔－弗莱明模型是 $IS-LM$ 模型的开放经济版本。两个模型最大的区别是，前者是建立在开放经济的基础上，后者则是建立在封闭经济的基础上。同时，蒙代尔－弗莱明模型还有着其他的严格假设：它研究的是资本完全流动下的小型开放经济，而且它旨在分析经济的短期波动，因此它还假设物价水平是外生的。

（一）基本假设

蒙代尔－弗莱明模型的一个基本假设是：资本完全流动下的小型开放经济。资本完全流动是指，外国和本国的资本需求者和供给者能够自由进出国际货币市场，政府对供求双方的资本借贷不设置任何障碍。小型开放经济是指，一国的经济规模只占世界经济的一小部分，以至于国内利率对世界利率的影响微不足道。因而，任何一个"小型"开放经济的国内利率 r 必将等于世界利率 r_w，即 $r=r_w$。虽然小型开放经济体的 r 也可能会由于某些事件的冲击，暂时性地高于或低于 r_w，但是这个过程却只能持续很短的时间，因为小型开放经济的 r 一旦偏离了 r_w，资本就会对二者之间的利率差作出反应，使得 r 与 r_w 相等。例如，如果某些事件冲击使得小型开放经济的 r 高于了 r_w，此时资本所有者将会迅速对此作出反应，他们会增加对这个小型开放经济的贷款（例如购买这个小型开放经济的国债），从而增加了小型开放经济国内金融市场上的资本供给，进而使得小型开放经济的 r 下降到 r_w 的水平。反之，如果小型开放经济的 r 低于了 r_w，资本所有者会将资本撤出小型开放经济，转移到其他国家以获取更高的收益，从而减少了小型开放经济国内金融市场上的资本供给，使得其 r 上升到 r_w 的水平。

（二）开放经济中的 *IS* 曲线和 *LM* 曲线

1. *IS* 曲线

在小型开放经济中，国内利率由世界利率决定，净出口 nx 是收入和实际汇率的函数，因而国内产品市场的均衡条件，即 *IS* 曲线可以表述为

$$y = c(y) + i(r_w) + g + nx(y, e) \tag{16.2}$$

式（16.2）说明，小型开放经济的产品市场实现均衡时，国民收入 y 是实际汇率 e 的一个函数，实际汇率越高，国民收入越低；反之，实际汇率越低，国民收入越高。于是，开放经济中的 *IS* 曲线可以用图 16-2 进行描述。

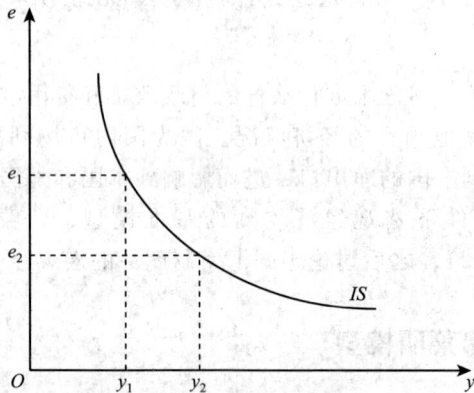

图 16-2　小型开放经济的 *IS* 曲线

在图 16-2 中，横轴表示国民收入 y，纵轴表示实际汇率 e，开放经济的 *IS* 曲线是一条向右下方倾斜的曲线，说明小型开放经济在产品市场均衡时，国民收入 y 随着实际汇率 e 的下降而增加。其原因是，如果小型开放经济的实际汇率由 e_1 下降到 e_2，则本国的净出口将由 $NX(e_1)$ 增加到 $NX(e_2)$，进而使得国民收入由 y_1 增加到 y_2。反之，如果小型开放经济的实际汇率由 e_2 上升到 e_1，则本国的净出口将由 $NX(e_2)$ 减少到 $NX(e_1)$，进而使得国民收入由 y_2 减少到 y_1。图 16-2 中的 *IS* 曲线概括了在产品市场均衡的情况下，实际汇率 e 与国民收入 y 之间的反方向变化关系。

2. *LM* 曲线

蒙代尔-弗莱明模型中的 *LM* 曲线，与封闭经济中的 *LM* 曲线相似。只是蒙代尔-弗莱明模型考察的是资本完全流动下的小型开放经济，这个小型开放经济的国

内利率 r 必定等于世界利率 r_w。所以，这个小型开放经济的国内货币市场的均衡条件，即 LM 曲线可以表述为

$$\frac{M}{P} = L(r_w, y) \tag{16.3}$$

开放经济中的货币需求 L 是正向地取决于国民收入 y，同时，负向取决于国内实际利率 r，只是现在的国内实际利率 r 必定等于世界利率 r_w。实际货币供给函数中，名义货币供给 M 是由中央银行控制的外生变量，一般物价水平 P 是外生的（蒙代尔 - 弗莱明模型分析的是短期波动），所以实际货币供给 M/P 也是一个外生变量。小型开放经济中的 LM 曲线可以用图 16 - 3 来描述。

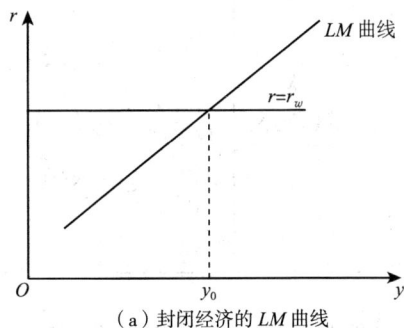

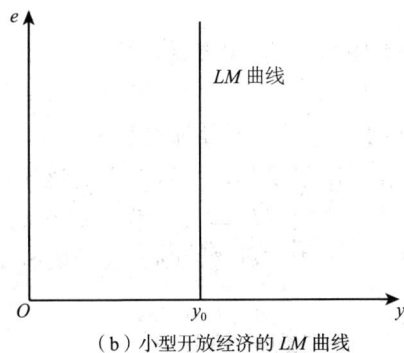

（a）封闭经济的 LM 曲线

（b）小型开放经济的 LM 曲线

图 16 - 3　LM 曲线

图 16 - 3（a）描述的是封闭经济中的 LM 曲线，其中横轴是国民收入 y，纵轴是国内实际利率 r，封闭经济中的 LM 曲线是向右上方倾斜的。但是对于小型开放经济来说，国内利率 r 必定等于世界利率 r_w，因此对于小型开放经济来说，r_w 与向右上方倾斜的 LM 曲线的交点决定了收入水平。图 16 - 3（b）描述的是小型开放经济中的 LM 曲线。在这里，横轴仍然是国民收入 y，但纵轴是实际汇率 e。由于小型开放经济的 LM 曲线与实际汇率 e 无关，因此，它是一条垂直于横轴的直线，具体位置由图 16 - 3（a）中的 r_w 与 LM 曲线的交点决定。

3. 均衡国民收入的决定

将小型开放经济的 IS 曲线和 LM 曲线结合起来，就构成了小型开放经济的均衡

国民收入分析，即蒙代尔－弗莱明模型。蒙代尔－弗莱明模型的数理形式由下列方程组表述：

$$\begin{cases} y = c(y) + i(r_w) + g + nx(e) & IS\ 曲线 \\ \dfrac{M}{P} = L(r_w, y) & LM\ 曲线 \end{cases}$$

上述方程组中，第一个方程描述了小型开放经济的产品市场均衡，即 IS 曲线。第二个方程描述了小型开放经济的货币市场均衡，即 LM 曲线。蒙代尔－弗莱明模型可以用图 16 - 4 进行描述。

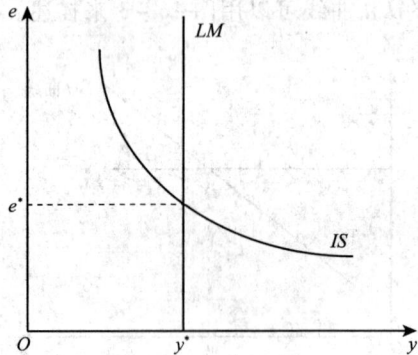

图 16 - 4 蒙代尔－弗莱明模型

在图 16 - 4 中，横轴是国民收入 y，纵轴是实际汇率 e。此时，向右下方倾斜的 IS 曲线和垂直的 LM 曲线的交点，就是小型开放经济的宏观经济均衡点。与均衡点相对应的实际汇率 e^* 和收入 y^* 就是均衡的实际汇率和国民收入。需要注意的是，小型开放经济的均衡比封闭经济的均衡具有更宽泛的含义：封闭经济的均衡只是实现了国内产品市场和货币市场的均衡，小型开放经济的均衡不仅实现了国内产品市场和货币市场的均衡，还实现了外部均衡，即国际收支的平衡。

二、不同汇率制度下的宏观经济均衡

蒙代尔－弗莱明模型是讨论小型开放经济宏观经济均衡的基准模型。在运用蒙代尔—弗莱明模型进行均衡分析之前，需要确定这个小型开放经济所选择采取的汇率制度。因为在不同的汇率制度下，小型开放经济的财政政策和货币政策对均衡国民收入的影响是截然不同的。

（一）浮动汇率下的宏观经济均衡

在浮动汇率制度下，汇率水平将由外汇市场的供求关系决定，政府不干预汇率的变化。小型开放经济的财政政策和货币政策的变化会影响到利率水平，利率变化会影响到汇率变化，而汇率调整将影响到小型开放经济的宏观均衡。

1. 财政政策变化对宏观经济均衡的影响

在 LM 曲线保持不变的情况下，如果政府增加购买支出或减少税收，IS 曲线将

由 IS_0 向右移动至 IS_1，与 LM 曲线相交于 B 点（见图 16−5）。在新的均衡实现时，实际汇率由 e_0 增加至 e_1，均衡国民收入保持 y^* 不变。

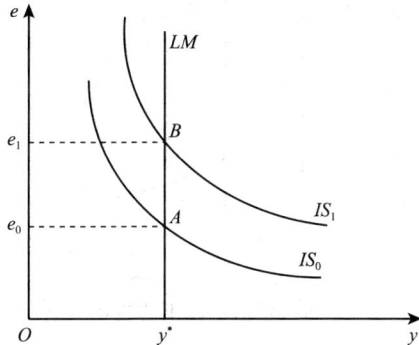

图 16−5　浮动汇率下的财政扩张

在封闭经济中，政府扩张性的财政政策增加了总需求，相应地增加了货币需求，进而提高了均衡利率。虽然利率提高会产生财政政策的挤出效应，但只要 LM 曲线不是位于垂直的古典区间，挤出效应就不是完全的，新的均衡国民收入当然比实施扩张性财政政策之前的收入水平高。但是，在小型开放经济中，政府扩张性财政政策增加了总需求，同时也提高了国内利率。在资本完全流动的情况下，一旦国内利率 r 高于世界利率 r_w，资本就会从国外流入。资本流入增加了外汇市场上对本国货币的需求，使得本币升值。本币升值的后果是将减少本国的净出口，直到净出口的减少完全抵消扩张性财政政策对总收入的影响。这意味着如果实行浮动汇率制度，小型开放经济实施扩张性财政政策的经济效应为零，即对均衡国民收入没有产生实质性影响。相似的，紧缩性财政政策的经济效应也同样为零。

2. 货币政策变化对宏观经济均衡的影响

在 IS 曲线保持不变的情况下，如果中央银行增加货币供给，LM 曲线将由 LM_0 向右移动至 LM_1，与 IS 曲线相交于 B 点（见图 16−6）。在新的均衡实现时，实际汇率由 e_0 降低至 e_1，均衡国民收入由 y_0 增加至 y_1。在资本完全流动的小型开放经济中，货币政策对国民收入的影响与封闭经济中的相似，但是货币政策的传导机制完全不同。在封闭经济中，货币供给增加之所以提高国民收入，其作用机制是：货币供给增加降低了国内利率 r，进而刺激了国内投资 I，使均衡国民收入增加。在小型开放经济中，货币供给增加提高国民收入的作用机制是：货币供给增加给国内利率 r 带来了下降的压力，国际资本将流出该国。在外汇市场上，国际资本流出引起本币供过于求，外币供不应求，导致本国货币贬值，进而提高了该国的净出口。因此，在一个小型开放经济中，货币政策是通过影响实际汇率 e 而非实际利率 r 来影响均衡国民收入 y 的。相似的，紧缩性货币政策的经济效应也同样不为零。

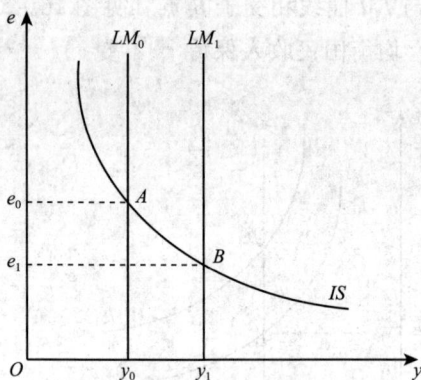

图 16 - 6 浮动汇率下的货币扩张

（二）固定汇率下的宏观经济均衡

固定汇率制度是指一国货币与外国货币的汇率基本固定不变。20 世纪 50 ~ 60 年代，世界上大多数国家都在布雷顿森林体系之内运行，大多数国家都同意将汇率固定。但是在 20 世纪 70 年代初期，世界各国普遍都放弃了固定汇率制度，而实现浮动汇率制度，从而宣告了布雷顿森林体系的解体。然而在此之后，一些欧洲国家又重建和使用了固定汇率制度。在固定汇率制度下，小型开放经济的财政政策和货币政策的变化将不会影响到汇率水平，但会影响到小型开放经济的宏观均衡。

1. 财政政策对均衡国民收入的影响

以扩张性财政政策为例。如图 16 - 7 所示，如果政府增加购买支出或减少税收，IS_0 曲线将向右移动至 IS_1，与 LM_0 曲线相交于 B 点。然而，B 点并不是小型开放经济新的均衡点，因为在 B 点本币汇率升值了。为了维护固定汇率制度，本国中央银行必须在外汇市场上抛售本币（购买外币），使 LM_0 曲线不断向右移动，直到 LM_1 曲线与 IS_1 曲线相交于 C 点，C 点的固定汇率仍为 e_0。此时，宏观经济在 C 点实现了均衡，国民收入由 y_0 增加至 y_1。相反，如果政府实施紧缩性的财政政策，均衡国民收入将会减少。因此，在固定汇率制度下，财政政策起到调节经济增长的作用，其经济效应不为零。同时可以看出，为维护本国汇率稳定，财政政策具有被动性调整的特征。

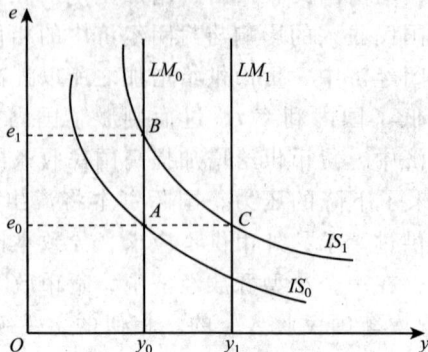

图 16 - 7 固定汇率下的财政扩张

2. 货币政策对均衡国民收入的影响

以扩张性货币政策为例。如图 $16-8$ 所示，如果中央银行增加货币供给，LM_0 曲线将向右移动至 LM_1，与 IS 曲线相交于 B 点。然而，B 点并不是小型开放经济新的均衡点，因为在 B 点本币汇率贬值了。为了维护固定汇率制度，本国中央银行必须在外汇市场上抛售外币、换回本币，这相当于实施紧缩性的货币政策，从而使 LM_1 曲线不断向左移动，直到 LM_1 曲线与 IS 曲线相交于固定汇率 e_0。此时，回归的 LM_1 曲线与初始的 LM_0 曲线重合，宏观经济仍将在 A 点实现均衡，国民收入仍保持 y_0 不变。相反，如果中央银行实施紧缩性货币政策，均衡国民收入仍然将保持不变。因此，在固定汇率制度下，单独实施的货币政策起不到调节经济增长的作用，其经济效应为零，或者说实行固定汇率制度，小型开放经济将丧失其货币政策的有效性。

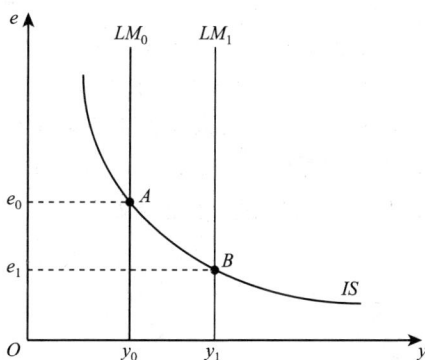

图 16 - 8 固定汇率下的货币扩张

本章小结

1. 外汇是在国际经济交往中形成的以外国货币表示的用于国际收支和国际结算的支付手段。充当外汇的资产或债权，一般应具有如下条件：必须以外币计价表示；具有可兑换性，即可以转换为其他货币计价表示的等值资产；其债权在国外能够得到偿付。

2. 汇率是一个国家的货币折算成另一个国家货币的比率。汇率有两种标价方法，即直接标价法和间接标价法。汇率有名义汇率和实际汇率之分。实际汇率反映了两个国家之间的贸易条件。一国的实际汇率越高，其对外贸易条件越差；反之，一国的实际汇率越低，其对外贸易条件越好。

3. 汇率制度主要有固定汇率制度和浮动汇率制度两种。固定汇率制度是指一国货币与外国货币的汇率基本固定不变，其波动仅限于一定的幅度之内。浮动汇率制度是指一国货币当局不规定本国货币与外国货币的汇率，汇率将由外汇市场上的供求关系来决定。

4. 在不同的货币制度下，各国货币具有或代表的价值的情况不同，汇率决定的基础就不同。在金本位制下，两国货币含金量的对比即铸币平价是决定两种货币汇率的基础。在纸币流通制度下，两国纸币的金平价是决定汇率的基础。

5. 在自由浮动汇率制度下，一国货币与外国货币的均衡汇率，在短期内主要由外汇市场对本币和外币的供求关系决定。

6. 影响汇率变动的因素十分复杂，国际收支状况、通货膨胀、利率、经济增长率、心理预期、政府的干预政策等都会影响汇率的变动。

7. 国际收支平衡表按照"有借必有贷，借贷必相等"的复式记账原理系统记录每笔国际经济交易。主要项目由三大部分组成，即经常项目、资本项目、平衡或结算项目。其中经常项目与资本项目为两个基本项目。

8. 一般而言，一国的国际收支状况在数量上是不平衡的，平衡只是一个相对概念。国际收支平衡涉及净出口、净资本流出。当净出口为正时，存在贸易顺差；当净出口为负时，存在贸易逆差。当本国利率高于国外利率，净资本流出减少，使资本账户出现盈余。反之，可能使资本账户出现逆差。

9. 根据产生的原因，可以将国际收支不平衡划分为以下五种类型：周期性不平衡、货币性不平衡、结构性不平衡、收入性不平衡和临时性不平衡。一定限度内的国际收支顺差或逆差是有益无害的，但如果一国的国际收支出现了持续的、大量的不平衡而又不能够得到改善，那么无论是国际收支顺差或逆差都将对本国经济产生十分不利的影响。

10. 蒙代尔－弗莱明模型是 IS－LM 模型在开放经济中的运用，是讨论小型开放经济宏观经济均衡的基准模型。

11. 根据蒙代尔－弗莱明模型，在不同汇率制度下，小型开放经济的财政政策和货币政策对均衡国民收入的影响是截然不同的。在浮动汇率制度下，财政政策的经济效应为零，货币政策的经济效应不为零；在固定汇率制度下，财政政策的经济效应不为零，货币政策的经济效应为零。

附录 | 经济学的数学工具

为了方便读者理解本书中的数学表达式，我们通过附录的方式给出相应的数学概念与推导。需要说明的是，这些定义都是最简单的，并不十分严格。

函 数

函数是描述变量之间关系的一种规则。对于变量 x 的每一个值，函数都按照某种规则确定变量 y 与它唯一对应的值。因此，函数可以通过把这种规则描述为"取一个数，求它的平方"或"取一个数，求它的两倍"等来加以表示。我们把这些特定的函数记作 $y = x^2$，$y = 2x$。函数有时称作**变换**。

如果我们需要表示某个变量 y 依从另一个变量 x，但又不知道这两个变量之间具体的代数关系，在这种情况下，我们记 $y = f(x)$，表示变量 y 按照对应法则 f，依从变量 x。

给定函数 $y = f(x)$，变量 x 通常叫作**自变量**，变量 y 通常叫作**因变量**，意味着 x 是独立变化的，但 y 的值须依从 x 的值。

需求函数 $Q^d = f(p)$ 表示一种商品的需求量 Q^d 和该商品的价格 p 之间存在着一一对应的关系。其中，商品的价格 p 是自变量，商品的需求量 Q^d 是因变量，商品的需求量依从商品的价格变化。

通常，某个变量 y 依从若干其他变量 x_1，x_2，因此，我们记 $y = f(x_1, x_2)$ 以表示 y 的值由两个变量共同决定。在货币需求函数 $L(y, r) = ky - hr$（k，h 为系数）中，对货币的总需求由实际收入 y 和利率 r 两个变量共同决定。

图 像

函数**图像**是指用图形来表示函数的性状。图 A.1 绘制了两幅函数图像。在数学中，通常自变量是标在横轴上，因变量标在纵轴上。因而，函数图像表示自变量和因变量之间的对应关系。

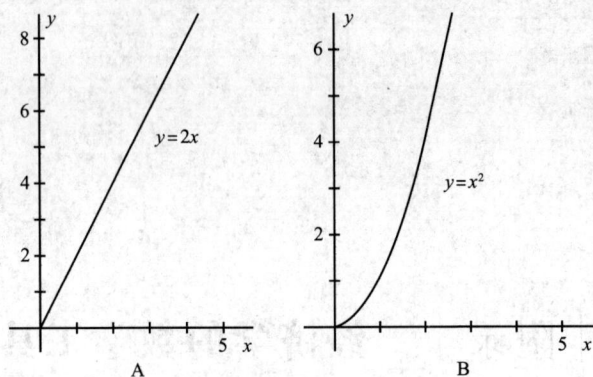

图 A.1　函数的图像

图 A 表示函数 $y=2x$ 的图像，图 B 表示函数 $y=x^2$ 的图像。

值得关注的是，经济学中经常把函数图像的自变量标在纵轴上，因变量标在横轴上。例如，需求函数一般把价格标在纵轴上，需求量标在横轴上。

函数的性质

连续函数是铅笔不离纸画出的函数：连续函数没有跳跃，没有间断点。如 $y=2x$，$y=x^2$ 等。**平滑函数**是没有折拗或隅角的函数。如 $y=\sin x$，$y=\cos x$ 等。单调函数是始终上升或始终下降的函数；**正单调函数**始终随 x 变大而变大，而**负单调函数**则始终随 x 的变小而变小。如线性需求函数 $Q^d=aP+b(a<0, b>0, P>0)$ 是负单调函数，线性供给函数 $Q^s=cP+d(c>0, d<0, P>0)$ 是正单调函数。

反函数

函数有这样的性质，对于 x 的每一个值，都有唯一的一个 y 的值同它相对应；单调函数是始终上升或始终下降的函数。这意味着，对于单调函数来说，同每个 y 值相对应，都有唯一的一个 x 值。

我们称以这种方式将 x 与 y 联系起来的函数为**反函数**。如果已知 y 是 x 的函数，那么只要解出 x 为 y 的函数，就能写出反函数。如果 $y=2x$ 解出 $x=2/y$，那么反函数就是 $x=2/y$；如果 $y=x^2$，解出 $x=+\sqrt{y}$ 和 $x=-\sqrt{y}$，结果表明，没有唯一的一个 x 的值同每个 y 的值相对应，违背了反函数的定义，因此 $y=x^2$ 没有反函数。

方程和恒等式

方程表明函数何时等于某个特定的数字。方程的例子有

$$2x=8$$
$$x^2=9$$
$$f(x)=0$$

方程的**解**是满足方程的 x 的值。第一个方程的解是 $x=4$。第二个方程有两个解，$x=3$ 和 $x=-3$。第三个方程只是一个一般的方程。我们只有在确切知道 f 所

表示的规则后才能求出它的解。不过，我们可以用 x^* 来表示它的解。这只是意味着 x^* 是一个使得 $f(x)=0$ 的解。我们说 x^* 满足 $f(x)=0$。

恒等式是变量之间的这样一种关系，它对于变量所有的值都成立。下面是恒等式的一些例子：

$$(x+y)^2 \equiv x^2 + 2xy + y^2$$
$$2(x+1) \equiv 2x+2$$

恒等号"$\equiv$"表示对于变量的一切值，左边和右边都相等。方程只要求对于变量的某些值成立，而恒等式则要对于变量的一切值都成立。恒等式通常靠对于所涉诸项的界定而成立。

线性函数

线性函数是具有如下形式的一种函数：

$$y = ax + b$$

式中 a 和 b 均为常数。线性函数的例子有

$$y = 2x + 3$$
$$y = x - 99$$

严格地讲，形如 $y=ax+b$ 的函数应该叫作仿射函数，只有形如 $y=ax$ 的函数才应该叫作线性函数。不过，一般并不严格区分。

线性函数也可以简单地表示为 $ax+by=c$ 这样的形式。在这种情况下，常常将 y 作为 x 的函数解出，以把这种形式变换成"标准"形式

$$y = \frac{c}{b} - \frac{a}{b}x$$

变化和变化率

符号 Δx 读作"x 的变化量"，它没有 Δ 乘以 x 的意思。如果 x 从 x^* 变化到 x^{**}，那么 x 的变化量就是

$$\Delta x = x^{**} - x^*$$

也可以记

$$x^{**} = \Delta x + x^*$$

以表示 x^{**} 是 x^* 加上 x 的变化量的和。

一般地，Δx 指的是 x 的微小变化。有时说 Δx 表示**边际变化**，指的就是这个意思。

变化率是两个变化量的比率。如果 y 是 x 的函数 $y=f(x)$，那么 y 对 x 的变化率就可以表示为

$$\frac{\Delta y}{\Delta x} = \frac{f(x + \Delta x) - f(x)}{\Delta x}$$

来度量 y 如何随着 x 的变化而变化。

边际成本 MC 是厂商在短期内每增加一单位的产量而产生的总成本的增加量，边际成本可以用产量 Q 和总成本 TC 的变化量的比率来表示：

$$MC(Q) = \frac{\Delta TC(Q)}{\Delta Q}$$

线性函数具有 "y 对 x 的变化率是常数" 这样一个性质。证明：若 $y = a + bx$，则

$$\frac{\Delta y}{\Delta x} = \frac{a + b(x + \Delta x) - a - bx}{\Delta x} = \frac{b\Delta x}{\Delta x} = b$$

非线性函数的变化率依从 x 的值。例如，考虑函数 $y = x^2$，则

$$\frac{\Delta y}{\Delta x} = \frac{(x + \Delta x)^2 - x^2}{\Delta x} = \frac{x^2 + 2x\Delta x + (\Delta x)^2 - x^2}{\Delta x} = 2x + \Delta x$$

如果我们考虑 x 的非常微小的变化，Δx 就将接近于零，因此，y 对 x 的变化率将近似于 $2x$。

斜率和截距

函数的变化率可以看作函数图像的**斜率**。在图 A.2A 中画出了线性函数 $y = -2x + 4$ 的图像。函数的**纵截距**是 $x = 0$ 时 y 的值，图中的 $y = 4$。**横截距**是 $y = 0$ 时 x 的值，图中的 $x = 2$。函数的斜率是 y 对于 x 的变化率。这里，函数的斜率等于 -2。

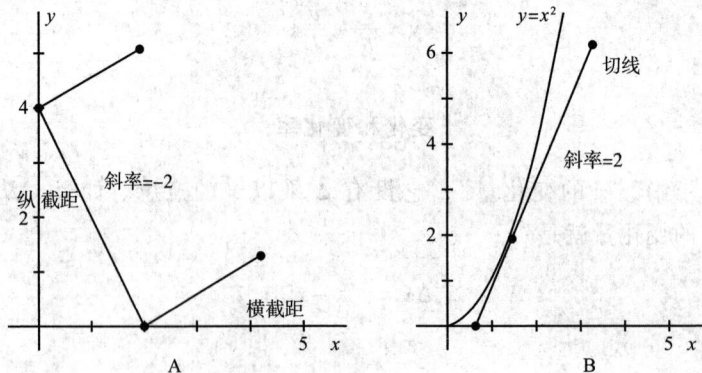

图 A.2　斜率和截距

图 A 是函数 $y = -2x + 4$ 的图像，图 B 是函数 $y = x^2$ 的图像。

一般地，如果线性函数的形式是 $y = ax + b$，那么纵截距就一定是 $y^* = b$，横截距就一定是 $x^* = -b/a$，斜率为 x 前的系数 a。

如果线性函数采取形式

$$a_1 x_1 + a_2 x_2 = c$$

可以将其化为一般形式

$$x_1 = -\frac{a_2}{a_1} x_2 + \frac{c}{a_1}$$

因此，纵截距就是 $x_2 = 0$ 时 x_1 的值，即 $x_1^* = c/a_1$，横截距为 $x_1 = 0$ 时 x_2 的值，即 $x_2^* = c/a_2$。函数的斜率为 x_2 前的系数 $-a_2/a_1$。

非线性函数具有斜率随 x 变化而变化的性质。非线性函数图像的**切线**是线性函数，在切点 x，这两条函数曲线的斜率相同。在图 A.2B 中绘制了函数 x^2 和它在 $x = 1$ 的切线的图像。

总成本函数 $TC(Q)$ 是一个非线性函数，$TC(Q)$ 关于产量 Q 的变化率用边际成本 MC 表示，在每一个产量水平下的边际成本 MC 值就是相应的总成本 TC 曲线的斜率。

例如，$TC(Q) = 2Q^2 + 20Q + 66$，那么

$$MC = \frac{\Delta TC(Q)}{\Delta Q} = \frac{2(Q + \Delta Q)^2 + 20(Q + \Delta Q) + 66 - (2Q^2 + 20Q + 66)}{\Delta Q} = 4Q + 2\Delta Q + 20$$

若考虑 ΔQ 的非常微小的变化，则 $MC = 4Q + 20$，该 MC 值即为每一个产量水平下相应的总成本 TC 曲线的斜率。当 $Q = 2$ 时，$MC = 28$，即 $TC(Q) = 2Q^2 + 20Q + 66$ 在 $Q = 2$ 处的斜率为 28。

如果 y 不论何时都随 x 的增加而增加，那么 Δy 就总与 Δx 同号，因此，函数的斜率将取正值。反之，如果 y 随 x 增加而减少，或者随 x 减少而增加，那么 Δy 和 Δx 就将取异号，因此，函数的斜率将取负值。

绝对值和对数

一个数的**绝对值**是由下述规则定义的一个函数：

$$f(x) = \begin{cases} x & \text{如果 } x \geq 0 \\ -x & \text{如果 } x < 0 \end{cases}$$

因此，省略一个数的符号，就可以得到这个数的绝对值。通常，绝对值函数记作 $|x|$。

x 的**自然对数**或**对数**是描述 x 的一种特殊函数，把它们记作 $y = \ln x$ 或 $y = \ln(x)$。对数函数是唯一具有下述性质的函数：对于所有的正数 x 和 y

$$\ln(xy) = \ln(x) + \ln(y)$$

和

$$\ln(e) = 1$$

（在上面这个方程中，$e = 2.7183\cdots\cdots$ 是自然对数的底）。用文字来表述，就是两个数乘积的对数等于两个数的对数的和。这个性质隐含着对数的另一个重要

附　　录

性质：

$$\ln(x^y) = y\ln(x)$$

它表明 x 的 y 次幂的对数等于 y 乘以 x 对数的积。

导　数

函数 $y = f(x)$ 的**导数**的定义是

$$\frac{\mathrm{d}f(x)}{\mathrm{d}x} = \lim_{\Delta x \to 0}\frac{f(x+\Delta x) - f(x)}{\Delta x}$$

用文字来表述，导数是当 x 的变化趋向于零时 y 对于 x 的变化率的极限。导数给出了"对于 x 微小变化来说的 y 对 x 的变化率"的精确含义。$f(x)$ 对 x 的导数也可以用 $f'(x)$ 表示。

已知线性函数 $y = ax + b$ 的变化率是常数，因此，对于这种线性函数来说

$$\frac{\mathrm{d}f(x)}{\mathrm{d}x} = a$$

对于非线性函数来说，y 对于 x 的变化率通常取决于 x。已知在 $f(x) = x^2$ 的情况下，有 $\Delta y/\Delta x = 2x + \Delta x$。应用导数的定义

$$\frac{\mathrm{d}f(x)}{\mathrm{d}x} = \lim_{\Delta x \to 0} 2x + \Delta x = 2x$$

因此，x^2 对 x 的导数等于 $2x$。

经济学中的边际概念表示当 x 的改变量 Δx 趋于 0 时，y 的改变量 Δy 与 Δx 的比值的变化，也就是这里的导数概念。

运用导数的定义求之前在变化和变化率一节列举的成本函数 $TC(Q) = 2Q^2 + 20Q + 66$ 的边际成本，有

$$MC = \lim_{\Delta x \to 0}\frac{\Delta TC}{\Delta Q} = \lim_{\Delta x \to 0}(4Q + 2\Delta Q + 20) = 4Q + 20$$

除了用成本函数的导数表示边际成本之外，边际概念还运用于其他经济函数中。例如，收入函数 $R(x)$ 的导数称为边际收入，表示多售出一件产品而产生的收入；利润函数 $L(x)$ 的导数称为边际利润，表示多售出一件产品产生的利润。

为方便查阅，我们把部分常用导数的求导公式列举如下：

(1) $(C)' = C$　　　　　　　　(2) $(x^\mu)' = \mu x^{\mu-1}$

(3) $(\sin x)' = \cos x$　　　　　　(4) $(\cos x)' = -\sin x$

(5) $(\tan x)' = \sec^2 x$　　　　　(6) $(\cot x)' = -\csc^2 x$

(7) $(\sec x)' = \sec x \tan x$　　　(8) $(\csc x)' = -\csc x \cot x$

(9) $(a^x)' = a^x \ln a$　　　　　(10) $(e^x)' = e^x$

(11) $(\log_a x)' = \dfrac{1}{x\ln a}$　　　(12) $(\ln x)' = \dfrac{1}{x}$

二阶导数

一个函数的**二阶导数**是这个函数的导数的导数。如果 $y = f(x)$，那么 $f(x)$ 对 x 的二阶导数就写作 $\mathrm{d}^2 f(x)/\mathrm{d}x^2$ 或 $f''(x)$。我们知道

$$\frac{\mathrm{d}(2x)}{\mathrm{d}x} = 2$$

$$\frac{\mathrm{d}(x^2)}{\mathrm{d}x} = 2x$$

因此

$$\frac{\mathrm{d}^2(2x)}{\mathrm{d}x^2} = \frac{\mathrm{d}(2)}{\mathrm{d}x} = 0$$

$$\frac{\mathrm{d}^2(x^2)}{\mathrm{d}x^2} = \frac{\mathrm{d}(2x)}{\mathrm{d}x} = 2$$

二阶导数度量函数的曲率。若函数 $f(x)$ 在 (a, b) 内具有二阶导数，如果在 (a, b) 上 $f''(x) > 0$，那么对应的曲线在 (a, b) 上是凹的；如果在 (a, b) 上 $f''(x) < 0$，那么对应的曲线在 (a, b) 上是凸的。一个函数在某一点有零二阶导数，这个函数在该点附近就是水平的，例如，$y = x^3$ 在 $x = 0$ 时有 $f''(x) = 0$，所以这个函数在 $x = 0$ 附近是水平的。

乘积规则和连锁规则

假设 $g(x)$ 和 $h(x)$ 都是 x 的函数，我们可以定义 $f(x)$ 表示它们的积，有 $f(x) = g(x)h(x)$。于是，$f(x)$ 的导数可以表示为

$$\frac{\mathrm{d}f(x)}{\mathrm{d}x} = g(x)\frac{\mathrm{d}h(x)}{\mathrm{d}x} + h(x)\frac{g(x)}{\mathrm{d}x}$$

已知两个函数 $y = f(u)$ 和 $u = g(x)$，复合函数就是

$$y = f[g(x)]$$

例如，如果，$y = f(u) = 2u + 3$，$u = g(x) = x^2$，那么复合函数就是

$$y = f[g(x)] = f(x^2) = 2x^2 + 3$$

连锁规则指出，复合函数 $f(x)$ 对 x 的导数可以表示为

$$\frac{\mathrm{d}y}{\mathrm{d}x} = \frac{\mathrm{d}u}{\mathrm{d}x}\frac{\mathrm{d}y}{\mathrm{d}u} \text{ 或 } y'(x) = g'(x)f'(u)$$

在我们的例子中，$g'(x) = 2x$，$f'(u) = 2$，因此，连锁规则表明

$$y'(x) = 2x * 2 = 4x$$

为便于查阅，我们将函数和、差、积、商的求导法则列举如下：
设 $u = u(x)$，$v = v(x)$ 可导，则

$$（1） （u+v）' = u' + v' \qquad\qquad （2） （Cu）' = Cu' （C 是常数）$$

$$（3） （uv）' = u'v + uv' \qquad\qquad （4） \left（\frac{u}{v}\right）' = \frac{u'v - uv'}{v^2}$$

偏导数

假设 y 既取决于 x_1 又取决于 x_2，则 $y = f（x_1，x_2）$。$y = f（x_1，x_2）$ 对 x_1 的**偏导数**的定义便是

$$\frac{\partial f（x_1, x_2）}{\partial x_1} = \lim_{\Delta x_1 \to 0} \frac{f（x_1 + \Delta x_1, x_2） - f（x_1, x_2）}{\Delta x_1}$$

$y = f（x_1，x_2）$ 对 x_1 的偏导数就是 x_2 保持不变时函数对 x_1 的导数。同样，函数对 x_2 的偏导数是

$$\frac{\partial f（x_1, x_2）}{\partial x_2} = \lim_{\Delta x_2 \to 0} \frac{f（x_1, x_2 + \Delta x_2） - f（x_1, x_2）}{\Delta x_2}$$

偏导数与普通导数性质完全一样，只是名称作了改变，以照顾没有见过符号 ∂ 的人。

例如，求 $z = f（x，y） = x^2 + 6xy + y^2$ 在点（4，2）处的偏导数，则把 y 看作常数，求对 x 的偏导数：

$$f_x（x, y） = \frac{\partial f（x, y）}{\partial x} = \frac{\partial f（x^2 + 6xy + y^2）}{\partial x} = 2x + 6y$$

把 x 看作常数，对 y 求偏导数：

$$f_y（x, y） = \frac{\partial f（x, y）}{\partial y} = \frac{\partial f（x^2 + 6xy + y^2）}{\partial y} = 6x + 2y$$

故所求偏导数

$$f_x（4,2） = 2 \times 4 + 6 \times 2 = 20$$
$$f_y（4,2） = 6 \times 4 + 2 \times 2 = 28$$

特别地，偏导数虽服从连锁规则，但计算却比较麻烦。假设 x_1 和 x_2 都依从某个变量 t，我们定义函数 $g（t）$ 为

$$g（t） = f\left[x_1（t）, x_2（t）\right]$$

则 $g（t）$ 对 t 的导数就等于

$$\frac{\mathrm{d}g（t）}{\mathrm{d}t} = \frac{\partial f（x_1, x_2）}{\partial x_1} \frac{\mathrm{d}x_1（t）}{\mathrm{d}t} + \frac{\partial f（x_1, x_2）}{\partial x_2} \frac{\mathrm{d}x_2（t）}{\mathrm{d}t}$$

当 t 变化时，它同时影响 $x_1（t）$ 和 $x_2（t）$。因此，需要计算 $y = f（x_1，x_2）$ 对于其中每一个变化的导数。

例如，$x_1（t） = 3t^2 + 20$，$x_2（t） = 9t^2 + 2t$，$g（t） = 6x_1^2 + 5x_2^2 + 60$，则

$$\frac{dg(t)}{dt}=\frac{\partial f(x_1,x_2)}{\partial x_1}\frac{dx_1(t)}{dt}+\frac{\partial f(x_1,x_2)}{\partial x_2}\frac{dx_2(t)}{dt}$$

$$=\frac{\partial(6x_1^2+5x_2^2+60)}{\partial x_1}\frac{d(3t^2+20)}{dt}+\frac{\partial(6x_1^2+5x_2^2+60)}{\partial x_2}\frac{d(9t^2+2t)}{dt}$$

$$=12x_1\times 6t+10x_2(18t+2)=12(3t^2+20)\times 6t+10(9t^2+2t)(18t+2)$$

$$=216t^3+1440t+1620t^3+180t^2+360t^2+40t$$

$$=1836t^3+540t^2+1480t$$

偏导数也常常运用于经济学中，这里以著名的科布—道格拉斯生产函数为例：

$$Y(L,K)=AL^\alpha K^\beta\ (A>0,0<\alpha,\beta<1,\alpha+\beta=1)$$

$Y（L，K）$是总产量，L是劳动投入量，K是资本投入量，A，α，β为三个参数。偏导数

$$\frac{\partial Y(L,K)}{\partial L}和\frac{\partial Y(L,K)}{\partial K}$$

分别称为劳动力的边际生产力和资本的边际生产力。

最优化

设$y=f(x)$，那么，如果对于所有的x，都有$f(x^*)\geq f(x)$，$f(x)$在x^*就取得了**极大值**。可以证明，如果$f(x)$是在x^*取得极大值的平滑函数，那么就一定有

$$\frac{df(x^*)}{dx}=0$$

$$\frac{d^2f(x^*)}{dx^2}\leq 0$$

这些表达式是极大值的**一阶条件**和**二阶条件**，一阶条件表示函数在x^*是水平的，二阶条件表明函数在x^*附近是凸的。显然，如果x^*确是极大值，那么这两个性质就一定成立。

例如，我们可以求出$y=x^3-3x^2+60$在$x=0$处取得极大值，则当

$$y'=\frac{dy}{dx}=\frac{d(x^3-3x^2+60)}{dx}=3x^2-6x$$

有

$$y'(0)=3\times 0^2-6\times 0=0$$

当

$$y''=\frac{d^2y}{dx^2}=\frac{d(3x^2-6x)}{dx}=6x-6$$

有

$$y''(0)=6\times 0-6=-6\leq 0$$

所以，$y=x^3-3x^2+60$在$x=0$附近是凸的，在$x=0$处取得极大值。

如果对于所有的 x，都有 $f(x^*) \leqslant f(x)$，我们就说 $f(x)$ 在 x^* 取得了**极小值**。如果 $f(x)$ 是在 x^* 取得极小值的平滑函数，那么就一定有

$$\frac{\mathrm{d}f(x^*)}{\mathrm{d}x} = 0$$

$$\frac{\mathrm{d}^2 f(x^*)}{\mathrm{d}x^2} \geqslant 0$$

再次地，一阶条件表示函数在 x^* 是水平的，而二阶条件则表明函数在 x^* 附近是凹状的。

同样是 $y = x^3 - 3x^2 + 60$ 在 $x = 2$ 处取得极小值，那么

$$y'(2) = 3 \times 2^2 - 6 \times 2 = 0$$

$$y''(2) = 6 \times 2 - 6 = 6 \geqslant 0$$

所以，$y = x^3 - 3x^2 + 60$ 在 $x = 2$ 附近是凹的，在 $x = 2$ 处取得极小值。

用图像表示如图 A.3：

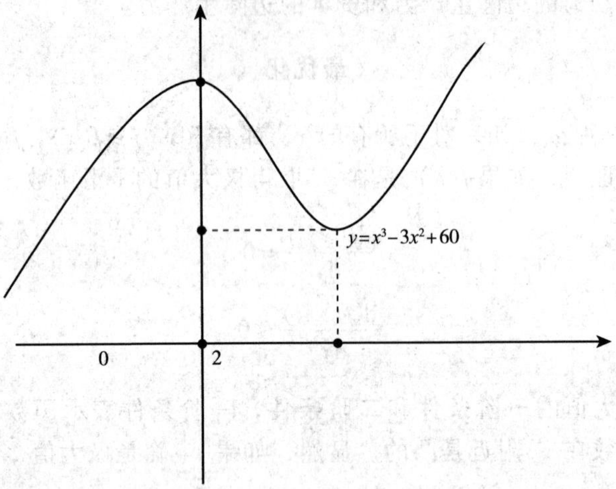

$y = x^3 - 3x^2 + 60$

图 A.3

如果 $y = f(x_1, x_2)$ 是在某一点 (x_1^*, x_2^*) 取得极大值或极小值的平滑函数，那么就必定满足

$$\frac{\partial f(x_1^*, x_2^*)}{\partial x_1} = 0$$

$$\frac{\partial f(x_1^*, x_2^*)}{\partial x_2} = 0$$

这些式子被称作**一阶条件**，这个问题也有二阶条件，但它们较难表述。

约束最优化

我们常常要考虑 (x_1, x_2) 的值受到某种约束的函数的极大值和极小值。符号

$$\max f(x_1,\ x_2)$$

使得

$$g(x_1,\ x_2)=c$$

求解 x_1^* 和 x_2^*，使得对于所有满足方程 $g(x_1,x_2)=c$ 的 x_1 和 x_2 的值，都有 $f(x_1^*,\ x_2^*)\geqslant f(x_1,\ x_2)$。函数 $f(x_1,\ x_2)$ 叫作**目标函数**，方程 $g(x_1,\ x_2)=c$ 叫作**约束条件**。

为更好地理解约束最优化，我们以经济学中的消费者效用最大化为例来进行说明。

假设消费者只消费两种商品 x_1 和 x_2，$u(x_1,\ x_2)$ 表示能够给消费者带来相同的效用水平或满足程度的两种商品的所有组合，在经济学中称为无差异曲线。消费者效用最大化，用符号表示为

$$\max u(x_1,\ x_2)$$

另外，消费者对两种商品组合的偏好要受商品价格和消费者收入的约束。假设消费者将全部收入都用于购买两种商品，那么消费者的预算约束条件为

$$p_1x_1+p_2x_2\leqslant I$$

因此，消费者最大化的问题即转化为在预算约束条件下，求满足消费者最大效用的两种商品的组合。故而，求解的 x_1^* 和 x_2^* 必须满足两个条件：第一，满足预算约束，$p_1x_1^*+p_2x_2^*\leqslant I$；第二，$u(x_1^*,\ x_2^*)$ 要比其他满足预算约束的 x_1 和 x_2 的效用大，即表示为 $u(x_1^*,\ x_2^*)\geqslant u(x_1,\ x_2)$。为使大家更好地理解，下面将以实例说明。

例：已知某消费者每年用于可乐 x_1 和面包 x_2 的收入为 350 元，两商品的价格为 $P_1=5$ 元和 $P_2=7$ 元，那么约束条件即为 $5x_1+7x_2=350$。该消费者的效用函数为 $u(x_1,\ x_2)$，如图，画出了三条该消费者的效用函数 u_1，u_2，u_3，且 $u_1<u_2<u_3$，如图 A.4 所示。

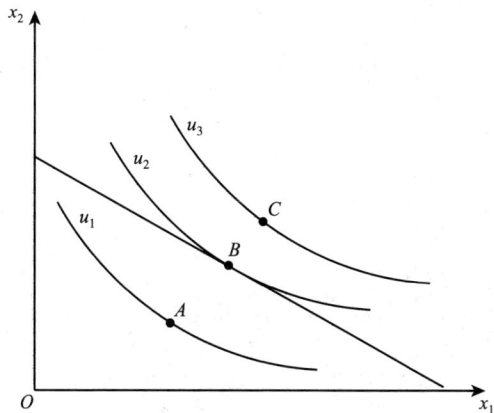

图 A.4

　　在预算约束线之外，因此 u_3 线上的 C 点不满足 $p_1x_1 + p_2x_2 \leq I$ 的条件。A、B 两点都满足 $p_1x_1 + p_2x_2 \leq I$ 的约束条件，但由于 $u_2 > u_1$，因此 B 点的效用大于 A 点的效用，满足效用最大化的第二个条件：在 B 点的效用要比其他满足预算约束的点的效用大，例如 A 点。所以，在 B 点，消费者的效用最大化。

参 考 文 献

[1] 阿尔弗雷德·马歇尔. 经济学原理 [M]. 北京：中国社会科学出版社，2007.

[2] 奥利维尔·布兰查德. 宏观经济学 [M]. 4 版. 北京：清华大学出版社，2009.

[3] 保罗·克鲁格曼，罗宾·韦尔斯. 微观经济学 [M]. 北京：中国人民大学出版社，2009.

[4] 保罗·克鲁格曼，罗宾·韦尔斯. 宏观经济学 [M]. 北京：中国人民大学出版社，2009.

[5] 保罗·萨缪尔森，威廉·诺德豪斯. 经济学 [M]. 19 版. 北京：商务印书馆，2012.

[6] 大卫·伯格，斯坦雷·费希尔，卢迪格·多恩布什. 经济学基础 [M]. 北京：人民邮电出版社，2003.

[7] 哈尔·R. 范里安. 微观经济学：现代观点 [M]. 8 版. 上海：格致出版社，2011.

[8] 蒋自强. 当代西方经济学流派 [M]. 3 版. 上海：复旦大学出版社，2008.

[9] 卢迪格·多恩布什，斯坦雷·费希尔，理查德·斯塔兹. 宏观经济学 [M]. 北京：中国人民大学出版社，2010.

[10] 马克思. 资本论 [M]. 北京：人民出版社，2004.

[11] 马克思恩格斯全集 [M]. 北京：人民出版社，1997.

[12] 曼昆. 经济学原理 [M]. 6 版. 北京：北京大学出版社，2012.

[13] 高鸿业. 西方经济学 [M]. 5 版. 北京：中国人民大学出版社，2011.

[14] 葛扬，李晓蓉. 西方经济学说史 [M]. 南京：南京大学出版社，2004.

[15] 罗伯特·巴罗. 宏观经济学：现代观点 [M]. 上海：格致出版社、上海人民出版社，2008.

[16] 罗伯特·H. 弗兰克，本·S. 伯南克. 微观经济学原理 [M]. 北京：清华大学出版社，2010.

[17] 罗伯特·H. 弗兰克，本·S. 伯南克. 宏观经济学原理 [M]. 北京：清华大学出版社，2010.

[18] 孙亚锋. 经济学原理 [M]. 大连：东北财经大学出版社，2011.

[19] 亚当·斯密. 国富论 [M]. 北京：华夏出版社，2005.

[20] 俞宪忠，吴学花，张守凤. 微观经济学 [M]. 北京：中国人民大学出版社，2010.

[21] 约翰·梅纳德·凯恩斯. 就业、利息和货币通论 [M]. 北京：华夏出版
　　　社，2005.

[22] 尹伯成. 微观经济学简明教程 [M]. 上海：格致出版社，2011.

[23] 尹伯成. 宏观经济学简明教程 [M]. 上海：格致出版社，2011.

[24] 尹伯成. 西方经济学说史 [M]. 上海：复旦大学出版社，2012.

[25] 张兵. 与厂长经理谈微观经济学 [M]. 上海：立信会计出版社，2002.

[26] 张维迎. 博弈论与信息经济学 [M]. 上海：上海人民出版社，2004.

参考文献